의례 역주 儀禮譯註

특생궤사례 · 소뢰궤사례 · 유사철

【八】

역주자 박례경(朴禮慶)

연세대학교 대학원 철학과에서 석사 및 박사학위를 받았으며, 서울대학교 규장각한국학연구원 책임연구원을 역임하였고 현재 대진대학교 학술연구교수로 재직 중이다. 역대 예제와 예제 현실의 예경학적 토대에 관한 연구를 진행해 왔다. 논저로는 "조선시대 국장에서 조조의 설행 논의와 결과"(2007), "규벽의 근거로서 친친 존존의 정당화 문제"(2008), "주자가례 속의 인간과 사회—새로운 종법 이해와 재구성의 고례적 맥락에 대한 성찰"(2010), "덕치의 상징체계로서 유교국가의 즉위의례"(2011), 『왕실의 천지제사』(공저, 2011), "정현 예학의 지향점"(2013) 등이 있다.

역주자 이봉규(李俸珪)

서울대학교 대학원 철학과에서 석사 및 박사학위를 받았으며, 현재 인하대학교 철학과 교수로 재직 중이다. 한국유학을 주로 연구하고 있다. "명청조와의 비교를 통해 본 조선시대 『家禮』 연구의 특색과 연구방향"(2013), "인륜 : 쟁탈성 해소를 위한 유교적 구성"(2013), "명청교체기 思想變動으로부터 본 다산학의 성격"(2014) 등 다수의 논문이 있다.

역주자 김용천(金容天)

동국대학교 대학원 사학과에서 석사 및 박사학위를 받았으며, 현재 대진대학교 사학과 교수로 재직 중이다. 한대의 종묘제·상복례를 중심으로 예학을 연구하고 있다. 저서로 『전한후기 예제담론』(2007) 등이 있으며, 역서로 『중국 전근대 사상의 굴절과 전개』(1999), 『중국의 공과 사』(2004), 『후한 유교국가의 성립』(2011), 『중국 사상문화 사전』(2011) 등이 있다. "전한 원제기 위현성의 종묘제론"(2006), "『석거예론』의 분석과 전한시대 예치이념"(2007), "『순자』·『예기』 『왕제』의 예치구상"(2009), "북위 효문제 '삼년상'의 실체와 그 성격"(2013), "양진시대 '위인후자'의 복제 담론"(2014) 등 다수의 논문이 있다.

의례 역주 [八] 儀禮譯註 八

특생궤사례 · 소뢰궤사례 · 유사철

1판 1쇄 인쇄   2015년 9월 20일
1판 1쇄 발행   2015년 9월 25일
—
역주자 | 박례경 · 이봉규 · 김용천
발행인 | 이방원
—
발행처 | 세창출판사

　　신고번호 · 제300-1990-63호 | 주소 · 서울 서대문구 경기대로 88 냉천빌딩 4층 | 전화 · (02)723-8660
　　팩스 · (02)720-4579 | http://www.sechangpub.co.kr | e-mail: sc1992@empal.com
—
ISBN 978-89-8411-405-0 94380
ISBN 978-89-8411-397-8 (세트)
—
· 이 책은 한국연구재단의 지원으로 세창출판사가 출판, 유통합니다.
· 잘못된 책은 구입하신 서점에서 바꾸어 드립니다.
· 책값은 뒤표지에 있습니다.
—
이 도서의 국립중앙도서관 출판시도서목록(CIP)은 e-CIP홈페이지(http://www.nl.go.kr/ecip)와 국가자료공동목록시스템(http://www.nl.go.kr/kolisnet)에서 이용하실 수 있습니다. (CIP제어번호: CIP2015026379)

의례 역주 儀禮譯註

특생궤사례 · 소뢰궤사례 · 유사철
The Translation and Annotation of "Yili"

【八】

박례경 · 이봉규 · 김용천 역주

세창출판사

본서는『의례』17편의 경문과 이에 대한 최초의 완정한 주석이자 후대『의례』주석의 전범이 되었던 '정현鄭玄의 주注'를 함께 우리말로 번역하고 주해한 것이다. 또한 번역과 주해 속에『의례』의 명물도수名物度數에 관한 도상圖象, 정현의 주석을 둘러싸고 일어났던 예학사 상의 논쟁점, 새롭게 보완된 후대의 주요한 주석 등을 함께 정리함으로써 독자들로 하여금 본 번역을 통해『의례』와 그 주석사의 맥락을 이해할 수 있도록 하는 데에 주안점을 두었다.

『의례』는 한초漢初 고당생高堂生으로부터 전승된 것으로, 후에『예기』,『주례』와 더불어 '삼례三禮'로 칭해지게 되었다. 후한 말 정현이『삼례목록三禮目錄』을 작성할 당시『의례』의 전본傳本에는 '대대본大戴本', '소대본小戴本' 그리고 유향劉向의 '『별록別錄』본本' 등이 있었다. 정현은 '『별록』본'에 의거하여 주석 작업을 하였고, 이것이 오늘날 우리가 보는『의례』17편이다.

정현 '의례 주'의 특징으로는 '훈고訓詁'의 측면에서 ① 여러 이본異本들을 대조하여 글자에 대한 교감을 가하였고, ② 전·후한 시대 금문학파의 번쇄한 주석방식에서 벗어나 여러 학설을 망라하면서도 핵심적인 논점을 중심으로 종합하여 관통시키는 '회통會通'의 방식을 취하였으며, ③ 간략하면서도 심오한 기록 탓에 난해하였던 고례古禮의 행례 절차와 배경들을 구체적으로 이해할 수 있게 하였다는 점을 들 수 있다. 이와 함께 '의리義理'의 측면에서 보면, ① 외형적 행례 절차를 기록한 '경문'을 가시적으로 형상화시키면서 동시에 경문의 행례 과정이 담고 있는 예학적 의미를 밝혀냈고, ②『의례』외에『주례』와『예기』등 '삼례서三禮書' 전체에 대한 주석 작업을 통해 정현 자신이 도달한 성찰, 즉 고례의 원리와 체계에 대한 구조적 성찰을 반영시킴으로써 고대 예학의 세계상을 이해할 수 있게 하였다. 말하자면 정현의 주는 '삼례'의 원용한 예의 체계를 구축하고, 그 체계 속에 모든 경서를 정합적으로 포괄한다는 정현의 학문적 영위의 일환으로 저술되었던 것이다. 후대에 '예학禮學은 정학鄭學'이라고 칭해질 정도로 정현의 삼례주三禮注는 중국 고대 예학 연구의 토대가 된다. 정현의 주석에 의거함으로써 우리는 비로소 '난독지서難讀之書'·'망이생외望而生畏'로 알려진『의례』에의 접근이 가능하게 된 것이다.『의례』의 경문과 더불어 '정현의 주'를 함께 번역하게 된 이유가 여기에 있다.

최근 한·중·일 동아시아 3국에서 예학연구는 새로운 각도에서 조명받는 학문영역 가운데 하나이다. '근대의 망루'에서 '예'는 동아시아 근대화를 가로막는 사상적 근원이자 제도적 고착으로서 비판받았다. 그러나 근대 자체가 상대화된 이후 이제 오리엔탈리즘의 시각에서 벗어나 그 '예'의 실체가 무엇이었으며 그것으로 지탱되던 전통시대 사회시스템의 실체는 어떠했는지를 객관적으로 구명하고자 하는 것은 시대적 요구가 되고 있다. 학문적 차원에서도 조선시대의 예송논쟁뿐 아니라 국가전례의 구체적 실상, 조선과 중국의 종묘제론, 종법론, 상복제도 나아가 일반 생활사의 영역에서도 예학에 대한 관심이 고조되고 있고, 새로운 시야가 개척되고 있다. 이러한 연구는 당연히 의식의 구체적 행위절차를 규정한『의례』에 대한 접근을

선행 조건으로 해야 하며, 따라서 엄밀한 학문적 차원에서『의례』등 주요한 예서를 역주하는 작업이 바탕이 되어야 할 것이다.

본서는 리쉐친(李學勤) 주편 십삼경주소정리본十三經注疏整理本『의례주소儀禮注疏』(北京, 北京大學出版社, 2000)를 저본으로 삼아 번역한 것이다. 이 저본은 가장 최근에 간행된『의례』본으로『의례』의 경문, 정현의 주, 가공언의 소를 단락별로 제시하였을 뿐 아니라, 다양한 판본에 대한 치밀한 교감이 이루어져 있기 때문이다. 우리말 번역에서도 표점은 기본적으로는 이 저본의 표점 원칙을 수용하였지만, 현재 우리나라에서 진행되는 각종 정본 사업의 표점 원칙을 반영하였고, 또 옮긴이들의 관점에서 필요한 표점 방식을 만들어내어 적용하였으며, 인용부호, 강조점 등은 우리말 어법에 맞추어 바꾸었다. 리쉐친『의례주소』본의 표점에 오류가 있는 경우 역시 정정하였다.

옮긴이들은 정현의 주에 의거하여 경문을 번역하는 방식을 취하였는데, 정현의 해석은 매우 간오簡奧하기 때문에 한대의 언어학적 맥락을 짚어내지 못한다면 그 행간에 담긴 함의를 간취하기 어려운 측면도 있다. 따라서 경문과 정현의 주에 대한 후대 주석가들의 해석을 동원하지 않을 수 없는데, 이 점에서 청대 호배휘胡培翬의『의례정의儀禮正義』는 매우 유용한 정보를 제공해 준다. '표준적 해석'이라는 뜻에 걸맞게『의례정의』에는 송대의 오계공敖繼公・이여규李如圭를 비롯해서 명대의 장이기張爾岐, 청대의 오정화吳廷華・채덕진蔡德晉・저인량著寅亮・호광충胡匡衷 등 역대 주석가들의 논점을 정합적인 논거와 비판적인 안목으로 각각의 정현 주 아래에 덧붙여 소개하고 있다. 약간 번잡한 느낌이 없는 것도 아니지만, 이들 후대 주석가들의 논점을 주석에 상세히 정리함으로써,『의례』해석의 시대적・역사적 변화를 드러낼 수 있도록 함과 동시에, 해석의 정확성을 최대한 높이고자 하였다. 또한 매 편의 표제 아래에 정현의『삼례목록』을 번역하여 넣음으로써『의례』17편에 실린 각 의례의 역사적 연원을 이해할 수 있도록 하였다. 그리고 각각의 행례 절차가 시작되는 앞머리에 의례의 연원 및 의미, 그리고 각 의례의 행례 장소와 전반적인 행례 과정에 대한 간략한 개요를 제시하여 '해제'로 붙임으로써, 복잡한 각각의 의례 절차와 의의를 일목요연하게 파악한 후 본문 이해에 들어갈 수 있도록 하였다.

『의례』는 상대적으로 예의 이론적 측면을 논하는『예기』와 달리 구체적 의식 절차를 기록한 매뉴얼이다. 따라서 그 번역은 단순히 우리말로 옮기는 것뿐 아니라, 그것의 실체를 입체적이고 구조적으로 이해할 수 있도록 궁실, 의복, 기물, 건축물 등 명물도수名物度數들에 대한 도상圖象과 도해圖解를 제시할 필요가 있다. 따라서 본 번역에서는 송대 양복楊復의『의례도儀禮圖』·섭숭의聶崇義의『삼례도三禮圖』, 명대 유적劉績의『삼례도三禮圖』, 청대의『흠정의례의소欽定儀禮義疏(禮器圖)』·장혜언張惠言의『의례도儀禮圖』·황이주黃以周의『예서통고禮書通考』등에 수록된 도상과 도해뿐 아니라 양톈위(楊天宇), 이케다 스에토시(池田末利), 다니다 다카유키(谷田孝之) 등 현대『의례』연구자들의 성과물을 적극적으로 활용하였다.

'번역'이란 원문의 의미를 손상시키지 않고 타국의 언어로 이를 고스란히 되살려 내는 작업일 뿐 아니라 비전공자들도 쉽게 읽을 수 있도록 가독성을 높여야 한다는 상호 모순을 해소하는 과정이기도 하다.『의례』와 같은 고문헌을 번역할 때에는 그러한 고심이 더욱 깊어질 수밖에 없는데, 특히 제기 등 기물의 명칭을 어떻게 우리말로 옮길 것인가를 두고 번역과정에서 여러 논란이 있었다. 가령 '변籩'과 '두豆'의 경우, '변'과 '두'로 옮기는 것이 가장 정확한 번역일 수 있지만,『의례』안에는 수많은 제기, 궁실, 건축물, 의복, 음식 등의 명칭이 등장하는데 이를 모두 원래의 명칭 그대로 표기하게 될 경우, 번역문은 거의 기호의 나열이나 다름없어 가독성에 심각한 문제가 발

생활 것으로 판단하였다. 이에 따라 본 번역에서는 명물名物에 대한 정현의 해석과 각종 문헌의 기록에 의거하여 그 기물의 특징과 성격을 드러낼 수 있는 적절한 우리말로 표기하기로 하였다. 정현은 '변籩'에 대해 "변은 대나무로 만든 제기이다"(『周禮』, 「天官·籩人」, "籩,竹器"), "말린 고기를 올릴 때에는 변을 사용하는데, 변은 말린 음식을 담는 데에 적당하다"(『儀禮』, 「鄕射禮」, "脯用籩, 籩宜乾物")고 하였고, '두豆'에 대해서는 "고기 젓갈을 올릴 때에는 두를 사용하는데, 두는 젖은 음식을 담는 데에 적당하다"(『儀禮』, 「鄕射禮」, "醯以豆, 豆宜濡物也")고 하였다. 또『이아爾雅』「석기釋器」에서는 "나무로 만든 제기를 두라 하고, 대나무로 만든 제기를 변이라 한다"(木豆謂之豆, 竹豆謂之籩)고 하였다. 이에 따르면 '변'과 '두'는 그것을 만드는 재료의 측면에서는 '대나무'와 '나무'라는 차이가 있고, 기능적인 측면에서는 '말린 음식을 담는 제기'와 '젖은 음식을 담는 제기'라는 차이가 있다. 이러한 해석에 의거하여 본 번역에서는 '변'을 '대나무제기', '두'를 '나무제기'로 각각 표기하였다.

옮긴이들이 처음『의례』번역에 관심을 갖기 시작한 것은 1998년부터였다. 이봉규, 장동우, 이원택 그리고 김용천은 중국 고대철학, 다산 정약용, 조선시대 정치사상사, 중국 고대사 등 각자의 구체적 전공분야는 달리하였지만, 모두 '예학'을 학문의 밑바탕으로 하고 있어 자연스레 모임이 결성되었다. 당시에는 '상례'에 대한 관심이 고조되어『의례』「상복」의 번역으로 시작했지만, '삼례서'의 번역을 평생의 업으로 삼아보는 것이 어떻겠느냐는 이봉규 선생의 제안에 따라 청명문화재단의 지원 아래『예기』번역에 본격적으로 뛰어들었고, 모임의 이름도 '삼례사락三禮四樂'이라 하였다. 2005년에는『예기』전공자인 박례경 선생의 합류로 공부의 즐거움은 배가되었고, '삼례사락'은 '삼례역락三禮亦樂'으로 바뀌었다. 그리고 보면 우리의 공부 모임도 벌써 15년이라는 짧지 않은 세월이 흐른 셈이 되며, 초창기에 비하면

내공도 적지 아니 깊어진 느낌이다. 『예기』의 번역 초고가 마무리 될 즈음, 2008년도에 본서가 한국연구재단의 '명저번역과제'로 선정됨으로써, '삼례서'의 두 번째 작업 『의례』의 번역을 개시하였던 것이다.

예서의 번역은 매주 금요일마다 연세대학교에서 '삼례역락' 모임을 갖고 미리 번역된 초고를 상호 토론하고, 수정하는 과정을 거쳤다. 그러나 난해한 구절이 등장할 경우 한 문장에 대한 해석을 놓고 몇 시간에 걸쳐 논쟁을 벌이는 경우도 다반사였고, 게다가 『의례』의 경우 번역 분량이 워낙 방대한 탓도 있어 이러한 방식으로는 주어진 기간 내에 완역은 불가능하였다. 따라서 모임에서는 용어의 통일 및 문체의 일관성을 유지할 수 있도록 초고에 대한 전반적인 검토 수준에 멈추고, 각자의 전공과 관련된 편들을 배당하여 번역하는 방식을 택하였다. 작업의 분담은 김용천 : 「사관례」1 · 「연례」6, 「빙례」8 · 「상복」11 · 「유사철」17, 박례경 : 「사혼례」2 · 「사상견례」3 · 「향음주례」4 · 「공사대부례」9 · 「근례」10 · 「특생궤사례」15, 이원택 : 「향사례」5 · 「대사의」7, 장동우 : 「사상례」12 · 「기석례」13 · 「사우례」14이며, 후에 참여하여 번역에 활기를 불어넣어주신 이봉규 선생께서는 「소뢰궤사례」16의 번역과 더불어 『의례』 해제'의 집필을 맡아주셨다.

이제 기나긴 번역의 고투 과정을 마치고 탈고를 앞두고 있다. 한국연구재단의 최종 보고 이후 번역문 전체의 체계와 통일성을 기하기 위해 거의 매일같이 연구실의 불빛을 밝히고 몰두하면서 나름대로 열심히 하였다고 자부하지만, 여전히 '망문생의望文生義'의 엉뚱한 오역이 없으리라 장담하지 못하는 불안감도 감출 수 없다. 사계의 질정을 기다리며, 예학 전공자들의 연구에 조그마한 보탬이라도 되었으면 하는 마음뿐이다. 본서를 명저번역과제로 선정해 주고 경제적 지원까지 아끼지 않았던 한국연구재단 관계자분들께 감사의 말씀을 드린다. 번역과정에서 복식과 관련하여 교열과 많은 자문을 해 주신 최규순 교수님께 고마움의 마음을 표한다. 예정보다 원고의 완성이 늦어져 마음으로 무척 초조했을 텐데도 옮긴이들에게 아무런 압박(?)도 가하지 않고 묵묵히 기다려주신 세창출판사 김명희 실장님께도 미안함과 고마움의 마음을 전한다. 투박한 박석璞石의 문체를 꼼꼼한 교열과 윤문으로 깔끔하게 다듬어 옥조玉藻로 탈바꿈시켜준 송경아 선생에게 누구보다 고맙다는 말을 전하고 싶다.

2012년 11월 12일
늦가을의 향기 그윽한 왕방산 아랫자락 연구실에서
번역자를 대표하여 김용천 씀

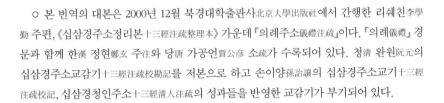

ㅇ 본 번역의 대본은 2000년 12월 북경대학출판사北京大學出版社에서 간행한 리쉐친李學勤 주편,《십삼경주소정리본十三經注疏整理本》가운데『의례주소儀禮注疏』이다.『의례儀禮』경문과 함께 한漢 정현鄭玄 주注와 당唐 가공언賈公彦 소疏가 수록되어 있다. 청淸 완원阮元의 십삼경주소교감기十三經注疏校勘記를 저본으로 하고 손이양孫詒讓의 십삼경주소교기十三經注疏校記, 십삼경청인주소十三經淸人注疏의 성과들을 반영한 교감기가 부기되어 있다.

ㅇ 번역에 가장 많이 참고한 서적은 1993년 7월 강소고적출판사江蘇古籍出版社에서 간행한 청淸 호배휘胡培翬 찬撰,『의례정의儀禮正義』이다.『의례』와 관련된 청대까지의 주요 연구 성과들을 망라하여 경문과 정현 주에 대한 이해를 돕고, 주소에 대한 논리적인 해명과 비판의 근거들을 제시한 저작이다. 번역본에서는 해당 경문의 번역에 직접적인 근거가 될 만한 학설이나 비판적인 이견 등이 있을 경우, 주석에서 직·간접의 형태로 번역하여 인용, 소개하였다.

ㅇ 번역에서 경전이나 제자서諸子書 등을 인용할 경우에는, 인용문을 번역하고 괄호 안에 인용문의 한문 원문을 수록하였다.

ㅇ 본 번역서에 수록된 도상圖象 자료는, 의례도儀禮圖의 경우 기본적으로 청淸『흠정의례의소欽定儀禮義疏』「예절도禮節圖」를 매 편마다 단락별 해제 앞에 수록하였고, 의례의 동선이나 위치 표현이 부족할 경우에는 송宋 양복楊復의『의례도(의례방통도)儀禮圖(儀禮旁通圖)』, 청淸 장혜언張惠言의『의례도儀禮圖』등을 보완적으로 수록하였다. 경문과 정현 주, 각주에 서술된 각 명물도수名物度數에 관한 도상은 송宋 섭숭의聶崇義의『삼례도三禮圖』와 2006년 청화대학출판사淸化大學出版社에서 간행한 정안丁晏 교점·해설의『신정삼례도新定三禮圖』, 청淸『흠정의례의소』「예기도禮器圖」, 청淸 황이주黃以周의『예서통고禮書通考』에서 해당 도상을 찾아서 수록하였다. 이 밖에도 1998년 강소고적출판사江蘇古籍出版社에서 간행한 첸쉬안(錢玄)의『삼례사전三禮辭典』, 이케다 스에토시(池田末利)의『의례儀禮』, 1994년 상해고적출판사上海古籍出版社에서 간행한 양톈위(楊天宇)의『의례역주儀禮譯注』, 최규순崔圭順의『중국역대제왕면복연구中國歷代帝王冕服研究』, 쑨지孫機의『중국고여복논총中國古興服論

叢』과『한대물질문화자료도설漢代物質文化資料圖說』, 가오밍첸高明乾의『고식물한명도고古植物漢名圖考』등 오늘날 예학 연구자들의 저작에서도 보완이 될 만한 도상들을 추출하여 수록하였다.

○ 용어의 번역은 가독성을 위해 가능한 한 우리말로 번역하고 괄호 안에 원문 용어를 병기하는 것을 원칙으로 하였다. 예) 대나무제기(籩), 고기국물(湇), 당 위 서쪽 벽(西序).

○ 문장의 번역은 통일성을 위해 반복적으로 등장하는 행례 과정 등은 일정한 문장으로 정형화하여 통일하는 것을 원칙으로 하였다. 예) 再拜稽首 : 머리를 바닥에 대면서 재배를 한다. 再拜送摯 : 예물을 보내준 후에 재배를 한다.

○ 본 번역에서 교감에 이용한 판본은 다음과 같이 표기한다.
송宋 엄주嚴州 단주본單注本은 '엄본嚴本', 번각翻刻 송宋 단주본은 '서본徐本', 명明 종인걸鐘人傑의 단주본은 '종본鐘本', 이원양李元陽의 주소본注疏本은 '민본閩本', 명明 국자감國子監 주소본은 '감본監本', 급고각汲古閣 주소본은 '모본毛本', 육덕명陸德明의『경전석문經典釋文』은『석문釋文』, 장순張淳의『의례지오儀禮識誤』는 '장씨張氏', 이여규李如圭의『의례집석儀禮集釋』는『집석集釋』, 주희朱熹의『의례경전통해儀禮經傳通解』는『통해通解』, 위료옹魏了翁의 초본抄本『의례요의儀禮要義』는『요의要義』, 양복楊復의『의례도儀禮圖』는 '양씨楊氏', 오계공敖繼公의『의례집설儀禮集說』은 '오씨敖氏'로 각각 표기한다.

○ 본 번역본은『의례』17편의 내용상 의례범주와 번역분량을 고려하여 모두 여덟 권으로 나누고, 색인편을 별도의 한 책으로 엮었다. 1권은「사관례」(제1),「사혼례」(제2),「사상견례」(제3)이다. 2권은「향음주례」(제4),「향사례」(제5)이다. 3권은「연례」(제6),「대사의」(제7)이다. 4권은「빙례」(제8)이다. 5권은「공사대부례」(제9),「근례」(제10)이다. 6권은「상복」(제11)이다. 7권은「사상례」(제12),「기석례」(제13),「사우례」(제14)이다. 8권은「특생궤사례」(제15),「소뢰궤사례」(제16),「유사철」(제17)이다.

特牲饋食禮
第十五

역주 박례경

特牲饋食禮 第十五

소 정현鄭玄의 『삼례목록三禮目錄』에서 말한다. "특생궤사特牲饋食의 예¹는 제후의 사士가 할아버지와 아버지의 묘廟에 제사지내는 예를 말하는 것으로, 천자의 사士는 해당되지 않는다.² 특생궤사례는 오례五禮 가운데 길례吉禮에 속한다."

疏 鄭『目錄』云, "特牲饋食之禮, 謂諸侯之士祭祖禰, 非天子之士. 而於五禮屬吉禮.³"

1_ 특생궤사의 예 : 五禮 가운데 吉禮에 속하는 特牲饋食禮는 제후의 士가 매년 돌아가신 조부와 아버지의 廟에서 時祭를 지내는 禮이다. 제사에서 한 가지의 희생을 갖춘 것을 '特'이라 하고, 두 가지의 희생을 갖춘 것을 '少牢'라고 칭하고, 세 가지의 희생을 갖춘 것을 '太牢'라고 한다. 『禮記』「王制」의 鄭玄 注에서 "'特'은 한 마리의 소(特牛)를 가리킨다(特, 特牛也)"고 하였듯이 特牲은 소 한 마리를 사용하는 경우도 있지만, 이곳의 「特牲饋食禮」에서는 '特豕' 즉 돼지 한 마리를 희생으로 사용한다. 諸侯의 士가 歲時에 '特牲', 즉 돼지 한 마리를 희생으로 갖추고, 찰기장 밥(黍)·메기장 밥(稷) 및 그 밖의 수많은 음식과 술을 올려 廟 안에서 이미 돌아가신 할아버지와 아버지에게 지내는 제사가 특생궤사례인 것이다. '饋食'는 희생의 익힌 고기를 올리는 것으로부터 시작하는 것을 가리킨다. 마치 할아버지와 아버지가 살아 계실 때에 자손들이 음식을 올려 봉양하듯이 한다. 『주례』「春官·大宗伯」에 "肆·獻·祼으로 선왕을 제사지내고, 饋食로 선왕을 제사지낸다(以肆獻祼享先王, 以饋食享先王)"고 하였는데, 이에 대한 鄭玄 注에 의하면 '肆'는 희생의 익힌 고기를 올리는 것이고(薦熟), '獻'은 희생의 피와 날고기를 올리는 것이고(薦血腥), '祼'은 울창주를 땅에 뿌리고 시동에게 술을 올려 귀신이 내려오기를 청하는 것이고, '饋食'는 찰기장 밥·메기장 밥을 올리는 것을 뜻한다(薦黍稷). 그런데 희생의 익힌 고기를 올리는 '薦熟'과 찰기장 밥·메기장 밥을 올리는 '궤사'의 절차는 동시에 진행되기 때문에 이곳의 정현 주에서 "희생의 익힌 고기를 올리는 것으로부터 시작하는 것을 '饋食'라고 한다"고 한 것이다. 『周禮』「天官·籩人」의 정현 주에서도 "'궤사'는 희생의 익힌 고기를 올리는 것을 말한다. … 강신의 의식을 행하지 않고 희생의 피와 날고기를 올리지 않고, 희생의 익힌 고기를 올리는 것으로부터 시작한다. 이 때문에 모두 '궤사의 예'라고 한다(饋食, 薦熟也. … 不祼·不薦血腥, 而自薦熟始, 是以皆云'饋食之禮')"고 하였다.

이 '특생궤사례'는 의례 절차는 제후의 卿·大夫가 양 한 마리와 돼지 한 마리를 희생으로 사용하여 지내는 '小牢饋食禮'와 그 큰 틀에서 유사하면서도 세부적으로는 신분 차에 따른 다양한 차이점들이 설정되어 있다. 가장 핵심적인 차이는 正祭와 정제 이후 시동을 빈객으로서 예우하는 儐尸의 절차를 명확히 구분해서 거행하는 상대부의 소뢰궤사례와 달리, 특생궤사례는 그러한 구분이 명확하지 않다는 점이다. 『의례』「특생궤사례」 편에 이어 「소뢰궤사례」 편에 이 경·대부의 正祭가 기록되어 있고, 「소뢰궤사례」의 하편에 해당하는 「有司徹」편에는 정제 이후에 廟室을 나와 廟堂에서 거행되는 儐尸의 예가 기록되어 있어 두 제사 의례의 同異를 살펴볼 수 있다. 한편, 천자, 제후의 제사에서는 이 빈시례가 정제를 지낸 이튿날 다시 제사를 지내고 시동을 대접하는 '繹祭'로 거행됨으로써 경대부의 제사는 다시 군왕의 제사와 그 격이 차별화된다.

특생궤사례의 절차는 1) 제사지낼 날짜의 길흉을 점치는 筮日, 2) 제사 3일 전에 시동을 택하는 점을 치는 筮尸, 3) 主人이 시동의 집으로 찾아가서 제사에 참여해 줄

것을 다시 한 번 청하는 宿尸, 빈에게 미리 고하여 제사에 참여해 줄 것을 다시 한
번 청하는 宿賓, 4) 제사 전 날 저녁 주인이 제기를 깨끗이 씻었는지 점검하는 視濯
과 희생을 살펴보는 視牲, 5) 제사를 거행하는 날 희생고기를 끓여 솥에 담고 제기
와 자리를 배치하는 陳設과 位次, 6) 시동이 들어오기 전에 廟室에 예찬을 진설하고
신에게 흠향하기를 기원하는 陰厭, 7) 주인이 시동을 室에 맞이하여 편히 앉힌 후
시동이 아홉 번 밥을 떠서 먹는 九飯의 正祭 절차, 8) 주인이 첫 번째로 시동에게 술
을 올리는 主人初獻, 9) 主婦가 두 번째로 시동에게 술을 올리는 主婦亞獻, 10) 빈이
세 번째로 시동에게 술을 올리는 賓三獻, 11) 주인이 빈들과 형제들에게 술을 올리
는 主人獻賓·兄弟, 12) 형제의 우두머리와 衆賓의 우두머리가 시동에게 다시 술을
올리는 長兄弟·衆賓長加爵, 13) 주인의 후사가 될 嗣子가 시동이 내려놓았던 술잔
의 술을 마신 후 시동에게 獻의 예를 행하는 嗣擧奠, 14) 빈들과 형제들이 함께 술잔
을 돌리며 마시는 旅酬, 15) 순서도 횟수도 없이 서로 술잔을 권하여 마시는 無算
爵, 14) 利가 마지막으로 시동에게 獻의 예를 행하고, 시동이 室 밖으로 나가면, 祝
이 공양의 예가 끝났음을 아뢰는 祝告利成, 15) 嗣子와 長兄弟가 시동이 먹고 남은
음식을 나누어 먹는 餕, 16) 시동이 일어나 廟室을 나간 후에 다시 室의 서북쪽 모
퉁이에 남은 예찬을 진설하여 신이 음식을 더 흠향할 것을 기원하는 陽厭, 17) 宗
人이 주인에게 제사가 끝났음을 보고하고, 주인이 빈을 전송하면, 좌식이 제기를
모두 거두어 나가는 徹俎의 순서로 진행된다. 1)에서 5)까지는 제사의 준비 과정,
6)에서 10)까지는 廟의 堂室에서 시동을 모시고 거행되는 正祭, 11)에서 14)까지는
室에서 시동을 모시고 계속 이어지는 加爵과 旅酬의 예, 15)에서 17)까지는 제사의
마무리 절차들이라 할 수 있다. 본 편에는 이 밖에도, 제사의 衣冠, 각종 기명과 품
물의 진설 제도, 시동을 섬기는 예, 집사자와 내빈의 위치, 부뚜막의 신에게 제사
를 올리는 의식, 희생고기의 진설 원칙 등을 기록한 記文이 부기되어 경문의 이해
를 돕는다.

2_ 제후의 사가 ~ 않는다 : 『예기』「曲禮下」에서 "천자는 犧牛를 쓰고, 제후는 肥牛를
쓰고, 대부는 索牛를 쓰고, 사는 양과 돼지를 쓴다"(天子以犧牛, 諸侯以肥牛, 大夫以
索牛, 士以羊豕)고 했는데, 이때의 대부와 사는 천자의 대부와 사를 가리킨다. 따라
서 경·대부가 양과 돼지를 쓰고 사가 돼지 한 마리를 쓰는 『의례』의 「소뢰궤사례」
와 「특생궤사례」는 제후의 대부와 사에 해당되는 禮임을 알 수 있다. 『의례주소』,
967쪽 가공언의 소 참조.

3_ 諸侯之士 ~ 吉禮 : 『교감기』에 따르면, 『集釋』에서는 이 『삼례목록』의 기록에 脫誤
가 있는 것으로 본다. 『釋文』에 인용되어 있는 정현의 『삼례목록』에는 "諸侯之士祭
祖禰"가 "諸侯之士以歲時祭其祖廟"(제후의 사가 歲時에 그 할아버지의 廟에 제사를
지내는 예이다)로 되어 있고, 또 '於五禮屬吉禮' 다음에 '大戴第七, 小戴第十三, 『別祿』
第十五' 14글자가 더 있다는 것이다. 그러나 다음 장의 「소뢰궤사례」에 대한 정현의
『삼례목록』에, "제후의 경·대부가 그 할아버지와 아버지를 묘에서 제사지내는 예

이다"(諸侯之卿大夫祭其祖禰於廟之禮)라고 기록되어 있는 것을 보면, 여기에 인용된 『삼례목록』의 기록과 시로 통한다고 하겠다. 『의례주소』, 967쪽 참조.

「서일도筮日圖」

(淸), 「흠정의례의소」

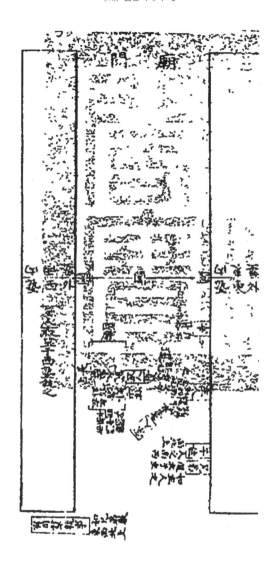

若不吉則卜
遠日如初儀

해제 經—01에서 經—12까지는 '서일筮日' 즉 제사지낼 날짜의 길흉을 점치는 절차이다.

[特牲饋食禮15 : 經—01]

특생궤사特牲饋食의 예이다. 제사지낼 날짜를 미리 상의하여 정하지 않는다.[1]

特牲饋食之禮. 不諏日.

정현주 제사를 지낼 때 희생의 익힌 고기를 올리는 것으로부터 시작하는 것을 '궤사饋食'라고 한다. '궤사'란 음식을 드리는 도리(食道)이다.[2] '추諏'는 상의한다(謀)는 뜻이다. 사士는 지위가 낮아 직무가 번잡하기 때문에, 제사 시기가 다 되고 일에 겨를이 나서 제사지낼 수 있게 되면, 제사 날짜의 길흉을 점친다. 이것은 「소뢰궤사례」에서, 대부가 묘문廟門에서 미리 유사有司들과 함께, 정일丁日이나 기일己日에 해당하는 날을 상의하여 정하는 것과는 다르다.[3] 금문본에는 '諏'가 모두 '詛'로 되어 있다. 祭祀自孰始, 曰'饋食'. '饋食'者, 食道也. '諏', 謀也. 士賤職褻, 時至事暇, 可以祭, 則筮其日矣. 不如「少牢」大夫先與有司於廟門諏丁巳之日. 今文'諏'皆爲'詛'.

[特牲饋食禮15 : 經—02]

제사지낼 날짜의 길흉을 점칠 때가 되면, 주인은 현관玄冠을 쓰고 현단복玄端服을 입고서[4] 묘문 밖의 정해진 위치로 나아가서 서쪽을 향해 선다.

及筮日, 主人冠端玄, 卽位于門外, 西面.

정현주 '관단현冠端玄'은 현관과 현단복을 말한다. 아래에서 '현玄'이라고 말한 것은 현관을 쓰면서도 현단복을 입지 않는 경우가 있기 때문이다. '문門'은 묘문廟門을 가리킨다. '冠端玄', 玄冠·玄端. 下言'玄'者, 玄冠有不玄端者. '門'謂廟門.

현단복玄端服
섭숭의(宋), 「삼례도」

[特牲饋食禮15 : 經−03]
제사를 받는 사람의 자손과 주인의 형제들은[5] 주인과 같은 복장을 착용하고 주인의 남쪽에서 서쪽을 향해 서는데, 북쪽을 윗자리로 삼는다.

子姓兄弟如主人之服, 立于主人之南, 西面北上.

정현주 제사를 받는 사람의 자손인데 '자성子姓'이라고 말한 것은 아들이 낳은 사람들이기 때문이다.[6] 소종小宗이 제사를 지내면 형제兄弟[7]들이 다 와서 참여한다. 종자宗子가 제사를 지내면 족인族人들이 다 모시고 따른다. 所祭者之子孫, 言子姓者, 子之所生. 小宗祭, 而兄弟皆來與焉. 宗子祭, 則族人皆侍.

[特牲饋食禮15 : 經一04]

유사와 집사들은 형제와 동일한 복장을 착용하고 묘문의 서쪽에서 동쪽을 향해 서는데, 북쪽을 윗자리로 삼는다.

有司群執事如兄弟服, 東面北上.

정현주   유사와 집사는 사의 속리屬吏를 가리킨다.[8]

士之屬吏也.

[特牲饋食禮15 : 經一05]

묘문 중앙의 문 말뚝(闑)[9] 서쪽, 문지방(閾) 밖에, 점을 치는 사람의 자리(席)를 펼쳐 놓는다.

席于門中, 闑西, 閾外.

정현주   점치는 사람을 위하여 펼쳐 놓는 것이다. 고문본에는 '闑'이 '槷'로, '閾'이 '蹙'으로 되어 있다. 爲筮人設之也. 古文'闑'作'槷', '閾'作'蹙'.

[特牲饋食禮15 : 經一06]

서인筮人[10]은 묘문 밖의 서쪽 당(西塾)에서 시초(筮)를 집어 들고,[11] 그것을 잡고서 동쪽을 향해 주인에게 점칠 내용에 대한 명을 받는다.

筮人取筮于西塾, 執之, 東面受命于主人.

정현주   '서인筮人'은 관명官名이다. '서筮'는 묻는다(問)는 뜻이다.

신명神明에게 묻는 데 사용된다는 것에서 이름을 취한 것이니, 시초(蓍)를 가리킨다. '筮人', 官名也. '筮', 問也. 取其所用問神明者, 謂蓍也.

> **[特牲饋食禮15 : 經—07]**
>
> 재宰가 주인의 왼쪽에서 주인의 명을 서인에게 전달하는데, 점칠 내용을 명하는 말에 "효손孝孫 아무개(주인의 이름)가 다음 달 아무 날을 점쳐서, 이 아무개 제사의 일을 신에게 묻고, 황조모자皇祖某 子(祖의 字)의 묘廟에 나아가 제사를 거행하고자 하나이다. 흠향하 소서!"라고 한다.
>
> 宰自主人之左贊命, 命曰, "孝孫某, 筮來日某, 諏此某事, 適其皇祖 某子. 尙饗!"

정현주   '재宰'는 군리群吏의 우두머리이다. '자自'는 말미암는다 (由)는 뜻이다. '찬贊'은 돕는다(佐)는 뜻이니, 전달한다(達)는 뜻이다. 명을 전 달하는데 왼쪽에서 하는 것은 신을 위한 것이므로 상례常禮와 달리하는 것 이다.[12] 사의 제사를 '세사歲事'(歲時의 제사)라고 하는데, 이곳에서 '아무개 제 사'(某事)라고 하고, 또 '비妃'를 언급하지 않은 것은 대상大祥 뒤에 지내는 담 월禫月의 길제吉祭를 포함하기 때문이다.[13] '황皇'은 군주(君)의 뜻이다. '군조 君祖'라고 말하는 것은 조상을 높이는 것이다. '모자某子'는 조상의 자字를 가 리키는 것으로 백자伯子·중자仲子이다. '상尙'은 바란다(庶幾)는 뜻이다. '宰', 群吏之長. '自', 由也. '贊', 佐也, 達也. 贊命由左者爲神求變也. 士祭曰'歲事', 此言 '某事', 又不言'妃'者, 容大祥之後, 禫月之吉祭. '皇', 君也. 言'君祖'者, 尊之也. '某子' 者, 祖字也, 伯子·仲子也. 尙, 庶幾也.

서자筮者(점을 치는 사람)가 허락을 하고, 묘문 중앙으로 돌아와, 자리(席)로 나아가서 서쪽을 향해 앉는다. 괘자卦者(괘를 기록하는 사람)는 서자의 왼쪽에 선다. 서자가 시초를 나누고 뽑아서 괘를 구하는 일을 마치면,[14] 괘자는 얻은 괘를 목판에 기록하고, 서자가 그것을 가지고 가서 주인에게 보여 준다.[15]

筮者許諾, 還, 卽席, 西面坐. 卦者在左. 卒筮, 寫卦, 筮者執以示主人.

정현주　　　　사士의 서자가 앉는 것은 시초가 짧아서 앉는 것이 편하기 때문이다.[16] 괘자는 땅에 그려서 효爻를 표시해 두고, 효가 갖추어지면 그것을 목판(方)에 기록하는 일을 주관한다.[17] 士之筮者坐, 蓍短由便. 卦者主畫地識爻, 爻備, 以方寫之.

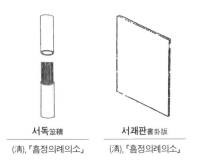

서독筮櫝　　　　　서괘판書卦版
(淸), 『흠정의례의소』　　(淸), 『흠정의례의소』

주인이 괘를 받아서 살펴본 후 서자筮者에게 돌려준다.

主人受視, 反之.

정현주　　　　'반反'은 돌려준다는 뜻이다. 反, 還.

[特牲饋食禮15 : 經—10]

서자筮者는 본래의 위치로 돌아와, 동쪽을 향하고, 휘하의 여러 사
람과 함께 장유長幼의 순서에 따라 점괘의 길흉을 판단한다. 판단
이 끝나면, 주인에게 "점괘가 길하다고 나왔습니다"라고 고한다.

筮者還, 東面, 長占. 卒, 告于主人, "占曰吉."

정현주　　　　　　'장점長占'[18]은 그 휘하의 여러 사람과 함께 장유의 순서에
따라 점괘를 판단하는 것이다. '長占', 以其屬之長幼旅占之.

[特牲饋食禮15 : 經— 11]

만약 얻은 점괘가 길하지 않으면, 다시 열흘 이후의 날(遠日)을 점
치는데, 처음 점을 칠 때와 동일한 절차로 한다.

若不吉, 則筮遠日, 如初儀.

정현주　　　　　　'원일遠日'은 열흘 이후의 날을 뜻한다. '遠日', 旬之外日.

[特牲饋食禮15 : 經—12]

종인宗人은 주인에게 제사지낼 날짜의 길흉을 점치는 절차가 모두
끝났음을 보고한다.

宗人告事畢.

1_ 제사지낼 ~ 않는다 : 「소뢰궤사례」에서는 점을 치기 하루 전날에 미리 丁日 혹은 己日에 해당하는 날을 상의하여 정하고, 그 이튿날에 정한 날짜에 대한 점을 쳐서 길흉을 알아본다. 이를 '諏日의 禮'라고 한다. 이는 大夫 이상에게만 있고, 士의 제사에서는 諏日을 하지 않는다. [소뢰궤사례16—經02]의 정현 주 및 주석 4) 참조.

2_ '궤사'란 ~ 도리이다 : 호배휘는 "'食道'는 살아 있는 사람이 마시고 먹는 도리를 가리킨다"(食道謂生人飮食之道)고 하였고, 만사대는 "饋食란 죽은 사람 섬기기를 마치 살아 있는 사람 섬기듯이 하는 의리"(饋食者, 事死如生之義也)라고 하였다. 또 特牲 '祭'나 少牢'祭'라고 하지 않고 特牲'饋食', 少牢'饋食'라고 한 것은 이 둘의 제사를 지낼 때 기장밥(粢盛)을 중시하기 때문이라고 하였다. 『의례정의』, 2082쪽 참조.

3_ 사는 ~ 다르다 : 소뢰궤사례에서 대부는 제사 전에 날짜를 미리 상의하여 丁日이나 己日에 해당하는 날을 정한 뒤에 다음날 정한 날의 길흉을 점친다. 그러나 특생궤사례에서 사는 이보다 禮를 降殺하여, 제사를 지내야 할 즈음에 겨를이 나면 적당한 날을 정하고 바로 길흉을 점친다는 뜻이다. 호배휘는 가공언이 「소뢰궤사례」의 疏에서 사는 제사 전에 致齊만을 지내고 散齊는 지내지 않는다고 한 것을 비판하면서, 사 역시 제사 전에 산재와 치재의 齊戒를 모두 지낸다고 보아, 사가 제사 날짜를 점치는 시기는 제사 지내기 10일 前이 되어야 할 것으로 보았다. 『의례정의』, 2082쪽 참조.

4_ 현관을 쓰고 현단복을 입고서 : '玄冠'은 검은색 비단으로 만든 관으로 周代부터 사용하였는데 '委貌'라고도 하며, '현관'이라고 한 것은 그 색에 근거하여 말한 것이다. 玄端은 현색인 검은색 베(緇布)로 만든 上衣로, 그 소매가 정방형으로 正直端正하기 때문에 현단복이라 한다. 직물의 正幅 그대로 옷을 만드는데, 이는 그 바름(正)을 취한 것으로, '端'은 바름(正)의 뜻과 통한다고 본 것이다. (『周禮』, 「春官·司服」, "玄端, 素端." 鄭玄 注, "端者, 取其正也." 賈公彦 疏, "端, 正也, 故以正幅解之也"). 玄端은 또 玄冠, 緇布衣, 玄裳, 爵畢을 갖춘 한 세트의 服制를 가리키기도 한다. 현단복은 朝服과 마찬가지로 검은 색의 웃옷(緇衣)을 입는데, 단지 조복에는 흰 素裳을 입고, 현단복에는 검은 玄裳을 입는 것이 다를 뿐이다. [사관례 : 經—3]의 정현 주에서 "현단은 朝服의 웃옷으로, 등급에 따라 그 치마의 색을 다르게 할 뿐이다(玄端即朝服之衣, 易其裳耳)"라고 하였다. 현단은 사의 常服 가운데 禮服이며, 천자와 제후에게는 燕居의 복장이다. 호배휘는, 사가 '筮日'의 절차를 행할 때는 조복을 입어야 하는데 현단을 입은 것은 제사 지낼 때의 祭服을 넘어설 수 없기 때문이라고 한 오계공의 설을 따르지 않고, 특생궤사례는 사의 의례이기 때문에 점칠 때도 현단을 입는다고 보는 능정감의 설을 따른다. 『의례정의』, 2083쪽 참조.

5_ 제사를 ~ 형제들은 : '子姓'(자손)은 제사를 받는 사람 즉 조상을 기준으로 말한 것이고, '兄弟'는 제사를 주관하는 사람 즉 주인을 기준으로 말한 것이다. 『의례정의』, 2083쪽, 성세좌의 설 참조.

6_ 제사를 ~ 때문이다 : 『백호통』「姓名」에는 "'姓'은 낳는다(生)는 뜻이다. 사람은 하늘

의 기운을 받아서 태어나는 것이다"(姓, 生也. 人稟天氣所以生者也)라고 하였고, 정
현도 『예기』「喪大記」의 주에서 "'子姓'은 여러 자손들을 가리킨다. '姓'은 낳는다(生)
는 뜻이다"(子姓謂衆子孫也, 姓之言生也)라고 하였다. 곧 '子姓'은 아들과 아들들이
낳은 사람들을 가리킨다. 성세좌는 경문에서 '子孫'이라 하지 않고 '子姓'이라 한 것
에 대해 "子孫은 2세대에 멈추지만, '아들이 낳은 바'(子姓)라고 말하면 曾孫과 玄孫
이하를 모두 포함하기 때문"이라고 하였다. 『의례정의』, 2083쪽 참조.

7_ 형제 : 이여규는 이곳의 '兄弟'는 '親族'의 뜻이라고 하였고, 관헌요는 伯父·叔父 및
   그 밖의 상하의 항렬 사람들이 모두 포함된다고 하였다. 『의례정의』, 2083쪽 참조.

8_ 유사와 ~ 가리킨다 : 가공언은 유사와 집사는 子弟들을 屬吏로 삼는 것을 말한다고
   하였다. 그러나 호광충은 앞의 경문에서 '子姓兄弟'라고 하였으므로 이곳의 有司에
   는 '子弟'가 포함될 수 없다고 비판하였고, 또 직무상 전문적으로 일을 담당하는 자
   를 '有司'라 하고, 전문적으로 일을 담당하는 것이 아니라 일이 생겼을 때 와서 제사
   를 돕는 자를 '執事'라고 한다고 하여 구분하였다. 『의례주소』, 970쪽 및 『의례정의』,
   2084쪽 참조. '屬吏'에 대해서는 [사관례01 : 經-03]의 정현 주 참조.

9_ 문 말뚝 : '闑'은 문 중앙에 세운 2개의 짧은 말뚝으로, 문짝이 문지방 안으로 들어오
   는 것을 막아 준다. 말뚝과 말뚝 사이를 '中門'이라고 하고, 말뚝의 동쪽은 '闑東', 서
   쪽은 '闑西'라고 한다. 왕인지는 『경의술문』에서 "'闑'은 곧 문 중앙의 말뚝으로, 곧게
   세워져 있으며 짧다. 수레가 문 안으로 들어갈 때, 수레의 굴대가 그 위를 넘어서
   지나갈 수 있다"('闑'卽門中之橛, 直立而短. 車入門, 車軸可越其上而過)라고 하였다.

10_ 서인 : 筮人은 점치는 일을 담당하는 관직의 명칭이다. 아래의 筮者는 모두 이 筮人
    을 가리킨다.

11_ 서인은 ~ 집어 들고 : 이여규는 『의례집석』에서 "문을 끼고 있는 당을 '塾'이라고
    한다.(夾門之堂謂之塾) 『이아』「釋宮」에서 '문 옆에 있는 당을 塾이라고 한다'(門側之
    堂謂之塾)고 하였는데, 이에 대해 곽박은 '문을 끼고 있는 당이다'(夾門堂也)라고 해
    석하였다. 문의 안쪽과 바깥쪽에는 그 동쪽과 서쪽으로 모두 '塾'이 있다. 문 하나
    에 4개의 塾이 있는데, 그 外塾은 남향이다"라고 하였다. [사관례01 : 經-04]에 "점
    을 칠 때 사용할 시초와 점을 칠 사람의 자리 그리고 괘를 기록하는 도구는 모두
    묘문 밖의 서쪽 당(西塾)에 진열해 놓는다"(筮與席·所卦者, 具饌于西塾)고 하였는
    데, 이에 대해 정현은 "西塾은 묘문 밖의 서쪽 당이다'(西塾, 門外西堂也)라고 하
    였다. 『의례정의』, 13쪽 및 앞의 『흠정의례의소』,「筮日圖」 참조.

12_ 명을 ~ 것이다 : 『예기』「少儀」에서 "군주를 대신하여 예물을 받을 때에는 군주의
    왼쪽에서 하고, 군주를 대신하여 명령을 전달할 때는 군주의 오른쪽에서 한다"(贊
    幣自左, 詔辭自右)고 하였다. 그러나 이곳은 제사를 지내는 경우로서 신에게 길함
    을 구하는 것이므로 常禮와 달리하여 왼쪽에서 명을 전달한다는 뜻이다. 『의례주
    소』, 970쪽 참조.

13_ 사의 제사를 ~ 때문이다 : [소뢰궤사례16 : 經-07]의 祝辭에서는 "황조 백 아무개

께 세시의 제사를 올리고, 아무개의 비를 아무개 씨께 배향하고자 하나이다"(用薦歲事于皇祖伯某, 以某妃配某氏)라고 한다. 이곳의 祝辭에서 '妃'를 언급하지 않은 것은 大祥의 한 달 후에 禫祭를 지내는데 禫祭를 지내는 달에도 吉祭(歲時의 제사)를 지내지만 이때에는 아직 妃를 배향하지는 않기 때문이다. [사우례14 : 記—90] 참조.

14_ 서자가 시초를 ~ 마치면 : 점을 칠 때에는 '筮'와 '占'의 두 과정이 있는데, 먼저 '筮'를 한 후에 '占'을 한다. '筮'는 筮櫝에 넣어둔 시초를 꺼내서, 일정한 방법으로 시초를 나누고 뽑아서 卦를 구하는 것이고, '占'은 그렇게 해서 얻은 卦를 가지고 다시 길흉을 점치는 것을 말한다. 『의례』에서 점치는 내용을 기록할 때에는 먼저 '筮'의 일을 기술한 후에 '占'의 일을 기술하는데, 占을 친 후에 주인에게 그 길흉을 보고한다. 이곳 [經—08]의 '卒筮'는 시초를 나누고 뽑아서 괘를 구하는 일이 끝났음을 뜻한다. 뒤의 [經—10]은 그 얻은 괘를 가지고 길흉을 판단하는 일을 기술한 것이다.

15_ 괘자는 ~ 보여 준다 : 이곳 [經—08]에 따르면 卦者가 괘를 목판에 기록하고, 그 기록한 목판을 筮者가 주인에게 보여 주어 보고하는 것이다. [사관례01 : 經—09]의 정현 주에서는 괘를 목판에 기록하는 것을 筮者의 일로 보았다.

16_ 사의 서자가 ~ 때문이다 : 卿・大夫의 시초는 길이가 5尺으로 길기 때문에 士의 경우와 달리 서서 점을 친다. [소뢰궤사례16 : 經—08]의 정현 주 참조.

17_ 괘자는 ~ 주관한다 : 卦者는 하나의 爻가 결정될 때마다 나무 지팡이로 땅에 그려서 표시해 두고, 6爻가 모두 갖추어지면 목판에 괘를 기록한다. [소뢰궤사례16 : 經—09]의 정현 주 참조.

18_ 장점 : [사관례01 : 經—11]에서는 '旅占'이라고 하였는데, 이곳의 '長占'과 마찬가지로 長幼의 순서로 점괘의 길흉을 판단하는 것이다.

經—13은 '서시筮尸' 즉 시동을 택하는 점을 치는 절차이다.

[特牲饋食禮15 : 經—13]

제사를 거행하기 3일 전 아침에,[1] 시동을 택하는 점을 치는데, 제사지낼 날짜의 길흉을 점칠 때와 동일한 절차로 한다. 주인이 서자筮者에게 점칠 내용을 명하여 말하기를, "효손孝孫 아무개(주인의 이름)가 이 아무개 제사의 일을 신에게 묻고 황조모자皇祖某子(祖의 字)의 묘廟에 나아가 제사를 거행하는데, 아무개(시동의 아버지의 字)의 아무개(시동의 이름)를 점쳐서 시동으로 삼고자 하나이다. 흠향하소서!"라고 한다.

前期三日之朝, 筮尸, 如求日之儀. 命筮曰, "孝孫某, 諏此某事, 適其皇祖某子, 筮某之某爲尸. 尙饗!"

정현주   3일 전에 하는 것은 빈에게 미리 고하여 제사에 참여해 줄 것을 다시 한 번 청하는 일(宿賓)과 제기를 깨끗이 씻었는지 점검하는 일(視濯)을 행할 시간적 여유를 두어야 하기 때문이다.[2] '아무개의 아무개'(某之某)라는 것은 시동의 아버지에 대해서는 자字를 칭하고 시동에 대해서는 이름으로 칭하는 것이다. 그 친속관계를 연이어 말한 것은 그들에게 붙어서 의지하기를 바라기 때문이다.[3] 대부와 사는 손자의 항렬을 시동으로 삼는다. 三日者, 容宿賓視濯也. '某之某'者, 字尸父而名尸. 連言其親, 庶幾其馮依之也. 大夫士以孫之倫爲尸.

1_ 제사를 거행하기 3일 전 아침에 : 호배휘는 경문의 '前期三日之朝'란 제사지내기 3일 전의 이른 아침 통틀 무렵을 가리킨다고 하였다. 『의례정의』, 2090쪽 참조.

2_ 3일 전에 ~ 때문이다 : 정현은 반드시 제사 3일 전에 '筮尸'를 하는 이유는 宿尸, 宿賓, 視濯, 視牲의 일을 행할 시간적 여유를 두어야 하기 때문이라고 해석한 것이다. '宿賓'과 '宿尸'는 같은 날에 행하고, '視濯'과 '視牲'은 같은 날에 행하기 때문에 '宿賓'과 '視濯'으로 포괄하여 말한 것이다. 저인량은 "제사 3일 전에 시동을 택하는 점을 치고(筮尸), 2일 전에 시동에게 미리 고하여 제사에 참여해 줄 것을 다시 한 번 청하고(宿尸), 아울러 빈에게 미리 고하여 제사에 참여해 줄 것을 다시 한 번 청하며(宿賓), 1일 전에 제기 씻는 일과 희생을 점검한다(視濯·視牲)"고 하였다. 『의례정의』, 2090쪽 참조.

3_ 그 친속관계를 ~ 때문이다 : 장이기에 따르면, 시동의 아버지는 제사를 지내는 자와 친속관계이므로, 시동의 아버지를 연이어 말하여 神이 그들에게 붙어서 의지하기를 바라는 것이다. 『의례정의』, 2090쪽 참조.

經一14에서 經一22까지는 '숙시宿尸' 즉 시동의 집으로 찾아가서 미리 고하여 제사에 참여해 줄 것을 다시 한 번 청하는 절차이다.

[特牲饋食禮15 : 經一14]

이어서[1] 주인은 시동의 집으로 찾아가서 제사에 참여해 줄 것을 다시 한 번 고하여 청한다.

乃宿尸.

정현주 '宿'은 肅의 뜻으로 읽는다. '肅'은 나아간다(進)는 뜻이다. '나아가게 한다'(進之)는 것은 제삿날에 마땅히 와야 함을 알도록 하는 것이다. 고문본에는 '宿'이 모두 '羞'로 되어 있다. 무릇 '宿'은 어떤 판본에는 '速'으로 되어 있는데, 기기에서는 '肅'으로 되어 있고, 『주례』에는 또한 '宿'으로 되어 있다.[2] '宿'讀爲肅. '肅', 進也. '進之'者, 使知祭日當來. 古文'宿'皆作'羞'. 凡'宿', 或作'速', 記作'肅', 『周禮』亦作'宿'.

[特牲饋食禮15 : 經一15]

주인은 시동의 집 대문 밖에 서고,[3] 자손과 형제들은 주인의 뒤에 서서 북쪽을 향하는데 동쪽을 윗자리로 삼는다.

主人立于尸外門外, 子姓兄弟立于主人之後, 北面東上.

정현주   자손과 형제들이 동쪽을 향하지 않는 것은, 왔지만 빈객이 되지 못하기 때문이다.⁴ 자손은 주인의 뒤에 선다. 윗자리(上)는 주인의 뒤에 해당한다. 不東面者, 來不爲賓客. 子姓立于主人之後. 上當其後.

[特牲饋食禮15 : 經—16]

시동이 주인과 동일한 복장을 착용하고,⁵ 대문 밖으로 나가 왼쪽으로 나아가서 서쪽을 향해 선다.

尸如主人服, 出門左, 西面.

정현주   감히 남쪽을 향하여 존자尊者의 위치에 있지 못하는 것이다.⁶ 不敢南面當尊.

[特牲饋食禮15 : 經—17]

시동이 대문 밖으로 나갈 때 주인은 사양하여 피하고, 자손과 형제 모두 동쪽을 향하는데 북쪽을 윗자리로 삼는다.

主人辟, 皆東面北上.

정현주   시동의 뒤를 따르는 것이다. 順尸.

[特牲饋食禮15 : 經—18]

주인이 재배를 하면, 시동은 답배를 한다.

主人再拜, 尸答拜.

정현주

주인이 먼저 배례하는 것은 시동을 높이는 것이다. 主人
先拜, 尊尸.

[特牲饋食禮15 : 經—19]

종인宗人으로서 빈擯(예의 진행을 돕는 주인 쪽의 사람)[7]이 된 사람은 주인
의 명을 축祝에게 전달하는데, 처음 시동을 택하는 점을 칠 때와
동일한 절차로 하고, 마치면서 말하기를 "그대를 점쳐서 아무개의
시동으로 삼고자 하였는데 점괘가 길하다고 나왔으니, 감히 참여
해 주실 것을 다시 한 번 청합니다"라고 한다.
宗人擯辭如初, 卒曰, "筮子爲某尸, 占曰吉, 敢宿."

정현주

종인宗人으로서 빈擯이 된 사람이 주인의 말을 전달하는
것이다. '처음과 동일한 절차로 한다'(如初)는 것은 재宰가 주인이 시동을 택
하는 점을 치라고 명한 말을 서인筮人에게 전달할 때와 동일한 절차로 한다
는 뜻이다. '마치면서 말한다'(卒曰)고 한 것은 그 말이 바뀌는 부분을 나타낸
것이다. 금문본에는 '敢'이 없다. 宗人擯者, 釋主人之辭. '如初'者, 如宰贊命筮尸
之辭. '卒曰'者, 著其辭所易也. 今文無'敢'.

[特牲饋食禮15 : 經—20]

축祝이 허락을 하고, 시동에게 주인의 명을 전하여 바친다.

祝許諾, 致命.

정현주　　　　　종인이 전달한 말을 받아서, 그것을 허락하고, 시동에게
명을 전하여 바치는 것이다. 처음에 종인宗人으로서 축祝이 된 사람은 북쪽
을 향하고 있었는데, 명을 전하여 바칠 때에는 모두 서쪽을 향하여 명을 받
고, 동쪽을 향하여 명을 전하는 것이다. 受宗人辭, 許之, 傳命於尸. 始宗人祝北
面, 至於傳命, 皆西面受命, 東面釋之.

[特牲饋食禮15 : 經—21]
시동이 허락을 하면, 주인은 머리를 바닥에 대면서 재배를 한다.
尸許諾, 主人再拜稽首.

정현주　　　　　그 허락하는 말도 또한 종인이 축祝에게 받아서 주인에
게 보고한다. 其許, 亦宗人受於祝, 而告主人.

[特牲饋食禮15 : 經—22]
시동은 대문 안으로 들어가고, 주인은 물러 나간다.[8]
尸入, 主人退.

정현주　　　　　서로 읍을 하고 떠나는데, 시동이 배례를 하지 않고 전송
하는 것은 시동이 존귀하기 때문이다.[9] 相揖而去, 尸不拜送, 尸尊.

38 《 의례 역주

1_ 이어서 : 시동을 택하여 점을 치는 '筮尸'의 절차와 다른 날에 함을 나타내는 말이다.『의례정의』, 2092쪽 참조.

2_ '宿'은 '肅'의 ~ 되어 있다 : 정현이 '宿'을 '肅'과 통하는 글자로 보고 이를 '進'의 뜻으로 해석한 것은 『이아』「釋詁」에서 "'肅'·'延'·'誘'·'薦'·'餤'·'晉'·'寅'·'藎'은 모두 '進'의 뜻이다"라고 한 것에 근거한다. 형병의 『이아소』에 의하면 '肅'은 『예기』「曲禮上」에서 "主人肅客而入"이라고 했을 때의 '肅'과 동일한 의미인데, 「曲禮上」의 정현 주에는 "肅은 나아간다는 뜻이다. 손님을 나아가게 한다는 것은 손님을 인도한다는 뜻이다"(肅, 進也. 進客謂道之)라고 하였다. 한편 호배휘는 "'宿'은 '夙'(일찍)과 동일한 뜻이므로, 무릇 기일에 앞서 미리 고하는 것을 '宿'이라고 한다. 또 『禮』의 범례에서는 '戒'를 먼저 하고 '宿'을 나중에 한다. 그러므로 ('宿'은) 또 의미가 확대되어 '재차 고한다'(再戒), '거듭 고한다'(申戒)는 뜻이 되었다. [향음주례04 : 記—01]의 정현 주에서 '재차 알리는 것이 宿戒가 된다'(再戒爲宿戒)고 하였고, [공사대부례09 : 記—01]의 정현 주에서는 '거듭 알리는 것은 '宿'이 된다'(申戒爲宿)고 하였다. 이곳 경문의 '宿尸'에 대해 정현은 '나아가게 하여 오도록 한다'는 의미로 생각하였기 때문에 '肅'의 뜻으로 읽고, '進'의 의미로 훈고한 것이다. 『예기』「祭統」에 '宮宰가 夫人에게 宿을 한다'(宮宰宿夫人)고 한 것에 대해 정현은 '宿은 肅의 뜻으로 읽는다. 肅은 고한다(戒)는 뜻과 같으니, 戒는 가볍고, 肅은 중하다'(宿讀爲肅. 肅, 猶戒也, 戒輕肅重也)고 하였다. 옛날에 '宿', '肅', '速'의 세 글자는 경전에서 통용되는 사례가 많다. 『이아』「釋詁」에 '肅은 速(초청한다)의 뜻이다'라고 하였으니, '肅'은 또 '速'과 뜻이 통하는 것이다. 이 때문에 정현은 이곳 경문의 注에서 '무릇'(凡)이라는 말을 꺼내어, '宿은 어떤 판본에는 速으로 되어 있는데, 記에서는 肅으로 되어 있고, 『주례』에는 또한 宿으로 되어 있다'고 한 것이니, 글자는 비록 다르지만 뜻은 실로 통한다는 의미이다"라고 하였다. 또 호배휘에 따르면 '宿'(다시 거듭 알림)은 반드시 '戒'(미리 알림)를 한 후에 행하는 것인데, 이곳 「특생궤사례」에서 '戒'의 절차를 언급하지 않은 것은 문장을 생략했기 때문이라고 하였다. 『의례정의』, 2092쪽 참조.

3_ 주인은 ~ 서고 : 호배휘는 자손과 형제들이 주인의 뒤쪽에서 북쪽을 향하고 있으므로, 주인도 북쪽을 향하고 있음을 알 수 있다고 하였고, 채덕진은 북쪽을 향하는 것은 신을 섬기는 예라고 하였다. 『의례정의』, 2093쪽 참조.

4_ 자손과 ~ 때문이다 : 일반적으로 빈객은 문 밖에서 동쪽을 향하는데, 이곳에서는 宿尸의 예를 행하는 것이어서 감히 빈객이 되지 못하기 때문에 북쪽을 향하는 것이다. 일설에는 정현 주의 '爲'를 去聲으로 즉 '(빈객을) 위한다'는 뜻으로 읽어야 한다고 하였다. 즉 북쪽을 향하는 것은 '찾아온 것이 시동을 위한 것이지 빈객을 위한 것이 아니기 때문'이라는 의미가 되며, 이것은 아래 [經—23]에서 빈객을 위해 宿賓의 예를 행할 때 주인이 동쪽을 향하는 것과 대비된다고 하였다. 『의례정의』, 2093쪽 참조.

5_ 시동이 ~ 착용하고 : 호배휘는 주인이 宿尸할 때의 복장에 관해 언급하지 않은 것

은 (앞서 언급된) 玄冠에 玄端의 복장이기 때문일 것으로 본다. 『의례정의』, 2093쪽 참조.

6_ 감히 ~ 것이다 : 여기서는 土의 손자 항렬이 시동이 되는 것이므로, 비록 宿尸의 예를 받는 입장이지만 아직은 제사 전이므로 감히 존귀한 위치에 해당되지 않는 것이다.

7_ 빈 : 有司 가운데 예의 진행을 돕는 주인 쪽의 사람을 '擯'이라고 하고, 빈객 쪽의 사람을 '介'라고 한다. [사관례01 : 經—22]의 정현 주 참조.

8_ 시동은 ~ 물러 나간다 : 호배휘는 이곳 경문에서는 '주인이 물러 나가면, 시동은 대문 안으로 들어간다'(主人退尸入)고 해야 하는데, '시동이 대문 안으로 들어간다'(尸入)는 것을 먼저 서술한 것은 시동이 대문 안으로 들어가는 것과 주인이 물러 나가는 것이 동시에 진행되기 때문이라고 하였다. 따라서 정현 주에서 '尸不拜送'이라고 한 것은 시동이 배례를 하지 않고 전송을 하는 것일 뿐, 전송을 하지 않는 것을 말하는 것은 아니라고 하였다. 『의례정의』, 2095쪽 참조.

9_ 서로 ~ 때문이다 : 일반적으로 빈을 전송하는 방법에서 전송하는 사람은 반드시 떠나가는 사람이 멀리 떠나간 후에 비로소 대문 안으로 들어간다. 이 때문에 「빙례」의 경문에서는 늘 '빈 일행은 뒤를 돌아보지 않고 곧바로 떠난다'(賓不顧)라고 하였다. 『의례정의』, 2095쪽 참조.

經―23에서 經―24까지는 '숙빈宿賓' 즉 빈의 집으로 찾아가서 미리 고하여 제사에 참여해 줄 것을 다시 한 번 청하는 절차이다.

[特牲饋食禮15 : 經―23]

주인이 빈의 집으로 찾아가서 제사에 참여해 줄 것을 다시 한 번 청한다. 빈은 주인과 동일한 복장을 착용하고,[1] 대문 밖으로 나가서 왼쪽으로 나아가 서쪽을 향해 재배를 한다. 주인은 동쪽을 향해 답례로 재배를 한다. 종인宗人[2]으로서 빈擯이 된 사람은 주인의 명을 전달하면서 "아무개(주인의 이름)께서 세시歲時의 제사를 올리고자 하시는데, 그대께서 장차 참여해 주시기를 다시 한 번 청합니다"라고 말한다.

宿賓. 賓如主人服, 出門左, 西面再拜. 主人東面答再拜. 宗人擯曰, "某薦歲事, 吾子將涖之, 敢宿."

정현주   '천薦'은 올린다(進)는 뜻이다. '리涖'는 참여한다(臨)는 뜻이다. '그대께서 장차 참여하실 것입니다'라고 말하였으므로 빈은 유사有司 가운데 포함되어 있음을 알 수 있는데, 이제 특별히 거듭 고하여 청하는 것은 빈을 존중하는 뜻이다. '薦', 進也. '涖', 臨也. 言'吾子將臨之', 知賓在有司中, 今特肅之, 尊賓耳.

빈은 "아무개(빈의 이름)가 감히 공경히 따르지 않을 수 있겠습니까"
라고 말한다. 주인은 재배를 하고, 빈은 답배를 한다. 주인이 물러
가면, 빈은 배례를 하면서 전송한다.

賓曰, "某敢不敬從." 主人再拜, 賓答拜. 主人退, 賓拜送.

1_ 주인과 동일한 복장을 착용하고 : 玄冠을 쓰고 玄端服을 입는 것을 말한다. [經-02]
참조.

2_ 종인 : [사관례01 : 經-14]의 정현 주에 "宗人은 有司로서 예식 절차를 주관하는 자
이다(宗人', 有司主禮者)"라고 하였다. 이에 대해 가공언은 소에서 士는 비록 신하가
없지만 또한 종인을 두어서 예를 관장하게 하는데, 宗伯에 비견된다고 하였다. 호
배휘에 따르면, 예를 관장하는 관직은 천자의 경우에는 '종백'이라고 하고, 제후 이
하는 통틀어서 '종인'이라고 한다. 제후와 대부는 家臣을 종인으로 삼는다. 『의례정
의』, 23쪽 참조.

「시탁시생위기도視濯視牲爲期圖」

(淸), 『흠정의례의소』

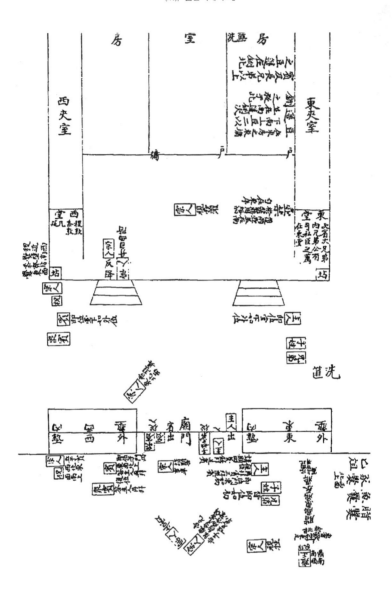

호배휘(淸), 묘도廟圖

이케다 스에토시, 『의례』

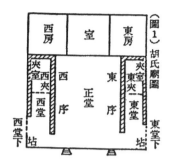

「침묘변명도寢廟辨名圖」

양복(宋), 『의례도』

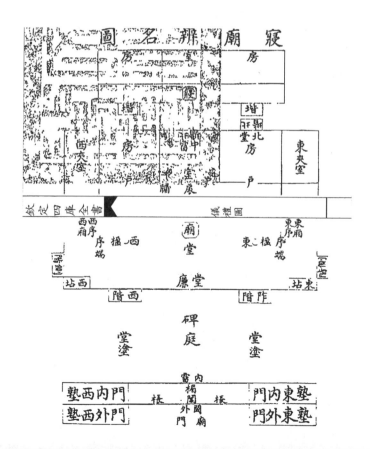

經─25에서 經─39까지는 '시탁視濯'과 '시생視牲' 즉 제기를 깨끗이 씻었는지 점검하고, 희생을 살펴보는 절차이다.

[特牲饋食禮15 : 經─25]

주인이 빈의 집으로 찾아가서 제사에 참여해 줄 것을 다시 한 번 청한 이튿날 저녁, 3개의 세발솥(鼎)을 묘문 밖에 북쪽을 향하도록 하여 진설하는데, 북쪽을 윗자리로 삼고,[1] 덮개(鼏)로 그 위를 덮어 둔다.[2]

厥明夕, 陳鼎于門外, 北面北上, 有鼏.

정현주   '궐厥'은 그(其)의 뜻이니, 주인이 빈의 집으로 찾아가서 제사에 참여해 줄 것을 다시 한 번 청한 이튿날의 저녁이다. '묘문 밖에서 북쪽을 향하도록 하여 진설한다'(門外北面)는 것은 묘문의 맞은편에 진설한다

시정豕鼎
섭숭의(宋), 『삼례도』

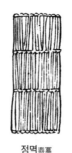

정멱鼎冪
섭숭의(宋), 『삼례도』

편멱編鼏
황이주(淸), 『예서통고』

는 뜻이다. 고문본에는 '罪'이 '密'로 되어 있다. '厥', 其也, 宿賓之明日夕. 門外
北面, 當門也. 古文'罪'爲'密'.

[特牲饋食禮15 : 經—26]
가자(㮦 : 음식물을 나르는 들것의 일종)[3]를 세발솥의 남쪽에 진설하는데,
세로로 하여 남쪽을 향해 놓는다. 그 가자 위에 말린 토끼고기[4]를
올려놓는데, 머리가 동쪽을 향하도록 하여 놓는다.
㮦在其南, 南順. 實獸于其上, 東首.

정현주   '순順'은 세로(從)의 뜻
과 같다. 어㮦의 제도는 오늘날의 대목여
大木輿와 같다. 위는 사방으로 빙 둘러져
있고 아래에는 다리가 없다. '수獸'는 말린
고기(腊)를 가리킨다. '順'猶從也. 㮦之制, 如
今大木輿矣. 上有四周, 下無足. '獸', 腊也.

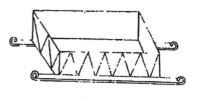

진찬어 陳饌㮦
(淸), 『흠정의례의소』

[特牲饋食禮15 : 經—27]
희생을 가자(㮦)의 서쪽에 진설하는데, 머리가 북쪽을 향하도록 하
고 다리가 동쪽을 향하도록 하여 놓는다.
牲在其西, 北首, 東足.

정현주   '그 서쪽'(其西)은 가자의 서쪽을 가리킨다. 다리가 동쪽을

향하도록 하여 놓는 것은 오른쪽을 높이기 때문이다.[5] 희생을 가자 위에 올려놓지 않는 것은 그것이 살이 있기 때문이다.[6] '其西', 棜西也. 東足者, 尙右也. 牲不用棜, 以其生.

[特牲饋食禮15 : 經—28]

물받이 항아리(洗)는 조계의 동남쪽에, 술동이(壺)를 받쳐 놓은 술동이 받침대(禁)는 당 위 서쪽 벽(西序)[7]에 각각 진설한다. 나무제기(豆)·대나무제기(籩)·국그릇(鉶)은 동방東房에 진설하는데 남쪽을 윗자리로 삼는다.[8] 안석(几)·자리(席)·2개의 밥그릇(敦)[9]은 서당西堂에 진설한다.

設洗于阼階東南, 壺禁在西序. 豆·籩·鉶在東房, 南上. 几·席·兩敦在西堂.

정현주 '동방東房'은 방안의 동쪽으로, 동쪽 협실夾室의 북쪽과 마주한다.[10] '서당西堂'은 서쪽 협실夾室의 앞에서 남쪽으로 가까운 곳이다.[11] '東房', 房中之東, 當夾北. '西堂', 西夾室之前近南耳.

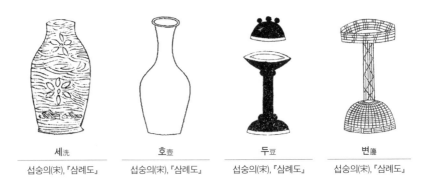

세洗	호壺	두豆	변籩
섭숭의(宋), 『삼례도』	섭숭의(宋), 『삼례도』	섭숭의(宋), 『삼례도』	섭숭의(宋), 『삼례도』

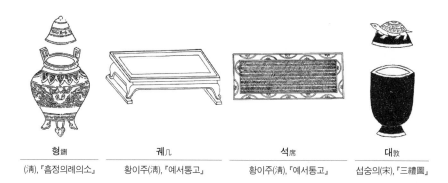

형鉶	궤几	석席	대敦
(淸), 『흠정의례의소』	황이주(淸), 『예서통고』	황이주(淸), 『예서통고』	섭숭의(宋), 『三禮圖』

[特牲饋食禮15 : 經—29]

주인 및 자손과 형제들이 묘문 밖의 동쪽 위치로 나아가는데, 처음
점칠 때와 동일한 위치로 나아간다.

主人及子姓·兄弟卽位于門東, 如初.

정현주 '처음'(初)은 점칠 때의 위치를 가리킨다.[12] '初', 筮位也.

[特牲饋食禮15 : 經—30]

빈과 중빈들이 묘문 밖의 서쪽 위치로 나아가 동쪽을 향해 서는데,
북쪽을 윗자리로 삼는다.

賓及衆賓卽位于門西, 東面北上.

정현주 '처음 점칠 때와 동일한 위치로 나아간다'(如初)라는 말을
이어받아 덧붙이지 않은 것은, 재宰는 있지만 종인宗人과 축祝이 없기 때문
이다. 不蒙'如初'者, 以宰在而宗人祝不在.

종인宗人과 축祝은 빈의 서북쪽에 동쪽을 향해 서는데, 남쪽을 윗
자리로 삼는다.

宗人·祝立于賓西北, 東面南上.

정현주   제사의 일이 다가올수록 위치가 달라진다.[13] 종인과 축은
제사를 지낼 때에는 마땅히 묘廟에 가까이 있어야 한다. 事彌至, 位彌異. 宗人
祝, 於祭宜近廟.

주인이 재배를 하면 빈은 답례로 재배를 한다. 주인이 중빈들에게
삼배를 하면 중빈들은 답례로 한꺼번에 재배를 한다.

主人再拜, 賓答再拜. 三拜衆賓, 衆賓答再拜.

정현주   중빈들이 (한꺼번에) 재배를 하는 것은, 사士는 지위가 낮
아서 한꺼번에 배례를 하더라도 예를 갖출 수 있기 때문이다.[14] 衆賓再拜者,
士賤, 旅之得備禮也.

주인이 읍을 하고 묘문 안으로 들어가면, 형제들은 주인의 뒤를
따라 들어가고, 빈과 중빈들은 형제들의 뒤를 따라 들어가 당 아
래의 정해진 위치로 나아가는데, 묘문 밖에 있을 때와 동일한 위

치에 선다.¹⁵

主人揖入, 兄弟從, 賓及衆賓從, 卽位于堂下, 如外位.

정현주   제기를 깨끗하게 씻었는지 살피기 위함이다.¹⁶ 爲視濯也.

[特牲饋食禮15 : 經—34]

종인은 서쪽 계단을 통해 당 위로 올라가서 술동이 등을 깨끗이
씻었는지 나무제기와 대나무제기 등을 가지런히 갖추었는지 살펴
본 후, 몸을 돌려 당에서 내려와 서쪽 계단 아래에서 동북쪽을 향
해 주인에게 씻고 갖추었음을 보고한다.

宗人升自西階, 視壺濯及豆籩, 反降, 東北面告濯具.

정현주   '탁濯'은 씻는다(漑)는 뜻이다. 밥그릇(敦)과 국그릇(鉶)
을 언급하지 않은 것은 문장을 생략한 것이다. 동북쪽을 향해 보고하는 것
은 빈이 듣고 싶어 하기 때문이다.¹⁷ '씻고 갖추어졌다'(濯具)라고만 말하고
'깨끗하다'(絜)라고 말하지 않은 것은 안석(几)과 자리(席)가 있기 때문이다.¹⁸
'濯', 漑也. 不言敦鉶者, 省文也. 東北面告, 緣賓意欲聞也. 言'濯具'不言'絜', 以有
几 · 席.

[特牲饋食禮15 : 經—35]

빈이 묘문 밖으로 나가면, 주인도 묘문 밖으로 나가서 모두 묘문
밖의 본래 위치로 되돌아간다.

賓出, 主人出, 皆復外位.

정현주 희생을 살펴보기 위함이다. 금문본에는 '復'이 '反'으로 되어 있다. 爲視牲也. 今文'復'爲'反'.

[特牲饋食禮15 : 經―36]
종인宗人이 희생을 살펴보고 주인에게 살지다고 보고한다. 옹정雍正[19]은 돼지를 채찍질한다.[20]
宗人視牲, 告充. 雍正作豕.

정현주 '충充'은 살지다(肥)는 뜻과 같다. '옹정雍正'은 관직의 명칭이다. 북쪽을 향해 채찍으로 돼지를 움직이게 하여 소리와 기운을 살펴보는 것이다. '充'猶肥也. '雍正', 官名也. 北面以策動作豕, 視聲氣.

[特牲饋食禮15 : 經―37]
종인이 주인에게 말린 토끼고기의 꼬리 부분을 들어서 온전히 갖추어졌음을 보고하고, 세발솥의 덮개보를 들어서 깨끗함을 보고한다.
宗人擧獸尾, 告備, 擧鼎冪, 告絜.

정현주 '비備'는 갖춘다(具)는 뜻이다. '備', 具.

종인이 제사를 거행할 시간을 청하여 물으면, 주인은 "고깃국이
익을 때"라고 말한다.

請期, 曰"羹飪."

정현주 　　　　고기를 넣고 끓인 국을 '갱羹'(고깃국)이라고 한다. '임飪'
은 익는다(熟)는 뜻이다. 다음날 날이 밝아올 때를 가리키는데, '고깃국이 익
을 때'(肉熟)라고 말한 것은 미리 준비하여 빈을 위로하는 것을 중시한 것이
다.²¹ 종인은 제사를 거행할 시간을 듣고 나면, 서북쪽을 향해 빈과 유사들
에게 고한다.²² 肉謂之'羹'. '飪', 熟也. 謂明日質明時, 而曰'肉熟', 重豫勞賓. 宗人旣
得期, 西北而告賓有司.

종인은 주인에게 제기와 희생 살펴보는 일이 끝났음을 보고한다.
빈이 대문 밖으로 나가면 주인이 배례를 하면서 전송한다.

告事畢. 賓出, 主人拜送.

1_ 북쪽을 윗자리로 삼고 : 북쪽에서 남쪽으로 豕鼎, 魚鼎, 腊鼎의 순서로 진설한다. 앞의 『흠정의례의소』, 「視濯視牲爲期圖」 참조.

2_ 덮개로 그 위를 덮어 둔다 : 『의례』의 다른 편에서 세발솥(鼎)을 진설할 때에는 대부분 '세발솥의 양 귀를 가로막대로 꿰어 걸고 덮개로 세발솥의 위를 덮는다'(設扃鼏) 고 하였는데, 이곳에서 단지 '덮개로 그 위를 덮는다'(有鼏)라고만 한 것은 그 깨끗이 함을 드러내기 위한 것으로, 사실은 가로막대가 있어 세발솥의 양귀를 꿰어 건 다. 『의례정의』, 2096쪽 참조.

3_ 가자 : '椸'는 본래 '갸자' 혹은 '가자(架子)'로서, 희생·음식 등을 들고 나르는 들것의 일종으로 다리가 없다. 호배휘는 '椸'에는 음식물을 싣고 나르는 것과 술동이를 받쳐 놓는 것이 있는데, 이곳에서는 희생을 올려놓고 나르는 들것의 일종이라고 하였다. 『의례정의』, 2097쪽 참조. 술동이 받침대로서의 '椸' 또는 '禁'에 관한 자세한 내용은 아래 記―06을 참조.

4_ 말린 토끼고기 : 호배휘는 土의 경우 말린 고기로 토끼고기를 사용하는데, 『주례』 「천관·腊人」의 정현 주에 "작은 동물을 통째로 말린 것을 '腊'이라고 한다"고 한 것에 근거하여 이곳 경문의 '腊'은 말린 토끼고기라고 하였다. 『의례정의』, 2097쪽 참조.

5_ 다리가 ~ 때문이다 : 가공언에 따르면, 周나라 사람들은 서쪽인 오른쪽을 숭상하였기 때문에 제사를 지낼 때 오른쪽을 높인 것이다. 『의례주소』, 977쪽 참조.

6_ 희생은 ~ 때문이다 : 이곳의 희생은 돼지(豕)인데, 살아 있기 때문에 다리를 묶어서 땅에 눕혀놓고 가자(椸) 위에 올려놓지 않는다. 『의례정의』, 2098쪽 참조.

7_ 당 위 서쪽 벽 : 호배휘의 『의례정의』, 2098쪽에는 '西序'가 '東序'로 되어 있다. 앞의 『흠정의례의소』, 「視濯視牲爲期圖」 역시 禁이 東序 앞에 그려져 있다.

8_ 나무제기 ~ 삼는다 : 나무제기(豆)·대나무제기(籩)·국그릇(鉶) 안에는 아직 음식을 담지 않았는데, 나무제기를 가장 남쪽에 진설하고 대나무제기와 국그릇을 순서대로 북쪽에 진설한다. 앞의 『흠정의례의소』, 「視濯視牲爲期圖」 참조.

9_ 밥그릇 : '敦'는 찰기장 밥(黍), 메기장 밥(稷), 쌀밥(稻), 수수밥(粱) 등 밥을 담아 두는 그릇이다. 모두 뚜껑이 있어 밥을 따뜻하게 할 수 있다. 『예기』「明堂位」의 정현 주에 "(敦는) 모두 찰기장 밥과 메기장 밥을 담는 그릇이다"(皆黍稷器)라고 하였고, 육덕명의 『경전석문』에는 "敦는 음이 대이다. 또한 都와 雷의 반절이다"(敦音對, 又都雷反)라고 하였다. 錢玄, 『삼례사전』, 811쪽 참조.

10_ '동방'은 ~ 마주한다 : 가공언은 "大夫와 士의 경우 東房과 西室만 있기 때문에 '房' 이라고 하면 곧바로 '東房'을 가리키는데, 이 경문에서 특별히 '東房'이라고 한 것은 방 안에서 동쪽으로 가까운 곳임을 밝히기 위한 것"(大夫士直有東房·西室, 若言房 則東房矣, 今此經特言'東房', 明房內近東邊, 故云'東房'也)이라고 하여 정현 주를 보충 설명한다. 『의례주소』, 977쪽 참조. 홍이훤은 『宮室答問』에서 "夾의 북쪽에 戶(문) 가 있어 房과 통한다"고 하였다. 그러나 이에 대해 강영은 『儀禮釋宮增註』에서 "夾

의 북쪽은 벽으로 막혀 있어 房의 동쪽·房의 서쪽과 마주하지만 서로 통하지는 않는다. 夾의 북쪽 가까운 곳이 室인데, 夾의 북쪽에 戶가 있다면 室의 제도가 되지 못한다'고 비판하였다. 공광삼은 "경문의 '東房'을 '방안의 동쪽'(房中之東)이라고 풀이해서는 안 된다. 그러나 정현의 생각은 東夾의 북쪽을 통틀어서 房中으로 이해한 것이므로 室室은 房 앞의 치우친 곳에 있음을 알 수 있다. 그러므로 東房의 문은 반드시 서쪽으로 가깝고, 西房의 문은 동쪽으로 가까워서 곧바로 堂으로 들어갈 수 있다. 그리고 東房 안의 동쪽과 西房 안의 서쪽은 모두 夾室의 벽 뒤쪽과 마주한다. 근세에 동·서의 夾室은 房·室과 나란하게 병렬되는데 5間으로 짓는다고 주장하지만 그렇지는 않다"고 하였다. 호배휘는 가공언과 달리 대부·사의 종묘와 정침에는 東房과 西房이 모두 있는 것으로 해석한다. "정현이 『禮』에 주를 붙일 때, 군주는 左房과 右房이 있고, 대부와 사는 東房과 西室이 있다고 하였으므로, 이곳 경문의 '東房'을 '방안의 동쪽'이라고 풀이한 것이다. 하지만 『詩』의 鄭箋에서는 東房·西室만을 갖추는 것은 燕寢의 제도라고 하였으므로, 대부·사의 宗廟와 正寢에는 또한 東房과 西房이 있는 것이다"고 하였다. 『의례정의』, 2098~2099쪽 및 앞의 『흠정의례의소』, 「視濯視牲爲期圖」 및 호배휘의 廟圖 참조.

11_ '서당'은 ~ 곳이다 : 유희의 『釋名』에 의하면 夾室은 堂의 양쪽 끄트머리에 있기 때문에 '夾'이라고 한다. '夾'은 正堂의 동·서쪽에 있다는 것이 정설이다. 宋나라 양복의 『의례도』에서는 처음으로 夾室을 東房의 동쪽과 西房의 서쪽에 그려서 房·室과 병렬이 되게 하였다. 이후 학자들은 이를 비판하였는데, 그 잘못은 최영은의 『三禮義宗』에서부터 시작되었다고 하였다. 그러나 『예기』「內則」의 공영달의 소에 인용된 최영은의 설에 의하면, 宮室의 제도는 중앙이 正室이 되고, 正室의 좌우에 房이 있고, 房 밖에 序가 있고, 序 밖에 夾室이 있다. '房 밖에 序가 있다'는 것은 '房의 남쪽 밖'을 가리키며, '序 밖에 夾室이 있다'는 것은 '堂의 東序와 西序 밖'을 가리킨다. 최영은은 '房 밖에 序가 있고, 序 밖에 夾室이 있다'고 하였지만, '房의 좌우가 夾이 된다'고 말하지는 않았다. 그렇다면 夾은 房과 병렬되지 않는다. '房의 밖'이란 '房의 남쪽'을 가리키는데, [사혼례02 : 經─67]에 "房의 밖에 자리를 펼쳐 놓는다"(席于房外)고 하였는데, 이에 대해 정현은 "'房의 밖'은 房戶 밖의 서쪽이다"('房外', 房戶外之西)라고 하였다. 堂上의 東序와 西序는 벽이 房의 남쪽에 있기 때문에 '房의 밖에 序가 있다'고 한 것이다. 아래 [記─12]에 "그 나머지 사람들의 것은 東堂에 진설한다"(其餘在東堂)고 한 것에 대해서도 정현은 "'東堂'은 동협의 앞에서 남쪽으로 가까운 곳이다"('東堂', 東夾之前, 近南)고 하였다. '夾'에도 室이 있고 堂이 있는데, '夾'은 이것의 총명이다. 북쪽으로 가까운 곳이 '室'이고, 남쪽으로 가까운 곳이 '堂'이다. '東夾'과 '西夾'의 제도를 살펴보면, '東夾'은 堂上의 東序의 동쪽에 있고, '西夾'은 堂上의 西序의 서쪽에 있는데, 모두 남향이며, 그 북쪽에 담벽(墉)이 있어 東房·西房과 접해 있다. 東夾의 동쪽과 西夾의 서쪽에도 모두 담벽(墉)이 있다. '東夾'·'西夾'은 '東箱'·'西箱'이라고도 하며, '左介'·'右介' 혹은 '左達'·'右達'이라고도 한

다. 左는 동쪽이며, 右는 서쪽이다. 따라서 '夾'·'箱'·'介'·'達'은 명칭은 다르지만 실질은 같다. 총괄적으로 말하면 '東夾'과 '西夾'이며, 나누어서 말하면 夾의 북쪽으로 가까운 곳이 '室'이고, 남쪽으로 가까운 곳이 '堂'이므로, '夾室'과 '東堂'·'西堂'이라는 명칭이 생기게 된 것이다. 『의례정의』, 2099쪽 및 양복, 『寢廟辨名圖』 참조.

12_ '처음'은 ~ 가리킨다 : 제사지낼 날짜를 점치고(筮日) 시동을 택하는 점을 칠 때(筮尸)와 마찬가지로 묘문 밖의 정해진 위치로 나아가 서쪽을 향해 선다는 뜻이다. [經−02] 참조.

13_ 제사의 ~ 달라진다 : 가공언에 의하면, 宗人과 祝이 묘문 가까이에 있는 것은 본래의 위치에서 떨어져 있는 것이다('位彌異'者, 謂宗人祝近門, 離本位, 故云'位彌異'). 『의례주소』, 978쪽 참조.

14_ 중빈들이 ~ 때문이다 : 오계공과 오정화는 [향음주례04 : 經−63]에서 "주인이 서남쪽을 향해서 중빈에게 삼배를 한다. 중빈은 모두 답례로 일배를 한다(主人西南面三拜衆賓, 衆賓皆答壹拜)라고 한 것에 의거하여 이 경문의 '再拜'는 '壹拜'의 잘못이라고 하였다. 그러나 저인량은 「향음주례」에서 중빈들이 답례로 일배를 하는 것은 주인이 대부이기 때문이고, 「유사철」에서 중빈들이 답례로 일배를 하는 것([유사철17 : 經−81])도 祭主가 대부이기 때문인데, 이곳은 士禮이므로 굳이 경문의 '再拜'를 誤字로 볼 필요가 없다고 본다. 성세좌 역시 이 경문은 "중빈들의 旅拜의 법을 말한 것"이라고 하여 중빈들이 한꺼번에 재배를 행하는 것으로 해석한다. 『의례정의』, 2101쪽 참조.

15_ 묘문 밖에 ~ 선다 : 호배휘는 "이때에도 주인과 빈이 나뉘어 2줄을 이루는데, 한 줄은 阼階 앞에서 서쪽을 향하고, 한 줄은 西階 앞에서 동쪽을 향해 선다"고 하였다. 『의례정의』, 2102쪽 및 앞의 「흠정의례의소」, 「視濯視牲爲期圖」 참조.

16_ 제기를 ~ 것이다 : 제기를 깨끗이 씻었는지를 점검하는 '視濯'과 희생을 살펴보는 '視牲'은 주인이 직접 살필 뿐만 아니라 賓과 衆賓들도 함께 참여한다.

17_ 동북쪽을 ~ 때문이다 : 이때 주인은 서쪽을 향하고 있는데, 종인이 주인에게 동쪽을 향하여 보고하지 않고 동북쪽을 향하여 보고하는 것은 빈이 서쪽에 있으면서 역시 듣고 싶어 하기 때문이다. 『의례정의』, 2102쪽 참조.

18_ '씻고 갖추어졌다'라고만 ~ 때문이다 : 호배휘는 "'告濯'(씻었음을 고함)은 이미 씻은 것을 말하는 것이고, '告具'(갖추어졌음을 고함)는 이미 갖추어 진열한 것을 말하는 것이니, '潔'(깨끗하다)이라고 말하면 전적으로 씻은 것만을 가리키고, '濯與具'(씻은 것과 갖추어진 것)라고 말하면 씻지 않은 것까지 겸하는 뜻이 된다. 안석(几)과 자리(席)는 씻는 것이 아니다"라고 하였다. 『의례정의』, 2102쪽 참조.

19_ 옹정 : 호광충은 『의례석관』에서 '雍正'은 私臣으로서 희생을 자르고 삶는 일을 관장하는 사람인데, 「소뢰궤사례」에 '雍人'과 '雍正'이 보이므로 雍正은 雍人의 우두머리이며, 士의 관리로서 인원은 한 명이라고 하였다. 『의례정의』, 2102쪽 참조.

20_ 옹정은 돼지를 채찍질한다 : 돼지는 묶여서 땅에 눕혀 있기 때문에 반드시 채찍질

로 움직이게 해야 비로소 그 소리의 기운을 살펴 질병의 여부를 알 수 있다. 『의례정의』, 2103쪽 참조.

21_ 다음날 ~ 것이다 : 「소뢰궤사례」에서는 "宗人이 '내일 동틀 무렵 제사를 거행하겠습니다'라고 말한다"고 하는데, 여기 「특생궤사례」에서는 '내일 동틀 무렵'이라고 하지 않고 '고깃국이 끓을 때'라고 한다. 이에 대해서 호배휘는, 士의 賓은 僚友들이 많으므로, 미리 준비하여 그들을 위로하는 것을 중시하는 것이라고 하였다. 『의례정의』, 2103쪽 참조.

22_ 서북쪽을 향해 ~ 고한다 : 빈과 유사는 모두 동쪽을 향하고 있는데, 종인이 서북쪽을 향하여 고하는 것은 형제들도 함께 들을 수 있도록 하려는 것이다.

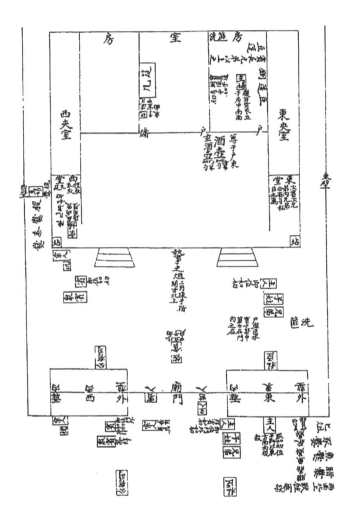

해제

經—40에서 經—53까지는 제사를 거행하는 날의 陳設과 位次이다. 주인이 廟門 밖에서 희생을 잡는 것을 살펴보는 '視殺' 후에, 鑊에서 희생을 삶고, 鼎 안에 희생을 담아서 묘문 밖에 진설하고, 尊 · 豆 · 籩 · 鉶 · 俎 · 敦의 제기와 几 · 席 · 匜 · 槃 등의 기물을 진설하고, 참여자들 모두 복식을 갖춰 입은 뒤에 각자의 자리로 나아간다.

[特牲饋食禮15 : 經—40]

제사를 거행하는 날에 아침 일찍 일어나, 주인은 처음 제사지낼 날짜의 길흉을 점칠 때와 마찬가지로 현관玄冠을 쓰고 현단복玄端服을 입고, 묘문 밖의 동쪽에서 남쪽을 향해 서서, 한 마리의 희생[1] 잡는 일을 살펴본다.

夙興, 主人服如初, 立于門外東方, 南面, 視側殺.

정현주 '숙夙'은 이른 아침(早)이라는 뜻이다. '흥興'은 일어난다(起)는 뜻이다. '주인은 처음과 동일한 복장을 갖추어 입는다'(主人服如初)는 것은 그 나머지 사람들 가운데에는 현단복을 입지 않는 자도 있다는 뜻이다.[2] '측살側殺'은 한 마리의 희생을 죽인다는 뜻이다. '夙', 早也. '興', 起也. '主人服如初', 則其餘有不玄端者. '側殺', 殺一牲也.

[特牲饋食禮15 : 經—41]

주부主婦는 서당西堂 아래의 부뚜막에서 찰기장 밥(黍)과 메기장 밥(稷)[3]을 취사하는 일을 살펴본다.

主婦視饎爨于西堂下.

정현주　　　　찰기장 밥과 메기장 밥을 취사하는 것을 '희饎'라고 하는
데, 종부宗婦가 한다. '찬爨'은 부뚜막(竈)이다. '서당의 아래'(西堂下)는 당의
서쪽 아래이니, 서벽西壁에 인접하여 남쪽으로 흙 받침대(坫)⁴와 나란하다.
고문본에는 '饎'가 '糦'로 되어 있고, 『주례』에서는 '饎'로 되어 있다. 炊黍稷曰
'饎', 宗婦爲之. '爨', 竈也. '西堂下'者, 堂之西下也, 近西壁, 南齊于坫. 古文'饎'作'糦',
『周禮』作"饎".

[特牲饋食禮15 : 經—42]

묘문 밖의 동쪽에서 돼지고기(豕) · 물고기(魚) · 말린 토끼고기(腊)를
각각의 가마솥에 넣고 삶는다. 가마솥의 머리 부분이 서쪽을 향하
도록 놓는데, 북쪽을 윗자리로 삼는다.⁵
亨于門外東方. 西面北上.

정현주　　　　'형亨'은 삶는다(煮)는 뜻이다. 돼지고기(豕) · 물고기(魚)⁶ ·

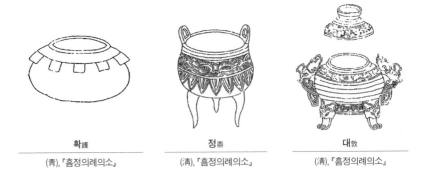

확鑊

(靑), 『흠정의례의소』

정鼎

(淸), 『흠정의례의소』

대敦

(淸), 『흠정의례의소』

말린 토끼고기(腊)를 가마솥(鑊)에 넣고 삶는데, 각각 부뚜막 하나씩을 사용한다. 『시』「회풍檜風·비풍匪風」에 "누가 생선을 삶을 수 있는가? 작은 가마솥(釜)과 큰 가마솥(鬵)을 씻어 주리라"라고 하였다. '亨', 煑也. 煑豕·魚·腊以鑊, 各一爨. 『詩』云, "誰能亨魚, 漑之釜鬵."

[特牲饋食禮15 : 經―43]
고깃국이 익으면 세발솥 안에 담아서 묘문 밖에 진설하는데, 처음 제기 씻는 일을 살펴볼 때와 동일하게 놓는다.[7]
羹飪, 實鼎, 陳于門外, 如初.

정현주   '처음'(初)은 제기 씻는 일을 살펴볼 때를 가리킨다. '初', 視濯也.

[特牲饋食禮15 : 經―44]
실문(室戶)의 동쪽에 술동이를 진설하는데,[8] 물을 넣은 술동이를 술을 넣은 술동이의 서쪽에 둔다.
尊于戶東, 玄酒在西

정현주   '호동戶東'은 실문의 동쪽을 가리킨다.[9] 물을 넣은 술동이를 서쪽에 놓는 것은 그것을 높이는 것이다.[10] 무릇 술동이는 따르는 것을 왼쪽에 둔다.[11] '戶東', 室戶東. 玄酒在西, 尚之. 凡尊, 酌者在左.

[特牲饋食禮15 : 經─45]

나무제기·대나무제기·국그릇에 음식을 담은 후 방 안에 진설하
는데,**12** 처음과 동일한 절차로 한다.

實豆·籩·鉶, 陳于房中, 如初.

정현주   '처음과 동일한 절차로 한다'(如初)는 것은 방 안에서부터
나무제기·대나무제기·국그릇을 가져와 음식을 담고, 다 담은 후에 다시 방
안에 돌려놓는다는 뜻이다.**13** '如初'者, 取而實之, 旣而反之.

[特牲饋食禮15 : 經─46]

집사들의 희생제기는 양쪽 계단 사이에 2열로 진설하는데, 북쪽을
윗자리로 삼는다.

執事之俎, 陳于階間, 二列, 北上.

정현주   '집사執事'는 유사와 형제들을 가리킨다. 2열로 진설하는
것은 그 위치가 동쪽과 서쪽으로 되어 있어 축祝·주인·주부의 희생제기 역
시 그곳에 있기 때문이다.**14** 세발솥(鼎) 위에 올려서 담지 않는 것은 신神에
게 올리는 경우와 달리하는 것이다.**15** '執事', 謂有司及兄弟. 二列者, 因其位在東
西, 祝主人主婦之俎亦存焉. 不升鼎者, 異於神.

[特牲饋食禮15 : 經─47]

2개의 밥그릇(敦) 안에 찰기장 밥과 메기장 밥을 담아서 서당西堂

62 《 의례 역주

에 진설하는데, 그 아래에 가는 갈대를 깔아 받쳐 놓는다. 안석(几)
과 자리(席)는 서당에 진설하는데, 처음 제기 씻는 일을 살펴볼 때
와 동일하게 한다.[16]

盛兩敦, 陳于西堂, 藉用萑. 几席陳于西堂, 如初.

정현주　　　　　찰기장 밥과 메기장 밥을 담는 사람은 종부宗婦이다. '추
萑'는 가는 갈대이다. 고문본에는 '用'이 '于'로 되어 있다. 盛黍稷者, 宗婦也.
'萑', 細葦. 古文'用'爲'于'.

[特牲饋食禮15 : 經—48]
시동이 손 씻을 물주전자(匜)의 물을 물받이 그릇(槃) 안에 부어 담
아서, 수건(巾)을 넣어둔 둥근 대광주리(箪)와 함께 묘문 안의 오른
쪽[17]에 진설한다.

尸盥匜水, 實于槃中, 箪巾, 在門內之右.

정현주　　　　　손 씻을 물과 수건을 진설하는 것은, 시동은 존귀하여 물
받이 항아리(洗)가 있는 곳으로 나아가지 않고, 또 손을 흔들어서 물기를 말
리지 않기 때문이다. 묘문 안의 오른쪽에 진설하는 것은 물받이 항아리가
조계의 동쪽에 있는 것을 본뜬 것으로, 묘문의 동쪽에 통섭되도록 하는데[18]
서쪽을 윗자리로 삼는다.[19] 대개 문 안쪽을 향할 때에는 들어가는 것을 기준
으로 좌우를 따지고, 바깥쪽을 향할 때에는 나가는 것을 기준으로 좌우를 따
진다. 設盥水及巾, 尸尊, 不就洗, 又不揮. 門內之右, 象洗在東, 統于門東, 西上. 凡
鄕內, 以入爲左右, 鄕外, 以出爲左右.

이匜

반槃

단簞

건巾

(淸), 『흠정의례의소』

[特牲饋食禮15 : 經—49]

축이 자리(筵)와 안석을 실室 안에 진설하는데, 머리 부분이 동쪽을 향하도록 하여 놓는다.

祝筵几于室中, 東面.

정현주 　　　　신神을 위해 자리를 펼쳐 놓는 것
이니, 이때에 이르러 축으로 하여금 신과 교접하게
하는 것이다. 爲神敷席也, 至此使祝接神.

연筵

(淸), 『흠정의례의소』

[特牲饋食禮15 : 經—50]

주부는 머리싸개로 머리를 싸서 쪽머리를 한 후 비녀를 꽂고, 비단 옷깃을 한 검은색 웃옷(宵衣)을 입고서 방 안에서 남쪽을 향해 선다.

主婦纚笄宵衣, 立于房中, 南面.

'주부主婦'는 주인의 처를 가리킨다. 비록 시어머니가 살아 계셔도 그녀로 하여금 제사를 주관하도록 한다. '머리싸개'(纚)와 '비녀'(笄)는 머리 장식이다. '초의宵'는 비단(綺)의 일종이다. 이 옷은 검은색으로 물을 들이는데, 그 비단의 본래 명칭이 '초의宵'이다. 『시』「당풍唐風·양지수揚之水』에 "흰 웃옷에 붉은 비단 옷깃"(素衣朱宵)이라는 말이 있고, 『예기』「옥조」에는 "검은 색의 초의"(玄宵衣)라는 말이 있다. 일반적으로 부인이 제사를 돕는 경우에는 같은 복장을 한다. 『예기』「내칙」에 "시아버지가 돌아가시면 시어머니는 집안일을 총부家婦에게 물려주지만, 총부는 제사지내고 빈객을 맞이할 때에 모든 일을 반드시 시어머니에게 묻는다"고 하였다. '主婦', 主人之妻. 雖姑存, 猶使之主祭祀. '纚'·'笄', 首服. '宵', 綺屬也. 此衣染之以黑, 其繒本名曰'宵'. 『詩』有 "素衣朱宵", 記有"玄宵衣". 凡婦人助祭者同服也. 「內則」曰, "舅沒則姑老, 冢婦所祭祀賓客, 每事必請於姑."

초의宵衣

(淸), 『흠정의례의소』

[特牲饋食禮15 : 經—51]

주인 및 빈·형제·집사들은 묘문 밖의 정해진 위치로 나아가는데, 처음 제기 씻는 일을 살펴볼 때와 동일하게 한다. 종인은 주인에게 유사가 제사에 필요한 것들을 두루 갖추었음을 보고한다.

主人及賓·兄弟·群執事, 卽位于門外, 如初. 宗人告有司具.

'구具'는 두루 갖추다(辦)의 뜻과 같다. '具'猶辦也.

[特牲饋食禮15 : 經―52]

주인이 빈에게 배례를 하는데 처음 제기 씻는 일을 살펴볼 때와
동일하게 하고, 읍을 하고 묘문 안으로 들어가 정해진 위치로 나아
가는데, 처음 제기 씻는 일을 살펴볼 때와 동일하게 한다.

主人拜賓如初, 揖入, 卽位, 如初.

정현주 　　　'처음'(初)은 제기 씻는 일을 살펴볼 때를 가리킨다. '初',
視濯也.

[特牲饋食禮15 : 經―53]

좌식佐食이 뜰 중앙(中庭)에서 북쪽을 향해 선다.

佐食北面立于中庭.

정현주 　　　'좌식佐食'은 빈으로서 시동이 밥 먹는 것을 돕는 사람으
로,[20] 종인의 서쪽에 선다. '佐食', 賓佐尸食者, 立于宗人之西.

1_ 한 마리의 희생 : 돼지(豕)를 가리킨다.

2_ 그 나머지 사람들 ~ 뜻이다 : 빈과 형제들은 朝服을 입는다.

3_ 찰기장 밥과 메기장 밥 : '黍'는 벼과에 속하는 1년생 줄기식물로 가뭄에 잘 견디고 척박한 토양에도 잘 적응하여 재배가 용이하다. 『설문』에 "黍는 벼과에 속하는데 차진 것이다"(黍, 禾属而黏者也)라고 하였다. 『植物名實圖考』 권1에서는 "朱子가 『시경』을 해석하면서 稷은 黍보다 작다고 하였다. 일설에는 차진 것을 '黍'라고 하고, 차지지 않은 것을 '穄(稷)'이라고 한다"고 하였다. '稷'은 1년생 줄기식물로, 粢, 明粢, 黃米 등 다양한 명칭으로 불린다. 『唐本草』에 "楚 지역에서는 '稷'이라 하고, 關中 지역에서는 '縻'라고 하고, 그 낟알을 '黃米'라고 하는데 黍와 동류이다"라고 하였다. 종자는 백색, 황색 혹은 갈색을 띠며, 華北, 西北 지역에서 많이 재배되고, 품종도 다양하다. 점성이 높은 것을 '黍'라고 칭하고, 그렇지 못한 것을 '稷'이라고 칭한다. 식용으로 쓰이거나 약에 넣기도 한다. 高明乾, 『植物古漢名圖考』(大象出版社, 2006), 373·461~462쪽 참조.

4_ 흙 받침대 : '坫'은 堂의 동·서 양쪽 귀퉁이에 흙을 쌓아 올려서 만든 臺로 이곳에 물건을 놓아둔다. 동쪽에 있는 것을 '東坫', 서쪽에 있는 것을 '西坫'이라고 한다. 앞의 『흠정의례의소』, 「亨饌卽位圖」 참조.

5_ 북쪽을 윗자리로 삼는다 : 북쪽에서 남쪽으로 豕鑊(纍), 魚鑊(纍), 腊鑊(纍)의 순서로 진설한다는 뜻이다. 앞의 『흠정의례의소』, 「亨饌卽位圖」 참조.

6_ 물고기 : 牛·羊·豕 등의 희생 고기와 더불어 鼎에 담는 魚에 대해서, 『의례』 각 편에서는 주로 "魚·腊"으로 함께 등장한다. 이때에 "魚"는 그 정확한 의미가 상황에 따라서 다르다. [빙례08 : 經－232] "牛·羊·豕·魚·腊·腸胃同鼎"의 "魚"에 대해서 호배휘는 "鮮魚"와 대비시켜 "鱻魚" 즉 말린 물고기라고 하였고, (『의례정의』, 1056쪽 참조), [공사대부례09 : 經－42] "魚·腊飪"의 "魚"에 대해서도 "乾魚"라고 했는데, (『의례정의』 1202쪽 참조) 이는 [공사대부례09 : 經－44] 정현 주에서 "건어"라고 한 것과 통한다. 그런데 이곳에서의 '魚'의 건조 상태에 대해서는 주석이 없고, [經－57]에서 "「소뢰궤사례」에 생선은 붕어(鮒)를 쓴다"는 정현의 주가 있을 뿐이어서, '물고기', '생선' 등으로 번역하였다. 한편 [공사대부례09 : 經－133] "魚·腊皆二組"의 "魚"는 기본적으로 (하대부에게 올리는) 건어에다 (상대부에게 더하여 올리는) 신선한 물고기[鮮魚] 각각 1組씩을 가리킨다.

7_ 처음 제기 ~ 놓는다 : 처음 제기 씻는 일을 살펴보는 '視濯'의 의절을 행할 때, 3개의 鼎은 묘문 밖에 북쪽을 향하도록 하여 진설하는데, 북쪽을 윗자리로 삼았다. [經－25] 참조.

8_ 술동이를 진설하는데 : 호배휘는 경문의 '尊'은 곧 壺(술동이)를 가리킨다고 하였다. 오정화는 술동이는 본래 東序에 있었는데, 이때 술을 담아서 室戶의 동쪽에 진설하는 것이라고 하였다. 『의례정의』, 2106쪽 참조.

9_ '호동'은 ~ 가리킨다 : 술동이를 당 위에 진설할 때에는 대부분 房과 戶 사이, 즉 東

房의 서쪽과 室戶의 동쪽 사이에 놓는다.

10_ 물을 ~ 것이다 : 2통의 술동이를 진설하는데, 한 통에는 술(酒)을 담고, 한 통에는 물(玄酒)을 담는다. 물을 담은 술동이를 서쪽에 진설하는 것은 서쪽을 윗자리로 삼기 때문에 높이는 뜻이 된다. [사관례01 : 經−81] 참조.

11_ 무릇 ~ 둔다 : 장이기는 "정현 주에서 '무릇 술동이는 따르는 것을 왼쪽에 둔다'고 한 것은 물(玄酒)을 넣은 술동이는 따르지 않기 때문에 오른쪽에 둔다는 뜻이다" 라고 하였다. 당 위에는 물을 넣은 술동이와 술을 넣은 술동이 2통을 진설하지만 실제로는 술을 넣은 술동이만 사용한다. 물을 넣은 술동이를 사용하지도 않으면서 진설하는 것은 술 대신 현주를 사용하던 상고시대의 예법을 존숭하기 때문이다. 『의례정의』, 2107쪽 참조.

12_ 나무제기 ~ 진설하는데 : 이전에 나무제기·대나무제기·국그릇 등은 모두 비어 있는 채로 진설하였는데([經−28]), 이때에 이르러 말린 고기(脯)·젓갈(醢) 및 고깃국(羹) 등을 담아 넣어서 진설한다.

13_ '처음과 ~ 뜻이다 : 나무제기·대나무제기·국그릇은 처음에 東房 안에 진설할 때 남쪽을 윗자리로 삼아 놓았다.([經−28]) 이제 그것을 가져다 말린 고기(脯)·젓갈 (醢) 및 고깃국(羹) 등의 음식을 담아서 넣은 후 다시 동방 안에 되돌려 놓는데, 이 때에도 처음처럼 남쪽을 윗자리로 삼아 진설한다는 뜻이다. 『의례정의』, 2107쪽 참조.

14_ 2열로 ~ 때문이다 : 2열은 계단 사이의 동쪽과 서쪽에서 서로 마주하면서 각각 1 열을 이루는 것을 말한다. 주인·주부·집사에게 모두 희생제기가 진설되는데, 집사 중 형제들은 동쪽 계단의 아래에서 주인·주부와 함께 서고, 집사 중 빈과 주인의 유사는 서쪽 계단 아래에 있다. 이 때문에 이들 각각의 희생제기 역시 동쪽과 서쪽의 2열로 나뉘어 진설된다.

15_ 세발솥 위에 ~ 것이다 : 앞의 [經−43]과 같이 시동의 경우에는 희생고기를 가마 솥에서 세발솥으로 옮겨 담는다. 시동의 희생제기 위에는 희생의 오른쪽 몸체를 올려놓는데, 희생고기를 세발솥(鼎) 안에 올려서 담고, 희생제기를 든 사람이 세발솥을 든 사람의 뒤를 따라 묘문 안으로 들고 들어오고, 숟가락으로 세발솥 안에서 희생고기를 건져내어 희생제기 위에 올려놓는다. 이곳 집사들의 희생제기 위에는 희생의 왼쪽 몸체를 올려놓는데, 희생고기를 가마솥(鑊) 안에서 건져내어 희생제기(俎) 위에 옮겨 올려놓고, 세발솥(鼎) 안에 올려서 담지 않는다. 이 때문에 세발솥을 든 사람의 뒤를 따라 묘문 안으로 들어가지 않고, 먼저 양쪽 계단 사이에 진설해 놓는 것이다. 『의례정의』, 2107쪽, 오정화의 설 참조.

16_ 처음 제기 ~ 한다 : 호배휘는 "이상 각종 기물들은 제기 씻는 일을 살펴보는 '視 濯'의 의절을 기술할 때 이미 상세하게 그 소재를 밝혔는데([經−28]), 이곳에서 다시 이를 언급한 것은 제사를 거행하는 날에는 음식을 올리고 위치를 바꾸는 등의 일이 있는데, 위치를 바꿀 경우 '처음과 동일하게 한다'(如初)고 말하지 않고, 위치

를 바꾸지 않는 경우에는 '처음과 동일하게 한다'고 하여 구별하였다. 이곳의 안석 (几)과 자리(席)는 여전히 처음처럼 西堂에 진설하기 때문에 '처음과 동일하게 한 다'(如初)고 한 것이다"고 하였다. 『의례정의』, 2108쪽 참조.

17_ 묘문 안의 오른쪽 : 이는 묘문 안쪽을 향할 때를 기준으로 말한 것으로, 오른쪽은 동쪽을 가리킨다.

18_ 묘문 ~ 하는데 : 물받이 항아리(洗)는 阼階의 동남쪽에 진설하는데, 물주전자(匜) 와 물받이 그릇(槃)도 동쪽에 진설한다. 물받이 항아리의 진설을 본뜬 것이다.

19_ 서쪽을 윗자리로 삼는다 : 물주전자(匜)와 물받이 그릇(槃)이 둥근 대광주리(簞)와 수건(巾)의 서쪽에 있다는 뜻이다.

20_ '좌식'은 ~ 사람으로 : 성세좌는 "'佐食'은 私臣으로, 私臣 가운데에서 뽑아 賓으로 삼고 그로 하여금 시동이 밥 먹는 것을 돕도록 한다"고 하였다. 『의례정의』, 2111 쪽 참조.

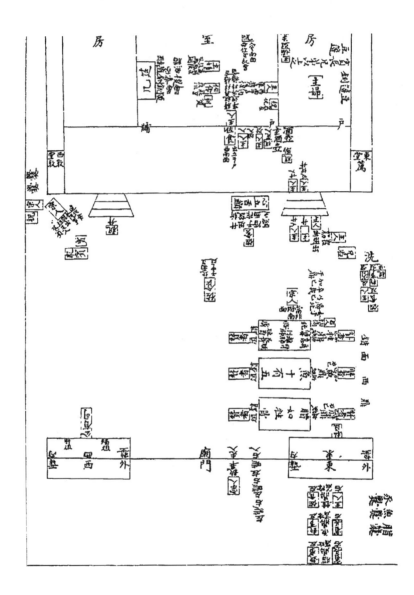

[特牲饋食禮15 : 經—54]

주인과 축은 당 위로 올라간다. 축이 먼저 실室 안으로 들어가면 주인은 축의 뒤를 따라서 안으로 들어가는데, 실문 안에서 서쪽을 향해 선다.

主人及祝升. 祝先入, 主人從, 西面于戶內.

정현주　　　축이 먼저 들어가는 것은 신과 교접하는 사람이 앞에 있어야 하기 때문이다. 「소뢰궤사례」에 "축은 물받이 항아리에서 손을 씻은 후 서쪽 계단을 통해 당 위로 올라간다. 주인도 손을 씻고 조계를 통해 당 위로 올라간다. 축이 먼저 실 안으로 들어가 북쪽 벽을 등지고 남쪽을 향해 선다"[1]고 하였다. 祝先入, 接神宜在前也. 「少牢饋食禮」曰, "祝盥于洗, 升自西階. 主人盥, 升自阼階. 祝先入, 南面."

[特牲饋食禮15 : 經—55]

주부는 동방東房 안에서 손을 씻은 후, 2개의 나무제기를 실 안에 진설하는데, 아욱절임(葵菹)을 담은 나무제기와 달팽이 젓갈(蝸醢)

을 담은 나무제기로서, 달팽이 젓갈을 담은 나무제기를 북쪽에 놓는다.

主婦盥于房中, 薦兩豆, 葵菹·蝸醢, 醢在北.

주부가 손을 씻을 때에는 내세內洗[2]에서 씻는다. 「사혼례」에서 "며느리의 물받이 항아리(洗)는 북당北堂에 진설하는데, 실室의 동쪽 모퉁이와 마주하도록 놓는다"[3]고 하였다. 主婦盥, 盥於內洗. 「昏禮」"婦洗在北堂, 直室東隅."

[特牲饋食禮15 : 經—56]

종인宗人은 좌식佐食과 집사執事들에게 손을 씻고 묘문 밖으로 나아가도록 명한다.

宗人遣佐食及執事盥, 出.

손을 씻고 묘문 밖으로 나가도록 명하는 것은, 주인과 빈이 세발솥(鼎) 드는 것을 도와야 하기 때문이다. 命之盥出, 當助主人及賓擧鼎.

[特牲饋食禮15 : 經—57]

주인은 당에서 내려와 빈과 함께 손을 씻은 후 묘문 밖으로 나간다. 주인은 오른쪽에 서서 좌식과 함께 돼지고기를 담은 세발솥(特鼎)을 들고, 빈장上賓은 오른쪽에 서서 집사와 함께 물고기를 담은 세발솥(魚鼎)을 들고, 중빈장(次賓)은 오른쪽에 서서 집사와 함께 말

린 토끼고기를 담은 세발솥(腊鼎)을 드는데,⁴ 세발솥 위의 덮개를
벗겨낸다.

主人降, 及賓盥, 出. 主人在右, 及佐食舉牲鼎, 賓長在右, 及執事舉
魚·腊鼎, 除冪.

정현주
'급及'은 함께(與)의 뜻이다. 주인이 오른쪽에 있는 것은
동쪽으로 통섭되기 때문이다.⁵ 주인이 좌식과 함께 세발솥을 드는 것은 빈
은 존귀해서 희생제기 위에 희생을 올려놓는 일을 하지 않기 때문이다. 「소
뢰궤사례」에 "생선은 붕어를 쓴다"⁶고 하였고, "말린 고기는 큰사슴고기를
쓴다"⁷고 하였는데, 사례土禮에서는 말린 고기로 토끼고기를 쓴다. '及', 與也.
主人在右, 統於東. 主人與佐食者, 賓尊不載. 「少牢饋食禮」, "魚用鮒", "腊用麋", 土
腊用兔.

[特牲饋食禮15 : 經―58]
종인은 필畢(희생의 몸체를 꿰는 기구)을 잡고 먼저 묘문 안으로 들어가
서 조계와 마주하는 곳에서 남쪽을 향하여 선다.⁸

宗人執畢, 先入, 當阼階, 南面.

정현주
'필畢'은 생김새가 차叉⁹와 같다. 필성畢星과 비슷하기 때
문에 이름을 취한 것이다.¹⁰ 주인이 직접 세발솥을 들면 종인이 필을 잡고
인도한다. 세발솥을 내려놓은 후 종인이 다시 필을 들어서, 숟가락(匕)¹¹으
로 희생고기를 희생제기 위에 올려놓을 때에 임하여 실수로 떨어뜨릴 것에
대비한다. 『예기』「잡기」에서 "비匕는 뽕나무로 만든 것을 사용하는데 길이

는 3척이다. 필畢은 뽕나무로 만든 것을 사용하는데 길이는 3척이고, 자루와 끝부분을 깎아낸다"[12]고 하였다. 비枇와 필畢은 같은 재료를 사용하는 것임이 분명하다. 이제 이곳 특생궤사례에서 비枇는 멧대추나무의 붉은 속으로 만든 것을 사용하므로,[13] 필畢도 또한 멧대추나무의 붉은 속으로 만든 것을 사용한다. 구설舊說에서는 "필畢로써 다른 괴이한 것들을 막는데, 괴이한 것들은 뽕나무로 만든 차叉를 싫어하기 때문이다"라고 하였다. 그렇다면 소뢰궤사례와 우제虞祭에 차叉가 없는 것은 왜 그런 것인가? 이들 의례에 차叉가 없는 것은 바로 주인이 직접 세발솥을 들지 않기 때문이다. 「소뢰궤사례」는 대부의 제사로서 주인이 직접 세발솥을 들지 않으며, 우虞는 상제喪祭로서 주인이 아직 일을 집행할 때가 되지 않았기 때문이다. 부제祔祭와 연제練祭와 상제祥祭에서는 주인이 일을 집행하므로 뽕나무로 만든 차叉를 사용한다. 이 순수한 길제吉祭인 특생궤사례에서부터는 속이 멧대추나무의 붉은 속으로 만든 차叉를 사용한다. '畢'狀如叉. 蓋爲其似

畢星取名焉. 主人親擧, 宗人則執畢導之. 旣錯, 叉[14]以畢
臨匕[15]載, 備失脫也. 「雜記」曰, "枇用桑, 長三尺. 畢用桑,
三尺, 刊其本[16]與末." 枇·畢同材明矣. 今此枇用棘心, 則
畢亦用棘心. 舊說云, "畢以御他神物, 神物惡桑叉." 則少
牢饋食及虞無叉, 何哉? 此無叉者, 乃主人不親擧耳. 「少
牢」大夫祭不親擧, 虞, 喪祭[17]也, 主人未執事. 祔·練·
祥執事用桑叉. 自此純吉, 用棘心叉.

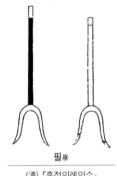

필畢

(淸), 「흠정의례의소」

[特牲饋食禮15 : 經—59]
세발솥을 들고 묘문 안으로 들어가서 서쪽을 향하도록 하여 내려

놓는데, 오른쪽에 있는 사람들(주인과 2명의 빈)이 세발솥의 양 귀를
꿰고 있는 가로막대(扃)를 뽑아서 세발솥의 북쪽에 놓아둔다.
鼎西面錯, 右人抽扃, 委于鼎北.

정현주   '오른쪽 사람'(右人)은 주인과 2명의 빈
을 가리킨다. 내려놓은 후에는 모두 서쪽을 향해 서서 기
다린다. '右人', 謂主人及二賓. 既錯, 皆西面俟也.

경扃

섭숭의(宋), 『삼례도』

[特牲饋食禮15 : 經—60]

3명의 찬자贊者는 희생제기를 내려놓고, 그 위에 숟가락을 얹어 놓
는다.[18]

贊者錯俎, 加匕.

정현주   찬자는 희생제기와 숟가락을 들고서 세발솥을 든 사람의
뒤를 따라서 묘문 안으로 들어온 사람들이다.[19] 이들은 희생제기를 내려놓
을 때 희생의 머리 부분이 동쪽을 향하도록 하여 세로로 놓고(東縮),[20] 그 위
에 숟가락을 얹어 놓는데 손잡이 부분이 동쪽을 향하도록 하여 놓는다. 일
이 끝나면 찬자들은 물러나고, 왼쪽에 있는 사람들(좌식과 2명의 집사)은 북쪽
을 향해 선다. 贊者執俎及匕從鼎入者. 其錯俎東縮, 加匕, 東柄. 既則退, 而左人北
面也.

[特牲饋食禮15 : 經—61]

이어서 오른쪽에 있는 사람들(주인과 2명의 빈)은 숟가락으로 세발솥
안에서 희생고기를 건져낸다.

乃朼.

정현주   오른쪽에 있는 사람들이 하는 것이니, 지위가 높은 사람
은 일에 대해서 지시하고 시키기만 해도 괜찮다. 왼쪽에 있는 사람들은 희
생고기를 희생제기 위에 올려놓는다.[21] 右人也, 尊者於事, 指使可也. 左人載之.

[特牲饋食禮15 : 經—62]

좌식佐食은 돼지고기의 염통과 혀를 기조肵俎(시동의 희생제기) 위에
올려놓고,[22] 덮개보로 덮어서 조계의 서쪽에 진설한다.[23]

佐食升肵俎, 鼏之, 設于阼階西.

정현주   '기肵'는 돼지고기의 염통과
혀를 올려놓은 희생제기를 말한다. 『예기』「교
특생」에 "'기肵'라는 글자는 공경한다(敬)는 뜻이
다"라고 하였다. 주인이 시동을 공경하기 위하여
진설하는 희생제기라는 뜻이다. 고문본에는 '鼏'
이 모두 '密'로 되어 있다. '肵', 謂心舌之俎也. 「郊特
牲」曰, "'肵'之爲言敬也." 言主人之所以敬尸之俎. 古
文'鼏'皆作'密'.

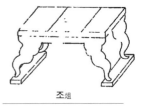

조俎

(淸), 『흠정의례의소』

[特牲饋食禮15 : 經—63]

3개의 세발솥에서 희생고기를 건져내어 희생제기 위에 올려놓는 일을 마치면, 오른쪽에 있는 사람들은 숟가락을 세발솥 위에 얹어 놓는다.

卒載, 加匕于鼎.

정현주   '졸卒'은 마친다(已)는 뜻이다. 희생제기 위에 올려놓는 일을 마치면, 필匕도 세발솥 위에 얹어 놓는다.[24] '卒', 已也. 已載, 畢亦加焉.

[特牲饋食禮15 : 經—64]

주인은 당 위로 올라가 실室 안으로 들어가서 본래의 위치로 돌아간다.[25] 돼지고기를 올려놓은 희생제기를 실 안으로 들여와 아욱절임을 담은 나무제기의 동쪽에 진설한다.[26] 생선을 올려놓은 희생제기를 그 다음으로 들여와 돼지고기를 올려놓은 희생제기의 동쪽에 진설하고, 말린 토끼고기를 올려놓은 희생제기는 생선을 올려놓은 희생제기 북쪽에 단독으로 진설한다.

主人升, 入復位. 俎入, 設于豆東. 魚次, 腊特于俎北.

정현주   희생제기를 들여와서 진설하는 일은 희생제기 위에 희생고기를 올려놓았던 사람들이 한다. 말린 토끼고기를 올려놓은 희생제기를 단독으로 진설하는 것은 음식은 방형으로 진설해야 하기 때문이다.[27] 무릇 음식을 반드시 방형으로 진설하는 것은 음식을 먹는 것이 사람의 성품을 바르게 하는 것임을 밝히는 것이다. 入設俎, 載者. 腊特, 饌要方也. 凡饌必方者,

明食味人之性所以正.

[特牲饋食禮15 : 經—65]

주부는 찰기장 밥과 메기장 밥을 담은 2개의 밥그릇을 희생제기의 남쪽에 진설하는데, 서쪽을 윗자리로 삼는다.[28] 2개의 국그릇에 이르러서는 국그릇마다 고깃국에 나물을 첨가하여 넣고 대나무제기의 남쪽에 진설하는데, 북쪽부터 남쪽을 향해 차례로 놓는다.

主婦設兩敦黍稷于俎南, 西上. 及兩鉶, 芼[29]設于豆南, 南陳.

정현주 　　　　　종부宗婦가 밥그릇과 국그릇 진설하는 일을 돕지 않는 것은 그 수가 적어서 주부가 직접 할 수 있기 때문이다. '모芼'는 나물(菜)이다.

宗婦不贊敦鉶者, 以其少, 可親之. '芼', 菜也.

[特牲饋食禮15 : 經—66]

축祝은 술잔을 씻어 술을 따른 후 내려놓는데 국그릇의 남쪽에 내려놓고,[30] 이어서 좌식에게 명하여 밥그릇의 뚜껑을 열도록 한다.[31] 좌식은 밥그릇의 뚜껑을 열어 밥그릇의 남쪽에 뒤집어서 놓은[32] 후 실에서 나와 실문의 서쪽에서 남쪽을 향해 선다.

祝洗, 酌奠, 奠于鉶南, 遂命佐食啓會. 佐食啓會, 却于敦南, 出立于戶西, 南面.

정현주 　　　　　'술을 따른 후 내려놓는다'(酌奠)는 것은 술잔(觶 : 3升 용량)

을 내려놓는다는 뜻이다. 「소뢰궤사례」에서는 밥그릇의 뚜껑을 연 후에 이어서 술잔을 내려놓는다고 하였다.[33] '酌奠', 奠其爵觶也. 「少牢饋食禮」啓會, 乃奠之.

[特牲饋食禮15 : 經─67]

주인은 머리를 바닥에 대면서 신에게 재배를 한다. 축은 주인의 왼쪽에서 주인을 대신하여 축사祝辭를 올린다.

主人再拜稽首. 祝在左.

정현주   '머리를 바닥에 대면서 배례를 한다'(稽首)는 것은 깊이 복종한다는 의미이다. 축이 왼쪽에 있는 것은 주인을 대신하여 신에게 축사를 올려야 하기 때문이다.[34] 축은 주인을 대신하여 축사를 올릴 때에, "효손孝孫 아무개가 삼가 돼지고기(剛鬣)·맛난 음식(嘉薦)·기장밥(普淖)으로 황조皇祖 모자某子께 아무개 제사를 올리나이다. 흠향하소서!"라고 말한다. '稽首', 服之甚者. 祝在左, 當爲主人釋辭於神也. 祝祝曰, "孝孫某, 敢用剛鬣·嘉薦·普淖, 用薦某事於皇祖某子. 尙饗!"

[特牲饋食禮15 : 經─68]

축사를 마치면, 주인은 머리를 바닥에 대면서 신에게 재배를 한다.

卒祝, 主人再拜稽首.

1_ 축은 ∼ 향해 선다 : [소뢰궤사례16 : 經─51]에 보이는 陰厭의 절차이다.

2_ 니세 : 물빛이 항아리(洗)에는 조계의 동남쪽에 진설하는 '庭洗'와 북당에 진설하는 '內洗'(北洗)의 두 가지가 있다. '內洗'는 內賓을 위한 것이다.

3_ 며느리의 ∼ 놓는다 : [사혼례02 : 記─17] 참조.

4_ 주인은 ∼ 드는데 : 세발솥(鼎)은 2명씩 짝을 이루어 함께 드는데, 주인과 2명의 빈 (賓長과 衆賓長)이 모두 오른쪽에 있는 것은 오른쪽을 높이기 때문이다. 주인이 豕 鼎(特鼎)을 드는 것은 세발솥은 희생의 몸체가 담긴 것을 중시하기 때문이다. 오계 공에 의하면, 2명의 빈 가운데 長賓(賓長, 上賓)은 魚鼎의 오른쪽에서 들고, 衆賓長 (次賓)은 腊鼎의 오른쪽에서 든다. 『의례정의』, 2116쪽 참조.

5_ 주인이 ∼ 때문이다 : 세발솥(鼎)은 북쪽을 향하여 진설되기 때문에 동쪽이 오른쪽 이 된다. 주인이 오른쪽에 있으면 세발솥을 사람들은 주인에게 통섭된다. 『의례정 의』, 2116쪽 참조.

6_ 생선은 붕어를 쓴다 : [소뢰궤사례16 : 經─48] 참조.

7_ 말린 고기는 ∼ 쓴다 : [소뢰궤사례16 : 經─31] 참조.

8_ 먼저 묘문 ∼ 선다 : 세발솥을 진설하기에 앞서 먼저 묘문 안으로 들어가는 것이다. 세발솥은 조계 앞에 진설하기 때문에 宗人은 畢을 잡고 조계와 마주하는 곳에서 남 쪽을 향한다. 이는 희생고기를 희생제기 위에 올려놓는 일을 지시하고 돕기에 편 리하도록 하기 위한 것이다. 『의례정의』, 2116쪽 참조.

9_ 차 : '叉'는 머리 부분이 뾰족하게 갈라져서 물건을 찍어서 집는 데 사용하는 기구이 다.

10_ '필'은 생김새가 ∼ 것이다 : 畢星은 28宿의 하나로, 西方 白虎의 7宿 가운데 5번째 별자리이다. 8개의 작은 별들로 구성되는데, 그 분포하는 형상이 사냥할 때 사용 하는 그물망(畢網)과 비슷해서 '畢'이라고 하였다. 고대인들은 畢星은 군대와 비를 주관한다고 여겼다. 학의행은 "畢星은 8개의 별들이 포개어 꿰어져 있는데 양쪽으 로 갈라져 나온다. 따라서 이곳에서 '畢이 叉와 같다'고 한 것은 끄트머리를 갈라놓 은 형상을 갖고 말한 것으로, 畢星이 양쪽으로 갈라져 나오는 형상과 유사하기 때 문에 명칭을 취한 것이다. 또 짐승을 가려서 잡는 것을 '畢'(그물망)이라고 한 것도 畢星에서 이름을 취한 것이다"라고 하였다. 『의례정의』, 2116쪽 참조.

11_ 숟가락 : '匕'는 세발솥에서 희생고기를 건져내는 기구이다. '朼'와 같은 것이다.

12_ 비는 ∼ 깎아낸다 : 『예기』「잡기상」의 정현 주에 따르면, 喪祭에는 朼와 畢을 모두 뽕나무로 만든 것을 사용하고, 吉祭에는 모두 멧대추나무로 만든 것을 사용한다.

13_ 이제 ∼ 사용하므로 : 특생궤사례에서 멧대추나무의 붉은 속으로 만든 朼를 사용 한다는 것은 아래의 [記─09] 참조.

14_ 叉 : 『集解』, 『通解』, 楊復本, 毛本, 호배휘의 『의례정의』에는 모두 '叉'로 되어 있다. 『의례주소』, 986쪽 참조.

15_ 匕 : 『釋文』에는 '朼'로 되어 있다. 『의례주소』, 986쪽 참조.

16_ 本 : 현행본 『예기』에는 '本'이 '柄'으로 되어 있다. 이에 따라 번역한다.

17_ 喪祭祭 : 葛本, 『集釋』, 楊復本, 敖繼公本, 호배휘의 『의례정의』에는 모두 '虞, 喪祭也'로 되어 있다. 이에 따라 번역한다. 『의례주소』, 987쪽 참조.

18_ 3명의 ~ 얹어 놓는다 : 채덕진은 세발솥의 서쪽에 희생제기를 내려놓고, 희생제기 위에 숟가락을 얹어 놓는 것으로 해석한다(錯俎, 錯之於鼎西, 加匕, 加之於俎). 『의례정의』, 2118쪽 참조.

19_ 찬자는 ~ 사람들이다 : 각각의 세발솥마다 한 개의 희생제기와 한 개의 숟가락을 세트로 갖춘다. 「사상례」에서는 세발솥을 드는 사람들이 희생제기와 숟가락을 잡는다. 이곳에서는 세발솥을 드는 사람이 아니라 贊者들이 희생제기와 숟가락을 들고 묘문 안으로 들어가서 진설한다. 吉凶의 禮에 따라서 바뀌는 것이다. 『의례정의』, 2118쪽 참조.

20_ 동쪽을 향하도록 ~ 놓고 : "東縮"에 대해서 호배휘는 "동쪽에서부터 서쪽으로 진열하는데, 동서 방향에서 세로가 되고, 남북 방향에서 가로가 되는 것을 말한다"(東縮, 謂自東至西陳之, 於東西爲縮, 於南北爲橫也)라고 하였다. 『의례정의』, 2118쪽 참조.. 동서 방향에서 세로가 되게 놓는다는 것은 결국 희생의 머리 부분이 동쪽을 향하도록 희생제기를 세로방향으로 해서 동쪽을 향해 진열한다는 의미가 된다. 마찬가지로, [有司徹17 : 經—19]의 "西縮"에 대해서 호배휘는 "西縮, 西肆는 서쪽을 향하여 세로로 진열하는 것이다(西縮 西肆, 是向西直陳之)"라고 하였다. 강조석은 "'縮'이라는 글자는 '세로(直)'의 뜻이니, '順'의 뜻과 같다. 『儀禮』의 전체 경문에서 '南陳', '南肆' 및 '南順' 등은 모두 명칭은 다르지만 실질은 똑같다. '肆' 역시 '진설한다(陳)'는 뜻이니, 진설할 때 모두 곧게 세로로 놓는 것을 말한다(縮之言直, 猶順也. 凡全經言'南陳', '南肆'及'南順'之屬, 皆異名而同實也. '肆'亦陳也, 謂其陳之皆直而順也)"고 하였다. 따라서 '남진', '남사', '남순'은 모두 의미는 세로로 하여 남쪽을 향해서 진열한다는 뜻이다. 『의례정의』, 2329쪽 참조.

21_ 오른쪽에 있는 ~ 올려놓는다 : 오른쪽 사람들은 숟가락을 들고 있는 주인과 2명의 빈으로서 남쪽을 향해 숟가락으로 희생고기를 건져내고, 좌식과 2명의 집사 즉 왼쪽 사람들은 북쪽을 향해 희생고기를 받아서 희생제기 위에 올려놓는다. 『의례정의』, 2118쪽 참조.

22_ 돼지고기의 염통과 ~ 올려놓고 : 능정감의 『예경석례』에 의하면 肵俎는 돼지고기(牲)·생선(魚)·말린 토끼고기(腊)를 올려놓는 희생제기이지만, 희생고기를 올려놓기 전에 미리 염통과 혀를 그 위에 올려놓는다. 시동이 室 안에 들어오기 전에 먼저 阼階의 서쪽에 진설하고, 시동이 들어오면 주인이 직접 다른 희생제기들의 북쪽에 진설한다. 『의례정의』, 2118쪽 참조.

23_ 덮개보로 덮어서 ~ 진설한다 : 다른 희생제기는 음식을 올려놓으면 곧바로 室 안에 진설하기 때문에 덮개보로 덮을 필요가 없지만, 肵俎는 먼저 阼階의 서쪽에 진설하기 때문에 먼지가 묻을 염려가 있다. 이 때문에 덮개보로 덮어 두는 것이다.

『의례정의』, 2118쪽 참조.

24_ 희생제기 ~ 얹어 놓는다 : 주인이 숟가락으로 세발솥 안에서 희생고기를 건져내고, 宗人이 畢를 들고서 이를 돕고, 왼쪽에 있는 사람들이 이를 희생제기 위에 올려놓는다. 희생제기 위에 올려놓는 일을 마치면, 오른쪽에 있는 사람들은 숟가락을 세발솥 위에 얹어 놓고, 宗人도 畢을 세발솥 위에 얹어 놓는다.

25_ 본래의 위치로 돌아간다 : 실문 안에서 서쪽을 향하는 위치로 돌아가는 것이다. [經−54] 참조.

26_ 돼지고기를 ~ 진설한다 : 조계에서 실 안으로 들고 들어와서 시동의 자리 앞에 진설하는 것이다. 장이기는 시동의 자리 앞 아욱절임을 담은 나무제기의 동쪽에 놓는 것이라고 하였다. 『의례정의』, 2119쪽 참조.

27_ 말린 토끼고기를 ~ 때문이다 : 장이기는 말린 고기를 올려놓은 희생제기(腊俎)를 생선을 올려놓은 희생제기(魚俎)의 북쪽에 단독으로 진설하면, 달팽이 젓갈을 담은 나무제기(醢豆)와 서로 마주하여 정방형이 된다고 하였다. 『의례정의』, 2119쪽 참조.

28_ 서쪽을 윗자리로 삼는다 : 찰기장 밥을 담은 밥그릇을 서쪽에 놓고, 메기장 밥을 담은 밥그릇을 동쪽에 놓는다는 뜻이다.

29_ 笓 : 완원의 교감기에는 '笓' 앞에 '鉶'이 있어야 한다고 하였고, 왕인지의 『경의술문』과 호배휘의 『의례정의』에도 '兩鉶, 鉶笓'로 되어 있다. 이에 따라 번역한다. 『의례주소』, 989쪽 및 『의례정의』, 2119쪽 참조.

30_ 술잔을 씻어 ~ 내려놓고 : 호배휘는 경문의 '酌奠'에서의 '奠'은 술잔을 내려놓는 일을 가리켜서 말한 것이고, '奠于鉶南'에서의 '奠'은 내려놓는 장소를 가리켜 말한 것이라고 하였다(上奠目其事, 下奠則言所奠之地也). 『의례정의』, 2120쪽 참조.

31_ 밥그릇의 뚜껑을 열도록 한다 : 경문의 '啓會'에서 '會'는 밥그릇의 뚜껑(敦蓋)을 가리킨다. 『의례정의』, 2120쪽, 이여규의 설 참조.

32_ 밥그릇의 뚜껑을 열어 ~ 놓은 : 경문의 '却于敦南'에서의 '却'은 뚜껑의 안쪽이 위쪽을 향하도록 뒤집어 놓는다는 뜻이다.

33_ 「소뢰궤사례」에서는 ~ 하였다 : 가공언은 소뢰궤사례는 大夫의 禮이므로 이곳의 士禮와 순서가 달라진 것으로 해석한다. 그러나 오정화는 「소례궤사례」에서도 먼저 '술을 따른 후에 술잔을 내려놓는다'(酌奠)고 말한 후에 '뚜껑을 연다'(啓會)고 하여 이곳의 경문과 일치하는데([소뢰궤사례16 : 經−55]), 이곳의 정현 주에서 무엇 때문에 '뚜껑을 연 후에 술잔을 내려놓는다'(啓會乃奠)고 하였는지 모르겠다고 의문을 제기하였고, 호배휘도 「사우례」에서 '뚜껑을 먼저 연 후에 술잔을 내려놓는다'고 하였기 때문에 정현이 착각하여 이곳에 주를 잘못 붙인 것이라고 하였다. 『의례주소』, 989쪽 및 『의례정의』, 2120쪽 참조.

34_ 축사를 올려야 하기 때문이다 : '釋辭'는 제사를 지낼 때 祝이 주인을 대신하여 神에게 흠향하기를 기원하는 축사를 올리는 것이다. 『예기』「禮運」에 "축과 하를 갖춘

다"(修其祝·嘏)고 한 것에 대해 정현은 "'祝'은 祝이 주인을 대신하여 귀신에게 흠향하도록 하는 말이다. '嘏'는 祝이 시동을 대신하여 주인에게 축복해 주는 말이다"('祝', 祝爲主人饗神之辭也. '嘏', 祝爲尸致福于主人之辭也)라고 하였다.

「영시정제급윤시도迎尸正祭及酳尸圖」

(淸),「흠정의례의소」

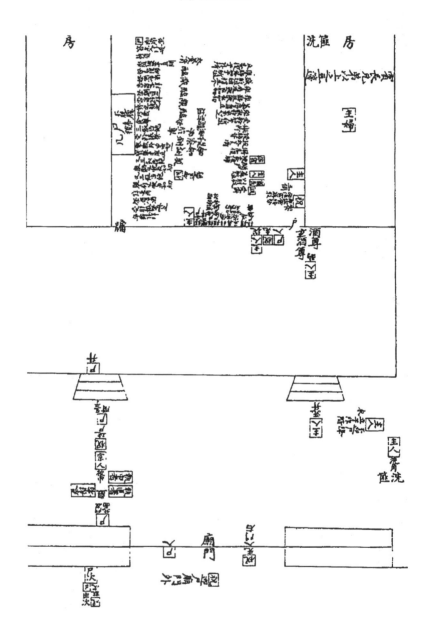

經─69에서 經─91까지는 시동이 廟室에서 '九飯'을 하는 正祭의 절차이다. 축이 廟門 밖에서 시동을 맞이하는 '迎尸', 주인이 시동을 室 안에 편안히 앉도록 하는 '妥尸', 시동에게 흠향할 것을 권하여 아뢰는 '祝饗', 시동이 희생고기와 국을 먹으며 아홉 번 숟가락으로 떠서 밥을 먹는 '九飯'의 순서로 진행된다.

[特牲饋食禮15 : 經─69]

축은 묘문 밖에서 시동을 맞이한다.

祝迎尸于門外.

정현주

시동이 묘문 밖에서 들어오기 때문에 축이 주인을 대신해서 영접하는 것이다. 축은 시동의 임시 장막(次)으로 나아가 고할 때 배례는 하지 않는데, 감히 존귀한 사람과 더불어 예를 행하지 못하기 때문이다. 『주례』「천관·장차掌次」에 "무릇 제사를 지낼 때에는 시동의 임시 장막을 펼쳐 놓는다"고 하였다. 尸自外來, 代主人接之. 就其次而請, 不拜, 不敢與尊者爲禮. 『周禮』「掌次」, "凡祭祀, 張尸次."

차次

황이주(淸), 『예서통고』

[特牲饋食禮15 : 經─70]

주인은 당에서 내려와 조계의 동쪽에 선다.

主人降, 立于阼階東.

정현주 　주인이 직접 시동을 맞이하지 않는 것은 시동의 존귀함
을 이루어주는 것이다.¹ 시동은 제사를 받는 자의 손자이다. 할아버지의 시
동이라면 주인은 곧 종자宗子이다. 아버지의 시동이라면 주인은 곧 아버지
의 도리가 있다. 신을 섬기는 예는 묘 안에서 할 뿐이니, 주인이 직접 묘문
밖으로 나아가 맞이하면 시동이 눌리게 된다.² 主人不迎尸, 成尸尊. 尸, 所祭者
之孫也. 祖之尸, 則主人乃宗子. 禰之尸, 則主人乃父道. 事神之禮, 廟中而已, 出迎
則爲厭.

[特牲饋食禮15 : 經—71]
시동은 묘문 안으로 들어가 왼쪽으로 나아가서 북쪽을 향해 손을
씻는다. 종인은 수건을 건네준다.
尸入門左, 北面盥, 宗人授巾.

정현주 　손 씻는 일을 시중드는 사람은 수건을 넣어 둔 둥근 대광
주리를 들고 시동에게 나아가는데, 둥근 대광주리를 들고 있는 사람이 수건
을 건네주지 않는 것은 지위가 낮기 때문이다. 종인이 수건을 건네주는 것
은 정장庭長³으로서 지위가 높기 때문이다. 「소뢰궤사례」에서 "축은 먼저 묘
문 안으로 들어가 오른쪽으로 나아가고, 시동은 묘문 안으로 들어가 왼쪽으
로 나아간다"⁴고 하였다. 侍盥者執其器就之, 執箪者不授巾, 賤也. 宗人授巾, 庭
長尊. 「少牢饋食禮」曰, "祝先入門右, 尸入門左."

[特牲饋食禮15 : 經—72]

시동이 계단 앞에 이르면, 축은 시동을 인도하여 당 위로 올라가도
록 한다. 시동이 당 위로 올라가서 실 안으로 들어가는데, 축이 먼
저 들어가고, 주인이 축의 뒤를 따라 들어간다.

尸至于階, 祝延尸. 尸升, 入, 祝先, 主人從.

정현주 '연延'은 인도하여 나아가게 한다(進)는 뜻이니,[5] 뒤에서
고하고 권하는 것을 '연延'이라고 한다. 『예기』「예기」에 "시동에게 고하고 권
하는 일은 일정하게 정해진 사람이 없다"고 할 때의 의미와 같다. 「소뢰궤사
례」에 "시동은 서쪽 계단을 통해 당 위로 올라가 실 안으로 들어가고, 축은
시동의 뒤를 따른다. 주인은 조계를 통해 당 위로 올라간다. 축이 먼저 실 안
으로 들어가고, 주인은 축의 뒤를 따른다"[6]고 하였다. '延', 進, 在後詔侑曰'延'.
「禮器」所謂"詔侑武方"者也.「少牢饋食禮」曰, "尸升自西階, 入, 祝從. 主人升自阼階.
祝先入, 主人從."

[特牲饋食禮15 : 經—73]

시동은 자리로 나아가 앉는다. 주인은 시동에게 배례를 하고 편안
히 앉도록 청한다.

尸卽席坐. 主人拜妥尸.

정현주 '타妥'는 편안하게 앉는다(安坐)는 뜻이다. '妥', 安坐也.

[特牲饋食禮15 : 經—74]

시동은 답배를 한 후 술잔을 잡는다.[7] 축은 주인을 대신하여 향사
饗辭(흠향하도록 권하는 말)를 올린다.[8] 주인은 시동에게 배례를 하는
데, 처음 음염陰厭을 할 때와 마찬가지로 머리를 바닥에 대면서 재
배를 한다.[9]

尸答拜, 執奠. 祝饗. 主人拜如初.

정현주 　　　　　　'향饗'은 흠향하도록 권하는 것이다. 그 향사饗辭를 「사우
례」의 기문記文에서 취한다면, 마땅히 "효손孝孫 아무개는 정갈하게 하여 효
성스럽게 제물을 올리나니, 흠향하소서!"라고 해야 할 것이다.[10] 구설舊說에
서는 "밝게 올린다"(明薦之)고 하였다.[11] '饗', 勸強之也. 其辭取于「士虞」記, 則宜
云, "孝孫某主[12]爲孝薦之, 饗!" 舊說云, "明薦之."

[特牲饋食禮15 : 經—75]

축은 좌식佐食에게 명하고 또 시동에게 고하여 뇌제挼祭를 지내도
록 한다.[13] 시동은 왼손으로 술잔(觶 : 3升 용량)을 잡고 오른손으로
아욱절임(葵菹)을 집어 들어 달팽이 젓갈(蝸醢)에 묻힌 후 2개의 나
무제기[14]의 사이에 놓고 고수레를 한다.

祝命挼祭. 尸左執觶, 右取菹, 擩于醢, 祭于豆間.

정현주 　　　　　　'명命'은 시동에게 고한다는 뜻이다.[15] '뇌제挼祭'는 신이
먹고 남은 음식으로 고수레 하는 것을 말한다. 「사우례」의 고문본에는 "축이
좌식에게 명하여 타제墮祭를 지내도록 한다"고 하였다. 『주례』「춘관·수조

守祧」에서는 "고수레를 한 후 그
제물(墮)을 땅에 묻는다"고 하였
다. '墮'와 '挼'는 같은 뜻으로 읽
는다.[16] 금문본에서는 '挼'를 고
쳐서 모두 '綏'라고 하였는데, 고
문본의 이곳 경문은 모두 '挼祭'
로 되어 있다. '유해挼醢'는 젓갈

치觶

(淸), 『흠정의례의소』

규葵

高明乾, 『古植物漢名圖考』

에 묻힌다는 뜻이다. '命', 詔尸也. '挼祭', 祭神食也. 「土虞禮」古文曰, "祝命佐食墮
祭." 『周禮』曰, "旣祭, 則藏其墮." '墮'與'挼'讀同耳. 今文改'挼'皆爲'綏', 古文此皆爲
'挼祭'也. '挼醢'者, 染於醢.

[特牲饋食禮15 : 經―76]

좌식은 찰기장 밥·메기장 밥과 중앙 부위를 완전하게 끓어서 자
른 허파를 집어서 시동에게 건네준다. 시동은 그것으로 고수레를
하고, 술로 고수레를 한 후 술을 맛보고 주인에게 술맛이 좋다고
고한다. 주인이 배례를 하면, 시동은 술잔(觶)을 내려놓고 답배를
한다.

佐食取黍稷肺祭授尸. 尸祭之, 祭酒, 啐酒, 告旨. 主人拜, 尸奠觶答
拜.

정현주

'폐제肺祭'[17]는 촌폐刌肺(중앙 부위를 완전하게 끓어서 자른 허파)
를 가리킨다. '지旨'는 맛이 좋다(美)는 뜻이다. 술로 고수레를 할 때에는 향
기로운 곡식 맛으로 빚은 것을 사용한다. 정결하고 공경스럽게 바치는데 오

직 맛이 좋지 않을 것을 두려워한다. 맛이 좋다고 고하는 것은 그 마음을 전달하여 신이 흠향했음을 밝히는 것이다. '肺祭', 刉肺也. '旨', 美也. 祭酒, 穀味之芬芬者. 齊敬共之, 唯恐不美. 告之美, 達其心, 明神享之.

[特牲饋食禮15 : 經−77]

시동은 나물로 간을 맞춘 고깃국으로 고수레를 하고, 그것을 맛본 후에 맛이 좋다고 고한다. 주인은 배례를 하고, 시동은 답배를 한다.

祭鉶, 嘗之, 告旨. 主人拜, 尸答拜.

정현주 '형鉶'은 나물로 간을 맞춘 고깃국을 가리킨다. 『예기』「곡례」에 "손님이 고깃국에 간을 맞추면, 주인은 요리를 잘 못해서 간이 맞지 않았다고 사례를 한다"고 하였다. '鉶', 肉味之有菜和者. 「曲禮」曰, "客絮羹, 主人辭不能亨."

[特牲饋食禮15 : 經−78]

축은 좌식에게 밥그릇(敦)을 시동 가까이 옮겨 놓도록 명한다. 좌식은 찰기장 밥과 메기장 밥이 담긴 2개의 밥그릇을 시동의 자리 위로 가까이 옮겨 놓는다.

祝命爾敦. 佐食爾黍稷于席上.

정현주 '이爾'는 가깝다(近)는 뜻이다. 가깝게 옮겨 놓는 것은 시동이 먹기에 편리하도록 하는 것이다. '爾', 近也. 近之, 便尸之食也.

나물을 넣지 않은 고기 국물(大羹湆)을 달팽이 젓갈을 담은 나무제
기의 북쪽에 진설한다.

設大羹湆于醢北.

정현주   '대갱읍大羹湆'은 고기를 끓인 국물이다. 나물을 넣어 간
을 맞추지 않는 것은 그 질박함을 귀하게 여기는 것으로서, 그것을 진설하는
것은 시동을 공경하기 때문이다. 고수레를 하지 않고, 맛을 보지 않는 것은
나물을 넣지 않은 고깃국(大羹)[18]이 신神을 위한 것이 아니어서 성대한 것이
아니기 때문이다.[19] 「사우례」에서 "나물을 넣지 않은 고기 국물이 문 안으로
들어온다"[20]고 하였다. 금문본에는 '湆'이 모두 '汁'으로 되어 있다. '大羹湆', 煮
肉汁也. 不和, 貴其質, 設之所以敬尸也. 不祭, 不嚌, 大羹不爲神, 非盛者也. 「士虞
禮」曰, "大羹湆自門入." 今文'湆'皆爲'汁'.

좌식은 허파와 등뼈를 들어서 시동에게 건네준다. 시동은 이를 받
아 흔들어서 고수레를 하고(振祭)[21] 맛을 본 후 왼손으로 그것들을
잡는다.

擧肺·脊以授尸. 尸受, 振祭, 嚌之, 左執之.

정현주   허파는 기氣를 주관하는 기관이다. 등뼈는 정체正體[22] 가
운데에서 귀한 부위이다. 먼저 이것들을 먹게 하는 것은 식사를 유도하고
기를 통하게 하기 위한 것이다. 肺, 氣之主也. 脊, 正體之貴者. 先食啗之, 所以導

食通氣.

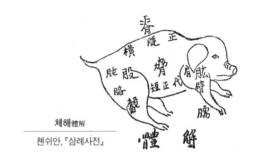

체해體解
첸쉬안, 『삼례사전』

[特牲饋食禮15 : 經─81]
이어서 먹는데, 허파와 등뼈를 차례대로 먹는다.[23]
乃食, 食擧.

정현주　　'거擧'에 '식食'이라는 말을 붙인 것은[24] 대개 희생의 몸을
해체할 때 모두 뼈에 고기가 붙어 있음을 밝힌 것이다. '擧'言'食'者, 明凡解體
皆連肉.

[特牲饋食禮15 : 經─82]
주인은 기조肵俎를 말린 토끼고기를 올려놓은 희생제기(腊俎)의 북
쪽에 진설한다.
主人羞肵俎于腊北.

정현주　　기조肵俎는 시동을 위주로 하는데, 주인이 직접 진설하는
것은 시동을 공경하는 것이다. 신조神俎(신의 자리에 올리는 희생제기)는 주인이
직접 올리지 않는데, 이는 빈객을 얻어서 신으로 자기의 조상을 섬기게 된
것을 귀하게 여기기 때문이다.[25] 肵俎主於尸, 主人親羞, 敬也. 神俎不親設者, 貴

得賓客以神事其先.

시동은 세 번 숟가락으로 떠서 밥을 먹고, 주인에게 배부르다고 고
한다. 축은 더 먹기를 권하고, 주인은 배례를 한다.
尸三飯, 告飽. 祝侑, 主人拜.

정현주　　　　　　　　세 번 숟가락으로 떠서 밥을 먹고 주인에게 배부르다고
고하면, 예禮가 한 차례 완성된다. '유侑'는 권한다(勸)는 뜻이다. 어떤 판본
에서는 '又'로 되어 있는데, 권하여 또 먹게 한다는 뜻이다. 「소뢰궤사례」에
서는 권하는 말에 "황시皇尸께서 아직 배부르지 않으실 것이니, 더 들기를
권합니다"[26]라고 하였다. 三飯, 告飽, 禮一成也. '侑', 勸也. 或曰'又', 勸之使又食.
「少牢饋食禮」侑辭曰"皇尸未實, 侑"也.

좌식은 돼지고기의 갈비뼈 중앙 부위를 들어서 시동에게 건네준
다. 시동은 이를 받아 흔들어서 고수레를 한 후 맛을 본다. 좌식은
받아서 기조胏俎 위에 올려놓는다. 말린 토끼고기의 갈비뼈 중앙
부위와 생선 한 마리도 들어서 시동에게 건네주는데, 또한 동일하
게 한다.[27]
佐食擧幹. 尸受, 振祭, 嚌之. 佐食受, 加于胏俎. 擧獸幹‧魚一, 亦
如之.

'간幹'은 갈비뼈의 중앙 부위이다.²⁸ '수獸'는 말린 고기이니, 그 사용하는 몸체의 수는 희생(돼지고기)의 경우와 동일하게 한다. '幹', 長脅也. '獸', 腊, 其體數與牲同.

시동은 허파와 등뼈를 아욱절임을 올려놓는 나무제기 위에 담아 놓는다.
尸實擧于菹豆.

장차 서수庶羞(여러 가지 음식)를 먹기 위해서이다. '거擧'는 허파와 등뼈를 가리킨다. 爲將食庶羞. '擧'謂肺脊.

좌식은 돼지고기로 만든 여러 가지 맛난 음식을 4개의 나무제기에 담아서 시동에게 올리는데, 아욱절임과 달팽이 젓갈을 담은 2개의 나무제기의 왼쪽에 진설한다.²⁹ 남쪽을 윗자리로 삼아 진설하는데, 1개의 나무제기 안에는 돼지고기 젓갈(醢)을 담는다.
佐食羞庶羞四豆, 設于左. 南上, 有醢.

'서庶'는 여러 가지(衆)라는 뜻이다. 여러 가지 음식은 돼지고기로 만드는데, 색다른 맛을 내기 위한 것이다. '4개의 나무제기'(四豆)는 돼지고기 국(膮)·돼지고기 구이(炙)·저민 돼지고기(胾)·돼지고기 젓갈

(醢)을 담은 나무제기를 가리킨다. '남쪽을 윗자리로 삼는다'(南上)는 것은 돼지고기 국과 돼지고기 구이를 담은 나무제기를 윗자리에 놓는다는 뜻이니, 돼지고기 젓갈이 있으므로 구부러지게 진설할 수 없다.[30] '庶', 衆也. 衆羞以豕肉, 所以爲異味. '四豆'者, 膮·炙·羸·醢. '南上'者, 以膮炙爲上, 以有醢不得緈也.

[特牲饋食禮15 : 經─87]

시동은 다시 세 번 숟가락으로 떠서 밥을 먹고 주인에게 배부르다고 고한다. 축은 더 먹기를 권하는데, 처음과 동일하게 한다.[31]
尸又三飯, 告飽. 祝侑之如初.

정현주 예禮가 두 차례 완성되는 것이다. 禮再成也.

[特牲饋食禮15 : 經─88]

좌식은 돼지고기의 뒷다리 뼈 중앙 부위와 말린 토끼고기의 뒷다리 뼈 중앙 부위 및 생선 1마리를 들어서 시동에게 건네주는데, 처음과 동일하게 한다. 시동은 다시 세 번 숟가락으로 떠서 밥을 먹고 주인에게 배부르다고 고한다. 축은 더 먹기를 권하는데, 처음과 동일하게 한다.
擧骼及獸·魚如初. 尸又三飯, 告飽. 祝侑之如初.

정현주 예禮가 세 차례 완성되는 것이다.[32] '말린 토끼고기 및 생선을 들어서 시동에게 건네주는데, 처음과 동일하게 한다'(獸魚如初)는 것은 말린 토끼고기의 뒷다리 뼈 중앙 부위와 생선 1마리를 시동에게 건네준다는 뜻이다.³³ 禮三成. '獸魚如初'者, 獸骼, 魚一也.

[特牲饋食禮15 : 經－89]
좌식은 돼지고기의 앞다리 뼈 위쪽 부위와 말린 토끼고기의 앞다리 뼈 위쪽 부위 및 생선 1마리를 들어서 시동에게 건네주는데, 처음과 동일하게 한다.³⁴
擧肩及獸·魚如初.

정현주   다시 밥을 먹지 않는 것은 세 숟가락씩 세 차례를 먹었으므로 사士의 예禮가 크게 완성되었기 때문이다. 희생고기를 들 때에는 등뼈의 앞쪽 부위를 먼저 들고, 앞다리 뼈의 위쪽 부위를 나중에 든다. 위쪽으로부터 시작하여 뒤쪽으로 물러나고, 아래쪽으로 구부러져 내려와서 앞쪽으로 나아가는 것이니, 이것이 희생고기를 드는 끝과 시작의 차서이다.³⁵ 不復飯者, 三三者, 士之禮大成也. 擧, 先正脊, 後肩. 自上而卻, 下綏而前, 終始之次也.

[特牲饋食禮15 : 經－90]
좌식은 시동이 먹고 남은 음식을 희생제기에서 집어서 기조肵俎 위에 올려놓는데, 희생제기마다에는 각각 3개씩을 남겨 놓는다.
佐食盛肵俎, 俎釋三个.

정현주   좌식이 시동이 먹고 남은 돼지고기와 생선과 말린 토끼고기를 각 희생제기에서 집어서 기조胏俎 위에 올려놓는 것은 그것을 시동의 집에 보내려는 것이다. 희생제기마다에 각각 3개씩을 남겨 두는 것은 실室의 서북쪽 모퉁이에 다시 진설하기 위해 남겨 놓는 것이다. 남겨 놓는 것은 돼지고기와 말린 토끼고기를 올려놓는 희생제기 위에는 각각 등뼈의 앞쪽 부위 1조각, 갈비뼈의 중앙 부위 1대 및 앞다리 뼈의 아래쪽 부위를 남겨 놓고, 생선을 올려놓는 희생제기 위에는 3마리를 남겨 놓는다. '个'는 조각(枚)이라는 뜻과 같다. 지금 세속에서 수량을 헤아릴 때 '몇 개'(若干個)라고 말하는 경우가 있는데, 이곳에서 그렇게 읽는다.³⁶ 佐食取牲魚腊之餘, 盛於胏俎, 將以歸尸. 俎釋三个, 爲改饌於西北隅遺之. 所釋者, 牲腊則正脊一骨, 長脅一骨及膊也, 魚則三頭而已. '个'猶枚也. 今俗言物數有云'若干個'者, 此讀然.

[特牲饋食禮15 : 經─91]

허파와 등뼈를 들어 기조 위에 올려놓고, 찰기장 밥과 메기장 밥을 담은 밥그릇을 본래 있던 곳에 되돌려 놓는다.³⁷

擧肺·脊加于胏俎, 反黍稷于其所.

정현주   시동이 좌식에게 주면, 좌식은 이를 받아서 올려놓고 되돌려 놓는다.³⁸ 허파와 등뼈는 처음에 아욱절임을 담아 놓은 나무제기 안에 있었다.³⁹ 尸授佐食, 佐食受而加之, 反之也. 肺脊初在俎⁴⁰豆.

1_ 주인이 ~ 것이다 :『예기』「祭統」의 정현 주에 "시동을 맞이하지 않는 것은 그 존엄함을 온전하게 하려는 것이다. 시동은 신을 형상한다. 귀신의 존엄함은 종묘 안에 있으므로, 군주의 존엄함은 묘문 밖으로 나가면 펼쳐진다"('不迎尸'者, 欲全其尊也. '尸', 神象也. 鬼神之尊在廟中, 人君之尊出廟門則伸)고 하였다. 따라서 군주가 직접 묘문 밖으로 나가서 시동을 맞이하지 않음으로써 역으로 시동의 존귀함을 펼쳐주는 것이다.

2_ 신을 ~ 된다 : 시동은 주인보다 신분이 낮으므로 묘 안으로 들어가야 비로소 그 존귀함을 펼칠 수 있고, 묘문 밖에 있을 때에는 그 존귀함을 펼칠 수 없다. 따라서 주인이 묘문 밖으로 나가서 시동을 맞이하게 되면, 시동은 주인에게 눌리게 된다. 진혜전은 '厭'은 군주가 신하를 누르고, 존귀한 사람이 비천한 사람을 누른다는 뜻이라고 하였다(厭是君厭臣, 尊厭卑之義).『의례정의』, 2122쪽 참조.

3_ 정장 : 이여규는 廟庭 안에서의 일은 宗人이 모두 지휘하므로 종인을 '庭長'이라 칭한다고 하였다.『의례정의』, 2122쪽 참조.

4_ 축은 먼저 ~ 나아간다 : [소뢰궤사례16 : 經−57] 참조.

5_ '연'은 ~ 뜻이니 :『이아』「釋詁」에 "肅·延·誘·薦·餤·晉·寅·蓋 모두 '進'의 뜻이다"라고 하였고, 이에 대해 형병은 "모두 나아가서 인도한다는 뜻이다. '延'은 인도하여 앞으로 나아가게 한다는 뜻이다"(皆謂進道. '延'者, 引而進之)라고 하였다.

6_ 시동은 ~ 따른다 : [소뢰궤사례16 : 經−59] 및 [소뢰궤사례16 : 經−60] 참조.

7_ 시동은 ~ 잡는다 : 祝이 국그릇(鉶)의 남쪽에 진설하였던 술잔을 잡는 것이다. [經−66] 참조.

8_ 축은 ~ 올린다 : 오계공에 의하면 이곳의 '饗'은 '饗神' 즉 神에게 흠향하도록 하는 것으로, 신이 흠향하기를 기원하는 饗辭는 비록 시동 앞에서 하지만 실은 神을 위한 것이다. 大夫禮인「소뢰궤사례」에는 祝이 神에게 흠향하도록 기원하는 饗辭의 禮가 없는데, 士禮인「특생궤사례」에서 이를 행하는 것은 士는 지위가 낮아서 군주와 抗禮한다는 혐의가 없기 때문이다.『의례정의』, 2123쪽 참조.

9_ 주인은 ~ 한다 : 陰厭을 할 때 祝이 祝辭를 마치면 주인은 신에게 再拜稽首를 하였다. 이곳에서도 주인은 시동에게 再拜稽首를 한다는 뜻이다. [經−68] 참조.

10_ 그 향사는 ~ 것이다 : [사우례14 : 記−76]에서 향사를 올릴 때에 "애자(哀子) 아무개가 정결하게 하여 애달프게 올리니 흠향하소서!"(饗辭曰, "哀子某, 圭爲而哀薦之. 饗!")라고 하였다. 이에 대해 정현은 "'饗辭'는 시동에게 권하는 말이다. … 모든 吉祭에서 시동에게 음식을 권할 때는 '孝子'라고 한다('饗辭', 勸強尸之辭也. … 凡吉祭饗尸, 曰'孝子')고 하였고,『예기』「雜記」에서는 "吉祭에서는 孝子 또는 孝孫이라고 칭하고, 凶祭에서는 哀子 또는 哀孫이라 칭한다"(祭稱孝子·孝孫, 喪稱哀子·哀孫)라고 하였다. 이곳의 특생궤사례는 吉祭이므로 '孝'라고 칭해야 한다는 뜻이다.

11_ 구설에서는 ~ 하였다 : 舊說은『대대례』「諸侯遷廟」에서 "효사 후 아무개는 정결히 하여 밝게 음식을 올리나니, 흠향하소서!"(孝嗣侯某潔爲明薦之, 享!)라고 한 것을

가리키는데, 정현은 喪祭에서는 '哀'를 칭하고, 吉祭에서는 '孝'를 칭해야 하므로 舊說의 '明'을 '孝'로 바꾸었다. 또 '明'과 '孝' 혹 두 가지로 칭할 수도 있기 때문에 구설을 인용해 둔 것이다. 『의례정의』, 2124쪽 참조.

12_ 主 : '主'는 毛本과 藍本 그리고 호배휘의 『의례정의』에는 모두 '圭'로 되어 있다. 이에 따라 번역한다. 『의례주소』, 991쪽 참조.

13_ 축은 ~ 한다 : '挼祭'는 '綏祭', '墮祭'라고도 한다. 시동이 식사를 하기 전에 神이 먹고 남은 음식으로 고수레 하는 것을 말한다. 『예기』 「曾子問」의 공영달의 소에는 "식사를 하려고 할 때, 먼저 찰기장 밥·메기장 밥과 희생고기를 덜어 내어 나무제기(豆) 사이에 놓고 고수레 하는 것을 '綏祭'라고 한다"(謂欲食之時, 先減黍稷牢肉而祭之於豆間, 故曰'綏祭')고 하였다. [사우례14 : 經-47]의 정현 주에 "下祭를 '墮'라고 한다"(下祭曰墮)고 하였다. 이에 대해서 가공언은 "'下祭'는 아래쪽을 향하여 고수레를 하는 것"(向下祭之)이라고 풀이하였지만, 장이기는 "희생제기(俎)와 나무제기(豆) 위에서 고수레 할 제물을 덜어 내어 시동에게 건네주어 고수레를 지내도록 하는 것으로, 佐食은 단지 제물을 내릴 뿐이다"(從俎豆上取下當祭之物以授尸, 使之祭, 佐食但下之而已)라고 하여 '祭下'를 '희생제기와 나무제기 위에서 제물을 내린다'는 뜻으로 해석하였다. 이렇게 본다면, 이곳 경문에서의 挼祭는 佐食이 직접 고수레를 지낸다는 의미가 아니라 주인이 고수레를 지낼 수 있도록 희생제기와 나무제기 위에서 제물을 덜어 내는 행위를 말한다. 따라서 '挼祭'는 祝이 佐食에게 명하여 희생제기와 나무제기 위에서 제물(黍·稷·肺)을 덜어 내어 시동에게 건네주면, 시동이 이를 가지고 고수레를 지낸다는 뜻이 된다. [소뢰궤사례16 : 經-86]의 주석 4) 참조.

14_ 2개의 나무제기 : 아욱절임(葵菹)과 달팽이 젓갈(蝸醢)을 담은 2개의 나무제기를 가리킨다. [經-55] 참조.

15_ '명'은 ~ 뜻이다 : 저인량과 호배휘는 '命'을 佐食에게 명하고 아울러 시동에게 고한다는 의미로 해석한다. 저인량은 "「사우례」에 의하면 祝이 佐食에게 명하는데, 이곳의 정현 주에서 '시동에게 고한다'고 하였으므로 「사우례」의 경우와 다른 듯하다. 그러나 이곳에서도 祝이 시동에게 挼祭를 거행하도록 고하면, 佐食이 곧바로 찰기장 밥(黍)·메기장 밥(稷)·허파(肺)를 취하여 시동에게 건네주는 것이므로 실은 같은 것이다"라고 하였고, 호배휘는 정현이 「사우례」의 '命'에 대해서는 주를 달지 않았는데, 이곳에서 '命은 시동에게 고하는 것이다'라고 주를 붙인 것은 「사우례」의 '佐食에게 명한다'는 말 속에도 '시동에게 고하는' 의미가 담겨 있음을 밝히기 위한 것이라고 하였다. 『의례정의』, 2125~2126쪽 참조.

16_ 墮와 ~ 읽는다 : 대진은 교감기에서 "『의례』의 '隋祭'에서의 '隋'는 '墮'로 되어 있기도 하고 '隋'로 되어 있기도 하여 판본마다 획일적이지 않다. 『설문』에 隋는 裂肉이다'라고 하였다. 『唐韻』에는 '徒'와 '果'의 반절로 발음한다(徒果切)고 하였다. 이 '隋'의 글자는 『주례』에만 있고 다른 경전에는 드물게 보인다. 隋나라 이후 '隨'를 빌

려 '隋'를 대신하였고, 本音과 本義가 망실되었다. 정현이 [사우례14 : 經—47]의 주에서 '墮下'로 '隋祭'를 풀이하였는데, 이후 세상에서는 '墮'로 '隋'를 대신하게 되었고, 간혹 '隋'로 되어 있는 경우도 있는데, 『주례』에 의거하여 '隋'로 바로잡는 것이 옳다"고 하였다. 『주례』 「춘관·守祧」에서 "고수레를 한 후 그 제물(隋)을 땅에 묻는다"고 한 것에 대해 정현은 '隋는 시동이 고수레를 지낸 허파·등뼈·찰기장 밥·메기장 밥 등으로서, 그것을 땅에 묻어 신을 의지하게 하는 것이다'라고 하였다. 『주례』 「춘관·小祝」의 정현 주에서는 '隋는 시동의 고수레이다'라고 하여 글자가 모두 '隋'로 되어 있다. 『설문』에 "隋는 裂肉이다"라고 하였는데, 단옥재는 "'裂'은 비단의 나머지이다(裂, 繒餘也)이다. 여기에서 뜻이 확대되어 모든 것의 '나머지'를 '裂'이라고 하게 되었다. '裂肉'은 '시동이 고수레를 지내고 남은 나머지'를 의미한다. 정현은 「특생궤사례」와 「소뢰궤사례」의 주에서 『주례』에는 隋로 되어 있는데, 隋와 按는 같은 뜻으로 읽는다'고 하였고, 또 '按는 隋의 뜻으로 읽는다'고 하였다. 정현은 '隋'를 정자로 본 것이다. 오늘날 『의례』의 정현 주에는 '隋가 모두 '墮'로 되어 있는데, 잘못된 것이다'라고 하였다. 호배휘도 단옥재의 주장이 타당하다고 하였다. 『의례정의』, 1997쪽 참조.

17_ 폐제 : 祭肺라고도 하며, 허파를 완전히 끊어지게 자른 것을 가리킨다. 허파를 진설할 때 자르는 방식에는 두 가지가 있다. 하나는 '祭肺'로서 고수레를 지내기 위해 진설하는데, 자를 때 완전히 끊어지게 자른다. 刌肺 혹은 切肺라고도 한다. 다른 하나는 '舉肺'로서 먹기 위해 진설하는데, 가를 때 중앙 부위가 끊어지지 않고 조금 남아 있게 한다. 離肺 혹은 嚌肺라고도 한다.

18_ 나물을 넣지 않은 고깃국 : 쇠고기·양고기·돼지고기 등을 넣고 물을 넣은 다음 끓인 후 나물을 첨가하여 간을 맞출 경우 그 고깃국을 '鉶羹'이라고 한다. 쇠고기·양고기·돼지고기 등 고기만 넣고 나물을 첨가하여 넣지 않을 경우 그 고깃국을 '大羹'이라 한다.

19_ 신을 ~ 때문이다 : "神을 위한 것이 아니어서"라는 것은 大羹涪을 앞서 陰厭 시에 진설하지 않고, 이제 시동을 위해 진설한 것을 가리킨다. 성대하지 않은 음식은 고수레를 하거나 맛을 보지 않는다.

20_ 나물을 ~ 들어온다 : 「사우례」의 이 구절은 희생제기(俎)·나무제기(豆)·밥그릇(敦)·국그릇(鉶)은 모두 시동이 들어오기 전에 미리 진설해 놓는데, 나물을 넣지 않은 고기 국물(大羹涪)은 반드시 시동이 들어와서 자리에 앉은 후에 비로소 문 안으로 들여와 진설한다는 뜻이다.

21_ 흔들어서 고수레를 하고 : 『주례』 「춘관·大祝」에는 식사를 하기 전에 미리 음식을 고수레 하는 것을 ① 命祭, ② 衍祭, ③ 炮祭, ④ 周祭, ⑤ 振祭, ⑥ 擩祭, ⑦ 絶祭, ⑧ 繚祭, ⑨ 共祭의 9가지 형태로 분류한다. '振祭'는 간이나 허파·채소절임 등을 먼저 소금에 묻힌 다음 흔들어서 소금을 털어 내어 고수레 하는 것을 말한다. 『삼례사전』, 637쪽 참조.

22_ 정체 : '正體'는 희생의 正脊을 중심으로 뼈마디에 따라 자른 부위를 가리킨다. 가공언은 牲體 즉 희생의 몸체는 7體거나 21體인데 모두 骨節 즉 뼈마디에 근거해서 말하는 것이라고 하였다. 『의례주소』, 995쪽 참조. 첸쉬안의 설명에 따르면, 희생을 뼈마디에 따라 자르고 나누어서 21體로 만드는 것을 '體解'라고 하고, 21체의 각 부위의 명칭을 '體名'이라고 한다. 좌우 앞다리의 뼈(肱骨)를 각각 셋으로 나누면 肩(위쪽부위)·臂(중앙부위)·臑(아래쪽부위)의 6體가 된다. 좌우 뒷다리의 뼈(股骨)를 각각 셋으로 나누면 肫(위쪽부위)·胳(중앙부위)·觳(아래쪽부위)의 6體가 된다. 좌우의 갈비뼈(脅)를 각각 셋으로 나누면 代脅(앞쪽부위)·正脅(중간부위)·短脅(뒤쪽부위)의 6體가 된다. 등뼈(脊骨)를 셋으로 나누면 正脊(앞쪽부위)·脡脊(중앙부위)·橫脊(뒤쪽부위)의 3體가 된다. 모두 21體이다. 능정감의 『예경석례』「儀禮釋牲上」에서는, 희생의 왼쪽 몸체를 '左胖'이라 하고, 오른쪽 몸체를 '右胖'이라 하고, 앞쪽 몸체를 '肵骨' 혹은 '前脛骨'이라고 하고, 뒤쪽 몸체를 '股骨' 혹은 '後脛骨'이라고 하고, '肫'(뒷다리 뼈의 위쪽부위)은 '膊'이라고도 하고, '胳'(뒷다리 뼈의 중앙부위)은 '骼'이라고도 하고, 脊의 양 곁에 있는 것을 '脅' 또는 '胉'이나 '幹'이라고도 하며, '肩'(앞다리 뼈의 위쪽부위)의 위를 '脰'(목덜미) 혹은 '脄'이라 하고, 肫(뒷다리 뼈의 위쪽부위)의 아래를 '髀'(넓적다리뼈)라고 하고, 나머지를 '儀'라고 하며, 땅을 밟는 부위를 '蹄'(발굽)이라 하고, 脊骨(등뼈)이 끝나는 곳을 '尻'(엉덩이뼈)라고 한다. 첸쉬안, 『삼례사전』, 1286~1287쪽 참조. [소뢰궤사례16 : 經―28]에 따르면, 소뢰궤사례에서의 '正體'는 희생의 12체 가운데 신에게 올리지 않는 넓적다리뼈(髀)를 제외한 11체, 즉 앞다리 뼈의 위쪽부위(肩)·앞다리 뼈의 중앙부위(臂)·앞다리 뼈의 아래쪽부위(臑)·뒷다리 뼈의 위쪽부위(膞)·뒷다리 뼈의 중앙부위(胳)·등뼈의 앞쪽부위(正脊)·등뼈의 중앙부위(脡脊)·등뼈의 뒤쪽부위(橫脊)·갈비뼈의 뒤쪽부위(短脅)·갈비뼈의 중앙부위(正脅)·갈비뼈의 앞쪽부위(代脅)인데, 희생제기 위에 올려놓을 때 등뼈(脊)와 갈비뼈(脅)는 2개씩 올리므로 실제로는 17體가 된다. [특생궤사례15 : 記―27]에 따르면, 특생궤사례에서의 '정체'는 오른쪽 몸체의 앞다리 뼈 위쪽부위(右肩)·앞다리 뼈 중간부위(臂)·앞다리 뼈 아래쪽 부위(臑)·뒷다리 뼈 위쪽부위(肫)·뒷다리 뼈 중앙부위(胳)·등뼈 앞쪽부위(正脊), 등뼈 뒤쪽부위(橫脊), 갈비뼈 중간부위(長脅), 갈비뼈 뒤쪽부위(短脅)인데 희생제기 위에 올려놓을 때 등뼈 앞쪽부위(正脊)와 갈비뼈 중간부위(長脅)를 2개씩 올리므로 실제로는 11체가 된다. 정현에 따르면, 이는 士의 正祭(특생궤사례)에서는 9체를 올림으로써 11체를 올리는 대부의 소뢰궤사례보다 예를 낮추면서도, 실제로는 뼈 2개씩을 나란히 올려놓는 것이 2가지이므로 역시 11이라는 명분을 얻어서 소뢰궤사례의 본래 牲體 수와 합치되도록 하는 것이다.

23_ 이어서 ~ 먹는다 : 경문의 '乃食, 食擧'에 대해 가공언은 '乃食'은 허파를 먹는 것, '食擧'는 등뼈를 먹는 것으로 해석하였고, 저인량은 '乃食'은 아래의 일 즉 '食擧'를 지목하는 말로 보고, '食擧'는 허파와 등뼈를 함께 먹는 것이라고 하였다. 저인량

의 說에 따라 경문을 해석하면 '이어서 먹는데, 허파와 등뼈를 먹는다'는 의미가 된다. 『의례주소』, 995쪽 및 『의례정의』, 2129쪽 참조.

24_ '거'에 ~ 것은 : 이여규는 "'食舉'는 곧 허파와 등뼈이다. 먹을 때에는 반드시 먼저 들기 때문에 '舉'라고 하고, 그것을 먹기 때문에 또 '食舉'라고 하였다"('食舉', 卽肺脊也. 食必先舉之, 故曰'舉', 以其可食, 故又曰'食舉')고 하였다. 『의례정의』, 2129쪽 참조.

25_ 빈객을 ~ 때문이다 : 존귀하고 아름다운 빈객을 얻어서 자기 조상을 제사지낼 수 있음을 귀하게 여기므로, 빈객으로 하여금 神俎를 올리게 한다는 뜻이다.

26_ 황시께서 ~ 권합니다 : [소뢰궤사례16 : 經-76] 참조.

27_ 또한 동일하게 한다 : 돼지고기의 갈비뼈 중앙 부위를 올릴 때와 마찬가지로 시동이 고수레를 하고 맛을 보고, 좌식이 이를 받아서 肵俎 위에 올려놓는다.

28_ '간'은 '갈비뼈의 중앙 부위'이다 : 이여규는 '正脅'을 '幹'이라고 하였고, 호배휘는 '長脅'은 곧 '正脅'이라고 하였다. 幹, 正脅, 長脅은 모두 갈비뼈의 중앙 부위를 가리킨다. 희생을 뼈마디에 따라 자르고 나누어서 21體로 만드는 것을 '體解'라고 하고, 21體의 각 부위의 명칭을 '體名'이라고 한다. 좌우 앞다리의 뼈(肱骨)를 각각 3으로 나누면 肩(위쪽 부위) · 臂(중앙 부위) · 臑(아래쪽 부위)의 6體가 된다. 좌우 뒷다리의 뼈(股骨)를 각각 3으로 나누면 肫(위쪽 부위) · 骼(중앙 부위) · 觳(아래쪽 부위)의 6體가 된다. 좌우의 갈비뼈(脅)를 각각 3으로 나누면 代脅(앞쪽 부위) · 正脅(중앙 부위) · 短脅(뒤쪽 부위)의 6體가 된다. 등뼈(脊骨)를 3으로 나누면 正脊(앞쪽 부위) · 脡脊(중앙 부위) · 橫脊(뒤쪽 부위)의 3體가 된다. 모두 21體이다. 앞의 '체해' 그림 참조. 錢玄, 『삼례사전』, 1286~1287쪽 및 [소뢰궤사례16 : 經-28]의 주석 참조.

29_ 아욱절임과 달팽이 젓갈을 ~ 진설한다 : 4개의 나무제기를 진설하는 위치에 대해 경문에는 더 이상의 설명이 없다. 양복은 아욱절임과 달팽이 절임을 담은 2개의 나무제기의 왼쪽으로 보았고, 楊天宇도 이 설에 따랐다. 『의례정의』, 2133쪽 및 『의례역주』, 431쪽 참조.

30_ '남쪽을 윗자리로 삼는다'는 ~ 없다 : '縮'은 나무제기를 '屈' 즉 방향이 구부러지게 진설하는 것을 말한다. 이곳 경문은 남쪽에서부터 북쪽으로 돼지고기 국(膮), 돼지고기 구이(炙), 저민 돼지고기(胾), 돼지고기 젓갈(醢)을 일직선으로 진설하므로 자연히 방향이 구부러지는 형태가 될 수 없다.

31_ 처음과 동일하게 한다 : 축은 시동에게 더 먹기를 권하고, 주인은 배례를 한다는 뜻이다. [經-83] 참조.

32_ 예가 ~ 완성되는 것이다 : 사의 예인 특생궤사례에서는 시동이 三飯씩 세 차례 밥을 떠먹음으로써 시동의 九飯이 완성된다. 시동의 卒食에 이어서 바로 시동에게 세 차례 술을 올리는 초헌, 아헌, 삼헌의 예가 진행된다. 대부의 예인 소뢰궤사례의 正祭에서는 시동이 11飯을 하여 사의 예와 구별된다.

33_ 말린 토끼고기의 ~ 뜻이다 : 돼지고기(牲)의 경우 뒷다리 뼈의 중앙 부위를 들어서 시동에게 주기 때문에 말린 토끼고기도 역시 뒷다리 뼈의 중앙 부위를 들어서 시동에게 준다. 경문에서는 '獸·魚'라고 하여 '獸骼魚一'이라고 하지 않았기 때문에 정현이 부연하여 밝힌 것이다. 『의례정의』, 2133쪽 및 [經—84] 참조.

34_ 처음과 동일하게 한다 : 이곳에서도 돼지고기의 경우 앞다리 뼈 위쪽 부위를 시동에게 건네주므로, 말린 토끼고기 역시 앞다리 뼈 위쪽 부위를 주고, 생선 1마리를 시동에게 주는 것이다.

35_ 위쪽으로부터 ~ 차서이다 : 이여규는 「소뢰궤사례」에 의하면 희생제기 위에 희생의 몸체를 올려놓는 순서는 앞다리 뼈의 위쪽 부위(肩)·앞다리 뼈의 중앙 부위(臂)·앞다리 뼈의 아래쪽 부위(臑)·뒷다리 뼈의 위쪽 부위(膊)·뒷다리 뼈의 중앙 부위(骼)가 희생제기의 양쪽 끝에 진설되고, 등뼈(脊)·갈비뼈(脅)·허파(肺)가 희생제기의 위쪽에 진설되어 있어 그 肩·脊·脅·骼의 순으로 되어 있다. 이 가운데 시동은 먼저 등뼈의 앞쪽 부위(正脊)를 드는데 이것이 '위쪽으로부터 시작하는 것'(自上)이고, 다음으로 갈비뼈(脅)를 드는데 이것이 '뒤쪽으로 물러나는 것'(卻)이고, 그런 다음에 뒷다리 뼈의 중앙 부위(骼)를 드는데 이것이 '아래로 구부러져 내려오는 것'(下紲)이고, 마지막으로 앞다리 뼈 위쪽 부위(肩)를 드는데 이것이 '앞쪽으로 나아간다'(前)는 것이다. 시동이 희생의 몸체를 들 때에는 마치 구부러져서 내려오는 듯이 하는 것이라고 하였다. 또한 호배휘는 시동이 희생고기를 먹을 때 먼저 등뼈(脊)를 들고, 이어서 갈비뼈(脅)를 들고, 이어서 뒷다리 뼈의 중앙 부위(骼)를 들고, 마지막으로 앞다리 뼈의 위쪽 부위(肩)를 드는데, 이것이 끝과 시작의 차서라고 하였다. 『의례정의』, 2134쪽 참조.

36_ 이곳에서 그렇게 읽는다 : 경문의 '个'를 정현 당시의 속어인 '個'로 읽는다는 뜻이다.

37_ 찰기장 밥과 ~ 놓는다 : 본래 있던 곳은 '희생제기의 남쪽'을 말한다. 찰기장 밥과 메기장 밥을 담은 2개의 밥그릇(敦)은 본래 생선을 올려놓는 희생제기의 남쪽에 있었는데([經—65]), 시동이 먹기 편하도록 시동의 자리 앞으로 가까이 옮겨 놓았다([經—78]). 이제 시동이 먹는 일을 마쳤으므로 본래 있던 곳에 되돌려 놓는 것이다.

38_ 올려놓고 되돌려 놓는다. : 시동이 허파·등뼈·기장밥을 좌식에게 주면, 좌식은 이들을 받아서 허파와 등뼈는 肵俎 위에 올려놓고, 기장밥은 본래 있던 희생제기의 남쪽으로 되돌려 놓는 것이다.

39_ 허파와 등뼈는 ~ 있었다. [經—85] 참조.

40_ 俎 : 徐本에는 '俎'로 되어 있지만, 『集釋』, 『通解』, 楊復本, 毛本, 호배휘의 『의례정의』에는 모두 '湆'로 되어 있으며, 완원의 교감기에도 '湆'로 보는 것이 옳다고 하였다. 이에 따라 번역한다. 『의례주소』, 997쪽 참조.

「시작주인도尸酢主人圖」

(清),『흠정의례의소』

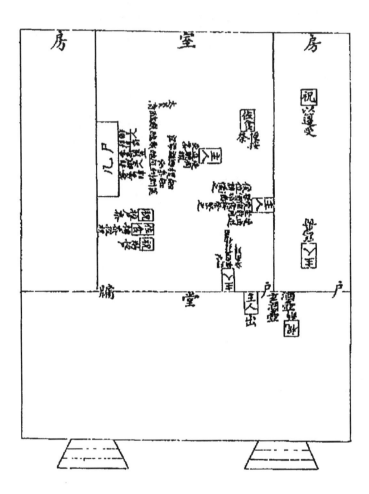

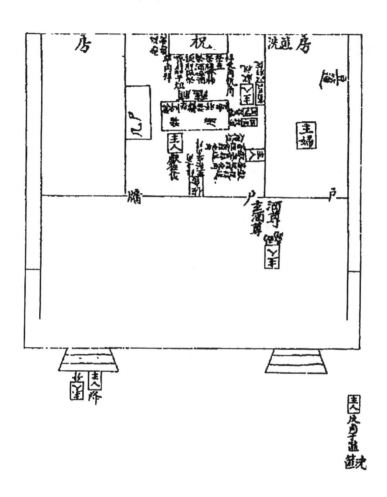

經―92에서 經―103까지는 '主人初獻' 즉 주인이 첫 번째로 시동에게 술을 올려 '獻'의 예를 행하는 절차이다. 주인이 시동에게 술을 올리는 '主人獻尸', 시동이 주인에게 보답하여 술을 올리는 '尸醋主人', 시동이 祝을 통해 축복의 말을 내려주는 '致嘏', 주인이 초헌의 진행을 도와 준 祝과 佐食에게 술을 올리는 '主人獻祝' 및 '主人獻佐食'으로 진행된다.

[特牲饋食禮15 : 經―92]

주인은 술잔(角 : 4升의 용량)[1]을 씻은 후 당 위로 올라가서, 술을 따라서 시동에게 입가심을 하도록 한다.

主人洗角, 升, 酌, 酳尸.

정현주   '윤酳'은 넉넉히 흘러넘친다(衍)는 뜻과 같으니, 이는 시동에게 술을 올려 헌獻의 예를 행하는 것이다. 그것을 '입가심한다'(酳)라고 말한 것은 시동이 이미 식사를 마쳤는데, 또 넉넉히 마시게 하여 시동을 즐겁게 하고자 하기 때문이다. 작爵(1승 용량의 술잔)을 사용하지 않는 것은 대부의 예보다 낮춘 것이다.[2] 부자父子의 도리는 질박하므로 각角(4升 용량의 술잔)을 사용하는데, 각角은 사람의 손질이 소략하게 들어간 것이기 때문이다.[3] 금문본에서는 '酳'이 모두 '酌'으로 되어 있다. '酳猶衍也, 是獻尸也. 謂之'酳'者, 尸旣卒食, 又欲頤衍養樂之. 不用爵者, 下大夫也. 因父子之道質而用角, 角加人事略者. 今文 '酳'皆爲'酌'.

작爵

섭숭의(宋), 「삼례도」

각角

섭숭의(宋), 「삼례도」

[特牲饋食禮15 : 經—93]

시동은 배례를 한 후에 술잔을 받고, 주인은 술잔을 보내준 후에 배례를 행한다. 시동은 술로 고수레를 한 후에 술을 맛본다. 빈장 賓長은 시동에게 구운 간을 담은 희생제기를 곁들여 올린다.

尸拜受, 主人拜送. 尸祭酒, 啐酒. 賓長以肝從.

정현주 ‘간肝’은 구운 간(肝炙)을 가리킨다. 금문본에는 ‘啐之’로 되어 있고, 고문본에는 ‘長’이 없다. ‘肝’, 肝炙也. 今文曰‘啐之’, 古文無‘長’.

[特牲饋食禮15 : 經—94]

시동은 왼손으로 술잔(角)을 잡고, 오른손으로 구운 간을 집어서 소금에 묻힌 후 흔들어서 고수레를 하고, 아욱절임을 담은 나무제기 위에 올려놓은 다음 술잔의 술을 다 마신다. 축祝은 시동이 비운 술잔을 받아 들고, 주인에게 “술잔을 보냈는데, 황시皇尸께서 술잔의 술을 다 마셨습니다”라고 고한다. 주인은 배례를 하고, 시동이 답배를 한다.

尸左執角, 右取肝, 擩于鹽, 振祭, 嚌之, 加于菹豆, 卒角. 祝受尸角, 曰, “送爵, 皇尸卒爵.” 主人拜, 尸答拜.

정현주 ‘술잔을 보냈다’(送爵)고 말한 것은 주인이 배례하였음을 생략한 것이다. 曰‘送爵’者, 節主人拜.

축이 술을 따라서 시동에게 건네수면, 시동은 그것으로 주인에게
작초醋의 예를 행한다.

祝酌, 授尸, 尸以醋主人.

정현주   '작초醋'은 보답한다(報)는 뜻이다. 축이 술을 따를 때 술잔
을 씻지 않고, 시동이 직접 술을 따르지 않는 것은 시동을 높이는 것이다. 시
동이 직접 작초醋의 예를 행하는 것은 서로 보답하는 뜻을 보이는 것이다. 고
문본에는 '초醋'이 '초酢'으로 되어 있다. 醋', 報也. 祝酌不洗, 尸不親酌, 尊尸也. 尸親
醋, 相報之義. 古文'醋'作'酢'.

주인은 배례를 한 후에 술잔을 받고, 시동은 술잔을 보내준 후에
배례를 한다. 주인이 본래의 위치로⁴ 물러가고, 좌식은 주인에게
뇌제挼祭를 지낼 제물을 건네준다.⁵

主人拜受角, 尸拜送. 主人退, 佐食授挼祭.

정현주   '물러간다'(退)는 것은 시동에게 나아가 술잔을 받고 본래
의 위치로 돌아간다는 뜻이다. '妥'는 또한 마땅히 '挼'가 되어야 한다.⁶ 시동
이 장차 주인에게 축복해 주는 말을 하고자 하여 좌식이 주인에게 뇌제挼祭
를 지낼 제물을 주는 것이니, 또한 시동이 먹고 남은 음식으로 고수레를 하도
록 한다. 뇌제를 지낼 제물을 준다는 것은 또한 찰기장 밥·메기장 밥과 중앙
부위를 완전하게 끓여서 자른 허파를 집어서 주는 것이다. 금문본에서는 '妥'

를 모두 '按'로 고치기도 하였다. '退'者, 進受爵反位. '妥'亦當爲'按.' 尸將嘏主人, 佐食授之按祭, 亦使祭尸食也. 其授祭, 亦取黍·稷·肺祭. 今文或皆改'妥'作'按'.

[特牲饋食禮15 : 經―97]

주인은 앉아서 왼손으로 술잔을 잡고, 오른손으로 제물을 받아서 고수레를 하고, 술로 고수레를 한 후 술을 맛보고, 이어서 앞으로 나아가 시동이 하사嘏辭(축복해 주는 말)를 내려주기를 기다린다.

主人坐, 左執角, 受祭, 祭之, 祭酒, 啐酒, 進, 聽嘏.

정현주
'청聽'은 기다린다(待)는 뜻과 같다. 복을 받는 것을 '하嘏' 라고 한다. '하嘏'는 길다(長)는 뜻이고, 크다(大)는 뜻이다. 시동이 길고 큰 복을 내려주기를 기다리는 것이다. '聽'猶待也. 受福曰'嘏'. '嘏', 長也, 大也. 待尸授之以長大之福.

[特牲饋食禮15 : 經―98]

좌식이 찰기장 밥을 둥글게 뭉쳐서 축에게 건네주면, 축은 이를 시동에게 준다. 시동은 아욱절임을 담는 나무제기로 받아서 그것을 잡고 주인에게 직접 축복해 주는 말을 한다.

佐食搏黍授祝, 祝授尸. 尸受以菹豆, 執以親嘏主人.

정현주
단지 찰기장 밥만 사용하는 것은 그것이 가장 근본이 되는 음식이기 때문이다. 축복해 주는 말은 「소뢰궤사례」에 있다.[7] 獨用黍者,

食之主. 其辭則「少牢饋食禮」有焉.

[特牲饋食禮15：經—99]

주인은 왼손으로 술잔을 잡고, 머리를 바닥에 대면서 재배를 한 후 둥글게 뭉친 찰기장 밥을 받아 들고 본래의 위치로 돌아간다.[8] 이어서 찰기장 밥을 품 안에 받들어 넣었다가 왼쪽 소매에 넣고, 왼쪽 새끼손가락을 소맷부리에 건 다음 술잔의 술을 다 마신 후에 배례를 한다. 시동이 답배를 한다.

主人左執角, 再拜稽首受, 復位. 詩懷之, 實于左袂, 挂于季指, 卒角, 拜. 尸答拜.

정현주 　　　　　'시詩'는 받든다(承)는 뜻과 같으니, 품안에 받들어 넣는다는 말이다.[9] '계季'는 작다(小)는 뜻과 같다. 왼쪽 소매에 넣고 새끼손가락을 소맷부리에 거는 것은 술잔의 술을 마시기에 편하게 하려는 것이다. 「소뢰궤사례」에서는 "일어나서 축에게서 둥글게 뭉친 찰기장 밥을 받고, 다시 앉아서 흔들어 고수레를 하고, 고수레를 마친 후 맛을 본다"[10]고 하였다. 고문본에는 '挂'가 '卦'로 되어 있다. '詩'猶承也. 謂奉納之懷中. '季', 小也. 實于左袂, 挂袂以小指者, 便卒角也. 「少牢饋食禮」曰, "興, 受黍, 坐振祭, 嚌之." 古文'挂'作'卦'.

[特牲饋食禮15：經—100]

주인이 실室 밖으로 나가서 찰기장 밥(嗇)을 들고 방 안으로 옮겨 오면,[11] 축祝은 대나무제기로 그것을 받는다.

主人出, 寫嗇于房, 祝以邊受.

정현주

'서黍'(찰기장 밥)를 바꾸어서 '색嗇'이라고 말한 것은 일에 근거하여 권고하고 경계하는 것으로서 농사짓는 일을 중시하고자 하는 것이다. '색嗇'은 농사짓는 노력으로 功을 이룬 것을 말한다. 變'黍'言'嗇', 因事託戒欲其重稼嗇. '嗇'者, 農力之成功.

[特牲饋食禮15 : 經一101]

유사有司는 축의 자리를 펼쳐 놓는데, 자리의 머리 부분이 남쪽을 향하도록 하여 놓는다.

筵祝, 南面.

정현주

주인이 방에서 실實로 돌아올 때이다.[12] 主人自房還時.

[特牲饋食禮15 : 經一102]

주인은 축에게 술을 올려 헌獻의 예를 행한다. 축은 배례를 한 후 술잔을 받고, 주인은 술잔을 보내준 후 배례를 행한다. 아욱절임(葵菹)·달팽이젓갈(蝸醢)을 담은 나무제기와 희생제기를 진설한다.

主人酌, 獻祝. 祝拜受角, 主人拜送. 設菹醢·俎.

정현주

신의 은혜를 베푸는 것이다. 먼저 축에게 헌獻의 예를 행하는 것은 그가 신과 교접하는 사람이기 때문에 그를 존중하는 것이다. 아

욱절임과 달팽이 젓갈을 담은 나무제기는 모두 주부가 진설하고, 좌식은 희
생제기를 진설한다. 行神惠也. 先獻祝, 以接神, 尊之. 菹醢皆主婦設之, 佐食設俎.

축은 왼손으로 술잔(角)을 잡고, 오른손으로 나무제기 안에 담긴
아욱절임과 달팽이 젓갈로 고수레를 하고, 일어나서 희생제기 위
의 허파를 집고, 다시 앉아서 그것으로 고수레를 한 후 맛을 보고,
다시 일어나서 희생제기 위에 얹어 놓고, 다시 앉아서 술로 고수
레를 한 후에 술을 맛본다. 집사는 축에게 구운 간을 담은 희생제
기를 곁들여 올린다. 축은 왼손으로 술잔을 잡고, 오른손으로 구
운 간을 집어 들고 소금에 묻힌 후 흔들어서 고수레를 하고, 맛을
본 후에 희생제기 위에 얹어 놓고, 술잔의 술을 다 마신 후에 배례
를 한다. 주인은 답배를 하고, 축이 비운 술잔을 받아서 좌식佐食
에게 술을 올려 헌獻의 예를 행한다. 좌식은 북쪽을 향하여 배례를
한 후에 술잔(角)을 받고, 주인은 술잔을 보낸
후에 배례를 행한다. 좌식이 앉아서 술로 고
수레를 하고, 술잔의 술을 다 마신 후 배례를
한다. 주인은 답배를 한 후에 좌식이 비운 술
잔을 받아 들고, 당에서 내려와 대광주리(篚)
안에 되돌려 놓는다. 이어서 당 위로 올라가
서, 실室 안으로 들어가 본래의 위치로 되돌
아간다.

祝左執角, 祭豆, 興, 取肺, 坐祭, 嚌之, 興, 加

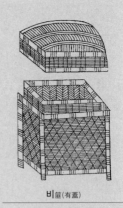

비篚(有蓋)

섭숭의(宋), 『삼례도』

于俎, 坐祭酒, 啐酒. 以肝從. 祝左執角, 右取肝擩于鹽, 振祭, 嚌之, 加于俎, 卒角, 拜. 主人答拜, 受角, 酌, 獻佐食. 佐食北面拜受角, 主人拜送. 佐食坐祭, 卒角, 拜. 主人答拜, 受角, 降, 反于篚. 升, 入復位.

1_ 술잔 : '角'은 4승 용량의 술잔으로, 지위가 낮은 사람이 사용한다. 『예기』 「禮器」에 "종묘의 제례에서 존귀한 사람은 爵으로 술을 바치고, 비천한 사람은 散으로 술을 바치며, 존귀한 사람은 觶로 술을 마시고 비천한 사람은 角으로 술을 마신다"(宗廟 之祭, 貴者獻以爵, 賤者獻以散, 尊者舉觶, 卑者舉角)고 하였고, 이에 대해 정현은 "무릇 술잔은 크기에 따라 1升의 술잔을 '爵'이라 하고, 2승의 술잔을 '觚'라고 하고, 3升의 술잔을 '觶'라고 하고, 4升의 술잔을 '角'이라 하고, 5升의 술잔을 '散'이라고 한다"(凡觴, 一升曰爵, 二升曰觚, 三升曰觶, 四升曰角, 五升曰散)고 하였다. '爵'은 1升 용량의 술잔으로 존귀한 사람이 술을 올릴 때 사용하는 술잔이지만, 일반적으로 술잔의 범칭으로도 사용된다.

2_ 爵을 ~ 것이다 : 大夫의 禮인 「소뢰궤사례」에서는 주인이 시동에게 술을 올려 獻의 예를 행할 때에는 爵(1升 용량) 술잔을 사용한다. [소뢰궤사례16 : 經−82] 참조.

3_ 角은 사람의 ~ 때문이다 : 角(4升 용량)은 爵(1升 용량)보다 수식하는 사람의 공력이 소략히 들어가서 질박하기 때문에 父子의 도리가 질박함을 상징한다는 뜻이다.

4_ 본래의 위치로 : '본래의 위치'는 실문(室戶) 안에서 서쪽을 향하는 위치를 말한다. [經−54] 참조.

5_ 좌식은 주인에게 ~건네준다 : 앞의 [經−75]의 '挼祭'는 神이 먹고 남은 음식으로 고수레를 하는 것이고, 이곳의 '挼祭'는 시동이 먹고 남은 음식으로 고수레를 하는 것이다.

6_ '妥'는 ~ 한다 : 장순은 이곳에 '妥亦當爲挼'라고 한 것과 아래의 '今文或皆改妥作挼'에 의거하여 경문의 '挼'는 아마도 '妥'로 되어 있는 듯하다고 하였다. 『의례주소』, 998쪽 참조.

7_ 축복해 주는 ~ 있다 : "皇尸께서 工祝에게 명하여 끝없는 수많은 복을 그대 孝孫(주인)에게 전해주게 하셨다. 그대 효손에게 내려주시어, 그대로 하여금 하늘에서 복록을 받게 하셨다. 밭에서 농사를 짓고, 오래도록 장수를 누리게 될 것이니, 폐하지 말고 길이 보전하도록 하라."(皇尸命工祝, 承致多福無疆于女孝孫, 來女孝孫, 使女受祿于天. 宜稼于田, 眉壽萬年, 勿替引之) [소뢰궤사례16 : 經−89] 참조.

8_ 주인은 ~ 돌아간다 : 호배휘는 둥글게 뭉친 찰기장 밥(黍)도 오른손으로 받는 것이라고 하였다. 일반적으로 주인은 술잔을 내려놓은 후에 배례를 하고 받는데, 이 경문에는 언급이 없다. 성세좌는 "무릇 배례를 할 때에는 반드시 술잔을 내려놓는다. 술잔이 기울어 술이 흘러나올까 염려되기 때문이다. 이 경문에서 '술잔을 내려놓은 후 일어난다'는 말을 하지 않은 것은 문장이 생략된 것이다"(凡拜必奠角爵. 慮傾出也. 此不言'奠角興'者, 文略也)라고 하였다. 『의례정의』, 2142쪽 참조.

9_ '시'는 ~ 말이다 : 오정화는 경문의 "詩懷之, 實于左袂"를 잠시 품에 받들었다가 소매에 넣는 것으로 본다(受時暫奉之懷, 然後實之袖). 이여규는 손으로 지니고 있는 것(以手維持)을 곧 받든다는 뜻(承奉之義)으로 보았고, 저인량도 이여규의 해석을 지지한다. 『의례정의』, 2142쪽 참조.

10_ 일어나서 ~ 본다 : [소뢰궤사례16 : 經一90] 참조.

11_ 옮겨 오면 : 경문의 '寫'에 대해서 호배휘는 "'寫'라는 글자에는 저쪽에서 이쪽으로 옮긴다는 뜻이 있다"(寫有自彼傳此之義)라고 하였다. 『의례정의』, 2143쪽 참조.

12_ 주인이 ~ 때이다 : 주인이 東房에서 室로 돌아올 때 祝의 자리를 펼쳐 놓는다는 뜻 이다.

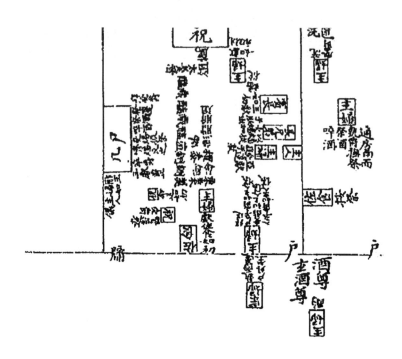

經—104에서 經—113까지는 '主婦亞獻', 즉 주부가 주인에 이어서 두 번째로 시동에게 술잔을 올려 '獻'의 예를 행하는 절차이다. 주부가 시동에게 두 번째 술을 올리는 '主婦亞獻尸', 시동이 주부에게 보답하여 술을 올리는 '尸醋主婦', 주부가 축과 좌식에게 술을 올리는 '主婦獻祝' 및 '獻佐食'으로 진행된다.

[特牲饋食禮15 : 經—104]

주부는 방 안에서 술잔(爵)¹을 씻은 후 술을 따라 시동에게 아헌亞獻의 예를 행한다.

主婦洗爵于房, 酌, 亞獻尸.

정현주 '아亞'는 다음(次)이라는 뜻이다. 다음(次)은 두 번째(貳)의 뜻과 같다. 주부가 두 번째 헌獻의 예를 행하면서 협배夾拜²를 하지 않는 것은 사士의 처는 의례가 간략하기 때문이다.³ 亞, 次也. 次猶貳. 主婦貳獻不夾拜者, 士妻儀簡耳.

[特牲饋食禮15 : 經—105]

시동은 배례를 한 후 술잔을 받는다. 주부는 북쪽을 향하여 술잔을 보내준 후 배례를 한다.

尸拜受. 主婦北面拜送.

정현주 '북쪽을 향하여 배례를 한다'(北面拜)는 것은 대부의 처(內

子)와 항례한다는 혐의를 피하기 위함이다.[4] 대부의 처는 주인의 북쪽에서
서쪽을 향해 배례를 한다. '北面拜'者, 辟內子也. 大夫之妻拜於主人北, 西面.

[特牲饋食禮15 : 經-106]
종부宗婦[5]는 대추와 밤을 담은 2개의 대나무제기를 잡고 실문 밖에
앉는다. 주부는 이것을 받아서 밥그릇(敦)의 남쪽에 진설한다.
宗婦執兩籩, 戶外坐. 主婦受, 設于敦南.

정현주   2개의 대나무제기에는 대추와 밤이 담겨 있는데, 대추를
담은 대나무제기를 서쪽에 놓는다. 兩籩棗栗, 棗在西.

[特牲饋食禮15 : 經-107]
축은 대나무제기 안의 제물을 시동에게 주어서 고수레하는 것을
돕는다. 시동은 받아서 그것으로 고수레를 하고, 술로 고수레를
한 후에 술을 맛본다.
祝贊籩祭. 尸受, 祭之, 祭酒, 啐酒.

정현주   '대나무제기 안의 제물'(籩祭)은 대추와 밤의 제물을 가리
킨다. 시동이 그것으로 고수레를 할 때에는 또한 2개의 나무제기 사이에 놓
고 고수레를 한다.[6] '籩祭', 棗栗之祭也. 其祭之, 亦於豆祭.

[特牲饋食禮15 : 經—108]

형제의 우두머리는 시동에게 고기구이를 담은 희생제기를 곁들여
올린다. 시동은 이것을 받아 흔들어서 고수레를 하고, 맛을 본 후
에 되돌려 준다.[7]

兄弟長以燔從. 尸受, 振祭, 嚌之, 反之.

정현주 　　　　'번燔'은 고기구이를 가리킨다. '燔', 炙肉也.

[特牲饋食禮15 : 經—109]

고기구이를 올렸던 형제의 우두머리는 이것을 받아서 기조所俎 위
에 올려놓은 후 실室 밖으로 나간다.

羞燔者受, 加于所, 出.

정현주 　　　　'나간다'(出)는 것은 이후에 할 일을 기다린다는 뜻이다.[8]
'出'者, 俟後事也.

[特牲饋食禮15 : 經—110]

시동은 술잔의 술을 다 마신다. 축은 시동이 비운 술잔을 받은 후
주부에게 시동이 술을 다 마셨음을 고하면서 보내주는데, 처음 주
인이 시동에게 헌의 예를 행할 때와 동일한 절차로 한다.[9]

尸卒爵. 祝受爵, 命送如初.

　　　　　'송送'은 시동이 다 마신 술잔을 주부에게 보내주는 것을 말한다. '送'者, 送卒爵.

[特牲饋食禮15 : 經―111]
시동은 주부에게 보답의 술을 올려 작酢의 예를 행하는데, 주인에게 할 때와 동일한 절차로 한다.
酢, 如主人儀.

　　　　　'시동이 주부에게 보답의 술을 올려 작酢의 예를 행하는데, 주인에게 할 때와 동일한 절차로 한다'는 것은 '축이 술을 따르는 것'에서부터 '시동이 술잔을 보내준 후 배례를 하는 것'까지[10] 주인에게 작의 예를 행할 때와 동일한 절차로 한다는 뜻이다. 술잔을 바꾸지 않는 것은 대부의 처(內子)와 항례抗禮한다는 혐의를 피하기 위함이다.[11] '尸酢主婦, 如主人儀'者, 自'祝酌'至'尸拜送', 如酢主人也. 不易爵, 辟內子.

[特牲饋食禮15 : 經―112]
주부는 방 안으로 들어가서 남쪽을 향해 선다. 좌식은 주부를 대신하여 뇌제挼祭를 지낸다. 주부는 왼손으로 술잔을 잡고, 오른손으로 제물을 어루만진 후 술로 고수레를 하고 술을 맛본 다음, 실 안으로 들어가서 술잔의 술을 다 마시는데, 주인과 동일한 절차로 한다.[12]
主婦適房, 南面. 佐食挼祭. 主婦左執爵, 右撫祭, 祭酒, 啐酒, 入, 卒爵, 如主人儀.

뇌제挼祭를 지낼 제물을 어루만진다는 것은 직접 고수레
한다는 뜻을 보여 주는 것인데, 좌식이 주부에게 제물을 건네주지 않고 지면
에 놓고 고수레를 하는 것이니, 또한 의식이 간략한 것이다.[13] 실 안으로 들
어가서 술잔의 술을 다 마시는 것은 존귀한 자 앞에서 예를 완성하는 것으
로, 은혜를 받았음을 밝히는 것이다. 撫挼祭, 示親祭, 佐食不授而祭於地, 亦儀
簡也. 入室卒爵, 於尊者前成禮, 明受惠也.

[特牲饋食禮15 : 經—113]

주부는 축에게 술을 올려 헌의 예를 행할 때에, 대추와 밤을 담
은 2개의 대나무제기와 고기구이를 담은 희생제기를 곁들여 올리
는데, 처음 주인이 축에게 헌의 예를 행할 때와 동일한 절차로 한
다.[14] 주부는 좌식에게까지 술을 올려 헌의 예를 행하는데, 처음
주인이 좌식에게 헌의 예를 행할 때와 동일한 절차로 한다. 헌의
예가 끝나면 주부는 술잔을 들고 방 안으로 들어간다.

獻祝, 籩·燔從, 如初儀. 及佐食, 如初. 卒, 以爵入于房.

'좌식에게까지 술을 올려 헌의 예를 행하는데, 처음 주인
이 좌식에게 헌의 예를 행할 때와 동일한 절차로 한다'는 것은 주인이 좌식
에게 헌의 예를 행할 때와 마찬가지로 좌식은 주인의 북쪽에서 배례를 하고
서쪽을 향한다는 뜻이다. '及佐食如初, 如其獻佐食', 則拜主人之北, 西面也.

1_ 술잔 : '主婦亞獻'의 절차에서 주부가 사용하는 爵 술잔에 대해, 오계공은 경문에서 '爵'이라고 한 것에 의거하여 主婦가 亞獻을 할 때에는 角(4升의 용량) 술잔에서 爵(1 升의 용량) 술잔으로 바꾸는데, 이것이 正禮이기 때문이라고 하였다. 그러나 저인 량은 혹자의 설을 인용하여 主人이 初獻의 예를 행할 때 角 술잔을 사용하였는데, 主婦가 爵 술잔을 사용하는 것은 尊卑의 의리에 어긋난다고 하면서 이곳에서도 마 찬가지로 '角' 술잔을 사용한다고 하였고, 성세좌도 경문의 '爵'은 술잔의 통칭으로 쓰였을 뿐 실질적으로는 '角'을 의미한다고 하였다. 호배휘는 당연히 저인량과 성 세좌의 입장을 지지한다. 『의례정의』, 2145쪽 참조.

2_ 협배 : '俠拜'로도 쓴다. 협배란 배례를 하고 상대가 답배를 하면 다시 한 번 더 배례 를 하는 방식을 가리킨다. 주로 부녀자들이 남자와 예를 행할 때, 여자가 먼저 배 례를 하고, 남자가 이에 답배를 하고, 여자가 또다시 배례하는 것을 말한다. 즉 남 자는 한 번 배례를 하고, 여자는 재배를 하는 것이다. 부인의 배례에 대해서는 이 견이 분분한데, 만사대에 따르면, 부인의 절에는 무릎을 꿇지 않고 하는 '肅拜'와 무 릎을 꿇고 하는 '手拜'가 있는데, '숙배'는 무릎을 꿇지 않고 약간 몸을 구부려서 공 손히 하는 것으로 오늘날 부인들이 揖을 하는 것과 같으며, '수배'는 무릎을 땅에 닿 게 하고 절을 하는 것으로 오늘날 부인들이 절을 하는 것과 같다. 『의례정의』, 83쪽 참조.

3_ 사의 처는 ~ 때문이다 : 大夫의 처는 시동에게 술을 올릴 때 俠拜를 한다. [소뢰궤 사례16 : 經-101]의 정현 주 참조.

4_ 북쪽을 ~ 위함이다 : 內子는 卿·大夫의 처를 가리킨다. '內子'에 대해서는 [유사철 17 : 經-148]의 주석 17) 참조. [소뢰궤사례16 : 經-101]에서 大夫의 처는 主人의 북 쪽에서 서쪽을 향해 배례를 하는데, 이는 북쪽을 향해 배례를 하는 군주의 夫人과 대등하게 抗禮한다는 혐의를 피하기 위한 것이라고 하였다. 그런데 士의 처는 지위 가 현저히 낮으므로 그런 혐의가 없기 때문에 북쪽을 향해 배례를 하는 것일 뿐이 다. 그런데 정현은 士의 처가 대부의 처에 항례한다는 혐의를 피하기 위한 것이라 고 하였다. 이 때문에 호배휘는 이 정현의 주는 迂曲함을 면치 못한다고 비판했다. 『의례정의』, 2145쪽 참조.

5_ 종부 : 채덕진에 따르면, 宗婦는 同宗의 부인으로 와서 제사를 돕는 사람을 가리킨 다. 『의례정의』, 2145쪽 참조. 아래 [특생궤사례15 : 記-22]의 정현 주에 "'내빈'은 고 모와 자매를 가리킨다. '종부'는 족인(族人)의 부인으로, 그 남편은 제사를 받는 사 람의 자손에 속한다."('內賓,' 姑姉妹也, '宗婦', 族人之婦, 其夫屬於所祭爲子孫)라고 하 였다.

6_ 또한 2개의 ~ 한다 : 아욱절임(葵菹)과 달팽이 젓갈(蝸醢)을 담은 2개의 나무제기 사이에 놓고서 고수레를 한다는 뜻이다. [經-75] 참조.

7_ 되돌려 준다 : 가공언은 형제의 우두머리에게 고기구이를 되돌려 주는 것이라고 하 였고, 오계공은 고기구이를 희생제기 위에 되돌려 놓는 것이라고 하였다. 『의례주

소」, 1001쪽 및 『의례정의』, 2146쪽 참조. 여기서는 아래 [經—109]와의 연결을 근거로 가공언의 설을 따라서 번역한다.

8_ '나간다'는 ~ 뜻이다 : 가공언은 주부가 축에게 獻의 예를 행할 때, 다시 고기구이를 축에게 올려야 하기 때문에 실 밖으로 나가는 것이라고 하였다. 『의례주소』, 1001쪽 참조. 학경은 『의례절해』에서 "형제의 우두머리는 돌려받은 고기구이를 肵俎 위에 올려놓고, 고기구이를 올려놓았던 빈 희생제기를 들고 나가서 묘문 밖의 서쪽 당(門外西塾)에 되돌려 놓는 것인데, 경문에서 이를 말하지 않은 것은 土虞禮와 互文이기 때문이다"(兄弟長以所反燔加所俎上, 執虛俎出, 反門外西塾, 不備言, 與虞禮互見也)라고 하였다. 그러나 성세좌는 『의례집편』에서 "길례와 상례가 서로 변화되는 의미에서 추론한다면, 이곳의 희생제기는 묘문 안의 동쪽 당(門內東塾)에 있어야 한다"(以吉凶相變之義推之, 則此羞俎當在門內東塾也)라고 하여 학경의 주장을 반박하였다.

9_ 처음 주인이 ~ 한다 : 主人이 시동에게 初獻을 할 때와 동일한 절차로 한다는 뜻이다. 主人의 初獻에서는 축이 시동의 빈 술잔을 받고, 주인에게 시동이 술잔이 술을 다 마셨음을 고하고, 주인이 배례를 하고, 시동이 답배를 하였는데, 이와 동일한 절차로 한다는 뜻이다. [經—94] 참조.

10_ '축이 술을 ~ 하는 것'까지 : [經—95]에서 [經—96] 참조.

11_ 술잔을 ~ 위함이다 : [소뢰궤사례16 : 經—104]에서는 시동이 大夫의 처인 主婦에게 酢의 예를 행하기 전에, 祝이 먼저 술잔을 바꾸어 씻은 후 술을 따라서 시동에게 주는데, 이에 대해 정현은 주에서 남자와 여자는 술잔을 같이하지 않기 때문(男女不同爵)이라고 하였다. 그런데 이 [특생궤사례15 : 經—111]의 경문에서는 시동이 주부에게 酢의 예를 행하는 절차에 대해 "주인에게 할 때와 동일한 절차로 한다"고만 간략히 표현되어 있는데, 정현은 "술잔을 바꾸지 않는 것은 대부의 처[內子]와 항례한다는 혐의를 피하기 위한 것이다"라고 함으로써, 소뢰궤사례와 달리 여기서는 주부에 대한 작례의 술잔을 바꾸지 않는다는 전제를 하고 있는 것이다. 초헌에서의 술잔을 아헌에서 바꾸는 것에 대해서 정현이 "男女不同爵"으로 해석한 것은 『예기』「祭統」의 "부부가 서로 술잔을 주고 받을 때는 남녀가 서로 손을 댄 자리에 손을 대지 않고(男女不相襲), 酢의 예를 행할 때 반드시 술잔을 바꾸는 것은 부부의 구별을 밝히는 것이다(明夫婦之別)"라고 한 문장을 따른 것이다. 따라서 오정화는 술잔을 바꾸는 것이 夫婦有別의 도리를 밝히는 것이라면, 대부의 예에서든 사의 예에서든 지켜져야 하는 것일 뿐, 대부의 처에 대한 항례의 문제와는 전혀 별개의 사안이라고 지적하고, 정현의 주는 잘못되었다고 비판한다. 호배휘 역시 남녀가 서로 술잔을 잇닿아 사용하지 않는 것(男女不相襲爵)은 禮의 通例이므로, 오정화의 설이 타당하다고 본다. 『의례정의』, 2147쪽 참조.

12_ 주인과 동일한 절차로 한다 : 오계공은 주인과 마찬가지로 주부가 술잔의 술을 다 마신 후 배례를 하면, 시동이 답배를 하는 것이라고 하였다. 『의례정의』, 2147쪽

및 [經—99] 참조.

13_ 뇌제를 ~ 것이다 : 挼祭는 시동, 주인, 주부만 지낼 수 있다. 주부가 室에서 고수레를 하지 않고, 방 안으로 들어가 남쪽을 향하고, 또 직접 고수레를 하지 않고 단지 제물을 어루만지기만 하는 것은 대부의 처와 달리하는 것이다. [소뢰궤사례16 : 經—105]에서는 주부가 제물을 받아서 그것으로 고수레를 하는데, 이곳에서는 단지 어루만지기만 하기 때문에 의식이 간략하다고 한 것이다.

14_ 처음 주인이 ~ 한다 : '처음'은 주인이 축에게 헌의 예를 행할 때를 말한다. 주인이 축에게 헌의 예를 행할 때에는 아욱절임(葵菹)과 달팽이 젓갈(蝸醢)을 담은 2개의 나무제기와 구운 간을 담은 희생제기를 곁들여 올려 주부가 할 때와 다르지만 고수레를 하는 절차는 동일하다. [經—103] 참조.

「주인주부치작작도主人主婦致爵醋圖」

(清), 『흠정의례의소』

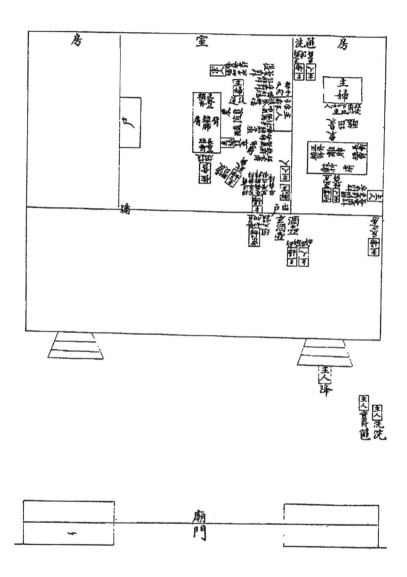

「빈작지작헌작지도賓作止爵獻酳之圖」

(淸), 『흠정의례의소』

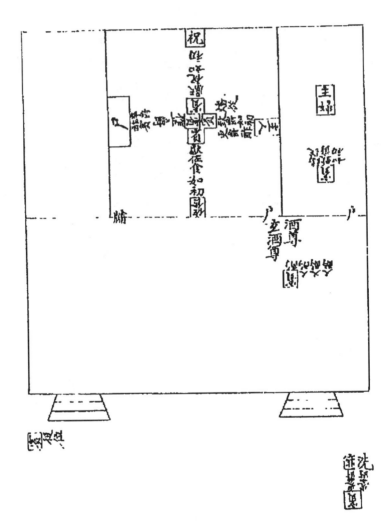

經—114에서 經—123까지는 '賓三獻' 즉 주부에 이어서 賓이 시동에게
세 번째로 술을 올려 獻의 예를 행하는 절차이다. 빈이 시동에게 세 번째
술을 올리는 '賓三獻尸', 시동이 받은 술잔을 내려놓고 신의 은혜가 廟室
안에 고루 베풀어지기를 기다리는 '尸止爵', 주부가 주인에게 술잔을 보
내는 '主婦致爵于主人', 주부가 주인을 대신하여 스스로 보답의 술을 따
라서 마시는 '主婦自醋', 주인이 주부에게 술잔을 보내는 '主人致爵于主
婦', 주인이 주부를 대신하여 스스로 보답의 술을 따라서 마시는 '主人自
醋', 빈이 시동에게 내려놓았던 술잔을 들어서 마시도록 청하는 '賓作止
爵', 시동이 술잔의 술을 다 마시는 '尸卒爵', 시동이 빈에게 보답하여 술
을 올리는 '尸醋賓', 빈이 축과 좌식에게 술을 올리는 '賓獻祝' 및 '獻佐食',
빈이 주인과 주부에게 술을 보내는 '賓致爵于主人主婦', 빈이 주인을 대
신하여 스스로 보답의 술을 따라서 마시는 '賓自醋'의 절차로 진행된다.

[特牲饋食禮15 : 經—114]

빈은 시동에게 술을 올려 삼헌三獻[1]의 예를 행하는데, 처음 주부가
시동에게 아헌亞獻의 예를 행할 때와 동일한 절차로 한다.[2] 시동에
게 고기구이를 담은 희생제기를 곁들여 올리는데, 주부가 시동에
게 아헌의 예를 행할 때와 동일한 절차로 한다.[3] 시동은 술잔을 받
은 후에 내려놓고 기다린다.

賓三獻如初. 燔從如初. 爵止.

정현주 　　　　　'처음'(初)은 주부가 아헌의 예를 행할 때를 말한다. 시동
이 술잔을 내려놓고 기다리는 것은 삼헌三獻으로 예가 완성되어 신의 은혜가
실室 안에 골고루 베풀어지기를 바라므로, 술잔을 내려놓고 그것을 기다리는
것이다.[4] '初', 亞獻也. 尸止爵者, 三獻禮成, 欲神惠之均於室中, 是以奠而待之.

실문 안에 주인의 자리를 펼쳐 놓는다.

席于戶內.

정현주 주인을 위해서 펼쳐 놓는 것인데, 자리의 머리 부분이 서쪽을 향하도록 하여 놓는다. 자리(席)는 방 안에서 가져온다. 爲主人鋪之, 西面. 席自房來.

주부는 술잔(爵)을 씻은 후 술을 따라서 주인에게 술잔을 보낸다.[5] 주인은 배례를 한 후에 술잔을 받고, 주부는 술잔을 보내준 후에 배례를 한다.

主婦洗爵, 酌, 致爵于主人. 主人拜受爵, 主婦拜送爵.

정현주 주부가 배례를 할 때에는 북쪽을 향해서 배례를 한다. 금문본에는 '主婦洗酌爵'(주부는 술잔을 씻은 후 술잔에 술을 따른다)이라고 하였다. 主婦拜, 拜於北面也. 今文曰'主婦洗酌爵'.

종부宗婦는 주부가 주인에게 나무제기와 대나무제기 올리는 것을 돕는데,[6] 처음 주부가 시동에게 아헌의 예를 행할 때와 동일한 절차로 한다.[7] 주부는 이것을 받아서 2개의 나무제기와 2개의 대나무제기[8]를 주인의 자리 앞에 진설한다.

宗婦贊豆如初. 主婦受, 設兩豆·兩籩.

정현주   '처음'(初)은 주부의 아헌亞獻을 도운 때를 가리킨다. 주부는 2개의 나무제기와 2개의 대나무제기를 진설할 때에 동쪽을 향하게 한다.[9] '初', 贊亞獻也. 主婦薦兩豆籩, 東面也.

[特牲饋食禮15 : 經—118]
좌식은 희생제기를 들고 실 안으로 들어와 주인의 자리 앞에 진설한다.

俎入設.

정현주   좌식이 진설하는 것이다. 佐食設之.

[特牲饋食禮15 : 經—119]
주인은 왼손으로 술잔을 잡고, 오른손으로 아욱절임과 달팽이 젓갈을 집어 들어 고수레를 하는데, 종인宗人이 고수레하는 것을 돕는다.[10] 주인은 술잔을 내려놓고 일어나서 허파를 집고, 다시 앉아 허파의 끝을 잘라서 끊어내어 고수레를 하고(絶祭),[11] 그것을 맛본 후에 일어나서 희생제기 위에 얹어 놓고, 다시 앉아서 손을 닦고, 술로 고수레를 한 후 술을 맛본다.

主人左執爵, 祭薦, 宗人贊祭. 奠爵, 興, 取肺, 坐絶祭, 嚌之, 興, 加于俎, 坐挩手, 祭酒, 啐酒.

정현주　　　　　　　　허파의 끝을 잘라서 끊어내어 고수레를 하는 것은, 이폐
離肺(중앙 부위를 조금 남기고 자른 허파)는 길이가 길기 때문이다.[12] 『예기』「소의」
에 "소와 양의 허파는 가르지만 중앙 부위를 조금 남겨 두어 끊어내지 않는
다"고 하였다. 돼지의 경우도 그렇게 한다. '세挩'는 닦는다(拭)는 뜻이다. 손
을 닦는 것은 허파를 잘라내느라 더러워졌기 때문이다. 촌폐刌肺(중앙 부위를
완전하게 끊어서 자른 허파)로 고수레를 하는 경우에는 손을 닦지 않는다.[13] 고문
본에는 '挩'가 모두 '說'로 되어 있다. 絶肺祭之者, 以離肺長也.「少儀」曰, "牛羊之
肺, 離而不提心." 豕亦然. '挩', 拭也. 挩手者, 爲絶肺染汙也. 刌肺不挩手. 古文'挩'皆
作'說'.

[特牲饋食禮15 : 經─120]

주인에게 구운 간을 담은 희생제기를 곁들여 올린다. 주인은 왼손
으로 술잔을 잡고, 구운 간을 집어 소금에 묻힌 후 앉아서 흔들어
서 고수레를 한 다음 그것을 맛본다. 종인은 구운 간을 받아서 희
생제기 위에 얹어 놓는다. 주인이 고기구이로 고수레를 하고 맛을
보는 것도 이와 동일한 절차로 한다. 주인은 일어나서 자리의 꼬
리 부분으로 옮겨 앉아 술잔의 술을 다 마신 후 주부에게 배례를
한다.

肝從. 左執爵, 取肝擩于鹽, 坐振祭, 嚌之. 宗人受, 加于俎. 燔亦如
之. 興, 席末坐, 卒爵, 拜.

정현주   자리의 꼬리 부분으로 옮겨 앉아서 술잔의 술을 다 마시는 것은 공경히 하는 것이다.[14] 한 번 술을 따르면서 2번 곁들여 올리는 것을 갖추었고, 2번 곁들여 올리면서 순서대로 하였으니, 또한 시동의 경우와 균등한 것이다.[15] 於席末坐卒爵, 敬也. 一酌而備, 再從而次之, 示[16]均.

[特牲饋食禮15 : 經—121]

주부가 답배를 하고, 주인이 비운 술잔을 받아서, 술을 따른 후 스스로 작醋의 예를 행하는데,[17] 왼손으로 술잔을 잡고 배례를 한다. 주인은 답배를 한다. 주부가 앉아서 술로 고수레를 하고 선 채로 술을 마시고, 술잔의 술을 다 마신 후 배례를 한다. 주인은 답배를 한다. 주부가 실에서 나와 방 안으로 돌아간다. 주인은 당에서 내려와 술잔을 씻은 후 술을 따라서 주부에게 술잔을 보낸다. 방 안에 주부의 자리를 펼쳐 놓는데, 자리의 머리 부분이 남쪽을 향하도록 하여 놓는다. 주부가 배례를 한 후에 술잔을 받는다. 주인은 서쪽을 향해 답배를 한다. 종부宗婦는 2개의 나무제기와 2개의 대나무제기를 주부에게 올리고, 좌식佐食은 돼지고기를 올려놓은 희생제기를 진설하고 또 구운 간과 고기구이를 담은 희생제기를 곁들여 올리는데, 모두 주부가 주인에게 술잔을 보낼 때와 동일한 절차로 한다. 주인은 술잔을 바꾸어서 술을 따라 스스로 작醋의 예를 행하는데, 술잔의 술을 다 마신 후 당에서 내려와 술잔을 대광주리 안에 넣어 두고, 다시 실 안으로 들어가 본래의 위치로 되돌아간다.

主婦答拜, 受爵, 酌, 醋, 左執爵, 拜. 主人答拜. 坐祭, 立飲, 卒爵, 拜. 主人答拜. 主婦出, 反于房. 主人降, 洗, 酌, 致爵于主婦. 席于房

> 中, 南面. 主婦拜受爵. 主人西面答拜. 宗婦薦豆·俎, 從獻, 皆如主
> 人. 主人更爵, 酌, 醋, 卒爵, 降, 實爵于篚, 入, 復位.

정현주　　　　　　주인이 술잔을 바꾸어서 술을 스스로 따라 마심으로써 작초酢의 예를 행하는 것은 남자는 부인의 술잔을 이어서 사용하지 않기 때문이다. 『예기』「제통」에 "부부가 서로 술잔을 주고받을 때에는 서로 손을 댄 자리에는 손을 대지 않고, 작초酢의 예를 행할 때에는 반드시 술잔을 바꾸는 것은 부부의 구별을 밝히는 것이다"라고 하였다. 고문본에는 '更'이 '受'로 되어 있다. 主人更爵自酢, 男子不承婦人爵也. 「祭統」曰, "夫婦相授受, 不相襲處, 酢不**18**易爵, 明夫婦之別." 古文'更'爲'受'.

[特牲饋食禮15 : 經─122]
삼헌三獻(賓)은 시동에게 내려놓았던 술잔을 들어서 마시도록 청한다.
三獻作止爵.

정현주　　　　빈賓을 가리키는데, '삼헌三獻'이라고 한 것은 일을 가지고 명명한 것이다. '작作'은 들어 올린다(起)는 뜻이다. 구설舊說에서는 "빈이 실문 안으로 들어가서 북쪽을 향하여 '황시皇尸께서는 청컨대 술잔을 드십시오'라고 한다"고 하였다. 賓也, 謂三獻者, 以事命之. '作', 起也. 舊說云, "賓入戶, 北面, 曰'皇尸請擧爵.'"

[特牲饋食禮15 : 經—123]

시동은 술잔의 술을 다 마신 후 빈에게 보답의 술을 올려 작酢의
예를 행한다. 빈은 축과 좌식에게 술을 올려 헌獻의 예를 행한다.
빈은 술잔을 씻은 후 술을 따라서 주인과 주부에게 보내고, 또 고
기구이를 담은 희생제기를 올리는데, 모두 처음과 동일한 절차로
한다. 빈은 술잔을 바꾸어서 술을 따라 스스로 마심으로써 주인을
대신하여 작酢의 예를 행하고,[19] 술잔의 술을 다 마신 후에 본래의
위치로 돌아간다.[20]

尸卒爵, 酢. 酳獻洗[21]及佐食. 洗爵, 酳, 致于主人·主婦, 燔從皆如
初. 更爵, 酢于主人, 卒, 復位.

정현주

술잔을 씻은 후에 술잔을 보내는 것은, 일이 달라졌기 때
문에 새로이 하기 위함이다.[22] '고기구이를 담은 희생제기를 곁들여 올리는
데, 모두 처음과 동일한 절차로 한다'(燔從皆如初)는 것은 주부가 시동에게
아헌을 할 때 및 주인·주부가 술잔을 보낼 때와 동일한 절차로 한다는 뜻이
다. 대개 좌식에게 술을 올려 헌獻의 예를 행할 때에는 모두 곁들여 올리는
희생제기가 없고, 이들에게 올리는 희생제기는 형제들에게 헌의 예를 행할
때, 나이의 순서에 따라 진설한다.[23] 빈이 술잔을 바꾸어서 술을 스스로 따
라 마심으로써 작酢의 예를 행하는 것은 또한 부인의 술잔을 이어서 사용하
지 않기 때문이다. 금문본에는 '洗致'(술잔을 씻어서 보낸다)라고 하였고, 고문본
에는 '更'이 '受'로 되어 있다. 洗乃致爵, 爲異事新之. '燔從皆如初'者, 如亞獻及主
人·主婦致爵也. 凡獻佐食皆無從, 其薦俎, 獻兄弟以齒設之. 賓更爵自酢, 亦不承婦
人爵. 今文曰'洗致', 古文'更'爲'受'.

1_ 삼헌 : 이 특생궤사례에서는 廟室에서 시동의 卒食 후에 주인이 올리는 '酢尸'의 초헌, 주부기 올리는 아헌, 빈이 올리는 삼헌이 진행되는데, 이는 시동의 九飯에 이어지는 正祭의 연속이라 할 수 있다. 이에 비해 대부의 예인 소뢰궤사례에서는 그 대부가 상대부인 경우, 廟室에서 시동의 卒食 후에 주인의 초헌, 주부의 아헌, 빈장(상빈)의 終獻이 正祭로 거행되고, 정제가 끝나면 廟堂으로 나와서 다시 초헌, 아헌, 삼헌의 술을 올리며 시동을 빈객으로서 예우하는 '儐尸禮'가 다시 거행된다. 한편, 그 대부가 하대부인 경우에는 상대부처럼 따로 묘당에서 빈시례를 거행하지 않고, 사의 특생궤사례처럼 廟室에서, 시동의 11飯에 이어서 바로 초헌, 아헌, 삼헌의 술을 올리는 '不儐尸'의 예를 거행한다. 상대부의 隆禮에 비해 하대부와 사는 예를 降殺하여 낮추는 것이다.

2_ 처음 주부가 ~ 한다 : 주부가 시동에게 아헌의 예를 행할 때 시동이 배례를 한 후 술잔을 받고, 주부는 북쪽을 향하여 술잔을 보내준 후 배례를 하였는데, 이곳에서도 그와 동일한 절차로 한다는 뜻이다. [經一105] 참조.

3_ 고기구이를 담은 ~ 한다 : 주부가 시동에게 아헌의 예를 행할 때에는 주부가 대추와 밤을 담은 2개의 대나무제기를 진설하고([經一106]), 형제의 우두머리가 고기구이를 담은 희생제기를 곁들여 올렸는데([經一108]), 賓長이 三獻의 예를 행하는 이곳에서는 대나무제기는 진설하지 않고, 고기구이를 담은 희생제기만 곁들여 올릴 뿐이다. 이 때문에 '邊燔從如初'라고 하지 않고 '燔從如初'라고 하여 구별한 것이다. 『의례정의』, 2148쪽 참조.

4_ 시동이 ~ 기다리는 것이다 : 시동의 '止爵'은 세 번째 三獻의 예를 올릴 때 거행되는 절차이다. 시동이 삼헌의 술잔을 바로 마셔서 비우지 않고, 술을 내려놓고 신의 은혜가 廟室 안에 고루 베풀어지기를 기다리는 것이다. 그동안 주부가 주인에게, 주인이 주부에게 술잔을 보내고 받는 '致爵'이 거행되는데, 이것이 바로 신의 은혜가 묘실 안에 고루 베풀어진다는 것이다. 소뢰궤사례에서는 상대부의 정제에서 거행되는 세 번째 종헌에서는 시동의 '止爵'의 절차가 없고, 빈시례의 삼헌에서 '지작'을 한다. 하대부의 불빈시례에서도 세 번째 삼헌에서 시동이 '지작'하고 기다린다. 이 빈시와 불빈시의 예는 「소뢰궤사례」의 하편인 「유사철」에 자세하다.

5_ 주부는 ~ 보낸다 : 장이기는 "주부가 주인에게 致爵하는 과정 이하가 모두 이른바 신의 은혜가 실 안에 고루 베풀어진다는 것이다"(自主婦致爵主人以下, 皆所謂均神惠于室中者)라고 하였다. 『의례정의』, 2148쪽 참조. 의례에서 致爵이 갖는 의미는 상황에 따라 여러 가지로 해석될 수 있다. 여기서는 삼헌에서 시동이 '止爵'하는 동안에 이루어지는 치작의 의미이다. '致爵'이라는 표현에 대해서, 오계공은 "술은 곧 자기의 물건이므로 '獻(올린다)'이라 명명할 수 없기 때문에 '致爵(술잔을 보낸다)'이라고 한 것이다(酒乃己物, 不可以獻爲名, 故謂之致爵)"라고 하였다. 『의례정의』, 2151쪽 참조.

6_ 종부는 ~ 돕는데 : 경문에서는 '贊豆'라고만 하였지만, 아래에 주부가 '2개의 나무

제기와 2개의 대나무제기를 받아서 진설한다'고 하였다.

7_ 처음 주부가 ~ 한다 : 주부가 시동에게 아헌의 예를 행할 때, 종부는 대추와 밤을 담은 2개의 대나무제기를 잡고 실문 밖에 앉아서 주부에게 건네주었다. 이곳에서도 이와 동일한 절차로 한다는 뜻이다. [經-106] 참조.

8_ 2개의 나무제기와 2개의 대나무제기 : 2개의 나무제기에는 아욱절임과 달팽이 젓갈을 담고, 2개의 대나무제기에는 대추와 밤을 각각 담는데, 아욱절임을 담은 나무제기(菹豆)를 북쪽에, 달팽이 젓갈을 담은 나무제기(醢豆)를 그 남쪽에 진설하고, 대추를 담은 대나무제기(棗籩)를 아욱절임을 담은 나무제기의 북쪽에, 밤을 담은 대나무제기(栗籩)를 대추를 담은 대나무제기의 서쪽에 진설한다.

9_ 주부는 ~ 한다 : 나무제기와 대나무제기를 진설할 때에는 반드시 자리를 향하여 진설한다. 주인의 자리가 서쪽을 향하고 있으므로 주부는 동쪽을 향하여 진설한다.

10_ 종인이 ~ 돕는다 : 나무제기 안에 담겨 있는 아욱절임과 달팽이 젓갈은 주인이 직접 집어서 고수레를 하지만, 대나무제기 안에 담겨 있는 대추와 밤은 宗人이 집어서 주인에게 건네주어 주인이 고수레를 할 수 있도록 돕는다. 『의례정의』, 2152쪽 참조.

11_ 허파의 끝을 ~ 하고 : 『주례』「춘관·大祝」에는 식사를 하기 전에 미리 음식을 고수레하는 것을 ① 命祭, ② 衍祭, ③ 炮祭, ④ 周祭, ⑤ 振祭, ⑥ 擩祭, ⑦ 絶祭, ⑧ 繚祭, ⑨ 共祭의 9가지 형태로 분류한다. ⑧의 '繚祭'는 손으로 허파의 위쪽 부분에서부터 문지르고 비벼대어 아래쪽 부분에 이르러 비로소 그 일부분을 잘라서 끊어내고 그것을 취하여 고수레를 하는 방식이다. '絶祭'는 위쪽 부분을 문지르고 비벼대는 과정을 생략하고 곧바로 아래쪽 부분을 잘라서 끊어내어 그것으로 고수레를 하는 방식이다. 繚祭는 絶祭보다 진중한 것으로 주로 大夫의 의례에서 사용하는 방식이고, 絶祭는 지위가 낮은 士禮에서 지내는 방식이다.

12_ 허파의 끝을 ~ 때문이다 : 능정감은 『예경석례』에서 "'離'(가르다)는 가로 세로로 가르지만 완전히 분리시키지 않고, 중앙 부위를 조금 남겨 두어 서로 이어지게 한다는 뜻인데, 고수레를 할 때 오른손으로 이어진 부분을 끊어서 고수레를 하고, 그 나머지 왼손에 들고 있는 것을 가지고 맛을 본다. 이 '離肺'는 갈랐지만 아직 끊어지지 않고 중앙 부위가 서로 이어져 있기 때문에 길다"('離'者, 午割之離而不殊, 留中央少許相連, 祭時以右手絶而祭之, 其餘在左手, 則嚌之也. 是'離肺'離而未絶, 中央相連, 故長也)고 하였다.

13_ 촌폐로 ~ 않는다 : 刌肺는 이미 끊어낸 허파로서 곧바로 집어서 고수레를 한다. 별도로 손으로 끊을 필요가 없기 때문에 손을 닦을 필요도 없다.

14_ 자리의 ~ 것이다 : 앞에서 시동과 축은 자리 위에서 술잔의 술을 마셨는데, 이곳에서 주인은 자리 꼬리 부분에서 술을 마셨기 때문에 공경히 한다고 한 것이다.

15_ 한 번 ~ 것이다 : 호배휘는 주인이 시동에게 초헌의 예를 행할 때에는 구운 간을 담은 희생제기를 곁들여 올렸고(肝從), 주부가 시동에게 아헌의 예를 행할 때에는

고기구이를 담은 희생제기를 곁들여 올렸는데(燔從), 주부가 주인에게 술잔을 보내는(致爵于主人) 이곳의 의질에서는 구운 간과 고기구이를 모두 곁들여서 올리므로 한 번 술을 따르면서 2번 곁들여 올리는 것을 갖추었다고 한 것이라고 하였다. 혜동은 시동에게 올릴 때와 마찬가지로, 이곳에서도 먼저 구운 간(肝)을 올린 후에 고기구이(燔)를 올리기 때문에 시동의 경우와 균등하다고 한 것이라고 하였다. 『의례정의』, 2153쪽 참조.

16_ 示 : 徐本과 楊復本에는 '示'로 되어 있지만, 『集釋』, 『通解』, 毛本, 호배휘의 『의례정의』에는 모두 '亦'으로 되어 있다. 노문초는 '示'는 잘못이며, '亦'으로 보는 것이 옳다고 하였다. 이에 따라 번역한다. 『의례주소』, 1004쪽 참조.

17_ 주부가 ~ 행하는데 : 이곳의 '酢'은 주부 스스로 술을 따라 스스로 마심으로써 酢의 예를 행하는 것이다. 본래는 주부가 주인에게 술을 올려 獻의 예를 행하면, 주인은 이에 대한 보답으로 주부에게 술을 올려서 酢의 예를 행하는 것인데, 주부가 주인을 대신해서 스스로 술잔에 술을 따르고 자신이 마심으로써 酢의 예를 행하므로 '自酢'이라고 한다. 酢보다 예를 낮추어 간략하게 하는 것이다. 放繼公은 여기서는 주인이 시동과 抗禮한다는 혐의를 피하기 위해 감히 주부에게 술을 따라 酢의 예를 행하지 못하기 때문에, 주부 스스로 술을 따라 마심으로써 '酢'의 예를 행하는 것이며, 이하의 '酢'도 모두 '自酢'이라고 하였다. 『의례정의』, 2153쪽 참조.

18_ 不 : 『의례정의』, 2153쪽에는 '不'이 '必'로 되어 있다. 이에 따라 번역한다.

19_ 빈은 ~ 작의 예를 행하고 : 경문의 "更爵, 酢于主人"에 대해서 정현은 "빈이 술잔을 바꾸어서 술을 스스로 따라 마심으로써 酢의 예를 행하는 것"(賓更爵自酢)으로 해석한다.

20_ 본래의 위치로 돌아간다 : 학경은 당 아래 동쪽을 향하는 위치로 돌아가는 것이라고 하였다. 『의례정의』, 2155쪽 참조.

21_ 洗 : 『集釋』, 『通解』, 楊復本, 放繼公本, 毛本, 호배휘의 『의례정의』에 모두 '洗'가 '祝'으로 되어 있다. 이에 따라 번역한다. 『의례주소』, 1005쪽 참조.

22_ 일이 ~ 위함이다 : '일이 달라졌다'는 것은 양복에 따르면, 앞에서 주인과 주부는 모두 축과 좌식에게 '獻'을 하는 것으로 그쳤지만, 이제 빈은 축과 좌식에게 獻을 한 후에, 다시 주인과 주부에게 '致爵'하는 것을 가리킨다. 일이 달라졌으므로 술잔을 새로이 씻은 후에 치작한다는 뜻이다. 『의례정의』, 2155쪽 참조. 가공언은 [유사철17 : 經一156]의 "술잔을 씻은 후 주인에게 술잔을 보내준다[洗, 致爵于主人]"에 대한 정현 주에서 "좌식의 천한 술잔을 받았기 때문에 그것을 새롭게 하는 것이다[洗致爵者, 以承佐食賤, 新之]"라고 한 것과 동일한 이치라고 본다. 『의례주소』, 1005쪽 참조. 즉 하대부 不儐尸의 예에서 빈장이 시동에게 삼헌을 하고, 축과 좌식에게 헌을 모두 마친 후에, 다시 주인에게 치작하면서 술잔을 바꾸는 것은, 지위가 낮은 좌식에게 올렸던 술잔을 바꿈으로써 제사를 주관하는 주인을 높이는 뜻이 있다는 의미이다.

23_ 이들에게 ~ 진설한다 : [특생궤사례15 : 記—20]의 "좌식은 여수의 예를 행할 때 형제들 사이에 끼어서 나이 순서에 따라 함께 참여한다[佐食, 於旅齒於兄弟]"라고 한 상황을 가리킨다.

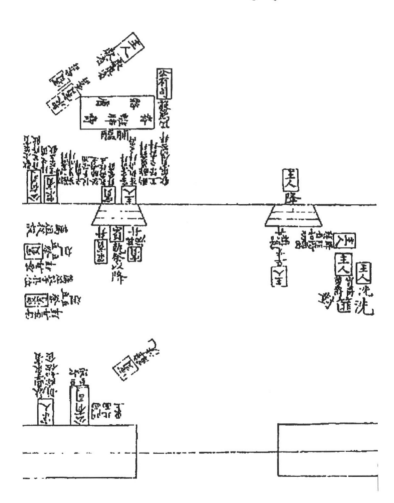

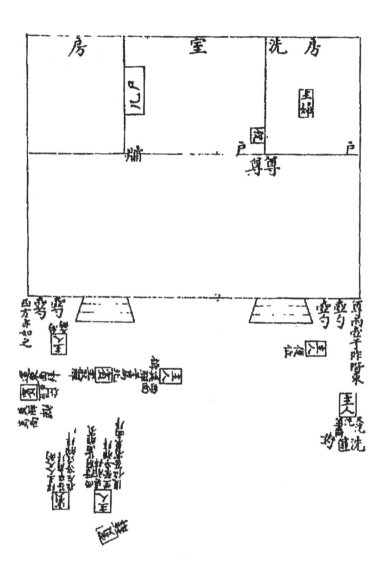

「주인헌장형제중형제도主人獻長兄弟衆兄弟圖」

(淸),『흠정의례의소』

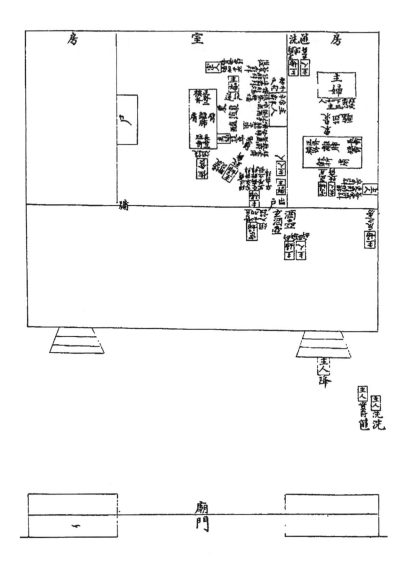

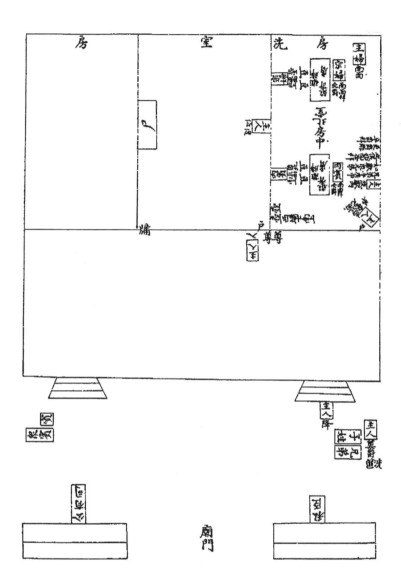

經-124에서 經-138까지는 주인이 빈과 형제들에게 술을 올려 獻의 예를 행하는 절차이다.

주인이 堂下의 빈들에게 배례를 하고, 당 위로 올라가 빈에게 술을 올려 獻의 예를 행하는 '主人獻賓', 주인이 스스로 술을 따라 마심으로써 酢의 예를 행하는 '主人自酢', 주인이 중빈들에게 두루 獻의 예를 행하는 '主人辯獻衆賓', 주인이 빈에게 술을 권하여 酬의 예를 행하는 '主人酬賓', 주인이 장형제에게 술을 올려 獻의 예를 행하는 '主人獻長兄弟', 주인이 중형제들에게 술을 올려 헌의 예를 행하는 '主人獻衆兄弟', 주인이 방안의 내형제들에게 술을 올려 獻의 예를 행하는 '主人獻內兄弟', 주인이 스스로 술을 따라 마심으로써 酢의 예를 행하는 '主人自酢'의 순서로 진행된다.

[特牲饋食禮15 : 經-124]

주인은 조계阼階를 통해 당에서 내려와, 서쪽을 향해 빈에게 배례를 하는데, 처음 제기 씻는 일을 살펴볼 때와 동일한 절차로 한다. 주인은 술잔을 씻는다.

主人降阼階, 西面拜賓如初. 洗.

정현주   빈에게 배례를 한 후 술잔을 씻는 것은 장차 빈에게 술을 올려 헌의 예를 행하기 위한 것이다. '처음과 동일한 절차로 한다'(如初)는 것은 제기 씻는 일을 살펴볼 때와 동일한 절차로 한다는 뜻이니, 주인이 재배를 하면 빈은 답배를 하고, 주인이 중빈들에게 삼배를 하면 중빈들은 답례로 한꺼번에 재배하는 것을 가리킨다.[1] 拜賓而洗爵, 爲將獻之. '如初', 如視濯時, 主人再拜, 賓答拜, 三拜衆賓, 衆賓答再拜者.

[特牲饋食禮15 : 經—125]

빈은 술잔을 씻어 줄 필요가 없다고 사양을 한다. 주인은 술잔 씻는 일을 마치면, 빈에게 읍을 하고 양보를 한 후 당 위로 올라가서, 술을 따라 서쪽 계단 위쪽에서 빈에게 헌獻의 예를 행한다. 빈이 북쪽을 향해 배례를 한 후 술잔을 받는다. 주인은 빈의 오른쪽에서 답배를 한다.

賓辭洗. 卒洗, 揖讓升, 酌, 西階上獻賓. 賓北面拜受爵. 主人在右, 答拜.

정현주　　　　빈이 있는 곳으로 나아가 배례를 하는 것은 이 예禮가 빈을 높이는 것을 주로 하지 않기 때문이다.[2] 빈이 지위가 낮으면 계단을 혼자 독차지할 수 없는 것이니, 주인이 오른쪽에 서면 빈은 주인의 위치에 통섭된다. 금문본에는 '洗'가 없다. 就賓拜者, 此禮不主於尊也. 賓卑則不專階, 主人在右, 統於其位. 今文無'洗'.

[特牲饋食禮15 : 經—126]

공유사公有司는 빈에게 말린 고기를 담은 대나무제기와 고기젓갈을 담은 나무제기를 올리고, 절조折俎를 진설한다.

薦脯醢, 設折俎.

정현주　　　　무릇 희생의 뼈마디를 갈라서 해체한 것을 올려놓은 희생제기는 모두 '절조折俎'라고 한다. 그 몸체 부위를 말하지 않고 간략하게 '절조折俎'라고 말한 것은 귀한 몸체 부위가 아니기 때문이다. 상빈上賓(賓長)

에게는 뒷다리 뼈의 중앙 부위(胳)를 올리고, 중빈衆賓에게는 사용하고 남은 희생의 뼈 가운데 헤아려 쓸 만한 것(儀)을 올리는데,[3] 공유사公有司[4]가 진설한다. 凡節解者皆曰'折俎'. 不言其體, 略云'折俎', 非貴體也. 上賓胳, 衆賓儀, 公有司設之.

[特牲饋食禮15 : 經—127]

빈은 왼손으로 술잔을 잡고, 오른손으로 대나무제기 안의 말린 고기와 나무제기 안의 고기젓갈로 고수레를 하고, 술잔을 내려놓고, 일어나서 절조 위의 허파를 집고, 다시 앉아서 허파의 끝을 잘라서 끊어내어 고수레를 하고, 그것을 맛본 후 일어나 절조 위에 얹어두고, 다시 앉아서 손을 닦은 후 술로 고수레를 하고 술잔의 술을 다마신 다음, 주인에게 배례를 한다. 주인은 답배를 한 후, 빈의 술잔을 받아서 술을 따라 스스로 마심으로써 작酢의 예를 행하고, 술잔을 내려놓은 후 빈에게 배례를 한다. 빈은 답배를 한다.

賓左執爵, 祭豆, 奠爵, 興, 取肺, 坐絶祭, 嚌之, 興, 加于俎, 坐挽手, 祭酒, 卒爵, 拜. 主人答拜, 受爵, 酌, 酢, 奠爵, 拜. 賓答拜.

정현주 　　　주인이 술을 스스로 따라 마심으로써 작酢의 예를 행하는 것은, 빈이 감히 주인과 대등한 예를 행하지 못하므로, 주인이 그의 뜻을 이루어 주는 것이다. 主人酌自酢者, 賓不敢敵主人, 主人達其意.

[特牲饋食禮15 : 經—128]

주인은 앉아서 술로 고수레를 하고, 술잔의 술을 다 마신 후 빈에
게 배례를 한다. 빈은 답배를 하고, 이어서 읍을 한 후 고수레를 했
던 제물[5]을 들고 당에서 내려와, 서쪽을 향해 자신의 자리 앞에 내
려놓고, 본래의 위치로 돌아오는데 처음과 동일하게 한다. 공유사
公有司는 대나무제기·나무제기(薦)와 희생제기(折俎)를 들고 빈을
따라 당에서 내려와 진설한다.

主人坐祭, 卒爵, 拜. 賓答拜, 揖, 執祭以降, 西面奠于其位, 位如初.
薦俎從設.

정현주   '본래의 위치로 돌아오는데, 처음과 동일하게 한다'(位如
初)는 것은 본래의 위치로 돌아와서 동쪽을 향해 선다는 뜻이다.[6] 「소뢰궤사
례」에 "재부宰夫는 대나무제기와 나무제기를 집어 들고 장빈의 뒤를 따라 당
에서 내려와 말린 고기·허파의 동쪽에 진설한다. 사사司士는 희생제기를
집어 들고 장빈의 뒤를 따라 당에서 내려와 대나무제기·나무제기의 동쪽에
진설한다"[7]고 하였다. 이곳에서는 모두 공유사가 하는 듯하다. '位如初', 復其
位東面. 「少牢饋食禮」, "宰夫執薦以從, 設于祭東. 司士執俎以從, 設于薦東." 是則
皆公有司爲之與.

[特牲饋食禮15 : 經—129]

중빈들은 당 위로 올라가서 주인에게 배례를 한 후 술잔을 받고,
앉아서 술로 고수레를 하고, 서서 술을 다 마신다. 말린 고기를 담
은 대나무제기·고기젓갈을 담은 나무제기와 희생고기의 뼈를 잘

라서 올려놓은 희생제기(折俎)를 중빈들의 자리 앞에[8] 두루 진설한다. 주인은 중빈이 술을 마실 때마다 일일이 답배를 하고, 당에서 내려와 대광주리 안에 술잔을 넣어둔다.

衆賓升, 拜受爵, 坐祭, 立飮. 薦俎設于其位, 辨. 主人備答拜焉, 降, 實爵于篚.

정현주　　　　　중빈들이 서서 술을 다 마시는 것은 지위가 낮은 사람은 예를 다 갖추지 않기 때문이다. 「향음주례」의 기기에 "서서 술을 다 마신 사람은 술을 다 마시고 배례를 하지 않는다"[9]고 하였다. '비備'는 다한다(盡)는 뜻이다. 사람에게 답배하는 것을 모두에게 다하는 것을 가리킨다. 衆賓立飮, 賤不備禮. 「鄕飮酒」記曰, "立卒爵者不拜旣爵." '備', 盡. 盡人之答拜.

[特牲饋食禮15 : 經─130]

집사는 술동이(尊)를 진설하는데, 2통의 술동이(壺)를 조계 아래의 동쪽에 진설하고 그 위에 술 국자(勺)를 얹어 놓는데 손잡이 부분이 남쪽을 향하도록 한다. 서쪽 계단 아래의 서쪽에도 2통의 술동이(壺)를 진설하는데 또한 동일한 절차로 한다.

尊兩壺于阼階東, 加勺, 南枋. 西方亦如之.

정현주　　　　　빈과 형제들에게 수酬[10]의 예를 행하여 신의 은혜를 베풀고자 하는 것이다. 당 위에 진설된 술동이에서 술을 따르지 않는 것은 지위가 낮아서 시동의 경우와 다르게 하는 것이니,[11] 그들의 자리에 나아가서 술동이를 진설한다. 2개의 술동이에 모두 술을 담는 것은 우대하는 것이다.[12]

먼저 동쪽에 술동이를 진설하는 것은 신의 은혜가 가까운 곳(주인)에서부터 시작됨을 보이기 위함이다. 『예기』「예운」에서 "징주澄酒는 당 아래에 진설한다"[13]고 하였다. 爲酬賓及兄弟, 行神惠. 不酌上尊, 卑異之, 就其位尊之. 兩壺皆酒, 優之. 先尊東方, 示惠由近.「禮運」曰, "澄酒在下."

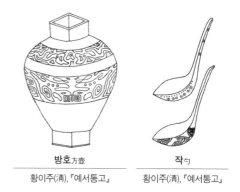

방호方壺
황이주(淸), 『예서통고』

작勺
황이주(淸), 『예서통고』

[特牲饋食禮15 : 經—131]

주인이 술잔을 씻은 후 서쪽에 있는 술동이에서 술을 따르고, 서쪽 계단 앞에서 북쪽을 향해 빈에게 술을 권하여 수酬의 예를 행하는데,[14] 빈은 주인의 왼쪽에 선다.
主人洗觶, 酌于西方之尊, 西階前北面酬賓, 賓在左.

정현주 먼저 서쪽에 있는 술동이에서 술을 따르는 것은, 빈을 존중하는 의리이다.[15] 先酌西方者, 尊賓之義.

[特牲饋食禮15 : 經—132]

주인은 술잔을 내려놓고 빈에게 배례를 한다. 빈이 답배를 한다. 주인은 앉아서 술로 고수레를 하고, 술잔의 술을 다 마신 후 빈에

게 배례를 한다. 빈이 답배를 한다. 주인이 술잔을 씻으려고 하면,
빈은 씻어 줄 필요가 없다고 사양을 하고, 주인은 한 번 응답을 한
후 씻는다. 주인이 술잔 씻는 일을 마치면, 술을 따르고 서쪽을 향
해 선다. 빈은 북쪽을 향하여 주인에게 배례를 한다.

主人奠觶拜. 賓答拜. 主人坐祭, 卒觶, 拜. 賓答拜. 主人洗觶, 賓辭,
主人對. 卒洗, 酌, 西面. 賓北面拜.

'서쪽을 향해 선다'(西面)는 것은 빈의 자리와 마주하는 것
으로, 서쪽 계단 앞, 빈이 답배를 하는 곳의 동북쪽에 서는 것이다. '西面'者,
鄕賓位, 立於西階之前, 賓所答拜之東北.

[特牲饋食禮15 : 經─133]

주인은 술잔을 말린 고기를 담은 대나무제기·고기젓갈을 담은 나
무제기의 북쪽에 내려놓는다.

主人奠觶于薦北.

수酬의 술잔을 말린 고기를 담은 대나무제기·고기젓갈
을 담은 나무제기의 왼쪽[16]에 내려놓는 것은 술잔을 들지 않기 때문이 아니
라,[17] 신의 은혜를 널리 베풀 때에는 술을 마시는 경우와 같게 할 수 없기 때
문이다.[18] 奠酬於薦左, 非爲其不擧, 行神惠, 不可同於飮酒.

빈은 앉아서 술잔을 집어 든 후, 본래의 위치로 돌아와서 동쪽을
향해 주인에게 배례를 한다. 주인이 답배를 한다. 빈은 말린 고기
를 담은 대나무제기·고기젓갈을 담은 나무제기의 남쪽에 술잔을
내려놓고, 읍을 한 후 본래의 위치로 돌아간다.[19]

賓坐取觶, 還東面, 拜. 主人答拜. 賓奠觶于薦南. 揖, 復位.

정현주   '본래의 위치로 돌아와 동쪽을 향한다'(還東面)는 것은 본
래의 위치인 말린 고기와 고기젓갈의 서쪽으로 나아가는 것을 말한다. 말린
고기를 담은 대나무제기·고기젓갈을 담은 나무제기의 남쪽에 술잔을 내려
놓는 것은 장차 술잔을 들어 마실 것임을 밝힌 것이다. '還東面', 就其位薦西.
奠觶薦南, 明將擧.

주인은 술잔을 씻은 후 조계 위쪽에서 장형제長兄弟에게 술을 올려
헌獻의 예를 행하는데,[20] 빈에게 헌의 예를 행하는 때와 동일한 절
차로 한다.[21]

主人洗爵, 獻長兄弟于阼階上, 如賓儀.

정현주   빈에게 수酬의 예를 행한 후에 비로소 장형제에게 헌獻의
예를 행하는 것은 술을 올리는 예는 수酬에서 완성되므로 먼저 빈에 대한 예
를 완성하는 것이니, 이것이 주인의 의리이기 때문이다.[22] 또한 말린 고기를
담은 대나무제기·고기젓갈을 담은 나무제기와 희생고기의 뼈를 잘라서 올

려놓은 희생제기(肴 : 折俎)가 있어 장형제의 자리에 진설하는데, 사인私人이 진설하는 듯하다.[23] 酬賓乃獻長兄弟者獻之禮成於酬, 先成賓禮, 此主人之義. 亦有 薦肴設于位, 私人爲之與.

[特牲饋食禮15 : 經—136]
주인은 술잔을 씻은 후 중형제衆兄弟들에게 술을 올려 헌獻의 예를 행하는데, 중빈들에게 헌의 예를 행할 때와 동일한 절차로 한다.
洗, 獻衆兄弟, 如衆賓儀.

정현주 　　　　　　신분이 낮은 사람에게 헌獻의 예를 행하는 것인데도 반 드시 그를 위해 술잔을 씻는 것은 신의 은혜를 드러내기 위한 것이다. 이곳 에서 '중빈들에게 헌의 예를 올릴 때와 동일한 절차로 한다'(如衆賓儀)고 하 였으므로 중빈에게 헌의 예를 행할 때에도 술잔을 씻는 것임이 분명하다. 獻 卑而必爲之洗者, 顯神惠. 此言'如衆賓儀', 則知獻衆賓洗明矣.

[特牲饋食禮15 : 經—137]
주인은 술잔을 씻은 후 방 안에서 내형제內兄弟들에게 술을 올려 헌獻의 예를 행하는데, 중형제들에게 헌의 예를 행하는 때와 동일 한 절차로 한다.
洗, 獻內兄弟于房中, 如獻衆兄弟之儀.

정현주 　　　　'내형제內兄弟'는 내빈內賓과 종부宗婦를 가리킨다. '중형

제들에게 헌의 예를 행할 때와 동일한 절차로 한다'(如衆兄弟)는 것은 배례를
한 후 술잔을 받고, 앉아서 술로 고수레를 하고 서서 술을 마시고, 내형제들
의 자리 앞에 말린 고기를 담은 대나무제기·고기젓갈을 담은 나무제기(薦)
와 희생제기(折俎)를 두루 진설한다는 뜻이다.[24] 내빈들은 그 자리가 방 안에
진설된 술동이의 북쪽에 있다.[25] 이들의 우두머리를 특별하게 대우하지 않
는 것은 부인들에 대해서 간략히 하기 때문이다.[26]「유사철」에서 "주인은 술
잔을 씻은 후 방 안에서 내빈과 종부에게 술을 올려 헌의 예를 행한다. 내빈
과 종부는 남쪽을 향해 배례를 한 후 술잔을 받는다"[27]고 하였다.[28] '內兄弟',
內賓·宗婦也. '如衆兄弟', 如其拜受, 坐祭立飮, 設薦俎於其位而立[29]. 內賓, 其位在
房中之尊北. 不殊其長, 略婦人者也.「有司徹」曰, "主人洗, 獻內賓於房中. 南面拜受
爵."

[特牲饋食禮15 : 經—138]

주인은 서쪽을 향해 내형제들에게 답배를 하고,[30] 술잔을 바꾸어
서[31] 술을 따라 스스로 마심으로써 작초(酢)의 예를 행한다. 주인은 술
잔의 술을 다 마신 후 당에서 내려와 술잔을 대광주리 안에 넣어
두고, 다시 실 안으로 들어가 본래의 위치로 돌아간다.[32]

主人西面答拜, 更爵酢, 卒爵. 降, 實爵于篚, 入復位.

정현주   술잔을 두루 올린 후에 이어서 술을 따라 스스로 마심으
로써 작초(酢)의 예를 행하는 것은, 처음에 그 우두머리를 특별히 대우하지 않았
기 때문이다.[33] 내빈의 우두머리도 또한 남쪽을 향하여 답배를 한다. 爵辯乃
自酢, 以初不殊其長也. 內賓之長亦南面答拜.

1_ 주인이 재배를 ~ 가리킨다 : [經一32] 참조.

2_ 빈이 ~ 때문이다 : 「향음주례」와 「향사례」에서는 賓을 높이기 때문에 주인이 빈에게 獻의 예를 행하고 빈이 주인에게 酢의 예를 행할 때 빈은 모두 西階 위쪽에서 배례를 하고, 주인은 阼階 위쪽에서 배례를 하여 각자 계단을 하나씩 독차지한다. 「향사례」에서 주인이 介에게 獻의 예를 행하거나 介가 주인에게 酢의 예를 행할 때 介는 모두 西階 위쪽에서 배례를 하고, 주인은 介의 오른쪽에서 배례를 한다. 介는 계단을 혼자 독차지하지 못한다. 이곳에서 주인이 빈에게 나아가 배례를 하는 것은 「향음주례」에서 주인이 介에게 獻의 예를 행하는 것과 동일하다. 이는 賓을 높이는 것을 위주로 하지 않기 때문이다. 「의례정의」, 2156쪽 참조.

3_ 사용하고 남은 ~ 올리는데 : '儀'에 대해서는 [유사철17 : 經一87]의 정현 주에서, "헤아려서 올려놓는다(用儀)는 것은 존귀한 희생의 몸체는 다 떨어졌기 때문에 나머지 희생의 뼈를 헤아려서 사용할 만한 것을 사용한다는 뜻이다. 존귀한 사람에게는 존귀한 희생 몸체를 사용하고, 비천한 사람에게는 비천한 희생 몸체를 쓸 뿐이다"(用儀者, 尊體盡, 儀度餘骨, 可用而用之. 尊者用尊體, 卑者用卑體而已)라고 하였다.

4_ 공유사 : '公有司'에 관해서는 아래 [특생궤사례15 : 記一39]의 경문과 정현 주 참조. 호배휘에 따르면 '공유사'는 士의 등속으로 上士·中士·下士를 가리키는데, 호광충은 공유사는 士와 마찬가지로 公(제후)에게 신하가 되고 家(대부)의 私臣이 아니므로 '公'이라는 말을 붙여서 구별한 것이라고 하였다. 「의례정의」, 2221쪽 참조.

5_ 고수레를 했던 제물 : 이여규는 고수레를 하였던 말린 고기(脯)와 허파(肺)를 가리킨다고 하였고, 오계공은 '말린 고기'(脯)만을 가리킨다고 하였다. 「의례정의」, 2158쪽 참조.

6_ 본래의 위치로 돌아와서 ~ 뜻이다 : 서쪽 계단의 앞에서 동쪽을 향해 서는 것이다.

7_ 재부는 ~ 진설한다 : 이 문장은 [유사철17 : 經一84]에 보인다. 정현이 이것을 인용한 것은 대나무제기·나무제기(籩)와 희생제기(折俎)를 진설하는 장소를 밝혀 두려는 것이다.

8_ 중빈들의 자리 앞에 : 중빈의 자리는 서쪽 계단 아래 빈의 남쪽에 있다.

9_ 서서 술을 ~ 않는다 : [향음주례04 : 記一11] 참조.

10_ 수 : 주인이 賓에게 술을 올리는 '獻'이 끝나면 빈이 이에 보답하여 주인에게 술을 올리는 '酢'을 하고, 주인이 이를 마시고 다시 빈에게 술을 권하여 마시게 하는 것을 '酬'라고 한다. '獻'·'酢'·'酬'의 과정을 한 번 하는 것을 '一獻의 禮'라고 한다.

11_ 당 위에 ~ 다르게 하는 것이니 : 이여규에 따르면, 旅酬의 예는 친압하므로 감히 神靈과 술동이를 함께 사용할 수 없다(旅酬禮褻, 不敢與神靈共尊). 그러므로 빈과 형제의 자리에 나아가서 술동이를 진설하는데 玄酒를 사용하지 않고 澄酒를 당 아래에 진설하는 것이다. 「의례정의」, 2159쪽 참조.

12_ 2개의 ~ 우대하는 것이다 : 왕사양에 따르면, 우대한다는 것은 2개의 술동이에 모두 술을 담아서 한껏 취할 수 있게 함을 말한다(優之者, 謂兩壺皆酒, 可以盡醉).

13_ 징주(澄酒)는 당 아래에 진설한다": 호배휘에 따르면, '澄酒'의 '澄'은 沈齊이고, '酒'
는 三酒를 말한다. 정현이 「예운」의 이 내용을 인용하여 당 아래 술동이를 진설하
는 일의 증거로 삼은 것이다. 『의례정의』, 2159쪽 참조. 沈齊는 '五齊' 즉, 제사에
사용하는 다섯 가지 술 가운데 하나로, 비교적 잘 숙성되어 앙금이 가라앉은 술이
고, '三酒'는 사람이 마시기 위한 술을 가리킨다. 『周禮』「天官·酒正」에서는 泛齊·
醴齊·盎齊·醍齊·沈齊를 '五齊'라고 하였고, 鄭玄은 '沈'은 숙성되어 앙금이 가라앉
은 술이니, 오늘날의 造淸과 같다(沈者, 成而滓沈, 如今造淸矣)"고 하였다. 또 三酒
는 事酒, 昔酒, 淸酒를 가리키는데, 鄭司農은 "사주는 일이 있을 때 마시는 술이고,
석주는 일이 없을 때 마시는 술이고, 청주는 제사 때 사용하는 술이다"(事酒, 有事
而飲也 °昔酒, 無事而飲也 °淸酒, 祭祀之酒)라고 하였고, 가공언은 "'청주는 제사
때 사용하는 술이다'란 제사 때 빈장이 시동에게 헌을 하고 시동이 빈장에게 작을
할 때 감히 왕의 신령과 술동이를 함께 사용하여 함께 술을 따르지 못하므로 청주
로 자작을 하기 때문에 제사 때 사용하는 술이라고 한 것이다"라 하였다(淸酒, 祭
祀之酒"者, 亦於祭祀之時, 賓長獻尸, 尸酢賓長, 不敢與王之神共器尊, 同酌齊, 故酌淸以
自酢, 故云祭祀之酒).

14_ 빈에게 ~ 행하는데 : 성세좌에 따르면, 禮는 酬의 예에서 완성되므로 이로써 빈에
게 술을 올리는 예가 끝나는 것이고, 또 旅酬禮의 發端이 되는 것이다. 『의례정의』,
2159쪽 참조.

15_ 먼저 서쪽에 ~ 의리이다 : 서쪽은 빈이 있는 방향이다. 吳紱은 빈에게 酬의 예를
행할 때 서쪽에 있는 술동이에서 술을 따르고, 주인에게 술을 따를 때는 동쪽에 있
는 술동이에서 술을 따르는 것은 그가 있는 위치에 가까운 것이 편하기 때문이라
고 본다. 『의례정의』, 2159쪽 참조.

16_ 왼쪽 : 빈이 동쪽을 향하고 있기 때문에 북쪽은 '왼쪽'이 된다.

17_ 술잔을 들지 ~ 아니라 : 오계공은 술잔을 빈에게 건네주지 않고 내려놓는 것이 酬
의 正禮라고 하였고, 능정감은 酬의 예를 행할 때 술은 주인이 먼저 스스로 마시고
다시 술잔에 술을 따른 후 내려놓고 빈에게 주지 않는 것이라고 하였다. 오정화는
"이곳에서 잠시 술잔을 내려놓고 빈이 취하기를 기다리는 것이고, 아래에 말린 고
기를 담은 대나무제기·고기젓갈을 담은 나무제기의 남쪽에 내려놓는 것이 정식
으로 내려놓는 것이다"(此暫奠以待賓之取, 下奠于薦南, 則正奠也)고 하였다. 『의례
정의』, 2160쪽 참조.

18_ 신의 은혜를 ~ 때문이다 : [향음주례04 : 記―12]와 [향음주례04 : 記―13]에서는
"술을 받아서 내려놓는 사람은 말린 고기를 담은 대나무제기·고기젓갈을 담은 나
무제기의 왼쪽에 술잔을 놓고, 술잔을 들어 올리는 사람은 말린 고기를 담은 대나
무제기·고기젓갈을 담은 나무제기의 오른쪽에 술잔을 놓는다"고 하였는데, 이곳
에서는 장차 술을 마실 것인데도 말린 고기를 담은 대나무제기·고기젓갈을 담은
나무제기의 왼쪽, 즉 북쪽에 술잔을 내려놓고 들지 않는다. 「향음주례」의 경우는

살아 있는 사람을 위해 연회를 베푸는 禮이지만, 이곳은 神의 은혜를 베푸는 예이기 때문에 서로 다른 것이다.

19_ 읍을 한 후 ~ 돌아간다 : 읍을 하고 본래의 위치로 돌아오는 주체에 대하여 학경은 빈으로, 오계공과 진혜전은 주인으로 해석한다. 학경은 "'읍을 한다'는 것은 주인에게 읍을 하는 것이고, '본래의 위치로 돌아간다'는 것은 동쪽을 향하던 처음의 위치로 돌아온다는 뜻이다"('揖', 揖主人, '復位', 復東向之初位)라고 하였고, 오계공은 "'본래의 위치로 돌아간다'는 것은 주인이 조계 아래에서 서쪽을 향하는 위치로 돌아온다는 뜻이다"('復位', 主人復阼階下西面位也)라고 하였다. 본 번역에서는 전자를 따랐다. 『의례정의』, 2160쪽 참조.

20_ 조계 위쪽에서 ~ 행하는데 : 호배휘는 조계 위쪽에서 헌의 예를 행하므로 당 위에 있는 술동이에서 술을 따르는 것이라고 하였다. 『의례정의』, 2161쪽 참조.

21_ 빈에게 헌의 ~ 한다 : 말린 고기를 담은 대나무제기와 고기젓갈을 담은 나무제기를 올리고, 折俎를 진설하고(薦脯醢, 設折俎), 고수레를 마치면 이 음식들을 계단 아래에 진설하는 등 빈에게 헌의 예를 행할 때와 동일한 절차로 한다는 뜻이다. [經一126]에서 [經一128] 참조.

22_ 빈에게 ~ 때문이다 : 호배휘는 정현의 주에서 "술을 올리는 예는 酬에서 완성된다"고 하였는데, 이는 「향음주례」에서 주인이 빈에게 獻의 예를 행하고, 빈이 주인에게 酢의 예를 행하고, 주인이 빈에게 酬의 예를 행한 후 비로소 주인이 介에게 獻의 예를 행하는 것과 같다고 하였다. 『의례정의』, 2161쪽.

23_ 사인이 진설하는 듯하다 : 이곳의 私人은 私臣을 가리킨다. 이여규는 賓의 薦俎(脯醢·折俎)는 公有司가 진설하고, 兄弟들의 薦俎는 私臣이 진설하는 것이라고 하였다. 『의례정의』, 2161쪽 참조.

24_ 중형제들에게 ~ 뜻이다 : 주인이 중빈, 중형제, 내형제에게 헌의 예를 행하는 절차는 모두 동일하다. 주인이 중빈들에게 술을 올려 헌의 예를 행하는 절차는 [經一129] 참조.

25_ 내빈들은 ~ 있다 : 아래 [記一21]에 "2개의 술동이를 방 안 서쪽 벽 아래에 진설하는데, 남쪽을 윗자리로 삼는다"(尊兩壺于房中西墉下, 南上)고 하였다. 방 안에도 술동이를 진설하는 것이다. 또 [記一22]에 "내빈들은 그 술동이의 북쪽에서 동쪽을 향해 서는데, 남쪽을 윗자리로 삼는다. 종부들은 北堂에서 동쪽을 향해 서는데, 북쪽을 윗자리로 삼는다"(內賓立于其北, 東面西(南)上, 宗婦北堂東面北上)고 하였다. 이에 의하면 내빈들의 자리는 술동이의 북쪽에 있고, 종부들의 자리는 그 북쪽에 있는 것이다.

26_ 이들의 ~ 때문이다 : 賓長에게는 서쪽 계단 위쪽에서 헌의 예를 행하고([經一125]), 長兄弟에게는 조계 위쪽에서 헌의 예를 행하여([經一135]) 남자들의 경우에는 그 우두머리를 특별히 대우하였지만, 내형제의 우두머리에 대해서는 특별히 대우하지 않는다는 뜻이다. 『의례주소』, 1009쪽 참조.

27_ 주인은 ~ 받는다 : [유사철17 : 經一96] 참조.
28_ 「유사철」에서 ~ 하였다 : 정현이 이곳에서 「유사철」을 인용한 것은 내빈의 우두머리뿐 아니라 내빈들도 헌의 예를 받을 때 '남쪽을 향해 배례를 한 후 술잔을 받는다'는 뜻을 보이고자 한 것이다. 「유사철」의 경문에는 '獻內賓於房中'이라 하여 '內賓'으로 되어 있는데, 정현은 이 '內賓'에는 '宗婦'도 포함된다고 하였다. 정현의 해석에 따라 '內賓'을 '내빈과 종부'로 번역한다. [유사철17 : 經一96] 정현의 주 참조.
29_ 立 : 호배휘는 혹자의 설을 인용하여 '立'은 '徧'이 되어야 한다고 하였다. 이에 따라 번역한다. 『의례정의』, 2162쪽.
30_ 주인은 ~ 하고 : 내형제들은 주인의 獻禮를 받은 후 배례를 하는데, 이곳에서 문장이 생략되었다. 내형제들의 배례에 주인이 답배를 하는 것이다.
31_ 술잔을 바꾸어서 : 성세좌는 당 아래 조계의 동남쪽에 진설된 대광주리(下篚)에서 술잔을 꺼내어 바꾸는 것으로, 남자와 여자는 서로 술잔을 이어서 사용할 수 없기 때문이라고 하였다. 『의례정의』, 2162쪽 참조.
32_ 본래의 위치로 돌아간다 : 방포는 室 안에서 서쪽을 향하는 위치로 돌아가는 것으로 본다. 『의례정의』, 2162쪽 참조.
33_ 처음에 ~ 때문이다 : '처음'은 獻의 예를 올릴 때를 말한다. 내형제들이 많으므로, 주인이 酢의 예를 一爵만 하는 것이다. 賓長에게는 서쪽 계단 위쪽에서 헌의 예를 행하고([經一125]), 長兄弟에게는 조계 위쪽에서 헌의 예를 행하여([經一135]) 그 우두머리를 특별히 대우하였지만, 내형제의 우두머리에 대해서는 특별히 대우하지 않았다([經一137]).

[特牲饋食禮15 : 經—139]

장형제長兄弟가 술잔(觚 : 2升 용량)을 씻어서 시동에게 가작加爵[1]의
예를 행하는데, 처음 빈이 시동에게 삼헌의 예를 행할 때와 동일한
절차로 하되 좌식에게는 헌獻의 예를 행하지 않는다.[2] 술잔을 씻어
서 주인과 주부에게 보내는 것도 처음 빈이 시동에게 삼헌의 예를
행할 때와 동일한 절차로 하되 구운 간을 담은 희생제기(肝俎)와 고
기구이를 담은 희생제기(燔俎)는 곁들여 올리지 않는다.

長兄弟洗觚爲加爵, 如初儀, 不及佐食. 洗致如初, 無從.

정현주 　　대부와 사의 경우 삼헌三獻의 예
를 행하면 예가 완성되는데, 이것에 더하는 것을 '가
加'라고 한다.[3] '좌식에게는 헌의 예를 행하지 않고',
'구운 간을 담은 희생제기와 고기구이를 담은 희생제
기를 곁들여 올리지 않는다'는 것은 예를 줄이는 것
이다. '보낸다'(致)는 것은 주인과 주부에게 술잔을 보
낸다는 뜻이다. 大夫士三獻而禮成, 多之爲'加'也. '不及
佐食', '無從', 殺也. '致', 致於主人·主婦.

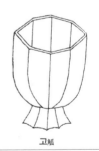

고觚

황이주(淸), 「예서통고」

1_ 가작 : 주인이 시동에게 초헌을 하고, 주부가 아헌을 하고, 빈이 삼헌의 예를 행하면 예가 완성되는데, 三獻 이후에 다시 시동에게 술을 올려 헌의 예를 행하는 것을 '加爵'이라고 한다. 廟의 室에서 正祭를 지내고 다시 堂에서 儐尸의 예를 거행하여 시동을 예우하는 것은 상대부이고, 정제의 연장으로서 室에서 시동에게 예를 올리는 것은 하대부와 士이다. 따라서 가공언은 「유사철」소에서 하대부는 室 안에서 시동을 모시고 三獻의 예를 거행하지만, 별도로 堂에서 시동을 빈객의 예로 대접하는 일이 없고, 室 안에서 加爵을 하여 시동을 예우할 뿐이라고 하였는데(『의례주소』, 1077쪽 참조), 이는 사에게도 마찬가지이다. 따라서 시동의 卒食 후에 三獻이 진행되었고, 여기서 加爵으로 이어지는 것이다.

2_ 좌식에게는 헌의 ~ 않는다 : 빈이 시동에게 三獻의 예를 행할 때에는 시동에게 헌의 예를 행한 후에 祝과 佐食에게 술을 올려 獻의 예를 행하였는데, 이곳에서는 祝에게까지만 술을 올려 헌의 예를 행한다. [經─123] 참조.

3_ 대부와 ~ 한다 : 장이기는 "이는 三獻 이후에 다시 加爵을 하는 것인데, 그 절차는 빈장이 시동에게 삼헌의 예를 행할 때와 동일하게 한다. 다만 빈장은 11잔의 술을 따라서 올리는데, 이곳의 장형제는 6잔의 술을 따라서 올린다. 술잔을 씻어 술을 따라 시동에게 獻의 예를 행하는 것이 1잔, 시동이 장형제에게 술을 올려 酢의 예를 행하는 것이 2잔, 祝에게 술을 올려 獻의 예를 행하는 것이 3잔, 주인에게 술잔을 보내는 것이 4잔, 주부에게 술잔을 보내는 것이 5잔, 주인의 酢의 예를 받는 것이 6잔"이라고 하였다. 『의례정의』, 2163쪽 참조.

經—140은 중빈장이 시동에게 가작加爵의 예를 행하는 절차이다.

[特牲饋食禮15 : 經—140]

중빈장衆賓長은 시동에게 가작加爵의 예를 행하는데,[1] 처음 빈이 시동에게 삼헌의 예를 행할 때와 동일한 절차로 하되 시동은 술잔을 내려놓고 기다린다.

衆賓長爲加爵, 如初, 爵止.

정현주   시동이 술잔을 내려놓고 기다리는 것은 신의 은혜가 뜰에 고르게 베풀어지기를 바라는 것이다.[2] 尸爵止者, 欲神惠之均於在庭.

1_ 중빈장은 ~ 행하는데 : 장이기에 의하면 이 衆賓長은 시동에게 三獻의 예를 행한
賓이 아니라 뜰에 있는 衆賓 가운데의 우두머리라고 하였다. 앞 경문에서의 '빈'은
賓長 즉 빈의 우두머리이고, '중빈장'은 중빈들의 우두머리이다. 加爵에 사용되는
술잔에 대해, 오계공은 觶(3승 용량)를 사용한다고 하였지만, 성세좌는 獻의 예에
는 爵(1승의 용량)을 사용하고, 加爵에는 觚(2승 용량)를 사용하고, 旅酬의 예에는
觶(3승 용량)를 사용하는 것이 예의 차등이므로, 이곳의 加爵에도 역시 觚를 사용한
다고 하였다. 『의례정의』, 2165쪽.

2_ 시동이 ~ 바라는 것이다 : 앞서 당 위의 室에서 거행되는 正祭에서는 [經-140]의
'賓三獻'에서 시동이 삼헌의 술잔을 바로 마셔서 비우지 않고, 술을 내려놓고 신의
은혜가 室 안에 고루 베풀어지기를 기다렸다. 이제 정제 이후에 뜰(庭)에 있던 장형
제와 중빈장이 시동에게 加爵을 거행하는데, 이때 시동은 중빈장이 가작한 술잔을
바로 마셔서 비우지 않고 신의 은혜가 뜰(庭) 안에 고르게 베풀어지기를 바라는 것
이다.

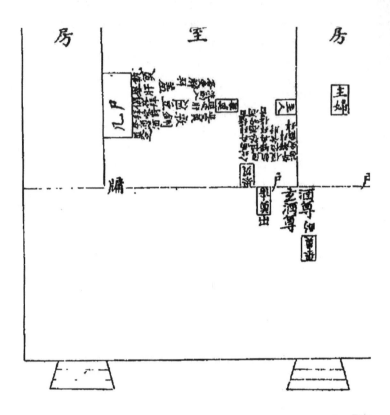

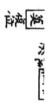

經—141에서 經—143까지는 사자嗣子가 거전擧奠, 즉 앞서 시동이 내려 놓았던 술잔의 술을 마신 후 시동에게 헌獻의 예를 행하는 절차이다.

[特牲饋食禮15 : 經—141]

사자嗣子는 시동이 내려놓았던 술잔을[1] 들어서 마시기 위해 손을 씻은 후 실室 안으로 들어가 북쪽을 향해 머리를 바닥에 대면서 재배를 한다.

嗣擧奠, 盥, 入, 北面再拜稽首.

정현주 '사嗣'는 주인이 장차 후사로 삼을 사람을 가리킨다. '거擧'는 마신다(飮)는 뜻과 같다. 사자嗣子로 하여금 시동이 내려놓았던 술잔의 술을 마시게 하는 것은 장차 중重[2]을 전하여 대대로 이어가게 할 사람이기 때문이다. 대부의 사자는 시동이 내려놓았던 술잔의 술을 마시지 않는데, 이는 제후와 항례抗禮한다는 혐의를 피하기 위한 것이다. '嗣', 主人將爲後者. '擧'猶飮也. 使嗣子飮奠者, 將傳重累之者. 大夫之嗣子不擧奠, 辟諸侯.

[特牲饋食禮15 : 經—142]

시동은 내려놓았던 술잔을 잡고 사자에게 건네준다. 사자는 앞으로 나아가 술잔을 받아 든 후 본래의 위치로 돌아와서 술로 고수레를 하고 술을 맛본다. 시동이 구운 간을 들어서 사자에게 건네

준다. 사자嗣子(擧奠)³는 왼손으로 술잔(觶 : 3升 용량)을 잡고, 머리를
바닥에 대면서 재배를 하고, 앞으로 나아가 구운 간을 받아 든 후
본래의 위치로 돌아와 앉아서 구운 간을 먹고, 술잔의 술을 다 마신
후 배례를 한다. 시동은 사자의 배례에 일일이 모두 답배를 한다.
尸執奠. 進受, 復位, 祭酒, 啐酒. 尸擧肝. 擧奠左執觶, 再拜稽首, 進
受肝, 復位, 坐食肝, 卒觶, 拜. 尸備答拜焉.

정현주   구운 간을 먹는 것은, 존귀한 사람이 하사한 것을 받으면
감히 남기지 않음을 보이는 것이다. '비備'는 다한다(盡)는 뜻과 같다. 사자가
배례를 할 때마다 시동이 일일이 답배를 하는 것인데, 존귀한 사람이 비천한
사람과 더불어 예를 행하는 것이기 때문에 문장을 생략한 것이다. 고문본에
는 '備'가 '復'로 되어 있다. 食肝, 受尊者賜, 不敢餘也. '備'猶盡也. 每拜答之, 以尊
者與卑者爲禮, 略其文耳. 古文'備'爲'復'.

[特牲饋食禮15 : 經—143]

사자는 술잔을 씻고 술을 따른 후 실 안으로 들어가 시동에게 술
을 올려 헌獻의 예를 행한다. 시동은 배례를 한 후 술잔을 받는다.
사자가 답배를 한다. 시동은 술로 고수레를 하고 술을 맛본 후 술잔
을 내려놓는다. 사자는 실室 밖으로 나가 본래의 위치로 돌아간다.⁴
擧奠洗酌入. 尸拜受. 擧奠答拜. 尸祭酒, 啐酒, 奠之. 擧奠出, 復位.

정현주   시동이 술을 맛보는 것은 사자嗣子가 자기에게 작酢의 예
를 행하고자 하는 것에 답하는 것이다.⁵ 시동이 술잔을 내려놓는 것은 신神

이 흠향하도록 내려놓았던 술잔을 본래대로 되돌려 놓는 것이다.⁶ 사자의 자리는 자성子姓과 병렬이 되게 한다.⁷ 무릇 주인이 아니면 당을 오르고 내릴 때 서쪽 계단을 이용한다.⁸ 啐之者, 答其欲酢己也. 奠之者, 復神之奠觶. 嗣齒 於子姓. 凡非主人, 升降自西階.

1_ 사자는 ~ 술잔을 : 시동이 室 안으로 들어오기 전, 室 안의 서남쪽 모퉁이에 음식을 진설히여 거신에게 올리는 '陰厭'을 행할 때, 祝이 술잔을 썻고 술을 따른 후 국그릇의 남쪽에 내려놓았다([經-66]). 시동이 실 안으로 들어가 正祭를 행할 때 이 술잔을 들어서([經-74]) 술로 고수례를 하고, 술을 맛본 후 다시 내려놓고 기다렸다([經-76]). 이때에 嗣子가 그 내려놓았던 술잔의 술을 마시는 것이다. 『의례정의』, 2166쪽 참조.

2_ 중 : 종묘제사를 주관하는 宗子의 지위를 '重'이라고 한다. 아버지의 종자 지위는 장차 적장자에게 전해지는데 이를 '傳重'이라고 한다.

3_ 사자 : 경문에서 '嗣子'를 '擧奠'이라고 한 것은 앞의 [經-122]에서 '賓'을 '三獻'이라 한 것과 마찬가지로, 그 하는 일을 가지고 사람을 명명한 것이다. 사자는 시동이 내려놓았던 술잔을 들어서 마시기 때문에 '擧奠'이라고 표현한 것이다. 편의상 경문의 '擧奠'은 '嗣子'로 번역한다.

4_ 사자는 ~ 돌아간다 : 호배휘에 따르면 "본래의 위치로 돌아간다"(出復位)는 것은 室 밖으로 나가 阼階 아래의 위치로 돌아온다는 뜻이다. 『의례정의』, 2168쪽 및 앞의 『흠정의례의소』, 「嗣擧奠圖」 참조.

5_ 시동이 술을 ~ 것이다 : 정현은 지금 사자가 술을 맛본 것을 酢을 하려는 의도로 해석하였다. 그러나 오정화는, 이 절차에 대해 『예기』「文王世子」에서 명확히 '獻'의 禮라고 하였으므로 '酢'의 예로 볼 수 없으며, 또 정현 주의 '答其欲酢己也'에서의 '欲'자도 필요 없는 글자라고 하였다. 호배휘 사자가 술을 맛보는 것은 고유가 말한 것처럼 그 뜻을 흠향하는 것이라 보고(高氏愈謂晬酒以享其意, 是也), 오씨의 설을 긍정한다. 『의례정의』, 2168쪽 참조. 이들의 해석에 따른다면, 이 문장은 "시동이 술을 맛보는 것은 사자(嗣子)가 자기에게 헌(獻)의 예를 행한 것에 답하는 것이다"라는 의미가 되는 것이다. 그러나 가공언은 향음주례나 향사례에서 주인이 빈에게 獻을 하고 나면 빈은 모두 술을 맛본 후에는 술잔을 썻어서 주인에게 酢을 한다는 점을 들어 정현 의도의 근거를 제시해주고, 酢을 하고자 하므로 술을 맛보았지만, 其實 작의 예를 행한 것은 아니라고 하여 정현의 설을 옹호하는 해석을 하고 있다. 『의례주소』, 1012쪽 참조.

6_ 시동이 술잔을 ~ 것이다 : 호배휘는 嗣子가 들어서 마신 술잔은 본래 陰厭의 예를 행할 때 내려놓아 신이 흠향하도록 하였던 술잔인데, 이제 시동이 술잔을 본래대로 내려놓은 것이라고 해석하였다. 『의례정의』, 2168쪽 참조.

7_ 사자의 ~ 한다 : 嗣子도 제사를 받는 자의 子姓이므로 그 자리는 마땅히 子姓과 병렬되게 해야 한다는 뜻이다.

8_ 무릇 ~ 이용한다 : 경문에는 嗣子가 당에 오르내릴 때 어느 쪽 계단을 사용하는 것인지를 명시하지 않았다. 그러므로 정현이 이를 명시해서, 비록 장차 후사가 될 사자라 하더라도 주인과 함께 阼階를 이용하지 못하고, 西階를 이용한다는 것을 밝힌 것이다.

「여수급무산작도旅酬及無算爵圖」

(淸),『흠정의례의소』

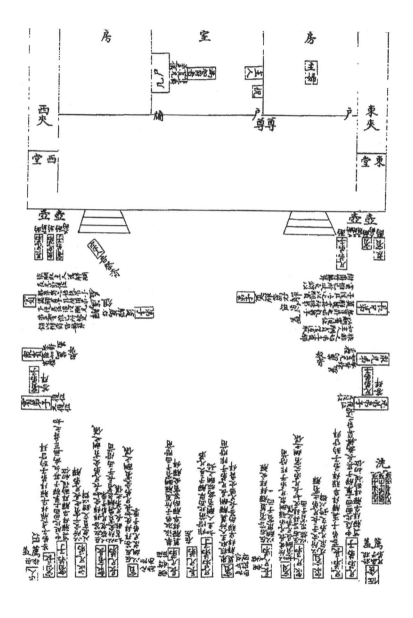

經-144에서 經-155까지는 '旅酬'와 '無算爵'의 예를 행하는 절차이다. 형제 가운데 어린 사람이 장형제에게 술잔을 들어 올려 여수의 발단을 삼는 '擧觶于長兄弟', 빈이 장형제에게 酬의 예를 행함으로써 여수가 시작되는 '酬長兄弟', 중빈장이 장형제에게 왼쪽으로부터 여수의 술잔을 받는 '衆賓長自左受旅', 중빈과 중형제들이 서로 동서로 교차하여 오가며 두루 여수의 술잔을 올리는 '交錯以辯', 시동에게 加爵 때 내려놓았던 술잔을 마시도록 청하는 '加爵者作止爵', 장형제가 빈에게 酬의 예를 행함으로써 다시 여수를 행하는 '長兄弟酬賓以辯', 빈과 형제 가운데 어린 사람이 각각 빈과 장형제에게 술잔을 들어 올려 無算爵이 시작되는 '擧觶於其長', 순서도 횟수도 없이 서로 술잔을 권하여 마시는 '無算爵'의 순서로 진행된다.

[特牲饋食禮15 : 經-144]

형제 가운데 어린 사람이 술잔을 씻고, 조계의 동쪽에 진설된 술동이에서 술을 따라서, 조계 앞에서 북쪽을 향해 장형제長兄弟에게 술잔(觶 : 3升 용량)을 들어 올리는데,[1] 주인이 빈에게 수酬의 예를 행할 때와 동일한 절차로 한다.

兄弟弟子洗酌于東方之尊, 阼階前北面擧觶于長兄弟, 如主人酬賓儀.

정현주 　　　'제자弟子'는 후생을 가리킨다.[2] '弟子', 後生也.

[特牲饋食禮15 : 經—145]

종인宗人은 말린 고기·고기젓갈과 희생고기(허파)로 고수레를 하
도록 고한다.

宗人告祭脀.

정현주

'증脀'은 희생제기 위에 올려놓은 희생고기를 가리킨다.[3]
고하는 대상은 중빈·중형제·내빈이다. 헌獻의 예를 행할 때 이들의 자리
앞에 말린 고기를 담은 대나무제기·고기젓갈을 담은 나무제기와 희생고기
의 뼈를 잘라서 올려놓은 희생제기를 진설하였는데,[4] 이때에 이르러 예가
더욱 줄어들어서 동시에 고수레를 하도록 고하여 예를 완성시키게 하는 것
이다.[5] 고수레를 할 때에는 모두 중앙 부위를 조금 남기고 자른 허파를 이용
한다.[6] '나무제기 안에 담긴 음식으로 고수레를 한다'(祭豆)고 말하지 않았지
만 그렇게 하는 것임을 알 수 있다.[7] '脀', 俎也. 所告者, 衆賓·衆兄弟·內賓也.
獻時設薦俎于其位, 至此禮又殺, 告之祭, 使成禮也. 其祭皆離肺. 不言'祭豆'可知.

[特牲饋食禮15 : 經—146]

이어서 여러 가지 맛난 음식들을 올린다.[8]

乃羞.

정현주

'수羞'는 여러 가지 맛난 음식(庶羞)을 올린다는 뜻이다.
시동보다 낮추어서 저민 돼지고기(胾)와 돼지고기 젓갈(醢)을 담은 나무제기
를 올릴 뿐이다.[9] 이곳에서 음식을 올리는 대상은 축과 주인에서부터 내빈
에 이르기까지로 모두에게 올리는데, 내수內羞[10]는 없다. '羞', 庶羞也. 下尸,

薦醢豆而已. 此所羞者, 自祝主人至於內賓, 無內羞.

[特牲饋食禮15 : 經—147]

빈은 앉아서 술잔을 집어 들고 조계 앞으로 가서 북쪽을 향해 장형제에게 수酬의 예를 행한다.11 장형제는 빈의 오른쪽에 선다.

賓坐取觶, 阼階前北面酬長兄弟. 長兄弟在右.

정현주   말린 고기를 담은 대나무제기 · 고기젓갈을 담은 나무제기의 남쪽에 내려놓았던 술잔이다.12 薦南奠觶.

[特牲饋食禮15 : 經—148]

빈은 술잔을 내려놓고 장형제에게 배례를 한다. 장형제는 답배를 한다. 빈은 서서 술잔의 술을 다 마시고, 이어서 장형제의 술동이에서 술을 따라 동쪽을 향해 선다. 장형제는 배례를 한 후 술잔을 받는다. 빈은 북쪽을 향해 답배를 하고, 읍을 한 후 본래의 위치로 돌아간다.13

賓奠觶拜. 長兄弟答拜. 賓立卒觶, 酌于其尊, 東面立. 長兄弟拜受觶. 賓北面答拜, 揖, 復位.

정현주   '그 술동이'(其尊)란 장형제의 술동이를 가리킨다.14 이곳에서 수酬의 술잔을 받는 사람도 배례를 할 때에 마찬가지로 북쪽을 향한다.15 '其尊', 長兄弟尊也. 此受酬者拜, 亦北面.

장형제는 서쪽 계단 앞에서 북쪽을 향해 선다. 중빈장衆賓長(중빈의
우두머리)은 장형제의 왼쪽에서 돌리는 여수의 술잔을 받는데, 처음
과 동일한 절차로 한다.

長兄弟西階前北面. 衆賓長自左受旅, 如初.

정현주   '여旅'는 돌린다(行)는 뜻이다. 돌리는 여수의 술잔을 받는
것이다. '처음'(初)은 빈이 장형제에게 수酬의 예를 행할 때를 가리킨다. '旅',
行也. 受行酬也. '初', 賓酬長兄弟.

장형제는 술잔의 술을 다 마시고, 이어서 중빈장의 술동이[16]에서
술을 따라 서쪽을 향해 선다. 여수의 술잔을 받는 사람(중빈장)은 배
례를 한 후 술잔을 받는다. 장형제는 북쪽을 향해 답배를 한 후 읍
을 하고 본래의 위치로 돌아간다.[17] 중빈과 중형제들은 서로 동쪽
과 서쪽으로 교차하여 오가면서 두루 여수의 술잔을 올리는데, 모
두 처음과 동일한 절차로 한다.[18]

長兄弟卒觶, 酌于其尊, 西面立. 受旅者拜受. 長兄弟北面答拜, 揖,
復位. 衆賓及衆兄弟交錯以辯, 皆如初儀.

정현주   '서로 교차하여 오간다'(交錯)는 것은 동쪽과 서쪽(東西)이
라고 말하는 것과 같은 뜻이다.[19]

'交錯', 猶言東西.

시동에게 가작加爵의 예를 행한 사람(중빈장)은 시동이 마시지 않고
내려놓았던 술잔을 들어서 시동에게 마시도록 청하는데,[20] 장형제
가 시동에게 가작의 예를 행할 때와 동일한 절차로 한다.[21]
爲加爵者作止爵, 如長兄弟之儀.

정현주 여수의 예를 행하는 사이에 '시동이 마시지 않고 내려놓
았던 술잔을 들어서 시동에게 마시도록 청한다'고 말한 것은 예禮가 줄어들
어서 함께 술을 마시는 것임을 밝힌 것이다.[22] 於旅酬之間, 言'作止爵', 明禮殺,
並作.

장형제는 빈에게 수酬의 예를 행하는데, 빈이 장형제에게 수의 예
를 행할 때와 동일한 절차로 하고, 이어서 중빈과 중형제들은 (또
서로 동쪽과 서쪽으로 교차하여 오가면서) 두루 여수의 술잔을 올린다. 마
지막으로 여수의 술잔을 받은 사람이 술잔을 대광주리(篚) 안에 넣
어둔다.
長兄弟酬賓, 如賓酬兄弟之儀, 以爵. 卒受者實觶于篚.

정현주 장형제가 빈에게 수酬의 예를 행할 때에는 또한 앉아서
내려놓았던 술잔을 집어 들어서 한다. 이곳에서 '서로 동쪽과 서쪽으로 교차
하여 오가면서 두루 여수의 술잔을 올린다'고 말하지 않고, 빈이 수酬의 예
를 행할 때에 '마지막으로 여수의 술잔을 받은 사람이 술잔을 대광주리 안에

넣어둔다'고 말하지 않은 것은, 서로 보답하여 술을 올려서 예가 이것으로 끝남을 밝힌 것으로, 그 문장이 생략된 것이다.[23] 長兄弟酬賓, 亦坐取其奠觶. 此不言'交錯以辯', 賓之酬不言'卒受者實觶于篚', 明其相報, 禮終於此, 其文省.

[特牲饋食禮15 : 經―153]

빈 가운데 어린 사람과 형제 가운데 어린 사람은 술잔을 씻어서 각각 자기들 쪽에 진설된 술동이에서 술을 따른 후 뜰 중앙으로 가서 북쪽을 향해 서는데, 서쪽을 윗자리로 삼는다.[24] 이어서 각각 빈과 장형제에게 술잔을 들어 올린 후 술잔을 내려놓고 배례를 한다.[25] 빈과 장형제가 모두 답배를 한다. 술잔(觶 : 3승 용량)을 들어 올린 2명의 어린 사람들은 술로 고수레를 하고, 술잔의 술을 다 마신 후 배례를 한다. 빈과 장형제가 모두 답배를 한다. 술잔을 들어 올린 2명의 어린 사람들은 술잔을 씻고, 각각 자기들 쪽에 진설된 술동이에서 술을 따른 후 본래의 위치[26]로 돌아간다. 빈과 장형제가 모두 답배를 한다. 술잔을 들어 올린 2명의 어린 사람들은 모두 말린 고기를 담은 대나무제기·고기젓갈을 담은 나무제기의 오른쪽에 술잔을 내려놓는다.

賓弟子及兄弟弟子洗, 各酌于其尊, 中庭北面西上. 擧觶於其長, 奠觶拜. 長皆答拜. 擧觶者祭, 卒觶, 拜. 長皆答拜. 擧觶者洗, 各酌于其尊, 復初位. 長皆拜. 擧觶者皆奠觶于薦右.

정현주　　　　　　술잔을 내려놓는데, 말린 고기를 담은 대나무제기·고기젓갈을 담은 나무제기의 오른쪽으로 나아가서 내려놓는 것은, 신의 은혜를 베풀기 위한 것이 아니기 때문이다.[27] 금문본에서는 '奠于薦右'로 되어 있다.

奠觶, 進奠之于薦右, 非神惠也. 今文曰'奠于薦右'.

[特牲饋食禮15 : 經―154]

빈과 장형제는 모두 술잔을 잡고 일어나고, 술잔을 들어 올린 2명의 어린 사람들은 모두 본래의 위치로 돌아가서 답배를 한다.[28] 빈과 장형제는 모두 제자리에 술잔을 내려놓고, 모두 각각의 어린 사람들에게 읍을 한다. 어린 사람들이 모두 본래의 위치로 돌아간다.[29]

長皆執以興, 擧觶者皆復位, 答拜. 長皆奠觶于其所, 皆揖其弟子. 弟子皆復其位.

정현주 '본래의 위치로 돌아간다'(復其位)는 것은 동쪽을 향하는 위치와 서쪽을 향하는 위치를 가리킨다. 어린 사람들이 빈과 장형제에게 술잔을 들어 올리는 것은 나이의 순서를 정하고 효제孝弟의 도리를 가르치기 위함이다. 대개 당 아래에서 배례를 할 때에는 또한 모두 북쪽을 향해서 한다. '復其位'者, 東西面位. 弟子擧觶於其長, 所以序長幼, 敎孝弟. 凡堂下拜, 亦皆北面.

[特牲饋食禮15 : 經―155]

서로 술잔을 권하여 마시는데 모두 정해진 순서와 횟수가 없다.

爵皆無算.

정현주

'산算'은 헤아리다(數)는 뜻이다. 빈은 술잔을 집어 들어 형제 쪽의 무리들에게 여수의 예를 행하고, 장형제는 술잔을 집어 들어 빈 쪽의 무리들에게 여수의 예를 행한다. 오직 자기가 원하는 상대에게 하는 데, 또한 서로 동쪽과 서쪽으로 교차하여 오가면서 두루 여수의 술잔을 올리는데, 순서도 횟수도 없다. 이제 교접하여 만났으므로 은혜를 교환하고 우호를 다져서 우대하고 격려하기 위한 것이다. 算, 數也. 賓取觶酬兄弟之黨, 長兄弟取觶酬賓之黨. 唯己所欲, 亦交錯以辯, 無次第之數. 因今接會, 使之交恩定好, 優勸之.

1_ 형제 ~ 올리는데 : 호배휘는 형제 가운데 後生 1인이 장형제에게 술잔을 들어 올리는데, 이것으로 旅酬의 시작을 삼는다고 하였다.

2_ '제자'는 ~ 가리킨다 : 형제 가운데 동생이나 아들 가운데 어린 사람을 말한다.

3_ '증'은 ~ 가리킨다 : [燕禮06 : 經―90]과 [大射儀07 : 經―99]의 정현 주에서 "肴'은 희생제기 위에 올려놓은 희생고기이다"('肴', 俎實)라고 하였다.

4_ 헌의 ~ 진설하였는데 : [經―129], [經―136], [經―137] 참조.

5_ 헌의 예를 ~ 것이다 : 빈(장)과 장형제 등에게 獻의 예를 행할 때에는 계단 위쪽에서 獻의 예를 행하고, 脯·醢와 折俎를 진설하고, 고수레를 한 후에 公有司 등이 脯·醢와 折俎를 들고 빈의 뒤를 따라 당에서 내려와 계단 아래에 진설하였다([經―125]~[經―129] 및 [經―135] 참조). 이곳의 衆賓 이하의 경우에는 獻의 예를 행할 때 곧바로 脯·醢와 折俎를 진설하므로 예가 줄어든 것이고, 또 이때에 이르러 모두에게 동시에 고수레를 하도록 고하므로 예가 더욱 줄어든 것이다. 그리고 脯·醢와 折俎를 진설하였지만 고수레를 하지 않았기 때문에 고수레를 하도록 고하여 예를 완성시키는 것이다. 『의례정의』, 2170쪽 참조.

6_ 고수레를 ~ 이용한다 : 衆賓 이하의 희생제기 위에는 離肺(중앙 부위를 조금 남기고 자른 허파)만 있고, 刌肺(중앙 부위를 완전하게 끊어서 자른 허파)는 없다.

7_ '나무제기 안에 ~ 있다 : 경문에서는 '告祭肴'이라고 하여 '희생제기 위에 올려놓은 허파로 고수레를 하도록 고한다'라고만 되어 있어 대나무제기(籩)·나무제기(豆)에 담은 음식으로 고수레 한다는 문장이 보이지 않는다. 그러나 중빈·중형제·내빈에게 獻의 예를 행할 때 희생고기의 뼈를 잘라서 올려놓은 희생제기(折俎)와 더불어 말린 고기(脯)를 담은 대나무제기와 고기젓갈(醢)을 담은 나무제기도 함께 진설하였으므로 말린 고기와 고기젓갈로도 고수레 한다는 것을 알 수 있다. 『의례정의』, 2170쪽 참조.

8_ 여러 가지 ~ 올린다 : 이들 庶羞는 飮酒를 위해서 올리는 것이다. 『의례정의』, 2170쪽 참조.

9_ 시동보다 ~ 뿐이다 : 시동에게는 돼지고기 국(臐)·돼지고기 구이(炙)·저민 돼지고기(胾)·돼지고기 젓갈(醢)을 담은 4개의 나무제기를 진설한다. [經―86]의 정현주 참조.

10_ 내수 : 內羞는 房中의 羞라고도 하는데 주로 穀物로 만든 음식이고, 庶羞는 주로 牲物로 만든다. [유사철17 : 經―80]의 경문과 정현 주 참조.

11_ 빈은 ~ 행한다 : 이 절차는 旅酬의 시작을 말한 것이다. 「향음주례」와 「향사례」에서는 먼저 주인에게 酬의 예를 행하는데, 이곳에서는 장형제에게 먼저 수의 예를 행한다. 이는 士禮의 특생궤사례에서는 旅酬에 주인과 축이 참여하지 않기 때문이다. 시동도 室 안에 있어 마찬가지로 참여하지 않는다.

12_ 말린 고기를 ~ 술잔이다 : 주인이 빈에게 酬의 예를 행할 때 사용한 觶 술잔을 말한다. [經―134] 참조.

13_ 본래의 위치로 돌아간다 : 서쪽 계단 앞에서 동쪽을 향하는 위치로 되돌아가는 것이다. 이것으로 빈이 장형제에게 행하는 酬의 예가 끝난다.

14_ '그 술동이'란 ~ 가리킨다. : 가공언에 의하면 旅酬·無算爵의 예를 행할 때 술을 마시는 사람은 자기의 술동이에서 술을 따르고, 남에게 酬의 예를 행할 때에는 상대방의 술동이에서 술을 따른다. 장형제의 술동이는 阼階 동쪽에 진설한 2개의 술동이를 가리킨다. 『의례주소』, 1014쪽 및 앞의 『흠정의례의소』, 「旅酬及無算爵圖」 참조.

15_ 이곳에서 ~ 향한다 : 경문에서 '장형제가 배례를 한 후 술잔을 받는다'(長兄弟拜受觶)라고 하여 그 향하는 방향을 언급하지 않았기 때문에 이를 밝혀 둔 것이다.

16_ 중빈장의 술동이 : 서쪽 계단 아래의 서쪽에 진설된 2개의 술동이를 말한다. 앞의 『흠정의례의소』, 「旅酬及無算爵圖」 참조.

17_ 본래의 위치로 돌아간다 : 阼階 아래에서 서쪽을 향하는 위치로 돌아가는 것이다. 이것으로 長兄弟가 衆賓長에게 행하는 여수의 예가 끝난다.

18_ 모두 처음과 ~ 한다 : 빈이 장형제에게 수의 예를 행하고, 장형제가 중빈에게 여수의 예를 행할 때와 동일한 절차로 한다는 뜻이다.

19_ '서로 교차하여 ~ 뜻이다 : 중빈들의 위치는 서쪽에 있으므로 술잔을 들고 동쪽으로 가서 중형제들에게 여수의 술잔을 올리고, 중형제들은 술잔을 들고 동쪽에서 서쪽으로 가서 중빈들에게 여수의 술잔을 올린다. 중빈과 중형제들은 인원수가 많기 때문에 모두 이처럼 동쪽과 서쪽으로 서로 오가면서 여수의 술잔을 올린다. 이것이 이른바 '交錯'이다. 『의례정의』, 2172쪽 참조.

20_ 가작의 예를 ~ 청하는데 : 채덕진은 加爵의 예를 행한 사람은 衆賓長(중빈의 우두머리)을 가리킨다고 하였다. 중빈장이 가작의 예를 행할 때 시동은 술잔을 내려놓고 마시지 않았다(經−140). 이제 이미 중빈과 중형제들에게 여수의 술잔을 올렸으므로 시동도 술을 마실 수 있게 되었다. 이 때문에 가작의 예를 행했던 중빈장이 시동이 내려놓고 마시지 않았던 술잔을 들어서 시동에게 마시도록 청하는 것이다. 『의례정의』, 2172~2173쪽 참조.

21_ 장형제가 시동에게 ~ 한다 : 장형제가 시동에게 加爵의 예를 행하는 절차는 [經−139] 참조.

22_ 예가 줄어들어서 ~ 것이다 : 앞서 빈이 시동에게 삼헌을 할 때에는 술잔을 내려놓고 주부와 주인의 致爵이 모두 끝나기를 기다렸다([經−114]). 그러나 여기서는 旅酬가 모두 끝나기를 기다리지 않고 함께 술을 마시므로 예가 줄어들었다고 한 것이다.

23_ 이곳에서 ~ 생략된 것이다 : 앞서 [經−147]에서 빈이 장형제에게 수酬의 예를 행함으로써 여수를 시작해서 형제들에게 두루 여수의 술잔을 돌렸고, 이제 장형제가 빈에게 수의 예를 행함으로써 다시 또 빈들에게 두루 여수의 술잔을 돌리게 되었다. 따라서 문장이 생략됐지만, 빈의 수酬로부터 시작된 여수의 예가 끝났을 때

도 여기 경문에서처럼 "마지막으로 여수의 술잔을 받은 사람이 술잔을 대광주리 안에 넣어둔다"(卒受者實觶於篚)는 말이 있어야 히는 것이고, 여기 경문에서 "두루 여수의 술잔을 올린다"(以旅)고만 되어 있어도 앞서 [經-150]에서처럼 "서로 동쪽과 서쪽으로 교차하여 오가면서 두루 여수의 술잔을 올린다"(交錯以旅)는 말이 생략된 것이라는 뜻이다. 정현은 이러한 주석을 통해서, 빈에서 시작된 여수도 한차례 끝남이 있고, 여기 장형제에서 다시 시작된 여수도 서로 동쪽과 서쪽으로 교차하여 오가면서 이루어졌음을 명확하게 밝혀 주고 있다.

24_ 각각 자기들 ~ 삼는다 : 빈 가운데 어린 사람은 서쪽 계단 아래의 서쪽에 진설된 술동이에서 술을 따르고, 형제 가운데 어린 사람은 阼階 아래의 동쪽에 진설된 술동이에서 술을 따른다. 오계공은 '中庭'(뜰 중앙)은 동서의 중앙이므로, '서쪽을 윗자리로 삼는다'는 것은 빈 쪽의 어린 사람을 높이는 뜻이라고 하였다. 『의례정의』, 2174쪽 참조.

25_ 이어서 ~ 한다 : 빈 쪽의 어린 사람은 賓長에게 술잔을 들어 올리고, 兄弟 쪽의 어린 사람은 長兄弟에게 술잔을 들어 올린다. 이는 장차 無算爵의 예를 행하려는 것이다. [향음주례04 : 經-112]와 [향사례05 : 經-283]에서도 2명이 觶의 술잔을 들어 올려 無算爵의 시작을 알린다고 하였다.

26_ 본래의 위치 : 뜰 중앙에서 북쪽을 향하는 위치이다.

27_ 신의 은혜를 ~ 때문이다 : 無算爵을 위한 擧觶에 시동은 관여하지 않는다. 따라서 살아 있는 사람을 위해 베푸는 飮酒의 禮를 따른 것이다. 술잔을 제기의 오른쪽에 놓는 것은 사람이 장차 술잔을 잡고 마시기 쉬운 방향에 두는 것이다.

28_ 술잔을 들어 올린 ~ 한다 : '본래의 위치'는 뜰 중앙에서 북쪽을 향하는 위치이다.

29_ 어린 사람들이 ~ 돌아간다 : 賓 쪽의 어린 사람은 서쪽 계단 앞에서 동쪽을 향하는 위치로 돌아가고, 兄弟 쪽의 어린 사람은 阼階 앞에서 서쪽을 향하는 위치로 돌아간다.

經─156은 利(좌식)가 시동에게 마지막으로 獻의 예를 행함으로써 시동을 모시는 일을 끝마치려는 절차이다.

[特牲饋食禮15 : 經─156]

이利는 술잔(散 : 5升 용량)¹을 씻어서 시동에게 술을 올려 헌獻의 예를 행한다. 시동은 이에게 술을 올려 작酢의 예를 행한다. 이利는 축祝에게도 술을 올려 헌의 예를 행하는데, 처음 장형제와 중빈장이 시동에게 가작加爵의 예를 행할 때와 동일한 절차로 한다. 이利는 당에서 내려와 대광주리 안에 술잔을 넣어둔다.

利洗散, 獻于尸. 酢. 及祝, 如初儀. 降, 實散于篚.

정현주   '이利'는 좌식佐食을 가리킨다. '이利라고 말한 것은 이제 술을 올리기 때문이다.² ('가작加爵'이라고 하지 않고) '헌獻'이라고 바꾸어 말한 것은, 이利가 시동을 모시는 예가 장차 끝나려고 할 때를 기다려서 한 차례 술을 올려야 하는데, 가작加爵도 세 차례 행해야 하는지 혐의가 있을 수 있기 때문이다.³ 술잔을 보내지 않는 것은 예가 더욱 줄어들었

산散
섭숭의(宋), 「삼례도」

기 때문이다.⁴ '利', 佐食也. 言'利', 以今進酒也. 更言'獻'者, 以利待尸禮將終, 宜一進酒, 嫌於加酒亦當三也. 不致爵, 禮又殺也.

1_ 술잔 : 장식을 가하지 않은 5승 용량의 술잔이다. 『예기』「禮器」에서는 "귀한 사람은 爵으로 술을 올리고, 천한 사람은 散으로 술을 올리며, 존귀한 사람은 觶로 술을 마시고, 비천한 사람은 角으로 술을 마신다"(貴者獻以爵, 賤者獻以散, 尊者擧觶, 卑者擧角)고 하였다.

2_ "이(利)'라고 ~ 때문이다 : '佐食'은 시동이 밥 먹는 것을 돕는 사람이고, '利'는 시동에게 술을 올려 봉양하는 사람이라는 의미이다. 앞에서 시동에게 찰기장 밥(黍)과 메기장 밥(稷)을 올릴 때에는 '佐食'이라고 칭하였고((經-66)), 그가 이곳에서 시동에게 술을 올릴 때는 '利'라고 칭하였다. '利'는 '공양한다(養)'는 뜻으로, 술로써 시동을 공양한다는 뜻이다. 『의례주소』, 1016쪽 참조.

3_ '헌(獻)'이라고 ~ 때문이다 : 士의 경우 三獻의 禮가 완성되면 이에 더하여 다시 술잔을 올리는데, 이것을 '加爵'이라고 한다. 여기서 利가 술을 올리는 것은 앞서 長兄弟([經-139])와 衆賓長([經-140])이 시동에게 加爵의 예를 행한 것을 마무리하는 것이어서 실제로는 가작인 셈이다. 그럼에도 경문에서 '가작'이라고 하지 않고, '獻'이라고 하는 것은, 시동을 모시는 예를 장차 마치려 하므로 마땅히 한 차례 술을 올리는 예를 행하는 것이기 때문에, 앞서 장형제가 宗子의 제사를 도와서 가작을 하고, 중빈장이 主人의 제사를 도와서 가작을 한 것과는 의미가 같을 수 없으므로, '獻'이라고 바꾸어 말한 것이다. 그러므로 정현은 "가작(加爵)도 세 차례 행해야 하는지 혐의가 있을 수 때문이다"라고 한 것이다. 『의례주소』, 1017쪽 참조.

4_ 술잔을 ~ 때문이다 : 앞에서 長兄弟가 시동에게 加爵의 예를 행할 때에는, 佐食에게까지는 獻의 예를 행하지 않고 술잔을 씻어 주인과 주부에게 보내주었다. 이는 예가 줄어들었기 때문이다([經-139]). 이곳에서는 술잔을 주인과 주부에게도 보내주지 않기 때문에 '예가 더욱 줄어들었기 때문이다'라고 하였다. 『의례정의』, 2176쪽 참조.

經—157에서 經—161까지는 시동이 묘실廟室을 나가고, 시동의 희생제기(肵俎)를 집으로 보내주며, 여러 가지 맛난 음식(庶羞)을 거두고 준餕을 준비하는 절차이다

[特牲饋食禮15 : 經—157]

주인은 실에서 나가 실문 밖에 서는데, 서남쪽을 향한다.

主人出, 立于戶外, 西南.

정 현 주

시동을 섬기는 예가 끝난 것이다. 事尸禮畢.

[特牲饋食禮15 : 經—158]

축祝은 동쪽을 향해 주인에게 공양하는 예가 끝났음을 보고한다.

祝東面告利成.

정 현 주

'이利'는 공양하다(養)는 뜻과 같다. 공양하는 예가 끝난 것인데, '예가 끝났다'(禮畢)고 말하지 않는 것은 그렇게 하면 시동이 한가하여 일이 없다는 혐의를 받을 수 있기 때문이다. '利'猶養也. 供養之禮成, 不言'禮畢', 於尸閑之嫌.

시동이 일어나서 실 밖으로 나가면, 축은 앞에서 인도한다. 주인
은 당에서 내려온다.

尸謖, 祝前. 主人降.

정현주 '속謖'은 일어나다(起)는 뜻이다. '전前'은 인도하다(導)는
뜻과 같다. 「소뢰궤사례」에서 "축은 실 안으로 들어온다. 시동은 일어난다.
주인은 당에서 내려와 조계 동쪽에서 서쪽을 향해 선다. 축이 먼저 실에서
나온다. 시동은 축의 뒤를 따라 실에서 나오는데, 이윽고 묘문 밖으로 나간
다"[1]고 하였다. 시동을 인도하는 의절은 「사우례」에 자세하다.[2] '謖', 起也. '前'
猶導也. 「少牢饋食禮」曰, "祝入. 尸謖. 主人降, 立于阼階東, 西面. 祝先. 尸從, 遂出
于廟門." 前尸之儀, 「士虞禮」備矣.

축은 돌아와서 주인과 함께 실 안으로 들어가 본래의 위치로 돌아
간다. 축은 좌식에게 시동의 희생제기를 거두도록 명한다. 좌식은
희생제기를 들고 묘문 밖으로 나간다.

祝反, 及主人入, 復位. 命佐食徹尸俎. 俎出于廟門.

정현주 '희생제기'(俎)는 희생고기를 올려서 시동에게 보내주는
기조胏俎를 말한다. 「소뢰궤사례」에 "유사는 이를 받아서 시동의 집까지 보
내준다"[3]라고 하였다. 俎所以載胏俎. 「少牢饋食禮」曰, "有司受歸之."

[特牲饋食禮15 : 經一161]

좌식은 여러 가지 맛난 음식(庶羞)을 거두어서[4] 당 위 서쪽 벽(西序)
아래에 진설한다.

徹庶羞, 設于西序下.

정현주　장차 준餕[5]을 하기 위해서 거둔다. 여러 가지 맛난 음식
(庶羞)은 주로 시동을 위한 음식이지 신을 위한 음식이 아니다.[6]『상서대전尙
書大傳』「주고酒誥」에 "종실에 제사가 있으면 족인들이 모두 종일토록 모신
다. 대종大宗이 이미 빈을 모시고 난 뒤에는 연사燕私를 한다. 연사란 무엇
인가? 족인族人과 더불어 마시는 것이다"라고 하였다. 이곳에서 여러 가지
맛난 음식을 거두어서 당 위 서쪽 벽 아래 놓는 것은 장차 그것으로 연음燕
飮을 하려는 것인 듯하다. 그렇다면 시동과 축에서부터 형제에게까지 올린
여러 가지 맛난 음식(庶羞)은 종자가 그것을 가지고 족인과 더불어 당에서
연음을 하고, 내빈과 종부에게 올린 여러 가지 맛난 음식은 주부가 그것을
가지고 방에서 연음을 하는 것이다. 爲將餕, 去之. 庶羞主爲尸, 非神饌也.『尙書
傳』曰, "宗室有事, 族人皆侍終日. 大宗已侍於賓奠, 然後燕私. 燕私者何也? 已而與
族人飮也."此徹庶羞置西序下者, 爲將以燕飮與. 然則自尸祝至於兄弟之庶羞, 宗子
以與族人燕飮于堂, 內賓宗婦之庶羞, 主婦以燕飮於房.

1_ 축은 실 안으로 ~ 나간다 : [소뢰궤사례16 : 經−113] 및 [소뢰궤사례16 : 經−114] 참조.

2_ 시동을 ~ 자세하다 : [사우례14 : 記−16]에서 [사우례14 : 記−23]까지를 참조.

3_ 『소뢰궤사례』에 ~ 하였다 : 이 문장은 [有司徹17 : 經−168]에 보인다. 鄭玄이 「소례궤사례」라고 한 것은 「유사철」을 「소례궤사례」의 下篇으로 보기 때문이다. [소뢰궤사례16 : 經−115]에서는 正祭가 끝나고 餕을 하기 전에 "좌식은 기조를 거두어 당 아래 조계의 남쪽에 진설한다(佐食徹肵俎, 降設于堂下阼階南)"고 되어 있고, 정현은 이에 대해 "기조(肵俎)를 거두어 묘문 밖으로 가지고 나가지 않는 것은 장차 빈시 (儐尸)의 예를 행하고자 하기 때문이다"(徹肵俎不出門, 將儐尸也)라고 하였다. 따라서 주에서 인용한 문장은 빈시의 예가 끝나고 난 상황임을 알 수 있다.

4_ 좌식은 ~ 거두어서 : 이곳의 여러 가지 맛난 음식 즉 '庶羞'는 시동이 三飯을 한 후에 좌식이 시동에게 올린 돼지 고깃국(膮)·돼지고기 구이(炙)·저민 돼지고기 (胾)·돼지고기 젓갈(醢)을 말한다. [經−86] 참조. 또한 [經−146]에서 축과 주인, 내빈에 이르기까지 모두에게 올린 저민 돼지고기[胾]와 돼지고기 젓갈[醢]로, 이들 庶羞는 음주를 위해서 올린 것이다. 이들 서수는 신을 위해서 올린 희생고기와 달리, 시동과 제사에 참여하는 사람들을 위해 올린 맛난 음식들이므로, 신이 먹고 남은 음식을 나눠 먹음으로써 신의 은혜를 나누어 받는 餕의 예에서 제외되므로, 준을 시작하기 전에 이것들을 모두 따로 거두어서, 宗子가 당에서 族人들과 燕飮을 하고, 主婦가 내빈, 종부와 房에서 연음을 할 때 먹는다.

5_ 준 : '餕'은 '䭃'으로도 쓰며, 제사가 끝날 무렵, 시동이 먹고 남은 음식을 나누어 먹음으로써 신의 은혜가 아래까지 고루 미침을 상징하는 의식이다. 이때 시동이 먹고 남은 음식이란, 正祭에 사용된 희생고기(돼지고기 껍질부위)와 밥과 고깃국으로, 시동은 신이 먹고 남은 음식을 먹고, 제사를 지낸 사람들은 시동이 먹고 남긴 그 음식을 다시 나누어 먹음으로써 신의 은혜를 나누어 받는다는 의미를 갖는다. 『의례주소』, 1018쪽 참조.. 士의 제사인 특생궤사례에서는 嗣子와 長兄弟가 준을 함으로써, 신의 은혜가 親族을 넘어가지 않음을 보인다. 대부의 제사인 소뢰궤사례에서 上佐食과 下佐食, 2명의 賓長 등 모두 4명이 餕을 하는 것은 은혜가 보다 크기 때문이다. [소뢰궤사례16 : 經−116]과 [유사철17 : 經−169] 참조.

6_ 여러 가지 ~ 아니다 : 庶羞는 餕에 사용하지 않는다는 뜻이다.

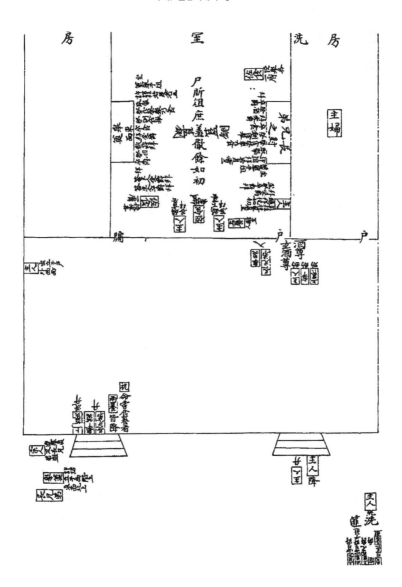

經─162에서 經─172까지는 사자와 장형제가 '준餕' 즉 시동이 먹고 남은 음식을 먹는 절차이다

[特牲饋食禮15 : 經─162]

유사는 시석尸席의 동쪽에 대석對席을 펼쳐 놓는다.[1] 좌식은 한 개의 밥그릇 안에 있는 찰기장 밥을 떠서 밥그릇 뚜껑에 나누어 담고,[2] 두 개의 국그릇 가운데 하나를 대석 앞에 진설한다.[3]

筵對席. 佐食分簋·鉶.

정현주   장차 준餕을 하기 위해 나누어 놓는 것이다. '밥그릇을 나누어 담는다'(分簋)는 것은 밥그릇(敦) 안의 찰기장 밥을 밥그릇 뚜껑에 나누어 담아 짝을 이루도록 하기 위함이다.[4] 대敦는 유우씨(순임금) 시대의 밥그릇이다. 주나라에서는 사士가 밥그릇으로 대敦를 사용하였다. '대敦'를 '궤簋'로 바꾸어서 말한 것은 동성同姓의 사士는 주나라의 제도를 따를 수 있었기 때문이다.[5] 『예기』「제통」에 "준餕이란 제사의 끝 부분이니, 잘 알지 않으면 안 된다. 그러므로 옛 사람들은 '끝을 잘 맺는 사람은 시작할 때처럼 삼간다. 제사에 있어서 준이 그것이다'라는 말을 하였다. 이 때문에 옛날의 군자는 '시동도 귀신이 남긴 것을 먹는다'(餕)라고 하였다. (준은) 은혜를 베푸는 방법이니, 이것으로 정치를 살펴볼 수 있다"라고 하였다. 爲將餕分之也. '分簋'者, 分敦黍於會, 爲有對也. 敦, 有虞氏之器也. 周制, 士用之. 變敦言簋, 容同姓之士得從周制耳.「祭統」曰, "餕者, 祭之末也, 不可不知也. 是故古之人有言曰, '善終者如始. 餕其是已.' 是故古之君子曰, '尸亦餕鬼神之餘.' 惠術也, 可以觀政矣."

대敦
섭숭의(宋), 『삼례도』

궤簋
섭숭의(宋), 『삼례도』

형鉶
섭숭의(宋), 『삼례도』

대敦
(淸), 『흠정의례의소』

궤簋
(淸), 『흠정의례의소』

보簠
(淸), 『흠정의례의소』

[特牲饋食禮15：經一163]

종인宗人은 사자嗣子(擧奠)와 장형제長兄弟로 하여금 손을 씻게 한
다. 두 사람은 손을 씻은 후 서쪽 계단 아래에서 동쪽을 향해 서는
데, 북쪽을 윗자리로 삼는다.⁶ 축祝은 시동이 남긴 음식을 맛보고
먹으라고 고한다. 장형제와 사자가 응답을 한 후 당 위로 올라가
실 안으로 들어간다. 사자가 자리 앞에서 동쪽을 향해 서고, 장형
제는 사자와 마주하여 자리 앞에 선다. 이어서 두 사람이 모두 자
리 위로 올라가 앉는다. 좌식이 두 사람에게 돼지고기의 껍질 부

위(膚)[7]를 들어서 건네주는데, 각각 1조각씩을 준다.

宗人遣舉奠及長兄弟盥. 立于西階下, 東面北上. 祝命嘗食. 饔者·
舉奠許諾, 升, 入. 東面, 長兄弟對之. 皆坐. 佐食授舉, 各一膚.

정현주

'명命'은 고하다(告)는 뜻이다. 사士가 사자嗣子와 형제兄
弟로 하여금 시동이 남긴 음식을 먹도록 하는 것은 그 은혜가 친족을 넘어서
지 않기 때문이다. 고문본에는 '饔'이 모두 '餕'으로 되어 있다.[8] '命', 告也. 士
使嗣子及兄弟饔, 其惠不過族親也. 古文'饔'皆作'餕'.

[特牲饋食禮15 : 經─164]

주인이 서쪽을 향해 사자와 장형제에게 재배를 하면, 축은 "그대
들이 여기서 준餕을 하는 것은 까닭이 있는 것이다"라고 말한다.
준을 하는 사자와 장형제 두 사람은 돼지고기의 껍질 부위를 희생
제기 위에 얹어 놓고, 응답을 한 후 모두 답배를 한다.

主人西面再拜, 祝曰, "饔有以也." 兩饔奠舉于俎, 許諾, 皆答拜.

정현주

'이以'는 "어찌 그리도 오래 걸리는가, 반드시 까닭이 있
으리라"(何其久也, 必有以也)[9]라고 할 때의 '이以'(까닭)와 같은 뜻으로 읽는다.
축이 주인을 대신하여 준을 하는 사람들에게 고하여 말을 전해 줌으로써 경
계시키는 것이니, "그대들이 여기서 준餕을 하는 것은 마땅히 그 까닭이 있
는 것이다"라고 말하는 것이다. 선조에게 덕이 있기 때문에 이 제사를 흠향
하였으므로, 그들이 앉아서 조상이 먹고 남긴 음식을 먹는 것도 마찬가지로
마땅히 그 덕이 있기 때문이어야 함을 생각하라는 뜻이다. 「소뢰궤사례」에

서 경계시키지 않은 것은 친근한 사람이 아니기 때문이다.¹⁰ 구설舊說에서는
"주인은 하준下餕(장형제)의 자리 남쪽에서 배례를 한다"고 하였다. '以', 讀如
"何其久也, 必有以也"之'以'. 祝告纂, 釋辭以戒之, 言"女纂于此, 當有所以也." 以先
祖有德而享于此祭, 其坐纂其餘, 亦當以之也. 「少牢饋食禮」不戒者, 非親昵也. 舊說
曰, "主人拜下纂席南."

[特牲饋食禮15 : 經-165]

이와 같은 방식으로 세 차례를 한다.¹¹

若是者三.

정현주　　　간절하게 경계하는 것이다. 丁寧戒之.

[特牲饋食禮15 : 經-166]

사자와 장형제는 희생제기 위에 올려놓은 돼지고기의 껍질 부위
를 집어 들고 일어나서, 밥으로 고수레를 하고 돼지고기의 껍질 부
위로 고수레를 한 후에 밥을 먹고, 고깃국으로 고수레를 한 후에
돼지고기의 껍질 부위를 먹는다.

皆取擧·祭食·祭擧乃食, 祭鉶, 食擧.

정현주　　　밥을 먹은 후에 고깃국으로 고수레를 하는 것은 예가 줄
어들었기 때문이다.¹² 食乃祭鉶, 禮殺.

[特牲饋食禮15 : 經－167]

사자와 장형제가 식사를 마치면, 주인은 당에서 내려가 술잔을 씻는
다. 재宰가 주인을 도와서 술잔 하나를 씻는다. 주인은 당 위로 올라
가 술을 따라 올려서 상준上嚌(嗣子)에게 입가심을 하도록 한다. 상
준은 배례를 한 후 술잔을 받는다. 주인이 답배를 한다. 하준下嚌(장
형제)에게 입가심을 하도록 하는 것도 이와 동일한 절차로 한다.

卒食, 主人降洗爵. 宰贊一爵. 主人升, 酌, 酳上嚌, 上嚌拜受爵. 主
人答拜. 酳下嚌亦如之.

정현주 　　　　　「소뢰궤사례」에 "찬자贊者는 3개의 술잔을 씻은 후 술을
따라 주인에게 건네준다. 주인은 실문 안에서 이를 받아 차준次嚌(下佐食)에
게 건네준다"[13]고 하였다. 구설舊說에서는 "주인이 북쪽을 향해 하준下嚌(장
형제)에게 술잔을 건네준다"고 하였다. 「少牢饋食禮」曰, "贊者洗三爵, 酌. 主人
受于戶內, 以授次嚌." 舊說云, "主人北面, 授下嚌爵."

[特牲饋食禮15 : 經－168]

주인이 사자와 장형제에게 배례를 하면, 축은 "그대들이 입가심을
할 때, 마땅히 형제들과 함께할 것을 생각하라"라고 말하는데 처
음과 동일한 절차로 한다.[14]

主人拜, 祝曰, "酳有與也", 如初儀.

정현주 　　　　　주인이 다시 배례를 하는 것은 경계의 말을 하기 위해서
이다. '與'는 "제후는 예禮로써 서로 함께한다"(諸侯以禮相與)[15]고 할 때의 '與'

(함께하다)와 같은 뜻으로 읽는다. 그들이 여기서 입가심을 하는 것은 마땅히 함께하는 바가 있어야 한다는 뜻이다. '함께한다'(與)는 것은 형제와 함께한 다는 뜻이다. 이미 덕으로써 조상과 이어지는 것처럼 또한 마땅히 너의 형 제와 함께해야 한다는 것이니,[16] 그들을 교화한다는 뜻이다. 主人復拜, 爲戒 也. '與'讀如"諸侯以禮相與"之'與'. 言女酳此, 當有所與也. '與'者, 與兄弟也. 旣知似 先祖之德, 亦當與女兄弟, 謂敎化之.

[特牲饋食禮15 : 經—169]

준을 하는 사자와 장형제 두 사람은 술잔을 잡고 주인에게 배례를
한다.

兩甍執爵拜.

정현주

주인에게 답배를 하는 것이다. 答主人也.

[特牲饋食禮15 : 經—170]

사자와 장형제는 술로 고수레를 하고, 술잔의 술을 다 마신 후 주
인에게 배례를 한다. 주인이 답배를 한다. 준을 하는 사자와 장형
제 두 사람은 모두 당 아래로 내려가 대광주리 안에 술잔을 넣어
둔다. 상준(사자)은 술잔을 씻고 당 위로 올라가서 술을 따라 주인
에게 작酢의 예를 행한다. 주인은 배례를 한 후 술잔을 받는다.

祭酒, 卒爵, 拜. 主人答拜. 兩甍皆降, 實爵于篚. 上甍洗爵, 升酌, 酢
主人. 主人拜受爵.

하준(장형제)은 형제의 위치로 돌아가고, 다시 당 위로 올라가지 않는다. 下養復兄弟位, 不復升也.

[特牲饋食禮15 : 經―171]

상준(사자)은 자리로 나아가 앉아서 답배를 한다.[17]

上養卽位坐, 答拜.

실문 안에서 술잔을 건네준 후에 자리로 나아가 앉는 것이다. 旣授爵戶內, 乃就坐.

[特牲饋食禮15 : 經―172]

주인은 앉아서 술로 고수레를 하고, 술잔의 술을 다 마신 후 배례를 한다. 상준(사자)은 답배를 한 후 술잔을 받아 들고 당 아래로 내려가 대광주리 안에 넣어둔다. 주인은 실에서 나가 실문 밖에 서는데, 서쪽을 향한다.

主人坐祭, 卒爵, 拜. 上養答拜, 受爵, 降, 實于篚. 主人出, 立于戶外, 西面.

준餕을 하는 사람을 섬기는 예가 모두 끝난 것이다. 事餕者禮畢.

1_ 유사는 ~ 펼쳐 놓는다 : 尸席 즉 시동의 자리와 서로 마주하도록 자리를 진설하기 때문에 '對席'이라고 한다. 오계공은 對席은 神席(尸席)의 조금 북쪽에 진설한다고 하였고, 장이기는 "對席은 尸席과 마주하도록 자리를 진설하여 下簋(長兄弟)을 대우하는 것이다. 上簋(嗣子)은 尸席에 앉아서 동쪽을 향한다. 下簋(長兄弟)은 그의 동쪽에서 서쪽을 향한다"고 하였다. 즉 장이기는 이곳 특생궤사례에서는 尸席이 곧 상준(嗣子)의 자리가 되어 서쪽에서 동쪽을 향하며, 對席은 하준(長兄弟)의 자리로서 동쪽에서 서쪽을 향하여 尸席(상준의 자리)과 마주한다고 해석한 것이다. 『의례정의』, 2179~2180쪽 참조.

2_ 좌식은 ~ 담고 : 앞서 시동에게 찰기장 밥과 메기장 밥을 담은 2개의 밥그릇(簋, 敦)을 진설했는데([經—65]), 한 그릇은 남겨 두어 '陽厭'의 의절을 행할 때에 진설하고, '餕'을 할 때에는 1개의 밥그릇만을 사용한다. 餕을 하는 두 사람이 尸席과 對席에 앉아서 서로 마주하고 있기 때문에 1개의 밥그릇 안에 들어 있는 찰기장 밥(黍)을 떠서 그것을 뚜껑 안에 나누어 담아서 각자의 자리 앞에 올리는 것이다. 『의례정의』, 2180쪽 참조.

3_ 두 개의 국그릇 ~ 진설한다 : 土禮에서는 2개의 국그릇(鉶)을 시동의 자리 앞에 진설하는데([經—65]), 밥그릇(敦)과 달리 국그릇(鉶)은 陽厭의 의절을 행할 때 진설하지 않는다. 따라서 시동의 자리 앞에 있던 2개의 국그릇 가운데 1개는 상준의 앞에 진설하고 나머지 1개는 하준의 자리인 對席에 나누어 진설하는 것이다. 『의례정의』, 2180쪽 참조.

4_ '밥그릇을 ~ 위함이다 : 밥그릇은 하나인데, 餕을 할 사람은 嗣子와 長兄弟 두 사람이므로 반드시 나누어서 주어야 한다.

5_ 대는 유우씨 시대의 ~ 때문이다 : 호배휘에 따르면, 『예기』「明堂位」에 "유우씨의 敦 두 개, 하후씨의 璉 네 개, 은나라의 瑚 여섯 개, 주나라의 簋 여덟 개가 있었다"(有虞氏 有虞氏之兩敦, 夏后氏之四璉, 殷之六瑚, 周之八簋)라고 한 것에 대해 정현은 "모두 찰기장 밥과 메기장 밥을 담는 그릇이다"(皆黍稷器)라고 하였으므로, 이에 따르면 '敦'는 유우씨(순임금) 시대의 제도이고, '簋'는 주나라 시대의 제도이다. 이곳과 「사혼례」 등 제편에서는 대부분 '敦'라고 하였는데, 이는 土가 유우씨의 제도를 사용한 것이다. 혹 同姓의 土라면 주나라 제도에 따라 '簋'를 사용할 수 있기 때문에 이곳 경문에서 '敦'를 '簋'로 바꾸어 말한 것뿐이다. 「소뢰궤사례」에서도 '敦'라고 하였으므로 주나라의 제도에서 대부와 사는 모두 유우씨 시대의 제도인 '敦'를 사용한 것이다. 『의례정의』, 2180쪽 참조. 한편, '敦'와 '簋'를 시대적인 제도의 차이로 구별하는 정현의 주장은 근거가 없는 것이며, 이곳 경문에서 '敦'를 '簋'로 쓴 것은 글자의 잘못이라는 주장도 있다. 池田末利, 『의례(IV)』, 161쪽 참조. 주대 이후 '簋'는 '簠'와 짝을 이루어 黍·稷을 담는 원형과 방형의 밥그릇으로 자리 잡는다.(위의 그림 참조)

6_ 북쪽을 윗자리로 삼는다 : 嗣子가 북쪽에 선다는 뜻이다.

7_ 돼지고기의 껍질 부위 : 능정감의 『예경석례』에 따르면, 돼지고기의 껍질 부위(皮)를 '膚'라고 하는데, 정수인 부분(精)을 '倫膚'라고 한다. 또한 돼지고기의 고깃결이 있는 부위(肉理)는 '膢'라고 한다. 『의례정의』, 2216쪽 참조.

8_ 고문본에는 ~ 되어 있다 : 여기서 정현이 "고문본에는 '饋'이 모두 '餕'으로 되어 있다"고 한 데 대하여, 호배휘는, "'饋'의 본래 뜻은 '음식을 갖추어놓는다(具食)'인데, 고문에 '나머지를 먹는다(食餘)'는 뜻의 글자가 또한 '饋'으로 되어 있는 것은 글자가 적어서 빌려다 쓴 것이고, '餕'은 당연히 후인들이 첨가하여 만든 글자이다. 단옥재가 "『의례』의 (정현) 주에서 '금문본에서는 '饋'이 '餕'으로 되어 있다'고 말했어야 마땅하다'고 의심한 것이 이것이다"(段氏疑儀禮注當云今文饋作餕, 是矣)라고 하였다. 또 "단옥재가 "『예경(의례)』의 '饌'과 '饋'자는 마땅히 각각의 글자로서, '饌'은 모두 '진설한다'는 뜻으로 '餕'이라 한다고 말하지 않았고, '나머지를 먹는다(食餘)'는 뜻의 글자는 모두 '饋'으로 되어 있고 '饌'으로 되어 있는 것은 없다"고 한 것에 이르러서는, 『예경』의 글자 범례에 있어 분석이 특히 정밀하다"고 하였다. 한편, 글자의 자형과 관련하여, 호승공은 "'饋'이 오늘날에는 '饋'으로 되어 있고, 『예경』의 각 본에는 모두 '饋'으로 되어 있으니, 더욱 잘못되었다"라고 하였고, 호배휘는 "『說文』에 따르면, '饋'과 '饋'은 모두 완성된 글자가 아니니 마땅히 '餕'으로 써야 옳다"라고 하였다. 『의례정의』, 2182쪽 참조.

9_ 어찌 ~ 있으리라 : 『詩』「風·旄丘」문장이다.

10_ 친근한 사람이 아니기 때문이다 : 특생궤식례에서는 嗣子와 長兄弟 등 주인의 친속이 餕을 하지만, 소뢰궤식례에서는 佐食 2인과 賓長 2인이 준을 하므로 주인이 경계의 말을 하지 않는 것이다. 방포에 따르면, 경계의 말은, 주인과 축이 돌아가신 할아버지와 아버지의 뜻을 살펴서 그것으로 후사를 이을 사자와 장형제를 경계하는 것이다. 『의례정의』, 2183쪽 참조.

11_ 이와 같은 ~ 한다 : 학경에 따르면, 주인이 세 차례 축사를 하고, 준을 하는 두 사람이 세 차례 응답을 하고, 세 차례 답배를 하는 것을 가리킨다. 『의례정의』, 2183쪽 참조.

12_ 밥을 ~ 때문이다 : 正祭 때에는 시동이 고깃국(羹)으로 고수레를 한 후에 찰기장밥(黍)을 먹는데, 이곳에서는 먼저 밥을 먹고 나서 고깃국으로 고수레를 하기 때문에 '예가 줄어들었다'고 한 것이다. 『의례정의』, 2184쪽, 학경의 설 참조.

13_ 찬자는 ~ 건네준다 : [소뢰궤사례16 : 經—123] 참조.

14_ 처음과 동일한 절차로 한다 : 사자와 장형제에게 3차례에 걸쳐 경계시키는 말을 할 때와 동일한 절차로 한다는 뜻이다. [經—164], [經—165] 참조.

15_ 제후는 ~ 함께한다 : 『예기』「禮運」의 문장이다.

16_ 이미 ~ 것이니 : 호배휘는 '旣知似先祖之德'을 '위로는 마땅히 덕으로써 조상과 이어지는 것처럼'(上當以德似續先祖)의 뜻으로 풀이하고, 後人들이 '似'를 바로 '以'로 해석하는 것은 오류라고 지적한다. 『의례정의』, 2184쪽 참조.

17_ 상준은 ~ 한다 : 장평은 경문에서 앉아서 답배를 하는 경우를 말한 것은 없다고
하면서, '卽位坐, 答拜'에서 '坐'를 衍文으로 보았다. 학경은 '坐'를 '跪'의 글자로 보는
데, 이럴 경우는 무릎을 꿇고 답배를 한다는 뜻이 된다. 호배휘는 학경의 설을 지
지하지만, 이 역시 常禮는 아니라고 본다. 『의례정의』, 2185쪽 참조.

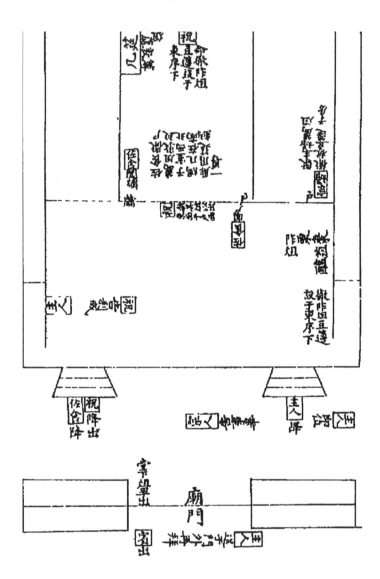

經—173에서 經—177까지는 陽厭, 즉 시동이 일어나서 묘실廟室을 나간 후에 室의 서북쪽 모퉁이에 남은 예찬을 다시 진설하여 신이 더 흠향할 것을 기원하는 절차이다.

[特牲饋食禮15 : 經—173]

축은 좌식에게 명하여 주인의 희생제기·나무제기·대나무제기를 거두어 당 위 동쪽 벽(東序) 아래에 다시 진설하도록 한다.

祝命徹阼俎·豆·籩, 設于東序下.

정현주　　　　　　'명命'은 좌식에게 명하는 것을 말한다. '조조阼俎'는 주인의 희생제기를 가리킨다. 종부가 나무제기와 대나무제기를 거두지 않는 것은 거두는 예가 간략하기 때문이니, 각자의 일을 할 뿐이다. 당 위 동쪽 벽 아래에 진설하는 것은 또한 장차 연음燕飮을 행하려는 것이다. '命', 命佐食. '阼俎', 主人之俎. 宗婦不徹豆籩, 徹禮略, 各有爲而已. 設于東序下, 亦將燕也.

[特牲饋食禮15 : 經—174]

축은 자기의 희생제기를 들고 나가서 실문 서쪽에서 동쪽을 향해 선다.

祝執其俎以出, 東面于戶西.

정현주　　　공양供養의 예禮가 끝났음을 고하기 위해 기다리는 것이다. 「소뢰궤사례」 하편에[1] "축은 주인에게 공양하는 예가 끝났음을 고하고, 이어서 희생제기를 잡고서 묘문 밖으로 나간다"고 하였다. 儐告利成. 「少牢」 下篇曰, "祝告利成, 乃執俎以出."

[特牲饋食禮15 : 經―175]

종부는 축의 나무제기와 대나무제기를 거두어 방 안에 놓아두고, 주부의 말린 고기를 담은 대나무제기·고기젓갈을 담은 나무제기와 희생제기를 거둔다.

宗婦徹祝豆·籩入于房, 徹主婦薦·俎.

정현주   종부가 축의 나무제기·대나무제기와 주부의 말린 고기를 담은 나무제기·고기젓갈을 담은 대나무제기·희생제기를 함께 거두는 것은 그 지위가 낮은 사람의 음식을 거두는 것이다.[2] 「사우례」에 "축의 말린 고기를 담은 대나무제기·고기젓갈을 담은 나무제기와 자리(席)를 거두어 방 안에 넣는다"[3]고 하였다. 宗婦旣亚徹, 徹其卑者. 「士虞禮」曰, "祝薦席徹入于房."

[特牲饋食禮15 : 經―176]

좌식은 시동의 말린 고기를 담은 대나무제기·고기젓갈을 담은 나무제기·희생제기·밥그릇을 거두어 실室의 서북쪽 모퉁이에 진설한다.[4] 안석(几)은 자리(席)의 남쪽에 진설하고, 자리(筵)로 가려서 어둡게 한다.[5] 술동이 1개를 들여놓는다. 좌식이 실의 창문과 출입문을 닫고 당에서 내려온다.

佐食徹尸薦·俎·敦, 設于西北隅. 几在南, 扉用筵. 納一尊. 佐食闔
牖戶, 降.

정현주
　　　　　　　'비扉'는 가린다(隱)는 뜻이다. 신이 어디에 계신지를 알지
못하니, 사람에게서 멀리 떨어진 곳에 계시는 것인가?[6] 시동이 일어서면 예
찬을 다시 진설하고 어둡게 하여 신이 흠향하기를 바라니, 배불리 드시게 하
기 위한 것이다. 「소뢰궤사례」에서 "남쪽을 향하도록 하는데, 궤사饋食를 진
설할 때와 동일한 절차로 한다"[7]고 하였다. 이곳은 이른바 '실의 밝은 곳'으
로, 양염陽厭을 가리킨다.[8] 그렇다면 시동이 아직 실 안으로 들어오기 전에
는 음염陰厭을 하는 것이다.[9] 『예기』 「증자문」에 "상殤의 경우에는 모든 절차
를 갖추어 제사지내지 않는데, 무엇을 음염 · 양염이라고 합니까?"라고 하였
다. '扉', 隱也. 不知神之所在, 或諸遠人乎? 尸謖而改饌爲幽闇, 庶其饗之, 所以爲厭
飫. 「少牢饋食禮」曰, "南面而饌之設." 此所謂當室之白, 陽厭也. 則尸未入之前爲陰
厭矣. 「曾子問」曰, "殤不備祭, 何謂陰厭陽厭也?"

[特牲饋食禮15 : 經—177]
축은 공양의 예가 끝났음을 보고하고, 당에서 내려와 묘문 밖으로
나간다. 주인은 당에서 내려와 본래의 위치로 나아간다. 종인은
주인에게 제사가 끝났음을 보고한다.
祝告利成, 降, 出. 主人降, 卽位. 宗人告事畢.

1_ 「소뢰궤사례」 하편에 : [유사철17 : 經―174]를 가리킨다.

2_ 종부가 ~ 것이다 : 저인량에 따르면 정현 주의 뜻은, 尊者(主人)의 薦俎는 다른 사람의 薦俎와 함께 거둘 수 없다는 것이다. 『의례정의』, 2190쪽 참조.

3_ 축의 말린 고기를 ~ 넣는다 : 정현이 이 [사우례14 : 經―78]의 문장을 인용하여 薦俎뿐만 아니라 자리(席)도 함께 거두는 것임을 보이고자 한 것이다.

4_ 좌식은 ~ 진설한다 : 시동이 일어나 묘실廟室을 나가면([經―159]), 餕을 하고[經―162], 준이 끝나면, 이제 주인, 축, 종부의 희생제기는 모두 거두고, 양염을 위해 시동이 남긴 薦豆, 三俎([經―90]), 餕을 하고 남은 敦 1개를 진설하는 것이다. 鉶 2개는 준을 할 때 모두 사용하였으므로 양염에는 진설하지 않는다.

5_ 자리로 ~ 한다 : 土虞禮에서의 陽厭을 기록한 [사우례14 : 經―77] "几在南, 匪用席"에 대해 정현은 "匪, 隱也, 於匪隱之處, 從其幽闇"라고 하였는데, 가공언은 "자리로 가려서 어둡게 한다는 뜻이다. 그러므로 "匪'는 '가린다'는 것이니, 그 어두운 곳을 좇는 것이다"라고 하였다"(云匪隱, 從其幽闇也, 謂以席爲障, 使之隱, 故云匪隱, 從其幽闇也)라고 해석하였다. 이에 따르면, 정현 주는 "匪'는 자리로 가린다는 뜻이다. 자리로 가려서 어둡게 한 곳에 진설하는 것은, 그 어두운 곳을 좇는 것이다"로 해석된다. 그러나 호배휘는, 가공언의 소가 정현의 본의와 다르다는 장이기의 문제제기가 옳다고 보고, 『설문』의 "匪'는 어둡다는 뜻이다(匪, 隱也)"와, 이에 대한 단옥재의 注 "생각건대 실의 서북쪽 모퉁이를 屋漏라고 한다. 匪란 서북쪽 모퉁이의 은폐된 곳이다"(案室西北隅曰屋漏. 匪者, 又西北隱蔽之處也.)가 본래 정현의 뜻인 것 같다고 본다. 따라서 정현의 주는 "어두운 곳에다 자리를 펴고 제사를 지냄으로써 鬼神을 좇아 어두운 곳을 높이는 것이다"의 뜻일 뿐이라고 하였다(注云於匪隱之處, 從其幽闇者, 謂於匪隱之處用席, 以祭從乎鬼神, 尙幽闇之義耳). 또 한편 호배휘는, 경문에서 "자리를 편다"고 할 때는 "設席"이라고 하지 "用席"이라고 하지 않으며, 西北隅가 실에서 밝은 곳인 "當室之白"이기 때문에, 제사 시에 席으로 가려서 어둡게 하는 것이 어두움을 구하는 뜻이라고 보는 或者의 설을 소개하면서, 이는 가공언 소의 뜻과 같다고 하고, 이제 서로 다른 두 가지 해석 모두를 竝存 해둔다고 하였다. 『의례정의』, 2015쪽 참조. 이곳에서는 위의 사우례 정현 주에 대한 가공언의 소를 따라서 경문과 정현 주를 번역한다.

6_ 신이 ~ 계시는 것인가? : "不知神之所在, 或諸遠人乎?"는 『예기』 「郊特牲」의 문장이다. 정현은 이 문장을 인용하여, 신이 한 곳에 계시는 것이 아니므로 正祭 때에는 室奧에 예찬을 차리고, 시동이 일어나면 또 室의 西北隅에 다시 예찬을 차려놓아 신이 배불리 흠향하기를 구하는 것임을 나타내었다.

7_ 「소뢰궤사례」에서 ~ 방식으로 한다 : [有司徹17 : 經―170]의 문장이다. 經文은 "南面, 如饋之設"로 되어 있다. 하대부 소뢰궤사례의 陽厭은 南向으로 진설한다는 뜻이다. 여기 경문에서 "안석은 자리의 남쪽에 진설하고(几在南)"라고 하였으므로, 사의 특생궤사례의 양염은 예찬을 東向으로 진설함을 알 수 있다. 『의례정의』, 2191쪽 참

조. 상대부의 소뢰궤사례는 儐尸禮에서 예가 갖추어져 신이 배부르고 만족스러워하기 때문에 다시 음식을 진설하여 양염을 할 필요가 없지만, 儐尸의 예를 행하지 않는 不儐尸의 하대부 소뢰궤사례와 사의 특생궤사례에서는 양염의 예를 행한다. 『의례정의』, 2426쪽 참조.

8_ '실의 밝은 곳' ~ 양염을 가리킨다 : 정현은 이곳에서 『예기』「曾子問」의 문장을 인용하여, 특생궤사례의 이 절차가 陽厭의 절차임을 밝힌 것이다. 「증자문」에서 "실의 밝은 곳에 음식을 진설하고, 동방에 술동이를 진설하는데, 이것은 양염을 가리킨다(當室之白, 尊于東房, 是謂陽厭)"라고 하였는데, 정현은 그에 대한 주에서 "'방의 밝은 곳'이란 서북쪽 모퉁이로 실문(戶)의 밝은 빛을 받는 곳이다. 밝은 것을 '양陽'이라고 한다"(當室之白, 謂西北隅得戶明者也. 明者曰陽)고 하였다. 陰厭은 正祭의 장소인 室奧에 예찬을 차리고, 陽厭은 실의 西北隅 밝은 곳에 예찬을 차린다. 또 『예기』「曾子問」의 "섭주는 염제의 의식을 행하지 않는다"(攝主不厭祭)에 대한 정현의 주에서 "'염厭'이란 신에게 충분히 음식을 들게 하는 것이다. 염에는 陰厭이 있고 陽厭이 있다"(厭', 厭飫神也. 厭有陰有陽)고 하였다. 음염은 시동이 입실하기 전에 正祭의 장소인 室奧에 예찬을 차려놓고 신이 흠향하기를 기원하는 것이고, 양염은 정제가 끝나고 시동이 일어나면 실의 西北隅 밝은 곳으로 장소를 바꾸어 다시 남은 예찬을 차려놓고 신이 부족함 없이 충분히 흠향하기를 기원하는 것이다. 신의 향방을 인간이 알 수 없기에 음, 양으로 장소를 바꾸어 흠향하기를 구하는 것이다. 그러므로 [유사철17 : 經−170]의 정현 주에서 "시동이 일어날 때에 다시 음식을 진설하여 실(室)의 밝은 곳에 놓는데, 효자(孝子)는 신의 소재를 알지 못하기 때문에 이곳에서 흠향하기를 바라는 것이니, 신이 배불리 먹도록 하는 것이다"(此於尸謖改饌, 當室之白, 孝子不知神之所在, 庶其饗之於此, 所以爲厭飫)라고 하였다.

9_ 시동이 아직 ~ 것이다 : 음염의 절차에 관해서는 앞의 [經−54]에서 [經−68] 참조.

[特牲饋食禮15 : 經―178]

빈이 묘문 밖으로 나간다. 주인은 묘문 밖까지 빈을 전송하는데 재배를 한다.

賓出. 主人送于門外, 再拜.

정현주 　　　　　배례를 하면서 빈을 전송하는 것이다. 대개 떠나는 사람은 답배를 하지 않는다. 拜送賓也. 凡去者不答拜.

[特牲饋食禮15 : 經―179]

좌식은 주인의 희생제기와 당 아래에 진설한 희생제기를 모두 거두어 나간다.

佐食徹阼俎, 堂下俎畢出.

정현주 　　　　　희생제기를 거두어 나가는 절차를 기록한 것이다. 형제와 중빈은 스스로 거두어서 나간다. 오직 빈의 희생제기만은 유사가 거두어서 집으로 보내는데, 빈을 높이는 것이다. 記俎出節. 兄弟及衆賓自徹而出. 唯賓[1]俎有司徹歸之, 尊賓者.

1_ 實 : 毛本, 藍本 등에는 '實'이 '賓'으로 되어 있다. 『의례주소』, 2023쪽 교감 참조.

[特牲饋食禮15 : 記—01]

기記.

특생궤사의 예를 거행할 때에 빈과 형제의 복장은 모두 조복朝服을 입고, 현관玄冠을 쓰고, 검은색 비단으로 가선 장식을 한 허리띠(緇帶)와 검은색 무릎가리개(緇韠)를 착용한다.

記.

特牲饋食, 其服皆朝服, 玄冠, 緇帶, 緇韠.

정현주 　　　　　　　정제正祭를 행할 때에 이와 같이 입는 것이다. '모두'(皆)란 빈과 형제를 말한다. 제사지낼 날짜의 길흉을 점치고, 시동을 택하는 점을 치고, 제기를 깨끗이 씻었는지 점검할 때에도 현단복玄端服을 입는데, 제사를 지낼 때가 되면 조복을 입는다. '조복朝服'은 제후의 신하가 자신의 군주와 함께 날마다 조회를 볼 때 입는 옷이다. 대부는 이 옷을 입고 제사를 지낸다. 이제 빈과 형제는 효자孝子가 가빈嘉賓과 존객尊客을 모시고 자기의 아버지 · 할아버지 사당에 제사를 올리고자 하므로 이 조복을 입는 것이다.[1] '검은색 무릎가리개'(緇韠)를 착용하는 것은 대부의 신하보다 낮춘 것이다. "제사를 거행하는 날에 아침 일찍 일어나, 주인은 처음 제사지낼 날짜의 길흉을 점칠 때와 마찬가지로 현관玄冠을 쓰고 현단복玄端服을 입는다"[2]고 한

것은 확실히 현단복을 가리켜 말한 것이다. 於祭服此也. ‘皆’者, 謂賓及兄弟. 筮
日·筮尸·視濯亦玄端, 至祭而朝服. ‘朝服’者, 諸侯之臣與其君日視朝之服. 大夫以
祭. 今賓兄弟緣孝子欲得嘉賓尊客以事其祖禰, 故服之. ‘緇韠’者, 下大夫之臣. “夙興,
主人服如初”, 則固玄端.

[特牲饋食禮15 : 記─02]

다만 시동·축·좌식은 현단복玄端服을 입는데, 치마로는 검은색
치마(玄裳), 누런색 치마(黃裳) 또는 잡색 치마(雜裳) 가운데 어느 것
을 사용해도 괜찮으나, 검붉은 무릎가리개(爵韠)를 착용한다.
唯尸·祝·佐食玄端, 玄裳·黃裳·雜裳可也, 皆爵韠.

정현주 　　　　　　　　주인과 복장을 동일하게 한다. 『주례』 「춘관·사복司服」
에 “사士의 재복齊服에는 현단玄端과 소단素端이 있다”[3]고 하였다. 그렇다면
검은색 치마(玄裳)는 상사上士의 복장이고, 누런 치마(黃裳)는 중사中士, 잡색
치마(雜裳)는 하사下士의 복장이다. 與主人同服. 『周禮』, “士之齊服, 有玄端·素
端.” 然則玄裳, 上士也, 黃裳中士, 雜裳下士.

1_ 이제 빈과 ~ 것이다 : 卿·大夫·士가 助祭할 때의 복장은 자신의 제사 때 입는 복장 보다 한 등급을 더한 것을 입어 준다. 그러므로 士는 자신의 제사에서는 玄端服을 입고, 助祭하는 士의 賓과 兄弟들은 朝服을 입는다. 『의례정의』, 2196쪽 참조.

2_ 아침 일찍 ~ 입는다 : [經─40] 참조.

3_ 士의 ~ 素端이 있다 : '齊服'은 齊戒할 때에 입는 복장을 가리킨다. 『예기』「雜記上」 의 "소단 1벌, 피변복 1벌, 작변복 1벌, 현면복 1벌"(素端一, 皮弁一, 爵弁一, 玄冕一) 에 대해 손희단은 『예기집해』에서, "素端은 제도가 玄端과 같은데 흰색 비단을 사용 해서 만든다"(素端制若玄端, 而用素爲之)고 하였다.

[特牲饋食禮15 : 記—03]

물받이 항아리(洗)를 진설하는데, 남북으로 당에서 물받이 항아리
까지의 거리는 당 위 남쪽 끝 모서리에서 북쪽으로 방·실의 벽에
이르는 길이(堂深)와 동일하게 하고, 동서로 동쪽 추녀(東榮)와 마주
하도록 놓는다.

設洗, 南北以堂深, 東西當東榮.

정 현 주

'영榮'은 추녀(屋翼)이다.[1] '榮', 屋翼也.

[特牲饋食禮15 : 記—04]

물을 담아 둔 물 항아리(水)[2]는 물받이 항아리의 동쪽에 놓는다.

水在洗東.

정 현 주

천지의 왼쪽(동쪽)에 바다가 있는 것을 본받은 것이다. 祖
天地之左海.

대광주리(篚)³는 물받이 항아리(洗)의 서쪽에 세로로 하여 남쪽을
향해 놓는데,⁴ 작爵(1升 용량) 술잔 2개, 고觚(2升 용량) 술잔 2개, 치觶
(3升 용량) 술잔 4개, 각角(4升 용량) 술잔 1개, 산散(5升 용량) 술잔 1개를
넣어 둔다.

篚在洗西, 南順, 實二爵·二觚·四觶·一角·一散.

정현주　　　　　'순順'은 세로(從)의 뜻이다. 세로로 하여 남쪽을 향해 놓
는다고 말한 것은 당堂 쪽으로 통섭된다는 뜻이다. 작爵을 2개 넣어 두는 것
은, 빈이 시동에게 삼헌三獻의 예를 행했던 작爵은 시동이 내려놓고 기다리
는데, 주인은 작을 주부에게 보내주어야 하기 때문이다. 고觚를 2개 넣어 두
는 것은, 장형제와 중빈장이 가작加爵의 예를 행하는데, 두 사람은 반열이
같아서 이어서 나란히 술잔을 올려야 하기 때문이다. 치觶를 4개 넣어 두는
것은 1개는 축祝이 술을 따른 후 국그릇의 남쪽에 내려놓고, 나머지 3개는
장형제가 빈에게 여수의 예를 행할 때 마지막으로 술잔을 받은 사람이 대광
주리 안에 넣어 두고, 빈 쪽의 어린 사람과 형제 쪽의 어린 사람이 각각 빈과
장형제에게 술잔을 들어 올리기 때문이다. 예가 줄어들었으므로 일이 서로
함께 행해지는 것이다. 『예기』「예기」에 "귀한 사람은 작爵으로 술을 올리고,
천한 사람은 산散으로 술을 올리며, 존귀한 사람은 치觶로 술을 마시고 비천
한 사람은 작角으로 술을 마신다"고 하였다. 구설舊說에서는 "작爵은 1승, 고
觚는 2승, 치觶는 3승, 각角은 4승, 산散은 5승이다"라고 하였다. '順', 從也. 言
南從, 統於堂也. 二爵者, 爲賓獻爵止, 主婦當致⁵也. 二觚, 長兄弟酬⁶衆賓長爲加爵,
二人班同, 宜接並也. 四觶, 一酌奠, 其三, 長兄弟酬賓, 卒受者, 與賓弟子兄弟弟子舉
觶於其長. 禮殺, 事相接. 「禮器」曰, "貴者獻以爵, 賤者獻以散, 尊者舉觶, 卑者舉角."

舊說云, "爵一升, 觚二升, 觶三升, 角四升, 散五升."

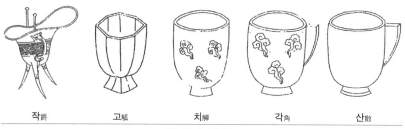

| 작爵 | 고觚 | 치觶 | 각角 | 산散 |

(淸), 『흠정의례의소』

[特牲饋食禮15 : 記—06]

술동이(壺)를 받쳐 놓은 술동이 받침대(梏禁)⁷는 당 위 동쪽 벽(東序) 앞에 진설하는데, 술동이 받침대를 세로로 하여 남쪽을 향해 놓고, 그 위에는 2개의 술동이를 엎어 놓으며, 술동이 덮개는 술동이의 남쪽에 놓는다. 다음날(제사지내는 날) 술동이에 술을 다 채워 넣으면,⁸ 거친 갈포로 만든 덮개보(冪)⁹로 덮었다가 시동이 실문의 자리로 나아가면 걷어 내고 술동이 위에 술 국자(勺)를 엎어 놓는다.

壺·梏禁, 饌于東序, 南順, 覆兩壺焉, 蓋在南. 明日卒奠, 冪用絺, 卽位而徹之, 加勺.

정현주　　　　술동이를 엎어 놓는 것은 물기가 다 가시게 하려는 것이고 또 먼지가 들어가서는 안 되기 때문이다. 덮개보를 거친 갈포로 만든 것을 사용하는 것은 그것이 질기고 깨끗하기 때문이다. '금禁'에 '어梏'를 붙여서 말한 것은, 제사에서는 신이 배불리 먹는 것을 숭상하여서 대부와 예기禮

器를 함께할 수 있기 때문이니, 신神을 위한 주계酒戒를 삼지 않는 것이다.[10]

覆壺者, 盏瀝水, 且爲其不宜塵. 鼏用絲, 以其堅絜. '禁'言'椷'者, 祭尙厭飫, 得與大夫
同器, 不爲神戒也.

[特牲饋食禮15 : 記—07]

대나무제기(籩)에는 거친 칡베로 만든 수건으로 과실을 감싸서 담
는데,[11] 수건의 안쪽은 옅은 진홍색으로 한다. 대추와 밤을 골라내
고 쪄서 담는다.

籩, 巾以絲也, 纁裏. 棗烝, 栗擇.

정현주 　　　대나무제기에 수건이 있는 것은, 과실의 음식물에는 껍
질과 씨가 많아서 존귀한 사람을 우대할 때에는 과실을 쪄서 수건으로 감싸
야 먹을 수 있기 때문이다. '찐다'(烝)고 한 것과 '골라낸다'(擇)고 한 것은 호
문互文이다.[12] 구설舊說에 "안쪽을 옅은 진홍색으로 하는 경우, 겉은 모두
검은색으로 한다"고 하였다. 籩有巾者, 果實之物多皮核, 優尊者, 可烝裏之也.
'烝'·'擇'互文. 舊說云, "纁裏者皆玄被."

[特牲饋食禮15 : 記—08]

국그릇 안의 고깃국에는 씀바귀(苦)나 고사리(薇) 등의 나물을 넣
고, 또 모두 조미하는 채소를 첨가하는데 여름에는 아욱(葵)[13]을 넣
고 겨울에는 바꽃(菫)을 넣는다.

鉶毛, 用苦若薇, 皆有滑, 夏葵·冬菫.

　　　　　　　　'고苦'는 씀바귀(苦茶)를 가리킨다. '환苷'은 바꽃(菫)의 일
종으로,[14] 그것을 말려서 쓰는데 겨울에는 아욱(葵)보다 조미가 잘 된다.
『시』「문왕文王·면綿」에 "주원周原 땅은 기름지고 비옥하니, 바꽃 뿌리와 씀
바귀도 엿처럼 달구나"라고 하였다. 금문본에서는 '苦'가 '苄'로 되어 있는데,
'하苄'는 곧 지황地黃을 가리키므로, 잘못이다. 苦, 苦茶也. 苷, 菫屬, 乾之,冬滑
於葵. 『詩』云, "周原膴膴, 菫茶如飴." 今文'苦'爲'苄', 苄乃地黃, 非也.

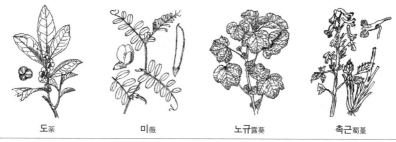

| 도茶 | 미薇 | 노규露葵 | 촉근蜀菫 |

高明乾, 『古植物漢名圖考』

멧대추나무의 붉은 속으로 만든 숟가락은 손잡이 부분에 용머리
의 형상을 새겨 넣는다.[15]
棘心匕, 刻.

정현주　　　　　　　'새겨 넣는다'(刻)는 것은 오늘날 용머리의 형상을 새겨
넣는 것과 같은 것이다. '刻', 若今龍頭.

돼지고기를 삶는 부뚜막은 묘문 밖 동남쪽에 있고, 물고기를 삶는
부뚜막과 말린 고기를 삶는 부뚜막은 돼지고기를 삶는 부뚜막의
남쪽에 있는데, 모두 머리 부분이 서쪽을 향한다. 기장밥을 짓는
부뚜막은 당 아래 서쪽 담장의 아래에 있다.

牲爨在廟門外東南, 魚腊爨在其南, 皆西面. 饎爨在西壁.

정현주 　　　　　'희饎'는 밥을 짓는다(炊)는 뜻이다. '서벽西壁'은 당의 서
쪽 담장 아래를 가리킨다. 구설舊說에 "남북으로 지붕의 처마와 마주하는데,
메기장 밥을 짓는 부뚜막이 남쪽에 있다"[16]고 하였다. '饎', 炊也. '西壁', 堂之西
牆下. 舊說云, "南北直屋梠, 稷在南."

기조肵俎 위에는 먼저 돼지고기의 염통과 혀를 올려놓는데, 염통
과 혀는 모두 그 밑동과 위쪽 끝부분을 제거한 후 가로 세로로 베
어 정방형의 칼 문양을 내어 돼지고기를 담는 세발솥(特鼎) 안에 넣
는다. 세발솥 안에서 건져내어 기조 위에 올려놓을 때에는 염통은
세워서 놓고, 혀는 기조의 방향에 따라서 세로로 놓는다.

肵俎, 心·舌皆去本末, 午割之, 實于牲鼎. 載, 心立, 舌縮俎.

정현주 　　　　　'오할午割'은 가로 세로로 베는 것인데, 또한 완전히 끊어
지지 않도록 하는 것을 말한다.[17] 세워서 놓거나 세로로 놓는 것은 그 성질
에 따르는 것이다.[18] 염통과 혀는 음식의 맛을 관장하는 부위로서, 시동이

이 제물을 흠향하기를 바라기 때문에게 시동에게만 올리는 것이다.[19] '午割',

從橫割之, 亦勿沒. 立‧縮, 順其牲. 心舌知食味者, 欲尸之饗此祭, 是以進之.

[特牲饋食禮15 : 記—12]

빈과 장형제에게 올리는 말린 고기를 담은 대나무제기와 고기젓
갈을 담은 나무제기는 동방東房에서 가져오고, 그 나머지 사람들[20]
의 것은 동당東堂에 진설한다.[21]

賓與長兄弟之薦自東房, 其餘在東堂.

정현주　　　　　　　　'동당東堂'은 동협東夾[22]의 앞에서 남쪽으로 가까운 곳이

다. '東堂', 東夾之前, 近南.

1_ '영'은 추녀이다 : '榮'(추녀)은 지붕의 처마 양 끝에 솟아 오른 부분을 가리키는데, 새가 그 양 날개를 펼치는 형상과 비슷하기 때문에 지붕의 날개 즉 '屋翼'(추녀)이라고 칭한 것이다. 『예기』 「喪大記」에서 復을 할 때 "東榮(동쪽 추녀)으로부터 올라가서 지붕 한가운데의 높은 곳에서 북쪽을 향하여 세 번 부른다"(升自東榮, 中屋履危, 北面三號)고 한 것에 대해 공영달의 소에는 "'榮'은 지붕의 날개(屋翼)이다. 천자와 제후는 모두 사면으로 빗물이 흘러내리게 하여 지붕을 만든다. 하지만 대부 이하는 사면으로 빗물이 흘러내리게 하지 못하고 단지 남쪽과 북쪽 두 곳으로 빗물이 흘러내리게 하여 곧은 머리를 하는데, 머리 부분이 곧 屋翼이다"(榮, 屋翼也. 天子·諸侯, 四注爲屋. 而大夫以下, 不得四注, 但南北二注, 而爲直頭, 頭卽屋翼也)라고 해석하였고, 진호는 『集說』에서, "천자와 제후의 지붕은 모두 사면으로 빗물이 흘러내리게 하지만 대부 이하는 단지 앞뒤로 처마가 있을 뿐이다. '翼'은 지붕의 양 머리에 있는데 새의 날개와 비슷하기 때문에 '屋翼'이라고 이름한다"(天子·諸侯屋皆四注, 大夫以下但前簷後簷而已. 翼在屋之兩頭, 似翼, 故名屋翼也)고 하였다.

2_ 물을 담아 둔 물 항아리 : 경문의 '물'(水)은 손이나 술잔을 씻을 때 사용하는 물로서, 물 항아리(罍)에 담아 둔다. 따라서 이곳의 '물'(水)은 실질적으로 '물을 담아 둔 물 항아리'(罍水)를 의미한다. [향음주례04 : 經−08], [향사례05 : 經−08], [특생궤사례15 : 記−04]에서도 모두 '물은 물받이 항아리의 동쪽에 놓는다'(水在洗東)고 하여 '물'(水)만 언급하고 '물 항아리'(罍)는 언급하지 않았지만, [연례06 : 經−04], [대사의07 : 經−16]에서는 '물을 담아둔 물 항아리를 (물받이 항아리의) 동쪽에 놓는다'(罍水在東)고 하여 '물 항아리'(罍)와 '물'(水)을 함께 언급하였고, [소뢰궤사례16 : 經−34]에서는 "물받이 항아리의 동쪽에 물을 담아 둔 물 항아리를 진설하는데, 물 항아리의 위에는 구기(枓)를 올려놓는다"(設罍水于洗東, 有枓)라고 하였다. [소뢰궤사례16 : 經−34]의 정현 주에 "무릇 물을 진설할 때에는 물 항아리(罍)를 이용하고, 물을 부어서 손을 씻을 때에는 구기(枓)를 이용한다"(設水用罍, 沃盥用枓)고 하였다.

3_ 대광주리 : 이곳의 '篚'는 당 아래에 진설한 대광주리로서, 술잔을 담아 둔다. 섭숭의의 『삼례도』에 인용된 『舊圖』에 의하면 '篚'는 대나무로 만들었는데, 길이가 3척, 넓이가 1척, 깊이가 6寸, 다리의 높이가 3寸이다. 앞의 [經−103]의 '篚' 그림 참조.

4_ 세로로 ~ 놓는데 : 경문의 '南順'은 대광주리를 세로로 하여 남쪽을 향해서 놓는다는 뜻이다. 이에 대해 호배휘는 [사관례01 : 經−82]의 "洗, 有篚在西, 南順"의 경우와 같다고 본다. 『의례정의』, 2198쪽 참조 위의 사관례 경문에 대해 정현은 "'남순(南順)'은 북쪽을 위쪽으로 삼는다는 뜻이다"('南順', 北爲上也)라고 注했는데, 이에 대해 호배휘는, 대광주리를 세로로 진설하는데, 북쪽을 윗자리로 삼는 것이다(篚蓋縱設之, 以北爲上)라고 하고, 대광주리에는 머리 부분과 꼬리 부분에 표지를 해두는 것 같다(篚似有刻識爲首尾矣)고 하였다. 『의례정의』, 104쪽 참조 즉, 정현은 '南順'을 북쪽을 윗자리로 삼아서 남쪽을 향해서 진열하는 것으로 보았고, 호배휘는 이것을 대광주리에 首尾를 표시하여 대광주리의 머리 부분이 북쪽, 꼬리부분이 남쪽이 되

도록 세워서 놓았다는 뜻이다. 의례에서 '以北爲上'은 주로 행렬을 나타낼 때 북쪽부터 시작해서 남쪽을 향해 순서대로 진열하는 것을 말하는데, 정현은 대광주리 한 개의 진설을 이와 같이 설명했기 때문이다.

5_ 主婦當致 : 호배휘는 이 문장은 도치된 것으로 '當致爵于主婦'가 되어야 한다고 하였다. 이에 따라 번역한다. 『의례정의』, 2198쪽 참조.

6_ 酬 : 徐本과 『要義』, 楊復本에는 모두 '酬'로 되어 있지만 『集釋』에는 '及'으로 되어 있고, 『通解』와 毛本에는 '酌'으로 되어 있다. 주학건은 "'及'으로 보아야 한다. 監本에는 '酌'으로 되어 있고, 양복의 『의례도』에는 '酬'로 되어 있지만 모두 잘못된 것이다. 文義에 비추어 본다면 마땅히 '及'이 되어야 한다"고 하였다. 주학건의 설에 따라 번역한다. 『의례주소』, 1025쪽 참조.

7_ 술동이 받침대 : '棜禁'은 '斯禁'을 말한다. 『예기』 「옥조」에 "대부의 경우 단독으로 진설하는 술동이는 棜를 사용하여 받쳐 놓고, 사의 경우 단독으로 진설하는 술동이는 禁을 사용하여 받쳐 놓는다"(大夫側尊, 用棜, 士側尊, 用禁)고 한 것에 대해 정현은 "'棜'는 斯禁이니, 다리가 없어 棜(가자)와 유사함이 있다. 이 때문에 '棜'라고도 한다"고 하였다. '棜'는 본래 '갸자' 혹은 '架子'로서 희생·음식 등을 들고 나르는 들것의 일종으로 다리가 없다. 그 모양이 다리가 없는 술동이 받침대인 '斯禁'과 유사하기 때문에, 이 '斯禁'을 '棜' 혹은 '棜禁'이라고 한다.

8_ 술동이에 술을 ~ 넣으면 : 경문의 '卒奠'에 대해서 오정화는 술동이에 술을 다 채워서 실문 동쪽에 진설하는 것을 아울러 말한 것이라고 해석하였다. 『의례정의』, 2202쪽 참조.

9_ 덮개보 : 기물을 덮는 수건을 말한다. 거친 베나 고운 베 혹은 그림을 넣은 문양을 낸 베로 만든다. 尊, 彝, 籩, 豆, 簠, 簋 등에 모두 덮개보가 있다.

10_ '금'에 ~ 것이다 : '禁'은 술동이를 올려놓는 다리가 달린 받침대로서 지나치게 술을 마시지 말도록 경계하는 의미를 나타낸다. '棜'는 다리가 없는 받침대로서 이러한 酒戒의 의미가 없음을 나타낸다. 大夫禮인 소뢰궤사례에서는 다리가 없는 棜를 사용하고, 향음주 등 살아 있는 사람들의 飮酒에서는 '棜'처럼 다리가 없지만 명칭은 '斯禁'이라고 불리는 받침대를 사용한다. 이에 비해 士禮에서는 '棜'처럼 다리가 없지만 명칭은 '棜禁'이라고 불리는 받침대를 사용하고, 향음주 등의 飮酒 시에는 다리가 있는 禁을 사용한다. 이 정현 주에서는, 사람과 달리 酒戒가 필요 없는 神을 위한 제사에서는 士도 대부와 마찬가지로 다리 없는 술동이 받침대를 사용할 수 있다는 의미에서, 士의 '禁'에 대부의 '棜'를 합한 '棜禁'이라는 용어를 사용하고 있음을 설명한 것이다.

11_ 대나무제기에는 ~ 담는데 : 수건으로 과실을 감싸서 담는다는 것은 房 안에 진설할 때를 가리켜 말한 것이다. 이것을 室 안으로 가져와 진설할 때에는 수건을 벗겨낸다. 『의례정의』, 2205쪽 오계공의 설 참조.

12_ '찐다'고 ~ 호문이다 : 대추는 쪄서 골라내고, 밤도 골라내고 또한 찐다. 그 벌레

먹은 것과 더러워진 것을 골라내고, 익혀서 먹을 수 있도록 한 것이다. 『의례정의』, 2205쪽 참조.

13_ 아욱 : 冬葵, 露葵라고도 한다. 『爾雅翼』에 "葵는 百菜의 주인으로 맛이 특히 달고 부드럽다"(葵爲百菜之主, 味尤甘滑)고 하였다. 露葵는 1년생의 줄기식물로 높이는 1m이고, 부드러운 털이 붙어 있으며, 잎새는 둥글다. 씨·뿌리·줄기와 잎을 약으로 사용하며, 절임을 하여 먹기도 한다. 학명은 Malva crispa L이다. 高明乾, 『古植物漢名圖考』(大象出版社, 2006), 507쪽 참조.

14_ '환'은 바꽃의 일종으로 : 『이아』 「釋草」에 "芨은 菫草이다"(芨, 菫草)라고 한 것에 대해 곽박의 『이아주』에는 "(菫은) 곧 烏頭이다. 강동 지역에서는 '菫'이라고 부른다"(即烏頭也. 江東呼爲菫)라고 하였고, 형병의 『이아소』에는 가규의 말을 인용하여 "菫은 烏頭이다"(菫, 烏頭也)라고 하였다. 이에 따르면 '萱', '菫', '菫', '烏頭'는 모두 같은 종류임을 알 수 있다.

15_ 멧대추나무의 ~ 넣는다 : 능정감은 이곳의 '숟가락'(匕)은 밥을 뜨는 숟가락 즉 '飯匕'라고 하였다. 호배휘는 喪祭에는 뽕나무로 만든 숟가락(桑匕)을 상용하고, 吉祭에는 멧대추나무로 만든 숟가락(棘匕)을 사용하므로, 吉祭에서는 밥을 뜨는 숟가락(飯匕)이나 세발솥에서 희생을 건져내는 숟가락(牲匕)은 모두 멧대추나무로 만든다고 하였다. 학경은 '棘心'은 멧대추나무의 속이 붉은 것이라고 하였다. 『의례정의』, 2206쪽 참조.

16_ 남북으로 ~ 있다 : 이여규는 "찰기장 밥을 짓는 黍爨은 북쪽에 있고, 메기장 밥을 짓는 稷爨은 남쪽에 있는데, 남쪽에서 위쪽으로 지붕의 처마와 일직선이 되는 것을 말한다"(謂黍爨在北, 稷爨在南, 其南上與屋梠齊也)고 하였다. 『의례정의』, 2105쪽 참조.

17_ '오할'은 ~ 말한다 : 한 번 세로로 베고, 한 번 가로로 베는 것을 '午'라고 한다. 사방에서 중앙 쪽을 향해 베는데, 중앙 부위를 조금 남겨 놓아서 끊어지지 않도록 하는 것을 '勿沒'이라고 한다. 『의례정의』, 2207쪽 참조.

18_ 세워서 ~ 따르는 것이다 : 염통은 所俎 위에 세워서 놓고 혀는 기조의 방향에 따라 세로로 놓는 것은 염통은 그 성질이 세울 수 있고, 혀는 세울 수 없기 때문이다. 『의례정의』, 2207쪽 참조

19_ 염통과 혀는 ~ 올리는 것이다 : 정현은 염통과 혀가 음식 맛을 아는 기관이기 때문에 시동이 그것을 흠향하기를 바라서 시동에게 올리는 것으로 해석했으나, 오계공은 염통과 혀가 희생의 몸체 중에서 內體, 즉 내장 부위 가운데 貴한 것이기 때문에 오로지 시동에게만 올리는 것이라고 본다. 『의례정의』, 2207쪽 참조

20_ 그 나머지 사람들 : 앞의 '賓'은 賓長을 가리키고, 이곳의 '그 나머지 사람들'은 次賓, 次兄弟를 가리킨다.

21_ 빈과 장형제에게 ~ 진설한다 : 방포는 장빈(빈장)과 장형제에게는 계단 위쪽에서 말린 고기와 젓갈을 올리므로 東房에 진설하는 것이 편리하고, 그 나머지 사람들

에게는 계단 아래에서 올리므로 東堂에 진설하는 것이 편리하다고 하였다. 『의례
정의』, 2207쪽 참조.

22_ 동협 : 東夾의 위치에 대해서는 [經─28] 정현 주의 주석 11) 참조.

記-13에서 記-16까지는 시동을 섬기는 예를 기록한 것이다.

[特牲饋食禮15 : 記-13]

시동에게 물을 따라 주어 손을 씻도록 하는 사람을 일마다 각각 한 사람씩 둔다. 물받이 그릇(槃)을 받들고 있는 사람은 동쪽을 향하고, 물주전자(匜)를 잡고 있는 사람은 서쪽을 향하여 물을 조금씩 붓고, 수건을 들고 있는 사람은 물주전자를 잡고 있는 사람의 북쪽에 있다.

沃尸盥者一人. 奉槃者東面, 執匜者西面淳沃, 執巾者在匜北.

정현주 　　　　　'이북匜北'은 물주전자를 잡고 있는 사람의 북쪽에 있다는 뜻이니, 그 또한 서쪽을 향한다. 일마다 각각 한 사람씩 두는 것이다.[1] '순옥淳沃'은 조금씩 붓는다는 뜻이다. 금문본에는 '淳'이 '激'으로 되어 있다.

'匜北', 執匜之北, 亦西面. 每事各一人. '淳沃', 稍注之. 今文淳作激.

[特牲饋食禮15 : 記-14]

종인宗人은 동쪽을 향해 수건을 집어서 세 번 흔들어 먼지를 털어 낸 후 남쪽을 향하여 시동에게 건네준다. 시동이 손을 다 닦으면, 수건을 잡는 사람이 이를 받는다.

宗人東面取巾, 振之三, 南面授尸. 卒, 執巾者受.

정현주 　　　　　종인宗人이 수건을 잡고 있는 사람을 대신해서 수건을 건네주는 것은 종인은 정장庭長으로서 신분이 높기 때문이다. 宗人代授巾, 庭長尊.

[特牲饋食禮15 : 記—15]
시동이 묘문 안으로 들어가면, 주인과 빈은 모두 자리에서 물러나 피한다. 실문(室戸)을 나올 때에도 그와 같이 한다.[2]
尸入, 主人及賓皆避位. 出亦如之.

정현주 　　　　　'자리에서 피한다'(避位)는 것은 뒷걸음질하면서 피하는 것을 말한다. '避位', 逡遁.

1_ 일마다 ~ 것이다 : 물받이 그릇을 받드는 일(奉槃), 물주전자를 잡고 조금씩 물을 부어 주는 일(執匜淳沃), 수건을 잡는 일(執巾)에 각각 집사 한 명씩을 둔다. 그런데 宗人이 수건 건네주는 일을 하므로, 인원수의 측면에서 본다면 4명이 된다. 『의례정의』, 2208쪽 참조.

2_ 시동이 ~ 한다 : 오계공은 '들어가는 것'(入)은 묘문 안으로 들어가는 것이고, '나오는 것'(出)은 室戶를 나오는 것이라고 하였고, 또 '주인과 빈'이라는 말 속에는 형제 등의 무리도 포함된다고 하였다. 『의례정의』, 2210쪽.

記—16에서 記—20까지는 좌식과 종인의 일 및 자리의 서열을 기록한
것이다.

[特牲饋食禮15 : 記—16]

사자嗣子가 시동이 내려놓았던 술잔을 들어서 마실 때,¹ 좌식佐食
은 소금을 담은 나무제기를 진설한다.²

嗣擧奠, 佐食設豆鹽.

정 현 주   구운 간에는 소금이 있어야 하기 때문이다.³ 肝宜鹽也.

[特牲饋食禮15 : 記—17]

좌식은 일을 행하려고 할 때에는 실문 밖에서 남쪽을 향해 선다.
일이 없을 때에는 뜰 중앙에서 북쪽을 향해 선다.

佐食, 當事則戶外南面. 無事則中庭北面.

정 현 주   '당사當事'란 장차 일이 있을 것이지만 아직 이르지는 않
은 때를 가리킨다. '當事', 將有事而未至.

[特牲饋食禮15 : 記—18]

무릇 축祝이 일을 명하면, 좌식은 응답을 한다.

凡祝呼, 佐食許諾.

정현주

'호呼'는 명령한다는 뜻과 같다. '呼'猶命也.

[特牲饋食禮15 : 記—19]

종인宗人은 주인이 중빈들에게 술을 올려 헌獻의 예를 행하거나 여수旅酬의 예를 행할 때,[4] 중빈들 사이에 끼어서 나이 순서에 따라 함께 참여한다.

宗人, 獻與旅齒於衆賓.

정현주   정장庭長을 높이는 것이니, 그 장유長幼의 차서에 따라 함께 끼어서 참여하는 것이다.[5] 尊庭長, 齒從其齒[6]幼之次.

[特牲饋食禮15 : 記—20]

좌식은 여수의 예를 행할 때 형제들 사이에 끼어서 나이 순서에 따라 함께 참여한다.

佐食, 於旅齒於兄弟.

1_ 사자가 ~ 마실 때 : [經−141], [經−142] 참조.

2_ 소금을 담은 ~ 진설한다 : 호배휘는 '豆鹽'은 나무제기 안에 소금을 담는 것이라고 하였다(豆鹽, 以豆盛鹽也).『의례정의』, 2210쪽 참조.

3_ 구운 ~ 때문이다 : 嗣子가 시동이 내려놓았던 술잔을 들어서 마실 때 시동은 구운 간을 들어서 사자에게 건네주어 먹게 한다. 이 때문에 구운 간을 찍어 먹을 소금이 필요하다. [經−142] 참조.

4_ 종인은 ~ 행할 때 : 호배휘는 記文의 '獻'은 주인이 중빈에게 술을 따라 獻의 예를 행하는 것, '旅'는 旅酬의 예를 행하는 것을 각각 가리킨다고 하였다.『의례정의』, 2210쪽 참조. [經−129]의 '主人獻衆賓' 및 [經−144]에서 [經−152]까지 '旅酬'의 절차 참조.

5_ 정장을 ~ 것이다 : 宗人은 私臣이지만 庭長 즉 뜰 안의 일을 관장하는 우두머리이 므로 중빈들 사이에 끼어서 참여한다. 이는 宗人을 높여 주는 것이다.『의례정의』, 2210쪽 참조.

6_ 齒 :『의례정의』, 2210쪽에는 '齒'가 '長'으로 되어 있다. 이에 따라 번역한다.

記—21에서 記—24까지는 방 안에 술동이를 진설하는 절차, 내형제들의
위치, 여수旅酬의 절차 등을 기록한 것이다.

[特牲饋食禮15 : 記—21]

술동이는 2개의 술동이(壺)를 방 안 서쪽 벽(西塘) 아래에 진설하는
데, 남쪽을 윗자리로 삼는다.

尊兩壺于房中西塘下, 南上.

<u>정현주</u>　　　　부인들의 여수旅酬를 위해 진설하는 것이니, 그 술동이는
서쪽 계단의 술동이 다음에 진설한다.[1] 爲婦人旅也, 其尊之節[2]亞西方.

[特牲饋食禮15 : 記—22]

내빈內賓들은 그 술동이의 북쪽에서 동쪽을 향해 서는데,[3] 남쪽을
윗자리로 삼는다. 종부宗婦들은 북당北堂에서 동쪽을 향해 서는
데,[4] 북쪽을 윗자리로 삼는다.

內賓立于其北, 東面西[5]上. 宗婦北堂東面北上.

<u>정현주</u>　　　　내빈과 종부는 이른바 내형제內兄弟이다. '내빈'은 고모
와 자매를 가리킨다.[6] '종부'는 족인族人의 부인으로, 그 남편은 제사를 받는
사람의 자손에 속한다.[7] 남쪽을 윗자리로 삼기도 하고 북쪽을 윗자리로 삼

기도 하는 것은, 종부가 마땅히 주부에게 통섭되어야 하기 때문인데, 주부는
남쪽을 향해 선다.[8] '북당北堂'은 방의 중앙에서 북쪽을 가리킨다. 二者所謂內
兄弟. '內賓,' 姑姊妹也. '宗婦', 族人之婦, 其夫屬于所祭爲子孫. 或南上, 或北上, 宗
婦宜統於主婦, 主婦南面. '北堂', 中房而北.

[特牲饋食禮15 : 記—23]

주부와 내빈·종부도 여수의 예를 행하는데, 서쪽을 향해 선다.

主婦及內賓·宗婦亦旅, 西面.

정현주
'서쪽을 향해 선다'(西面)는 것은 헌獻의 예를 행할 때와
달리하는 것이다. 남자들은 당 위에서 헌의 예를 행하고, 당 아래에서 여수
의 예를 행한다. 부인들은 헌의 예를 행할 때 남쪽을 향하고, 여수의 예를 행
할 때 서쪽을 향한다. 내빈은 중빈처럼 하고, 종부는 형제처럼 하는데, 그 절
차와 의식은 남자에 의거하여 한다. 주부가 내빈의 우두머리에게 수酬의 예
를 행할 때에, 술을 따라 말린 고기를 담은 대나무제기와 고기젓갈을 담은
나무제기의 왼쪽에 술잔을 내려놓으면, 내빈의 우두머리는 앉아서 술잔을
집어서 오른쪽에 내려놓는다. 종부의 손아래 동서(娣婦)가 손위 동서(姒婦)
에게 술잔을 들어서 술을 올릴 때에도 이와 동일한 절차로 한다. 내빈의 우
두머리는 앉아서 내려놓았던 술잔을 집어서 종부의 손위 동서들에게 여수
의 예를 행하는데, 서로 교차하여 오가면서 두루 술을 올린다. 종부의 손위
동서도 내려놓았던 술잔을 집어서, 내빈의 우두머리에게 여수의 예를 행하
는데 서로 교차하여 오가면서 두루 술을 올린다. 내빈의 어린 사람과 종부
의 손아래 동서가 각각 그 우두머리에게 술잔을 들어 올리고, 아울러 서로

교차하여 오가면서 술을 올리는데, 차서와 횟수를 헤아리지 않는다. 배례를
할 때와 술을 마실 때에는 모두 주부의 동남쪽에서 서쪽을 향해 선다. '西面'
者, 異於獻也. 男子獻於堂上, 旅於堂下. 婦人獻於南面, 旅於西面. 內賓象衆賓, 宗
婦象兄弟, 其節與其儀依男子也. 主婦酬內賓之長, 酌奠於薦左, 內賓之長坐取奠於
右. 宗婦之娣婦, 擧觶於其姒婦, 亦如之. 內賓之長坐取奠觶, 酬宗婦之姒, 交錯以辯.
宗婦之姒亦取奠觶, 酬內賓之長, 交錯以辯. 內賓之少者, 宗婦之娣婦, 各擧奠[9]於其
長, 並行交錯, 無算. 其拜及飮者, 皆西面, 主婦之東南.

[特牲饋食禮15 : 記—24]
종부 가운데에서 주부가 시동에게 2개의 대나무제기 올리는 것을
돕는 사람은, 대나무제기를 잡고 실문 밖에 앉아서 주부에게 건네
준다.
宗婦贊薦者, 執以坐于戶外, 授主婦.

1_ 그 술동이는 ~ 진설한다 : 阼階 아래와 서쪽 계단 아래에 각각 2개의 술동이를 진설할 때, 먼저 조계 아래에 진설하고 이어서 서쪽 계단 아래에 진설하고, 또다시 방 안에 2개의 술동이를 진설한다. 따라서 방 안의 술동이는 서쪽 계단 아래에 진설한 다음에 진설하는 것이 된다. 經文에서 방 안에 진설하는 술동이에 대해 언급하지 않았기 때문에 記文에서 이를 기록하여 보충한 것이다. 방 안에 술동이가 진설된다면, 대광주리(篚)와 물받이 항아리(洗)도 있는 것이다. 오계공은 방 안에 진설하는 2개의 술동이에는 모두 술을 넣고 물은 넣지 않는다고 하였다. 『의례정의』, 2211쪽 참조.

2_ 節 : 『의례정의』, 2211쪽에는 '節'이 '設'로 되어 있다. 이에 따라 번역한다.

3_ 내빈들은 ~ 서는데 : 술동이를 방 안 서쪽 벽 아래에 진설하고, 내빈들은 그 술동이의 북쪽에 선다. 방 안 서쪽 벽 아래에 있기 때문에 동쪽을 향하게 된다.

4_ 종부들은 ~서는데 : 방 안에서 중앙 이북을 '北堂'이라고 하는데, 내빈들은 방 안에서 술동이의 북쪽에 있고, 종부들은 또 내빈들의 북쪽에 있다. 따라서 종부는 북당의 북쪽에 있게 된다.

5_ 西 : 徐本에도 '西'로 되어 있지만, 『集釋』, 『通解』, 楊復本, 敖繼公本, 毛本, 호배휘의 『의례정의』에 모두 '南'으로 되어 있다. '南'으로 보는 것이 정현 주와도 상응하므로, '南'으로 번역한다. 『의례주소』, 1028쪽 참조.

6_ '내빈'은 ~ 가리킨다 : 제사를 주관하는 사람의 고모와 자매를 가리킨다.

7_ '종부'는 ~ 속한다 : 宗婦는 제사를 주관하는 사람의 同宗의 부인을 가리킨다.

8_ 남쪽을 ~ 향해 선다 : 강균에 따르면, 방안에서의 위치는 남쪽을 윗자리로 삼는 부류가 많은데, 그 이유는 房에는 北階가 있고 北壁이 없기 때문에, 방안에서의 남쪽은 堂上의 북쪽과 유사하기 때문이다. 호배휘에 따르면, 주부는 남쪽을 향하므로 반드시 北堂의 북쪽에 있음을 알 수 있다. 그러므로 내빈은 술동이를 따라서 남쪽을 윗자리로 삼고, 종부는 주부에게 통섭되므로 북쪽을 윗자리로 삼는다. 강균은 내빈과 종부가 서로 대등하므로, 혹은 남쪽을 윗자리로 삼고, 혹은 북쪽을 윗자리로 삼는다는 것은 그들이 서로 통섭되지 않음을 밝힌 것이라고 하였다.

9_ 奠 : 『集釋』에 '奠'이 '犨'로 되어 있고, 가공언의 소에서도 '犨'로 해석하였다. 이에 따라 번역한다. 李學勤 主編, 『의례주소』, 1029쪽 참조.

記—25는 부뚜막의 신에게 제사를 올리는 절차이다.

[特牲饋食禮15 : 記—25]

시동이 식사를 마치면, 찰기장 밥·메기장 밥을 지었던 부뚜막의
신(饎爨)과 돼지고기·물고기·말린 토끼고기를 삶아 익힌 부뚜막
의 신(雍爨)에 제사를 올린다.[1]

尸卒食, 而祭饎爨·雍爨.

정현주 　　　　　 '옹雍'은 고기를 익힌다는 뜻이다. 시동이 제사를 흠향할
수 있는 것은 부뚜막에 공이 있기 때문이다. 구설舊說에 "종부는 희찬饎爨의
신에 제사를 올리고, 고기를 익힌 자는 옹찬雍爨의 신에 제사를 올리는데,
찰기장 밥과 희생고기를 사용할 뿐 대나무제기(籩)·나무제기(豆)·희생제기
(俎)에 담은 음식은 사용하지 않는다"고 하였다. 『예기』「예기」에 "부뚜막 신
에 번료燔燎[2]의 제사를 행했다. 무릇 부뚜막 신에 대한 제사는 노부老婦[3]를
제사지내는 것이다. 동이(盆)에 밥을 담고, 병(瓶)에 술을 담는다"[4]고 하였다.

雍, 孰肉. 以尸享祭, 竈有功也. 舊說云, 宗婦祭饎爨, 亨者祭雍爨, 用黍肉而已, 無籩
豆俎. 「禮器」曰, "燔燎於爨. 夫爨者, 老婦之祭. 盛於盆, 尊於瓶."

1_ 찰기장 밥·메기장 밥을 ~ 올린다 : 호배휘는 '饎爨'으로 찰기장 밥과 메기장 밥을 취사하고, '雍爨'으로 돼지고기·물고기·말린 토끼고기를 삶아 익힌다고 하였다. 『의례정의』, 2214쪽 참조.

2_ 번료 : 『예기』「禮器」에는 '燔柴'로 되어 있다. '燔柴'는 땔나무를 쌓은 다음 그 위에 희생 등을 놓고 태우는 의식을 가리킨다. 『이아』「釋天·星名」의 "祭天曰燔柴"라고 한 것에 대해 곽박은 "하늘에 제사지내는 예에서는 땔나무를 쌓아놓고 희생과 단술, 옥과 비단을 채운 다음 태워서 기운이 위로 올라가 하늘에 이르게 한다"(祭天之禮, 積柴以實牲醴玉帛而燔之, 使氣臭上達於天)고 하였다.

3_ 노부 :「禮器」정현 주에 의하면 '老婦'는 취사를 담당하는 관리의 조상을 가리킨다.

4_ 부뚜막 신에 ~ 담는다 : 『예기』『禮器』의 原文은 "燔柴於奧. 夫奧者, 老婦之祭也, 盛於盆, 尊於甁"이다. 정현은 '奧'는 '爨'의 誤記로 보았다. 魯나라의 夏父弗綦가 禮官이 되어, 爨神이 火神인 줄 알고 번료의 예를 지냈지만, 爨神는 老婦를 가리키므로 밥과 술로 간략히 제사를 지내는 것이 禮임을 공자가 지적한 것으로, 臧文仲이 非禮를 바로잡지 못했음을 비난한 내용이다.

[特牲饋食禮15 : 記—26]

빈은 시동을 따라 묘문 밖까지 전송하고, 시동의 희생제기가 묘문 밖으로 나가면, 곧바로 본래의 위치로 돌아간다.

賓從尸, 俎出廟門, 乃反位.

정현주 　　　　　'빈은 시동을 따라간다'(賓從尸)는 것은 시동을 전송한다는 뜻이다. 사士로서 제사를 돕는 것이 이것으로 일을 마치는 것이다. '조俎'는 시동의 희생제기이다. 빈이 시동을 전송한 후 다시 묘문 안으로 들어와 본래의 위치로 돌아가는 것은 주인과 더불어 예를 행한 후에 떠나는 것이 마땅하기 때문이다. '賓從尸', 送尸也. 士之助祭, 終其事也. '俎', 尸俎也. 賓旣送尸, 復入反位者, 宜與主人爲禮, 乃去之.

記—27에서 記—40까지는 희생제기 위에 올려놓는 희생고기의 수를 기록한 것이다.

[特牲饋食禮15 : 記—27]

시동의 희생제기¹ 위에는 돼지고기 오른쪽 몸체²의 앞다리 뼈 위쪽 부위(肩)·앞다리 뼈 중앙 부위(臂)·앞다리 뼈 아래쪽 부위(臑)·뒷다리 뼈 위쪽 부위(肫)·뒷다리 뼈 중앙 부위(胳)·등뼈 앞쪽 부위(正脊) 2조각, 등뼈 뒤쪽 부위(橫脊), 갈비뼈 중앙 부위(長脅) 2대, 갈비뼈 뒤쪽 부위(短脅)를 올려놓고,

尸俎, 右肩·臂·臑·肫·胳, 正脊二骨, 橫脊, 長脅二骨, 短脅,

정현주   시동의 희생제기(尸俎)는 신조神俎이다. 사士의 정제正祭에 9가지 몸체 부위를 올려놓는 것은 대부보다 낮추는 것이지만, 실제로는 뼈 2개씩을 나란히 올려놓는 것이 2가지이므로 역시 11이라는 명분을 얻어서 「소뢰궤사례」의 생체牲體 수와 합치된다. 이것이 이른바 "본받아서 문식하지만 끝까지 다하지 않는다"³는 것이다. 무릇 희생제기 위에 올려놓는 음식물의 수는 홀수로 한다. 등뼈는 중앙 부위를 올리지 않고, 갈비뼈는 앞쪽 부위를 올리지 않는 것은 신분이 높은 사람보다 낮추는 것이고, 등뼈의 앞쪽 부위를 낮추어서 덜어 내지 않는 것은 바름을 빼앗지 않는 것이다. 등뼈의 앞쪽 부위와 갈비뼈의 중앙 부위를 각각 뼈 2개씩 올려놓는 것은 시동에게 들어서 올려 주려는 것인데, 시동은 먹고서 배부르지 않더라도 신조神俎를

비워두고자 하지 않는다.[4] 尸俎, 神俎也. 士之正祭禮九體, 貶於大夫, 有倂骨二, 亦得十一之名, 合「少牢」之體數. 此所謂"放而不致"者. 凡俎實之數奇. 脊無中, 脅無前, 貶於尊者, 不貶正脊, 不奪正也. 正脊二骨, 長脅二骨者, 將擧於尸, 尸食未飽, 不欲空神俎.

체해體解(豕)

첸쉬안, 「삼례사전」

생체도牲體圖(羊)

양복(宋), 「의례도」

[特牲饋食禮15 : 記—28]

돼지고기의 껍질 부위(膚) 3조각을 올려놓고,

膚三,

정현주 준餕을 할 때 2조각을 사용하고, 음염陰厭[5]을 할 때 1조각을 사용한다. 爲餕用二, 厭飫一也.

[特牲饋食禮15 : 記—29]

중앙 부위를 조금 남기고 자른 허파 1조각을 올려놓고,

離肺一,

'이離'는 가르다(挫)는 뜻과 같다. 작고 길어서 그것을 가
로 세로로 베는데 또한 중심 부분은 끊어지지 않도록 하는 것이니, 거폐擧肺
라고도 한다. '離'猶挫也. 小而長, 午割之, 亦不提心, 謂之擧肺.

[特牲饋食禮15 : 記－30]
중앙 부위를 완전하게 끊어서 자른 허파 3조각을 올려놓고,
刌肺三,

시동·주인·주부의 고수레를 위한 것이다. 금문본에는
'刌'이 '切'로 되어 있다. 爲尸主人主婦祭. 今文'刌'爲'切'.

[特牲饋食禮15 : 記－31]
생선 15마리를 올려놓고,
魚十有五,

생선은 수중 생물이므로 머리로 수를 센다. 음陰에 속하
는 사물은 달이 15일 만에 차오르는 것에서 숫자를 취한다. 「소뢰궤사례」에
서도 "15마리를 희생제기 위에 올려놓는다"[6]고 하였으므로 신분이 높은 사
람이나 낮은 사람이나 똑같이 한다. 이것이 이른바 "경상經常의 예禮로서 똑
같이 행한다"[7]는 것이다. 魚, 水物, 以頭枚數. 陰中之物, 取數於月十有五日而盈.
「少牢饋食禮」亦云, "十有五而俎", 尊卑同. 此所謂"經而等"也.

[特牲饋食禮15 : 記—32]

말린 고기는 희생고기의 뼈와 동일하게 올려놓는다.[8]

腊如牲骨.

정현주   단지 '몸체'라고만 말하지 않은 것은 뼈 한 조각 혹은 뼈
두 조각을 올리는 것도 동일하게 하기 때문이다.[9] 不但言'體', 以有一骨二骨者.

[特牲饋食禮15 : 記—33]

축祝의 희생제기 위에는 넓적다리뼈(髀), 등뼈의 중앙 부위(脡脊) 2
조각, 갈비뼈의 앞쪽 부위(脅)[10] 2대를 올려놓고,[11]

祝俎, 髀, 脡脊二骨, 脅二骨,

정현주   무릇 신이나 시동과 교접하는 사람[12]의 경우, 희생제기
위에 3개의 몸체 부위를 넘어서 올려놓지 못하는 것은 「특생궤사례」의 예가
간략히 하기 때문이니, 뼈 2개씩을 나란히 올려놓을 수 있는 것 2가지를 더
하여 홀수의 명분을 얻는다.[13] 「소뢰궤사례」에서는 양고기·돼지고기 각각
의 3개 몸체 부위를 올려놓는다. 凡接於神及尸者, 俎不過牲三體, 以「特牲」約, 加
其可併者二, 亦得奇名. 「少牢饋食禮」羊豕各三體.

[特牲饋食禮15 : 記—34]

돼지고기의 껍질 부위(膚) 1조각, 중앙 부위를 조금 남기고 자른 허
파(離肺) 1조각을 올려놓는다. 주인의 희생제기 위에는 왼쪽 몸체

의 앞다리 뼈 중앙 부위(臂), 등뼈 앞쪽 부위(正脊) 2조각, 등뼈 뒤쪽
부위(橫脊), 갈비뼈 중앙 부위(長脅) 2대, 갈비뼈 뒤쪽 부위(短脅)를
올려놓고,
膚一, 離肺一. 胙俎, 臂, 正脊二骨, 橫脊, 長脅二骨, 短脅,

정현주　　　　　　　주인은 존귀하므로 그 희생의 몸체는 축祝에서 더한 숫
자를 얻고자 한다. 5개의 몸체 부위에 또 뼈 2개씩 나란히 올려놓을 수 있
는 것 2가지를 더하여 또한 홀수의 명분을 얻는다.[14] '앞다리 뼈의 중앙 부위'
(臂)는 왼쪽 몸체의 앞다리 뼈의 중앙 부위를 가리킨다.[15] 主人尊, 欲其體得祝
之加數. 五體, 又加其可倂者二, 亦得奇名. '臂', 左體臂.

[特牲饋食禮15 : 記—35]
돼지고기의 껍질 부위(膚) 1조각, 중앙 부위를 조금 남기고 자른 허
파(離肺) 1조각을 올려놓는다. 주부의 희생제기 위에는 오른쪽 뒷
다리 뼈의 아래쪽 부위를 잘라서 나눈 것을 올려놓고,
膚一, 離肺一. 主婦俎, 觳折,

정현주　　　　　　　'곡觳'은 뒷다리이다. 오른쪽 뒷다리 뼈를 자르고 그것을
나누어서 좌식의 희생제기 위에 올려놓는다.[16] 왼쪽 앞다리 뼈의 아래쪽 부
위를 자르고 그것을 나누어서 올려놓지 않는 것은 대부의 처와 항례抗禮한
다는 혐의를 피하기 위함이다.[17] 고문본에는 '觳'이 모두 '觳'으로 되어 있다.
'觳', 後足. 折分後右足以爲佐食俎. 不分左臑折, 辟大夫妻. 古文'觳'皆作'觳'.

그 나머지는 주인의 희생제기와 동일하게 올려놓는다.

其餘如阼俎.

정현주   '나머지'(餘)는 등뼈·갈비뼈·껍질 부위·허파를 가리킨
다. '餘', 謂脊·脅·膚·肺.

좌식佐食의 희생제기 위에는 오른쪽 뒷다리 뼈의 아래쪽 부위를
잘라내어 나눈 것, 등뼈, 갈비뼈를 올려놓고,

佐食俎, 觳折, 脊, 脅,

정현주   3개의 몸체 부위이니, 지위가 낮은 사람은 정수正數를 따
른다.[18] 三體, 卑者從正.

돼지고기의 껍질 부위(膚) 1조각, 중앙 부위를 조금 남기고 자른 허
파(離肺) 1조각을 올려놓는다. 빈[19]의 희생제기 위에는 왼쪽 뒷다리
뼈의 중앙 부위(骼)를 올려놓는다. 장형제와 종인의 희생제기 위에
는 잘라낸 왼쪽 뒷다리 뼈 아래쪽 부위(折)를 나누어서 각각 절반
씩 올려놓고, 그 나머지는[20] 좌식의 희생제기와 동일하게 올려놓
는다.

膚一, 離肺一. 賓, 骼. 長兄弟及宗人, 折, 其餘如佐食俎.

정현주
　　'격骼'은 왼쪽 뒷다리 뼈의 중앙 부위를 가리킨다.[21] 빈의
희생제기 위에 온전한 몸체를 올려놓는 것은 빈을 존중하기 때문이다.[22] 존
귀한 몸체 부위를 사용하지 않는 것은 그것이 너무 존귀하기 때문이니, 비
천한 몸체를 사용하되 온전한 몸체로 하면 그 도리가 마땅한 것이다.[23] '장형
제와 종인의 희생제기 위에는 잘라낸 부위(折)를 올려놓는다'고 하여 나누는
부위를 말하지 않은 것은 생략한 것이다.[24] '骼', 左骼也. 賓俎全體, 尊賓. 不用
尊體, 爲其已甚, 卑而全之, 其宜可也. '長兄弟及宗人折', 不言所分, 略之.

[特牲饋食禮15 : 記—39]
중빈 및 중형제 · 내빈 · 종부와, 만일 공유사公有司 · 사신私臣이 있
는 경우에 공유사 · 사신까지 포함하여, 이들의 희생제기 위에는
모두 뼈 1조각씩을 올려놓는데, 남아 있는 희생의 왼쪽 몸체 가운
데 고기가 붙어 있는 뼈를 잘라서 올려놓고,
衆賓及衆兄弟 · 內賓 · 宗婦, 若有公有司 · 私臣, 皆骰脊,

정현주
　　또다시 생략한 것이다.[25] 이곳에서 잘라낸 뼈는
다만 남아 있는 희생 몸체 가운데 희생제기 위에 올려놓을 수 있을 만한 뼈
를 잘라서 올려놓는데, 각각의 희생제기마다 1개의 몸체 부위 뼈를 올릴 뿐
이다. 3개의 몸체 부위 뼈를 갖추지 않는 것은 지위가 낮기 때문이다. 제례
祭禮에서는 신과 교접하는 사람이 귀하다. 무릇 뼈에 고기가 붙어 있는 것을
'효骰'라고 한다.[26] 『예기』「제통」에 "무릇 희생제기 위에 올려놓는 것은 뼈를

위주로 한다. 귀한 사람에게는 귀한 뼈를 올려 주고, 천한 사람에게는 천한 뼈를 올려 준다. 귀한 사람에게 거듭 올려 주는 경우가 없고, 천한 사람에게 올려 주지 않는 경우가 없는 것은 귀천貴賤에 균등함을 보이는 것이다. 희생 제기는 그것을 통해서 은혜를 베풀어주는 것이 반드시 균등하다는 뜻을 밝히는 것이다. 정사政事를 잘 돌보는 사람은 이와 같이 한다. 그러므로 '정사의 균등함을 보이는 것'이라고 말하는 것이다'라고 하였다. '공유사公有司'는 또한 사士의 등속으로, 군주에게 명령을 받는 사람이다. '사신私臣'은 자신이 직접 임명하여 관직을 제수한 사람을 말한다.[27] 又略. 此所折骨, 直破折餘體可殽者升之, 俎一而已. 不備三者, 賤. 祭禮, 接神者貴. 凡骨有肉曰'殽'.「祭統」曰, "凡爲俎者, 以骨爲主. 貴者取貴骨, 賤者取賤骨. 貴者不重, 賤者不虛, 示均也. 俎者, 所以明惠之必均也. 善爲政者如此. 故曰'見政事之均'焉." '公有司', 亦士之屬, 命於君者也. '私臣', 自己所辟除者.

[特牲饋食禮15 : 記─40]

돼지고기의 껍질 부위(膚) 1조각, 중앙 부위를 조금 남기고 자른 허파(離肺) 1조각을 올려놓는다.

膚一, 離肺一.

1_ 시동의 희생제기 : 이여규에 따르면, 신이 먹고 남긴 음식을 시동이 먹기 때문에 '神
俎'를 '尸俎'로 표현한 것이다. 『의례정의』, 2216쪽 참조.

2_ 돼지고기 오른쪽 몸체 : 호배휘는 경문의 '앞다리 뼈의 위쪽 부위'(肩) 이하는 모두
희생의 오른쪽 몸체로서, 吉祭에서 神俎 위에 올려놓는 희생은 오른쪽 몸체를 사용
한다고 하였다. 『의례정의』, 2216쪽 참조.

3_ 본받아서 ~ 않는다 : 『예기』 「禮器」의 문장이다. 신분이 낮은 사람이 신분이 높은
사람의 禮를 본받아 문식하지만 완전히 같게 하여 참람함에 이르지는 않는다는 뜻
이다. 이곳에서는 大夫의 제사에 올리는 등뼈 중앙 부위(脡脊)와 갈비뼈 앞쪽 부위
(代脅) 대신 등뼈 앞쪽 부위(正脊) 2조각과 갈비뼈 중앙 부위(長脅) 2대를 올림으로
써 11體를 갖추었다.

4_ 등뼈의 앞쪽 부위와 ~ 않는다 : 시동은 먼저 등뼈의 앞쪽 부위와 허파를 먹고([經
－84]), 이어서 갈비뼈의 중앙 부위를 먹는다(經－84]). 등뼈의 앞쪽 부위와 갈비뼈
의 중앙 부위는 모두 뼈 2개씩 올려놓지만, 시동은 그 가운데 1개씩만 먹고 나머지
1개씩은 그대로 남겨 두어 神俎가 비어 있지 않도록 만든다. 『의례정의』, 2217쪽 참
조.

5_ 음염 : '厭'은 신에게 충분하게 음식대접을 한다는 뜻이다. 厭에는 陰厭이 있고 陽厭
이 있다. 시동을 맞이하여 정식의 제사를 지내기 전에 室 안의 서남쪽 모퉁이(奧)에
음식을 진설하여 귀신에게 올리는 것을 '陰厭'이라고 한다. 정식의 제사를 마친 후
시동이 일어나 실 밖으로 나간 후에 말린 고기를 담은 대나무제기·고기젓갈을 담
은 나무제기(薦)·희생제기(俎)·밥그릇(敦)을 거두어 실의 서북쪽 모퉁이에 진설하
는 것을 '陽厭'이라고 한다. [經－54]에서 [經－68], [經－173]에서 [經－177] 참조.

6_ 15마리를 ~ 올려놓는다 : [소뢰궤사례16 : 經－48] 참조.

7_ 경상의 ~ 행한다 : 『예기』 「禮器」의 문장이다. 그 정현 주에, 天子로부터 庶人에 이
르기까지 부모를 위해서는 똑같이 三年服을 하는 것 등을 가리킨다고 하였다.

8_ 말린 고기는 ~ 올려놓는다 : 시동의 腊俎에 올려놓는 말린 고기의 뼈 부위는 시동
의 特俎(豕俎)에 올려놓는 돼지고기의 뼈 부위와 동일한데, 껍질 부위(膚)와 허파
(肺)가 없을 뿐이다. 껍질 부위와 허파는 特俎(豕俎) 위에 올려놓는다. 『의례정의』,
2218쪽, 학경의 설 참조.

9_ 단지 ~ 때문이다 : 호배휘는 "말린 고기의 몸체를 돼지고기의 몸체와 동일하게 올
려놓을 뿐만이 아니라 뼈 한 조각 혹은 뼈 두 조각을 올리는 것도 모두 돼지고기의
뼈를 올려놓는 수와 동일하게 하기 때문이다. 그러므로 '몸체'(體)라고 말하지 않고
'뼈'(骨)라고 말한 것이니, '뼈'를 말하면 '몸체'는 그 안에 포함된다"고 하였다. 『의례
정의』, 2218쪽 참조.

10_ 갈비뼈의 앞쪽 부위 : 이여규는 이곳 記文의 '脅'은 갈비뼈의 앞쪽 부위(代脅)로 해
석한다. 『의례정의』, 2218쪽 참조.

11_ 축의 희생제기 ~ 올려놓고 : 祝의 희생제기 위에는 시동의 희생제기 위에 올려놓

지 않았던 오른쪽 몸체를 올려놓는데, 3體의 5骨이다.

12_ 신이나 시동과 교접하는 사람 : 신과 교접하는 사람은 祝과 佐食을 가리키고, 시동 과 교접하는 사람은 賓長 및 長兄弟, 宗人 등을 가리킨다.

13_ 뼈 2개씩을 나란히 ~ 얻는다 : 희생의 몸체는 홀수로 올려놓는데, 등뼈와 갈비뼈 각각 2개씩을 올려놓아 4개의 뼈가 되므로, 넓적다리뼈를 더하여 5개의 뼈가 되게 하는 것이다.

14_ 주인은 존귀하므로 ~ 얻는다 : 祝의 희생제기 위에는 3개의 몸체 부위에 뼈 2개씩 나란히 올려놓을 수 있는 것 2가지를 더하여 5개의 뼈를 올려놓는다. 주인은 존귀 하므로 5개의 몸체 부위를 올려놓는데, 또 뼈 2개씩 나란히 올려놓을 수 있는 것 2 가지를 더하여 7개의 뼈가 된다. 이 또한 홀수이다.

15_ 왼쪽 몸체의 ~ 가리킨다 : 오른쪽 몸체의 앞다리 뼈 중앙 부위(左髀)는 이미 시동 의 희생제기 위에 올려놓았기 때문에 왼쪽 몸체 부위를 올려놓는 것이다.

16_ '곡'은 ~ 올려놓는다 : '轂折'은 뒷다리 뼈의 아래쪽 부위를 잘라내어 온전하지 못 한 뼈로서, 그것을 主婦와 佐食의 희생제기 위에 각각 절반씩 나누어 올려놓는다 는 뜻이다. 호배휘는 "경문의 범례에서 온전한 뼈의 경우에는 단지 그 몸체의 명 칭만을 언급하고, 잘라내어서 온전하지 못한 뼈의 경우에는 '折'을 붙여서 말한다. 이곳의 '轂'(뒷다리 뼈의 아래쪽 부위)은 자르고 나누어서 절반을 좌식의 희생제기 위에 올려놓으므로 온전하지 못한 뼈이다. 이 때문에 '折'을 붙여서 '轂折'이라고 말 한 것이지, '折'이 '分'(나누다)의 뜻이 된다는 의미는 아니다. '折'을 '나누다'(分)의 글자 뜻으로 해석하면, 아래의 '不分左臑折'의 구절은 뜻이 통하지 않게 된다. '不分 左臑折'은 轂으로 折(잘라서 온전하지 못한 뼈)을 만든 것은 나누어 사용하지만, 左 臑(왼쪽 앞다리 뼈의 아래쪽 부위)로 折을 만든 것은 나누어 사용하지 않는다는 뜻 이다. '오른쪽 뒷다리 뼈의 아래쪽 부위를 잘라서 나눈 것'이라고 말한 것은 아래 의 佐食의 희생제기 위에도 轂折(잘라낸 뒷다리 뼈의 아래쪽 부위)을 올려놓기 때 문이다"라고 하였다. 『의례정의』, 2220쪽 참조.

17_ 왼쪽 앞다리 뼈의 ~ 것이다 : 大夫의 禮에서 주부의 희생제기 위에 왼쪽 앞다리 뼈의 아래쪽 부위를 올려놓기 때문에, 士의 妻는 그것을 피하여 올려놓지 않는다. 『의례정의』, 2220쪽 참조.

18_ 3개의 ~ 따른다 : 축과 좌식은 모두 신과 교접하는 사람들로서 3개의 몸체 부위를 正數로 하는데, 축은 지위가 높으므로 3개의 몸체 부위에 2개의 뼈를 더하여 3體 5 骨이 되지만, 좌식은 지위가 낮으므로 더하는 것 없이 3體의 정수를 따를 뿐이다. 『의례정의』, 2220쪽 참조.

19_ 빈 : 이여규에 의하면 이곳의 '賓'은 賓長과 衆賓長을 가리킨다. 『의례정의』, 2220쪽 참조.

20_ 그 나머지는 : 그 나머지는 등뼈(脊), 갈비뼈(脅), 껍질 부위(膚), 허파(肺)를 가리킨 다.

21_ '격'은 ~ 가리킨다 : '髂'은 곧 '胳'과 같다. 오른쪽 뒷다리 뼈의 중앙 부위는 이미 시동의 희생제기 위에 올려놓았기 때문에((記-27)), 빈의 희생제기 위에 올려놓는 뒷다리 뼈의 중앙 부위는 왼쪽 몸체에서 취한 것이다.

22_ 빈의 ~ 때문이다 : 앞의 佐食의 희생제기 위에 올려놓은 '穀折'은 뒷다리 뼈의 아래쪽 부위를 잘라서 취한 것으로 온전한 몸체가 아니지만, 빈의 희생제기 위에 올려놓는 '왼쪽 뒷다리 뼈의 중앙 부위'(髂)는 자르지 않은 온전한 몸체이다.

23_ 존귀한 ~ 것이다 : 빈의 희생제기 위에는 자르지 않은 온전한 몸체를 올려놓아 빈을 존중한다는 뜻을 보여 준다. 그런데 또다시 존귀한 몸체 부위를 올려놓게 되면 너무 심하게 되므로 한 등급 낮추어 비천한 몸체 부위인 뒷다리 뼈의 중앙 부위(髂)를 올려놓는다. '髂'은 '肫'(뒷다리 뼈의 위쪽 부위)의 아래쪽 부위이다. 따라서 '髂'은 '肫'보다 비천한 몸체 부위가 된다.

24_ '장형제와 ~ 것이다 : 앞의 주부와 좌식의 경우에는 '穀折'이라고 하였는데, 이곳에서는 단지 '折'이라고 하여 어느 몸체 부위를 나누는 것인지 말하지 않았다. 이에 대해 성세좌는 남아 있는 것에 따라서 사용하는 것으로 빈보다 예를 낮춘 것이라고 해석하였다. 그러나 양톈위는 '생략하였다'는 정현의 주를 '穀折'이라는 말을 생략한 것으로 해석하고, 또 잘라낸 오른쪽 뒷다리 뼈의 아래쪽 부위(右穀折)를 주부와 좌식의 희생제기 위에 이미 나누어서 올려놓았기 때문에 이곳에서는 잘라낸 왼쪽 뒷다리 뼈의 아래쪽 부위(左穀折)를 長兄弟와 宗人의 희생제기 위에 나누어서 올려놓는 것이라고 하였다. 『의례정의』, 2221쪽 및 楊天宇, 『의례역주』(2004), 449쪽 참조.

25_ 또다시 생략한 것이다 : 앞에서 빈과 장형제 등의 희생제기에 대해서 단지 '折'이라고 말하여 어느 부위를 자르는 것인지 생략하였는데, 이곳 경문에서는 '折'이라는 말도 생략하고, '骰肴'(뼈를 희생제기 위에 올려놓는다)이라고만 말하였다. 또다시 생략한 것이다. 따라서 이곳의 중빈 및 중형제 등의 희생제기 위에 올려놓는 뼈는 온전한 뼈가 아니라 '折' 즉 잘라낸 뼈임을 알 수 있다. 『의례정의』, 2221쪽 참조.

26_ 이곳에서 잘라낸 ~ 한다 : 호배휘는 정현이 이곳 記文의 '骰'를 '남아 있는 뼈의 총칭'으로 보았으며, '肴'은 '烝'과 같은 뜻으로 '희생제기 위에 올려놓는다'는 의미로 해석한 것이라고 하였다(鄭意以此記'骰'字爲餘骨之總名. '肴'餘'烝'同, 謂升于俎). 또 앞에서 기술한 바에 의하면 각각의 희생제기 위에 오른쪽 몸체를 이미 다 올려놓았으므로, 이곳에서는 단지 왼쪽 몸체 가운데 아직 사용하지 않고 남아 있는 몸체 부위의 뼈를 취하여 그것을 잘라서 잡다하게 진설하는 것이라고 하였다. 『의례정의』, 2221쪽 참조.

27_ '공유사'는 또한 ~ 말한다 : 호배휘는 '公有司'는 士의 등속으로 上士·中士·下士를 가리키며, '私臣'은 서인으로서 관직에 있는 자로 府·史·肙·徒 등을 가리킨다고 하였다. 호광충은 『의례석관』에서 "士의 私臣은 인원이 적어서 제사의 일에 충당하기에 부족하기 때문에 公有司가 와서 제사를 돕는 경우가 있다. 公有司는 대체

로 土의 동료와 벗으로서 土와 마찬가지로 公(제후)에게 신하가 되므로 家(대부)의
私臣이 아니다. 그러므로 '公'이라는 말을 붙여서 구별한 것이다"(土之私臣少, 不足
以供祭事, 故有公有司來助祭者. 公有司蓋土之僚友, 與土同爲臣於公, 非家之私臣. 故言
'公'以別之)라고 하였다. 『의례정의』, 2221쪽 참조.

[特牲饋食禮15 : 記—41]

공유사公有司들은 묘문 안의 서쪽에서 북쪽을 향해 서는데 동쪽을
윗자리로 삼으며, 주인이 헌獻의 예를 행할 때에는 중빈들의 뒤쪽
에서 술잔을 받는다. 사신私臣들은 묘문 안의 동쪽에서 북쪽을 향
해 서는데 서쪽을 윗자리로 삼으며, 주인이 헌의 예를 행할 때에는
형제들의 뒤쪽에서 술잔을 받는다. 공유사와 사신은 당 위로 올라
가 주인에게 술잔을 받은 후 당에서 내려와 술을 마신다.

公有司門西, 北面東上, 獻次衆賓. 私臣門東, 北面西上, 獻次兄弟.
升受, 降飮.

정현주   주인이 헌獻의 예를 행할 때 뒤쪽에 있는 것은 지위가 낮
기 때문이다. 제사를 지낼 때 당 위에서 일을 하는 사람에 대해서는 귀하게
대우해 주니, 또한 모두 여수旅酬의 예에 참여한다. 獻在後者, 賤也. 祭祀有上
事者, 貴之, 亦皆與旅.

少牢饋食禮
第十六

역주 이봉규

少牢饋食禮 第十六

소 정현鄭玄(127~200)의 『삼례목록三禮目錄』에서 말한다. "제후의 경·대부[1] 가 그 할아버지와 아버지를 묘廟에서 제사지내는 예이다.[2] 양과 돼지를 희생으로 사용하는 것을 '소뢰少牢'라고 한다. 소뢰궤사례少牢饋食禮는 오례五禮 가운데 길례吉禮에 속한다. 대대본의 『의례』에는 제8, 소대본 의 『의례』에는 제11, 유향劉向(B.C.77~B.C.6)의 『별록』에는 제16으로 되 어 있다."

소 鄭『目錄』云, "諸侯之卿·大夫祭其祖·禰於廟之禮. 羊豕曰'少牢'. 少牢於五 禮屬吉禮. 『大戴』第八, 『小戴』第十一, 『別錄』第十六."

1_ 제후의 경·대부 : 제후의 경은 상내부이고, 제후의 대부는 하대부이다. 호배휘에
   따르면 천자와 제후는 太牢(牛·羊·豕)로, 대부는 少牢(羊·豕)로, 사는 特牲(特豕)
   으로 각각 종묘에서 제사를 지내는 것이 禮의 定制이다. 이 편은 경·대부가 지내는
   正祭의 禮이고, 다음 편의 「유사철」은 상대부의 儐尸禮 및 하대부의 不儐尸禮를 기
   술한 것으로 본래 한 편이었는데 분량이 너무 많아서 2편으로 나눈 것이다. 『의례
   정의』, 2237쪽 참조.

2_ 할아버지와 ~ 예이다 : 정현은 [기석례13 : 記-86]의 주에서 "士는 祖와 禰를 섬기
   는데, 上士는 묘를 달리하고 下士는 묘를 공동으로 한다"(士事祖, 上士異廟, 下士共
   廟)고 하였다. 이는 士의 경우 上士이든 下士이든 모두 할아버지(祖)와 아버지(禰)
   를 제사지낸다는 뜻이다. 이 때문에 정현은 『삼례목록』의 「특생궤사례」에서 "특생
   궤사의 예는 제후의 사가 할아버지(祖)와 아버지(禰)를 제사지내는 예를 말한 것이
   다"라고 하였다. 「소뢰궤사례」은 대부의 예인데, 정현은 이곳에서도 할아버지와 아
   버지를 제사지낸다고 하였다. 이는 대부는 3廟를 세우지만, 別子(제후의 서자로, 별
   도로 후세대의 시조가 되는 사람)가 처음 爵命을 받은 경우에는 태조묘를 세울 수
   있지만, 別子가 처음 爵命을 받은 경우가 아니라면 단지 증조묘를 세울 뿐 태조묘
   를 세울 수 없기 때문이다. 이 두 가지가 결정되지 않았기 때문에 정현은 이곳에서
   '祖·禰'를 들어서 포괄한 것이다. 『의례정의』, 2239쪽 참조.

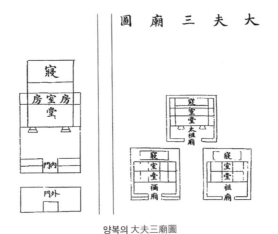

양복의 大夫三廟圖

經-01에서 經-12까지는 '서일筮日' 즉 제사를 지내기 10일 전에 먼저 제사를 지낼 날짜의 길흉을 점치는 절차이다.

[少牢饋食禮16 : 經-01]

소뢰궤사少牢饋食의 예禮이다.

少牢饋食之禮.

정현주
예禮에 따르면 제사를 지내고자 할 때에는 반드시 먼저 희생을 선정하여 우리 안에 묶어 두고 기른다.[1] 희생으로 양과 돼지를 사용하는 것을 '소뢰少牢'라고 하는데, 제후의 경이나 대부가 종묘에서 제사 지낼 때의 희생이다. 禮將祭祀, 必先擇牲, 繫于牢而芻之. 羊豕曰'少牢', 諸侯之卿·大夫祭宗廟之牲.

[少牢饋食禮16 : 經-02]

제사의 날짜는 정일丁日이나 기일己日로 정한다.

日用丁·己.

정현주
내사內事는 유일柔日에 거행하는데,[2] 그 가운데 반드시 정일이나 기일로 정한다고 한 것은 그 아름다운 명칭을 취한 것이니, 스스로 정성스럽고 스스로 변화하여 모두 삼가고 공경하는 뜻이 되기 때문이다.[3]

반드시 먼저 정일이나 기일에 해당하는 날을 상의하여 정하고, 그다음 날 드디어 점을 쳐서 길흉을 묻는다.[4] 內事用柔日, 必丁·己者, 取其令名, 自丁寧, 自變改, 皆爲謹敬. 必先諏此日, 明日乃筮.

[少牢饋食禮16 : 經 – 03]

제사지내기 11일 전에 점을 친다.

筮旬有一日.

정현주 　　　　　'순旬'은 10일을 가리킨다. 전달 하순의 기일己日에 다음 달 상순의 기일을 점쳐서 길흉을 묻는다.[5] '旬', 十日也. 以先月下旬之己, 筮來月上旬之己.

[少牢饋食禮16 : 經 – 04]

묘문廟門 밖에서 점을 친다. 주인은 조복朝服을 착용하고 묘문의 동쪽에서 서쪽을 향해 선다. 사史도 조복을 착용하고, 왼손으로 아래통(下韇)[6]을 잡고 오른손으로 위통(上韇)을 뽑아 벗겨 낸 다음 왼손으로 넘겨서 아래통과 함께 잡고, 동쪽을 향해 주인에게 점칠 내용에 대한 명을 받는다.

筮於廟門之外. 主人朝服, 西面于門東. 史朝服, 左執筮, 右抽上韇, 兼與筮執之, 東面受命于主人.

정현주 　　　　　'사史'는 가신家臣으로, 점치는 일을 담당하는 사람이다.[7]

'史', 家臣, 主筮事者.

牘筮

서독筮牘
(淸),「흠정의례의소」

[少牢饋食禮16 : 經 − 05]

주인은 "효손孝孫 아무개(주인의 이름)는 다가오는 정해일丁亥日에 황
조皇祖[8] 백 아무개(伯某)께 세시歲時의 제사를 올리고, 아무개의 비
(某妃)를 아무개 씨(某氏)께 배향하고자 하나이다. 흠향하소서!"라
고 말한다.

主人曰, "孝孫某, 來日丁亥, 用薦歲事于皇祖伯某, 以某妃配某氏.
尚饗!"

정현주   '정丁'이 반드시 해일亥日일 필요는 없으니, 단지 하루를
사례로 들어서 말한 것이다. 『체우태묘례』에 "제사지내는 날은 정해일로 하
지만, 정해일을 얻지 못하면, 기해己亥나 신해辛亥 등의 날에도 할 수 있고,
그래도 여의치 않으면 해亥가 들어간 날이면 된다"라고 하였다. '천薦'은 올
린다는 뜻이니, 세시의 제사를 올리는 것이다. '황皇'은 군주(君)의 뜻이다.
'백 아무개'(伯某)는 관례 때 지은 자(且字)를 가리킨다.[9] 대부의 경우 자字로
시호를 삼기도 한다.[10] 『춘추좌전』에 "노나라의 무해無駭가 죽자, 우보羽父
가 시호諡號와 족씨族氏를 청하였다. 은공隱公은 자字에 따라서 전씨展氏로

삼도록 명하였다"¹¹라고 한 것이 그 경우이다. 아무개 자字를 가진 둘째·셋째·넷째에 대해서도 또한 '중 아무개'(仲某)·'숙 아무개'(叔某)·'계 아무개'(季某) 등으로 부른다. '아무개의 비'(某妃)는 아무개의 처를 가리킨다. 주신과 함께 제사를 받아먹게 하는 것을 '배配'라고 한다. '아무개 씨'(某氏)는 강씨姜氏, 자씨子氏 등으로 말하는 것과 같은 경우이다. '상尙'은 바란다(庶幾)는 뜻이다. '향饗'은 흠향한다(歆)는 뜻이다. '丁', 未必亥也, 直擧一日以言之耳. 『禘于大廟禮』曰, "日用丁亥, 不得丁亥, 則己亥·辛亥亦用之, 無則苟有亥焉可也." '薦', 進也, 進歲時之祭事也. '皇', 君也. '伯某', 且字也. 大夫或因字爲諡. 『春秋傳』曰, "魯無駭卒, 請諡與族. 公命之以字爲展氏", 是也. 某仲·叔·季, 亦曰仲某·叔某·季某. '某妃', 某妻也. 合食曰'配'. '某氏', 若言姜氏·子氏也. '尙', 庶幾. '饗', 歆也.

[少牢饋食禮16 : 經 – 06]

사史는 "알겠습니다"라고 말하고, 묘문의 서쪽에서 서쪽을 향해 서서 오른손으로 아래통(下韇)을 뽑아 벗겨 내고 왼손으로 시초를 잡은 다음 오른손으로 위통과 아래통을 함께 잡고 시초를 친다.

史曰, "諾", 西面于門西, 抽下韇, 左執筮, 右兼執韇以擊筮.

정현주 장차 시초(筮)에 길흉을 묻고자 하기 때문에 시초를 점대통으로 쳐서 그 신령을 움직이게 하는 것이다. 『주역』「계사繫辭」에 "시초의 덕은 둥글면서 신묘하다"¹²라고 하였다. 將問吉凶焉, 故擊之以動其神. 『易』曰, "蓍之德圜而神."

[少牢饋食禮16 : 經－07]

이어서 사史는 주인의 말을 반복하여 "그대 위대한 시초의 신령함을 빌려 점을 치고자 하나이다. 효손 아무개는 다가오는 정해일에 황조 백 아무개께 세시의 제사를 올리고, 아무개의 비를 아무개 씨께 배향하고자 하나이다. 흠향하소서!"라고 말한다.

遂述命曰, "假爾大筮有常. 孝孫某, 來日丁亥, 用薦歲事于皇祖伯某, 以某妃配某氏. 尙饗!"

정현주 　　　'술述'은 따른다(循)는 뜻이다. 반복하여 주인의 말을 시초에게 고하는 것이다.[13] '가假'는 빌린다(借)는 뜻이다. 시초의 신령함을 빌려서 묻는다는 뜻이다. '상常'은 길흉의 점사를 가리킨다.[14] '述', 循也. 重以主人辭告筮也. '假', 借也. 言因蓍之靈以問之. '常', 吉凶之占繇.

[少牢饋食禮16 : 經－08]

이어서 점대통(韇)을 내려놓고,[15] 서서 시초점을 친다.

乃釋韇, 立筮.

정현주 　　　경・대부의 시초는 길이가 5척이다. 서서 시초점을 치는 것은 편리함을 따르는 것이다.[16] 卿・大夫之蓍長五尺. 立筮由便.

[少牢饋食禮16 : 經－09]

괘자卦者(괘를 기록하는 사람)는 사史의 왼쪽에 앉아 점을 쳐서 얻은 괘

卦를 나무막대기(木)로 땅에 그린다. 점치는 일을 마치면, 이어서 괘자가 목판에 괘를 기록한다. 사史는 이를 주인에게 보여 준 후 물러 나와 점괘의 길흉을 판단한다.

卦者在左坐, 卦以木. 卒筮, 乃書卦于木. 示主人, 乃退占.

'괘자卦者'는 사史의 속관이다.[17] '나무막대기로 괘를 그린다'(卦以木)는 것은 한 효爻가 결정될 때마다 땅에 그려서 표시해 둔다는 뜻이다. 6효가 갖추어지면 목판에 괘를 기록한다. 사史가 그것을 받아 주인에게 보여 주고 물러 나와 점괘의 길흉을 판단하는데, 묘문의 서쪽에서 동쪽을 향하여 휘하의 여러 사람과 함께 점괘의 길흉을 판단한다.

'卦者', 史之屬也. '卦以木'者, 每一爻, 畫地以識之. 六爻備, 書於版. 史受以示主人, 退占, 東面旅占之.

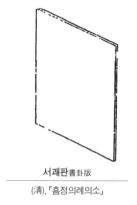

서괘판書卦版
(淸), 『흠정의례의소』

[少牢饋食禮16 : 經 – 10]
점괘의 결과가 길하면, 사史는 시초를 점대통에 넣어 둔다. 사는 시초를 넣은 점대통과 괘를 기록한 목판을 함께 잡고서 주인에게 "점괘가 길하다고 나왔습니다"라고 고한다.

吉, 則史韇筮. 史兼執筮與卦以告于主人, "占曰從."

'종從'은 길함을 구하였는데 길함을 얻었음을 말한다.[18]

'從'者, 求吉得吉之言.

[少牢饋食禮16 : 經 – 11]

이어서 주인은 점괘의 결과를 여러 제관祭官들에게 알린다.[19] 종인
宗人은 사람들에게 제기를 깨끗이 씻도록 명하고, 재宰는 사람들에
게 술을 담그도록 명한다. 이어서 모두 물러 나온다.

乃官戒. 宗人命滌, 宰命爲酒. 乃退.

정현주 '관계官戒'는 여러 제관祭官들에게 알린다는 뜻이다. 제사
의 일을 함께 맡아야 할 사람들이 제물을 갖추게 하고 또 재계하도록 시키
는 것이다. '씻는다'(滌)는 것은 제기를 씻고, 종묘를 청소하는 등의 일을 가
리킨다. '官戒', 戒諸官也. 當共祭祀事者, 使之具其物且齊也. '滌', 漑濯祭器, 埽除
宗廟.

[少牢饋食禮16 : 經 – 12]

만약 얻은 점괘가 길하지 않으면, 열흘 후의 정일丁日이나 열흘 후
의 기일己日에 이르러 또 제사지낼 날짜의 길흉을 점치는데,[20] 처
음 점을 칠 때와 동일한 절차로 한다.

若不吉, 則及遠日, 又筮日如初.

정현주 '급及'은 이른다(至)는 뜻이다. '원일遠日'은 열흘 후의 정
일이나 열흘 후의 기일을 말한다. '及', 至也. '遠日', 後丁若後己.

1_ 희생을 선정하여 ~ 기른다 : 『주례』「지관·充人」에 "(充人은) 제사를 지내기 전에 선정된 희생을 묶어 두는 일을 관장한다. 五帝를 제사지낼 때에는 우리 안에 넣어 두고 3개월 동안 기른다"(掌繫祭祀之牲牷. 祀五帝, 則繫于牢, 芻之三月)고 한 것에 대해 정현은 "'牢'는 막아 둔다는 뜻이다. 반드시 막아 두는 것은 날짐승과 들짐승들이 들이받고 물어뜯는 것을 방지하기 위함이다. 소와 양을 기르는 것을 '芻'라고 한다. 3개월은 한 계절이니, 절기가 완성되는 기간이다"('牢', 閑也. 必有閑者, 防禽獸觸齧. 養牛羊曰芻. 三月, 一時, 節氣成)고 하였다. '牢'(우리)는 희생을 묶어 두는 것인데, 이로 인해서 희생(牲)을 '牢'라고 한다.

2_ 내사는 유일에 거행하는데 : '內事'는 밖으로 나아가지 않고 집에서 행하는 일을 말한다. 『예기』「曲禮上」에 "바깥일은 홀수의 날짜(剛日)에 하고, 집안일은 짝수의 날짜(柔日)에 한다"(外事以剛日, 內事以柔日)고 하였다. 공영달의 소에는 '內事'는 종묘의 제사 등을 가리키고, '外事'는 用兵의 일 등을 가리킨다고 하였다. 甲·丙·戊·庚·壬의 다섯 홀수의 날을 '剛日'이라 하고, 乙·丁·己·辛·癸의 다섯 짝수의 날을 '柔日'이라고 한다.

3_ 그 아름다운 ~ 때문이다 : '丁己'는 '丁寧於己' 즉 자기에게 정성스럽게 한다는 뜻이 있으니, 스스로 삼가고 공경스럽게 한다는 의미이다.

4_ 반드시 ~ 묻는다 : 제사지낼 날의 길흉을 점치기 위해서는 반드시 어떤 날에 제사를 지낼 것인가를 미리 정해 놓고 점을 쳐야 한다. 그러므로 점을 치기 하루 전날에 미리 丁日 혹은 己日에 해당하는 날을 상의하여 정하고, 그 이튿날에 정한 날짜에 대한 점을 쳐서 길흉을 알아본다. 이를 '諏日의 禮'라고 한다. 이는 大夫 이상의 경우이고, 士의 제사에서는 諏日을 하지 않는다. 『의례정의』, 2230~2231쪽 참조.

5_ 전달 ~ 묻는다 : 만일 다음 달 상순의 己日에 제사를 지내고자 한다면 전달 하순의 己日에 점을 치는데, 점을 친 날까지 합쳐서 11일째가 된다. 점을 친 날부터 3일 동안 散齋를 하고 7일 동안 致齋를 한 후 11일째 되는 날에 제사를 지낸다. 『의례정의』, 2231쪽 참조.

6_ 아래통 : '筮'는 점을 치는 점대, 즉 시초이다. 시초는 시초를 넣어 두는 통인 櫝 안에 들어 있다. 원래 '櫝'은 활을 넣는 箭筒이다. 이 '전통'은 보통 가죽으로 만들며 아래통과 위통 두 부분으로 되어 있어 위통을 열고 닫는다. 시초를 넣어 두는 통도 역시 윗부분인 '上櫝'과 아랫부분인 '下櫝'의 두 부분으로 되어 있다. 호배휘에 의하면 "筮는 櫝 안에 들어 있으므로, 筮를 잡는다는 것은 '櫝'을 잡는다는 뜻이다"(筮在櫝中, 執筮卽執櫝也)라고 하였다. 따라서 '抽上櫝, 兼與筮執之'는 왼손으로 아래통과 위통을 함께 잡는 것이다. 『의례정의』, 17쪽 및 [사관례01 : 經-06]의 주석 22) 참조.

7_ '사'는 ~ 사람이다 : 오계공은 경문의 '史'는 公有司를 가리킨다고 하여 정현을 비판한다. 그러나 저인량은 대부의 신하 가운데 卜筮 등을 관장하는 관직이 있다고 반박하였고, 호광충은 『의례석관』에서 이곳의 '史'는 筮史 즉 점을 관장하는 사람으로서, 옛날에는 文詞를 관장하는 관직을 '史'로 통칭했다고 하였다. 『의례정의』, 2232

쪽 참조.

8_ 황조 : 방포는 먼 조상을 '皇'이라고 칭하는데, 대부의 경우 3廟를 세우므로 이곳의 皇祖는 곧 曾祖를 가리킨다고 하였다. 그러나 호배휘는 본래 먼 조상을 皇祖라고 칭하지만 이 경문의 경우는 曾祖와 禰를 포괄하는 개념이라고 하였다. 『의례정의』, 2233쪽 참조.

9_ '백 아무개'는 ~ 가리킨다 : '伯某'의 '某'는 字를 가리킨다는 뜻이다. 20세에 관례를 치르면 字를 지어 주어 '某甫'(아무개 보)라고 칭하고, 伯·仲·叔·季와 연칭할 경우에는 '伯某甫'(백 아무개 보), '仲某甫'(중 아무개 보) 등으로 칭하고, 50세가 되면 '伯', '仲' 등으로 칭한다. 경문의 '伯某'는 '伯某甫'의 省文이다. '某'는 이름이 아니라 字를 뜻하고, 甫는 남자에게 붙이는 美稱이다. 20세 이후, 50세 이전에는 단지 '某甫'라고 칭하는데, 그것을 '且字'라고 한다. 『설문』에 "'且'는 바친다(薦)는 뜻이다"(且, 薦也)라고 하였는데, 이에 대해 단옥재는 "자리는 깔개로 삼을 수 있으니, 그것을 '薦'(荐: 돗자리)이라고 한다. … '且'의 고음은 '組'이니, 물건을 떠받쳐서 진상하는 기구이다. 여기에서 뜻이 확대되어 떠받친다는 뜻이 있는 말을 모두 '且'라고 하였으니, 대체로 어조사일 뿐이다"(席可爲藉謂之'薦'. … '且', 古音'組', 所以承藉進物藉. 引申之, 凡有藉之詞, 皆曰'且', 凡語助云)라고 하였다. 진립은 "'且'는 뒷받침한다(藉)는 뜻이다. 관례를 치른 후에는 '伯某甫' 등으로 칭하여 叔, 仲, 季를 각기 합당하게 사용해야지 단지 伯이나 仲만을 칭해서는 안 된다. 그러므로 '甫'와 '字'로 뒷받침하였다"('且'猶言藉也. 冠後稱'伯某甫', 叔仲季, 唯其所當, 不當單稱伯仲. 故以甫字藉之)고 하였다. 『의례정의』, 2233쪽 참조.

10_ 대부의 경우 ~ 한다 : 고염무는 "이곳의 '諡'는 '氏'의 잘못이라고 하였다. 춘추시대 열국의 대부는 王父(祖父)의 字를 가지고 氏로 삼는 경우가 많았다. 아래에 인용한 『춘추좌전』의 無駭가 죽었을 때 字를 가지고 展氏로 삼게 한 것이 그러한 사례이다. 無駭는 公子展의 손자인데 展氏가 되었던 것이 바로 王父의 字를 가지고 氏로 삼는 전형이다"라고 하였다. 『의례정의』, 2234쪽 참조.

11_ 노나라의 ~ 명하였다 : 『춘추좌전』 隱公 8년 조에 보인다. "無駭가 죽자, 우보가 시호와 族氏를 청하였다. 隱公이 衆仲에게 族에 대해 물었다. 衆仲은 '天子는 德이 있는 이를 제후로 세우고, 출생한 지명을 가지고 그의 姓으로 내려 주고, 땅을 봉해 주고 그 땅의 이름으로 氏를 삼도록 명합니다. 제후는 字로 시호를 내려 주고 그 시호로 족성을 삼게 해 줍니다'라고 답하였다. 은공은 字에 따라서 展氏로 삼게 하였다"(無駭卒, 羽父請諡與族. 公問族於衆仲. 衆仲對曰, '天子建德, 因生以賜姓, 胙之土而命之氏. 諸侯以字爲諡, 因以爲族.' 公命以字爲展氏).

12_ 시초의 ~ 신묘하다 : 정현은 둥글다는 것을 시초의 모양이 둥근 것을 가리킨다고 보았다. 가공언은 "시초의 형태가 둥글어 변화의 수를 세울 수 있다. 그러므로 神이라고 말한 것이다"(蓍形圓, 而可以立變化之數. 故謂之神也)라고 해석하였다. 시초에는 신이 깃들어 있어 그것을 쳐서 움직이게 한다는 뜻이다. 『의례주소』, 1039쪽 참조.

13_ '술'은 ~ 것이다 : [사상례12 : 經-208]의 정현 주에서는 "'述'은 따른다는 뜻이다. 명령을 받은 후에 반복하여 말하는 것을 述이라 한다"('述', 循也. 既受命而中言之曰 述)고 하였다.

14_ '상'은 ~ 가리킨다 : 가공언은 다음과 같이 설명한다. "흉한 것에 응해 길하다고 고 하고, 길한 것에 응해 흉하다고 고하는 것은 항상되지 못한 것이다. 이 길흉의 점 은 거북점의 점사에 의거한다. 점사는 거북점을 칠 때의 우두머리이다. 『주역』의 爻辭에 의거하여 시초점을 치는 것과 같다"(謂應凶告吉, 應吉告凶, 則不常. 此吉凶之 占, 依龜之繇辭. 繇辭則占龜之長. 若『易』之爻辭以占筮也). 『의례주소』, 1040쪽 참조.

15_ 점대통을 내려놓고 : 채덕진에 의하면 점대통을 땅에 내려놓는 것이다. 『의례정의』, 2236쪽 참조.

16_ 경·대부의 시초는 ~ 것이다 : 士가 사용하는 시초의 길이는 3척으로 앉아서 점을 치는 것이 편리한 것과 대비하여 말한 것이다.

17_ '괘자'는 사의 속관이다 : [사관례01 : 經-08]의 정현 주 참조.

18_ '종'은 ~ 말한다 : [사상례12 : 經-209]의 정현 주에서는 "'從'은 길하다는 말과 같 다"('從' 猶吉也)고 하였다. 주인이 제사를 지내는 것은 본래 길함을 구하기 위한 것 인데 점을 쳐서 길함을 얻었으니, 점이 주인의 본심을 따랐다는 뜻이다.

19_ 주인은 ~ 알린다 : 호배휘는 점괘의 결과를 여러 제관들에게 알리는 것은 점을 친 당일에 하는 것이고, 제기를 썼고 술을 담그는 등의 일은 며칠 후의 일이라고 하였 다. 『의례정의』, 2237쪽 참조.

20_ 열흘 후의 정일이나 ~ 점치는데 : 점괘가 불길하게 나오면, 10일 후의 丁日이나 己日에 다시 그다음 10일 후의 丁日이나 己日의 길흉을 점친다는 뜻이다. 士의 경 우에는 초순의 길흉을 점쳤는데 길하지 않으면, 곧바로 중순의 길흉을 점치고, 그 래도 길하지 않으면 하순의 길흉을 점쳐서 하루에 미리 초순, 중순, 하순의 길흉을 점친다. 대부의 경우에는 하루에 연달아 점을 치지 않기 때문에, 전달에 다음 달 의 상순을 점쳤는데 길하지 않으면, 다음 달 상순에 이르러 다시 중순의 길흉을 점 치고, 그래도 길하지 않으면 중순에 이르러 하순의 길흉을 점친다. 士禮인 「특생궤 사례」에서는 점괘가 불길하게 나오면 바로 그날에 10일 후의 丁日이나 己日의 길 흉을 점치지만, 大夫禮인 이곳 「소뢰궤사례」에서는 10일 후의 丁日이나 10일 후의 己日에 이르러 다시 그다음 10일 후의 丁日이나 10일 후의 己日의 길흉을 점치는 것이다. 『의례정의』, 2238쪽 및 [특생궤사례15 : 經-11] 참조.

經-13에서 經-19까지는 '서시筮尸' → '숙시宿尸' → '숙제관宿諸官' 즉 시동을 택하는 점을 치고, 주인이 시동을 맡을 사람들의 집으로 찾아가서 시동이 되어 줄 것을 다시 한 번 고하여 청하고, 제사에 참여하는 여러 제관들에게 제사에 참여해 줄 것을 다시 한 번 고하여 청하는 절차이다.

[少牢饋食禮16 : 經 – 13]

제사 하루 전날, 여러 제관祭官들에게 제사에 참여해 줄 것을 다시 한 번 고하여 청한다.[1]

宿.

정현주   '숙宿'은 '숙肅'의 뜻으로 읽는다. '숙肅'은 나아간다(進)는 뜻이다. 대부는 지위가 높기 때문에 절차가 더욱 많다.[2] 제사지낼 날짜의 길흉을 점치던 날에 이미 여러 제관들에게 알려서 재계하도록 하였는데, 제사 하루 전날에 이르러 또다시 고하여 나아가게 해서 제삿날에 마땅히 와야 함을 알도록 하는 것이다. 고문본에는 '宿'이 모두 '羞'로 되어 있다. '宿'讀爲'肅'. '肅', 進也. 大夫尊, 儀益多. 筮日旣戒諸官以齊戒矣, 至前祭一日, 又戒以進之, 使知祭日當來. 古文'宿'皆作'羞'.

[少牢饋食禮16 : 經 – 14]

여러 제관들에게 제사에 참여해 줄 것을 다시 한 번 고하여 청하기 하루 전날, 시동을 맡을 사람들에게 미리 시동이 되어 줄 것을

고하여 청한다.³

前宿一日, 宿戒尸.

정현주　　　　　　모든 여러 제관들에게 제사에 참여해 줄 것을 다시 한 번 고하여 청하는 날에 또 먼저 시동이 되어 줄 것을 다시 한 번 고하여 청하는 것은 시동으로 쓰이는 것을 중시하는 것이고 또한 장차 시초점을 쳐야 하기 때문이다.⁴ 皆肅諸官之日, 又先肅尸者, 重所用爲尸者, 又爲將筮.

[少牢饋食禮16 : 經−15]

시동을 맡을 사람들에게 미리 시동이 되어 줄 것을 고하여 청한 다음 날 아침에 시동을 택하는 점을 치는데, 제사지낼 날짜의 길흉을 점칠 때와 동일한 절차로 한다. 주인은 점칠 내용을 명하는 말에 "효손孝孫 아무개는 내일 정해일丁亥日에 황조皇祖 백 아무개(伯某)께 세시歲時의 제사를 올리고, 아무개의 비(某妃)를 아무개 씨(某氏)께 배향하고, 아무개의 아들 아무개를 시동으로 삼고자 하나이다. 흠향하소서!"라고 말한다. 시초점을 치는 방식, 괘를 기록하는 방식, 점괘의 길흉을 판단하는 방식 등은 제사지낼 날짜의 길흉을 점칠 때와 동일한 절차로 한다.⁵

明日, 朝筮尸, 如筮日之禮. 命曰, "孝孫某, 來日丁亥, 用薦歲事于皇祖伯某, 以某妃配某氏, 以某之某爲尸. 尙饗!" 筮 · 卦 · 占如初.

정현주　　　　　　'아무개의 아들 아무개'(某之某)라는 것은 시동의 아버지에 대해서는 자字를 칭하고, 시동에 대해서는 이름을 칭한다는 뜻이다. 시동의 아버지에 대하여 자字를 칭하는 것은 귀신을 존중하기 때문이다. 제사를 거행하기 3일 전에 시동을 택하는 점을 치지 않는 것은 대부는 군주보다 지위가 낮기 때문이다.[6] 제사지내는 날 아침에 제기를 깨끗하게 씻었는지 살피는 것은 사士의 경우와 달리하는 것이다.[7] '某之某'者, 字尸父而名尸也. 字尸父, 尊鬼神也. 不前期三日筮尸者, 大夫下人君. 祭之朝乃視濯, 與士異.

[少牢饋食禮16 : 經 – 16]
얻은 점괘가 길하면, 주인은 이어서 시동을 맡을 사람들의 집으로 찾아가서 시동이 되어 줄 것을 다시 한 번 고하여 청하는데, 축祝이 주인의 예를 돕는 빈擯이 된다.
吉, 則乃遂宿尸, 祝擯.

정현주   시초점이 길하면 주인은 또 이어서 시동을 맡을 사람의 집으로 찾아가서 시동이 되어 줄 것을 다시 한 번 고하여 청하는데, 시동을 중시하기 때문이다. 시동을 맡을 사람의 집으로 찾아가서 시동이 되어 줄 것을 다시 한 번 고하여 청한 후 여러 제관祭官들과 집사執事들에게도 제사에 참여해 줄 것을 다시 한 번 고하여 청한다.[8] 축이 주인의 예를 돕는 빈擯이 되는 것은 시동은 귀신의 상象이기 때문이다. 筮吉又遂肅尸, 重尸也. 旣肅尸, 乃肅諸官及執事者. 祝爲擯者, 尸神象.

[少牢饋食禮16 : 經 – 17]
주인은 머리를 바닥에 대면서 재배를 한다. 축은 시동을 맡을 사

람에게 고하여 "효손 아무개는 내일 정해일에 황조 백 아무개께 세시의 제사를 올리고, 아무개의 비를 아무개 씨께 배향하고자 하나이다. 감히 다시 한 번 시동이 되어 줄 것을 청하나이다"라고 말한다.

主人再拜稽首. 祝告曰, "孝孫某, 來日丁亥, 用薦歲事于皇祖伯某, 以某妃配某氏. 敢宿!"

정현주 　　　　주인이 이러한 일로 와서 다시 한 번 시동이 되어 줄 것을 청하는 것이라고 시동에게 고하는 것이다. 告尸以主人爲此事來宿.

[少牢饋食禮16 : 經 – 18]

시동을 맡을 사람이 답배를 한 후 허락을 하면, 주인은 또다시 머리를 바닥에 대면서 재배를 한다. 주인이 물러가면, 시동을 맡을 사람은 전송을 하는데, 읍揖만 하고 배례는 하지 않는다.

尸拜, 許諾, 主人又再拜稽首. 主人退, 尸送, 揖, 不拜.

정현주 　　　　시동을 맡을 사람이 배례를 하지 않는 것은 시동은 존귀하기 때문이다. 尸不拜者, 尸尊.

[少牢饋食禮16 : 經 – 19]

만약 점괘가 길하지 않으면 곧바로 다시 시동을 택하는 점을 친다.

若不吉, 則遂改筮尸.

　　　　곧바로 다시 시동을 택하는 점을 치고, 원일遠日까지 기다리지 않는다.[9] 卽改筮之, 不及遠日.

1_ 제사 ~ 청한다 : 이 경문은 '宿諸官'의 의절이다. 오계공은 이 경문의 '宿'은 賓 이하에게 宿을 하는 것으로, 주인인 대부는 제사를 도우러 온 賓보다 등급이 높기 때문에 직접 宿을 하지 않고 官에게 시킨다. 즉 오계공은 이 경문을 '宿賓'의 의절로 파악한 것이다. 또 이곳의 '宿賓' 의절은 아래 '宿尸'([經-14]) 다음에 있어야 하는데 이곳에서 언급한 것은 아래 경문의 의절이기 때문이라고 하였다. 이에 대해 유태공은 "이곳의 '宿'은 아래 경문의 한 절목으로, 아래 경문에는 '宿尸'의 의절은 있지만 '宿諸官'의 일은 언급하지 않았으므로 이곳 경문의 구절 속에 이미 '宿諸官'의 의미가 포함된 것으로 보는 것이 한 가지 해석방식이고, '宿戒尸'([經-14])와 '筮尸'([經-15])는 모두 이곳의 '宿(諸官)'([經-13])보다 먼저 진행되는 의절이므로 거꾸로 기술된 것으로 보는 것이 한 가지 해석방식이다"라고 하였다. 이에 따르면 제사를 거행하기까지의 의절은 '筮日'(제사 10일 전) → '官戒'(제사 10일 전) → '宿戒尸'(제사 이틀 전) → '筮尸'(제사 하루 전) → '宿尸'(제사 하루 전) → '宿諸官'(제사 하루 전)의 순서로 진행된다. 『의례정의』, 2239쪽 참조.

2_ 대부는 ~ 많다 : 士의 경우에는 官戒의 절차가 없는데, 大夫는 먼저 祭官들에게 戒를 하고 후에 다시 宿을 한다.

3_ 여러 제관들에게 ~ 청한다 : 제사 이틀 전에 시동을 맡을 사람들에게 宿戒하는 절차이다. 오계공은 '시동이 될 수 있는 모든 사람을 宿戒하는 것'(凡可爲尸者, 皆宿戒之)이라고 하여 아직 시동이 정해지지 않은 것으로 해석한다. 그러나 저인량은 아래 [經-15]의 筮辭에 '아무개의 아들 아무개를 시동으로 삼고자 하나이다'(以某之某爲尸)라고 하였으므로 사전에 이미 시동이 될 사람을 뽑아서 결정해 놓고 단지 이를 귀신에게 점을 쳐서 확정하는 것으로 해석한다. 다만 점괘가 不吉할 것에 대비하여 다시 2명의 시동 예비 후보자를 갖추므로, 이때 宿戒하는 대상은 3인에 그친다고 한다. 이 3인에 대한 점괘가 모두 불길하게 나오면 제사를 폐기한다. 호배휘도 저인량의 설에 동의하면서, 이곳 [經-14]의 '宿戒尸'는 사람을 보내어 宿을 하는 것이고, 아래 [經-16]의 '宿尸'는 주인이 직접 시동을 맡을 사람들의 집으로 찾아가서 宿을 하는 것으로 구분하였다. 『의례정의』, 2239~2240쪽 참조.

4_ 모든 ~ 때문이다 : 호배휘는 정현 주의 '肅尸'를 [經-16]의 점을 쳐서 길함을 얻은 후에 행하는 '宿尸'로서 '제사 하루 전날의 宿'으로 해석한다. 제사에 참여하는 사람들에게는 모두 제사 10일 전에 '戒'(官戒)를 하고 제사 하루 전에 '宿(諸官)'을 하는데, 시동에 대해서는 제사 이틀 전에 '宿戒'를 하고 제사 하루 전에 또다시 '宿'을 하여 다른 사람들에 비해 '宿戒'만 한 번 더한다. 이는 시동이 되는 것을 중시하기 때문이다. 이곳 [經-14]에서 '宿'이라고 하지 않고 '宿戒'라고 한 것은 [經-16]의 '제사 하루 전에 행하는 宿'과 구별하기 위함이라고 하였다. 또 호배휘는 "'宿'은 미리(豫)의 뜻으로 해석되되, '宿戒'는 미리 고한다(豫戒)는 뜻과 같다"('宿'訓爲豫, '宿戒'猶豫戒)는 혹자의 말을 인용하고, 이 해석은 앞의 '宿'과 뜻은 다르지만 의미는 서로 통한다고 하였다. 앞의 [經-13]의 '宿'은 '申戒', '再戒' 즉 '거듭 고한다', '다시 한 번 고한

다'는 뜻이고, 이곳 [經-14]의 '宿'은 '미리'의 뜻이라는 것이다. 『의례정의』, 2240쪽 및 2092쪽 참조.

5_ 시초점을 ~ 한다 : 서서 시초점을 치는 것, 점을 쳐서 얻은 괘를 나무막대기로 땅에 그리고 그것을 나무판에 기록하는 것, 주인에게 보여 준 후 물러 나와 점괘의 길흉을 판단하는 것을 각각 말한다. [經-08]과 [經-09] 참조.

6_ 제사를 ~ 때문이다 : 士禮인 「특생궤사례」에서는 제사 3일 전에 시동을 택하는 점을 치는데, 大夫禮인 이곳에서는 제사 1일 전에 시동을 택하는 점을 친다. 천자와 제후의 경우에는 제사 10일 전에 점을 쳐서 吉日을 얻으면 諸官들에게 알려서 散齋하도록 하고, 제사 3일 전에 시동을 택하는 점을 쳐서 길함을 얻으면 또다시 諸官들에게 알려서 致齋하도록 한다. 士는 신분이 낮아서 군주와 抗禮한다는 혐의가 없기 때문에 마찬가지로 3일 전에 시동을 택하는 점을 치는데, 다만 군주보다 신분이 낮기 때문에 散齋 7일을 못할 뿐이다. 대부는 존귀하기 때문에 감히 군주와 의절을 동일하게 하지 못하여 단지 9일 동안 散齋를 하고 제사 1일 전에 시동을 택하는 점을 치고 아울러 諸官에게 알려서 致齋를 하도록 한다. 『의례주소』, 1042쪽 참조.

7_ 제사지내는 ~ 것이다 : 士禮인 「특생궤사례」에 의하면 제사 3일 전에 '筮尸'를 하고, 2일 전에 '宿尸'와 '宿賓'을 하고, 1일 전에 '視濯'과 '視牲'을 한다. 大夫의 禮인 이곳에서는 1일 전에 '筮尸'를 하고 겸하여 '宿尸'와 '宿諸官'을 행하고, 제사 당일에 '視濯'을 한다. 『주례』 「천관·大宰」에 "제기 등을 씻는 일을 살펴본다"(視滌濯)고 한 것에 대해 정현은 "제사 하루 전날 저녁에 하는 것이다. '滌濯'은 제기 및 솥 등을 씻는 것을 말한다"(祀前祭日之夕. '滌濯', 謂漑祭器及甑甗之屬)라고 하였다. 士는 신분이 아주 낮아서 군주와 의절을 동일하게 진행하더라도 抗禮한다는 혐의를 받지 않기 때문에 군주와 마찬가지로 제사 1일 전에 '視濯'을 한다. 반면에 大夫는 군주와 抗禮한다는 혐의를 피하기 위해 제사 1일 전에 '視濯'을 하지 못하고 제사를 거행하는 당일 아침에 비로소 '視濯'을 한다. 『의례정의』, 2240쪽 참조.

8_ 시동을 ~ 청한다 : 시동이 되어 줄 것을 다시 한 번 고하여 청할 때에는 주인이 직접 가서 하지만, 諸官과 執事들에게 청할 때에는 사람을 보내서 한다.

9_ 곧바로 ~ 않는다 : 제사지낼 날짜를 점치는 '筮日'의 의절에서는 점괘가 불길하게 나오면 열흘 후의 丁日이나 열흘 후의 己日을 다시 점치는데, 이곳에서는 열흘을 기다리지 않고 곧바로 다시 점을 치는 것이다. '遠日'은 열흘 후의 날을 가리킨다([經-12] 참조). 오계공은 다시 점을 쳤는데도 불길하면 곧바로 그다음 사람을 시동으로 삼고 다시 점을 치지 않는다고 하였다. 그러나 저인량은 3인의 시동 후보자가 모두 불길하게 나오면 제사 자체를 그만둔다고 하였다. 『의례정의』, 2242쪽 및 [經-14]의 주석 3) 참조.

經-20에서 經-22까지는 '제기祭期' 즉 제사를 거행하는 구체적인 시간을 정하는 절차이다.

[少牢饋食禮16 : 經-20]

주인은 시동을 맡을 사람들의 집으로 찾아가서 시동이 되어 줄 것을 다시 한 번 고하여 청한 후 집으로 돌아와 묘문 밖에서 제사를 거행할 시간을 정한다.[1]

既宿尸, 反, 爲期于廟門之外.

정현주   '제사를 거행할 시간을 정한다'(爲期)는 것은 여러 제관祭官들에게 제사에 참여해 줄 것을 다시 한 번 청하여 제관들이 모두 묘문에 이르렀을 때에 제사를 거행할 늦고 빠름의 시간을 정한다는 뜻이다. 제사의 거행시간을 정하는 것은 또한 저녁에 한다.[2] '주인은 시동을 맡을 사람들의 집으로 찾아가서 시동이 되어 줄 것을 다시 한 번 고하여 청한 후 제사를 거행할 시간을 정한다'고 말한 것은 대부는 존귀하기 때문에 주인은 시동을 맡을 사람들의 집에만 찾아가서 시동이 되어 줄 것을 다시 한 번 고하여 청한다는 뜻을 밝힌 것이다.[3] 빈과 집사들에게는 사람을 보내어 제사에 참여해 줄 것을 다시 한 번 고하여 청한다. '爲期', 肅諸官而皆至, 定祭早晏之期. 爲期亦夕時也. 言'既肅尸反爲期', 明大夫尊, 肅尸而已. 其爲賓及執事者, 使人肅之.

[少牢饋食禮16 : 經 – 21]

주인은 묘문의 동쪽에서 남쪽을 향해 선다. 종인宗人은 조복을 착
용하고 북쪽을 향해 주인에게 "제사의 거행시간을 청하여 묻겠습
니다"라고 말한다. 주인은 "시간을 정하는 것은 그대가 하도록 하
라"라고 말한다.

主人門東南面. 宗人朝服北面, 曰, "請祭期." 主人曰, "比於子."

정현주   시간의 늦고 빠름을 배열하여 정하는 것은 그대에게 달
려 있다는 뜻이다. 주인이 서쪽을 향하지 않는 것은 대부는 신분이 높아서
여러 제관들에 대하여 군주가 되는 도리가 있기 때문이다.[4] 제사를 거행할
시간을 정할 때에 또한 시동만은 참여하지 않는다.[5] 比次早晏, 在於子也. 主人
不西面者, 大夫尊, 於諸官有君道也. 爲期, 亦唯尸不來也.

[少牢饋食禮16 : 經 – 22]

종인은 "내일 동틀 무렵 제사를 거행하겠습니다"라고 말한다. 주
인은 "좋다"라고 말한다. 이어서 모두 물러 나간다.

宗人曰, "旦明行事." 主人曰, "諾." 乃退.

정현주   '단명旦明'은 내일 해가 막 밝아오기 시작하는 때를 말한
다. '旦明', 旦日質明.

1_ 제사를 거행할 시간을 정한다 : 호배휘에 의하면 제사의 기일은 '筮日' 즉 제사지낼 날짜의 길흉을 점칠 때에 이미 정해졌기 때문에, 이곳에서는 구체적인 시간의 늦고 빠름을 정하는 것이다. 『의례정의』, 2242쪽 참조.

2_ 제사의 ~ 한다 : '筮尸' → '宿尸' → '宿諸官' → '爲期'의 의절은 모두 제사 하루 전에 하는데, '筮尸'는 아침에 하고, '爲期'는 저녁에 한다. 『의례정의』, 2242쪽 참조.

3_ 대부는 존귀하기 ~ 것이다 : 士禮인 「특생궤사례」에서 주인은 시동을 맡을 사람뿐 아니라 빈에게도 직접 찾아가서 宿賓을 한다. [특생궤사례15 : 經-23], [특생궤사례 15 : 經-24] 참조.

4_ 주인이 ~ 때문이다 : 士禮인 「특생궤사례」에서 주인은 묘문 밖에서 서쪽을 향해 선 다. 이곳에서 남쪽을 향하는 것은 주인은 대부로서 그 지위가 존귀하기 때문에 군 주가 남면하는 상을 취한 것이다.

5_ 시동만은 참여하지 않는다 : 士禮인 「특생궤사례」에서 묘문 밖에서 제사의 거행 시 간을 정할 때 賓·衆賓·宗人·祝이 모두 참여하지만 시동은 참여하지 않는다. 대부 의 예인 이곳에서도 역시 마찬가지로 참여하지 않는다는 뜻이다. 「사관례」의 경우 '爲期'의 의절을 행할 때 賓은 참여하지 않는데, 擯者가 賓의 집으로 찾아가서 그 결 과를 알려 준다. [사관례01 : 經-25] 참조.

「시살시탁실정진설도視殺視濯實鼎陳設圖」

(清),『흠정의례의소』

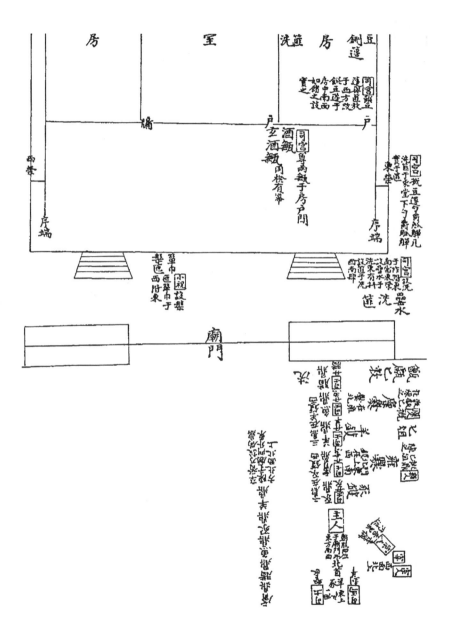

[少牢饋食禮16 : 經-23]

이튿날,[1] 주인은 조복朝服을 입고 묘문 밖의 동쪽 위치로 나아가 남쪽을 향해 선다. 재宰와 종인宗人은 서쪽을 향해 서는데, 북쪽을 윗자리로 삼는다. 희생들은 머리가 북쪽을 향하도록 하여 진설하는데, 동쪽을 윗자리로 삼는다. 사마司馬[2]는 양을 죽이고, 사사司士[3]는 돼지를 죽인다. 종인은 주인에게 희생이 갖추어졌음을 고한다. 주인은 물러나 묘문 안으로 들어간다.

明日, 主人朝服卽位于廟門之外, 東方南面. 宰·宗人西面北上. 牲北首東上. 司馬刲羊, 司士擊豕. 宗人告備. 乃退.

정현주   '규刲'와 '격擊'은 모두 죽인다(殺)는 뜻이다. 이 의절은 실제로는 희생을 살펴본 후에 희생이 갖추어졌음을 보고하고 이어서 죽이는 것이다. 문장이 거꾸로 이루어진 것은 생략되었기 때문이다. 『상서전』에 "양은 화火(불)에 속하고 돼지는 수水(물)에 속한다"고 하였다.[4] '刲'·'擊', 皆謂殺之. 此實旣省, 告備乃殺之. 文互者, 省也. 『尙書傳』曰, "羊屬火, 豕屬水."

옹인雍人은 세발솥(鼎)[5] · 숟가락(匕)[6] · 희생제기(俎)를 고기를 삶는
부뚜막(雍爨)[7] 위에 깨끗하게 씻어서 놓는다. 고기를 삶는 부뚜막
들은 묘문의 동남쪽에 진설하는데, 북쪽을 윗자리로 삼는다.

雍人摡鼎 · 匕 · 俎于雍爨. 雍爨在門東南, 北上.

정현주
　　　　　　　'옹인雍人'은 희생을 자르고 삶는 일을 담당하는 사람이
다. '찬爨'은 부뚜막이다. 묘문의 동남쪽에 진설하여 주인에게 통섭되도록
하는데,[8] 북쪽을 윗자리로 삼는다. 양고기 · 돼지고기 · 생선 · 말린 고기마다
모두 각각의 부뚜막이 있다.[9] 부뚜막의 서쪽에 고기를 삶는 가마솥(鑊)이 있
다.[10] 무릇 씻은 것을 모두 진설한 후에 깨끗하게 씻었음을 고한다.[11] '雍人',
掌割亨之事者. '爨', 竈也. 在門東南, 統於主人, 北上. 羊豕魚腊皆有竈. 竈西有鑊.
凡摡者, 皆陳之而後告絜.

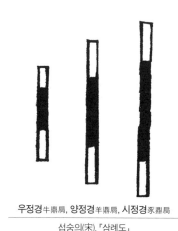

우정경牛鼎局, 양정경羊鼎局, 시정경豕鼎局
섭숭의(宋), 「삼례도」

정멱鼎羃
섭숭의(宋), 「삼례도」

우정牛鼎　　　　양정羊鼎　　　　시정豕鼎

섭숭의(宋), 「삼례도」

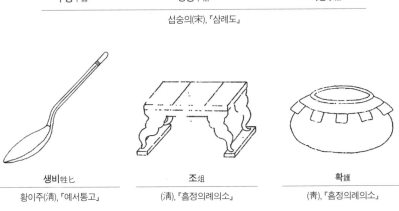

생비牲匕　　　　　조俎　　　　　확鑊

황이주(淸), 「예서통고」　　(淸), 「흠정의례의소」　　(靑), 「흠정의례의소」

[少牢饋食禮16 : 經－25]

늠인廩人[12]은 2층 시루(甗)·3층 시루(甗)[13]·숟가락(匕)과 밥그릇
(敦)[14]을 밥을 짓는 부뚜막(廩爨) 위에 깨끗하게 씻어서 놓는다. 밥
을 짓는 부뚜막은 고기를 삶는 부뚜막의 북쪽에 있다.

廩人摡甗·甗·匕與敦于廩爨. 廩爨在雍爨之北.

정현주　　　　　'늠인廩人'은 들어온 곡물을 보관하는 일을 관장하는 사
람이다. '3층 시루'(甗)는 2층 시루(甗)와 모양이 같은데 구멍이 하나이다. '숟
가락'(匕)은 찰기장 밥과 메기장 밥을 뜨는 기구이다. 고문본에는 '甗'이 '烝'

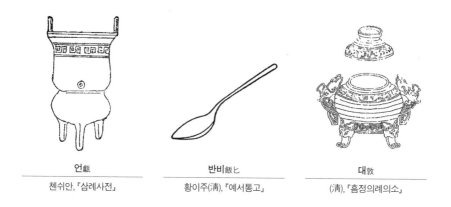

언甗	반비飯匕	대敦
첸쉬안, 『삼례사전』	황이주(清), 『예서통고』	(清), 『흠정의례의소』

으로 되어 있다. ‘廩人’, 掌米入之藏者. ‘甗’如甑, 一孔. ‘匕’, 所以匕黍稷者也. 古文 ‘甑’爲‘烝’.

[少牢饋食禮16 : 經－26]

사궁司宮은 나무제기(豆)·대나무제기(籩)·술 국자(勺)[15]·1승 용량 의 술잔(爵)·2승 용량의 술잔(觚)·3승 용량의 술잔(觶)·안석(几)· 물받이 항아리(洗)·대광주리(篚)를 동당東堂 아래에 깨끗하게 씻어 서 놓는데, 씻은 술 국자·1승 용량의 술잔·2승 용량의 술잔·3승 용량의 술잔 등은 대광주리 안에 넣어 둔다. 사궁은 씻는 일을 마 친 후, 나무제기와 대나무제기를 대광주리와 함께 방 안에 진설하 는데, 서쪽으로 치우치게 놓는다.[16] 물받이 항아리는 조계阼階의 동남쪽에 진설하는데, 동쪽 추녀(東榮)와 마주하도록 놓는다.

司宮摡豆·籩·勺·爵·觚·觶·几·洗·篚, 于東堂下, 勺·爵·觚· 觶, 實于篚. 卒摡, 饌豆·籩與篚于房中, 放于西方. 設洗于阼階東 南, 當東榮.

'방放'은 의지한다(依)는 뜻과 같다. 대부는 관직을 겸임시키는데, 사궁은 제기祭器의 일을 겸하여 관장한다. '放', 猶依也. 大夫攝官, 司宮兼掌祭器也.

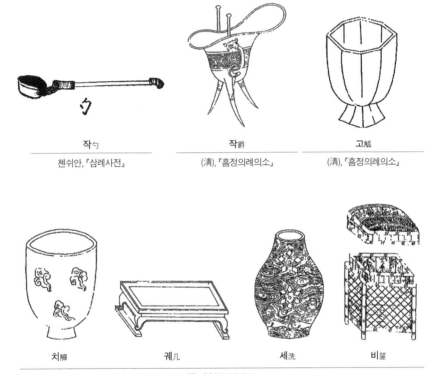

작勺
첸쉬안, 『삼례사전』

작爵
(淸), 『흠정의례의소』

고觚
(淸), 『흠정의례의소』

치觶

궤几

세洗

비篚

(淸), 『흠정의례의소』

1_ 이튿날 : '筮尸' 즉 시동을 택하는 점을 친 다음 날로서, 제사를 거행하는 날을 가리
킨다.

2_ 사마 : 호광충의 『의례석관』에 의하면, 이 司馬는 大夫의 家臣으로서 『주례』夏官의
家司馬와 그 맡은 일이 같다. 『주례』에는 司馬 아래에 羊人이 있어 제사를 지낼 때
양의 희생을 죽여서 그 머리를 올리는데(祭, 割羊牲, 登其首), 대부의 경우에는 관직
을 갖출 수 없기 때문에 이 司馬가 직접 희생을 죽인다. 『의례정의』, 2245쪽 참조.

3_ 사사 : 호광충의 『의례석관』에 의하면, 『주례』夏官의 司士와 그 맡은 일이 같은데,
제사를 지낼 때 그 속관들을 이끌고 희생을 죽이고 희생제기(俎)와 나무제기(豆)를
진설한다. 『의례정의』, 2245쪽 참조.

4_ 『상서전』에 ~ 하였다 : 『상서전』은 『尙書大傳』을 가리킨다. 정현은 『주례』「천관·庖
人」의 주에서 "소는 司徒에 속하니, 土이다. 닭은 宗伯에 속하니, 木이다. 개는 司寇
에 속하니, 金이다. 양은 司馬에 속하니, 火이다"(牛屬司徒, 土也. 雞屬宗伯, 木也. 犬
屬司寇, 金也. 羊屬司馬, 火也)라고 하였고, 『주례』「천관·小宰」의 주에서는 "司空은
돼지를 받든다"(司空奉豕)라고 하였다.

5_ 세발솥 : 3개의 다리와 2개의 귀가 있으며, 五味를 조리하는 寶器이다. 왕념손의 『廣
雅疏證』에 인용된 『九家易』에 의하면 쇠고기를 담는 세발솥(牛鼎)은 용량이 1斛(10
斗)인데, 천자는 黃金으로 장식하고, 제후는 白金으로 장식하며, 양고기를 담는 세
발솥(羊鼎)은 용량이 5斗인데 대부는 銅으로 장식하며, 돼지고기를 담는 세발솥(豕
鼎)은 용량이 3斗인데 士는 鐵로 장식한다고 하였다. 섭숭의의 『삼례도』에 따르면
쇠고기를 담는 세발솥(牛鼎)은 입구와 바닥의 직경 및 깊이가 모두 1尺 3寸이며, 양
고기를 담는 세발솥(羊鼎)은 입구와 바닥의 직경이 모두 1尺이고 깊이는 1尺 1寸이
며, 돼지고기를 담는 세발솥(豕鼎)은 입구와 바닥의 직경이 모두 8寸이고, 깊이는
9寸여이다. 쇠고기를 담는 세발솥 3개의 다리 위에 소의 머리를 장식하고, 양고기
와 돼지고기를 담는 세발솥도 마찬가지 방식으로 장식한다. 대부의 제사에는 少牢
(羊·豕)를 쓰기 때문에 쇠고기를 담는 세발솥(牛鼎)이 없고, 士의 제사에는 特牲(特
豕)을 쓰기 때문에 쇠고기를 담는 세발솥(牛鼎)과 양고기를 담는 세발솥(羊鼎)이 없
다. 또 세발솥에는 가로막대(扃)가 있어 세발솥을 들 때 사용하고, 덮개보(鼏)가 있
어 그것으로 세발솥의 위를 덮는다.

6_ 숟가락 : 이곳에서 雍人이 씻는 '匕'는 세발솥에서 희생고기를 건져 내는 기구 즉
'牲匕'이고, 아래의 [經-25]에서 廩人이 씻은 '匕'는 시루에서 음식을 뜨는 기구 즉
'飯匕'이다. 희생고기를 건져 내는 '牲匕'는 비교적 크고, 음식을 뜨는 飯匕는 비교적
작다.

7_ 고기를 삶는 부뚜막 : 호배휘는 경문의 '雍爨'은 희생, 생선, 말린 고기를 삶는 부뚜
막이라고 하였다(卽亨牲·魚·腊之爨). 호광충은 『의례석관』에서 '雍爨'의 '雍'은 '饔'
(죽은 희생)과 통하는 글자라고 하였다. 『의례정의』, 2247쪽 참조.

8_ 묘문의 ~ 하는데 : 묘문의 동쪽은 주인의 위치이기 때문이다.

9_ 양고기 ~ 있다 : 양고기를 놓아두는 羊羹은 돼지고기를 놓아두는 豕羹의 북쪽에 있고, 생선을 놓아두는 魚羹과 말린 고기를 놓아두는 腊羹이 그 남쪽으로 차례로 놓여 있다.

10_ 부뚜막의 ~ 있다 : 희생고기를 삶을 때에는 세발솥(鼎)을 사용하지 않고 가마솥(鑊)을 사용한다. 고기를 삶을 때에는 가마솥(鑊)을 부뚜막 위에 올려놓지만, 아직 삶지 않을 때이므로 부뚜막의 서쪽에 놓아두는 것이다. 부뚜막 하나에 하나의 가마솥이 있으므로 羊鑊, 豕鑊, 魚鑊, 腊鑊 등 모두 4개의 가마솥이 있는데, 돼지고기의 껍질 부위(膚)와 돼지고기(豕)는 같은 가마솥 안에 넣고 삶는다.

11_ 무릇 ~ 고한다 : 장혜언은 宗人이 주인에게 고하는 것이라고 하였다. 『의례정의』, 2247쪽 참조.

12_ 늠인 : '廩人'은 식량 창고를 담당하는 관리이다. 『주례』 「지관·廩人」에 "늠인은 九穀의 수를 관장하여 국가의 분배, 하사, 녹봉 등에 대비한다"(廩人掌九穀之數, 以待國之匪頒·賙賜·稍食)고 하였다.

13_ 2층 시루·3층 시루 : 두 가지 모두 시루의 일종으로, 밥을 짓거나 음식을 찌는 식기이다. '甗'은 2층으로 나뉜다. 아래쪽이 솥(鬲)인데 형태는 세발솥(鼎)과 유사하며, 솥(鬲) 안에 물을 담는다. 솥 위에 시루(甑)가 있는데, 바닥에 7개의 작은 구멍이 있다. 중간에 대나무로 엮은 발(箅)을 펼치고, 발 위에 곡물을 담는다. 증기가 구멍 위로 올라가서 음식을 익힌다. 甗은 용량이 12斗 8升이고, 질그릇으로 만드는데, 청동으로 만드는 경우도 있다. '甒'은 3층으로 이루어졌는데, 아래쪽이 솥(鬲)이고, 중간이 시루(甑)인데, 시루(甑) 위에 또 시루(甒)를 얹어 놓았다. 정사농은 '甒'은 밑바닥이 없는 시루라고 하였다. '甒'의 용량은 12斗 8升이고, 질그릇으로 만드는데, 청동으로 만드는 경우도 있다. 『삼례사전』, 1161~1162쪽 및 1263~1264 참조.

14_ 밥그릇 : 찰기장 밥(黍), 메기장 밥(稷), 쌀밥(稻), 수수밥(粱) 등을 담아 두는 기물이다. 모두 뚜껑이 있어 밥을 따뜻하게 할 수 있다. 춘추전국 시기에 유행한 그릇으로 일반적으로 세 개의 짧은 다리가 있고, 배는 원형이고, 양쪽에 고리가 달려 있다. 뚜껑이 있고 뚜껑 위에는 들 수 있도록 자루가 달려 있다. 『예기』 「明堂位」에 "유우씨는 2개의 敦를 사용하였고, 하후씨는 4개의 連을 사용하였다"(有虞氏之兩敦, 夏后氏之四連)라고 하였는데, 정현은 "모두 찰기장 밥과 메기장 밥을 담는 그릇이다"(皆黍稷器)라고 하였고, 육덕명의 『경전석문』에서 "敦은 음이 對이다. 또한 都와 雷의 반절이다"(敦音對, 又都雷反)라고 하였다. 『삼례사전』, 811쪽 참조.

15_ 술 국자 : '勺'은 술을 뜨는 조그만 국자를 말한다. 용량은 1升이다. 나무로 만든 것과 청동으로 만든 것이 있다. 『예기』 「明堂位」에 "그 술 국자로 하후씨는 龍勺을 사용하였고, 은나라는 疏勺을 사용하였고, 주나라는 蒲勺을 사용하였다"(其勺, 夏后氏以龍勺, 殷以疏勺, 周以蒲勺)라고 하였다. 이에 대한 정현의 주에는 "'龍勺'은 술 국자의 머리에 용의 문양을 새겨 넣은 것이다. '疏勺'는 그 머리를 통째로 새긴다는

뜻이다. '蒲'는 부들을 합쳐 놓은 문양을 새겨 넣은 것인데 마치 오리머리와 같이 생겼다"('龍', 龍頭也. '疏', 通刻其頭. '蒲', 合蒲如鳬頭也)라고 하였다.

16_ 서쪽으로 치우치게 놓는다 : 방 안의 서쪽에 가까운 곳에 진설한다는 뜻이다.

[少牢饋食禮16 : 經 - 27]

고깃국이 끓으면, 옹인饔人은 5개의 세발솥(鼎)을 진설하는데,¹ 3개의 세발솥은 양고기를 삶는 가마솥(羊鑊)의 서쪽에 놓고, 2개의 세발솥은 돼지고기를 삶는 가마솥(豕鑊)의 서쪽에 놓는다.²

羹定, 雍人陳鼎五, 三鼎在羊鑊之西, 二鼎在豕鑊之西.

정현주 생선을 담는 세발솥(魚鼎)과 말린 고기를 담는 세발솥(腊鼎)은 양고기를 담는 세발솥(羊鼎)의 뒤(북쪽)를 따라서 진설하고, 돼지고기의 껍질 부위를 담는 세발솥(膚鼎)은 돼지고기를 담는 세발솥의 뒤(북쪽)를 따라서 진설하니, 희생을 담는 세발솥에 통섭되게 하는 것이다. 魚腊從羊, 膚從豕, 統於牲.

[少牢饋食禮16 : 經 - 28]

사마司馬는 가마솥에서 삶은 양고기의 오른쪽 몸체를 건져 내어 양고기를 담는 세발솥에 올려서 넣는데, 넓적다리뼈(髀)³는 넣지 않는다. 앞다리 뼈의 위쪽 부위(肩)·앞다리 뼈의 중앙 부위(臂)·앞다리 뼈의 아래쪽 부위(臑)·뒷다리 뼈의 위쪽 부위(膊)·뒷다리 뼈의 중앙 부위(骼)는 각각 뼈 한 조각씩을 올려서 넣고, 등뼈의 앞쪽 부위(正脊) 한 덩어리·등뼈의 중앙 부위(脡脊) 한 덩어리·등뼈의 뒤쪽 부위(橫脊) 한 덩어리·갈비뼈의 뒤쪽 부위(短脅) 한 덩어리·갈비뼈의 중앙 부위(正脅) 한 덩어리·갈비뼈의 앞쪽 부위(代脅) 한 덩어리를 올려서 넣는데, 등뼈와 갈비뼈는 모두 뼈 2조각을 한 덩어리로 삼아서 나란히 하여 올려 넣으며,⁴ 창자(腸) 세 조각, 위胃 세 조각, 중앙 부위를 조금 남기고 자른 허파(擧肺) 한 조각, 중앙 부위를 완전하게 끊어서 자른 허파(祭肺) 세 조각을 올려서 넣는데, 이 모든 희생의 몸체는 하나의 세발솥(羊鼎) 안에 담는다.

司馬升羊右胖, 髀不升. 肩·臂·臑·膊·骼, 正脊一·脡脊一·橫脊一·短脅一·正脅一·代脅一, 皆二骨以並, 腸三·胃三·擧肺一·祭肺三, 實于一鼎.

정현주   '승升'은 올린다(上)는 뜻과 같다.⁵ 오른쪽 몸체를 올려놓는 것은 주周나라에서 귀하게 여기던 풍속이다. '넓적다리뼈는 넣지 않는다'(髀不升)고 말한 것은 항문에 가까운 부위로 천하기 때문이다. 견肩·비臂·노臑는 앞다리 뼈(肱骨)이다. 전膊과 격骼은 뒷다리 뼈(股骨)이다. 등뼈(脊)는 앞쪽이 정척正脊이 된다. 갈비뼈(脅)는 옆의 중앙이 정협正脅이 된다. 등뼈는 앞쪽 부위를 먼저 언급하고, 갈비뼈는 뒤쪽 부위를 먼저 언급하여 구부려서 되돌아오는 것은 제기를 구부러지게 진설하는 것과 같은 것이다. '병並'은 나란하다(竝)는 뜻이다. 등뼈와 갈비뼈는 뼈를 많이 올리는데, 여섯 몸체에서 각각 2조각씩의 뼈를 취하여 나란히 올려서 넣는 것은 많음을 귀하게 여기기 때문이다.⁶ 중앙 부위를 조금 남기고 자른 허파(擧肺)를 한 조각 올려 넣는 것은 시동이 먹을 때 먼저 드는 것이기 때문이다. 중앙 부위를 완전하게 끊어서 자른 허파(祭肺)를 세 조각 올려 넣는 것은 시동·주인·주부를 위한 것이기 때문이다. 고문본에는 '胖'이 모두 '辯'으로, '髀'는 모두 '脾'로 되어 있다. 금문본에 '並'은 모두 '併'으로 되어 있다. '升', 猶上也. 上右胖, 周所貴也. '髀不升', 近竅, 賤也. 肩·臂·臑, 肱骨也. 膞·骼, 股骨. 脊從前爲正. 脅旁中爲正. 脊先前, 脅先後, 屈而反, 猶器之綷也. '並', 併也. 脊脅骨多, 六體各取二骨併之, 以多爲貴. 舉肺一, 尸食所先舉也. 祭肺三, 爲尸·主人·主婦. 古文'胖'皆作'辯', '髀'皆作'脾'. 今文'並'皆爲'併'.

생체도牲體圖

양복(宋), 『의례도』

사사司士는 가마솥에서 삶은 돼지고기의 오른쪽 몸체를 건져 내어 돼지고기를 담는 세발솥에 올려서 넣는데, 넓적다리뼈(髀)는 넣지 않는다. 앞다리 뼈의 위쪽 부위(肩)·앞다리 뼈의 중앙 부위(臂)·앞다리 뼈의 아래쪽 부위(臑)·뒷다리 뼈의 위쪽 부위(膞)·뒷다리 뼈의 중앙 부위(骼)는 각각 뼈 한 조각씩을 올려서 넣고, 등뼈의 앞쪽 부위(正脊) 한 덩어리·등뼈의 중앙 부위(脡脊) 한 덩어리·등뼈의 뒤쪽 부위(橫脊) 한 덩어리·갈비뼈의 뒤쪽 부위(短脅) 한 덩어리·갈비뼈의 중앙 부위(正脅) 한 덩어리·갈비뼈의 앞쪽 부위(代脅) 한 덩어리를 올려서 넣는데, 등뼈와 갈비뼈는 모두 뼈 2조각씩을 한 덩어리로 삼아서 나란히 하여 올려 넣으며, 중앙 부위를 조금 남기고 자른 허파(舉肺) 한 조각, 중앙 부위를 완전하게 끊어서 자른 허파(祭肺) 세 조각을 올려서 넣는데, 이 모든 희생의 몸체는 하나의 세발솥(豕鼎) 안에 담는다.

司士升豕右胖, 髀不升. 肩·臂·臑·膊·骼, 正脊一·脡脊一·橫脊一· 短脅一·正脅一·代脅一, 皆二骨以並, 擧肺一·祭肺三, 實于一鼎.

정현주   돼지고기의 경우 창자와 위를 올려 넣지 않는 것은 군자는 개·돼지의 기름진 부위를 먹지 않기 때문이다.[7] 豕無腸胃, 君子不食溷腴.

[少牢饋食禮16 : 經 – 30]
옹인雍人은 돼지고기의 부드러운 껍질 부위(倫膚) 9조각을 하나의 세발솥(膚鼎) 안에 담는다.

雍人倫膚九, 實于一鼎.

정현주   '윤倫'은 가린다(擇)는 뜻이다. '부膚'는 옆구리의 껍질 고기이니, 그것을 가려서 맛있는 부위를 취한 것이다.[8] '倫', 擇也. '膚', 脅革肉, 擇之, 取美者.

[少牢饋食禮16 : 經 – 31]
사사는 또 생선과 말린 고기를 세발솥에 올려서 넣는다. 생선은 15마리를 하나의 세발솥(魚鼎) 안에 담고, 말린 고기는 좌우의 전체 몸체를 하나의 세발솥(腊鼎) 안에 담는데, 말린 고기는 큰사슴고기(麋)를 쓴다.[9]

司士又升魚·腊. 魚十有五而鼎, 腊一純而鼎, 腊用麋.

정현주 '사사는 또 올려서 넣는다'(司士又升)라고 할 때의 사사司士는 부관이다.[10] 좌우의 반쪽을 함께 올리는 것을 '순純'이라고 한다.[11] '순純'은 전체(全)라는 뜻과 같다. '司士又升', 副倅者. 合升左右胖曰'純'. '純'猶全也.

[少牢饋食禮16 : 經 - 32]
희생고기를 세발솥에 올려서 담는 일을 마치면,[12] 모든 세발솥의 양 귀를 가로막대로 꿰어 걸고 덮개보로 세발솥의 위를 덮은 후 들어서 묘문 밖의 동쪽에 머리 부분이 북쪽을 향하도록 하여 진설하는데, 북쪽을 윗자리로 삼는다.
卒脀, 皆設扃鼏, 乃擧, 陳鼎于廟門之外東方, 北面北上.

정현주 '머리 부분이 북쪽을 향하도록 하여 진설하는데, 북쪽을 윗자리로 삼는다'(北面北上)는 것은 묘문 안쪽을 향해 서로 뒤를 따르는 듯이 진설한다는 뜻이다.[13] 고문본에 '鼏'은 모두 '密'로 되어 있다. '北面北上', 鄕內相隨. 古文'鼏'皆爲'密'.

[少牢饋食禮16 : 經 - 33]
사궁司宮은 2통의 질그릇 술동이(甒)[14]를 동방東房과 실문(室戶) 사이에 진설하는데, 하나의 술동이 받침대(棜)[15] 위에 함께 올려놓으며, 모두 덮개보로 덮어 놓는다. 한 통의 술동이에는 물(玄酒)을 넣

는다.

司宮尊兩甒于房戶之間, 同棜, 皆有羃. 甒有玄酒.

정현주

'방과 호의 사이'(房戶之間)는 동방의 서쪽과 실문의 동쪽을 말한다. 어棜(술동이 받침대)는 다리가 없는 것이고, '금禁'(술동이 받침대)은 술을 경계한다는 뜻이다. 대부의 경우 다리를 없애고 이름을 '어棜'로 바꾸어 술동이를 넉넉하게 채우는 것은 술을 경계하지 않는 듯이 한다는 뜻이다. 고문본에는 '甒'가 모두 '廡'로 되어 있다. 금문본에는 '羃'이 '羃'으로 되어 있다. '房戶之間', 房西室戶東也. 棜無足, '禁'者, 酒戒也. 大夫去足改名, 優尊者, 若不爲之戒然. 古文'甒'皆作'廡'. 今文'羃'作'羃'.

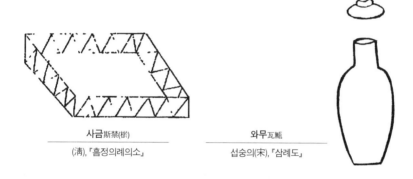

사금斯禁(棜)
(淸), 「흠정의례의소」

와무瓦甒
섭숭의(宋), 「삼례도」

[少牢饋食禮16 : 經-34]

사궁은 물받이 항아리(洗)의 동쪽에 물을 담아 둔 물 항아리(罍水)를 진설하는데, 물 항아리 위에는 구기(枓)를 얹어 놓는다. 물받이 항아리의 서쪽에는 대광주리(篚)를 진설하는데, 머리 부분이 북쪽을 향하고 꼬리 부분이 남쪽을 향하도록 하여 세로로 놓는다.

司宮設罍水于洗東, 有枓. 設篚于洗西, 南肆.

'구기'(枓)는 물을 뜨는 기구이다. 무릇 물을 진설할 때에는 물 항아리를 이용하고, 물을 부어서 손을 씻을 때에는 구기를 이용하니, 예禮가 여기에 있다.[16] '枓', 斟水器也. 凡設水用罍, 沃盥用枓, 禮在此也.

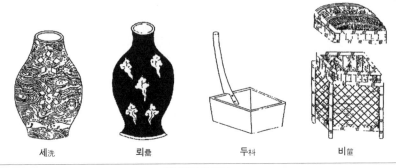

| 세洗 | 뢰罍 | 두枓 | 비篚 |

(淸),「흠정의례의소」

[少牢饋食禮16 : 經−35]

나무제기(豆)와 대나무제기(籩)를 방 안에 남쪽을 향하도록 하여 다시 진설하는데, 궤사饋食를 진설할 때와 동일한 방식으로 하고, 나무제기와 대나무제기 안에 음식을 채워 넣는다.

改饌豆·籩于房中, 南面, 如饋之設, 實豆·籩之實.

'개改'는 다시 진설한다(更)는 뜻이다. 음식을 채워 넣기 위해 다시 진설하는 것으로, 의식절차가 많은 것이다.[17] '궤사를 진설할 때와 동일한 방식으로 한다'(如饋之設)는 것은 궤사를 진설할 때처럼 좌우로 진설한다는 뜻이다. 궤사를 올릴 때에는 동쪽을 향하도록 하여 진설한다.[18] '改', 更也. 爲實之更之, 威儀多也. '如饋之設', 如其陳之左右也. 饋設東面.

소축小祝[19]은 물받이 그릇(槃)[20]·물 주전자(匜)[21]와 둥근 대광주리 (篹)[22]·수건(巾)을 서쪽 계단의 동쪽에 진설한다.

小祝設槃·匜與篹·巾于西階東.

정현주

시동이 장차 손을 씻어야 하기 때문이다. 爲尸將盥.

| 반槃 | 이匜 | 단篹 | 건巾 |

(淸), 『흠정의례의소』

1_ 5개의 세발솥을 진설하는데 : 5개의 세발솥은 羊鼎, 豕鼎, 魚鼎, 腊鼎, 膚鼎이다. 5개의 세발솥을 진설하는 것은 대부가 종묘제사를 지낸 때의 正禮이다. 「유사철」에서는 正祭 이후에 지내는 儐尸의 禮이기 때문에 예를 간략히 하여 羊鼎, 豕鼎, 魚鼎 등 3개의 세발솥만 진설한다. [유사철17 : 經-05] 참조.

2_ 3개의 세발솥은 ~ 놓는다 : 세발솥(鼎)을 고기를 삶는 가마솥(鑊)의 서쪽에 놓는 것은 가마솥에서 삶은 고기를 세발솥 안에 담으려는 것이다. 능정감은 『예경석례』에서 '鑊'(가마솥)을 다음과 같이 설명한다. "'희생의 몸체를 삶는 기물을 '鑊'이라 한다'(凡亨牲體之器曰'鑊'). 『주례』「춘관·大宗伯」에 '희생을 삶는 鑊을 살펴본다'(省牲鑊)고 하였는데, 이에 대해 정현은 '鑊은 희생을 삶는 기물이다'(鑊, 烹牲器也)라고 하였다. 또한 생선(魚)과 말린 고기(腊)도 가마솥에서 삶는다. 『주례』「천관·亨人」에 '亨人은 세발솥과 가마솥을 다스리는 일을 관장한다'(亨人掌共鼎鑊)고 하였는데, 이에 대해 정현은 '鑊은 육류와 생선·말린 고기를 삶는 기물이다. 다 익은 후에는 세발솥 안에 담아 놓는다'(鑊, 所以煮肉及魚腊之器. 旣孰, 乃脀於鼎)고 하였다." 『설문』에 "'鑊'은 鐪(솥)이다. '鐪'는 䰞이다. '䰞'은 큰 동이(大盆)이다'('鑊', 鐪也. '鐪', 䰞也. '䰞', 大盆也)라고 하였고, 『회남자』「說山訓」의 고유 주에는 "다리가 없는 것이 '鑊'이다"(無足曰'鑊')라고 하였다. 이에 따르면 '鑊'은 형태가 盆과 유사한데 다리가 없는 것이다. 그러므로 부뚜막 위에 올려놓고 물건을 삶을 수 있다. [經-24]의 '鑊' 그림 참조.

3_ 넓적다리뼈 : 희생을 뼈마디에 따라 자르고 나누어서 21體로 만드는 것을 '體解'라 하고, 21體의 각 부위의 명칭을 '體名'이라고 한다. 좌우 앞다리의 뼈(肱骨)를 각각 셋으로 나누면 肩(위쪽 부위)·臂(중앙 부위)·臑(아래쪽 부위)의 6體가 된다. 좌우 뒷다리의 뼈(股骨)를 각각 셋으로 나누면 肫(위쪽 부위)·胳(중앙 부위)·觳(아래쪽 부위)의 6體가 된다. 좌우의 갈비뼈(脅)를 각각 셋으로 나누면 代脅(앞쪽 부위)·正脅(중앙 부위)·短脅(뒤쪽 부위)의 6體가 된다. 등뼈(脊骨)를 셋으로 나누면 正脊(앞쪽 부위)·脡脊(중앙 부위)·橫脊(뒤쪽 부위)의 3體가 된다. 모두 21體이다. 능정감의 『예경석례』「儀禮釋牲上」에 따르면 희생의 왼쪽 몸체를 '左胖'이라 하고, 오른쪽 몸체를 '右胖'이라 하고, 앞쪽 몸체를 '肱骨' 혹은 '前脛骨'이라고 하고, 뒤쪽 몸체를 '股骨' 혹은 '後脛骨'이라고 한다. '肫'(뒷다리 뼈의 위쪽 부위)은 '膊'이라고도 하고, '胳'(뒷다리 뼈의 중앙 부위)은 '骼'이라고도 한다. 脊의 양 곁에 있는 것을 '脅' 또는 '胠'이나 '幹'이라고도 한다. '肩'(앞다리 뼈의 위쪽 부위)의 위를 '脛'(목덜미) 혹은 '脰'이라 한다. 肫(뒷다리 뼈의 위쪽 부위)의 아래를 '髀'(넓적다리뼈)라고 하고, 나머지를 '儀'라고 한다. 땅을 밟는 부위를 '蹄'(발굽)라 하고, 脊骨(등뼈)이 끝나는 곳을 '尻'(엉덩이뼈)라고 한다. 『삼례사전』, 1286~1287쪽 참조.

4_ 등뼈의 앞쪽 부위 한 덩어리 ~ 넣으며 : 이여규는 등뼈(脊)와 갈비뼈(脅)에 대해 앞에서 '한 덩어리'(一)라고 말한 것은 그것이 몸체(體)임을 보이기 위한 것이고, 뒤에서 '뼈 2조각을 한 덩어리로 삼아서 나란히 하여 올려 넣는다'(二以竝)고 한 것은 그

것이 뼈(骨)임을 보이기 위한 것이라고 하였다. 『의례정의』, 2254쪽 참조.

5_ '승'은 ~ 같다 : [사관례01 : 經-89]의 정현 주에 "세발솥에 담아 놓는 것을 '升'이라 한다"(在鼎曰升)고 하였다. '升'에는 아래로부터 위로 올라간다는 뜻이 있다.

6_ 등뼈와 갈비뼈는 ~ 때문이다 : 경문에서 열거한 앞다리 뼈의 위쪽 부위(肩)에서 갈비뼈의 앞쪽 부위(代脅)까지의 11體는 실제로는 ① 앞다리 뼈의 위쪽 부위(肩), ② 앞다리 뼈의 중앙 부위(臂), ③ 앞다리 뼈의 아래쪽 부위(臑), ④ 뒷다리 뼈의 위쪽 부위(膊), ⑤ 뒷다리 뼈의 중앙 부위(骼)의 5體에 등뼈(脊) 6體, 갈비뼈 6體를 합하여 모두 17體(骨)가 된다.

7_ 군자는 개·돼지의 ~ 때문이다 : 『예기』「少儀」의 문장인데, 이에 대해 정현은 "『주례』에는 '圂'이 '豢'으로 되어 있는데, 개와 돼지 등으로 쌀과 곡식을 먹는 가축을 가리킨다. '腴'(창자와 위 등 기름진 부위)는 인분과 유사한 것이다"(『周禮』圂'作'豢', 謂犬豕之屬, 食米穀者也. '腴', 有似於人穢)라고 하였다.

8_ '윤'은 ~ 것이다 : 고기의 곱고 부드러운 부위를 말한다. [공사대부례09 : 經-46]의 정현 주에서는 "'倫'은 '결'의 뜻으로, 섬세한 결이 미끄럽고 부드러운 것을 말한다('倫', '理'也, 謂精理滑脮者)고 하여 '倫'에 대한 해석이 이곳과 다르다. 아마도 '倫'은 '理'(결)로 해석하는 것이 타당할 듯하다. 『삼례사전』, 611쪽 참조.

9_ 말린 고기는 큰사슴고기를 쓴다 : 큰사슴고기(麋)를 사용하는 것은 大夫의 예이기 때문이다. 士의 경우에는 말린 고기로 토끼고기(兔)를 사용한다.

10_ '사사는 ~ 부관이다 : '副倅'은 贊者를 가리킨다. 아래의 [經-41]에서 '司士의 贊者 2인'이라고 하였으므로 司士 1인과 司士의 찬자 2인을 합하여 司士는 3인이 된다. 이 때문에 [經-48]에서 '司士 3인이 생선·말린 큰사슴고기·돼지고기의 껍질 부위를 올린다'고 한 것이다. 『의례정의』, 2257쪽, 호광충의 설 참조.

11_ 좌우의 ~ 한다 : 희생의 몸체는 반쪽을 '胖'이라고 하고, 전체를 '純'이라고 하는데, 이곳에서 좌우의 반쪽을 함께 올리기 때문에 '純'이라고 한 것이다. 楊天宇에 따르면 좌우의 몸체 전체를 통째로 올리는 것이 아니라 양고기·돼지고기와 마찬가지로 자르고 갈라서 올린다. 『의례역주』, 746쪽, 주 9) 참조.

12_ 희생고기를 ~ 마치면 : 경문의 '肴'에 대해서 학경은 "'肴'는 '烝'과 같은 뜻으로 '올린다'(升)는 뜻이다"라고 하였고, 장이기는 "'肴'는 희생고기를 세발솥에 올려서 담는다는 뜻인데, 희생제기(俎) 위에 올려놓는 것도 '肴'라고 한다"고 하였다. 『의례정의』, 2257쪽 참조.

13_ '머리 부분이 ~ 뜻이다 : 양고기를 담은 세발솥(羊鼎)을 가장 북쪽에 진설하고, 그 나머지를 차례대로 남쪽에 진설하는데, 머리 부분이 모두 북쪽을 향하여 묘문 안쪽을 향하고 있으므로 마치 서로 뒤를 따르는 듯한 형태가 된다.

14_ 질그릇 술동이 : '甒'는 술을 넣는 질그릇의 술동이로 '瓦大', '瓦甒'라고도 한다. 섭숭의(宋)의 『삼례도』에 인용된 『舊圖』에 따르면 醴酒를 넣는 醴甒는 질그릇으로 만드는데 용량이 5斗이며, 입구의 직경이 1척, 목 부분의 높이는 2촌이며, 아랫부분이

좁고 밑바닥은 평평하다고 한다.

15_ 술동이 받침대 : '棜'는 '棜禁' 혹은 '斯禁'이라고도 한다. 『예기』「玉藻」에 "대부의 경우 단독으로 진설하는 술동이는 棜를 사용하여 받쳐 놓고, 사의 경우 단독으로 진설하는 술동이는 禁을 사용하여 받쳐 놓는다"(大夫側尊, 用棜, 士側尊, 用禁)고 한 것에 대해 정현은 "'棜'는 斯禁이니, 다리가 없어 棜(갸자)와 유사함이 있다. 이 때문에 '棜'라고도 한다"고 하였다. '棜'는 본래 '갸자' 혹은 '架子'로서 희생·음식 등을 들고 나르는 들것의 일종으로 다리가 없다. 『예기』「禮器」에 "대부와 사는 어·금을 사용한다"(大夫士棜禁)라고 한 것에 대해서 공영달은 "대부는 棜를 사용하고, 사는 禁을 사용한다"(大夫用棜, 士用禁)고 해석하였다. 또한 정현은 『예기』「禮器」의 같은 경문에 대해 "棜는 斯禁이다. 그것을 '棜'라고 말하는 것은 다리가 없어서 棜(갸자)와 비슷하기 때문에 아마도 그렇게 명칭을 붙여 부른 듯하다. 대부는 斯禁을 사용하고, 사는 禁을 사용하는데, 오늘날의 方案(앉은뱅이책상)처럼 생겼다"(棜, 斯禁也. 謂之'棜'者, 無足, 有似於棜, 或因名云耳. 大夫用斯禁, 士用禁, 如今方案)고 하였다.

16_ 무릇 ~ 있다 : 물받이 항아리(洗)가 있으면 반드시 물 항아리(罍)가 있고, 물 항아리(罍)가 있으면 반드시 주두(枓)가 있는데, 다른 편에서는 이 3가지를 함께 말한 곳이 없다. 그러나 이 3가지를 갖추는 것이 행례의 절목이기 때문에 '예가 여기에 있다'고 말한 것이다.

17_ 음식을 ~ 것이다 : 앞의 [經-26]에서 司宮이 나무제기(豆)와 대나무제기(籩)를 방 안의 서쪽에 진설하였는데, 그 안에 음식을 채워 넣기 위해 다시 진설한다는 뜻이다. 저인량은 士의 경우에는 다시 바꾸어서 진실하지 않고 본래 있던 곳에서 음식을 채워 넣는다고 하였다. 『의례정의』, 2259쪽 참조.

18_ 궤사를 진설할 때와 ~ 진설한다 : 이여규는 "室의 서남쪽 모퉁이(奧)에 진설할 때와 동일한 방식으로 한다"(如設于奧時)라고 하였다. 즉 室의 서남쪽 모퉁이(奧) 시동 자리 앞에 대나무제기와 나무제기 안의 음식을 진설하여 올릴 때와 동일한 방식으로 한다는 뜻이다. 경문의 '饋'는 室 안에서 시동에게 올리는 豆·籩의 음식을 가리킨다. 그러나 室 안에서 제사를 지낼 때에는 室의 서남쪽 모퉁이(奧)에 자리를 펼쳐 놓고 동쪽을 향하도록 놓는데([經-38] 및 정현 주 참조), 이곳은 房 안에 진설하여 남쪽을 향하도록 놓기 때문에 향하는 방향은 다르다. 좌우로 진설하는 순서가 같을 뿐이다. 『의례정의』, 2260쪽 참조.

19_ 소축 : 小祝은 祝을 보좌하는 사람이다.

20_ 물받이 그릇 : '槃'은 손을 씻고 난 후 버리는 물을 담아 두는 기물을 말한다.

21_ 물 주전자 : '匜'는 세숫물을 받아 세수할 수 있도록 손에 따르는 기물을 말한다.

22_ 둥근 대광주리 : '簞'는 대나무로 만든 기물로, 원형이다. 『예기』「曲禮上」의 정현 주에 "'簞笥'는 밥을 담는 대광주리로, 둥근 것을 '簞'이라고 하고, 네모난 것을 '笥'라고 한다"('簞笥', 盛飯食者, 圓曰'簞', 方曰'笥')고 하였다. '簞'과 '笥'는 對文으로 쓰면 다른 것이지만, 散文으로 쓰면 서로 통용된다.

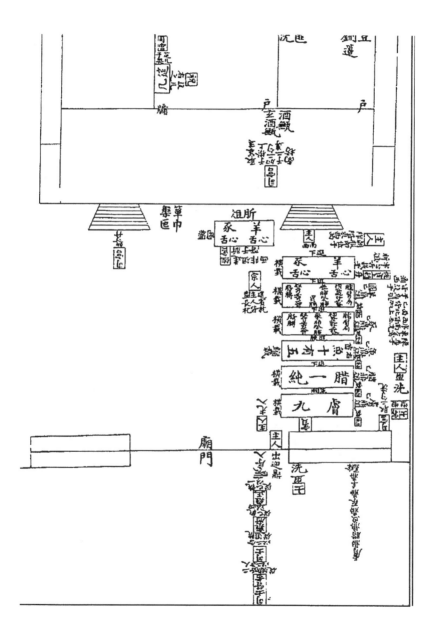

經–37에서 經–50까지는 제사를 지내기 위해서 자리로 나이가고, 안석을
진설하고, 술 국자를 올려놓고, 희생제기 위에 희생고기를 올려놓는 등의
절차이다.

[少牢饋食禮16 : 經 – 37]

주인은 조복을 착용하고 조계 동쪽의 위치로 나아가 서쪽을 향해
선다.

主人朝服卽位于阼階東, 西面.

정 현 주　　　　　장자 제사를 지내기 위함이다. 爲將祭也.

[少牢饋食禮16 : 經 – 38]

사궁司宮은 실의 서남쪽 모퉁이에 머리 부분이 동쪽을 향하도록
하여 신의 자리(筵)[1]를 펼쳐 놓고, 축祝은 자리 위의 오른쪽에 안석
(几)을 진설한다.

司宮筵于奧, 祝設几于筵上, 右之.

정 현 주　　　　　신의 자리를 펼쳐서 진설하는 것이다. 실室 안의 서남쪽
모퉁이를 '오奧'라고 한다. 자리는 머리 부분이 동쪽을 향하고 있으므로, 남
쪽에 가까운 곳이 오른쪽이 된다. 布陳神坐也. 室中西南隅謂之'奧'. 席東面近南
爲右.

궤几

(淸), 『흠정의례의소』

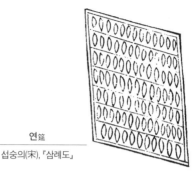

연筵

섭숭의(宋), 『삼례도』

[少牢饋食禮16 : 經 – 39]

주인은 묘문 밖으로 나가서 세발솥을 맞이하는데, 솥의 덮개보를
벗긴다. 사士²는 손을 씻은 후 세발솥을 든다. 주인이 먼저 묘문 안
으로 들어와서 인도한다.

主人出迎鼎, 除鼏. 士盥, 擧鼎. 主人先入.

정현주 인도하는 것이다. 주인은 손을 씻지도 않고, 세발솥을 들
지도 않는다. 道之也. 主人不盥不擧.

[少牢饋食禮16 : 經 – 40]

사궁은 2개의 술 국자를 대광주리 안에서 꺼내어 씻고, 2개의 술
국자를 함께 잡고서 당 위로 올라가 2통의 술동이의 뚜껑(蓋)과 덮
개보(冪)³를 벗긴 후 술동이 받침대(棜) 위에 놓는다. 이어서 2개의
술 국자를 2통의 술동이 위에 엎어서 얹어 놓는데, 자루가 남쪽을
향하도록 하여 놓는다.

司宮取二勺于篚, 洗之, 兼執以升, 乃啓二尊之蓋冪, 奠于棜上. 加
二勺于二尊, 覆之, 南柄.

'2통의 술동이'(二尊)는 동방과 실문 사이에 진설했던 2통
의 질그릇 술동이를 가리킨다. 금문본에는 '啓'가 '開'로 되어 있다. 고문본에
는 '柄'이 모두 '枋'으로 되어 있다. '二尊', 兩甒也. 今文'啓'爲'開'. 古文'柄'皆爲'枋'.

[少牢饋食禮16 : 經−41]

세발솥이 순서대로 묘문 안으로 들어온다.[4] 옹정雍正[5]은 1개의 숟
가락을 들고 세발솥을 든 사람의 뒤를 따라 묘문 안으로 들어온
다. 옹부雍府[6]는 4개의 숟가락을 들고 옹정의 뒤를 따라 묘문 안으
로 들어온다. 사사司士는 2개의 희생제기를 합쳐서 들고 옹부의 뒤
를 따라 묘문 안으로 들어온다. 사사의 찬자贊者 2인은 모두 각자
2개의 희생제기를 합쳐서 들고 사사를 도우면서 사사의 뒤를 따라
묘문 안으로 들어온다.[7]

鼎序入. 雍正執一匕以從. 雍府執四匕以從. 司士合執二俎以從. 司
士贊者二人, 皆合執二俎以相, 從入.

'상相'은 돕는다(助)는 뜻이다. '相', 助.

[少牢饋食禮16 : 經−42]

세발솥을 뜰의 동쪽에 진설하는데, 당 위 동쪽 벽(東序)[8]과 마주하

도록 하여 남쪽으로 물받이 항아리의 서쪽에 놓으며, 북쪽을 윗자리로 삼아 모두 머리 부분이 서쪽을 향하도록 하여 놓는데, 돼지고기의 껍질 부위를 담은 세발솥(膚鼎)이 가장 아랫자리에 놓인다.[9] 숟가락은 모두 세발솥의 위에 얹어 놓는데, 손잡이 부분이 동쪽을 향하도록 하여 놓는다.

陳鼎于東方, 當序, 南于洗西, 皆西面北上, 膚爲下. 匕皆加于鼎, 東枋.

돼지고기의 껍질 부위를 담은 세발솥이 가장 아래에 놓이는 것은 부가해서 담는 것이기 때문이다.[10] '남쪽으로 물받이 항아리의 서쪽에 놓는다'(南于洗西)는 것은 물받이 항아리의 서남쪽에 진설한다는 뜻이다. 膚爲下, 以其加也. '南于洗西', 陳於洗西南.

희생제기(俎)는 모두 세발솥(鼎)의 서쪽에 진설하는데, 머리 부분이 서쪽을 향하도록 하여 세로로 놓는다.[11] 기조胏俎[12]는 양고기를 올려놓는 희생제기(羊俎)의 북쪽에 진설하는데, 또한 머리 부분이 서쪽을 향하도록 하여 세로로 놓는다.

俎皆設于鼎西, 西肆. 胏俎在羊俎之北, 亦西肆.

기조를 북쪽에 진설하는 것은 장차 가장 먼저 음식을 올려야 하기 때문이다. 그것을 진설하는 문장을 다르게 표현한 것은 세발솥과 마주하도록 진설하지 않기 때문이다.[13] 胏俎在北, 將先載也. 異其設文, 不當鼎.

[少牢饋食禮16 : 經 - 44]

종인宗人은 빈들에게 주인이 있는 곳으로 나아가게 한다.¹⁴ 빈들은
모두 물받이 항아리로 가서 손을 씻는다. 장빈長賓이 먼저 숟가락
으로 세발솥에서 희생고기를 건져 낸다.¹⁵

宗人遣賓就主人. 皆盥于洗. 長朼.

정현주   '장비長朼'는 장빈長賓이 먼저 희생고기를 건져 내고, 차
빈次賓이 뒤에 건져 낸다는 뜻이다. 주인은 직접 숟가락으로 세발솥 안의 희
생고기를 건져 내지 않는데, '주인이 있는 곳으로 나아가게 한다'(就主人)고
말한 것은 직접 임한다는 뜻을 밝힌 것이다. 고문본에는 '朼'가 '匕'로 되어 있
다. '長朼'者, 長賓先, 次賓後也. 主人不朼, 言'就主人'者, 明親臨之. 古文'朼'作'匕'.

[少牢饋食禮16 : 經 - 45]

좌식佐食 중 상리上利¹⁶는 양고기 · 돼지고기(牢)¹⁷의 염통과 혀를 세
발솥 안에서 건져 내어 기조肵組 위에 올려놓는다. 양고기와 돼지
고기의 염통 모두 아래쪽 뿌리 부분을 평평하게 잘라내고 위쪽 끝
부분도 자르는데,¹⁸ 위쪽 부분은 한 번은 가로로 한 번은 세로로 자
르지만 중앙 부위는 조금 남겨두어 완전히 잘라내지는 않는다. 그
것을 기조 위에 올려놓을 때에는 위쪽 끝 부분이 위로 가게 한다.
양고기와 돼지고기의 혀 모두 아래쪽 뿌리 부분과 위쪽 끝 부분을
자르며, 마찬가지로 위쪽 부분은 한 번은 가로로 한 번은 세로로
자르는데 중앙 부위는 조금 남겨두고 완전히 잘라내지는 않는다.
그것을 기조 위에 올려놓을 때에는 가로로 놓는다. 염통과 혀 모

두 처음 부뚜막에서 삶고 익힐 때처럼 자르고 가른다.

佐食上利升牢心·舌, 載于肵俎. 心皆安下切上, 午割勿沒. 其載于
肵俎, 末在上. 舌皆切本末, 亦午割勿沒. 其載于肵, 橫之. 皆如初爲
之于爨也.

정현주
'뢰牢'는 양고기와 돼지고기를 가리킨다. '안安'은 평평하
다(平)는 뜻이다. 그 뿌리 부분을 평평하게 자르는 것은 올려놓기에 편리하
기 때문이다. 무릇 자를 때에는 아래쪽 뿌리 부분과 위쪽 끝 부분을 잘라내
는데, 음식은 반드시 바르게 잘라 있어야 하기 때문이다.[19] '오할午割'은 끊을
수 있을 만큼 잘라 놓는 것을 말한다.[20] '완전히 자르지 않는다'(勿沒)는 것은
잘라진 조각들이 흩어지기 때문이다. '기肵'라는 글자는 공경한다(敬)는 뜻으
로, 시동을 공경하기 위한 것이다. 주나라의 예제에서는 제사를 지낼 때에
는 허파(肺)를 숭상하고,[21] 시동을 섬길 때에는 염통과 혀를 숭상하였다. 염
통과 혀는 맛을 관장한다. 금문본에는 '切'이 모두 '刌'으로 되어 있다. '牢',
羊·豕也. '安', 平也. 平割其下, 於載便也. 凡割本末, 食必正也. '午割', 使可絶也.
'勿沒', 爲其分散也. '肵'之爲言敬也, 所以敬尸也. 周禮祭尙肺, 事尸尙心舌. 心舌知
滋味. 今文'切'皆爲'刌'.

[少牢饋食禮16 : 經−46]

좌식佐食 중의 상리上利(上佐食)[22]는 기조肵俎를 조계의 서쪽으로 옮
겨 진설하는데 머리 부분이 서쪽을 향하도록 하여 세로로 놓은(西
縮)[23] 후 조계의 동쪽으로 되돌아온다. 좌식은 2인이다.[24] 그중의
상리上利(上佐食)는 양고기를 희생제기 위에 올려놓는데 오른쪽 몸

체를 진설하고, 넓적다리뼈(髀)는 올리지 않는다. 앞다리 뼈의 위쪽 부위(肩)·앞다리 뼈의 중앙 부위(臂)·앞다리 뼈의 아래쪽 부위(臑)·뒷다리 뼈의 위쪽 부위(膊)·뒷다리 뼈의 중앙 부위(骼)는 각각 뼈 한 대씩을 올려놓고, 등뼈의 앞쪽 부위(正脊) 한 덩어리·등뼈의 중앙 부위(脡脊) 한 덩어리·등뼈의 뒤쪽 부위(橫脊) 한 덩어리·갈비뼈의 뒤쪽 부위(短脅) 한 덩어리·갈비뼈의 중앙 부위(正脅) 한 덩어리·갈비뼈의 앞쪽 부위(代脅) 한 덩어리를 올리는데, 등뼈와 갈비뼈는 모두 뼈 2조각을 한 덩어리로 삼아서 나란히 하여 올려놓는다. 창자(腸) 세 마디와 위(胃) 세 조각은 길이가 모두 희생제기의 가로 막이까지 늘어지게 올려놓으며, 중앙 부위를 조금 남기고 자른 허파(擧肺) 한 조각은 길이가 허파의 길이를 다해서 올려놓으며, 중앙 부위를 완전하게 끊어서 자른 허파(祭肺) 3조각은 모두 잘라서 올려놓는다. 앞다리 뼈의 위쪽 부위(肩)·앞다리 뼈의 중앙 부위(臂)·앞다리 뼈의 아래쪽 부위(臑)·뒷다리 뼈의 위쪽 부위(膊)·뒷다리 뼈의 중앙 부위(骼)는 희생제기의 좌우 양쪽 끝 부분에 나누어서 올려놓고, 등뼈(脊)·갈비뼈(脅)·허파(肺)는 희생제기의 중앙에 올려놓고, 앞다리 뼈의 위쪽 부위(肩)는 희생제기의 상단(왼쪽 끝부분)에 올려놓는다.[25]

佐食遷肵俎于阼階西, 西縮, 乃反. 佐食二人. 上利升羊, 載右胖, 髀不升. 肩·臂·臑·膊·骼. 正脊一, 脡脊一, 橫脊一, 短脅一·正脅一·代脅一, 皆二骨以並. 腸三·胃三, 長皆及俎拒, 擧肺一, 長終肺, 祭肺三, 皆切. 肩·臂·臑·膊·骼, 在兩端, 脊·脅·肺, 肩在上.

정현주　　　세발솥에 올려서 담을 때에는 존비에 따라서 담고, 희생제기 위에 올려놓을 때에는 몸체의 순서에 따라서 진설하는 것이니, 각각 합당한 도리가 있다. '거拒'는 '개거介距'라고 할 때의 '거距'(다리)의 뜻으로 읽는다. '조거俎距'는 희생제기 다리의 중앙으로서, 다리와 다리를 이은 가로마디에 해당한다.[26] 무릇 희생 몸체의 수와 진설하는 법도가 여기에서 갖추어진다. 升之以尊卑, 載之以體次, 各有宜也. '拒'讀爲'介距'之'距'. '俎距', 脛中當橫節也. 凡牲體之數及載, 備於此.

[少牢饋食禮16 : 經 - 47]

좌식 중의 하리下利(下佐食)는 돼지고기를 희생제기 위에 올려놓는데, 양고기를 올릴 때와 동일한 절차로 하지만 창자와 위는 올리지 않는다. 희생의 몸체를 희생제기 위에 올려놓을 때에는 모두 뼈의 아래쪽 부위가 앞쪽을 향하도록 하여 올린다.[27]

下利升豕, 其載如羊, 無腸·胃. 體其載于俎, 皆進下.

정현주 '아래쪽 부위가 앞쪽을 향하도록 올린다'(進下)는 것은 살아 있는 사람에게 올리는 경우와 달리하는 것이다. 신명과 교접하기 위한 것은 감히 식사의 도리로 하지 않으니 공경함이 지극한 것이다. 「향음주례」에서 "위쪽 부위(膉)가 앞쪽을 향하도록 진설한다"[28]고 하였는데, 여기서는 양고기는 그 몸체를 순서대로 진설하고, 돼지고기의 경우 아래쪽 부위가 앞쪽을 향하도록 올린다고 말하였으니, 호문互文으로 서로 상관해서 보아야한다. '進下', 變於食生也. 所以交於神明, 不敢以食道, 敬之至也. 「鄕飮酒禮」"進膉", 羊次其體, 豕言進下, 互相見.

사사司士 3인은 생선(魚)·말린 큰사슴고기(腊)·돼지고기의 껍질
부위(膚)를 희생제기 위에 올려놓는다. 생선은 15마리의 붕어(鮒)
를 사용하여 하나의 희생제기 위에 올려놓는데, 세로로 놓으며, 머
리가 오른쪽을 향하도록 하고, 뱃살이 앞쪽을 향하도록 하여 올려
놓는다.

司士三人, 升魚·腊·膚. 魚用鮒, 十有五而俎, 縮載, 右首, 進腴.

정현주   '머리가 오른쪽을 향하도록 하고, 뱃살이 앞쪽을 향하도
록 하여 올려놓는다'(右首進腴)는 것은 역시 살아 있는 사람에게 올리는 것과
달리하는 것이다. 「유사철」에서는 생선을 올릴 때에는 가로로 진설한다고
하였고,[29] 『예기』 「소의」에서는 "조미된 생선을 내놓을 때에는 꼬리가 앞쪽을
향하도록 하여 놓는다"라고 하였다. '右首進腴', 亦變於食生也. 「有司」載魚橫之,
「少儀」曰, "羞濡魚者進尾."

말린 큰사슴고기(腊)는 좌우 몸체 전체를 하나의 희생제기 위에 올
려놓는데,[30] 또한 뼈의 아래쪽 부위가 앞쪽을 향하도록 하여 놓고,
앞다리 뼈의 위쪽 부위(肩)는 희생제기의 상단(왼쪽 끝부분)에 올려놓
는다.[31]

腊一純而俎, 亦進下, 肩在上.

정현주   양고기와 돼지고기를 진설할 때와 동일한 방식으로 한

다. 무릇 말린 큰사슴고기(腊)의 몸체를 올려놓는 법식이 이 경문에 있다. 如
羊豕. 凡腊之體, 載禮在此.

[少牢饋食禮16 : 經 – 50]
돼지고기의 껍질 부위(膚)는 9조각을 하나의 희생제기 위에 올려
놓는데 또한 가로로 올려놓고, 껍질이 한 조각 한 조각 순서에 따
라 행렬을 이루도록 배열한다.
膚九而俎, 亦橫載, 革順.

정현주   희생제기 위에 나열하여 올려놓아서 그 껍질이 서로 순
서를 따르도록 하는 것이다.[32] '또한'(亦)이라는 것은 돼지고기의 뼈와 몸체
를 올려놓을 때와 동일한 방식으로 한다는 뜻이다. 列載於俎, 令其皮相順. 亦
者, 亦其骨體.

1_ 자리 : '筵'은 대나무나 부들로 엮어서 만든다. '筵'과 '席'의 두 글자는 통용된다. 다만 對文으로 쓰일 경우에는 서로 구별되는데, 筵은 땅에 까는 것이고 席은 그 위에 펼쳐 놓는 것이다. 筵은 크고, 席은 적다. 『삼례사전』, 935쪽 및 [사관례01 : 經-33] 의 주석 46) 참조.

2_ 사 : 호배휘에 의하면 이곳의 '士'는 有司 등을 가리킨다. 『의례정의』, 2261쪽 참조.

3_ 뚜껑과 덮개보 : 오계공은 『의례집설』 권15에서 "'蓋'는 술동이의 덮개보이다"(蓋, 尊之冪也)라고 하여 '蓋'와 '冪'을 한가지 물건으로 보았다. 그러나 학경은 '蓋'는 술동이의 뚜껑이고, '冪'은 수건이라고 하였고(蓋, 尊蓋, 冪, 巾也), 성세좌도 『의례집편』 권37에서 "'蓋冪'은 뚜껑과 덮개보이다. 제사를 지낼 때의 술동이는 덮고 또 가리니, 다른 술동이의 경우와 다르다"('蓋冪'謂蓋與冪也. 凡祭祀之尊, 蓋而又冪, 與他尊)라고 하여 '蓋'와 '冪'을 두 가지의 물건으로 보았다. 이곳에서는 일단 성세좌의 설에 따라 번역하겠다.

4_ 세발솥 ~ 들어온다 : 5개의 세발솥이 순서대로 묘문 안으로 들어오는데, 양고기를 담은 세발솥(羊鼎)부터 들어온다.

5_ 옹정 : '雍正'은 體名과 肉物을 변별하는 일을 관장하는 사람이다. [유사철17 : 經-19] 의 정현 주 참조. 호광충의 『의례석관』에 의하면 官의 우두머리는 모두 '正'이라고 하는데, 雍正은 곧 雍人의 우두머리이다. '雍'은 '饔'의 글자와 통한다.

6_ 옹부 : '雍府'는 雍正의 속관이다.

7_ 옹부는 4개의 ~ 들어온다 : 가마솥마다 1개의 순가락과 1개의 희생제기를 세트로 갖춘다. 司士는 2개의 희생제기를 합쳐서 들고, 사사의 贊者 2인도 2개의 희생제기를 합쳐서 들고 들어오기 때문에 6개의 희생제기가 된다. 가마솥은 5개인데 희생제기가 6개가 되는 것은 이 가운데 1개의 희생제기는 시동이 먹고 남은 음식을 올려놓는 肵俎이기 때문이다.

8_ 당 위 동쪽 벽 : 堂上에서 東堂과 西堂을 가로막는 벽을 '序'라고 한다. 동쪽에 있는 것이 '東序'이다.

9_ 모두 머리 부분이 ~ 놓인다 : 羊鼎이 가장 북쪽에 있고, 豕鼎, 魚鼎, 腊鼎, 膚鼎을 북쪽에서 남쪽으로 순서대로 진설한다.

10_ 돼지고기의 ~ 때문이다 : 양고기(羊)·생선(魚)·말린 큰사슴고기(腊)는 각각 羊鼎·魚鼎·腊鼎에 담아 놓고 그 밖에 따로 세발솥이 없는데, 돼지고기(豕)의 경우에는 돼지고기를 담는 豕鼎이 있고 또 별도로 돼지고기의 껍질 부위(膚)를 올려놓는 膚鼎이 있다. 이 때문에 '부가해서 담는 것'(加)이라고 한 것이다. 일설에 "세발솥의 음식물은 장차 희생제기 위에 올려놓는다. 『예기』 「祭統」에 '희생제기 위에 올려놓는 것은 뼈를 위주로 한다'(凡爲俎者, 以骨爲主)고 하였는데, 돼지고기의 껍질 부위(膚)에는 뼈가 없기 때문에 아랫자리에 놓이는 것이다"라고 하였다. 『의례정의』, 2262쪽 참조.

11_ 희생제기는 ~ 놓는다 : 희생제기를 세발솥의 서쪽에 진설하는 것은 고기를 올려

놓기 편리하도록 하기 위함이다. 5개의 희생제기마다 모두 세발솥의 짝이 있기 때문에 각각 5개의 세발솥의 서쪽에 진설하는데, 시동이 먹고 남은 음식을 올려 놓는 肵俎는 짝이 따로 없기 때문에 단독으로 양고기를 올려놓는 희생제기(羊俎)의 북쪽에 진설한다. 성세좌는 "세발솥은 머리 부분이 서쪽을 향하도록 하여 진설하는데([經-42]), 희생제기 역시 머리 부분이 서쪽을 향하도록 하여 진설한다. 따라서 희생제기는 세발솥을 기준으로 세로 방향이 된다"(鼎西面, 俎亦西肆. 則俎於鼎爲縮也)라고 하였다. 『의례정의』, 2263쪽 및 앞의 『흠정의례의소』, 「卽位筵几實鼎圖」 참조.

12_ 기조 : '肵俎'는 시동을 공경하는 뜻으로 진설하는 희생제기이다. 시동이 먹고 남은 음식도 肵俎 위에 올려놓는데, 禮가 완성되면 시동에게 보내준다. 이곳에서는 희생의 염통과 혀를 올려놓는 희생제기를 말한다.

13_ 그것을 ~ 때문이다 : '희생제기는 세발솥의 서쪽에 진설한다'고 말했는데, 다시 별도로 '시동이 먹고 남은 음식을 올려놓는 肵俎는 양고기를 올려놓는 희생제기(羊俎)의 북쪽에 진설한다'고 말한 것은 5개의 희생제기는 모두 세발솥과 마주하도록 진설하지만 肵俎는 세발솥과 마주하여 진설하지 않고 단독으로 진설되기 때문에 그 진설방식의 문장을 달리 표현하지 않을 수 없는 것이다. 『의례정의』, 2263쪽 참조.

14_ 종인은 ~ 한다 : 이때 賓들의 위치는 묘문의 동쪽이므로 물받이 항아리(洗)와 거리가 멀고, 主人은 阼階의 아래에 있기 때문에 물받이 항아리와의 거리가 가깝다. 이 때문에 賓들을 주인의 위치로 나아가도록 해서 물받이 항아리에서 손을 씻기 편리하도록 하는 것이다.

15_ 장빈이 ~ 꺼낸다 : 빈들은 손을 다 씻은 후 차례대로 5개의 세발솥의 동쪽으로 가서 서쪽을 향해 숟가락으로 세발솥 안의 희생고기를 꺼낸다. 이곳 경문의 '朼'는 동사로서, '숟가락으로 건져 낸다'는 뜻이다.

16_ 좌식 중의 상리 : 오정화는 "利는 곧 佐食이다. 佐食의 우두머리가 上佐食이고, 다음이 下佐食이다. '上利'는 '上佐食'이라는 말과 같다"고 하였다. 『의례정의』, 2265쪽 참조.

17_ 양고기·돼지고기 : 희생은 한 가지를 갖출 때에는 '特'이라 하고, 두 가지를 갖출 때에는 '牢'라고 한다. 士禮인 「특생궤사례」에서는 肵俎 위에 돼지고기(豕)의 염통과 혀만 올려놓는데, 大夫의 禮인 이곳에서는 양고기와 돼지고기의 염통과 혀를 모두 갖추고 있기 때문에 '牢'라고 표현한 것이다. 『의례정의』, 2265쪽 참조.

18_ 양고기와 ~ 자르는데 : 경문의 '本'은 아래쪽 뿌리 부분, '末'은 위쪽 끝 부분을 가리킨다. 염통(心)은 희생제기 위에 세워서 올려놓는데, 아래쪽 뿌리를 평평하게 자르면 세울 수 있다. 『의례정의』, 2265쪽 참조.

19_ 음식은 반드시 ~ 때문이다 : 『논어』 「鄕黨」에 "자른 것이 바르지 않으면 먹지 않았다"(割不正, 不食)고 하였다.

20_ '오할'은 ~ 말한다 : [특생궤사례15 : 記-11]의 정현 주에는 "'午割'은 가로 세로로
베는 것인데, 또한 완전히 끊어지지 않도록 하는 것을 말한다"('午割', 從橫割之, 亦
勿沒)고 하였는데, 이는 자르는 형태를 가지고 말한 것이고, 이곳의 경문은 그 의
미를 가지고 말한 것이다. 『의례정의』, 2265쪽 참조.

21_ 주나라의 ~ 숭상하고 : 『예기』 「明堂位」에 "유우씨는 머리(首)로 고수레를 하였
고, 하우씨는 염통(心)으로 고수레를 하였고, 은나라는 肝으로 고수레를 하였고,
주나라는 허파(肺)로 고수레를 하였다"(有虞氏祭首, 夏后氏祭心, 殷祭肝, 周祭肺)고
하였다.

22_ 좌식 중의 상리 : 성세좌는 경문에서 '佐食'이라고 하여 '上利' 두 글자가 없는 것은
생략된 문장이라고 하였다. 『의례정의』, 2265쪽 참조.

23_ 서쪽을 향하도록 ~ 놓은 : 경문의 '西縮'에 대해서 오계공은 '西肆' 즉 '서쪽을 향하
여 진설한다'는 뜻으로 해석하였다. 학경은 "'西縮'은 남북으로 세로 방향으로 진설
하고, 희생제기의 머리 부분이 서쪽을 향하도록 하는 것"이라고 하였다. 즉 머리
부분이 서쪽을 향하도록 하여 남북(세로)으로 놓는다는 뜻이다. 『의례정의』, 2265
쪽 참조.

24_ 좌식은 2인이다 : 호배휘에 의하면 먼저 '佐食 2인'이라고 말한 것은 佐食에는 上利
와 下利가 있기 때문에 발단을 삼은 것이라고 한다. 『의례정의』, 2266쪽 참조.

25_ 앞다리 뼈의 위쪽 부위 ~ 올려놓는다 : 호배휘는 "희생제기를 上端과 下端으로 나
눌 때, 왼쪽 끝 부분(左端)이 上端, 오른쪽 끝 부분(右端)이 下端이 된다. 주나라 사
람들은 희생의 앞쪽 몸체를 귀하게 여겼다. 앞다리 뼈의 위쪽 부위(肩)·앞다리 뼈
의 중앙 부위(臂)·앞다리 뼈의 아래쪽 부위(臑)는 앞쪽의 몸체이므로 희생제기의
상단(왼쪽 끝 부분)에 올려놓고, 뒷다리 뼈의 위쪽 부위(膞)·뒷다리 뼈의 중앙 부
위(骼)는 뒤쪽의 몸체이므로 희생제기의 하단(오른쪽 끝 부분)에 올려놓는다. 등
뼈(脊)와 갈비뼈(脅)는 몸체의 중앙 부위이고, 창자와 위는 몸체의 내부기관이므
로 모두 희생제기의 중앙에 올려놓는다"고 하였다. 장이기는 '肺' 아래의 '肩'은 衍
文이라고 본다. 그러나 성세좌는 장이기가 구두점을 잘못 찍었다고 비판한다.
"'肩·臂·臑·膞·骼, 在兩端'에서 구두를 끊고, '脊·脅·肺'에서 구두를 끊고, '肩在上'
에서 구두를 끊으면, 이 세 가지를 언급한 것은 희생제기 위에 올려놓는 순서를 분
명히 하기 위한 것이다. '앞다리 뼈의 위쪽 부위(肩)·앞다리 뼈의 중앙 부위(臂)·
앞다리 뼈의 아래쪽 부위(臑)·뒷다리 뼈의 위쪽 부위(膞)·뒷다리 뼈의 중앙 부위
(骼)는 희생제기의 좌우 양쪽 끝 부분에 나누어서 올려놓는다'라고 하였으므로, 등
뼈(脊)·갈비뼈(脅)·허파(肺)를 희생제기의 중앙에 놓는다는 것은 분명하다. 등
뼈·갈비뼈·허파를 언급하면서 그 위치를 말하지 않은 것은 말하지 않아도 알 수
있기 때문이다. '창자와 위'를 언급하지 않은 것은 문장이 생략된 것이다. 희생제
기의 끝 부분에는 상단(왼쪽 끝 부분)과 하단(오른쪽 끝 부분)이 있다. 그러므로
또다시 '앞다리 뼈의 위쪽 부위(肩)는 희생제기의 상단에 올려놓는다'(肩在上)라고

말하여 구별한 것이다. '앞다리 뼈의 위쪽 부위는 희생제기의 상단에 올려놓는다'(肩在上)라고 말하였으므로, 앞다리 뼈의 중앙 부위(臂)와 앞다리 뼈의 아래쪽 부위(臑)는 앞다리 뼈의 위쪽 부위(肩)를 따라서 모두 희생제기의 상단에 있고, 뒷다리 뼈의 위쪽 부위(膞)와 뒷다리 뼈의 중앙 부위(骼)는 그 하단에 있음을 알 수 있다." 성세좌의 설에 따라서 경문을 번역하기로 하겠다. 『의례정의』, 2266쪽 참조.

26_ '거'는 '개거'라고 ~ 해당한다 : 『설문』에 "'距'는 雞距이다"(距, 雞距也)라고 하고, 『회남자』의 고유 주에 "距'는 '爪'의 뜻이다"(距, 爪也)라고 하였으니, 이때의 '距'는 닭의 발(雞足)을 가리킨다. 이에 의거해서 정현은 '距'를 '희생제기의 다리'로 해석한 것이다. 그러나 닭발은 『예기』 「明堂位」에 "희생제기로 梡과 嶡을 사용한다"(俎用梡嶡)고 한 것에 대해 정현은 '鷄距'는 다리의 아래에 있고, '俎距'는 다리의 중앙에 있기 때문에 정현은 다시 "'俎距'는 희생제기 다리의 중앙으로서, 다리와 다리를 이은 가로마디에 해당한다"고 한 것이다. 『예기』 「明堂位」에 "희생제기로 梡과 嶡을 사용한다"(俎用梡嶡)고 한 것에 대해 정현은 "'梡'은 처음으로 4개의 다리가 있는 희생제기이다. '嶡'은 그 다리를 가로막는 것이다"(梡, 始有四足也, 嶡爲之距)라고 하였고, 賀循은 "단지 다리만 있는 것을 '梡'이라 하고 다리와 중앙의 가로막대를 얹은 것을 '嶡'이라 한다"(直有脚曰梡, 加脚, 中央橫木曰嶡)고 하였다.

완조梡俎 　　　　 궐조嶡俎

섭숭의(宋), 『삼례도』

27_ 뼈의 아래쪽 부위가 ~ 올린다 : 장이기는 "살아 있는 사람에게 음식을 대접하는 법은 膹를 올리는 것이다. '膹'는 뼈의 위쪽 부위(本)이고, '下'는 뼈의 아래쪽 부위(末)이다. '進下'는 뼈의 아래쪽 부위가 귀신을 향하도록 하는 것이다"(食生人之法進膹. '膹', 骨之本, '下', 骨之末. '進下'者, 以骨之末向神也)라고 하였고, 성세좌는 "희생의 몸체마다 각각 本과 末이 있는데, 앞다리 뼈(臂)를 예로 들어 말하면, 위쪽 부위(肩)에 가까운 곳이 本이고, 아래쪽 부위(臑)에 가까운 곳이 末이다"라고 하였다. 『의례정의』, 2269쪽 참조.

28_ 위쪽 부위가 ~ 진설한다 : [향음주례04 : 記-09] 참조.

29_ 「유사철」에서는 ~ 하였고 : [유사철17 : 經-38] 참조.

30_ 말린 큰사슴고기는 ~ 올려놓는데 : 말린 큰사슴고기도 마찬가지로 몸체를 자르고 갈라서 올려놓는데, 양고기와 돼지고기의 경우 오른쪽 몸체만 올려놓아 11體가 되는 것에 비해, 말린 큰사슴고기는 좌우의 몸체를 함께 올려놓아 19體가 된다.

31_ 앞다리 뼈의 위쪽 부위는 ~ 올려놓는다 : 앞쪽의 몸체와 뒤쪽의 몸체를 희생제기의 兩端 즉 왼쪽 끝부분(上端)과 오른쪽 끝부분(下端)에 나누어 올려놓고, 등뼈(脊)와 갈비뼈(脅)는 희생제기의 중앙에 올려놓는 것이다. [經-46]의 주석 25) 참조.

32_ 희생제기 ~ 것이다 : 껍질(革)이 서로 나란히 행렬을 이루게 올려놓아서 뒤섞이지 않게 한다는 뜻이다. 껍질을 순서에 따르도록 올려놓는다고 하였으므로 膚는 껍질을 제거하지 않은 것이다. 『의례정의』, 2270쪽 참조.

「설찬축신도說饌祝神圖」

(淸), 『흠정의례의소』

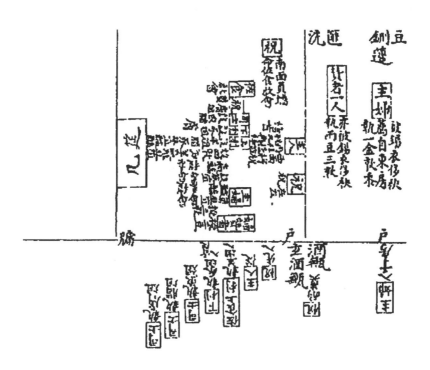

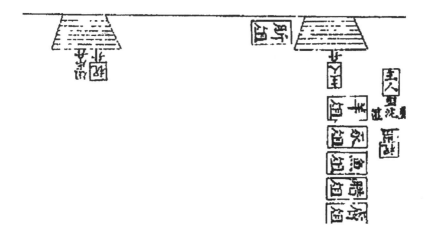

經-51에서 經-56까지는 시동을 맞이하여 정식의 제사를 지내기 전에 신에게 올리는 '음염陰厭'의 절차이다.

[少牢饋食禮16 : 經-51]

희생고기를 희생제기 위에 올려놓는 일을 마치면,[1] 축祝은 물받이 항아리에서 손을 씻은 후 서쪽 계단을 통해 당 위로 올라간다. 주인도 손을 씻고 조계를 통해 당 위로 올라간다. 축이 먼저 실室 안으로 들어가 북쪽 벽을 등지고 남쪽을 향해 선다. 주인은 축의 뒤를 따라 실 안으로 들어가 실문(室戶) 안쪽에서 동쪽 벽을 등지고 서쪽을 향해 선다.

卒脀, 祝盥于洗, 升自西階. 主人盥, 升自阼階. 祝先入, 南面. 主人從, 戶內西面.

정현주 장차 제사를 올리려는 것이다.[2] 將納祭也.

[少牢饋食禮16 : 經-52]

주부는 머리에 가발장식을 하고, 소매 폭이 넓은 초의綃衣[3]를 입고서 동방東房에서 음식을 가져와 실室 안에 진설하는데, 부추절임(韭菹)과 고기젓갈(醓醢)을 담은 2개의 나무제기(豆)를 앉아서 자리 앞에 놓는다. 주부의 찬자贊者[4] 한 사람이 마찬가지로 머리에 가발

장식을 하고 소매 폭이 넓은 초의를 입고서 아욱절임(葵菹)과 달팽이 젓갈(蠃醢)을 담은 2개의 나무제기(豆)를 집어 들고 실 안으로 들어와 주부에게 건네준다. 주부는 일어나지 않은 채로 그대로 받아서 부추절임과 고기젓갈을 담은 2개의 나무제기의 동쪽에 두 줄이 되도록 이어서 진설하는데, 부추절임을 담은 나무제기는 남쪽에 놓고 아욱절임을 담은 나무제기는 북쪽에 놓는다.[5] 주부는 일어나서 방 안으로 들어간다.

主婦被錫, 衣移袂, 薦自東房, 韭菹·蠃醢, 坐奠于筵前. 主婦贊者一人, 亦被錫, 衣移袂, 執葵菹·蠃醢以授主婦. 主婦不興, 遂受, 陪設于東, 韭菹在南, 葵菹在北. 主婦興, 入于房.

정현주 '피석被錫'은 '피체髲鬄'(가발장식)의 뜻으로 읽어야 한다. 옛날에 더러 천한 사람이나 형벌을 받은 사람의 머리카락을 잘라내어 부인의 상투(紒)에 덧씌워서 장식으로 삼았는데, 그로 인하여 피체髲鬄라고 이름을 붙였다. 이것은 『주례』에서 말하는 차次[6]이다. 머리싸개(纚)와 비녀(笄)를 하지 않는 것은 대부의 처는 지위가 높기 때문이며, 또한 초의를 입지만 소매(袂)를 넓게 한다. '넓게 한다'(侈)는 것은 대개 사의 처가 입는 초의의 소매 폭에서 절반을 늘린 것으로, 상의는 3척 3촌인데 소매는 1척 8촌이라는 뜻이다. 부추절임을 담은 나무제기와 고기젓갈을 담은 나무제기는 조사朝事[7]의 예를 행할 때에 진설하는 나무

초의綃衣
(淸), 『흠정의례의소』

제기인데, 궤사饋食의 예에서 이를 진설하는 것은 대부의 예를 풍성하도록 하기 위함이다. 아욱절임을 담은 나무제기는 구부러지게 진설한다.[8] 금문본에는 '錫'이 '緆'으로 되어 있고, '蠃'가 '蝸'로 되어 있다. '被錫,' 讀爲'髲鬄'. 古者或剔賤者刑者之髮, 以被婦人之紒爲飾, 因名髲鬄焉. 此『周禮』所謂'次'也. 不纚笄者, 大夫妻尊, 亦衣綃衣, 而侈其袂耳. '侈'者, 蓋半士妻之袂以益之, 衣三尺三寸, 袪尺八寸. 韭菹·醓醢, 朝事之豆也, 而饋食用之, 豐大夫禮. 葵菹在綈. 今文'錫'爲'緆', '蠃'爲'蝸'.

[少牢饋食禮16 : 經－53]

좌식佐食 중의 상리上利(上佐食)는 양고기를 올려놓은 희생제기(羊俎)를 들고, 하리下利(下佐食)는 돼지고기를 올려놓은 희생제기(豕俎)를 든다. 사사司士 3인은 각각 생선을 올려놓은 희생제기(魚俎)·말린 큰사슴고기를 올려놓은 희생제기(腊俎)·돼지고기의 껍질 부위를 올려놓은 희생제기(膚俎)를 들고 순서대로 서쪽 계단을 통해 당 위로 올라간 후 좌식을 도우면서 뒤를 따라 실室 안으로 들어간다. 희생제기를 진설할 때, 양고기를 올려놓은 희생제기는 달팽이 젓갈을 담은 나무제기의 동쪽에 놓고, 돼지고기를 올려놓은 희생제기는 양고기를 올려놓은 희생제기의 북쪽에 이어서 나란히 놓으며, 생선을 올려놓은 희생제기는 양고기를 올려놓은 희생제기의 동쪽에 놓고, 말린 큰사슴고기를 올려놓은 희생제기는 돼지고기를 올려놓은 희생제기의 동쪽에 놓는데, 돼지고기의 껍질 부위를 올려놓은 희생제기는 돼지고기를 올려놓은 희생제기의 북쪽 끝에 마주하도록 하여 단독으로 놓는다.[9]

佐食上利執羊俎, 下利執豕俎. 司士三人執魚·腊·膚俎, 序升自西
階, 相從入. 設俎, 羊在豆東, 豕亞其北, 魚在羊東, 腊在豕東, 特膚
當俎北端.

정현주   '상相'은 돕는다(助)는 뜻이다.¹⁰ 相, 助也.

[少牢饋食禮16 : 經 − 54]

주부는 동방東房에서 금으로 장식을 한 찰기장 밥그릇(敦黍) 하나
를 들고 나오는데, 밥그릇 위에는 뚜껑이 있다. 주부는 실 안으로
들어와 앉아서 양고기를 올려놓은 희생제기의 남쪽에 그것을 진
설한다. 주부의 찬자贊者는 동방에서 메기장 밥그릇(稷敦)을 들고
실 안으로 들어와 주부에게 건네준다. 주부는 일어나서 받아 들
고 다시 앉아서 생선을 올려놓은 희생제기의 남쪽에 그것을 진설
한다. 주부는 다시 일어나 찬자에게서 찰기장 밥그릇을 받아 들고
앉아서 메기장 밥그릇의 남쪽에 진설한다. 주부는 다시 일어나 찬
자에게서 메기장 밥그릇을 받아 들고 앉아서 찰기장 밥그릇의 남
쪽에 진설한다. 4개의 밥그릇은 모두 머리가 남쪽을 향하도록 하
여 놓는다. 주부는 일어나서 방 안으로 들어간다.

主婦自東房執一金敦黍, 有蓋. 坐設于羊俎之南. 婦贊者執敦稷以
授主婦. 主婦興受, 坐設于魚俎南. 又興受贊者敦黍, 坐設于稷南.
又興受贊者敦稷, 坐設于黍南. 敦皆南首. 主婦興, 入于房.

정현주   밥그릇(敦)에 머리가 있는 것은 신분이 높은 사람의 기물

장식으로, 뚜껑을 거북 모양으로 장식한다. 주나
라의 예에서는 기물에 장식을 할 때 각각 그 종류
에 맞추어서 하였으니, 거북 장식에는 상갑上甲과
하갑下甲이 있다. 금문본에는 '主婦入于房'(주부가
방 안으로 들어간다)이라고 하였다. 敦有首者, 尊者器
飾也, 飾蓋象龜. 周之禮, 飾器各
以其類, 龜有上下甲. 今文曰, '主
婦入于房'.

대敦
섭숭의(宋),『삼례도』

[少牢饋食禮16 : 經-55]

축祝은 술을 따라 신의 자리 앞에 내려놓고, 이어서 좌식에게 밥그
릇의 뚜껑을 열도록 명한다. 좌식은 밥그릇의 뚜껑을 열고 2개씩
겹쳐서 함께 밥그릇의 남쪽에 진설한다.

祝酌奠, 遂命佐食啓會. 佐食啓會蓋, 二以重, 設于敦南.

정현주   '작전酌奠'은 술을 따라 신神을 위해 진설한다는 뜻이다.
술 따르는 일을 나중에 하는 것은 술은 존귀하므로 이를 진설하면 음식의
진설이 바야흐로 완성되기 때문이다.[11] 「특생궤사례」에 "축祝은 술잔을 씻어
술을 따른 후 내려놓는데 국그릇의 남쪽에 내려놓는다"[12]고 하였다. '중重'은
겹쳐서 놓는다는 뜻이다.[13] '酌奠', 酌酒爲神奠之. 後酌者, 酒尊, 要成也.「特牲饋
食禮」曰, "祝洗, 酌奠, 奠于鉶南." '重', 累之.

[少牢饋食禮16 : 經 – 56]

주인은 서쪽을 향해 서고, 축도 주인의 왼쪽에서 서쪽을 향해 선
다.**14** 주인은 머리를 바닥에 대면서 재배를 한다. 축은 주인을 대
신하여 축사祝辭**15**를 올릴 때에, "효손孝孫 아무개는 삼가 양고기(柔
毛) · 돼지고기(剛鬣) · 맛난 음식(嘉薦) · 기장밥(普淖)으로 황조皇祖 백
아무개께 세시歲時의 제사를 올리고, 아무개의 비(某妃)를 아무개
씨(某氏)께 배향하고자 하나이다. 흠향하소서!"라고 말한다. 주인
은 다시 머리를 바닥에 대면서 재배를 한다.

主人西面, 祝在左. 主人再拜稽首. 祝祝曰, "孝孫某, 敢用柔毛 · 剛
鬣 · 嘉薦 · 普淖, 用薦歲事于皇祖伯某, 以某妃配某氏. 尚饗!" 主人
又再拜稽首.

정현주　　　　　　　양고기를 '유모柔毛'라 하고, 돼지고기를 '강렵剛鬣'이라고
한다. '맛난 음식'(嘉薦)은 채소절임과 고기젓갈이다. '보뇨普淖'는 기장밥이
다. '보普'는 크다는 뜻이고, '뇨淖'는 조화롭다는 뜻이다. 덕이 크고 조화로워
야 기장밥이 있다. 『춘추좌전』에 "기장밥을 올리면서 '깨끗한 기장밥이 풍부
하고 성대합니다'라고 말하는 것은 봄부터 가을까지 피해가 없고 백성이 조
화로워 한해 농사가 풍년이 들었음을 뜻하는 것이다"**16**라고 하였다. 羊曰'柔
毛', 豕曰'剛鬣'. '嘉薦', 菹醢也. '普淖', 黍稷也. '普', 大也, '淖', 和也. 德能大和, 乃有
黍稷. 『春秋傳』曰, "奉粢以告曰'絜粢豐盛', 謂其三時不害, 而民和年豐也."

주

1_ 희생고기를 ~ 마치면 : [經-32]의 '卒脀'은 희생고기를 세발솥(鼎)에 올려서 담는 일을 마치는 것이고, 이곳의 '卒脀'은 희생고기를 희생제기(俎) 위에 올려놓는 일을 마치는 것이다. '세발솥에 올려서 담는 일'(升鼎)과 '희생제기 위에 올려놓는 일'(載俎)을 모두 '脀'이라고 한다.

2_ 장차 ~ 것이다 : 이 제사는 '陰厭'의 제사를 말한다. 시동이 室 안으로 들어오기 전에 室 안의 서남쪽 모퉁이(奧)에 음식을 진설하여 귀신에게 올리는 것을 '陰厭'이라고 한다. 능정감의 『예경석례』에 따르면 '陰厭'은 ① 薦豆 → ② 設俎 → ③ 設敦 → ④ 酌奠 → ⑤ 啓會 → ⑥ 饗神의 순으로 진행된다. 『의례정의』, 2272쪽 참조.

3_ 초의 : 비단 옷깃을 한 검은색 웃옷으로 부녀의 복장이다. '綃'는 '宵'와 통용된다. [사혼례02 : 經-36]의 정현 주 참조.

4_ 주부의 찬자 : 채덕진에 따르면 主婦의 贊者는 곧 특생례에서 말하는 宗婦이다. 『의례정의』, 2273쪽 참조.

5_ 부추절임을 담은 ~ 놓는다 : 서쪽에는 남쪽에 부추절임(韭菹), 북쪽에 고기젓갈(醓醢)을 담은 2개의 나무제기를 놓고, 동쪽에는 남쪽에 달팽이 젓갈(嬴醢), 북쪽에 아욱절임(葵菹)을 담은 2개의 나무제기를 놓는다.

6_ 차 : '次'는 副, 編과 더불어 여성의 머리장식이다. 가공언에 따르면 모두 고대 여성의 머리장식으로서 '副'는 머리를 덮어서 장식하는 것으로 당시의 '步繇'가 그 남아 있는 모습이고, '編'은 가발을 묶어서 만든 것으로 당시의 '假紒'가 그 남아 있는 모습이며, '次'는 이른바 '髲髢'이다. 『주례』「천관 · 追師」 및 [사혼례02 : 經-35]의 주석 9) 참조.

7_ 조사 : '朝事'는 종묘제사에서 희생의 피와 날고기(血腥)를 올리는 일을 말한다. '朝踐'이라고도 한다. 『예기』「祭義」에 "朝踐의 예를 행하여 진설하고 발기름을 태워 향기가 피어오르게 하고 쑥의 연기로 섞으니 그로써 氣에 보답하는 것이다"(建設朝事, 燔燎羶薌, 見以蕭光, 以報氣也)라고 하였다. 정현은 "'朝事'는 희생의 피와 날고기를 올리는 때를 가리킨다"('朝事', 謂薦血腥時也)고 하였다. 『주례』「천관 · 醢人」에 "朝事의 예를 행할 때 나무제기에 담는 음식은 부추절임 · 고기젓갈 · 창포뿌리 절임 · 뼈 붙은 큰사슴고기 젓갈 · 순무절임 · 뼈 붙은 사슴고기 젓갈 · 순채절임 · 뼈 붙은 노루고기 젓갈이다"(朝事之豆, 其實韭菹 · 醓醢 · 昌本 · 麋臡 · 菁菹 · 鹿臡 · 茆菹 · 麇臡)라고 하였다. '饋食'는 제사를 지낼 때 익힌 음식(孰食)을 진상하는 일을 말한다. 『주례』「천관 · 醢人」에 "饋食의 예를 행할 때 나무제기에 담는 음식은 아욱절임 · 달팽이 젓갈 · 소의 위 · 조개젓갈 · 대합 · 개미알 젓갈 · 돼지갈비 · 생선젓갈이다"(饋食之豆, 其實葵菹 · 嬴醢 · 脾析 · 蠯醢 · 蜃 · 蚳醢 · 豚拍 · 魚醢)라고 하였다.

8_ 아욱절임을 ~ 진설한다 : 정현 주의 '在綪' 두 글자는 판본마다 다르게 되어 있고, 이에 대한 고증과 해석도 다양하고 복잡하다. 완원의 교감기에 "集釋本에는 '在' 아래에 '北'이 있다. 「특생례」의 가공언 소에서 정현의 주를 인용하고 있는데 今本에는 '北'이 있고, 單疏本에도 '北'은 있지만, '綪'은 없다"고 하여 '在綪'은 '在北'이 되어야 한

다고 하였다. 이여규는 "豆는 모두 절임(菹)을 오른쪽에 놓고, 젓갈(醢)을 왼쪽에 놓는다. 이에 의거하면 아욱절임(葵菹)도 마땅히 남쪽에 놓아야 하는데, 이제 이곳에서 북쪽에 놓는 것은 구부러지게 진설하는 것이다. 그러므로 정현은 '綷'을 '아욱절임을 북쪽에 놓는다'는 뜻으로 풀이한 것이다"라고 하였다. 오정화는 "경문에서 '동쪽에 두 줄이 되도록 이어서 진설한다'(陪設于東)고 한 것에 따르면, 절임을 담은 2개의 나무제기는 남쪽과 북쪽으로 나뉘어 진설하므로 아욱절임(葵菹)은 고기젓갈(醓醢)의 동쪽에 있고, 달팽이 젓갈(蠃醢)은 부추절임(韭菹)의 동쪽에 있어 4개가 짝을 이루어 절임을 담은 2개의 나무제기와 젓갈을 담은 2개의 나무제기가 각각 비스듬히 향하여 남북이 되는데, 이것이 정현의 주에서 말한 '綷'이다"라고 하였다. 호배휘는 "각 판본에는 '葵菹在綷'으로 되어 있어 '北'이 없다. 장이기는 절임과 젓갈을 서로 사이에 섞어서 마주하도록 진설하는 것(錯對)이 '在綷'이라고 하였지만, '在'의 뜻과 통하지 않는다. 마땅히 集釋本에 따라야 한다. 왕중의 교감본에는 '在'를 '左'로 바꾸었는데, 형태는 유사하지만 오류를 범한 것이다. 왕중은, 정현은 「사상례」에서 '綷'을 '屈'의 뜻으로 해석하였는데, '左綷'은 '왼쪽으로 서로 엇갈려 구부러지게 놓는다'(左屈)는 뜻이다. 이곳의 경문에서 '부추절임을 담은 나무제기는 남쪽에 놓고, 아욱절임을 담은 나무제기는 북쪽에 놓는다'고 한 것은 진설하는 순서를 말한 것으로, 먼저 부추절임(韭菹)을 놓고, 다음으로 고기젓갈(醓醢)을 놓는데 부추절임의 북쪽에 놓고, 구부러져서 동쪽으로 아욱절임(葵菹)을 진설하고, 또 남쪽으로 달팽이 젓갈(蠃醢)을 진설하는 것이다. 안석(几)과 자리(筵)는 동쪽을 향하도록 진설하므로, 북쪽이 왼쪽이 된다. 이곳에서 아욱절임(葵菹)을 담은 나무제기(豆)를 진설할 때에는 북쪽으로부터 구부러서 진설한다. 이 때문에 '左綷'이라 한 것이다라고 하였다. 왕중은 今本에 '北'이 없는 것으로 인해 드디어 '在'를 '左'로 바꾼 것인데, 일설은 될 수 있다"고 하여, 왕중의 해석을 일정 정도 긍정하면서도, 정현 주의 '在綷'은 '在北綷'이 되어야 한다고 하였다. 『의례정의』, 2276쪽 참조.

9_ 돼지고기의 껍질 부위를 ~ 놓는다 : 장이기는 돼지고기의 껍질 부위를 올려놓은 희생제기(膚俎)는 단독으로 진설하는데 나머지 4개의 희생제기의 북쪽에 있다고 하였고, 유태공은 돼지고기를 올려놓은 희생제기(豕俎)의 북쪽과 마주하도록 놓는 것이라고 하였다. 『의례정의』, 2277쪽 참조.

10_ '상'은 ~ 뜻이다 : 이곳의 '相'은 정현 이외에 대부분의 주석가들은 '서로'의 뜻으로 해석한다. 오계공은 경문에서 '서로 뒤따른다'(相從)고 한 것은 '나란히 가는 것'(並行)으로 오해할까 밝혀 둔 것이라고 하였고, 진혜전도 '서로 뒤따르면서 들어가는 것'으로 해석해야 하며 정현처럼 去聲(동사, 돕는다)으로 읽을 필요는 없다고 하였다. 정현은 '3인의 司士가 佐食(上利와 下利)이 희생제기를 드는 일을 돕는 것'으로 이해한 것이다. 『의례정의』, 2277쪽 및 [經-41]의 정현 주 참조.

11_ 술 따르는 ~ 때문이다 : 이여규는 "음식 차리는 일은 존귀한 것을 올림으로써 완성된다. 그러므로 술을 뒤에 진설하는 것이다"(饌由尊者而成, 故酒後設之)라고 하

였다. 『의례정의』, 2278쪽 참조.

12_ 축은 ~ 내려놓는다 : [특생궤사례15 : 經-66] 참조.

13_ '중'은 ~ 뜻이다 : 찰기장 밥과 메기장 밥을 담은 2개의 밥그릇은 남북으로 나란히
서로 이어지게 진설되어 있다. 따라서 열어 놓은 뚜껑을 각각의 밥그릇에 맞추어
놓을 수 없기 때문에 2개씩 겹쳐서 남쪽에 있는 찰기장 밥그릇과 메기장 밥그릇의
남쪽에 나란히 진설한다. 『의례정의』, 2278쪽, 방포의 설 참조.

14_ 주인은 ~ 선다 : 능정감은 『예경석례』에서 "室과 房 안에서 배례를 할 때에는 서쪽
을 향하는 것을 공경함으로 삼는다. 室 안에서 배례하는 것은 귀신과 시동을 섬기
는 도리이다. 살펴보건대, 「사우례」에서 陰厭을 할 때 주인이 室 안으로 들어가면,
祝이 그 뒤를 따라 실 안으로 들어가는데 주인의 왼쪽에서 서쪽을 향해 선다"고 하
였다. 『의례정의』, 2279쪽 참조.

15_ 축사 : '祝辭'는 제사를 지낼 때 祝이 주인을 대신하여 神에게 흠향하기를 기원하
는 말이다. 『예기』 「禮運」에 "축과 하를 갖춘다"(修其祝 · 嘏)고 한 것에 대해 정현은
"'祝'은 祝이 주인을 대신하여 귀신에게 흠향하도록 하는 말이다. '嘏'는 祝이 시동
을 대신하여 주인에게 축복해 주는 말이다"('祝', 祝爲主人饗神之辭也. '嘏', 祝爲尸致
福于主人之辭也)라고 하였다.

16_ 기장밥을 ~ 것이다 : 『춘추좌전』 桓公 6年 조에 보인다.

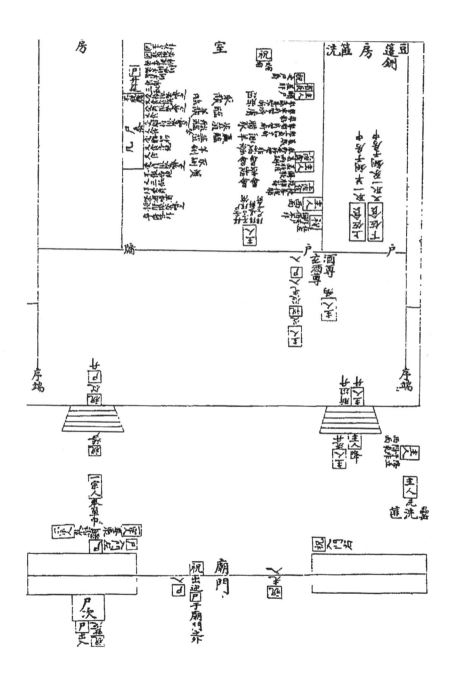

經-57에서 經-63까지는 '영시입타시迎尸入筵尸' 즉 묘문 밖에서 시동을 맞이하여 실 안으로 들어와서 시동을 편안히 앉도록 하는 절차이다.

[少牢饋食禮16 : 經-57]

축祝은 묘문 밖으로 나가서 시동을 맞이한다. 주인은 당에서 내려와 조계 동쪽에서 서쪽을 향해 선다. 축은 먼저 묘문 안으로 들어가 오른쪽으로 나아가고, 시동은 묘문 안으로 들어가 왼쪽으로 나아간다.
祝出, 迎尸于廟門之外. 主人降立于阼階東, 西面. 祝先入門右, 尸入門左.

정현주
주인이 묘문 밖으로 나가서 시동을 맞이하지 않는 것은 시동의 존귀함을 펴게 하는 것이다.[1] 「특생궤사례」에 "시동이 묘문 안으로 들어가면, 주인과 빈은 모두 자리에서 물러나 피한다. 실문을 나올 때에도 그와 같이 한다"[2]고 하였다. 축이 묘문 안으로 들어가 오른쪽으로 나아가는 것은 시동이 손 씻는 것을 피하는 것이다. 시동이 손을 다 씻으면, 축은 시동의 뒤를 따른다. 主人不出迎尸, 伸尊也. 「特牲饋食禮」曰, "尸入, 主人及賓皆辟位. 出亦如之." 祝入門右者, 辟尸盥也. 旣則後尸.

[少牢饋食禮16 : 經-58]

종인宗人은 물받이 그릇(槃)을 들고서 뜰의 남쪽에서 동쪽을 향해 선다. 또 다른 한 명의 종인은 물을 넣은 물주전자(匜)를 들고서 물받이 그릇을 들고 있는 종인의 동쪽에서 서쪽을 향해 선다. 또 다른 한 명의 종인은 수건을 넣어 둔 둥근 대광주리(簞)를 들고서 물받이 그릇을 들고 있는 종인의 북쪽에서 남쪽을 향해 선다. 이어서 물주전자를 들고 있는 종인은 시동이 손을 씻을 수 있도록 물받이 그릇에 물을 붓는다. 시동이 손 씻는 일을 마치면, 둥근 대광주리를 들고 있는 종인은 앉아서 둥근 대광주리를 내려놓고 수건을 꺼낸 후 다시 일어나서 세 번 흔들어 먼지를 털어 낸 다음 시동에게 건네주고, 다시 앉아서 둥근 대광주리를 집어 들고 일어나 시동에게서 수건을 건네받는다.

宗人奉槃, 東面于庭南. 一宗人奉匜水, 西面于槃東. 一宗人奉簞巾, 南面于槃北. 乃沃尸盥于槃上. 卒盥, 坐奠簞, 取巾, 興, 振之三, 以授尸, 坐取簞, 興, 以受尸巾.

정현주
'뜰의 남쪽'(庭南)은 낙수물받이(霤)가 끝나는 곳이다.[3] '庭南', 沒霤.

[少牢饋食禮16 : 經-59]

축祝은 시동을 인도하여 나아가게 한다. 시동은 서쪽 계단을 통해 당 위로 올라가 실室 안으로 들어가고, 축은 시동의 뒤를 따른다.

祝延尸, 尸升自西階, 入, 祝從.

정현주
뒤쪽에서 고하고 돕는 것을 '연延'이라고 한다. '연延'은

인도하여 나아가게 한다(進)는 뜻이다.[4]『주례』「춘관·대축大祝」에 "대축은
시동의 예를 돕는다"라고 하였다. '축은 시동의 뒤를 따른다'(祝從)는 것은 시
동의 뒤를 따라 서쪽 계단을 통해 당 위로 올라가는 것을 말한다. 由後詔相之
曰'延'. '延', 進也. 『周禮』曰, "大祝相尸禮." '祝從', 從尸升自西階.

[少牢饋食禮16 : 經－60]

주인은 조계를 통해 당 위로 올라간다. 축이 먼저 실 안으로 들어
가고, 주인은 축의 뒤를 따른다.

主人升自阼階. 祝先入, 主人從.

정현주 축은 신과 교접하므로 먼저 들어가는 것이 마땅하다.[5] 祝
接神, 先入宜也.

[少牢饋食禮16 : 經－61]

시동은 자리 위로 올라간다. 축과 주인은 실문 안에서 서쪽을 향
해 서는데, 축이 주인의 왼쪽에 위치한다.

尸升筵. 祝·主人西面立于戶內, 祝在左.

정현주 주인이 축의 뒤에 있다가 오른쪽에 위치하는 것은 신분
이 높기 때문이다.[6] 축은 시동의 뒤를 따르는데, 시동이 자리로 나아가면 곧
물러나서 주인의 왼쪽에 위치한다. 主人由祝後而居右, 尊也. 祝從尸, 尸卽席,
乃卻居主人左.

[少牢饋食禮16 : 經 −62]

축과 주인은 모두 시동에게 배례를 하고 자리에 편안히 앉도록
청한다. 시동은 말을 하지 않는다. 시동은 답배를 하고, 이어서 앉
는다.

祝·主人皆拜妥尸. 尸不言. 尸答拜, 遂坐.

정현주　　　　　 '배타시拜妥尸'는 시동에게 배례를 하고 편안히 자리에 앉
게 하는 것이다. 시동은 이로부터 답배를 하고, 이어서 앉아 식사를 마치는
데, 그 사이에 술을 맛보지 않고, 국물을 맛보지 않고, 맛있다고 고하지 않는
것은[7] 대부의 예에서는 시동이 더욱 존귀하기 때문이다.[8] 맛있다고 고하지
않는 것은 애초에 또한 권하지 않았기 때문이니,[9] 이른바 '굽혀서 줄여 행한
다'(曲而殺)[10]는 것이다. '拜妥尸', 拜之使安坐也. 尸自此答拜, 遂坐而卒食, 其間有
不啐奠, 不嘗鉶, 不告旨, 大夫之禮, 尸彌尊也. 不告旨者, 爲初亦不饗, 所謂'曲而殺'.

[少牢饋食禮16 : 經 −63]

祝축은 자신의 자리로 돌아와 남쪽을 향해 선다.[11]

祝反南面.

정현주　　　　　 아직 일이 없기 때문이다. 타제墮祭[12]와 이대爾敦[13] 등의
의절은 제관諸官들이 각각 그 직무를 공손히 수행하고, 축이 명하지 않는
다.[14] 未有事也. 墮[15]祭, 爾敦, 官各肅其職, 不命.

1_ 시동의 존귀함은 ~ 것이다 : 묘문 안에서는 시동의 지위가 높지만, 묘문 밖에서는 시동은 주인에 대하여 신하의 도리가 있다. 따라서 주인이 묘문 밖으로 나가 맞이하지 않음으로써 시동이 존귀함을 펼 수 있게 하는 것이다. 『의례주소』, 1059쪽 참조.

2_ 시동이 ~ 한다 : [특생궤사례15 : 記-15] 참조.

3_ '뜰의 남쪽'은 ~ 곳이다 : 이곳의 '霤'는 內霤 즉 묘문 안쪽의 낙수물받이를 가리킨다. 뜰의 남쪽(庭南)은 묘문과 가깝기 때문에 정현이 '뜰의 남쪽은 낙수물받이가 끝나는 곳이다'라고 한 것이다.

4_ 뒤쪽에서 ~ 뜻이다 : [특생궤사례15 : 經-72]의 정현 주 및 주석 5) 참조.

5_ 축은 ~ 마땅하다 : 祝은 接神의 官이다.

6_ 주인이 ~ 때문이다 : 室 안으로 들어갈 때는 祝이 먼저 들어가고 主人이 그의 뒤를 따랐는데([經-60]), 室 안으로 들어온 후에는 주인이 祝의 오른쪽에 위치하는 것은 주인이 존귀하기 때문이다. 서쪽을 향할 때에는 오른쪽을 윗자리로 삼는다.

7_ 그 사이에 ~ 것은 : 士禮인 특생례에서는 중간에 시동이 술을 맛본 후 맛있다고 고하면 주인이 이에 배례를 하고 시동이 술잔을 내려놓고 답배를 하며, 시동이 국그릇에 담긴 고기국물을 맛본 후 맛있다고 고하면, 주인이 이에 배례를 하고 시동이 답배를 한다. [특생궤사례15 : 經-77] 참조.

8_ 대부의 예에서는 ~ 때문이다 : 시동은 묘문 안에서는 본래 존귀지만 대부의 시동은 사의 시동보다 더욱 존귀하기 때문에 중간에 제 의절을 행하지 않는다.

9_ 맛있다고 ~ 때문이니 : 士禮인 특생례에서는 祝과 主人이 시동에게 배례를 하고 편안히 앉도록 청한 후에 시동이 답배를 하고 술잔을 잡으면, 축은 술을 들도록 권하고 주인은 배례를 한다. 이곳에서는 애초에 축이 술을 권하는 철자가 없기 때문에 술이 맛있다고 고하는 절차도 없다. [특생궤사례15 : 經-73]에서 [특생궤사례15 : 經-76] 참조.

10_ 굽혀서 줄여 행한다 : 상대의 尊에 눌려 자신의 情意를 펼치지 못하고 굽혀서 줄여 예를 행한다는 말이다. 『예기』「禮器」에 보인다. 이에 대해 정현은 "아버지가 살아 계시면 어머니를 위해 기년복을 하는 것 등을 가리킨다"(謂若父在, 爲母期也)고 하였다. 아버지가 돌아가시면 자식은 어머니를 위해 자최삼년의 복을 하지만, 아버지가 살아 계실 경우에는 아버지의 尊에 눌려 자신의 情을 굽혀 자최기년의 복으로 줄여서 복을 한다. 士禮인 특생례에서는 祝이 시동에게 술을 들도록 하는 등의 절차가 있지만, 大夫禮인 이곳에서는 大夫가 군주와 抗禮를 한다는 혐의가 있기 때문에 자신의 情意를 펴지 못하고 굽혀서 그러한 절차를 생략한다.

11_ 축은 ~ 선다 : 陰厭을 행하는 처음에 祝은 室 안으로 들어가 남쪽을 향해 서 있었는데([經-51]), 이제 시동을 자리에 편안히 앉도록 하는 일을 마친 후 특별한 일이 없기 때문에 본래의 자리로 돌아가 남쪽을 향하고 있는 것이다. '남쪽을 향하고 있는 것'은 祝이 室 안에 있을 때의 정상적인 위치이다.

12_ 타제 : 시동이 음식을 들기 전에 神이 먹고 남은 음식으로 고수레하는 것을 '隋祭'

라고 한다. 고수레를 할 때 나무제기(豆) 사이에 놓는 허파(肺)·찰기장 밥(黍)·메기장 밥(稷) 등의 祭物을 '隋'라고 한다. 隋는 고수레를 한 후에 땅에 묻는다. '隋'는 '綏', '挼', '墮' 등으로도 쓴다.

13_ 이대 : 시동이 음식을 먹기 편하도록 밥그릇을 시동의 자리 가까이 갖다 놓는 것을 말한다.

14_ 타제와 ~ 않는다 : 土禮인 특생례에서는 隋(挼)祭와 爾敦를 할 때 모두 祝이 명한다. [특생궤사례15 : 經-75]에 "축은 좌식에게 명하고 또 시동에게 고하여 挼祭를 지내도록 한다"(祝命挼祭)고 하였고, [특생궤사례15 : 經-78]에 "축은 좌식에게 밥그릇을 시동 가까이 옮겨 놓도록 명한다"(祝命爾敦)고 하였다.

15_ 墮 : 육덕명의 『경전석문』과 호배휘의 『의례정의』에는 '墮'가 '隋'로 되어 있다. '隋'의 음은 唐韻에 의하면 '徒'와 '果'의 反切이다.

經-64에서 經-81까지는 시동이 11반飯을 하는 절차인데, 이를 정제正祭
라고 한다.

[少牢饋食禮16 : 經-64]

시동은 부추절임(韭菹)을 집어 들고 2개의 나무제기(豆)에 담긴 젓
갈에 두루 묻힌 후[1] 부추절임과 고기젓갈을 담은 2개의 나무제기
사이에 놓고 고수레를 한다. 상좌식上佐食은 4개의 밥그릇(敦)에서
찰기장 밥(黍)과 메기장 밥(稷)을 집어 들고, 하좌식下佐食은 양고기
와 돼지고기의 중앙 부위를 완전하게 끊어서 자른 허파(切肺) 한 조
각씩을 집어서 상좌식에게 건네준다.[2] 상좌식은 중앙 부위를 완전
하게 끊어서 자른 허파를 찰기장 밥·메기장 밥과 함께 시동에게
건네준다.[3] 시동은 이를 받아 들고서 부추절임으로 고수레를 하였
던 부추절임과 고기젓갈을 담은 2개의 나무제기 사이에 놓고 함께
고수레를 한다.[4]

尸取韭菹, 辯擩于三豆, 祭于豆間. 上佐食取黍稷于四敦, 下佐食取牢
一切肺于俎, 以授上佐食. 上佐食兼與黍以授尸. 尸受, 同祭于豆祭.

정현주 　　　　'뢰牢'는 양고기와 돼지고기를 가리킨다. '동同'은 함께한
다(合)는 뜻이다. 부추절임으로 고수레를 하였던 2개의 나무제기 사이에서
허파와 찰기장 밥·메기장 밥으로 함께 고수레하는 것이다. 찰기장 밥과 메
기장 밥으로 고수레하는 것을 타제墮祭라고 하는데,[5] 시동은 장차 신이 먹고

남은 음식을 먹을 것이기 때문에 이를 높여서 고수레를 하는 것이다. 금문본에는 '辯'이 '徧'으로 되어 있다. '牢', 羊豕也. '同', 合也. 合祭於俎[6]豆之祭也. 黍稷之祭爲墮祭, 將食神餘, 尊之而祭之. 今文'辯'爲'徧'.

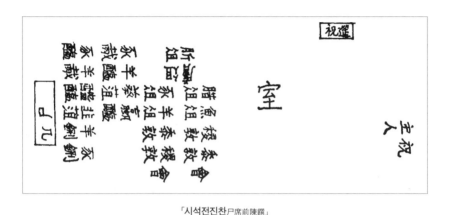

「시석전진찬尸席前陳饌」

양톈위, 『의례역주』

[少牢饋食禮16 : 經−65]

상좌식은 양고기·돼지고기의 허파(牢肺)[7]와 등뼈의 앞쪽 부위(正脊)를 집어 들어서 시동에게 건네준다. 상좌식은 가장 위쪽의 찰기장 밥그릇(上敦黍)[8]을 시동의 자리 위에 가깝게 옮겨 놓는데, 자리의 오른쪽에 놓는다.

上佐食擧尸牢肺·正脊以授尸. 上佐食爾上敦黍于筵上, 右之.

정현주　　　'이爾'는 가깝다(近)는 뜻이다. 어떤 사람은 '이移'(옮긴다)의 뜻이라고도 한다.[9] '오른쪽에 놓는다'(右之)는 것은 시동이 먹기 편하도록 하는 것이다. 두 번 '상좌식'이라고 말한 것은 동작을 바꾸어 일어나서 동작이 서로 이어지지 않음을 밝힌 것이다.¹⁰ '爾', 近也. 或曰'移也'. '右之', 便尸食也.
重言'上佐食', 明更起, 不相因.

[少牢饋食禮16 : 經 – 66]
주인은 기조肵俎를 진상하는데, 조계를 통해 당 위로 올라가 돼지
고기의 껍질 부위를 올려놓은 희생제기의 북쪽에 놓는다.¹¹
主人羞肵俎, 升自阼階, 置于膚北.

정현주　　　　　'수羞'는 진상한다(進)는 뜻이다. '기肵'은 공경한다(敬)는
뜻이다. 주인이 직접 진상하는 것은 주인이 시동을 공경함을 더하는 것이
다. '羞', 進也. '肵', 敬也. 親進之, 主人敬尸之加.

[少牢饋食禮16 : 經 – 67]
상좌식은 2개의 국그릇(鉶)¹²을 시동에게 올리는데, 방 안에서 양
고기 국그릇(羊鉶)을 들고 실 안으로 들어와 앉아서 부추절임을 담
은 나무제기의 남쪽에 진설한다. 하좌식은 돼지고기 국그릇(豕鉶)
을 방 안에서 집어 들고 상좌식의 뒤를 따라 실 안으로 들어온다.
상좌식은 이를 받은 후 앉아서 양고기 국그릇의 남쪽에 진설한다.
2개의 국그릇에는 모두 나물을 첨가하여 넣는데, 모두 숟가락(柶)
을 얹어 놓는다. 시동은 숟가락으로 양고기 국그릇에서 양고기 국
을 떠서 고수레를 하고, 이어서 돼지고기 국그릇에서 돼지고기 국
을 떠서 고수레를 한 후 양고기 국을 맛본다.

上佐食羞兩鉶, 取一羊鉶于房中, 坐設于韭菹之南. 下佐食又取一
豕鉶于房中以從. 上佐食受, 坐設于羊鉶之南. 皆芼, 皆有柶. 尸扱
以柶, 祭羊鉶, 遂以祭豕鉶, 嘗羊鉶.

정현주
'모芼'는 나물이다. 양고기 국에는 씀바귀(苦)를 넣고 돼
지고기 국에는 고사리(薇)를 넣는데,**13** 모두 술이 들어간다. '芼', 菜也. 羊用苦,
豕用薇, 皆有酒.

형鉶
(淸), 『흠정의례의소』

형사鉶柶
(淸), 『흠정의례의소』

[少牢饋食禮16 : 經−68]
시동은 양고기·돼지고기의 허파(牢肺)와 등뼈의 앞쪽 부위(正脊)를
먹는다.**14**
食舉.

정현주
'거舉'는 양고기·돼지고기의 허파와 등뼈의 앞쪽 부위를
가리킨다. 먼저 이것들을 먹게 함으로써 식사를 유도하는 것이다. '舉', 牢肺

正脊也. 先飲啗¹⁵之, 以爲道也.

[少牢饋食禮16 : 經 – 69]

시동은 이어서 세 번 숟가락을 떠서 밥을 먹는다.¹⁶

三飯.

정현주　찰기장 밥을 먹는 것이다. 食以黍.

[少牢饋食禮16 : 經 – 70]

상좌식¹⁷은 양고기와 돼지고기의 갈비뼈 중앙 부위(牢幹)를 들어서
시동에게 올린다. 시동은 이를 받아 흔들어서 고수레를 한 후 맛
을 본다. 상좌식은 시동에게 받아서 기조阼俎 위에 올려놓는다.¹⁸

上佐食擧尸牢幹. 尸受, 振祭, 嚌之. 佐食受, 加于阼.

정현주　'간幹'은 갈비뼈의 중앙 부위를 가리킨다. 고문본에는 '幹'
이 '肝'으로 되어 있다. '幹', 正脊也. 古文'幹'爲'肝'.

[少牢饋食禮16 : 經 – 71]

상좌식은 저민 양고기와 저민 돼지고기를 담은 2개의 질그릇제기
(瓦豆)¹⁹를 시동에게 올리고, 양고기 젓갈과 돼지고기 젓갈을 시동
에게 올리는데, 또한 2개의 질그릇제기에 나누어 담아서 올린다.

이 4개의 질그릇제기(瓦豆)는 이미 진설한 4개의 나무제기(薦豆)[20]의 북쪽에 진설한다.

上佐食羞胾兩瓦豆, 有醢, 亦用瓦豆. 設于薦豆之北.

정현주

'이미 진설한 4개의 나무제기의 북쪽에 진설한다'고 한 것은 부가해서 진설하는 것이기 때문이다.[21] 4개의 질그릇제기는 또한 구부러지게 진설한다.[22] 저민 양고기가 남쪽에 진설되고, 저민 돼지고기가 북쪽에 진설되는데, 양고기 국과 돼지고기 국을 진설하지 않는 것은 희생을 중시하지 맛을 중시하지 않기 때문이다.[23] '設于薦豆之北', 以其加也. 四豆亦紆.

羊胾在南, 豕胾在北, 無膷臐膮者, 尙牲不尙味.

등燈

(淸), 『흠정의례의소』

[少牢饋食禮16 : 經 – 72]

시동은 다시 한 숟가락을 떠서 밥을 먹고,[24] 이어서 저민 고기를 먹는다. 상좌식은 생선 한 마리를 들어 시동에게 올린다. 시동은 이를 받아서 흔들어서 고수레를 한 후 맛을 본다. 상좌식은 시동에게 받아서 기조 위에 올려놓는데, 가로로 놓는다.

尸又食, 食胾. 上佐食擧尸一魚. 尸受, 振祭, 嚌之. 佐食受, 加于胏, 橫之.

정현주

'우又'는 다시(復)라는 뜻이다. '식食'이라고도 말하고 '반飯'이라고도 말하는데, '식'은 큰 숫자의 이름이다. 작은 수는 '반'이라고 한

다. 생선을 가로로 놓는 것은 들짐승 고기를 올려놓는 경우와 달리하는 것
이다. '又', 復也. 或言'食', 或言'飯', '食', 大名. 小數曰'飯'. 魚橫之者, 異於肉.

[少牢饋食禮16 : 經 - 73]

시동은 다시 한 숟가락을 떠서 밥을 먹는다.[25] 상좌식[26]은 말린 큰
사슴고기와 앞다리 뼈의 위쪽 부위를 들어서 시동에게 올린다. 시
동은 이를 받아서 흔들어서 고수레를 한 후 맛을 본다. 상좌식은
시동에게 받아서 기조 위에 올려놓는다.

又食. 上佐食擧尸腊·肩. 尸受, 振祭, 嚌之. 上佐食受, 加于肵.

말린 고기와 생선을 모두 한 번 올리는 것은 「소뢰궤사
례」에서는 양고기와 돼지고기의 두 가지 희생을 갖추었으므로 간략히 하는
것이다.[27] 말린 큰사슴고기를 올릴 때 반드시 앞다리 뼈의 위쪽 부위를 올
리는 것은 앞다리 뼈의 위쪽 부위로 올리는 일의 끝을 삼기 때문이다.[28] 생
선과 말린 큰사슴고기를 따로따로 들어서 올리는 것은 위의威儀를 높이는
것이다.[29] 腊·魚皆一擧者,「少牢」二牲, 略之. 腊必擧肩, 以肩爲終也. 別擧魚腊,
崇威儀.

[少牢饋食禮16 : 經 - 74]

시동은 다시 한 숟가락을 떠서 밥을 먹는다.[30] 상좌식은 양고기·
돼지고기의 뒷다리 뼈 중앙 부위(牢骼)를 들어서 시동에게 올리는
데, 처음과 동일한 절차로 한다.

又食. 上佐食擧尸牢骼, 如初.

정현주　　　　갈비뼈의 중앙 부위를 올릴 때와 동일한 절차로 하는 것
이다.³¹ 如擧幹也.

[少牢饋食禮16 : 經 – 75]
시동은 다시 한 숟가락을 떠서 밥을 먹는다.³²
又食.

정현주　　　　상좌식이 희생고기를 들어서 올리지 않는 것은 경과 대
부의 예에서는 다섯 번 이상 올리지 않으니, 축이 시동에게 더 들도록 권하
기를 기다리기 때문이다.³³ 不擧者, 卿 · 大夫之禮, 不過五擧, 須侑尸.

[少牢饋食禮16 : 經 – 76]
시동이 배불리 먹었다고 고하면, 축은 주인의 남쪽에서 서쪽을 향
해 혼자서 시동에게 더 들기를 권하는데, 배례는 하지 않는다. 더
들기를 권할 때에는 "황시皇尸께서 아직 배부르지 않으실 것이니,
더 들기를 권합니다"라고 말한다.
尸告飽. 祝西面于主人之南, 獨侑, 不拜. 侑曰, "皇尸未實, 侑."

정현주　　　　'유侑'는 권한다(勸)는 뜻이다. 축이 혼자서 시동에게 권하
는 것은 번갈아 가면서 권하면 시동이 배부르게 되기 때문이다.³⁴ '실實'은 배

부르다(飽)는 뜻과 같다. 축은 권하고 나서 다시 자신의 자리로 돌아와 남쪽을 향해 선다. '侑', 勸也. 祝獨勸者, 更則尸飽. '實'猶飽也. 祝旣侑, 復反南面.

[少牢饋食禮16 : 經 – 77]
시동은 다시 한 숟가락을 떠서 밥을 먹는다.[35] 상좌식은 양고기·돼지고기의 앞다리 뼈 위쪽 부위를 들어서 시동에게 올린다. 시동은 이를 받아서 흔들어서 고수레를 한 후 맛을 본다. 상좌식은 시동에게 받아서 기조 위에 올려놓는다.
尸又食. 上佐食擧尸牢肩. 尸受, 振祭, 嚌之. 佐食受, 加于肵.

정현주   네 번 양고기와 돼지고기의 몸체를 들어 올릴 때 등뼈의 앞쪽 부위로 시작하여 앞다리 뼈의 위쪽 부위로 끝나는 것은 처음과 끝에서 높이는 것이다.[36] 四擧牢體, 始於正脊, 終於肩, 尊於終始.

[少牢饋食禮16 : 經 – 78]
시동은 먹지 않고 배불리 먹었다고 고한다. 축은 주인의 남쪽에서 서쪽을 향해 선다.
尸不飯, 告飽. 祝西面于主人之南.

정현주   축은 주인의 말을 도와서 시동에게 전해야 하기 때문이다.[37] 祝當贊主人辭.

[少牢饋食禮16 : 經 – 79]

주인은 권하는 말을 하지 않고 배례를 한 후 음식을 권한다.

主人不言, 拜侑.

정현주 　　　　축은 권하는 말을 하고 배례를 하지 않는데, 주인은 권하는 말을 하지 않고 배례를 하는 것은 친소親疎의 차이에 따라 행하는 마땅한 도리이다.[38] 祝言而不拜, 主人不言而拜, 親疏之宜.

[少牢饋食禮16 : 經 – 80]

시동은 다시 세 번 숟가락으로 떠서 밥을 먹는다.

尸又三飯.

정현주 　　　　축이 권할 때는 한 번 숟가락을 떠서 밥을 먹고, 주인이 권할 때는 세 번 숟가락을 떠서 밥을 먹는 것은 존비尊卑의 차이에 따른 것이다. 모두 11번 숟가락을 떠서 밥을 먹는 것은 군주보다 낮춘 것이다. 爲祝一飯, 爲主人三飯, 尊卑之差. 凡十一飯, 下人君也.

[少牢饋食禮16 : 經 – 81]

상좌식은 시동이 먹고 남긴 양고기 · 돼지고기의 허파와 등뼈의 앞쪽 부위를 받아서 기조肵俎 위에 올려놓는다.

上佐食受尸牢肺 · 正脊, 加于肵.

'받는다'(受)고 말한 것은 시동이 상좌식에게 주었기 때문이다. 시동은 양고기 · 돼지고기의 갈비뼈 중앙 부위를 받을 때에[39] 부추절임을 담은 나무제기에 허파와 등뼈 앞쪽 부위를 올려놓았다가, 먹는 일을 마치면 그것을 집어 상좌식에게 건네준다.[40] 言'受'者, 尸授之也. 尸授[41]牢幹而實擧于俎[42]豆, 食畢, 操以授佐食焉.

1_ 2개의 나무제기에 ~ 묻힌 후 : 시동의 자리 앞에는 부추절임(韭菹)·고기젓갈(醓醢)·아욱절임(葵菹)·달팽이 젓갈(蠃醢)을 담은 4개의 나무제기(豆)가 진설되는데([經-52]), 묻힐 때에는 반드시 젓갈(醢)에 하므로, 4개의 나무제기 가운데 묻힐 수 있는 것은 고기젓갈(醓醢)과 달팽이 젓갈(蠃醢)을 담은 2개의 나무제기뿐이다. 따라서 경문에서 '三豆'라고 한 것은 '二豆'의 잘못이다. 이에 따라 번역한다. 『의례정의』, 2283쪽, 오정화의 설 참조.

2_ 하좌식은 양고기와 ~ 건네준다 : 切肺는 祭肺라고도 하는데 羊俎와 豕俎에 각각 3조각씩 올려놓는다([經-28]과 [經-29]). 下佐食은 이 가운데 한 조각씩을 취하여 上佐食에게 건네준다. 한 조각씩만 취하고 2조각씩을 남겨두는 것은 主人과 主婦에게 올려야 하기 때문이다. 『의례정의』, 2283쪽 참조.

3_ 상좌식은 ~ 건네준다 : 경문에는 '兼與黍'로 되어 있어 '稷'이 없다. 오계공은 그 존귀한 것을 보이기 위해 '稷'을 뺀 것이라고 하였고, 방포와 호배휘는 각 판본에 '黍' 아래 '稷'이 없지만, 앞의 경문 '上佐食取黍稷于四敦'를 이어서 말한 것이므로 마땅히 '兼與黍稷'으로 되어 있어야 한다고 하였다. 『의례정의』, 2283쪽 참조.

4_ 시동은 ~ 한다 : 장순은 『儀禮識誤』에서 경문의 '同祭于豆祭'에 대해 "앞에서 부추절임을 집어 들고 나무제기 사이에서 고수레를 하였던 곳에서 함께 놓고 고수레를 한다는 뜻이다"(謂卽合祭於上取韭菹祭于豆間之處也)라고 하였다. 즉 앞에서 부추절임으로 고수레 하였던 부추절임과 고기젓갈을 담은 2개의 나무제기 사이에 허파·찰기장 밥·메기장 밥을 놓고 함께 고수레를 한다는 뜻이다. 『의례정의』, 2283쪽 참조.

5_ 찰기장 밥과 ~ 하는데 : 호배휘는 『예기』 「郊特牲」의 "찰기장 밥과 메기장 밥으로 고수레를 하면서 허파를 추가한다"(祭黍稷加肺)고 한 것에 대해 정현이 "'찰기장 밥과 메기장 밥으로 고수레를 하면서 허파를 추가한다'는 것은 綏祭를 가리킨다"('祭黍稷加肺', 謂綏祭也)고 한 것을 근거로, 隋(綏)祭에는 허파가 포함된다고 하였다. 『의례정의』, 2284쪽 참조.

6_ 俎 : 『의례주소』, 1061쪽의 교감기에는 '俎豆'는 '菹豆'가 되어야 한다고 하였고, 장순 및 이여규도 '菹豆'의 잘못이라고 하였다. 이에 따라 번역한다. 『의례정의』, 2283쪽 참조.

7_ 양고기·돼지고기의 허파 : 이여규는 이곳의 '牢肺'는 '離肺'를 가리킨다고 한다. 앞의 '切肺'는 고수레에 사용하는 것이고, 이곳의 '離肺'는 중앙 부위를 조금 남기고 자른 허파로서 식사용으로 올리는 食肺이다. '離肺'는 '嚌肺', '擧肺'라고도 한다.

8_ 가장 위쪽의 찰기장 밥그릇 : 경문의 '上敦'란 4개의 밥그릇 가운데 가장 위쪽에 진설된 것으로서 이곳에는 찰기장 밥이 담겨 있다. 이 때문에 '上敦黍'라고 한 것이다. 채덕진에 의하면 찰기장 밥을 담은 가장 위쪽의 밥그릇(上敦)은 양고기를 올려놓은 희생제기(羊俎)의 남쪽에 있다고 한다. 앞의 楊天宇의 「尸席前陳饌」 그림 참조.

9_ '이'는 가깝다는 ~ 한다 : [연례06 : 經-10]의 정현 주 참조.

10_ 두 번 ~ 것이다 : 양고기와 돼지고기의 허파(牢肺) 및 등뼈의 앞쪽 부위(正脊)를 들어서 올리는 것은 시동이 먹기 위한 것이고, 찰기장 밥그릇(敦黍)을 시동의 자리로 옮겨 놓는 것은 시동의 三飯을 위한 것으로 그 일이 본래 서로 이어지지 않는다. '上佐食'을 2번 말하지 않으면 이 두 가지 일이 동시에 진행되는 것으로 오해될 수 있기 때문에 밝혀 둔 것이지, 정현의 해석처럼 '동작을 바꾸어 일어나는 것'은 아니다. 『의례정의』, 2284~2285쪽, 호배휘의 설 참조.

11_ 주인은 ~ 놓는다 : 5개의 희생제기 가운데 돼지고기의 껍질 부위를 올려놓은 희생제기(膚俎)는 단독으로 가장 북쪽에 놓는데, 그 북쪽에 시동의 음식을 올려놓은 肵俎를 놓는다.

12_ 국그릇 : '鉶'은 국을 끓이고 국을 담는 솥이다. 쇠고기·양고기·돼지고기 등을 넣고 물을 넣은 다음 끓이는데, 모두 나물을 첨가하여 간을 맞춘다. 그 솥은 '鉶'이라 하고, 그 고깃국은 '鉶羹'이라고 한다. 쇠고기·양고기·돼지고기 등 고기만 넣고 나물을 첨가하여 넣지 않을 경우 그 솥은 '鐙'을 사용하는데, 그 고깃국은 '大羹'이라 한다. 고깃국을 삶고 끓이는 것으로는 이 밖에 錡와 釜 등이 있다. 鉶은 용량이 1斗이고, 2개의 귀가 달려 있으며, 밑에 3개의 발이 있다. 높이는 2寸인데, 뚜껑이 있다. 士는 철로 만들고, 大夫 이상은 청동으로 만든다. 제후는 청동으로 만들어 백금을 입히고, 천자는 황금을 입힌다. 『삼례사전』, 1027쪽 참조.

13_ 양고기 국에는 ~ 넣는데 : [공사대부례09 : 記-09] 참조.

14_ 시동은 ~ 먹는다 : 시동은 먼저 食舉 즉 허파와 등뼈를 먹은 후에 三飯을 시작한다. 食舉를 함으로써 隋祭(墮祭, 挼祭)가 끝나고 士의 九飯보다 존귀한 11飯을 하는 大夫의 正祭가 시작된다. '食舉'는 '舉를 먹는다'는 뜻인데, 正祭에서는 모두 上佐食이 허파와 등뼈를 들어서(舉) 시동에게 건네주기 때문에 '허파와 등뼈를 먹는 것'을 '食舉'라고 한다.

15_ 飮啗 : '飮'은 『釋文』, 『集釋』, 楊復本, 호배휘의 『의례정의』에는 모두 '食'으로 되어 있다. 완원의 교감기에는 "살펴보건대 疏에도 '食'으로 되어 있다"고 하였다. 이에 따라 번역한다. 『의례주소』, 1062쪽 교감 참조.

16_ 세 번 숟가락을 ~ 먹는다 : 시동이 첫 번째 三飯을 하는 것이다.

17_ 상좌식 : 경문에는 '佐食'이라고 하였는데, 이하 단지 '佐食'이라 한 것은 모두 '上佐食'을 가리킨다.

18_ 기조 위에 올려놓는다 : 능정감의 『예경석례』에 의하면, 시동이 먹은 음식은 모두 肵俎 위에 올려놓는데, 虞祭의 경우에는 肵俎 대신에 대광주리(筐) 안에 넣어 둔다. 『의례정의』, 2288쪽 참조.

19_ 질그릇제기 : 흙을 구워서 만든 제기로서, '豋' 혹은 '鐙'이라고도 한다. [공식대부례09 : 經-62]에는 '鐙'으로 되어 있는데, 정현과 가공언은 모두 "질그릇으로 만든 제기를 '鐙'이라 한다"(瓦豆謂之鐙)고 하였다. 『이아』에는 '豋'으로 되어 있다. 『이아』「釋器」에 "나무로 만든 제기를 '豆'라 하고, 대나무로 만든 제기를 '籩'이라 하고, 질

그릇으로 만든 제기를 '登'이라 한다"(木豆謂之'豆', 竹豆謂之'籩', 瓦豆謂之'登')고 한 것에 대해 형병은 "짝으로 말하면 나무로 만든 제기를 '豆'라고 하고 질그릇으로 만든 제기를 '登'이라 하는데, 나누어서 말하면 모두 '豆'라고 칭한다(對文則木曰'豆', 瓦曰'鐙', 散則皆名'豆')고 하였다. 『시경』「大雅・生民」에 "豆에 담고, 登에 담는다"(于豆于登)한 것에 대해 『毛傳』에는 "豆는 야채절임과 고기젓갈을 담아 바치고, 登은 야채를 넣지 않은 고깃국을 담아 바친다"(豆, 薦菹醢, 登, 大羹也)고 하였다. 『주례』「考工記」에 의하면 瓦豆는 용량이 4升이고, 높이는 1척, 두께 2/1촌이며, 고깃국을 담기 때문에 뚜껑이 있다. 『흠정의례의소』, '登' 그림 참조.

20_ 이미 진설한 4개의 나무제기 : 부추절임(韭菹)・고기젓갈(醓醢)・아욱절임(葵菹)・달팽이 젓갈(蠃醢)을 담은 4개의 나무제기를 말한다(經-52). 부추절임・고기젓갈・아욱절임・달팽이 젓갈은 木豆를 이용하여 올려놓기 때문에, 부가해서 올려놓는 加豆는 모두 瓦豆를 이용한다.

21_ 부가해서 진설하는 ~ 때문이다 : 저민 고기(蕆)와 젓갈(醢)은 加豆이기 때문에 薦豆와 같은 열에서 그 북쪽에 진설한다.

22_ 4개의 ~ 진설한다 : 저민 양고기(羊蕆)의 북쪽에 돼지고기 젓갈(豕醢)이 있고, 돼지고기 젓갈(豕醢)의 동쪽에 저민 돼지고기(豕蕆)가 있고, 저민 돼지고기(豕蕆)의 남쪽에 양고기 젓갈(羊醢)이 있어 구부러지게 진설하는데, 이러한 진설방식을 '縡'(구부러지다)이라고 한다. 앞의 楊天宇의 「尸席前陳饌」 그림 및 『의례정의』, 2288쪽, 이여규의 설 참조.

23_ 양고기 국과 ~ 때문이다 : 특생궤사례에서는 희생으로 돼지고기(豕)만 올리고 양고기(羊)는 올리지 않는데, 이곳의 소뢰궤사례에서는 양고기와 돼지고기의 2가지 희생을 모두 올리기 때문에 양고기 국과 돼지고기 국을 올려 맛을 갖출 필요가 없다.

24_ 시동은 ~ 먹고 : 시동이 4飯을 하는 것이다.

25_ 시동은 ~ 먹는다 : 시동이 5飯을 하는 것이다.

26_ 상좌식 : 이곳에서 '상좌식이 받는다'(上佐食受)고 하였으므로 뒤에서 '좌식이 받는다'(佐食受)고 한 것도 실제로는 모두 '上佐食이 받는 것'을 가리킨다. 『의례정의』, 2289쪽, 오계공의 설 참조.

27_ 말린 고기와 ~ 것이다 : 특생궤사례에서는 희생으로 돼지고기 하나만을 올리기 때문에 말린 고기(獸, 腊)와 생선(魚)을 모두 세 번 올려서 맛을 갖춘다([특생궤사례15 : 經-84], [특생궤사례15 : 經-88], [특생궤사례15 : 經-89]). 소뢰궤사례에서는 희생을 많이 쓰므로 말린 고기와 생선은 한 번만 올려 간략히 한다. 『의례주소』, 1064쪽 참조.

28_ 말린 큰사슴고기를 ~ 때문이다 : 희생의 몸체에서는 앞다리 뼈의 위쪽 부위(肩)를 귀하게 여기기 때문에 귀하게 여기는 것을 올려 올리는 일의 끝을 삼는다. 『의례정의』, 2289쪽 장이기의 설 참조.

29_ 생선과 ~ 것이다 : 특생궤시례에서는 3차례 생선과 말린 고기를 올리는데 항상 두 가지를 동시에 올린다([특생궤시례15 : 經-84], [특생궤시례15 : 經-88], [특생궤 사례15 : 經-89]). 그러나 소뢰궤사례에서는 생선을 먼저 들어 올린 후에 말린 고 기를 들어서 올린다. 이렇게 두 가지를 따로따로 올리는 것은 대부의 예는 의절을 풍성하게 하기 때문이다. 『의례주소』, 1064쪽 참조.

30_ 시동은 ~ 먹는다 : 시동이 6飯을 하는 것이다.

31_ 갈비뼈의 ~ 것이다 : 시동의 三飯을 마친 후 上佐食이 처음 시동에게 갈비뼈의 중 앙 부위(幹, 正脅)를 들어서 올릴 때와 동일하게 한다는 뜻이다. 즉 시동이 양고 기·돼지고기의 뒷다리 뼈 중앙 부위(牢髂)를 받아서 흔들어 고수레를 하고, 고수 레를 마친 후 맛을 보면, 상좌식이 시동에게 받아서 胏俎 위에 올려놓는다. [經-70] 참조.

32_ 시동은 ~ 먹는다 : 시동이 7飯을 하는 것이다.

33_ 상좌식이 ~ 때문이다 : 다섯 번 들어서 올리는 것(五擧)은 ① 양고기·돼지고기의 허파와 등뼈의 앞쪽 부위를 올리는 것, ② 양고기·돼지고기의 갈비뼈 중앙 부위 를 올리는 것, ③ 생선을 올리는 것, ④ 말린 큰사슴고기와 양고기·돼지고기의 앞 다리 뼈 위쪽 부위를 올리는 것, ⑤ 양고기·돼지고기의 뒷다리 뼈 중앙 부위를 올 리는 것 등이다. 『의례주소』, 1064쪽 참조.

34_ 축이 ~ 때문이다 : 특생궤사례의 경우 시동이 세 숟가락을 떠서 밥을 먹을 때마다 주인과 축이 함께 음식을 들도록 권하고, 번갈아서 권하지 않는다. 대부의 예에서 는 시동이 한 숟가락 떠서 밥을 먹을 때마다 축과 주인이 번갈아 가면서 권한다. 『의례주소』, 1064쪽 참조.

35_ 시동은 ~ 먹는다 : 시동이 8飯을 하는 것이다.

36_ 네 번 ~ 것이다 : ① 양고기·돼지고기의 등뼈 앞쪽 부위(牢正脊), ② 양고기·돼 지고기의 갈비뼈 중앙 부위(牢幹), ③ 양고기·돼지고기의 뒷다리 뼈 중앙 부위(牢 髂), ④ 양고기·돼지고기의 앞다리 뼈 위쪽 부위(牢肩)로 4번 들어서 시동에게 올 린다. 등뼈 앞쪽 부위(正脊)에서 시작하여 앞다리 뼈 위쪽 부위(肩)로 끝나는 것이 다. 등뼈의 앞쪽 부위(正脊)와 앞다리 뼈의 위쪽 부위(肩)는 모두 희생의 몸체에서 존귀한 부위이다.

37_ 축은 ~ 때문이다 : 앞에서 祝이 主人의 남쪽에서 서쪽을 향한 것은 시동에게 음식 을 들도록 권하기 위한 것이었지만([經-76]), 이곳에서 主人의 남쪽에서 서쪽을 향 하는 것은 주인을 위해 시동에게 권하는 말을 올리기 위한 것이다.

38_ 축은 ~ 도리이다 : 祝이 말을 하고 배례를 하지 않는 것은 관계가 소원하기 때문 이고, 主人이 말을 하지 않고 배례하는 것은 관계가 친밀하기 때문이다. 『의례주 소』, 1065쪽 참조

39_ 시동은 ~ 때에 : [經-70] 참조.

40_ 시동은 ~ 건네준다 : 시동이 먹고 남긴 허파와 등뼈는 반드시 먼저 부추절임을 담

은 나무제기 위에 올려놓았다가, 시동이 음식 먹는 일을 마치면 비로소 상좌식이
그것을 받아서 肵俎 위에 올려놓는다. 『의례정의』, 2292쪽, 능정감의 설 참조.

41_ 授 : 『의례정의』, 2315쪽의 교감기에는 '授'는 '受'로 고쳐야 한다고 하였다. 이에 따라 번역한다.

42_ 俎 : 『集釋』, 楊復本, 호배휘의 『의례정의』에 모두 '湆'로 되어 있다. 이에 따라 번역한다. 『의례주소』, 1065쪽 교감, 참조.

經-82에서 經-84까지는 '주인초헌主人初獻'의 첫 번째 단계인 '주인헌시主人獻尸' 즉 주인이 시동에게 술을 올려 헌獻의 예를 행하는 절차이다.

[少牢饋食禮16 : 經-82]

주인은 당에서 내려와 술잔을 씻은 후 당 위로 올라가 북쪽을 향해 술잔에 술을 따르고, 이어서 실室 안으로 들어가 시동에게 술을 올려 입가심을 하게 한다. 시동은 배례를 한 후 술잔을 받고, 주인은 술잔을 보내준 후 배례를 한다.[1]

主人降, 洗爵, 升, 北面酌酒, 乃酳尸. 尸拜受, 主人拜送.

정현주 '윤酳'은 넉넉하다(羨)[2]는 뜻이다. 이미 먹게 하였는데 또 마시게 하는 것은 즐겁도록 하는 까닭이다. 고문본에는 '酳'은 '酌'으로 되어 있다. '酳'猶羨也. 旣食之而又飮之, 所以樂之. 古文'酳'作'酌'.

[少牢饋食禮16 : 經-83]

시동은 술로 고수레한 후 술을 맛본다. 빈장賓長은 시동에게 양고기·돼지고기의 간을 희생제기 위에 올려 진상한다. 희생제기를 세로로 잡고, 간도 희생제기 위에 세로로 올려놓는데 간의 아래쪽 끝부분이 앞쪽을 향하도록 하여 놓고, 소금은 간의 오른쪽에 놓는다.

尸祭酒, 啐酒. 賓長羞牢肝, 用俎. 縮執俎, 肝亦縮, 進末, 鹽在右.

정현주　　　　‘수羞’는 진상한다는 뜻이다. ‘축縮’은 세로(從)라는 뜻이다. 소금을 간의 오른쪽에 놓는 것은 시동이 묻히기 편리하도록 하는 것이다. 고문본에는 ‘縮’은 ‘蹙’으로 되어 있다. ‘羞’, 進也. ‘縮’, 從也. 鹽在肝右, 便尸㩴之. 古文‘縮’爲‘蹙’.

[少牢饋食禮16 : 經 – 84]

시동은 왼손으로 술잔을 잡고, 오른손으로 양고기·돼지고기의 간을 함께 집어 들고서 희생제기 위에 올려 있는 소금에 묻힌 후 흔들어서 고수레를 하고 맛을 보고, 이어서 부추절임을 담은 나무제기 위에 올려놓고, 술잔의 술을 다 마신다. 주인은 배례를 한 후 시동이 비운 술잔을 받아 든다. 시동은 답배를 한다.

尸左執爵, 右兼取肝, 㩴于俎鹽, 振祭, 嚌之, 加于菹豆, 卒爵. 主人拜, 受尸爵. 尸答拜.

정현주　　　　‘겸兼’은 양고기와 돼지고기의 간을 함께 집는다는 뜻이다. ‘兼’, 兼羊·豕.

1_ 주인은 술잔을 ~ 한다 : 장이기에 의하면, '主人初獻'의 의절은 ① 主人獻尸 → ② 尸
醋主人·遂致爵 → ③ 主人獻祝 → ④ 主人獻佐食의 순시로 진행된다.

2_ 넉넉하다 : 가공언은 '醋'은 '饒羨' 즉 남아돌 정도로 풍족하고 넉넉하다는 뜻이라고
하였다. 『의례주소』, 1066쪽 참조.

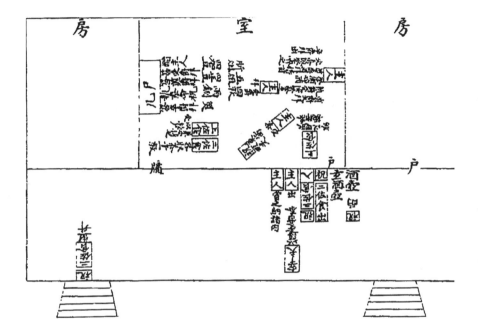

經-85에서 經-90까지는 '주인초헌'의 두 번째 단계인 '시작주인尸醋主人' 즉 시동이 주인에게 술을 올려 작醋의 예를 행하고, 아울러 시동의 명으로 축이 주인에게 축복해 주는 말을 전하는 절차이다.

[少牢饋食禮16 : 經 – 85]

축祝은 술잔에 술을 따라 시동에게 건네준다. 시동은 주인에게 술을 올려 작醋의 예를 행한다. 주인은 배례를 한 후 술잔을 받고, 시동은 답배를 한다. 주인은 서쪽을 향해 술잔을 내려놓은 후, 다시 시동에게 배례를 한다.

祝酌受¹尸. 尸醋主人. 主人拜受爵, 尸答拜. 主人西面奠爵, 又拜.

정현주 주인이 작醋의 술잔을 받고, 협작俠爵의 배례²를 행하는 것은 시동을 더욱 높이는 것이다. 主人受酢酒, 俠爵拜, 彌尊尸.

[少牢饋食禮16 : 經 – 86]

상좌식은 4개의 밥그릇에서 찰기장 밥과 메기장 밥을 덜어 내고, 하좌식은 양고기를 올려놓은 희생제기와 돼지고기를 올려놓은 희생제기 위에서 중앙 부위를 완전하게 끊어서 자른 허파(切肺) 한 조각씩을 집어 들어 상좌식에게 건네준다. 상좌식은 기장밥과 허파를 주인에게 건네주어 타제綏祭를 행할 수 있도록 돕는다.³

上佐食取四敦黍稷, 下佐食取牢一切肺, 以授上佐食. 上佐食以綏祭.

'綏'는 어떤 판본에는 '按'로 되어 있다. '按'는 '墮'의 뜻으로 읽는다.[4] 장차 복을 받을 것이기 때문에 또한 시동이 먹고 남은 음식을 높여서 고수레를 하는 것이다. 고문본에 '墮'가 '肵'로 되어 있다. '綏', 或作'按'. '按'讀爲'墮'. 將受嘏, 亦尊尸餘而祭之. 古文'墮'爲'肵'.

[少牢饋食禮16 : 經－87]

주인은 왼손으로 술잔을 잡고, 오른손으로 상좌식에게 찰기장 밥·메기장 밥·허파를 받은 후 앉아서 고수레를 하고, 또 술로 고수레를 한 다음 일어나지 않은 채로 그대로 술을 맛본다.

主人佐[5]執爵, 右受佐食, 坐祭之, 又祭酒, 不興, 遂哜酒.

'오른손으로 상좌식에게 받는다'(右受佐食)는 것은 오른손으로 상좌식에게 고수레를 할 제물(墮)을 받는다는 뜻이다. 이때 이르러 '앉아서 고수레를 한다'(坐祭之)고 말한 것은 시동이 주인과 함께 예를 행하는 것임을 밝힌 것이다. 시동은 항상 앉아 있다가 일이 있으면 일어난다. 주인은 항상 서 있다가 일이 있으면 앉는다. '右受佐食', 右手受墮於佐食也. 至此言 '坐祭之'者, 明尸與主人爲禮也. 尸恒坐, 有事則起. 主人恒立, 有事則坐.

[少牢饋食禮16 : 經－88]

축은 2인의 좌식과 함께 모두 실室 안에서 나와 물받이 항아리가 있는 곳으로 가서 손을 씻은 후 다시 실 안으로 들어온다. 2인의 좌식은 각자 별도의 밥그릇에서 찰기장 밥을 덜어 내는데,[6] 상좌식은 하좌식이 취한 찰기장 밥을 받아서 함께 둥글게 뭉친 후 시동에게 건네준다. 시동은 이를 받아 들고서 주인에게 하사嘏辭(축복해 주는 말)[7]를 올리도록 축에게 명한다.

祝與二佐食皆出, 盥于洗, 入. 二佐食各取黍于一敦, 上佐食兼受, 搏之以授尸. 尸執以命祝.

정현주 　　축에게 축복해 주는 말을 올리도록 명하는 것이다. 命祝以嘏辭.

[少牢饋食禮16 : 經−89]

시동이 축에게 하사嘏辭를 올리도록 명을 한 후에, 축은 시동에게 뭉친 찰기장 밥을 받아 들고 동쪽으로 가서 실문(室戶)의 서쪽에서 북쪽을 향하여 주인에게 하사를 올리는데, "황시皇尸께서 공축工祝에게 명하여 끝없는 수많은 복을 그대 효손孝孫(주인)에게 전해 주게 하셨다. 그대 효손에게 내려 주시어, 그대로 하여금 하늘에서 복록을 받게 하셨다. 밭에서 농사를 짓고, 오래도록 장수를 누리게 될 것이니, 폐하지 말고 길이 보전하도록 하라"라고 말한다.

卒命祝, 祝受以東, 北面于戶西, 以嘏于主人曰, "皇尸命工祝, 承致多福無疆于女孝孫. 來女孝孫, 使女受祿于天. 宜稼于田, 眉壽萬年, 勿替引之."

정현주 　　'하嘏'는 크다(大)는 뜻이다. 주인에게 큰 복을 주는 것이다. '공工'은 관리(官)의 뜻이다. '승承'은 전한다(傳)는 뜻과 같다. '래來'는 '釐'의

뜻으로 읽는다. '釐'는 내려 준다(賜)는 뜻이다. 경작하고 씨 뿌리는 것을 '가
稼'라고 한다. '물勿'은 없게 하라(無)는 뜻과 같다. '체替'는 폐한다(廢)는 뜻이
다. '인引'은 오래도록(長)의 뜻이다. 폐지하여 중단되는 때가 없게 하여 그와
같이 하기를 오래하라는 말이다. 고문본에는 '嘏'가 '格'으로 되어 있고, '祿'
이 '福'으로 되어 있고, '眉'가 '微'로 되어 있고, '替'가 '袂'로 되어 있는데, '袂'
는 어떤 판본에는 '戴'로 되어 있다. '戴'와 '替'는 발음이 서로 비슷하다. '嘏',
大也. 予主人以大福. '工', 官也. '承'猶傳也. '來'讀曰'釐'. '釐', 賜也. 耕種曰'稼'. '勿'
猶無也. '替', 廢也. '引', 長也. 言無廢止時, 長如是也. 古文'嘏'爲'格', '祿'爲'福', '眉'
爲'微', '替'爲袂, 袂或'爲戴'. '戴'·'替', 聲相近.

[少牢饋食禮16 : 經 - 90]

주인은 앉아서 술잔을 내려놓은 후 일어나고, 머리를 바닥에 대면
서 재배를 하고 일어나서 축에게서 둥글게 뭉친 찰기장 밥을 받고,
다시 앉아서 흔들어 고수레를 하고, 고수레를 마친 후 맛을 본다.
주인은 찰기장 밥을 가슴 안에 받들어 넣고, 다시 왼쪽 소매에 넣
고, 왼쪽 새끼손가락을 소맷부리에 건 다음 술잔을 잡고 일어나고,
다시 앉아서 술잔의 술을 다 마신다. 이어서 술잔을 들고 일어나
고, 다시 앉아서 술잔을 내려놓은 후 배례를 한다. 시동은 답배를
한다. 주인은 술잔을 들고 일어나 실室 밖으로 나간다. 재부宰夫는
대나무제기(籩)로 주인에게서 기장밥(嚌黍)을 받을 준비를 한다. 주
인은 기장밥을 맛본 후 대나무제기 안에 넣어 둔다.

主人坐奠爵, 興, 再拜稽首, 興, 受黍, 坐振祭, 嚌之. 詩懷之, 實于左
袂, 挂于季指, 執爵以興, 坐卒爵. 執爵以興, 坐奠爵, 拜. 尸答拜. 執

爵以興, 出. 宰夫以籩受嗇黍. 主人嘗之, 納諸內.

정현주   '시詩'는 받든다(承)는 뜻과 같다. '왼쪽 소매에 넣는다'(實
於左袂)는 것은 오른손을 편하게 하려는 것이다. '계季'는 작다(小)는 뜻과 같
다. '나간다'(出)는 것은 실문 밖으로 나간다는 뜻이다. '재부宰夫'는 음식의
일을 관장하는 사람이다. 거두어 모으는 것을 '색嗇'이라고 한다.[8] 풍년이 들
어야 찰기장 밥과 메기장 밥이 있다는 뜻을 밝힌 것이다. 주인이 다시 기장
밥을 맛보는 것은 중시함이 지극한 것이다. '납納'은 넣는다(入)는 뜻과 같다.
고문본에 '掛'가 '卦'로 되어 있다. '詩'猶承也. '實於左袂', 便右手也. '季'猶小也.
'出', 出戶也. '宰夫', 掌飲食之事者. 收斂曰'嗇'. 明豐年乃有黍稷也. 復嘗之者, 重之
至也. '納'猶入也. 古文'挂'作'卦'.

1_ 受 : '受'는 『集釋』, 『要義』, 楊復本, 호배휘의 『의례정의』에 모두 '授'로 되어 있다. 이에 따라 번역한다. 『의례정의』, 1066쪽, 교감 참조.

2_ 협작의 배례 : '俠爵'은 본래 國君에게 술 마시기를 청하는 예로서, 스스로 먼저 마시고 군주가 술을 마신 후에 또 스스로 마시는 것을 뜻한다. [향사례05 : 記–76]의 정현의 주에 "夾爵은 군주가 술잔을 비우고 나면, 술을 올린 사람이 다시 스스로 술을 채워 마시는 것이다"(夾爵者, 君旣卒爵, 復自酌)라고 하였고, 가공언의 소에서는 "'夾爵'은 군주에게 벌주를 마시게 할 때 賓이 스스로 먼저 마시고, 군주가 마신 후에는 또 빈이 스스로 마시는 것이다"('夾爵'者, 將飮君, 先自飮, 及君飮訖, 又自飮)라고 하였다. 『의례주소』, 339쪽 참조. 즉 '夾爵'은 군주가 한 번 술을 마시고 빈이 두 번 술을 마시는 것으로, 술잔을 되돌려주지 않고 끼고서 한 번 더 마신다는 뜻이다. 그러나 이 경문에서의 '俠爵의 배례'는 '俠拜'를 의미한다. '俠拜'란 부인이 남자에게 예를 행할 때, 여자 먼저 배례를 하면, 남자가 답배를 하고, 여자가 또다시 배례를 하는 것을 말한다. 즉 남자는 한 차례 배례를 하고, 여자는 두 차례 배례를 한다. [사관례01 : 經–68]의 정현 주에 "부인은 장부에 대해서 비록 자기 아들이라 해도 俠拜를 한다"(婦人於丈夫, 雖其子猶俠拜)고 하였다. '夾拜'는 '俠拜'로 쓰기도 한다. 능정감은 『예경석례』에서 "무릇 부인은 남자에 대하여 모두 협배를 한다. 협배는 남자가 한 차례 배례하고 부인은 두 차례 배례하는 것이다"(凡婦人於丈夫皆俠拜. 俠拜者, 丈夫拜一次, 婦人則拜兩次也)라고 하였다.

3_ 상좌식은 ~ 돕는다 : 주인이 고수레를 행할 수 있도록 상좌식이 밥그릇과 희생제기 위에서 찰기장 밥(黍)·메기장 밥(稷)·허파(肺)의 祭物을 취하여 주인에게 건네주는 것을 말한다. 아래의 주석 6) 참조.

4_ '綏'는 ~ 읽는다 : 정현은 '綏'를 '墮'의 뜻으로 해석한 것이다. [사우례14 : 經–47]에 대한 정현의 주에 "下祭를 '墮'라고 한다"(下祭曰墮)고 하였다. 이에 대해서 가공언은 "'下祭'는 아래쪽을 향하여 고수레를 하는 것"(向下祭之)이라고 풀이하였지만, 장이기는 "희생제기(俎)와 나무제기(豆) 위에서 고수레 할 제물을 덜어 내어 시동에게 건네주어 고수레를 지내도록 하는 것으로, 佐食은 단지 제물을 내릴 뿐이다"(從俎豆上取下當祭之物以授尸, 使之祭, 佐食但下之而已)라고 하여 '祭下'를 '희생제기와 나무제기 위에서 제물을 내린다'는 뜻으로 해석하였다. 따라서 경문의 '上佐食以綏祭'는 上佐食이 직접 고수레를 행한다는 뜻이 아니라, 밥그릇과 희생제기 위에서 찰기장 밥(黍)·메기장 밥(稷)·허파(切肺)의 祭物을 덜어 내어 주인에게 주어서 주인이 고수레를 행할 수 있도록 돕는다는 의미가 된다. 『의례정의』, 1998쪽 참조.

5_ 佐 : '佐'는 徐本, 毛本, 호배휘의 『의례정의』에 모두 '左'로 되어 있다. 이에 따라 번역한다. 『의례주소』, 1067쪽, 교감 참조.

6_ 별도의 밥그릇에서 ~ 덜어 내는데 : 上佐食은 북쪽의 밥그릇(上敦)에서 찰기장 밥을 덜어 내고, 下佐食은 남쪽의 밥그릇(下敦)에서 찰기장 밥을 덜어 낸다.

7_ 하사 : 嘏辭는 제사를 지낼 때 祝이 시동을 대신하여 주인에게 축복해 주는 말이다.

『예기』「禮運」에 "축과 하를 갖춘다"(修其祝・嘏)고 한 것에 대해 정현은 "'祝'은 祝이 주인을 대신하여 귀신에게 흠향하도록 하는 말이다. '嘏'는 祝이 시동을 대신하여 주인에게 축복해 주는 말이다"('祝', 祝爲主人饗神之辭也. '嘏', 祝爲尸致福于主人之辭也)라고 하였다.

8_ 거두어 ~ 한다 : [특생궤사례15 : 經-100]의 정현 주에 "'黍'(찰기장 밥)를 바꾸어서 '嗇'이라고 말한 것은 일에 근거하여 권고하고 경계하는 것으로서 농사짓는 일을 중시하고자 하는 것이다. '嗇'은 농사짓는 노력으로 功을 이룬 것을 말한다"(變'黍'言 '嗇', 因事讬戒欲其重稼嗇. '嗇'者, 農力之成功)고 하였다.

「주인헌축급이좌식도主人獻祝及二佐食圖」

(清), 『흠정의례의소』

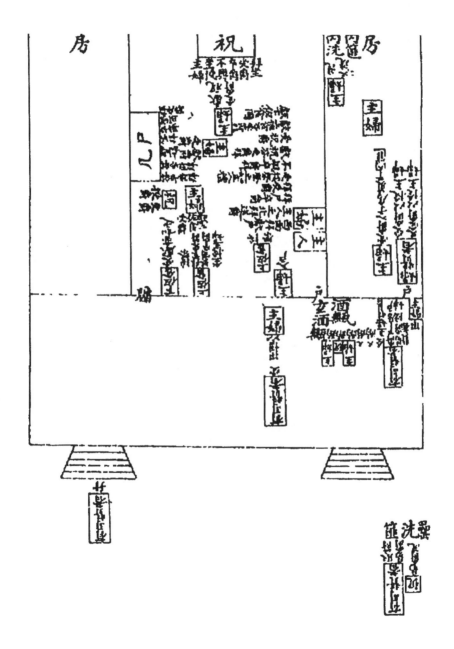

經-91에서 經-96까지는 '주인초헌'의 세 번째 단계인 '주인헌축主人獻祝' 즉 주인이 축에게 술을 올려 헌獻의 예를 행하는 절차이다.

[少牢饋食禮16 : 經-91]

주인은 축에게 술을 올려 헌獻의 예를 행하는데, 축의 자리는 머리 부분이 남쪽을 향하도록 하여 진설한다. 축은 자리 위에서 배례를 하고, 앉아서 주인의 술잔을 받는다.

主人獻祝, 設席南面. 祝拜于席上, 坐受.

정현주 실室 안이 좁기 때문이다.[1] 室中迫狹.

[少牢饋食禮16 : 經-92]

주인은 서쪽을 향해 답배를 한다.[2]

主人西面答拜.

정현주 '술잔을 보내준 후 배례를 한다'(拜送)라고 말하지 않은 것은 축을 시동보다 낮춘 것이다.[3] 不言'拜送', 下尸.

유사有司는 시동에게 아욱절임과 달팽이 젓갈을 담은 2개의 나무
제기(豆)를 올린다.[4]

薦兩豆葅·醓.

정현주　　　　아욱절임과 달팽이 젓갈을 올리는 것이다.[5] 葵葅·蠃醓.

좌식은 축의 자리 앞에 희생제기를 진설하는데, 양고기·돼지고기
의 넓적다리뼈(髀)[6]·등뼈 뒤쪽 부위(橫脊) 한 조각·갈비뼈 뒤쪽 부
위(短脅) 한 조각과 양고기의 창자(腸) 한 조각·양고기의 위胃 한 조
각과 돼지고기의 껍질 부위(膚) 세 조각을 올려놓고,[7] 생선(魚) 한
마리는 가로로 올려놓고, 말린 큰사슴고기(腊)의 넓적다리뼈(髀) 두
조각은 엉덩이뼈(尻)에 이어져 있는 것으로 올려놓는다.

佐食設俎, 牢髀, 橫脊一·短脅一·腸一·胃一·膚三, 魚一, 橫之, 腊
兩髀屬于尻.

정현주　　　　모두 하등의 희생 몸체를 올리는 것은[8] 축은 신분이 낮기
때문이다. 생선을 가로로 올려놓는 것은 4가지(羊·豕·腊·魚)를 하나의 희생
제기 위에 함께 놓기 때문에 달리하는 것이다.[9] 말린 큰사슴고기의 넓적다
리뼈 두 조각은 엉덩이뼈에 이어져 있는 것으로 올려놓는 것은 더욱 천하기
때문에 분리하지 않는 것이다.[10] 皆升下體, 祝賤也. 魚橫者, 四物共俎, 殊之也.
'腊兩髀屬于尻', 尤賤, 不殊.

축은 아욱절임을 집어 들어 달팽이 젓갈에 묻힌 후 2개의 나무제
기 사이에 놓고 고수레를 한다. 축은 희생제기 위에 올려 있는 돼
지고기의 껍질 부위(膚)로 고수레를 한다.

祝取菹揲于醓, 祭于豆間. 祝祭俎.

정현주 　　　　대부의 축에게 올리는 희생제기에 허파가 없고, 고수레할
때에 돼지고기의 껍질 부위를 사용하는 것은 시동보다 한참 낮춘 것이다.[11] 맛
을 보지 않는 것은 돼지고기의 껍질 부위가 정식으로 올리는 것이 아니라 부
가하여 올리는 것이기 때문이다. 大夫祝俎無肺, 祭用膚, 遠下尸. 不嚌之, 膚不盛.

축은 또 술로 고수레를 한 후 술을 맛본다. 유사는 축에게 양고
기·돼지고기의 간(牢肝)을 담은 희생제기를 곁들여 올린다. 축은
간을 집어 들어 소금에 묻힌 후 흔들어 고수레를 하고, 고수레를
마치면 간을 맛본 후 일어나지 않은 채로 희생제기 위에 올려놓고,
술잔의 술을 다 마신 후 일어난다.

祭酒, 啐酒. 肝牢[12]從. 祝取肝揲于鹽, 振祭, 嚌之, 不興, 加于俎, 卒
爵, 興.

정현주 　　　　또한 좌식이 술잔을 건네준 후에 일어나는 경우와 동일
한 절차로 한다. 술잔의 술을 다 마시게 해 준 것에 배례를 하지 않는 것은 대
부의 축은 신분이 낮기 때문이다. 亦如佐食授爵乃興. 不拜旣爵, 大夫祝, 賤也.

1_ 실 안이 좁기 때문이다 : 祝은 室 안이 좁기 때문에 자리 위에서 배례를 한다.

2_ 주인은 ~ 한다 : 室 안에서 배례를 할 때에는 서쪽을 향하는 것을 공경함으로 삼는다.

3_ '술잔을 ~ 것이다 : 주인이 시동에게 술을 올려 獻의 예를 행할 때에 시동은 배례를 한 후 술잔을 받고, 주인은 술잔을 보내준 후 배례 즉 拜送을 하였다([經-82]). 주인이 축에게 술을 올려 獻의 예를 행하는 이곳에서는 答拜를 한다. '答拜'는 '拜送'보다 가벼운 예이다. 축을 시동보다 낮추는 것이다. 『의례정의』, 2299쪽 참조.

4_ 유사는 ~ 올린다 : 올리는 사람에 대하여 오계공은 '宰夫'라고 하였고, 강조석은 '主婦'라고 하였고, 성세좌는 '有司'라고 하였다. 호배휘는 성세좌의 설이 타당하다고 하였다. 『의례정의』, 2299쪽 참조.

5_ 아욱절임과 ~ 것이다 : 오계공은 경문의 '菹'와 '醢'는 부추절임(韭菹)과 고기젓갈(醓醢)을 가리킨다고 하여 정현 주를 비판한다. 그러나 저인량은 이곳에서는 饋食의 豆를 사용해야 하는데, 饋食의 豆에는 아욱절임(葵菹)과 달팽이 젓갈(蝸醢)을 올려놓는 것이 일반적이므로 정현의 해석에 따라야 한다고 하였다. 『의례정의』, 2299~2300쪽 참조.

6_ 넓적다리뼈 : 이 넓적다리뼈(髀)는 오른쪽 몸체이다. 『의례정의』, 2300쪽 오계공의 설 참조.

7_ 양고기의 창자 한 조각 ~ 올려놓고 : 돼지고기를 희생으로 쓸 때에는 그 창자와 위를 올리지 않고, 양고기를 희생으로 사용할 때에는 그 껍질 부위(膚)를 올리지 않기 때문에 창자와 위는 양고기의 희생에 속하고, 껍질 부위는 돼지고기의 희생에 속한다. 楊天宇, 『의례역주』, 762쪽 주)3 참조.

8_ 모두 ~ 것은 : 넓적다리뼈(髀)·등뼈의 뒤쪽 부위(橫脊)·갈비뼈의 뒤쪽 부위(短脅)는 모두 하등의 몸체로서, 시동의 희생제기 위에 앞다리 뼈의 위쪽 부위(肩)·앞다리 뼈의 중앙 부위(臂)·앞다리 뼈의 아래쪽 부위(臑)·등뼈의 앞쪽 부위(正脊)·등뼈의 중앙 부위(正脅)를 올려놓는 것에 비해 비천하다.

9_ 생선은 ~ 것이다 : 양고기(羊)·돼지고기(豕)·말린 큰사슴고기(腊)는 희생제기 위에 올려놓을 때 모두 가로로 올려놓는데, 생선(魚)은 본래 세로로 올려놓는다. 이곳에서는 이 4가지를 모두 하나의 희생제기 위에 올려놓기 때문에 생선도 마찬가지로 가로로 올려놓는다. 본래의 올려놓는 방식과 달리하는 것이다. [經-48] 참조.

10_ 말린 큰사슴고기의 ~ 것이다 : 앞의 '양고기·돼지고기의 넓적다리뼈'(牢髀)는 좌우의 몸체를 둘로 나누고 그중에 오른쪽 몸체를 올려놓는다. 반면에 '말린 큰사슴고기의 넓적다리뼈'(腊髀)는 좌우의 몸체를 합쳐서 올려놓는다. 따라서 말린 큰사슴고기(腊)의 넓적다리뼈 두 조각은 좌우의 몸체를 분리하지 않고 꽁무니에 붙어 있는 것을 올려놓는 것이다. 이여규는 "尻'는 두 넓적다리뼈 사이에 있는 것"('尻'在兩髀中)이라고 하였고, 오정화는 "'尻'는 등뼈가 끝나는 곳으로, 두 넓적다리의 사이에 있는 것이니, 이른바 엉덩이뼈이다"('尻', 脊骨盡處, 在兩股間, 所謂髖也)라고

하였다. 『의례정의』, 2300쪽 참조.

11_ 대부의 ~ 것이다 : 특생궤사례에서 시동의 희생제기 위에는 祭肺(중앙 부위를 완전하게 끊어서 자른 허파)와 離肺(중앙 부위를 조금 남기고 자른 허파)를 올려놓는데, 祝의 희생제기 위에는 離肺는 있지만 祭肺가 없으므로 祝을 시동보다 낮춘 것이다. 이곳의 소뢰궤사례에서는 대부의 시동의 희생제기 위에는 離肺와 祭肺를 올려놓지만, 祝의 희생제기 위에는 離肺와 祭肺 아무것도 없다. 이는 시동보다 훨씬 낮춘 것이다. 『의례주소』, 1069쪽 참조.

12_ 肝牢 : 오계공은 '肝牢'는 '牢肝'이 되어야 한다고 하였다. 『의례정의』, 2301쪽 참조.

經-97에서 經-99까지는 '주인초헌'의 네 번째 단계로 주인이 2인의 좌식에게 술을 올려 헌獻의 예를 행하는 절차이다. 이것으로 초헌初獻의 예가 끝난다.

[少牢饋食禮16 : 經-97]

주인은 술을 따라 상좌식에게 헌獻의 예를 행한다. 상좌식은 실문(室戶) 안의 창문 동쪽에서 북쪽을 향하여 배례를 하고, 앉아서 술잔을 받는다. 주인은 서쪽을 향하여 답배를 한다. 상좌식은 술로 고수레하고, 술잔의 술을 다 마신 후 배례를 하고, 앉아서 술잔을 주인에게 건네주고 일어난다.

主人酌獻上佐食. 上佐食戶內牖東北面拜, 坐受爵. 主人西面答拜. 佐食祭酒, 卒爵, 拜, 坐授爵, 興.

정현주 술을 맛보지 않은 채 곧바로 술잔의 술을 다 마시는 것은 대부의 좌식은 신분이 낮아 예가 간략하기 때문이다. 不啐而卒爵者, 大夫之佐食賤, 禮略.

[少牢饋食禮16 : 經-98]

상좌식의 희생제기는 양쪽 계단 사이에 진설하는데,[1] 그 희생제기 위에는 잘라서 나눈 뼈(折)와 돼지고기의 껍질 부위(膚) 한 조각을 올려놓는다.

俎設于兩階之間, 其俎, 折·一膚.

좌식은 실 안에서 예를 완성할 수 없기 때문이다. '절折'
은 양고기·돼지고기의 정체正體 가운데 남은 뼈를 골라 취하여 그것을 자
르고 나누어서 사용하는 것이다.² 희생고기를 올려놓은 희생제기는 있지만,
아욱절임과 달팽이 젓갈을 담은 나무제기가 없는 것은 또한 시동보다 한참
낮춘 것이다.³ 佐食不得成禮於室中. '折'者, 擇取牢正體餘骨, 折分用之. 有肴而無
薦, 亦遠下尸.

[少牢饋食禮16 : 經 – 99]

주인은 또한 하좌식에게 술을 올려 헌獻의 예를 행하는데, 또한 상
좌식의 경우와 동일한 절차로 한다. 희생고기를 올려놓은 희생제
기는 또한 양쪽 계단 사이에 진설하는데, 서쪽을 윗자리로 삼는
다.⁴ 상좌식의 경우와 마찬가지로 잘라서 나눈 뼈(折)와 돼지고기
의 껍질 부위 한 조각을 올려놓는다.

主人又獻下佐食, 亦如之. 其肴亦設于階間, 西上. 亦折, 一膚.

상좌식은 헌獻의 예를 받고 나면 실 밖으로 나가서 자신
의 희생제기가 있는 곳으로 나아간다.⁵ 「특생궤사례」의 기記에 좌식은 "일이
없을 때에는 뜰 중앙에서 북쪽을 향해 선다"⁶고 한 것은 이때를 가리킨다. 上
佐食旣獻則出, 就其俎. 「特牲」記曰佐食"無事則中庭北面", 謂此時.

주

1_ 상좌식의 ~ 진설하는데 : 佐食에 대한 獻禮는 室 안에서 진행되지만 희생제기(俎)는 양쪽 계단 사이에 진설한다. 특생례에서 執事들의 희생제기를 양쪽 계단 사이에 진설하는 것과 마찬가지이다. [특생궤사례15 : 經-46] 참조.

2_ '절'은 ~ 것이다 : '正體'는 희생의 몸체를 뼈마디에 따라 자르고 나누어서 12體로 만든 것을 말하는데, 이 가운데 넓적다리뼈(髀)는 올리지 않기 때문에 正體는 11體가 된다. 즉 앞다리 뼈의 위쪽 부위(肩)·앞다리 뼈의 중앙 부위(臂)·앞다리 뼈의 아래쪽 부위(臑)·뒷다리 뼈의 위쪽 부위(膊)·뒷다리 뼈의 중앙 부위(骼)·등뼈의 앞쪽 부위(正脊)·등뼈의 중앙 부위(脡脊)·등뼈의 뒤쪽 부위(橫脊)·갈비뼈의 뒤쪽 부위(短脅)·갈비뼈의 중앙 부위(正脅)·갈비뼈의 앞쪽 부위(代脅)이다. 그러나 희생제기 위에 올려놓을 때 등뼈(脊)와 갈비뼈(脅)는 2개씩 올리므로 실제로는 17體이다. [經-28]의 경문 및 주석 3) 참조. 이 11體의 正體를 尊卑에 따라 시동, 축, 주인, 주부의 희생제기 위에 올려놓는데, 그 나머지를 다시 자르고 나누어서 佐食의 희생제기 위에 올려놓는다. 좌식은 신분이 낮기 때문에 온전한 正體의 뼈를 사용하지 못하고, 그 正體에서 남은 뼈를 자르고 나누어 사용할 뿐이다.

3_ 희생고기 ~ 것이다 : 가공언은 희생제기 위에 허파(肺)를 올리지 않는 것은 시동보다 낮춘 것인데, 아욱절임과 달팽이 젓갈을 담은 나무제기마저도 올리지 않았으니, 이는 시동보다 한참 낮춘 것이라고 하였다. 그러나 저인량은 [유사철17 : 經-142]에 의거하여 佐食에게도 아욱절임과 달팽이 젓갈을 담은 나무제기를 올린다고 하였고, 오계공도 이곳의 경문에서 '아욱절임과 달팽이 젓갈'(薦)을 언급하지 않은 것은 생략된 문장이며, 따라서 아욱절임과 달팽이 젓갈을 담은 나무제기를 올리지 않는다는 정현의 주는 잘못이라고 하였다. 『의례주소』, 1070쪽 및 『의례정의』, 2302쪽 참조.

4_ 서쪽을 윗자리로 삼는다 : 上佐食의 희생제기가 서쪽에 있기 때문에, 下佐食의 희생제기는 그 동쪽에 놓는다.

5_ 상좌식은 ~ 나아간다 : 정현은 上佐食이 獻禮를 마치고 자신의 희생제기가 진설된 계단 아래 뜰 중앙으로 나아가는 것으로 해석한 반면, 오계공은 [사우례14 : 記-13]에 "좌식은 일이 없으면 문을 나가 依를 등지고 남쪽을 향해 선다"(佐食無事, 則出戶, 負依南面)고 한 것에 의거하여 이곳에서도 上佐食은 실문(室戶) 밖으로 나가 서는 것이라고 하였다. 『의례정의』, 2302쪽 참조.

6_ 일이 ~ 선다 : [특생궤사례15 : 記-17] 참조.

「**주부헌시급축이좌식도**主婦獻尸及祝二佐食圖」

(淸),「흠정의례의소」

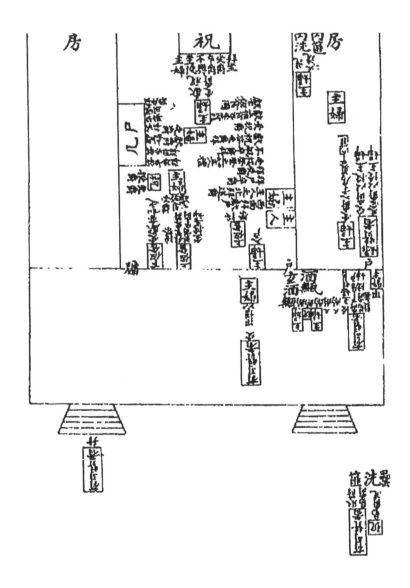

經-100에서 經-103까지는 '주부아헌主婦亞獻'의 첫 번째 단계인 '주부헌시主婦獻尸' 즉 주부가 시동에게 술을 올려 헌獻의 예를 행하는 절차이다.

[少牢饋食禮16 : 經-100]

유사有司의 찬자贊者¹는 당 아래 뜰에 있는 대광주리²에서 술잔을 꺼내어 들고 당 위로 올라가 방문에서 주부의 찬자에게 건네준다.³

有司贊者取爵于筐以升, 授主婦贊者于房戶.

정현주   남녀 사이에는 서로 주고받지 않는다. 「특생궤사례」에 "좌식이 술잔(角 : 4升 용량)의 술을 다 마시면, 주인은 좌식이 비운 술잔을 받아 들고 당에서 내려와 대광주리 안에 되돌려 놓는다"⁴고 하였다. 男女不相因. 「特牲饋食禮」曰, "佐食卒角, 主人受角, 降, 反于筐."

[少牢饋食禮16 : 經-101]

주부의 찬자는 술잔을 받아서 주부에게 건네준다. 주부는 방에서 술잔을 씻고, 방을 나와 술잔에 술을 따른 후⁵ 실문(室戶) 안으로 들어가 서쪽을 향해 배례를 하고, 이어서 시동에게 술을 올려 헌獻의 예를 행한다.

婦贊者受, 以授主婦. 主婦洗于房中, 出酌, 入戶, 西面拜, 獻尸.

실문 안으로 들어가 서쪽을 향해 배례를 하는 것은 편리
함을 따르는 것이다. 북쪽을 향하지 않는 것은 군주의 부인과 대등한 예를
행한다는 혐의를 피하기 위함이다.[6] 배례를 한 후에 헌獻의 예를 행하는 경
우에는 협배俠拜를 해야 한다. 「사혼례」에 "며느리의 물받이 항아리는 북당
北堂에 진설하는데, 실室의 동쪽 모퉁이와 마주하도록 놓는다"[7]라고 하였다.

入戶西面拜, 由便也. 不北面者, 辟人君夫人也. 拜而後獻者, 當俠拜也. 「昏禮」曰,
"婦洗在北堂, 直室東隅."

[少牢饋食禮16 : 經 – 102]
시동은 배례를 한 후 술잔을 받는다. 주부는 주인의 북쪽에서 서
쪽을 향해 술잔을 보내준 후 배례를 한다.
尸拜受. 主婦主人之北, 西面拜送爵.

주인의 북쪽에서 배례를 하는데 서쪽을 향하는 것은 부
인의 자리는 안쪽에 있기 때문이다.[8] 이 경문이 북쪽에서 배례를 하는 것이
라면, 앞의 경문은 남쪽에서 배례를 하는 것이니, 편리함을 따른 것이다. 拜
於主人之北, 西面, 婦人位在內. 此拜於北, 則上拜於南矣, 由便也.

[少牢饋食禮16 : 經 – 103]
시동은 술로 고수레를 한 후 술잔의 술을 다 마신다. 주부는 배례
를 한다. 축은 시동이 비운 술잔을 받아 들고, 시동은 답배를 한다.
尸祭酒, 卒爵. 主婦拜. 祝受尸爵, 尸答拜.

1_ 유사의 찬자 : 호광충은 『의례석관』에서 "무릇 모든 일에는 전문적으로 주관하는
자가 있는데, 이를 '有司'라고 한다. 贊者는 유사의 보조자이다"(凡事有專主之者, 謂
之'有司'. 贊者則有司之助)라고 하였다. 『의례정의』, 2303쪽 참조.

2_ 당 아래 뜰에 있는 대광주리 : 대광주리(篚)는 堂上과 堂下에 각각 진설되는데, 堂上
의 동쪽 방에 있는 것을 '內篚'라고 하고, 堂下의 뜰에 있는 것을 '下篚'라고 한다.

3_ 유사의 찬자는 ~ 건네준다 : '主婦亞獻'의 의절은 ① 主婦獻尸 → ② 尸醋主婦 → ③ 主
婦獻祝 → ④ 主婦獻佐食의 순서로 진행된다.

4_ 좌식이 ~ 되돌려 놓는다 : [특생궤사례15 : 經-103] 참조.

5_ 방을 나와 ~ 따른 후 : 司宮이 동쪽 방(東房)과 실문(室戶) 사이에 진설해 두었던 질
그릇 술동이(甒)에서 술을 따른다. [經-33] 참조.

6_ 북쪽을 ~ 것이다 : 가공언에 따르면, 士의 처는 지위가 아주 낮기 때문에 북쪽을
향해 배례를 해도 혐의를 사지 않는다. 그러나 대부의 처는 북쪽을 향해 배례할 경
우 군주의 부인과 대등하게 예를 행한다는 혐의를 사기 때문에 행하지 못하는 것이
다. 『의례주소』, 1071쪽 참조.

7_ 며느리의 ~ 놓는다 : [사혼례02 : 記-17] 참조.

8_ 주인의 북쪽에서 ~ 때문이다 : 室은 남향이기 때문에 북쪽이 안쪽이 되고, 남쪽이
밖이 된다(室南向, 北爲內, 南爲外). 정현은 부인의 자리는 안쪽에 있어야 하므로 주
인의 북쪽에서 배례를 하는 것으로 해석한 것이다. 고유는 "주부가 안쪽에 있고 주
인이 밖에 있는 것은, 이른바 '여자는 자리를 안쪽에서 바르게 하고, 남자는 자리를
밖에서 바르게 한다'는 것이다"(主婦在內, 主人在外, 所謂女正位乎內, 男正位乎外也)
라고 하였다. 『의례정의』, 2304쪽 참조.

經-104에서 經-105까지는 '주부아헌'의 두 번째 단계인 '시작주부尸酢主婦' 즉 시동이 주부에게 술을 올려 작酢의 예를 행하는 절차이다.

[少牢饋食禮16 : 經 - 104]

축은 술잔을 바꾸어 씻은 후 술잔에 술을 따라 시동에게 준다.

易爵, 洗, 酌, 授尸.

정현주   축이 방 밖으로 나가서 술잔을 바꾸는 것은 남자와 여자
는 술잔을 같이하지 않기 때문이다. 祝出易爵, 男女不同爵.

[少牢饋食禮16 : 經 - 105]

주부는 배례를 한 후 술잔을 받고, 시동은 답배를 한다. 상좌식은
주부에게 제물祭物(黍·稷·肺)을 건네주어 타제綏祭를 행할 수 있도
록 돕는다.[1] 주부는 주인의 북쪽에서 서쪽을 향해 상좌식에게 제
물을 받아서 그것으로 고수레를 한다. 상좌식이 주부에게 제물을
건네주어 타제를 행할 수 있도록 돕는 것은 주인에게 제물을 건네
주어 타제를 행할 수 있도록 도울 때와 동일한 절차로 하는데,[2] 시
동은 주부에게 하사嘏辭(축복해 주는 말)를 하지 않는다. 주부는 술잔
의 술을 다 마신 후 배례를 한다. 시동은 답배를 한다.

主婦拜受爵, 尸答拜. 上佐食綏祭. 主婦西面于主人之北受祭, 祭之. 其綏祭如主人之禮, 不嘏. 卒爵, 拜. 尸答拜.

정현주 　　　'하사嘏辭(축복해 주는 말)를 하지 않는다'(不嘏)는 것은 부부
는 한 몸이기 때문이다.[3] '綏'는 역시 '挼'가 되어야 한다. 고문본에는 '厞'로
되어 있다. '不嘏', 夫婦一體. '綏'亦當作'挼'. 古文爲'厞'.

1_ 상좌식은 ~ 돕는다 : 주부가 고수레를 행할 수 있도록 밥그릇과 희생제기 위에서 찰기장 밥(黍)·메기장 밥(稷)·허파(肺)의 제물을 집어서 주부에게 건네주는 것을 말한다. [經-86]의 정현 주 및 주석 3) 참조.

2_ 상좌식이 ~ 하는데 : 시동이 주인에게 술을 따라 酢의 예를 행할 때, 上佐食은 4개 의 밥그릇에서 찰기장 밥과 메기장 밥을 덜어 내고, 양고기를 올려놓은 희생제기와 돼지고기를 올려놓은 희생제기 위에서 허파를 집어 들어 주인에게 건네주어서 주 인이 고수레를 하도록 도왔다. 주부에게도 동일한 절차로 한다는 뜻이다. [經-86] 및 [經-87] 참조.

3_ '하사를 ~ 때문이다 : 시동은 이미 주인에게 嘏辭 즉 축복해 주는 말을 하였으므로 다시 주부에게는 하지 않는다. [經-88] 및 [經-89] 참조.

經-106에서 經-107까지는 '주부아헌'의 세 번째 단계인 '주부헌축主婦獻祝' 즉 주부가 축에게 술을 따라 헌獻의 예를 행하는 절차이다.

[少牢饋食禮16 : 經-106]

주부는 비운 술잔을 들고 실室 밖으로 나간다. 유사의 찬자는 주부에게 술잔을 받아 들고, 당 아래 뜰에 있는 대광주리로 가서 다른 술잔으로 바꾸는데, 주부의 찬자가 그 술잔을 받아서 방 안으로 들고 들어가 주부에게 건네준다.

主婦以爵出. 贊者受, 易爵于篚, 以授主婦于房中.

정현주　　　'찬자贊者'는 유사의 찬자이다. 유사의 찬자는 술잔을 바꾸고, 또한 그 술잔을 주부의 찬자에게 건네주는데, 주부의 찬자는 방문 밖에서 유사의 찬자에게 술잔을 받아서 방 안으로 들고 들어가 주부에게 건네준다. '贊者', 有司贊者也. 易爵, 亦以授婦贊者, 婦贊者受房戶外, 入授主婦.

[少牢饋食禮16 : 經-107]

주부는 술잔을 씻은 후 술잔에 술을 따라 축에게 헌獻의 예를 행한다. 축은 배례를 한 후 앉은 채로 술잔을 받는다. 주부는 주인의 북쪽에서 답배를 한다. 축은 술잔의 술을 다 마시고, 일어나지 않고 앉은 채로 주부에게 술잔을 건네준다.

主婦洗, 酌, 獻祝. 祝拜, 坐受爵. 主婦答拜于主人之北. 卒爵, 不興, 坐授主婦.

정현주 　　　　부인이 협배俠拜를 하지 않는 것은 축의 신분이 시동보다 낮기 때문이다. 금문본에는 '祝拜受'(축은 배례를 하고 술잔을 받는다)라고 하였다. 不俠拜, 下尸也. 今文曰, '祝拜受'.

經-108은 '주부아헌'의 네 번째 단계로 주부가 2인의 좌식에게 술을 올려 헌獻의 예를 행하는 절차로, 이것으로 주부아헌의 예가 끝난다.

[少牢饋食禮16 : 經-108]

주부는 축이 비운 술잔을 받아 들고, 술잔에 술을 따라 실문(室戶) 안에서 상좌식에게 헌獻의 예를 행한다. 상좌식은 북쪽을 향해 배례를 한 후 앉은 채로 술잔을 받는다. 주부는 서쪽을 향해 답배를 한다. 상좌식은 술로 고수레를 하고, 술잔의 술을 다 마신 후 앉아서 주부에게 술잔을 건네준다. 주부는 하좌식에게 술을 올려 헌의 예를 행하는데, 상좌식의 경우와 동일한 절차로 한다. 주부는 하좌식이 비운 술잔을 받아 들고 방 안으로 들어간다.

主婦受, 酌, 獻上佐食于戶內. 佐食北面拜, 坐受爵. 主婦西面答拜.
祭酒, 卒爵, 坐授主婦. 主婦獻下佐食亦如之. 主婦受爵以入于房.

정현주 '주부는 주인의 북쪽에서 배례를 한다'고 말하지 않았지만, 그렇게 하는 것임을 알 수 있다. 술잔은 당 위 동쪽 방에 있는 대광주리(內篚) 안에 넣어 둔다. 不言'拜於主人之北', 可知也. 爵奠於內篚.

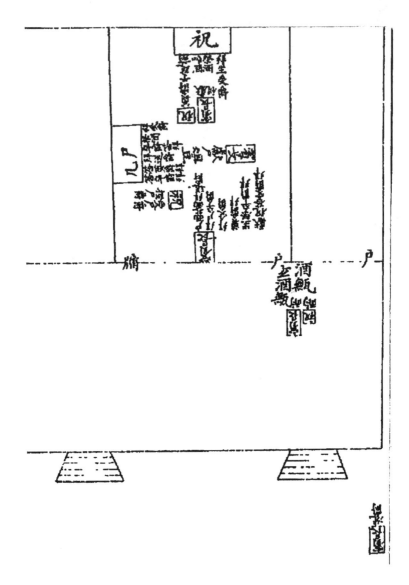

經-109는 '빈장종헌賓長終獻'의 첫 번째 단계인 '빈장헌시賓長獻尸' 즉 빈장이 시동에게 술을 올려 헌獻의 예를 행하는 절차이다.

[少牢饋食禮16 : 經－109]

빈장賓長은 술잔을 씻은 후 시동에게 술을 올려 헌獻의 예를 행한다. 시동은 배례를 한 후 술잔을 받고, 빈장은 술잔을 보내준 후 실문(室戶)의 서쪽에서 배례를 한다. 시동은 술로 고수레를 한 후 술잔의 술을 다 마신다. 빈장은 배례를 한다. 축은 시동이 비운 술잔을 받아 든다. 시동은 답배를 한다.

賓長洗爵獻于尸. 尸拜受爵, 賓戶西北面拜送爵. 尸祭酒, 卒爵. 賓拜. 祝受尸爵. 尸答拜.

經-110은 '빈장종헌'의 두 번째 단계인 '시작빈장尸酢賓長' 즉 시동이 빈장이 시동에게 술을 올려 작초의 예를 행하는 절차이다.

[少牢饋食禮16 : 經-110]

축은 술잔에 술을 따라 시동에게 건네준다. 빈장은 배례를 한 후 시동에게서 술잔을 받는다. 시동은 술잔을 보내준 후 배례를 한다. 빈장은 앉아서 술잔을 내려놓고, 이어서 배례를 한 후 술잔을 들고 일어난다. 빈장은 다시 앉아서 고수레를 하고, 그대로 앉은 채로 술을 마시고, 술잔의 술을 다 마신 후 술잔을 잡고서 일어났다가 다시 앉아서 술잔을 내려놓은 후 배례를 한다. 시동은 답배를 한다.

祝酌, 授尸. 賓拜受爵. 尸拜送爵. 賓坐奠爵, 遂拜, 執爵以興. 坐祭, 遂飲, 卒爵, 執爵以興, 坐奠爵, 拜. 尸答拜.

經–111은 '빈장종헌'의 세 번째 단계인 '빈장헌축賓長獻祝' 즉 빈장이 축에게 술을 올려 헌獻의 예를 행하는 절차로, 이것으로 빈장종헌의 예가 끝난다.

[少牢饋食禮16 : 經 – 111]

빈장은 술잔에 술을 따라 축에게 헌獻의 예를 행한다. 축은 배례를 한 후 앉은 채로 술잔을 받는다. 빈장은 북쪽을 향해 답배를 한다. 축은 술로 고수레를 하고, 고수레를 마치면 술잔의 술을 맛본 후 자기의 자리 앞에 술잔을 내려놓는다.

賓酌獻祝. 祝拜, 坐受爵. 賓北面答拜. 祝祭酒, 啐酒, 奠爵于其筵前.

정현주   술을 맛보기만 하고 술잔의 술을 다 마시지 않는 것은 제사의 일이 끝나서 취하였음을 보이는 것이다. 좌식들에게 술을 올려 헌獻의 예를 행하지 않는 것은 장차 빈시儐尸의 예¹를 행하고자 하기 때문이니, 예를 줄이는 것이다. 啐酒而不卒爵, 祭事畢, 示醉也. 不獻佐食, 將儐尸, 禮殺.

1_ 빈시의 예 : 室 안에서 시동을 모시고 지내는 제사를 正祭라고 하고, 正祭가 끝난 후 시동을 당 위로 인도하여 빈객의 예로 모시는 것을 '儐尸'라고 한다. 이곳 「소뢰궤사 례」는 正祭의 의절이고, 다음 편 「유사철」은 正祭 이후의 儐尸禮이다.

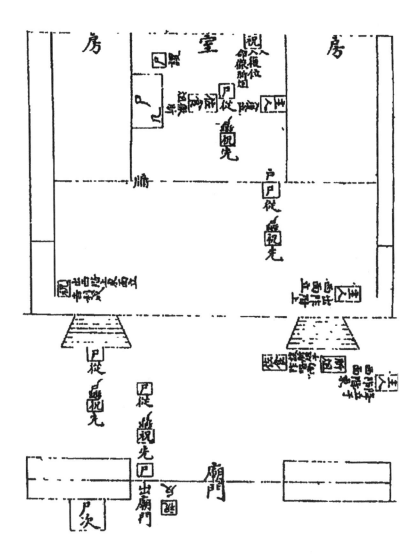

經-112에서 經-114는 제사가 끝나고 시동이 묘문 밖으로 나가는 절차이다.

[少牢饋食禮16 : 經-112]

주인은 실室 밖으로 나가서 조계 위쪽에서 북쪽을 향해 선다. 축은 실 밖으로 나가서 서쪽 계단 위쪽에서 동쪽을 향해 선다. 축은 주인에게 "공양하는 예가 끝났습니다"(利成)라고 고한다.

主人出, 立于阼階上, 西面. 祝出, 立于西階上, 東面. 祝告曰, "利成."

정현주 '이利'는 공양한다(養)는 뜻과 같다. '성成'은 마친다(畢)는 뜻이다. 효자의 공양하는 예가 끝난 것이다. '利'猶養也. '成', 畢也. 孝子之養禮畢.

[少牢饋食禮16 : 經-113]

축은 실 안으로 들어온다. 시동은 일어난다. 주인은 당에서 내려와 조계 동쪽에서 서쪽을 향해 선다.

祝入. 尸謖. 主人降立于阼階東, 西面.

정현주 '속謖'은 일어난다(起)는 뜻이다. '謖'은 어떤 판본에는 '休'로 되어 있다. '謖', 起也. '謖'或作'休'.

축이 먼저 실에서 나온다. 시동은 축의 뒤를 따라 실에서 나오는
데, 이윽고 묘문 밖으로 나간다.[1]

祝先. 尸從, 遂出于廟門.

정현주 시동을 모시는 예가 묘문에서 끝나기 때문이다. 事尸之
禮, 訖於廟門.

1_ 시동은 ～ 나간다 : 시동이 묘문 밖으로 나간 후에, 祝이 주인에게 장차 일이 있음
을 고해야 하기 때문에 시동은 묘문 밖 임시 장막(次)에서 기다린다. 『의례정의』,
2308쪽, 오계공의 설 참조.

「사인준도四人尊圖」
(淸),『흠정의례의소』

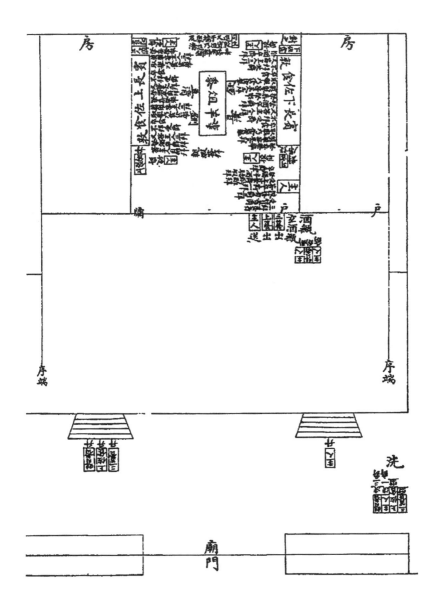

經-115에서 經-127은 시동이 먹고 남은 음식을 올려놓은 기조胏俎를 거두고 준餕을 행하는 절차이다.

[少牢饋食禮16 : 經-115]

축은 묘문에서 실室 안으로 돌아와 본래의 위치로 되돌아간다.[1] 주인 역시 실 안으로 돌아와 본래의 위치로 되돌아간다.[2] 축은 상좌식에게 시동이 먹고 남은 음식을 올려놓은 기조胏俎를 거두라고 명한다. 좌식은 기조를 거두어 당 아래 조계의 남쪽에 진설한다.

祝反, 復位于室中. 主人亦入于室, 復位. 祝命佐食徹胏俎. 降設于堂下阼階南.

　　기조를 거두어 묘문 밖으로 가지고 나가지 않는 것은 장차 빈시儐尸의 예를 행하고자 하기 때문이다. 기조를 가지고 빈시의 예를 행하는 것은 본래 먹다 남은 생선(魚)과 희생고기(肉)는 본래의 희생제기 위에 도로 갖다 놓지 않기 때문이다.[3] '시조尸俎'라고 말하지 않은 것은 아직 시동의 집으로 제사에 사용한 음식을 보내지 않았기 때문이다.[4] 徹胏俎不出門, 將儐尸也. 胏俎而以儐尸者, 其本爲不反魚肉耳. 不云'尸俎', 未歸尸.

[少牢饋食禮16 : 經-116]

사궁司宮이 대석對席[5]을 진설하면, 이어서 4명이 준餕(시동이 먹고 남긴 음식을 먹는 것)을 한다.

司宮設對席, 乃四人饋.

정 현 주

대부의 예에서 4명이 준餕을 하는 것은 은혜가 큼을 밝히는 것이다.[6] 大夫禮, 四人餕,[7] 明惠大也.

[少牢饋食禮16 : 經－117]

상좌식은 손을 씻은 후 당 위로 올라가 시동의 자리에 앉고, 하좌식은 상좌식과 마주하여 앉으며, 빈장 2명이 4인의 숫자를 채운다.[8]

上佐食盥, 升, 下佐食對之, 賓長二人備.

정 현 주

4명의 준餕을 하는 사람수를 채우는 것이다.[9] 3명의 준을 하는 사람들도 역시 손을 씻은 후 당 위로 올라간다.[10] 備四人餕也. 三餕亦盥升.

[少牢饋食禮16 : 經－118]

사사司士는 찰기장 밥그릇 하나를 상좌식에게 올리고, 또 다른 찰기장 밥그릇 하나를 하좌식에게 올리는데, 모두 자리 위의 오른쪽에 진설한다.

司士進一敦黍于上佐食, 又進一敦黍于下佐食, 皆右之于席上.

정 현 주

'오른쪽에 진설한다'(右之)는 것은 동쪽을 향하고 있는 사람(상좌식)은 남쪽에 있고, 서쪽을 향하고 있는 사람(하좌식)은 북쪽에 있기 때문이다.[11] '右之'者, 東面在南, 西面在北.

[少牢饋食禮16 : 經 − 119]
사사가 밥그릇에서 찰기장 밥을 덜어 내어 양고기를 올려놓은 희
생제기의 양쪽 끝에 진설하면, 2명의 하준下餕(上賓과 衆賓長)[12]이 준
을 한다.
資黍于羊俎兩端, 兩下是餕.[13]

정현주　　　　　'자資'는 덜어 낸다(減)는 뜻이다. 덜어서 양고기를 올려
놓은 희생제기의 양쪽 끝에 진설하면, 한 명의 빈장賓長(上賓)은 상좌식의 북
쪽에서 준을 하고, 다른 한 명의 빈장(衆賓長)은 하좌식의 남쪽에서 준을 한
다.[14] 금문본에는 '資'가 '齎'로 되어 있다. '資'猶減也. 減置於羊俎兩端, 則一賓長
在上佐食之北, 一賓長在下佐食之南. 今文'資'作'齎'.

[少牢饋食禮16 : 經 − 120]
사사는 이어서 준을 하는 사람 모두에게 두루 돼지고기의 껍질 부
위를 들어서 건네준다. 준을 하는 사람들은 모두 찰기장 밥으로
고수레를 하고, 돼지고기의 껍질 부위로 고수레를 한다.
司士乃辯擧. 蔞者皆祭黍·祭擧.

정현주　　　　　'거擧'는 돼지고기의 껍질 부위를 들어서 건네준다는 뜻
이다. 금문본에는 '辯'이 '徧'으로 되어 있다. '擧', 擧膚. 今文'辯'爲'徧'.

주인은 서쪽을 향하여 준을 하는 사람들에게 한꺼번에 삼배를 한
다. 준을 하는 사람들은 희생제기 위에 돼지고기의 껍질 부위를
내려놓고 모두 답배를 한다. 이어서 모두 자리로 돌아와 돼지고기
의 껍질 부위를 집는다.

主人西面, 三拜薦者. 薦者奠擧于俎, 皆答拜. 皆反, 取擧.

정현주　　　　　　　'삼배를 한다'(三拜)는 것은 여러 사람들에게 한꺼번에 하
는 것이니, 두루 모두에게 행함을 보이는 것이다. '자리로 돌아온다'(反)고 말
한 것은 주인에게 답배를 할 때 혹 그 자리를 벗어나는데, 동쪽을 향한 자리
에 있는 사람들은 모두 동쪽을 향해 배례하고, 서쪽을 향한 자리에 있는 사
람들은 모두 남쪽을 향해서 배례를 한다. '三拜', 旅之, 示徧也. 言'反'者, 拜時或
去其席, 在東面席者, 東面拜, 在西面席者, 皆南面拜.

사사는 국그릇 하나를 상준上佐食(上佐食)에게 올리고, 또 다른 국그
릇 하나를 차준次佐食(下佐食)에게 올리고, 또 고기국물을 담은 2개의
나무제기를 2명의 하준下佐食(上賓과 衆賓長)에게 올린다.[15] 이어서 4명
모두 찰기장 밥을 먹고, 돼지고기의 껍질 부위를 먹는다.

司士進一鉶于上佐, 又進一鉶于次佐, 又進二豆湆于兩下. 乃皆食,
食擧.

정현주　　　'읍湆'은 고기국물이다. '湆', 肉汁也.

4명이 식사를 마치면, 주인은 술잔 한 개를 씻은 후 당 위로 올라가서 술잔에 술을 따라 상준上饌(上佐食)에게 건네준다. 찬자贊者는 3개의 술잔을 씻은 후 술잔에 술을 따라 주인에게 건네준다. 주인은 실문 안에서 이를 받아 차준次饌(下佐食)에게 건네준다. 이와 같이 4명에게 한 사람도 빠짐없이 두루 술잔에 술을 따라서 건네준다. 4명 모두 배례를 하지 않고 술잔을 받는다. 주인은 서쪽을 향해 준을 한 사람들에게 한꺼번에 삼배를 한다. 준을 한 사람들은 술잔을 내려놓고 모두 답배를 하고, 모두 술로 고수레를 하고, 모두 술잔의 술을 다 마신 후 술잔을 내려놓고 모두 주인에게 배례를 한다. 주인은 답례로 일배를 한다.

卒食, 主人洗一爵, 升, 酌, 以授上饌. 贊者洗三爵, 酌. 主人受于戶內, 以授次饌. 若是以辯. 皆不拜, 受爵. 主人西面三拜饌者. 饌者奠爵, 皆答拜, 皆祭酒, 卒爵, 奠爵, 皆拜. 主人答壹[16]拜.

정현주   '배례를 하지 않고 술잔을 받는다'(不拜受爵)는 것은 대부의 예에서 준을 하는 사람들은 신분이 낮기 때문이다.[17] '답례로 일배를 한다'(答壹拜)는 것은 간략히 하는 것이다. 고문본에는 '一'이 '壹'로 되어 있다. '不拜受爵'者, 大夫餕者賤也. '答壹拜', 略也. 古文'一'爲'壹'[18]也.

준을 한 3명은 일어나 실 밖으로 나간다.

饌者三人興, 出.

정현주

'나간다'(出)는 것은 당 아래로 내려가서 당 아래 뜰에 있는 대광주리에 술잔을 넣어 두고 빈의 자리로 되돌아가는 것을 말한다.[19] '出', 降實爵于篚, 反賓位.

[少牢饋食禮16 : 經-125]

상준上饔(上佐食)은 자리에 그대로 머무른다. 주인은 상준이 비운 술잔을 받아 들고 실문 안에서 술잔에 술을 따라 스스로 마심으로써 작酢의 예를 행하고, 서쪽을 향해 앉아 술잔을 내려놓은 후 배례를 한다. 상준은 답배를 한다. 주인은 앉아서 술로 고수레를 한 후 술을 맛본다.

上餕止. 主人受上餕爵, 酌以酢于戶內, 西面坐奠爵, 拜. 上餕荅拜. 坐祭酒, 啐酒.

정현주

주인이 스스로 술을 마심으로써 작酢의 예를 행하는 것은 상준은 혼자 머물면서 시동의 자리에 있으므로 지위가 높아 술잔에 술을 따르지 않기 때문이다. 主人自酢者, 上餕獨止, 當尸位, 尊不酌也.

[少牢饋食禮16 : 經-126]

상준은 직접 주인에게 하사嘏辭(축복해 주는 말)를 올리는데, "주인께서 제사의 복을 받아 장수하고, 길이 집안을 보전하고 세울 것입니다"라고 말한다.

上餕親嘏, 曰, "主人受祭之福, 胡壽保建家室."

정현주   '직접 하사^{嘏辭}를 올린다'(親嘏)는 것은 축을 시켜서 하지 않는 것으로, 또한 찰기장 밥을 들고서 한다. '親嘏', 不使祝授之, 亦以黍.

[少牢饋食禮16 : 經 – 127]

주인은 일어나고 다시 앉아서 술잔을 내려놓은 후 배례를 하고, 이어서 술잔을 잡고 일어나고 다시 앉아서 술잔의 술을 다 마신 후 상준에게 배례를 한다. 상준은 답배를 한다. 상준은 일어나 묘문 밖으로 나간다. 주인은 묘문 밖까지 상준을 전송한 후 묘문 안으로 되돌아온다.

主人興, 坐奠爵, 拜, 執爵以興, 坐卒爵, 拜. 上賔答拜. 上賔興, 出. 主人送, 乃退.

정현주   좌식을 전송하면서 배례를 하지 않는 것은 신분이 낮기 때문이다. 送佐食不拜, 賤.

1_ 축은 ~ 되돌아간다 : 室 안의 남쪽을 향하는 위치로 되돌아가는 것이다.

2_ 주인 ~ 되돌아간다 : 室 안의 서쪽을 향하는 위치로 되돌아가는 것이다.

3_ 본래 먹다 ~ 때문이다 : 『예기』 「曲禮上」에 "먹고 남은 생선과 희생고기를 본래 담 았던 희생제기에 도로 갖다 놓지 말라"(毋反魚肉)고 하였다. 이에 대해 정현은 "이 미 입을 댄 것은 다른 사람이 더럽게 여기기 때문이다"(爲已歷口人所穢)라고 하였 고, 공영달은 최영은의 말을 인용하여 "「소뢰례」에서는 시동이 먹고 남은 고기를 모두 별도로 기조에 가져다 놓고, 본래 있던 곳으로 되돌려 놓지 않는다"(「少牢禮」 尸所食之餘肉, 皆別致於胏俎, 不反本處也)고 하였다. 이에 따르면 胏俎는 시동이 먹 고 남은 희생고기를 본래의 자리로 되돌려 놓지 않기 때문에 진설하는 것이다. 그 러므로 시동이 먹고 남은 희생은 대부분 胏俎에 있기 때문에 이것을 데워서 儐尸禮 에 사용할 수 있다. 『의례정의』, 2309쪽 참조.

4_ '시조'라고 ~ 때문이다 : 특생례에서는 제사가 끝나고 희생제기를 거두면 곧바로 시 동의 집으로 보낸다. 이 때문에 특생례에서는 '尸俎'라고 하였다. [특생궤사례15 : 經 −160]에 "축은 좌식에게 시동의 희생제기(尸俎)를 거두도록 명한다"(命佐食徹尸俎) 라고 하였다.

5_ 대석 : 시동의 자리와 마주하게 진설하기 때문에 '對席'이라고 한다. 이는 '餕' 즉 시 동이 먹고 남긴 음식을 먹는 사람들을 위해 진설하는 자리이다. 對席을 진설하여 4 명이 餕을 하는데, 자리 하나에 2명이 함께 앉는다. 『의례정의』, 2309쪽, 오불의 설 참조.

6_ 대부의 ~ 것이다 : '餕'은 시동이 먹고 남긴 음식을 사람들이 먹는 의절로서, 은혜 가 아래에까지 미친다는 뜻을 보여 주는 의례이다. 士禮인 특생궤사례에서는 嗣子 와 長兄弟 2명이 餕을 하는데, 大夫禮인 이곳에서는 2명의 佐食과 2명의 賓長 등 모 두 4명이 餕을 한다. 大夫禮에서 4명이 餕을 하는 것은 은혜가 크기 때문이다. 사우 례는 제사에서 예를 모두 갖추지 않기 때문에 餕을 하지 않는다.

7_ 餕 : 徐本, 『集釋』, 『通解』에는 모두 '餕'으로 되어 있는데, 楊氏, 毛本, 『의례정의』에는 '餕'으로 되어 있다. 『의례주소』, 1074쪽, 교감 참조.

8_ 상좌식은 ~ 채운다 : 장이기와 가공언에 따르면, 上佐食은 시동의 자리 남쪽에서 동쪽을 향하여 앉고, 2명의 賓長 가운데 上賓은 시동의 자리 북쪽에서 서쪽을 향하 여 앉고, 하좌식은 對席의 북쪽에서 서쪽을 향하여 앉고, 賓長 가운데 衆賓長은 對席 의 남쪽에서 동쪽을 향하여 앉는다. 『의례정의』, 2320쪽 참조.

9_ 4명의 ~ 것이다 : 餕을 행할 때 좌식이 2명뿐이므로 빈장 2명을 더하여 4명의 인원 을 채우는 것이다.

10_ 3명의 ~ 올라간다 : 경문에서 상좌식의 경우에만 '손을 씻은 후 당 위로 올라간다' (盥升)라고 하였기 때문에 나머지 3명도 손을 씻은 후 당 위로 올라간다는 뜻을 밝 힌 것이다. [특생궤사례15 : 經−163]에서 "宗人은 嗣子와 長兄弟로 하여금 손을 씻 게 한다"(宗人遣擧奠及長兄弟盥)고 하였으므로 이곳에서도 餕에 참여하는 사람 모

두 손을 씻고 당 위로 올라간다는 것을 알 수 있다.

11_ '오른쪽에 ~ 때문이다 : 상좌식은 동쪽을 향하고 있으므로 남쪽이 오른쪽이 되고, 하좌식은 서쪽을 향하고 있으므로 북쪽이 오른쪽이 된다. 반드시 오른쪽에 찰기장 밥그릇을 진설하는 것은 밥은 오른손으로 먹는 것이 편하기 때문이다. 『의례정의』, 2320쪽 참조.

12_ 2명의 하준 : 餕은 2명의 佐食을 위주로 하기 때문에 경문에서 2명의 賓長, 즉 上賓과 衆賓長을 '兩下'(2명의 下餕)로 표현한 것이다. 『의례정의』, 2320쪽, 오계공의 설 참조.

13_ 餕 : 이여규는 이곳의 '餕'은 위아래의 문장과 마찬가지로 '冀'이 되어야 한다(餕當如上下文作'冀')고 하였다. 『의례주소』, 1074쪽 교감 참조.

14_ 덜어서 ~ 한다 : 희생제기를 진설할 때에는 上端이 북쪽에 있고, 下端이 남쪽에 있다. 上賓은 上端의 기장밥을 먹고, 衆賓長은 下端의 기장밥을 먹는다.

15_ 또 고기국물을 ~ 올린다 : 고기국물(湆)은 묘문 밖에 있는 가마솥(鑊)에서 가져온다. 양고기 국을 담은 국그릇(羊鉶)을 상좌식에게, 돼지고기 국을 담은 국그릇(豕鉶)을 하좌식에게, 양고기 국물을 담은 나무제기를 上賓에게, 돼지고기 국물을 담은 나무제기를 衆賓에게 각각 올린다.

16_ 壹 : 唐石經, 徐本, 『通解』에는 이곳 경문과 아래 정현 주 모두 '壹'로 되어 있다. 楊氏本에는 경문에는 '壹'로, 정현 주에는 '一'로 되어 있다. 『의례주소』, 1074쪽 교감 참조.

17_ 대부의 예에서 ~ 때문이다 : 士禮인 「특생궤사례」에서는 嗣子와 長兄弟의 2명이 餕을 하는데, 大夫禮인 이곳에서는 2명의 좌식과 2명의 빈장이 餕을 한다. 따라서 大夫의 예에서 준을 하는 사람은 士의 예에서 餕을 하는 사람들에 비해 신분이 낮다.

18_ 一爲壹 : 徐本, 『通解』에는 '一爲壹'로 되어 있지만, 毛本과 『集釋』에는 '壹爲一'로 되어 있다. 『의례주소』, 1074쪽 교감 참조.

19_ 빈의 자리로 ~ 말한다 : 상좌식이 일어나 室에서 나오기를 기다렸다가 함께 묘문 밖으로 나간다.

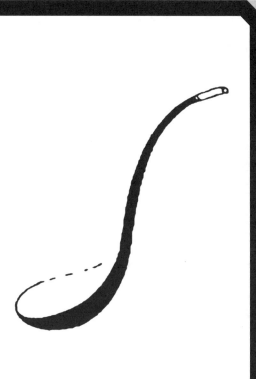

有司徹
第十七

역주 김용천

有司徹 第十七

 정현鄭玄(127~200)의 『삼례목록三禮目錄』에서 말한다. "「소뢰」의 하편이다.[1] 대부가 정제正祭를 마친 후 당堂에서 시동을 빈객으로 모시고 대접하는 예이다.[2] 하대부의 경우에는 정제를 마치면 실室 안에서 시동에게 예를 올린다.[3] 천자와 제후의 제사에서는 정제를 지낸 이튿날에 역제繹祭를 지낸다.[4] 유사철은 오례五禮 가운데 길례吉禮에 속한다. 대대본의 『의례』에는 제9로 되어 있고, 소대본의 『의례』에는 제12로 되어 있다. 유향劉向(BC 77~BC 6)의 『별록』에는 「소뢰少牢」 하편 제17로 되어 있다."

疏 鄭『目錄』云, "「少牢」之下篇也. 大夫旣祭儐尸於堂之禮. 祭[5]畢, 禮尸於室中. 天子·諸侯之祭, 明日而繹. 有司徹於五禮屬吉. 『大戴』第九, 『小戴』第十二. 『別錄』, 「少牢」下篇第十七."

1_「소뢰」의 하편이다 : 호광충은 본편과 「소뢰」는 본래 동일한 한 편이었는데, 분량이 너무 많아서 두 편으로 나눈 것이라고 하였다. 오정화는 "「특생」에 의하면, 시동의 卒食과 三獻 이후에도 賓衆들에 대한 獻禮 및 旅酬·無算爵 등의 여러 의절이 있는데, 상편(「소뢰」)에는 이러한 여러 의절들을 언급하지 않았으며, 모두 이 편(「유사철」)의 '儐尸'·'不儐尸'의 의절에서 상세하게 기술하고 있다. 이 때문에 유향은 이 편을 「소뢰」의 하편이라고 한 것이다. 별도로 한 편으로 만들고 '有司徹'의 편명을 붙인 것은 小戴·大戴에서 시작되었는데, 정현이 이를 따랐다. 그러나 유향의 설이 옳다"(據「特牲禮」, 尸卒食三獻後, 尚有獻賓衆及旅酬無算爵諸節, 上篇曾未之及, 俱於此儐尸不儐尸詳之. 故劉向以此爲「少牢」之下篇. 其別爲一篇, 而加以有司徹之名, 當起於兩戴, 鄭氏因之. 然劉說是也)고 하였다. 호배휘는 이 편을 2부분으로 나누는데, [經-01]과 [經-02]의 '유사는 제물과 제기 등을 거두고, 堂을 깨끗하게 청소한다'(有司徹, 掃堂)에서부터 [經-127]과 [經-128]의 '주인은 물러난다. 유사는 말린 고기·고기젓갈을 올려놓은 나무제기와 희생제기를 거둔다'(主人退. 有司徹)까지는 모두 상대부가 儐尸의 예를 거행하는 것을 기술하였고, [經-129]의 '만약 儐尸의 예를 행하지 않을 경우'(若不儐尸)에서부터 편의 끝까지는 下大夫가 儐尸의 예를 거행하지 않는 경우를 기술하였다고 하였다. 『의례정의』, 2318쪽 참조.

2_대부가 ~ 예이다 : 완원은 이곳의 대부는 '상대부'(경)를 겸하여 말한 것으로, 堂에서 儐尸의 예를 거행하는 것은 상대부이고, 室에서 시동에게 예를 올리는 것은 중·하대부라고 하였다. 室에서 시동을 모시고 제사지내는 것을 '正祭'라고 하는데, 정제를 마친 후 堂에서 시동을 빈객의 예로 모시고 대접하는 것을 '儐尸'라고 한다. 경·대부는 堂에서 儐尸禮를 거행하지만, 하대부의 경우 室 안에서 술잔을 올려 시동을 모실 뿐 儐尸禮는 거행하지 않는다. 따라서 가공언은 이곳의 '대부'를 '상대부'로 보고, "상대부가 실 안에서 시동을 모시고 三獻의 禮를 거행한 후 다시 별도로 堂에서 시동을 맞이하여 儐尸禮를 거행한다"(上大夫室內事尸, 行三獻禮畢, 別行儐尸於堂之禮)라고 하였다. 『의례주소』, 1077쪽 참조.

3_하대부의 ~ 올린다 : 하대부는 室 안에서 시동을 모시고 三獻의 예를 거행하지만, 별도로 堂에서 시동을 빈객의 예로 대접하는 일이 없다. 즉 室 안에서 加爵을 하여 시동을 예우할 뿐이다.

4_천자와 ~ 지낸다 : 천자·제후가 正祭를 지낸 이튿날에 또다시 제사를 지내고 아울러 儐尸의 예를 행하는 것을 '繹'이라고 한다. 『詩』「周頌·絲衣」의 毛序에 "「絲衣」는 繹祭를 지내고 시동에게 賓의 예를 행하는 시이다"(「絲衣」, 繹賓尸也)라고 한 것에 대해 정현의 箋에는 "'繹'은 또다시 제사를 지낸다는 뜻이다. 천자·제후의 경우에는 '繹'이라고 하는데, 正祭를 지낸 이튿날에 한다. 경·대부의 경우에는 '賓尸'라고 하는데, 正祭를 지낸 날과 같은 날에 한다. 周나라에서는 '繹'이라고 하였고, 商나라에서는 '肜'이라고 하였다"(繹, 又祭也. 天子·諸侯曰'繹', 以祭之明日. 卿·大夫曰'賓尸', 與祭同日. 周曰'繹', 商謂之'肜')고 하였다. 이곳 정현의 『三禮目錄』에서 "천자와 제

후의 제사에서는 정제를 지낸 이튿날에 繹祭를 지낸다"고 하였으므로, 경·대부의 儐尸는 正祭를 지낸 당일에 거행하는 것임을 알 수 있으니, 「絲衣」에 대한 정현의 箋과 그 의미가 상통한다. 『예기』「禮器」에 "子路가 계씨의 邑宰가 되었다. 계씨가 제사를 지내는데, 동트기 전에 제사를 지냈다. 햇빛이 부족하기 때문에 이어서 횃불로 밝혔다. 비록 억지로 힘쓰는 용모를 하였지만 엄숙하고 공경하는 마음은 이미 피곤하고 해이해졌다. 有司가 한 발로 딛고 서 있거나 기대어 있는 등 공경하지 않는 잘못이 컸다. 다른 날 제사를 지낼 때 자로가 참여하였다. 室事는 문에서 서로 이어 받았고, 堂事는 계단에서 서로 이어 받았다. 해가 뜰 무렵 제사를 시작하여 아침 늦게 물러 나왔다. 공자가 듣고, '누가 자로더러 예를 모른다고 하였는가?'라고 하였다"(子路爲季氏宰. 季氏祭, 逮闇而祭. 日不足, 繼之以燭. 雖有强力之容, 肅敬之心, 皆倦怠矣. 有司跛倚以臨祭, 其爲不敬大矣. 他日, 祭, 子路與. 室事交乎戶, 堂事交乎階. 質明而始行事, 晏朝而退. 孔子聞之, 曰, "誰謂由也而不知禮乎!")라고 하였다. 이에 대해 정현은 "'室事'는 正祭를 지낼 때를 가리킨다. '堂事'는 儐尸의 예를 행할 때를 가리킨다"('室事', 祭時. '堂事', 儐尸)고 하였다. 이것은 경·대부의 儐尸는 正祭와 같은 날에 거행한다는 증거가 된다. 『의례정의』, 2318쪽 참조.

5_ 祭 : 『集釋』, 毛本에는 '祭' 앞에 '若下大夫'의 4글자가 더 있다. 완원은 교감기에서 "毛本에는 위 구절에 이미 '上'이 추가되어 있으므로, 이 구절에 이 4글자를 더하지 않을 수 없다"(毛本上句旣加'上'字, 則此句不得不增此四字)고 하였다. 이에 따라 번역한다. 『의례주소』, 1077쪽 교감 참조.

經-01에서 經-08까지는 빈시儐尸의 예禮를 거행하기 위해 정제正祭를 지낼 때 사용한 실室 안의 음식과 제기 등을 거두고, 빈시儐尸의 예를 도울 '유侑'를 뽑는 절차이다.

[有司徹17 : 經 - 01]

유사有司¹는 음식을 담은 제기들을 모두 거두고,

有司徹,

정현주 실 안에 있는 음식을 담은 제기² 및 축·좌식의 희생제기³를 거두는 것이다. 경·대부가 정제正祭를 지낸 후 빈시儐尸의 예를 거행하는 것은 예가 높은 것이다.⁴ 빈시의 예를 거행할 때 음식을 실의 서북쪽 모퉁이에 진설하지 않는 것은⁵ 이 빈시의 예를 행할 때 대나무제기·나무제기(薦)와 희생제기(俎)를 진설하는 것에 제사의 상象이 있고, 또 그것으로 신에게 배불리 음식 대접하기에 충분하기 때문이다.⁶ 천자와 제후는 정제正祭를 지낸 이튿날 묘문(祊)에서 제사를 올리고, 역제繹祭를 지낸다.⁷ 『춘추전』에 "신사辛巳일에 태묘에서 제사를 지내는데, 중수仲遂가 수垂 땅에서 죽었다. 임오壬午일에 오히려 역제를 지냈다"⁸고 한 것이 이것이다. 『이아』「석천釋天」에 "'역繹'은 또다시 제사를 지내는 것이다"라고 하였다. 徹室中之饋及祝佐食之俎. 卿大夫旣祭而賓⁹尸, 禮崇也. 賓尸則不設饌西北隅, 以此薦俎之陳有祭象, 而亦足以厭飫神. 天子·諸侯, 明日祭於祊而繹. 『春秋傳』曰"辛巳, 有事于大廟, 仲遂卒于垂. 壬午, 猶繹"是也. 『爾雅』曰, "繹, 又祭也."

[有司徹17 : 經 – 02]

당당堂을 깨끗하게 청소한다.**10**

埽堂.

정현주   빈시儐尸의 예를 행하기 위해 새롭게 하는 것이다. 『예기』
「소의」에 "이곳저곳 두루 청소하는 것을 '소埽'라 하고, 자리 앞을 청소하는
것을 '변拚'이라 한다"고 하였다. 爲賓尸新之.「少儀」曰, "汎埽曰埽, 埽席前曰拚."

[有司徹17 : 經 – 03]

사궁司宮은 술동이 안의 술을 한 번 휘저어 새롭게 정돈하고,

司宮攝酒,

정현주   다시 휘저어서 더욱 정돈하는 것이다.**11** 금문본에는 '攝'
이 '聶'으로 되어 있다. 更洗**12**, 益整頓之. 今文'攝'爲'聶'.

[有司徹17 : 經 – 04]

이어서 시동의 희생제기 위에 올려놓았던 희생고기를 묘문 밖의
부뚜막으로 들고 가서 가마솥에 넣어 데쳐서 익힌다.

乃燅尸俎.

정현주   '섬燅'은 데쳐서 익힌다(溫)는 뜻이다.**13** 시동의 희생제기
위에 올려놓았던 희생고기를 부뚜막의 가마솥에 넣어 데쳐서 익히는 것인

데,**14** 기조肵俎**15** 위에 올려놓았던 희생고기도 함께 데쳐서 익힌다. '시동의 희생제기 위에 올려놓았던 희생고기를 데쳐서 익힌다'라고만 말하였으므로 축과 좌식은 빈시의 예에 참여하지 않는 것이다. 고문본에는 '燅'이 모두 '尋'으로 되어 있고, 기記에는 '燖'으로 되어 있기도 하다. 『춘추전』에 "만약 데쳐서 익힐 수가 있다면, 또한 식게 할 수도 있다"**16**고 하였다. '燅', 溫也. 溫尸俎於爨, 肵亦溫焉. 獨言'溫尸俎', 則祝與佐食不與賓尸之禮. 古文'燅'皆作'尋', 記或作'燖.'『春秋傳』曰, "若可燖也, 亦可寒也."

[有司徹17 : 經 – 05]

희생고기를 데쳐서 익히는 일을 마치면, 이어서 양고기·돼지고기·생선을 3개의 세발솥 안에 나누어 담는데, 말린 고기를 담는 세발솥(腊鼎)**17**과 돼지고기의 껍질 부위를 담는 세발솥(膚鼎)은 없다. 이어서 가로막대(扃)**18**로 세발솥의 양 귀를 꿰어 걸고 덮개보(鼏)**19**로 세발솥의 위를 덮어서 묘문 밖에 진설하는데, 처음 정제正祭를 지낼 때와 동일한 절차로 한다.**20**

卒燅, 乃升羊·豕·魚三鼎, 無腊與膚. 乃設扃鼏, 陳鼎于門外, 如初.

정현주 말린 고기(腊)는 여러 가지 맛난 음식(庶羞)으로 만들어 진상하고, 돼지고기의 껍질 부위(膚)는 돼지고기와 함께 돼지고기를 담는 세발솥(豕鼎)에 담아 둔다. 말린 고기를 담는 세발솥(腊鼎)과 돼지고기의 껍질 부위를 담는 세발솥(膚鼎)을 치우는 것은 빈시儐尸의 예는 처음 정제正祭를 지낼 때보다 강쇄하기 때문이다.**21** '처음 정제를 지낼 때와 동일한 절차로 한다'(如初)는 것은 처음 정제를 지낼 때처럼 묘문 밖의 동쪽에 세발솥의 머리 부분이 북쪽을 향하도록 하여 진설하는데, 북쪽을 윗자리로 삼는다는 뜻이다. 금문본에는 '肩'이 '鉉'으로 되어 있고, 고문본에는 '鼎'이 '密'로 되어 있다. 腊爲庶羞, 膚從豕, 去其鼎者, 賓尸之禮殺於初. '如初'者, 如廟門之外東方, 北面北上. 今文'肩'爲'鉉', 古文'鼎'爲'密'.

경肩과 멱鼏

황이주(清), 「예서통고」

[有司徹17 : 經－06]

이어서 주인은 빈 가운데에서 유侑를 뽑는데,[22] 이성異姓으로 한다.

乃議侑于賓, 以異姓.

정현주 　　　'의議'는 뽑는다(擇)는 뜻과 같다. 빈 가운데 어진 사람을 뽑아 시동을 보좌할 수 있게 한다. 반드시 이성으로 하는 것은 공경함을 넓히기 위한 것이다.[23] 이때 주인 및 빈·유사는 이미 당 안의 자리로 돌아와 있다.[24] 고문본에는 '侑'가 모두 '宥'로 되어 있다. '議猶擇也. 擇賓之賢者, 可以侑尸. 必用異姓, 廣敬也. 是時, 主人及賓·有司已復內位. 古文'侑'皆作'宥'.

[有司徹17 : 經－07]

종인宗人은 주인의 청하는 말을 유侑에게 고한다.

宗人戒侑.

정현주 　　　'계戒'는 고한다(告)는 뜻과 같다. 빈의 자리에서 남쪽을 향해 고한다.[25] 고할 때에, "청컨대 당신께서 유가 되어 주십시오"라고 말한다. '戒'猶告也. 南面告於其位. 戒曰, "請子爲侑."

[有司徹17：經－08]

유侑는 나가서 묘문 밖에서 나가서 시동을 기다린다.

侑出, 俟于廟門之外.

정현주   '사俟'는 기다린다(待)는 뜻이다. 묘문 밖의 임시 장막(次)에서 기다리는데, 시동과 함께 다시 묘문 안으로 들어가야 하기 때문이다.[26] 주인이 예를 일으켜 시동을 섬기는데, 공경하는 마음을 극진히 하는 것이다. '俟', 待也. 待於次, 當與尸更入. 主人興禮事尸, 極敬心也.

1_ 유사 : 이곳의 '有司'에 대해 장이기는 司馬, 司士, 宰夫 등이라고 하였고, 오정화는 助祭하는 여러 執事들을 가리킨다고 하였다. 호배휘는 오정화의 설이 타당하다고 하였다. 『의례정의』, 2318쪽 참조.

2_ 음식을 담은 제기 : 注文의 '饋'는 饋食로서, 시동에게 올렸던 모든 음식을 말한다. 아욱절임·부추절임·달팽이 젓갈·고기젓갈을 담은 4개의 나무제기(豆), 양고기·돼지고기·생선·말린 큰사슴고기·돼지고기의 껍질 부위를 올려놓은 5개의 희생제기(俎), 찰기장 밥과 메기장 밥을 담은 4개의 밥그릇(敦), 양고기 국과 돼지고기 국을 담은 2개의 국그릇(鉶), 저민 양고기·저민 돼지고기·양고기 젓갈·돼지고기 젓갈을 담은 4개의 질그릇제기(瓦豆), 술을 따라 진설하는 술잔(觶) 등 正祭를 지낼 때에 室 안에 진설했던 모든 제기들을 거둔다. 저인량은 儐尸의 禮는 堂에서 거행하므로, 室 안에서는 일이 없기 때문에 室 안의 제기들을 有司에게 시켜 모두 거두게 하는 것이라고 하였다. 『의례정의』, 2319쪽 참조.

3_ 축·좌식의 희생제기 : '佐食'은 제사를 지낼 때 시동이 음식 먹는 것을 돕는 사람이다. 祝의 나무제기(豆) 2개와 희생제기(俎) 1개는 室 안에 있고, 佐食의 희생제기는 堂 아래 양 계단 사이에 있는데 모두 거둔다. 『의례정의』, 2319쪽 참조.

4_ 경·대부가 ~ 것이다 : 이곳의 卿·大夫는 上大夫를 가리킨다. 『예기』「王制」에 "제후의 상대부경"(諸侯之上大夫卿)이라고 한 것에 대해 정현은 "상대부를 '경'이라고 한다"(上大夫曰'卿')고 하였다. 下大夫·士는 儐尸의 예를 거행하지 않는 것에 반해 예가 높다는 뜻이다.

5_ 빈시의 ~ 것은 : 室 안의 서북쪽 모퉁이에 음식을 진설하는 것은 下大夫의 不儐尸禮에서 陽厭을 거행할 때 한다. [經-169] 및 아래의 주석 6) 참조.

6_ 빈시의 예를 거행할 ~ 때문이다 : 下大夫의 경우 儐尸의 예를 행하지 않기 때문에 시동이 室 밖으로 나간 후 室의 서북쪽 모퉁이에 음식물을 다시 차려 신에게 배불리 먹도록 대접을 한다. 이를 '陽厭'이라고 한다. 上大夫의 경우에는 儐尸의 예에 이미 제사의 상이 있기 때문에 실의 서북쪽 모퉁이에 음식을 다시 차려 陽厭을 거행하지 않는다. 『예기』「曾子問」에 "섭주는 염제를 지내지 않는다"(攝主不厭祭)고 한 것에 대해 정현은 "'厭'은 신에게 배불리 음식 대접을 하는 것이다. 厭에는 陰厭이 있고 陽厭이 있다. 시동을 맞이하기 전에 축이 술동이에서 술을 떠서 그것을 올리고 흠향하게 하는 것이 '陰厭'이다. 시동이 일어나 실 밖으로 나간 후에 대나무제기·나무제기(薦)·희생제기(俎)·밥그릇(敦)을 거두어 실의 서북쪽 모퉁이에 진설하는 것이 '陽厭'이다"(厭, 厭飫神也. 厭有陰有陽. 迎尸之前, 祝酌奠, 奠之且饗, 是'陰厭'也. 尸謖之後, 徹薦俎敦, 設於西北隅, 是'陽厭'也)라고 하였다.

7_ 천자와 ~ 지낸다 : 묘문에서 지내는 제사를 '祊'이라고 한다. '祊'은 본래 묘문의 명칭으로, 묘문에서 제사를 지내기 때문에 그 제사의 명칭도 '祊'이라고 한다. 祊의 제사에는 두 가지가 있다. 하나는 正祭 때에 종묘에서 제사를 지낸 후에 다시 묘문 안에서 귀신의 소재를 찾는 것을 말한다. 『예기』「郊特牲」에 "귀신을 찾는 제사는 祝이

祊에서 지낸다"(索祭祝于祊)고 하였고, 『詩』「小雅‧楚茨」에서 "祝으로 하여금 祊에서 제사를 지내게 하네"(祝祭於祊)라고 하였는데, 정현의 箋에는 "'祊'은 묘문의 안이다. … 孝子가 신의 소재를 알지 못하기 때문에 祝으로 하여금 평소 묘문 안의 옆에서 빈객을 기다리던 곳에서 널리 찾게 하는 것이다"('祊', 門內也. … 孝子不知神之所在, 故使祝博求之平生門內之旁, 待賓客之處)라고 하였다. 둘째는 正祭를 지낸 이튿날 繹祭를 지낼 때에 묘문 밖 西室에 음식을 마련하는데, 이를 또한 '祊'이라고 한다. 천자와 제후는 존귀하기 때문에 正祭를 지낸 이튿날에 祊祭와 繹祭를 지내어 卿‧大夫와 禮를 달리한다. 두 제사는 동시에 지낸다. 『예기』「郊特牲」에 "繹祭를 庫門 안쪽에서 지내고, 祊祭를 동쪽에서 지내고, 朝市를 서쪽에서 연 것은 예에서 어긋난 것이다"(繹之於庫門內, 祊之於東方, 朝市之於西方, 失之矣)라고 한 것에 대해 정현은 "祊祭의 의례는 묘문 밖의 西室에서 행해야 하고, 繹祭 또한 그 堂에서 지낸다. 神位는 서쪽에 있다. 이 두 제사는 동시에 지내지만 크게 포괄해서 '繹'이라고 부른다. 그 제사 의례는 간소하지만 시동을 받드는 예는 중대하다"(祊之禮宜於廟門外之西室, 繹又於其堂. 神位在西也. 此二者同時, 而大名曰'繹'. 其祭禮簡, 而事尸禮大)고 하였다. 호배휘는 "천자와 제후는 正祭를 지낸 이튿날에 繹祭를 지내는데, 儐尸의 禮는 繹祭를 지낼 때에 거행한다. 이 때문에 『詩』「周頌‧絲衣」의 序에 "'絲衣'는 繹祭를 지내고 시동에게 賓尸의 예를 행하는 시이다'('絲衣', 繹賓尸也)라고 하였고, 『詩』「小雅‧楚茨」의 毛傳에도 '繹而賓尸'라고 하였으니, 繹祭를 지내고 儐尸의 예를 행한다는 뜻이다. 경‧대부의 경우에는 儐尸의 예는 있지만 繹祭는 없다. 그러므로 이 경문에서 단지 '儐尸'라고만 말하고, '繹'이라고 칭하지 않은 것이다. 후세 사람들은 이 정현의 주를 제대로 이해하지 못하고 '儐尸'가 곧 '繹祭'라고 하였으니 잘못된 것이다"라고 하였다. 『의례정의』, 2319쪽 참조.

8_ 신사일에 ~ 지냈다 : 『좌전』 宣公 8년 조에 보인다. 辛巳日에 태묘에서 正祭를 지내고, 그 이튿날 壬午日에 오히려 繹祭를 지냈다는 증거로 인용한 것이다.

9_ 賓 : '賓'은 徐本에는 '賓'으로 되어 있고, 毛本과 호배휘의 『의례정의』에는 '儐'으로 되어 있다. 완원의 교감기에서 '賓'과 '儐'은 古字에 통용하였는데, 경문에 '儐'으로 되어 있으므로 '儐'이 옳다고 하였다. 『의례주소』, 1078쪽, 교감 참조. 본 번역에서도 '儐'으로 통일한다.

10_ 당을 ~ 청소한다 : [經-17]의 '司宮埽祭'에 근거하여 司宮이 청소하는 것이라는 설도 있지만, 호배휘는 아래의 [經-03]에 '司宮攝酒'라고 하였으므로 有司의 담당이라고 해석한다. 『의례정의』, 2322쪽 참조.

11_ 다시 ~ 것이다 : 儐尸 禮에서는 正祭를 지낼 때 사용한 室 안의 음식은 거두지만, 술은 계속 이용하는데, 다시 한 번 휘저어 새롭게 정돈하였음을 보여 준다. [사관례01 : 經-87]의 정현 주 참조.

12_ 洗 : 가공언은 '洗'는 '攙'가 되어야 한다고 하였다. 이에 따라 번역한다. 『의례주소』, 1079쪽 참조.

13_ '섬'은 ~ 뜻이다 : 『설문』에는 "'燅'은 탕 안에서 고기를 데친다는 뜻이다"('燅', 於湯中燅肉)라고 하였다. 시동의 희생제기 위에 올려놓은 희생고기를 가마솥 안의 끓는 고기국물에 넣어 데쳐서 익히는 것이다.

14_ 시동의 ~ 것인데 : 먼저 부뚜막의 가마솥(鑊)에서 데쳐서 익힌 후에 세발솥(鼎)에 담아 놓는다.

15_ 기조 : 시동을 공경하는 뜻으로 진설한 희생제기이다. 시동이 먹고 남은 음식은 肵俎 위에 올려놓고, 禮가 완성되면 시동에게 보내 준다.

16_ 만약 ~ 있다 : 『좌전』 哀公 12년 조에 보인다.

17_ 말린 고기를 담는 세발솥 : 희생의 몸체를 통째로 말린 것을 '腊'이라 하는데, 모든 말린 고기(乾肉)를 '腊'이라 통칭하기도 한다. 『주례』「천관·腊人」에 "腊人은 乾肉을 관장하는데, 사냥을 하여 잡은 들짐승을 脯·腊·膴·胖으로 만드는 일을 맡는다"(腊人, 掌乾肉, 凡田獸之脯腊膴胖之事)고 하였고, 이에 대해 정현은 "큰 짐승을 해체하여 말린 것을 '乾肉'이라 한다. 오늘날 涼州의 烏翅와 같은 것이다. 얇게 썬 것을 '脯'라고 한다. 두들겨서 생강이나 겨자를 뿌려 넣은 것을 '鍛脩'라고 한다. '腊'은 작은 짐승을 통째로 말린 것이다"(大物解肆乾之, 謂之'乾肉'. 若今涼州烏翅矣. 薄折曰'脯'. 棰之而施薑桂曰'鍛脩'. 腊, 小物全乾)라고 하였다. 큰 짐승은 말리기 쉽지 않기 때문에 몸체를 자르고 나눈 후에 말리지만 작은 것은 통째로 말릴 수 있는데, 이를 '腊'이라 한다는 것이다. [사혼례02 : 經−25]의 정현 주에 "'腊'은 말린 토끼고기를 가리킨다"('腊', 兔腊也)라고 한 것이 그것이다. 그러나 [소뢰궤사례16 : 經−31]에서 '腊'은 큰사슴고기를 쓴다(腊, 用麋)고 하였는데, 큰 사슴은 큰 짐승이다. 큰 짐승이므로 몸체를 자른 후에 말려야 하므로, 통째가 아니라 자른 후에 말리는 것도 '腊'이라 칭할 수 있는 것이다. 正祭인 소뢰궤사례에서 '腊'은 큰사슴고기를 말린 것이므로 儐尸禮인 이곳의 '腊'도 큰사슴고기를 말린 것으로 생각된다.

18_ 가로막대 : '扃'은 세발솥의 양 귀를 관통하는 가로막대로서, 세발솥을 들 때에 사용한다.

19_ 덮개보 : '鼏'은 세발솥의 위를 덮는 데에 사용되며, 띠풀로 만든다. [공사대부례09 : 經−12]에 "가로막대로 세발솥의 양 귀를 꿰어 걸고 덮개보로 세발솥의 위를 덮는다. 덮개보는 띠풀의 밑동을 묶거나 중간 부분을 엮어서 만든다"(設扃鼏, 鼏若束若編)라고 한 것에 대해 정현은 "세발솥의 덮개보는 대체로 띠풀로 만드는데, 띠풀의 길이가 길면 밑동을 묶고, 짧으면 가운데를 엮어서 만든다"(鼏鼏, 蓋以茅爲之, 長則束本, 短則編其中央)고 하였다.

20_ 처음 정제를 ~ 한다 : 正祭를 지낼 때에 묘문 밖의 동쪽에 세발솥의 머리 부분이 북쪽을 향하도록 하여 진설하는데, 북쪽을 윗자리로 삼는다([소뢰궤사례16 : 經−32]). 이곳의 儐尸禮에서도 그와 같이 한다는 것이다. 「유사철」의 경문에 '처음과 동일한 절차로 한다'(如初)고 한 것은 모두 正祭 때처럼 한다는 뜻이다.

21_ 말린 고기를 ~ 때문이다 : 正祭에서는 羊鼎, 豕鼎, 魚鼎, 腊鼎, 膚鼎 등 5개의 세발솥

을 진설하는데([소뢰궤사례16 : 經−27]), 儐尸의 禮는 正祭보다 간략히 하므로 腊鼎과 膚鼎을 거두어 치우고, 羊鼎·豕鼎·魚鼎 등 3개의 세발솥만을 진설한다.

22_ 이어서 ~ 뽑는데 : 正祭에서는 室에서 시동을 神으로 섬기기 때문에 祝과 佐食을 둔다. 儐尸禮에서는 堂에서 시동을 빈객의 예로 대접하기 때문에 祝과 佐食을 두지 않고 별도로 侑를 세워 시동을 보좌하게 한다.

23_ 반드시 ~ 것이다 : 공경함을 넓힌다는 것은 同姓뿐 아니라 異姓도 모두 시동을 공경하게 한다는 뜻이다.

24_ 이때 ~ 있다 : 室 안의 제물과 제기 등을 거두고, 堂을 깨끗하게 청소할 때, 주인 및 빈은 잠시 밖으로 나가 있었는데, 侑를 뽑을 때 다시 堂 안의 자리로 들어와 있는 것이다. 이곳의 有司는 賓 쪽의 助祭者를 가리킨다.

25_ 빈의 ~ 고한다 : 이때 賓은 묘문 안의 동쪽에서 북쪽을 향하고 있다. 따라서 宗人은 빈의 자리에서 남쪽을 향해 侑가 되어 줄 것을 청한다. 『의례주소』, 1081쪽 참조.

26_ 묘문 밖의 ~ 때문이다 : 『주례』 「천관·掌次」에 "무릇 제사를 지낼 때에는 旅幕을 설치하고, 시동의 임시 장막(次)을 설치한다"(凡祭祀張其旅幕張尸次)고 하였으므로, 시동에게도 임시 장막(次)이 있는 것이다. '시동의 임시 장막'(尸次)은 시동이 옷을 갈아입거나 예의 진행을 기다리는 작은 천막을 말한다. 侑가 묘문 밖 시동의 임시 장막으로 가서 시동을 기다린다. 『의례정의』, 2325쪽 참조.

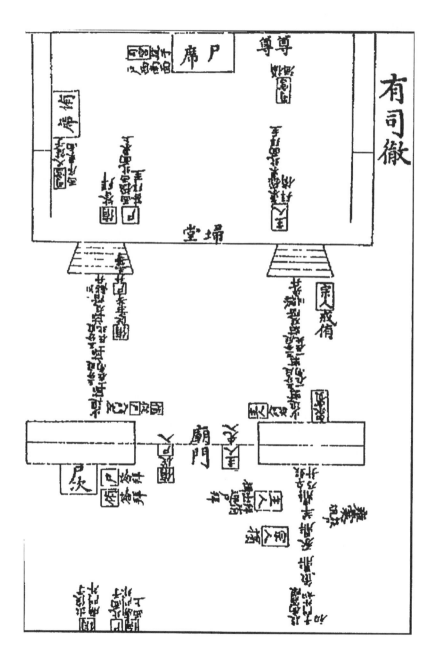

經-09에서 經-16까지는 시동과 유侑를 맞이하여 묘문 안으로 들어가는 절차이다.

[有司徹17 : 經-09]

사궁司宮은 실문(室戶)의 서쪽[1]에 시동의 자리를 펼쳐 놓는데, 머리 부분이 남쪽을 향하도록 하여 놓는다.

司宮筵于戶西, 南面.

정현주   시동을 위해 자리를 펼쳐 놓는 것이다. 爲尸席也.

[有司徹17 : 經-10]

또 당 위 서쪽 벽(西序) 앞에 유侑의 자리를 펼쳐 놓는데, 머리 부분이 동쪽을 향하도록 하여 놓는다.[2]

又筵于西序, 東面.

정현주   유侑를 위해 자리를 펼쳐 놓는 것이다. 爲侑席也.

[有司徹17 : 經-11]

시동은 유侑와 함께 묘문 밖에서 북쪽을 향해 서는데, 서쪽을 윗자

리로 삼는다.[3]

尸與侑北面于廟門之外, 西上.

'함께'(與)라고 한 것은 존비를 구분하기 위함이다.[4] '북쪽
을 향한다'(北面)는 것은 시동을 빈객으로 대우하여 시동이 더욱 비천해졌기
때문이다.[5] '서쪽을 윗자리로 삼는다'(西上)는 것은 빈객에게 통섭된다는 뜻
이다.[6] 言'與', 殊尊卑. '北面'者, 賓尸而尸益卑. '西上', 統於賓客.

[有司徹17 : 經 – 12]
주인은 묘문 밖으로 나가서 시동을 맞이하는데,[7] 종인이 주인을
위해 예를 돕는다.

主人出迎尸, 宗人擯.

시동을 빈객으로 예우하여 맞이하는 것이니, 주인이 더
욱 존귀하기 때문이다.[8] '빈擯'은 돕는다(贊)는 뜻이다. 賓客尸而迎之, 主人益
尊. '擯', 贊.

[有司徹17 : 經 – 13]
주인은 배례를 하고, 시동은 답배를 한다. 주인은 또 유侑에게 배
례를 하고, 유는 답배를 한다. 주인은 읍을 한 후 먼저 묘문 안으로
들어가 오른쪽으로 나아간다.[9]

主人拜, 尸答拜. 主人又拜侑, 侑答拜. 主人揖, 先入門, 右.

시동을 인도하는 것이다. 道尸.

[有司徹17 : 經 – 14]

시동은 묘문 안으로 들어가 왼쪽으로 나아간다. 유도 시동의 뒤를
따라 묘문 안으로 들어가는데, 시동과 마찬가지로 묘문 안으로 들
어간 후 왼쪽으로 나아간다. 주인은 시동과 서로 읍을 하고 이어
서 서로 양보를 한다.**10**

尸入門左. 侑從, 亦左. 揖, 乃讓.

묘문 안쪽의 낙수물받이가 끝나는 곳(沒霤)**11**에 이르면 서
로 읍을 하고, 계단에 이르면 다시 양보를 한다. 沒霤相揖, 至階又讓.

[有司徹17 : 經 – 15]

주인이 먼저 조계를 통해 당 위로 올라간다. 시동과 유는 서쪽 계
단을 통해 당 위로 올라가 당 위 서쪽 기둥(西楹)의 서쪽에서 북쪽
을 향해 서는데, 동쪽을 윗자리로 삼는다.**12**

主人先升自阼階, 尸·侑升自西階, 西楹西, 北面東上.

'동쪽을 윗자리로 삼는다'(東上)는 것은 시동의 자리로 통
섭된다는 뜻이다.**13** '東上', 統於其席.

주인은 당 위 동쪽 기둥(東楹)의 동쪽에서 북쪽을 향해 시동이 이르게 된 것에 배례를 한다. 시동은 답배를 한다. 주인은 또 유(侑)에게 배례를 한다. 유는 답배를 한다.

主人東楹東, 北面拜至. 尸答拜. 主人又拜侑. 侑答拜.

정현주   '이르게 된 것에 배례를 한다'(拜至)는 것은 기뻐하는 것이다. '拜至', 喜之.

1_ 실문의 서쪽 : 당 위에는 중앙에 室이 있고, 동쪽과 서쪽에 각각 東房과 西房이 있다. 房에는 남쪽에 한 개의 문(戶)이 있을 뿐이다. 室에는 문(戶)과 창(牖)이 있는데, 문은 동쪽에 있고, 창은 서쪽에 있다. 따라서 실문(室戶)의 서쪽과 창(牖)의 동쪽은 堂의 정중앙이 되며, 존귀한 사람이 거처한다. 이곳에 시동의 자리를 펼쳐 놓는 것은 시동을 높인 뜻이다.

2_ 또 ~ 놓는다 : 이여규는 시동과 侑의 자리는 「향음주례」에서의 賓과 介의 자리와 동일하다고 하였다. [향음주례04 : 經-05], "이에 빈과 주인과 介의 자리를 편다"고 한 것에 대해, 정현은 "빈의 자리(席)는 창(牖) 앞에 남쪽을 향하도록 펼쳐 놓는다. 주인의 자리는 조계 위쪽에 서쪽을 향하도록 펼쳐 놓는다. 개介의 자리는 서쪽 계단 위쪽에 동쪽을 향하도록 펼쳐 놓는다"고 하였다. 호배휘는 '侑'의 자리는 당 위 서쪽 벽(西序) 앞에 펼쳐 놓기 때문에 介의 자리에 비하면 약간 북쪽인데, 머리 부분이 동쪽을 향하도록 펼쳐 놓는 것은 동일하다고 하였다. 『의례정의』, 2326쪽 참조.

3_ 시동은 ~ 삼는다 : 시동은 묘문 밖에 있어 감히 존귀한 禮로 자처할 수 없기 때문에 侑와 함께 북쪽을 향한다. 다만 시동은 侑보다 존귀하기 때문에 서쪽에 선다.

4_ '함께'라고 ~ 것이다 : 儐尸禮는 시동을 위주로 하는데 侑는 시동보다 지위가 낮기 때문에 '함께'라고 한 것이다. 『의례정의』, 2326쪽, 채덕진의 설 참조.

5_ '북쪽을 ~ 때문이다 : 正祭를 지낼 때에는 시동을 神의 도리로 섬긴다. 儐尸의 예는 빈객의 예로 시동을 대접하는 것이므로 이미 비천해진 것이다. 빈객의 예에서는 묘문의 서쪽에서 동쪽을 향해야 한다. 그런데 이제 시동은 북쪽을 향하여 臣下의 도리를 하고 있다. 이 때문에 '더욱 비천하다'고 한 것이다. 『의례정의』, 2326쪽 참조.

6_ '서쪽을 ~ 뜻이다 : 묘문의 동쪽은 주인의 자리이고, 묘문의 서쪽은 빈객의 자리이다. 이제 서쪽을 윗자리로 삼는데, 시동은 서쪽에 있다. 따라서 빈객(시동)에게 통섭된다.

7_ 주인은 ~ 맞이하는데 : 왕인지는 經文의 '尸' 다음에 '侑'가 있어야 한다고 본다. 앞의 [經-11]에서 '시동은 侑와 함께 묘문 밖에서 북쪽을 향해 선다'고 하였고, 또 아래의 [經-13]에서 '주인은 배례를 하고, 시동은 답배를 한다. 주인은 또 侑에게 배례를 하고, 侑는 답배를 한다'고 하였으므로 주인은 묘문 밖으로 나가서 이들을 함께 맞이하는 것이다. 『의례정의』, 2327쪽 참조.

8_ 시동을 ~ 때문이다 : 正祭에서 주인은 묘문 밖으로 나가서 맞이하는데, 이는 주인이 본래 존귀하기 때문이다. 이제 儐尸禮에서 시동을 빈객으로 대우하여 맞이하는 것은 주인이 더욱 존귀하기 때문이다.

9_ 먼저 묘문 ~ 나아간다 : 오계공은 주인이 빈객과 읍을 한 후 먼저 들어갈 때에는 문 안으로 들어간 후 반드시 오른쪽으로 나아가는데, 이 經文은 이를 분명하게 언급한 유일한 것이라고 하였다. 『의례정의』, 2327쪽, 오계공의 설 참조.

10_ 주인은 ~ 한다 : 오계공은 주인은 시동과 세 차례 읍을 한 후 계단 앞에 이르고,

계단 앞에 이르면 다시 먼저 계단을 오르도록 세 차례 양보를 하는 것으로 해석한다. 학경은 『儀禮節解』에서 "시동과 주인이 좌우로 나뉘는 곳에서 한 차례 읍을 하고, 각각 북쪽으로 향하는 곳에서 읍을 하고, 碑의 선까지 이르러서 읍을 한다"고 하였다. 『의례정의』, 1233쪽 참조.

11_ 묘문 ~ 곳 : '沒霤'에 대해서 장이기는 "묘문의 낙수물받이가 끝나는 곳"(門簷霤盡處)이라고 하였고, 오계공은 '뜰의 남쪽'(庭南) 곧 '뜰 중앙'(中庭)을 가리킨다고 하였다. 『의례정의』, 1233쪽 참조.

12_ 동쪽을 윗자리로 삼는다 : 시동이 동쪽에 서고, 유가 서쪽에 서는 것이다.

13_ 시동의 자리로 ~ 뜻이다 : 가공언은 빈객의 자리는 동쪽을 윗자리로 삼기 때문이라고 하였고, 이여규는 "묘문 밖에서 서쪽을 윗자리로 삼는 것([經-11])과 달리하는 것이다. 室戶의 서쪽 자리는 동쪽을 윗자리로 삼는데, 侑의 자리는 또한 시동의 자리보다 약간 서쪽이다"라고 하였다. 호배휘는 "賓(尸)의 자리는 室戶의 서쪽에 펼쳐 놓고, 侑의 자리는 西序에 펼쳐 놓기 때문에, 賓(尸)의 자리는 侑의 자리의 동쪽에 있게 된다. 그러므로 西楹의 서쪽 자리에서 賓(尸)은 또한 侑의 동쪽에 있게 된다. 이것이 시동의 자리로 통섭된다는 뜻이다"라고 하여 정현의 주를 부연 설명한다. 『의례정의』, 2327쪽 참조.

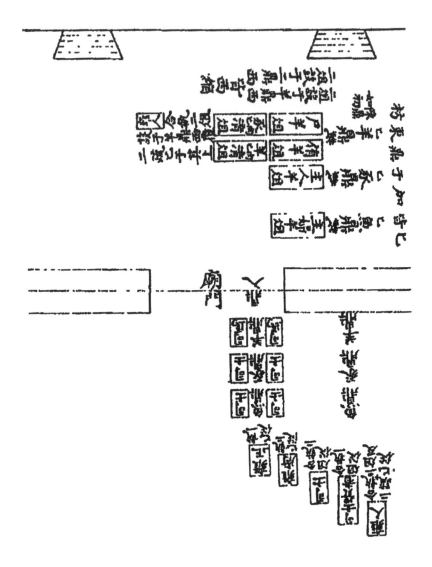

經-17에서 經-20까지는 계단 아래에 세발솥을 진설하고, 아울러 희생제기를 진설하여 올리기를 기다리는 절차이다.

[有司徹17 : 經 – 17]

이어서 세발솥(鼎)을 든다.

乃舉.

정현주 '거舉'는 세발솥을 든다는 뜻이다. 세발솥을 드는 사람은 손을 씻지 않는데, 예를 강쇄하기 때문이다.[1] '舉', 舉鼎也. 舉者不盥, 殺也.

[有司徹17 : 經 – 18]

사마司馬는 양고기를 담은 세발솥(羊鼎)을 들고, 사사司士는 돼지고기를 담은 세발솥(豕鼎)을 들고, 또 다른 한 명의 사사는 생선을 담은 세발솥(魚鼎)을 들고서 묘문 안으로 들어가는데,[2] 세발솥을 진설하는 것은 처음 정제를 지낼 때와 동일한 절차로 한다.

司馬舉羊鼎, 司士舉豕鼎·舉魚鼎, 以入, 陳鼎如初.

정현주 '처음 정제를 지낼 때와 동일한 절차로 한다'(如初)는 것은 처음 정제正祭를 지낼 때처럼 조계 아래에 머리 부분이 서쪽을 향하도록 하여 진설하는데, 북쪽을 윗자리로 삼는다는 뜻이다.[3] 如初, 如阼階下西面北上.

옹정雍正은 1개의 숟가락(匕:羊匕)을 들고서 세발솥을 든 사람의
뒤를 따르고, 옹부雍府는 2개의 숟가락(豕匕·魚匕)을 들고서 옹정의
뒤를 따르고, 사사司士는 2개의 희생제기(羊俎)를 함께 잡고서 옹부
의 뒤를 따르고, 사사의 찬자贊者도 2개의 희생제기(羊俎)를 함께
잡고서 사사의 뒤를 따른다. 숟가락4들은 모두 각각의 세발솥 위
에 얹어 놓는데, 손잡이 부분이 동쪽을 향하도록 하여 놓는다. 사
사가 들고 온 2개의 희생제기는 양고기를 담은 세발솥(羊鼎)의 서
쪽에 진설하는데, 또한 머리 부분이 서쪽을 향하도록 하여 세로로
놓는다.5 사사의 찬자가 들고 온 2개의 희생제기는 모두 돼지고기
를 담은 세발솥(豕鼎)과 생선을 담은 세발솥(魚鼎)의 서쪽에 진설하
는데, 또한 머리 부분이 서쪽을 향하도록 하여 세로로 놓는다.

雍正執一匕以從, 雍府執二匕以從, 司士合執二俎以從, 司士贊者
亦合執二俎以從. 匕皆加于鼎, 東枋. 二俎設于羊鼎西, 西縮. 二俎
皆設于二鼎西, 亦西縮.

정현주　　　'옹정雍正'은 군리로서 체명體名과 육물肉物을 변별하는
일을 관장하는 사람이다.6 '옹부雍府'는 옹정의 속리이다. 모두 3개의 숟가
락으로, 세발솥마다 1개의 숟가락을 얹어 놓는다. 4개의 희생제기는 시동·
유·주인·주부를 위한 것이다. 그 가운데 2개의 희생제기는 돼지고기를 담
은 세발솥과 생선을 담은 세발솥의 서쪽에 진설하는데, 진설할 때에는 마땅
히 갖추어야 하기 때문이다.7 고문본에는 '縮'이 모두 '蹙'으로 되어 있다. '雍
正', 群吏掌辨體名肉物者. '府', 其屬. 凡三匕, 鼎一匕. 四俎爲尸·侑·主人·主婦.
其二俎, 設于豕鼎·魚鼎之西, 陳之宜具也. 古文'縮'皆爲'蹙'.

옹인雍人[8]은 2개의 희생제기[9]를 함께 잡고서 양고기를 올려놓은 희생제기(羊俎)[10]의 서쪽에 진설하는데, 양고기를 올려놓은 희생제기와 나란하게 놓으며, 모두 머리 부분이 서쪽을 향하도록 하여 세로로 놓는다. 자루에 조각장식을 한 숟가락(疏匕) 2개를 그 위에 엎어 놓는데, 모두 희생제기의 방향에 따라 세로로 나란히 놓으며, 손잡이 부분이 서쪽을 향하도록 한다.[11]

雍人合執二俎, 陳于羊俎西, 並, 皆西縮. 覆二疏匕于其上, 皆縮俎, 西枋.

정현주   '병並'은 나란하다(幷)는 뜻이다. 그 가운데 남쪽의 희생제기 위에는 사마司馬가 고기가 들어가지 않은 양고기 국물(羊匕湆)·고기가 들어간 양고기 국물(羊肉湆)을 올린다. 그 가운데 북쪽의 희생제기 위에는 사사司士가 고기가 들어가지 않은 돼지고기 국물(豕匕湆)·고기가 들어간 돼지고기 국물(豕肉湆)[12]·고기가 들어간 돼지고기 국물(豕脊)·국물에 담겨 있는 생선(湆魚)을 올린다. '소비疏匕'는 숟가락의 자루에 조각장식이 있는 것이다. 고문본에는 '並'이 모두 '幷'으로 되어 있다. '並', 幷也. 其南俎, 司馬以羞羊匕湆·羊肉湆. 其北俎, 司士以羞豕匕湆·豕肉湆·豕脊·湆魚. '疏匕', 匕柄有刻飾者. 古文'並'皆作'幷'.

소비疏匕
(淸), 『흠정의례의소』

1_ 드는 사람은 ~ 때문이다 : 正祭에서는 士(有司)가 손을 씻은 후에 세발솥(鼎)을 드는데, 이곳에서 손을 씻지 않는 것은 儐尸의 禮를 강쇄하는 것이기 때문이다. [소뢰궤사례16 : 經–39] 참조.

2_ 사마는 ~ 들어가는데 : 호배휘는 세발솥을 드는 사람들은 각각의 세발솥마다 2인씩이라고 하였고, 오계공은 四馬가 2인, 司士가 4인인데, 經文에서 '생선을 담은 세발솥'(魚鼎) 앞에 또다시 '든다'(舉)고 말한 것은 돼지고기를 담은 세발솥(豕鼎)을 드는 司士와 생선을 담은 세발솥(魚鼎)을 드는 司士가 다른 사람임을 밝히기 위한 것이라고 하였다. 『의례정의』, 2328쪽 참조.

3_ '처음 ~ 뜻이다 : 正祭에서는 세발솥을 들고 묘문 안으로 들어간 후, 세발솥을 뜰의 동쪽에 진설하는데, 당 위 동쪽 벽(東序)과 마주하도록 하여 물받이 항아리(洗)의 서남쪽에 놓으며, 모두 머리 부분이 서쪽을 향하도록 하여 북쪽을 윗자리로 삼는다. 이와 동일한 방식으로 진설한다는 뜻이다. 호배휘는 정현 주의 '阼階의 아래'가 곧 '동쪽'(東方)이라고 하였다. 『의례정의』, 2328쪽 및 [소뢰궤사례16 : 經–42] 참조.

4_ 숟가락 : '匕'에는 밥그릇 등에서 밥을 뜨는 '飯匕'와 세발솥에서 희생고기를 건져 내는 '牲匕'가 있다. 희생을 건져 내는 '牲匕'는 비교적 크고, 음식을 뜨는 飯匕는 비교적 작다. 이곳의 '匕'는 세발솥에서 희생고기를 건져 내는 '牲匕'이다.

5_ 사사가 ~ 놓는다 : 司士가 들고 온 2개의 희생제기는 양고기를 올려놓은 시동의 희생제기(尸羊俎)와 유의 희생제기(侑羊俎)이다. 이들 2개의 희생제기는 양고기를 담은 세발솥(羊鼎)의 서쪽에 진설하는데, 시동의 희생제기(尸羊俎)는 북쪽에 놓고 유의 희생제기(侑羊俎)는 남쪽에 놓는다. 앞의 『흠정의례의소』, 「舉鼎設俎圖」 참조. 경문의 '西縮'에 대하여, 강조석은 "'縮'이라는 글자는 세로(直)의 뜻이니, 順(세로 : 從)의 뜻과 같다. 『의례』의 전체 경문에서 '南陳', '南肆' 및 '南順' 등은 모두 명칭은 다르지만 실질은 똑같다. '肆' 역시 진설한다(陳)는 뜻이니, 진설할 때 모두 곧게 세로로 놓는 것을 말한다"('縮'之言直, 猶順也. 凡全經言'南陳', '南肆'及'南順'之屬, 皆異名而同實也. '肆'亦陳也, 謂其陳之皆直而順也)고 하였다. 호배휘는 『예기』 「檀弓上」에 '옛날에는 관을 세로 방향으로 꿰맸는데, 오늘날에는 가로 방향으로 꿰맨다'(古者冠縮縫, 今也衡縫)고 하였다. '衡'은 가로(橫)의 뜻이다. 「檀弓上」에서 '縮'(세로)은 '衡'(가로)과 상대하여 말하였으니, 이 '縮'은 '세로'(直, 남북)의 뜻이다. 「소뢰궤사례」에서 말한 '西肆'([소뢰궤사례16 : 經–43])는 바로 이 '西縮'과 같은 뜻이다. '西縮'・'西肆'는 머리 부분이 서쪽을 향하도록 하여 세로(남북)로 진설하는 것인데, 희생제기(俎)는 세발솥(鼎)의 서쪽에 진설되어 있으므로, 세발솥을 기준으로 본다면 세로(남북)가 된다. '南陳'・'南肆'・'南順'은 머리 부분이 남쪽을 향하도록 하여 세로로 진설한다는 뜻이다"라고 하여 강조석의 설을 부연하였다. 『의례정의』, 2329쪽 참조.

6_ '옹정'은 ~ 사람이다 : 『주례』 「천관・內饔」의 "內饔은 … 體名과 肉物을 변별하는 일을 관장한다"(內饔, … 辨體名肉物)라고 하였는데, 정현은 "'體名'은 등뼈(脊)・갈비뼈(脅)・앞다리 뼈의 위쪽 부위(肩)・앞다리 뼈의 중앙 부위(臂)・앞다리 뼈의 아래쪽

부위(體) 따위를 가리키고, '肉物'은 저민 고기(載)·고기구이(燔) 따위를 가리킨다"('體名', 脊脅肩臂臑之屬, '肉物', 載燔之屬)라고 하였다.

7_ 4개의 희생제기는 ~ 때문이다 : 시동·유·주인·주부를 위한 4개의 희생제기는 모두 양고기를 올려놓은 희생제기(羊俎)로서 정식의 희생제기(正俎)이며, 아래 [經−20]의 雍人이 들고 온 2개의 희생제기와는 다르다. 양고기를 올려놓은 4개의 희생제기 가운데 2개의 희생제기는 양고기를 담은 세발솥(羊鼎)의 서쪽에 진설하고, 다시 2개의 희생제기를 돼지고기를 담은 세발솥(豕鼎)과 생선을 담은 세발솥(魚鼎)의 서쪽에 나누어 진설한다. 가공언은 "3개의 세발솥의 서쪽에 나란히 희생제기를 놓는 것이므로, 정현이 '진설할 때에는 마땅히 갖추어야 한다'고 한 것이다"라고 하였다. 『의례주소』, 1083쪽, 가공언의 소 및 『의례정의』, 2329쪽 참조.

8_ 옹인 : 호배휘는 이곳의 雍人은 雍府를 가리키는데, 對文의 경우에는 雍正과 雍府가 다르지만, 散文의 경우에는 모두 雍人으로 통칭할 수 있다고 하였다. 『의례정의』, 2329쪽 참조.

9_ 2개의 희생제기 : 앞의 [經−19]의 司土와 司土의 贊者가 들고 온 4개의 희생제기가 모두 양고기를 올려놓은 희생제기(羊俎)로서 正俎라면, 이곳 2개의 희생제기는 供物을 추가로 보낼 때에 사용하는 羞送俎 즉 추가로 진설하는 加俎이다. 『의례정의』, 2329쪽 참조.

10_ 양고기를 올려놓은 희생제기 : 이 '양고기를 올려놓은 희생제기'(羊俎)는 司土가 양고기를 담은 세발솥(羊鼎)의 서쪽에 진설한 '시동의 희생제기'(尸俎)와 유의 희생제기(侑俎)를 가리킨다. 『의례정의』, 2329쪽, 오계공의 설 참조.

11_ 옹인은 2개의 ~ 한다 : 채덕진은 "양고기를 올려놓은 4개의 희생제기(尸羊俎, 侑羊俎, 主人羊俎, 主婦羊俎)는 3개의 세발솥(羊鼎, 豕鼎, 魚鼎)의 서쪽에 북쪽으로부터 남쪽으로 한 줄로 진설하는데, 雍人은 또 2개의 희생제기를 함께 잡고서 그 서쪽에 진설하여 별도로 한 줄을 만든다. '並'이란 남북으로 나란하다는 뜻이다. 남쪽의 희생제기 위에는 고기가 들어가지 않은 양고기 국물(羊匕湇)과 고기가 들어간 양고기 국물(羊肉湇)을 올려놓고, 북쪽의 희생제기 위에는 고기가 들어가지 않은 돼지고기 국물(豕匕湇)과 고기가 들어간 돼지고기 국물(豕肴)·국물에 담겨 있는 생선(湇魚)을 올려놓는데, 양은 陽의 희생이고, 돼지·생선은 陰의 희생이므로 2개의 희생제기는 상통하지 못한다. 앞의 4개의 양고기를 올려놓은 희생제기(羊俎)는 정식의 희생제기(正俎)로서 모두 자리(席) 위에 올려놓는데, 뒤의 2개의 희생제기는 추가로 진설하는 희생제기(加俎)이므로 다 올린 후에 곧바로 그 음식물을 양고기를 올려놓은 희생제기(羊俎)와 나란하게 하고, 비어 있는 희생제기를 집어 들고서 내려온다"고 하였다. 호배휘는 "이곳 [經−20]에서는 '並皆西縮'이라고 하였는데, 앞의 [經−19]에서는 '並'(나란하다)이라고 하지 않은 것은 앞의 2개의 희생제기는 양고기를 담은 세발솥(羊鼎)의 서쪽에 진설하고, 또 2개의 희생제기를 2개의 세발솥의 서쪽에 진설하므로, 그것이 남북으로 나란하다는 것이 자명하기 때문"이라

고 하면서, "학경이 6개의 희생제기를 모두 시동의 희생제기라고 한 것은 진실로
잘못이지만, 오계공이 북쪽의 희생제기 위에는 고기가 들어가지 않은 양고기 국
물(羊匕湆)·고기가 들어가지 않은 돼지고기 국물(豕匕湆)을 올리고, 남쪽의 희생
제기 위에는 고기가 들어간 양고기 국물(羊肉湆)·돼지고기 국물(豕肴)·국물에 담
겨 있는 생선(湆魚)을 올린다고 한 것도 잘못이다"라고 하였다. 『의례정의』, 2329
쪽 및 앞의 『흠정의례의소』 「擧鼎設俎圖」 참조.

12_ 고기가 들어간 돼지고기 국물 : 노문초는 『儀禮詳校』에서 정현 주의 '豕肉湆' 3글
자는 衍文이라고 하였고, 오정화는 아래에 司士가 올리는 匕豕가 곧 豕肴(돼지고
기 국물)이며, '豕肉湆'이라는 명칭은 없으므로 삭제해야 한다고 하였다. 가공언은
"'匕湆'에는 고기가 없고 국물뿐이며, '肉湆'은 고기를 국물 안에서 꺼낸 것으로 사
실은 국물이 없는 것"('匕湆'謂無肉, 直汁以其在匕湆也, '肉湆'者, 直是肉從湆中來, 實無
汁)이라고 하였지만, 방포는 『儀禮析疑』에서 "가공언이 '肉湆'은 고기를 국물 안에
서 꺼낸 것으로, 희생제기 안에는 실은 국물이 없다'고 한 것은 잘못이다. 경문에
서 '匕湆'과 '肉湆'을 상대적으로 말했으므로, '匕湆' 안에는 고기가 없는 것이고, '肉
湆' 안에는 (고기도 있고) 국물도 있는 것이다. 명칭을 얻게 된 까닭은 분명한 것이
다"(疏謂肉從湆出, 俎中實無湆, 非也. 經以匕湆·肉湆相對, 則'匕湆'中無肉, '肉湆'有湆.
所以得名者顯然矣)라고 하여 '肉湆' 안에 국물이 없다는 가공언의 설을 비판하였다.
즉 '匕湆', '肉湆'이라는 명칭 차이는 '국물'의 유무가 아니라 '고기'의 유무에서 생겨
난 것이라는 뜻이다. 고기가 들어가지 않은 고기국물을 '匕湆'이라고 하는 것은 그
국물이 숟가락(匕) 안에 담겨 있기 때문이다. 『의례정의』, 2329쪽 참조.

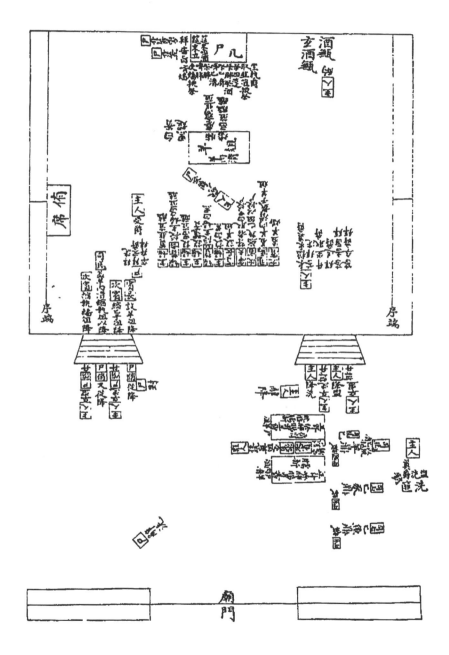

經-21에서 經-47까지는 '주인초헌主人初獻'의 첫 번째 단계인 '주인헌시主人獻尸'이다. 주인이 시동에게 술을 올려 '헌獻'의 예를 행하는 '주인초헌'은 1) 주인헌시→ 2) 주인헌유主人獻侑 → 3) 시작주인尸酢主人의 3단계로 구성되는데, 1) '주인헌시'의 의절은 다시 ① 주인수궤主人授几, ② 주인헌작主人獻爵, ③ 주부천두변主婦薦豆籩, ④ 사마재양조司馬載羊俎, ⑤ 빈장설양조賓長設羊俎, ⑥ 차빈진비읍次賓進匕湆, ⑦ 사마수육읍司馬羞肉湆, ⑧ 차빈수번次賓羞燔 등 8개의 작은 절차로 이루어진다.

[有司徹17 : 經-21]

주인은 당에서 내려와 재宰에게 안석(几)을 받고자 한다. 시동과 유侑도 주인의 뒤를 따라 내려온다. 주인이 내려올 필요가 없다고 사양을 하면, 시동은 응답을 한 후 내려온다.

主人降, 受宰几. 尸·侑降. 主人辭, 尸對.

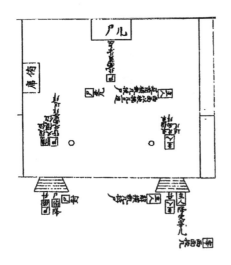

「수시궤도授尸几圖」

(淸), 「흠정의례의소」

'안석'(几)은 앉아서 신체를 편안히 하고자 하는 것이다. 『주례』「천관·태재」에 태재는 "왕을 도와서 옥으로 장식한 안석(玉几)¹과 옥 술잔(玉爵)² 받는 일"을 관장한다고 하였다. '几', 所以坐安體. 『周禮』「大宰」掌 "贊玉几·玉爵."

[有司徹17 : 經 – 22]

재宰가 안석을 건네주면, 주인은 이를 받아 두 손으로 안석의 양 끝을 가로로 잡은 후 시동에게 읍을 한다.

宰授几, 主人受, 二手橫執几, 揖尸.

시동에게만 읍을 하는 것은 안석의 예는 시동을 위주로 하기 때문이다. 獨揖尸, 几禮主於尸.

[有司徹17 : 經 – 23]

주인이 당 위로 올라가면, 시동과 유도 주인의 뒤를 따라 당 위로 올라가는데, 모두 본래의 위치로 돌아간다.

主人升, 尸·侑升, 復位.

'본래의 위치'(位)는 조계阼階와 빈계賓階 위쪽의 위치이 다.³ '位', 阼階·賓階上位.

주인은 서쪽을 향해 왼손으로 안석을 잡고, 세로로 향하게 한 후 오른쪽 옷소매로 안석 위의 먼지를 바깥쪽으로 세 번 털어서 닦아 내고, 다시 두 손으로 안석을 가로로 잡고 시동의 자리 앞으로 나아가 건네준다.[4]

主人西面, 左手執几, 縮之, 以右袂推拂几三, 二手橫執几, 進授尸 于筵前.

정현주   옷소매를 '몌袂'라고 한다. 먼지를 털어서 닦아 내어 새롭게 함을 보여 주는 것이다.[5] 衣袖謂之'袂'. 推拂去塵, 示新.

[有司徹17 : 經 − 25]

시동은 앞으로 나아가 두 손으로 주인의 양손 사이로 안석을 받는다.[6]

尸進, 二手受于手間.

정현주   주인의 양손 사이로 받는 것은 겸손히 하는 것이다. 受從 手間, 謙也.

[有司徹17 : 經 − 26]

주인은 당 위 동쪽 기둥의 동쪽 본래의 위치로 물러난다. 시동은 안석을 돌려서 세로로 잡고,[7] 오른손으로 안석의 바깥쪽(동쪽) 가장

자리를 잡은 후[8] 북쪽을 향해 자리 위의 왼쪽(동쪽)에 진설하여,[9] 머리 부분이 남쪽을 향하도록 하여 세로로 놓는데,[10] 앉지 않고 선 채로 진설한다.

主人退. 尸還几, 縮之, 右手執外廉, 北面奠于筵上, 左之, 南縮, 不坐.

정현주 　　　　'왼쪽에 진설한다'(左之)는 것은 귀신의 경우와 달리하는 것이다.[11] 살아 있는 사람은 양陽이니, 왼쪽을 숭상한다. 귀신은 음陰이니, 오른쪽을 숭상한다. 앉지 않고 선 채로 진설하는 것은 안석을 진설하는 것은 그 예가 가볍기 때문이다.[12] '左之'者, 異於鬼神. 生人陽, 長左. 鬼神陰, 長右. 不坐奠之者, 几輕.

[有司徹17 : 經 – 27]
주인은 당 위 동쪽 기둥의 동쪽에서 북쪽을 향해 시동에게 배례를 한다.

主人東楹東, 北面拜.

정현주 　　　안석을 보내준 후 배례를 하는 것이다. 拜送几也.

[有司徹17 : 經 – 28]
시동은 당 위 서쪽 기둥의 서쪽 본래의 위치로 돌아오는데, 시동과 유 모두 북쪽을 향해 주인에게 답배를 한다.[13]

尸復位, 尸與侑皆北面答拜.

유도 배례를 하는 것은 시동을 따르기 때문이다. 侑拜者,
從於尸.

[有司徹17 : 經-29]¹⁴

주인이 당에서 내려와 술잔을 씻으려고 하면, 시동과 유도 주인
의 뒤를 따라 당에서 내려온다. 시동이 씻어 줄 필요가 없다고 사
양을 하면, 주인은 응답을 한 후 씻는다. 주인이 술잔을 다 씻은 후
읍을 하고 당 위로 올라가면, 시동과 유도 주인의 뒤를 따라 당 위
로 올라간다. 시동은 당 위 서쪽 기둥의 서쪽에서 북쪽을 향해 술
잔을 씻어 준 것에 배례를 하고, 주인은 당 위 동쪽 기둥의 동쪽에
서 북쪽을 향해 술잔을 내려놓은 후 답배를 한다. 주인이 또 당에
서 내려와 손을 씻으려고 하면, 시동과 유도 주인의 뒤를 따라 당
에서 내려온다. 주인이 내려올 필요가 없다고 사양을 하면, 시동
은 응답을 한 후 내려온다. 주인이 손을 다 씻은 후 읍을 하고 당
위로 올라가면, 시동과 유도 주인의 뒤를 따라 당 위로 올라간다.
주인은 앉아서 술잔을 집어 들고 술을 따라 시동에게 헌獻의 예를
행한다. 시동은 북쪽을 향해 배례를 한 후 술잔을 받는다. 주인은
당 위 동쪽 기둥의 동쪽에서 북쪽을 향해 술잔을 건네준 후 배례
를 한다.¹⁵

主人降, 洗, 尸·侑降. 尸辭洗, 主人對. 卒洗, 揖, 主人升, 尸·侑升.
尸西楹西, 北面拜洗, 主人東楹東, 北面奠爵, 答拜. 降盥, 尸·侑降.
主人辭, 尸對. 卒盥, 主人揖, 升, 尸·侑升. 主人坐取爵, 酌, 獻尸.
尸北面拜受爵. 主人東楹東, 北面拜送爵.

정현주　　　'당에서 내려와 손을 씻는다'(降盥)는 것은 흙으로 손을 더럽혀서 술을 따를 수 없기 때문이다. '降盥'者, 爲上**16**汙手, 不可酌.

[有司徹17 : 經 - 30]

주부는 동방東房에서 부추절임(韭菹)과 고기젓갈(醓醢)을 담은 2개의 나무제기(豆)를 가져와 앉아서 시동의 자리 앞에 진설하는데, 부추절임을 담은 나무제기를 서쪽에 놓는다. 주부의 찬자는 창포뿌리 절임(昌菹)**17**과 뼈 붙은 큰사슴고기 젓갈(麋臡)을 담은 2개의 나무제기를 집어 주부에게 건네준다. 주부는 일어나지 않고 앉은 채로 받아서 부추절임과 고기젓갈을 담은 나무제기의 남쪽에 두 줄이 되도록 이어서 진설하는데,**18** 창포뿌리 절임을 담은 나무제기를 동쪽에 놓는다. 주부는 일어나 동방에서 대나무제기(籩)를 가져와 앉아서 시동의 자리 앞에 진설하는데, 볶은 보리(麷)와 볶은 마씨(蕡)를 담은 2개의 대나무제기를 창포뿌리 절임과 뼈 붙은 큰사슴고기 젓갈을 담은 나무제기의 서쪽에 진설하여 나무제기의 바깥쪽 줄과 마주하도록 하는데, 볶은 보리를 담은 나무제기를 동쪽에 놓는다. 주부의 찬자는 볶은 쌀(白)과 볶은 기장(黑)을 담은 2개의 대나무제기를 집어 주부에게 건네준다. 주부는 일어나지 않고 앉은 채로 받아서 처음 진설한 볶은 보리와 볶은 마씨를 담은 대나무제기의 남쪽에 진설하는데, 볶은 쌀을 담은 대나무제기를 서쪽에 놓는다. 주부는 일어나서 물러나 방 안으로 들어간다.**19**

主婦自東房薦韭菹·醓, 坐奠于筵前, 菹在西方. 婦贊者執昌菹·醓以授主婦. 主婦不興, 受, 陪設于南, 昌在東方. 興, 取籩于房, 麷·蕡坐設于豆西, 當外列, 豐在東方. 婦贊者執白·黑以授主婦. 主婦不興, 受, 設于初籩之南, 白在西方. 興, 退.

정현주

'창昌'은 창포뿌리 절임(昌本)이다. 부추절임·고기젓갈·창포뿌리 절임·뼈 붙은 큰사슴고기 젓갈을 담은 나무제기를 진상하는 것이다. '풍豐'은 볶은 보리(熬麥)이다. '분蕡'은 볶은 마씨(熬枲實)이다. '백白'은 볶은 쌀(熬稻)이다. '흑黑'은 볶은 기장(熬黍)이다. 이는 모두 조사朝事의 예를 행할 때에 진설하는 나무제기와 대나무제기이다.[20] 대부에게는 조사의 예가 없는데도 이를 진설하여 빈시儐尸의 예를 행하는 것은 또한 대부의 예를 풍성하도록 하기 위함이다. 주부가 대나무제기를 집어 들고 일어나는 것은 차리는 음식이 달라지기 때문에 자신이 직접 하는 것이다. '바깥쪽 줄과 마주한다'(當外列)는 것은 국그릇(鉶)을 놓을 자리를 피한다는 뜻이다.[21] '물러간다'(退)는 것은 물러나 방 안으로 들어간다는 뜻이다. '昌', 昌本也, 韭菹·醓醢·昌本·麋臡. '豐', 熬麥也. '蕡', 熬枲實也. '白', 熬稻. '黑', 熬黍. 此皆朝事之豆籩. 大夫無朝事, 而用之賓尸, 亦豐大夫之禮. 主婦取籩興者, 以饌異, 親之. '當外列', 辟鉶也. '退', 退入房也.

[有司徹17 : 經−31]

이어서 세발솥에서 희생고기를 건져 내어 희생제기 위에 올려놓는다.

乃升.

희생의 몸체를 희생제기 위에 올려놓는 것이다. 升牲體於

俎也.

[有司徹17 : 經-32]

사마司馬는 숟가락으로 양고기를 담은 세발솥 안에서 양고기를 건
져 내고, 또 다른 한 명의 사마는 양고기를 시동의 희생제기 위에
올려놓는다. 올려놓는 것은 양고기의 오른쪽 몸체 부위인데, 앞다
리 뼈의 위쪽 부위(肩)·앞다리 뼈의 중앙 부위(臂)·뒷다리 뼈의 위
쪽 부위(肫)·뒷다리 뼈의 중앙 부위(骼)·앞다리 뼈의 아래쪽 부위
(臑)·등뼈의 앞쪽 부위(正脊) 한 조각·등뼈의 중앙 부위(脡脊) 한 조
각·등뼈의 뒤쪽 부위(橫脊) 한 조각·갈비뼈의 뒤쪽 부위(短脅) 한
조각·갈비뼈의 중앙 부위(正脅) 한 대·갈비뼈의 앞쪽 부위(代脅)
한 대·창자(腸) 한 조각·위胃 한 조각·중앙 부위를 완전하게 끊어
서 자른 허파(祭肺) 한 조각으로, 모두 하나의 희생제기(尸羊俎, 正俎)
위에 올려놓는다.

司馬枇羊, 亦司馬載. 載右體, 肩·臂·肫·骼·臑·正脊一·脡脊一·
橫脊一·短脅一·正脅一·代脅一·腸一·胃一·祭肺一, 載于一俎.

'시동의 희생제기 위에 올려놓았던 희생고기를 데쳐서 익
힌다'(鉄尸俎)[22]라고 말하고, 다시 몸체 부위를 서술한 것은 시동이 들어서 먹
었던 앞다리 뼈의 위쪽 부위(肩)와 뒷다리 뼈의 중앙 부위(骼)가 이곳에 남아
있음을 밝히고, 또한 등뼈(脊)와 갈비뼈(脅)가 모두 뼈 한 조각임을 드러내기
위함이다.[23] 앞다리 뼈의 아래쪽 부위(臑)가 아래에 기술된 것은 그것을 자르

고 나누어서 고기국물로 만들기 때문이니, 낮추는 것이다.[24] '하나의 희생제기'(一俎)는 사사司士가 양고기를 담은 세발솥(羊鼎)의 서쪽에 진설한 4개의 희생제기(羊俎) 가운데 첫 번째 희생제기이다.[25] 言'羬尸俎', 復序體者, 明所舉肩·骼存焉, 亦著脊·脅皆一骨也. 臑在下者, 折分之以爲肉湆, 貶也. '一俎', 謂司士所設羊鼎西第一俎.

[有司徹17 : 經 – 33]

고기가 들어간 양고기 국물을 올려놓는 희생제기 위에는 잘라서 나눈 앞다리 뼈의 아래쪽 부위(臑折)·등뼈의 앞쪽 부위(正脊) 한 조각·갈비뼈의 앞쪽 부위(正脅) 한 대·창자(腸) 한 조각·위胃 한 조각·중앙 부위를 조금 남기고 자른 허파(嚌肺) 한 조각을 올려놓는데, 모두 옹인雍人이 진설한 2개의 희생제기 가운데 남쪽의 희생제기(시동의 羊肉湆俎, 加俎) 위에 올려놓는다.

羊肉湆, 臑折·正脊一·正脅一·腸一·胃一·嚌肺一, 載于南俎.

정현주   '육읍肉湆'은 고기가 국물 안에 있는 것이니,[26] 희생제기의 음식을 늘려서 시동의 가조加俎(추가로 진설하는 희생제기)로 삼는다.[27] 반드시 잘라서 나눈 앞다리 뼈의 아래쪽 부위(臑折)로 하는 것은 위에서 잘라서 나누었던 것을 사용하기 때문이다. '제폐嚌肺'는 이폐離肺이다.[28] '남쪽의 희생제기'(南俎)는 옹인雍人이 진설한 2개의 희생제기 가운데 남쪽에 있는 것을 말한다.[29] 이 이하 11개의 희생제기는 때를 기다려 음식물을 올려놓는 것인데, 이곳에서 하나하나 열거하여 설명한 것이다.[30] 금문본에는 '湆'이 '汁'으로 되어 있다. '肉湆', 肉在汁中者, 以增俎實爲尸加也. 必爲臑折, 上所折分者. '嚌

肺', 離肺也. '南俎', 雍人所設在南者. 此以下十一俎, 俟時而載, 於此歷說之爾. 今文
'湆'爲'汁'.

[有司徹17 : 經 - 34]

사사司士는 숟가락으로 돼지고기를 담은 세발솥 안에서 돼지고기
를 건져 내고, 또 다른 한 명의 사사는 돼지고기를 시동의 희생제
기 위에 올려놓는다. 올려놓는 것은 또한 돼지고기의 오른쪽 몸체
부위인데, 앞다리 뼈의 위쪽 부위(肩)·앞다리 뼈의 중앙 부위(臂)·
뒷다리 뼈의 중앙 부위(肫)·뒷다리 뼈의 중앙 부위(骼)·앞다리 뼈
의 아래쪽 부위(臑)·등뼈의 앞쪽 부위(正脊) 한 대·등뼈의 중앙 부
위(脡脊) 한 대·등뼈의 뒤쪽 부위(橫脊) 한 대·갈비뼈의 뒤쪽 부위
(短脅) 한 대·갈비뼈의 앞쪽 부위(正脅) 한 대·갈비뼈의 앞쪽 부위
(代脅) 한 대·돼지고기의 껍질 부위(膚) 다섯 조각·중앙 부위를 조
금 남기고 자른 허파(嚌肺) 한 조각으로, 모두 하나의 희생제기(시동
의 豕脀, 加俎) 위에 올려놓는다.[31]

司士扱豕, 亦司士載. 亦右體, 肩·臂·肫·骼·臑·正脊一·脡脊一·
橫脊一·短脅一·正脅一·代脅一·膚五·嚌肺一, 載于一俎.

정현주
　　　　앞다리 뼈의 아래쪽 부위(臑)가 아래에 기술된 것은 양고
기의 경우에 따르기 때문이다. 이곳의 희생제기는 옹인雍人이 진설한 2개의
희생제기 가운데 북쪽에 있는 것을 가리킨다.[32]

臑在下者, 順羊也. 俎謂雍人所設在北者.

[有司徹17 : 經 − 35]

유侑의 희생제기 위에 양고기의 왼쪽 앞다리 뼈의 위쪽 부위(左肩)·왼쪽 뒷다리 뼈의 위쪽 부위(左肫)·등뼈의 앞쪽 부위(正脊) 한 조각·갈비뼈(脅) 한 대·창자(腸) 한 조각·위胃 한 조각·중앙 부위를 완전하게 끊어서 자른 허파(切肺) 한 조각을 올려놓는데, 모두 하나의 희생제기(侑의 羊俎, 正俎)[33] 위에 올려놓는다. 또 다른 유侑의 희생제기 위에는 잘라 낸 돼지고기의 왼쪽 앞다리 뼈 위쪽 부위(豕左肩折)·등뼈의 앞쪽 부위(正脊) 한 조각·갈비뼈(脅) 한 대·돼지고기의 껍질 부위(膚) 세 조각[34]·중앙 부위를 완전하게 끊어서 자른 허파(切肺) 한 조각을 올려놓는데, 모두 하나의 희생제기(侑의 豕俎, 加俎) 위에 올려놓는다.

侑俎, 羊左肩·左肫·正脊一·脅一·腸一·胃一·切肺一, 載于一俎.

侑俎,[35] 豕左肩折·正脊一·脅一·膚三·切肺一, 載于一俎.

정현주   유侑의 희생제기 위에 왼쪽 몸체 부위를 올려놓는 것은 유는 신분이 비천하기 때문이다.[36] 양고기를 올려놓은 유侑의 희생제기(羊俎) 위에 3개의 몸체 부위를 넘겨 뒷다리 뼈의 위쪽 부위(肫)를 올려놓는 것은 유를 높여서 더해 주는 것이다.[37] 잘라 낸 돼지고기의 왼쪽 앞다리 뼈 위쪽 부위(左肩折)는 잘라서 장형제長兄弟의 희생제기 위에 나누어 올려놓는다. '절폐切肺'는 또한 제폐祭肺이니, 서로 호언互言으로 말한 것이다. 고기가 들어가지 않은 양고기 국물(羊湆)을 올려놓지 않는 것은 시동보다 낮추기 때문이다. 돼지고기를 올려놓는 유侑의 희생제기(豕俎)에 제폐祭肺(중앙 부위를 완전하게 끊어서 자른 허파)를 올려놓고 제폐嚌肺(중앙 부위를 조금 남기고 자른 허파)를 올려놓지 않는 것은 예를 갖추지 않기 때문이다. 이곳의 '희생제기'(俎)는 사사司士가 양고기를 담은 세발솥(羊鼎)의 서쪽에 진설한 4개의 희생제기(羊俎) 가운데 가장 북쪽에 있는 희생제기이다.[38] 돼지고기를 올려놓는 유의 희생제기(豕俎)는 시동의 경우와 동일하다.[39] 侑俎用左體, 侑賤. 其羊俎過三體, 有胦, 尊之, 加也. 豕左肩折, 折分爲長兄弟俎也. '切肺'亦祭肺, 互言之爾. 無羊湆, 下尸也. 豕又祭肺, 不嚌肺, 不備禮. '俎', 司土所設羊鼎西之北俎也. 豕俎與尸同.

[有司徹17 : 經−36]

주인의 희생제기 위에 양고기의 허파(羊肺) 한 조각·중앙 부위를 완전하게 끊어서 자른 허파(祭肺) 한 조각을 올려놓는데, 모두 하나의 희생제기(主人의 羊俎, 正俎) 위에 올려놓는다. 또 고기가 들어간 양고기 국물, 앞다리 정강이뼈의 중앙 부위(臂) 한 조각·등뼈(脊) 한 조각·갈비뼈(脅) 한 대·창자(腸) 한 조각·위胃 한 조각·중앙 부위를 조금 남기고 자른 허파(嚌肺) 한 조각을 올려놓는데, 하나의 희생제기(主人의 羊肉湆俎, 加俎) 위에 올려놓는다. 돼지고기를 올려놓는 희생제기 위에는 앞다리 뼈의 중앙 부위(臂) 한 조각·등뼈(脊) 한 조각·갈비뼈(脅) 한 대·돼지고기의 껍질 부위(膚) 세 조각·중앙 부위를 조금 남기고 자른 허파(嚌肺) 한 조각을 올려놓는데, 하나의 희생제기(主人의 豕肴, 加俎) 위에 올려놓는다.

胙俎, 羊肺一·祭肺一, 載于一俎. 羊肉湆, 臂一·脊一·脅一·腸一·胃一·嚌肺一, 載于一俎. 豕肴, 臂一·脊一·脅一·膚三·嚌肺一, 載于一俎.

'조조阼俎'는 주인의 희생제기이다. 몸체 부위를 올리지 않는 것은 시동보다 한층 더 낮추기 때문이다.[40] 허파(肺)로 (몸체 부위를) 대신하는 것은 허파는 존귀하기 때문이다.[41] 고기가 들어간 양고기 국물(羊肉湆)을 올려놓는 희생제기를 추가로 진설하여 그곳에 몸체 부위를 올려놓는 것은 시동의 은혜를 존숭하고 또한 주인을 높이기 때문이다.[42] '앞다리 뼈의 중앙 부위'(臂)는 왼쪽 앞다리 뼈의 중앙 부위(左臂)이다. 유에게는 앞다리 뼈의 위쪽 부위(肩)를 올리는데, 주인에게 앞다리 뼈의 중앙 부위(臂)를 올리는 것은 낮추기 때문이다.[43] '좌비左臂'(왼쪽 앞다리 뼈의 중앙 부위)라고 말하지 않은 것은 대부는 존귀하기 때문에 그 문장을 비워 둔 것이다.[44] 유侑에게 올리는 양고기의 몸체보다 한 부위를 낮추고, 돼지고기의 껍질 부위 3조각을 더한 것은 굽히는 바가 있고 펴는 바가 있기 때문이니, 또한 이른바 '순응하여 취한다'(順而撫)는 것이다.[45] 주인의 희생제기(주인의 羊俎, 正俎)는 사사司士가 돼지고기를 담은 세발솥(豕鼎)의 서쪽에 진설한 희생제기이다. 고기가 들어간 양고기 국물을 올려놓는 주인의 희생제기(主人의 羊肉湆俎, 加俎)는 시동의 경우와 동일하며, 돼지고기를 올려놓는 주인의 희생제기(主人의 豕俎, 加俎)도 시동의 경우와 동일하다.[46] '阼俎', 主人俎. 無體, 遠下尸也. 以肺代之, 肺尊也. 加羊肉湆而有體, 崇尸惠亦尊主人. '臂', 左臂也. 侑用肩, 主人用臂, 下之也. 不言'左臂'者, 大夫尊, 空其文也. 降於侑羊體一, 而增豕膚三, 有所屈, 有所申, 亦所謂'順而撫'也. 阼俎, 司士所設豕鼎西俎也. 其湆俎與尸俎同, 豕俎又與尸豕俎同.

[有司徹17 : 經−37]

주부의 희생제기 위에 양고기의 왼쪽 앞다리 뼈 아래쪽 부위(羊左臑)·등뼈(脊) 한 조각·갈비뼈(脅) 한 대 ·창자(腸) 한 조각·위胃 한 조각·돼지고기의 껍질 부위(膚) 한 조각·중앙 부위를 조금 남기고 자른 양고기의 허파(嚌羊肺) 한 조각을 올려놓는데, 하나의 희생제기(主婦의 羊俎, 正俎) 위에 올려놓는다.[47]

主婦俎, 羊左臑·脊一·脅一·腸一·胃一·膚一·嚌羊肺一, 載于一俎.

정현주　　　돼지고기의 몸체 부위를 올리지 않고 돼지고기의 껍질 부위(膚)를 올리는 것은 주인의 희생제기 위에 양고기의 몸체 부위를 올리지 않기 때문에 감히 갖추지 못하는 것이다.[48] 제폐祭肺(중앙 부위를 완전하게 끊어서 자른 허파)를 올리지 않고 제폐嚌肺(중앙 부위를 조금 남기고 자른 허파)를 올리는 것은 또한 유侑보다 낮추는 것이니, 제폐祭肺가 존귀하기 때문이다.[49] '제양폐嚌羊肺'라고 말한 것은 문장이 '부膚'의 아래를 이었으니, 혐의(嫌) 때문이다.[50] 돼지고기의 껍질 부위(膚)는 양고기의 허파 위에 기술되었으니, 양고기와 돼지고기의 몸체 부위는 명칭이 동일하여 서로 이어지는 것이다.[51] 주부의 희생제기(羊俎, 正俎)는 사사司士가 진설한 것으로 생선을 담는 세발솥(魚鼎)의 서쪽에 있다. 無豕體而有膚, 以主人無羊體, 不敢備也. 無祭肺有嚌肺, 亦下侑也, 祭肺尊. 言'嚌羊肺'者, 文承膚下, 嫌也. 膚在羊肺上, 則羊豕之體名同相亞也. 其俎, 司士所設在魚鼎西者.

[有司徹17 : 經 - 38]

사사司士는 숟가락으로 생선을 담은 세발솥 안에서 생선(魚)을 건져 내고, 또 다른 한 명의 사사는 생선을 희생제기 위에 올려놓는다. 시동의 희생제기(魚俎) 위에는 생선 다섯 마리를 올려놓는데, 가로로 놓는다. 유와 주인의 희생제기 위에는 모두 생선 한 마리를 올려놓는데, 마찬가지로 가로로 놓는다. 생선을 올려놓는 희생제기(魚俎) 위에는 모두 생선의 뱃살로 요리한 큰 저민 고기(膴祭)를 더하여 올려놓고 고수레를 한다.[52]
司士柀魚, 亦司士載. 尸俎五魚, 橫載之. 侑·主人皆一魚, 亦橫載之. 皆加膴祭于其上.

정현주 '가로로 올려놓는다'(橫載之)는 것은 희생의 몸체를 올리는 방식과 달리하는 것이며, 신을 섬기는 경우와 더욱 달리하는 것이다.[53] '무膴'는 '은후殷冔'라고 할 때의 '후冔'(덮는다, 크다)의 뜻으로 읽는다.[54] 생선을 도려낼 때 그 배 부위를 갈라서 커다란 저민 고기를 만든 것이니, 그것으로 고수레를 할 수 있다.[55] 생선을 올려놓는 희생제기(魚俎)들은 돼지고기를 올려놓는 시동의 희생제기(豕俎)와 동일하다.[56] '橫載之'者, 異於牲體, 彌變於神. '膴讀如'殷冔'之'冔.' 剞魚時, 割其腹以爲大臠也, 可用祭也. 其俎又與尸豕俎同.

[有司徹17 : 經 - 39]
양고기를 올려놓는 시동의 희생제기 위에 희생고기 올리는 일을 마치면,
卒升,

정현주 '졸卒'은 마친다(已)는 뜻이다. 양고기를 올려놓는 시동의 희생제기(羊俎) 위에 희생고기를 올리는 일을 마친다는 뜻이다. '卒', 已也. 已載尸羊俎.

[有司徹17 : 經 – 40]

빈장賓長은 양고기를 올려놓은 시동의 희생제기(羊俎)를 창포뿌리 절임(昌菹)을 담은 나무제기의 남쪽에 진설한다.[57] 빈장은 당에서 내려온다. 시동은 자리의 서쪽을 통해 자리 위로 올라가 앉은 후, 왼손으로 술잔을 잡고, 오른손으로 부추절임(韭菹)을 집어 들어 3개의 나무제기[58] 안에 있는 젓갈에 묻힌 후 2개의 나무제기 사이에 놓고 고수레를 한다.[59] 시동은 또 볶은 보리(麷)와 볶은 마씨(蕡)를 집는다. 재부宰夫의 찬자贊者는 볶은 쌀(白)과 볶은 기장(黑)을 집어서 시동에게 건네준다. 시동은 이를 받아서 부추절임으로 고수레를 하였던 2개의 나무제기 사이에 놓고 함께 고수레를 한다.[60]

賓長設羊俎于豆南. 賓降. 尸升筵自西方, 坐, 左執爵, 右取韭菹, 擩于三豆, 祭于豆間. 尸取麷·蕡, 宰夫贊者取白·黑以授尸. 尸受, 兼祭于豆祭.

정현주   '빈장賓長'은 상빈上賓이다. '賓長', 上賓.

[有司徹17 : 經 – 41]

옹인雍人은 차빈次賓에게 자루에 조각장식을 한 숟가락(疏匕)과 희생제기(俎)를 건네준다.[61] 차빈은 이를 양고기를 담는 세발솥(羊鼎)의 서쪽에서 받는데, 왼손으로 희생제기의 왼쪽 끝부분을 잡아 세로로 내려놓고, 오른손바닥을 위로 하여 숟가락의 손잡이 부분을 잡고서 희생제기 위에 세로로 놓고, 그런 후에 동쪽을 향해 양고기를 담은 세발솥(羊鼎)의 서쪽에서 숟가락으로 고기가 들어가지 않

은 양고기 국물을 받는다. 사마司馬는 양고기를 담은 세발솥(羊鼎)
의 동쪽에서 두 손으로 자루가 긴 숟가락(桃匕)의 손잡이 부분을 잡
고 그것으로 세발솥 안에서 고기가 들어가지 않은 양고기 국물을
떠서 자루에 조각장식을 한 숟가락(疏匕) 안에 따르는데, 이러한 방
식으로 세 차례를 한다.

雍人授次賓疏匕與俎. 受于鼎西, 左手執俎左廉, 縮之, 卻右手執匕
枋, 縮于俎上, 以東面受于羊鼎之西. 司馬在羊鼎之東, 二手執桃匕
枋以挹湆, 注于疏匕, 若是者三.

정현주　　　　　　　　　'도桃'는 마신다(歃)는 뜻이니, '혹용혹유或春或抌'(혹은 방아
찧고, 혹은 절구에서 퍼낸다)[62]라고 할 때의 '유抌'(퍼내다)의 뜻으로 읽는다. 글자
가 혹 '도挑'로 되어 있는 것은 진秦나라 사람들의 말이다. 이 2개의 숟가락
(匕)은 모두 주두의 깊이가 낮으니, 형상이 반삼飯糝과 같다.[63] 도비桃匕는 손
잡이 부분이 길어서 그것으로 그릇 속에서 물건을 퍼낼 수가 있다. '주注'는
쏟다(寫)는 뜻과 같다. 금문본에는 '桃'가 '抌'로 되어 있고, '挹'이 모두 '扱'으
로 되어 있다. '桃謂之歃, 讀如'或春或抌'之抌. 字或作'挑'者, 秦人語也. 此二匕者,
皆有淺升,[64] 狀如飯糝. 桃長枋, 可以抒物於器中者. '注'猶寫也. 今文'桃'作'抌', '挹'皆
爲'扱'.

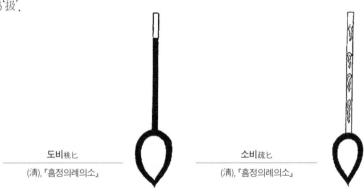

도비桃匕	소비疏匕
(淸), 『흠정의례의소』	(淸), 『흠정의례의소』

[有司徹17 : 經 – 42]

시동은 일어나서 왼손으로 술잔을 잡고, 오른손으로 허파를 집어 들고, 앉아서 그것으로 고수레를 하고, 또 술로 고수레를 한 후 일어나서 왼손으로 술잔을 잡는다.

尸興, 左執爵, 右取肺, 坐祭之, 祭酒, 興, 左執爵.

정현주 　　　　'허파'(肺)는 중앙 부위를 완전하게 끊어서 자른 양고기의 허파이다. '肺', 羊祭肺.

[有司徹17 : 經 – 43]

차빈次賓은 숟가락과 희생제기를 세로로 잡고서 당 위로 올라간 후 마찬가지로 세로로 잡고서 시동에게 건네준다. 시동은 손바닥을 위로 하여 고기가 들어가지 않은 양고기 국물이 담긴 숟가락을 손잡이 부분으로 잡아서 받은 후[65] 앉아서 고수레를 하고,[66] 고기가 들어가지 않은 양고기 국물을 맛본 후 일어나서 손바닥을 뒤집어 숟가락을 잡고서 차빈에게 건네준다. 차빈도 손바닥을 뒤집어 숟가락을 받은 후, 숟가락을 희생제기 위에 세로로 올려놓고 이를 들고서 당에서 내려온다.

次賓縮執匕俎以升, 若是以授尸. 尸卻手授[67]匕枋, 坐祭, 嚌之, 興, 覆手以授賓. 賓亦覆手以受, 縮匕于俎上, 以降.

정현주 　　　　'고기가 들어가지 않은 양고기 국물을 맛본다'(嚌湆)는 것은 고기가 들어가지 않은 국물(匕湆)·고기가 들어간 국물(肉湆)을 올려놓은

희생제기는 추가로 진설하는 희생제기(加俎)임을 밝히는 것이다. 맛을 볼 때
그 국물로 하는 것은 맛을 숭상하는 것이다.[68] '嚌湆'者, 明湆肉加耳. 嘗之以其
汁, 尚味.

[有司徹17 : 經－44]
시동은 자리의 끄트머리에 앉아서 술을 맛본 후 일어나고, 다시 앉
아서 술잔을 내려놓고 주인에게 배례를 하고 술맛이 좋다고 고한
후 술잔을 잡고서 일어난다. 주인은 당 위 동쪽 기둥(東楹)의 동쪽
에서 북쪽을 향해 시동에게 답배를 한다.[69]
尸席末坐, 啐酒, 興, 坐奠爵, 拜, 告旨, 執爵以興. 主人北面于東楹
東答拜.

정현주 '지旨'는 맛있다(美)는 뜻이다. 배례를 하고 술맛이 좋다고
고하는 것은 주인의 뜻에 답하는 것이다. 고문본에는 '東楹之東'으로 되어
있다. '旨', 美也. 拜告酒美, 答主人意. 古文曰'東楹之東'.

[有司徹17 : 經－45]
사마司馬는 시동에게 고기가 들어간 양고기 국물을 올리는데, 희
생제기(시동의 羊肉湆俎, 加俎)를 세로로 잡고서 진상한다.[70] 시동은
앉아서 술잔을 내려놓은 후 다시 일어나 희생제기 위의 허파(肺 :
嚌肺)를 집어 들고, 다시 앉아서 그 끝을 잘라 고수레를 한 후 맛을
보고, 일어나서 희생제기 위에 되돌려 놓는다. 사마는 희생제기(羊

肉湆俎)를 양고기를 올려놓은 희생제기(시동의 羊俎, 正俎)의 남쪽에 세로로 내려놓고, 이어서 희생제기 위의 희생고기들을 모두 양고기를 올려놓는 희생제기 위에 올려놓는다. 올려놓는 일을 마치면, 비어 있는 희생제기(羊肉湆俎)를 세로로 잡고서 당에서 내려온다.[71]

司馬羞羊肉湆, 縮執俎. 尸坐奠爵, 興, 取肺, 坐絕祭, 嚌之, 興, 反加于俎. 司馬縮奠俎于羊湆俎南,[72] 乃載于羊俎. 卒載俎, 縮執俎以降.

정현주   '절제絕祭'는 허파의 끝을 잘라서 끊어 내어 그것으로 고수레하는 것을 말한다. 『주례』「춘관·태축太祝」에 "허파의 끝을 잘라서 끊어 내어 고수레를 한다"(絕祭)고 하였다. 고기가 들어가지 않은 고기국물(匕湆)을 올리는 것은 차빈次賓에게 시키고, 고기가 들어간 고기국물(肉湆)을 올리는 것은 사마에게 시키는 것은 대부의 예는 일이 많으니, 존숭하고 공경하는 뜻이다. '絕祭', 絕肺末以祭. 『周禮』曰"絕祭." 湆使次賓, 肉使司馬, 大夫禮多, 崇敬也.

[有司徹17 : 經－46]

시동은 앉아서 술잔을 잡은 후 다시 일어난다. 차빈次賓은 시동에게 양고기 구이(羊燔)를 올리는데, 희생제기를 세로로 잡고서 진상한다. 희생제기 위에 한 조각의 양고기 구이를 세로로 놓고, 소금은 오른쪽에 둔다. 시동은 왼손으로 술잔을 잡고, 오른손으로 양고기 구이를 받아서 소금에 묻힌 후 앉아서 양고기 구이를 흔들어 고수레를 하고, 맛을 본 후 일어나고, 이어서 양고기를 올려놓는 희생제기(羊俎) 위에 올려놓는다. 차빈은 비어 있는 희생제기를 세로로 잡고서 당에서 내려온다.

尸坐執爵以興. 次賓羞羊燔, 縮執俎. 縮一燔于俎上, 鹽在右. 尸左
執爵, 受燔, 換于鹽, 坐, 振祭, 嚌之, 興, 加于羊俎. 賓縮執俎以降.

'번燔'은 굽는다(炙)는 뜻이다. '燔', 炙.

[有司徹17 : 經 – 47]

시동은 자리(筵)에서 내려와 당 위 서쪽 기둥(西楹)의 서쪽에서 북
쪽을 향해 앉아서 술잔의 술을 다 마신 후 술잔을 잡고서 일어나
고, 다시 앉아서 술잔을 내려놓고 주인에게 배례를 한 후 술잔을
잡고 일어난다. 주인은 당 위 동쪽 기둥(東楹)의 동쪽에서 북쪽을
향해 시동에게 답배를 한다. 주인은 술잔을 받는다. 시동은 자리
(筵) 위로 올라가 자리 끝에 선다.[73]

尸降筵, 北面于西楹西, 坐卒爵, 執爵以興, 坐奠爵, 拜, 執爵以興.
主人北面于東楹東答拜. 主人受爵. 尸升筵, 立于筵末.

1_ 옥으로 장식한 안석 : '玉几'는 천자가 사용하는 안석인데, 항상 좌우로 2개를 설치한다.

2_ 옥 술잔 : '玉爵'은 천자가 제후에게 술을 따라 줄 때 사용하는 술잔이다.

3_ '본래의 ~ 위치이다 : 주인은 당 위 동쪽 기둥(東楹)의 동쪽 위치로 돌아가고, 시동과 유는 당 위 서쪽 기둥(西楹)의 서쪽 위치로 돌아간다. [經-15]와 [經-16] 참조.

4_ 주인은 ~ 건네준다 : 안석의 먼지를 털어서 닦아 낼 때에는 세로로 잡고, 안석을 건네줄 때에는 가로로 잡는 것은 편리함을 따르는 것이다. 『의례정의』, 2333쪽, 왕사양의 설 참조.

5_ 먼지를 ~ 것이다 : 『詩』「大雅·雲漢」에 "가뭄이 너무 심하니, 제거할 수가 없네"(旱既大甚, 則不可推)라고 한 것에 대해 毛傳에 "推는 제거한다는 뜻이다"(推, 去也)라고 하였고, 『廣雅』「釋詁」에 "拂은 제거한다는 뜻이다"(拂, 去也)라고 하였다. '推'와 '拂'에는 모두 '제거한다'는 뜻이 있다.

6_ 주인의 양손 ~ 받는다 : '주인의 양손 사이'는 안석의 중앙 부분에 해당한다. 학경은 "주인이 두 손으로 안석의 양 끝을 잡고, 시동은 두 손을 나란히 하여 안석의 중앙 부분을 잡으니, 건네주는 사람은 극히 신중하고, 받는 사람은 극히 공손한 것이다. 이 때문에 정현은 '겸손히 하는 것이다'라고 한 것이다"라고 하였다. 『의례정의』, 2334쪽 참조.

7_ 시동은 ~ 잡고 : 앞에서 시동은 안석을 받을 때 가로로 잡았는데, 이곳에서 다시 그것을 돌려 세로로 잡는 것은 장차 북쪽을 향해 자리 위에 세로로 내려놓고자 하기 때문이다.

8_ 오른손으로 ~ 잡은 후 : 안석은 두 손으로 잡는다. 오른손으로 바깥쪽 가장자리를 잡는다고 하였으므로, 왼손으로는 안쪽 가장자리를 잡는다. 시동은 북쪽을 향하고 있으므로, 오른쪽이 동쪽이 되는데, 동쪽을 바깥쪽이라고 한 것은 안석은 자리 위에 진설하는데 사람과 가까운 곳을 안쪽이라 하고, 사람과 좀 먼 곳을 바깥쪽이라 하기 때문이다. 『의례정의』, 2334쪽 참조.

9_ 북쪽을 ~ 진설하여 : '왼쪽에 진설한다'(左之)는 것은 '자리의 동쪽에 진설한다'는 뜻이다. 앞에서 '오른손으로 안석의 바깥쪽(동쪽) 가장자리를 잡는다'고 한 것은 안석을 진설하는 사람이 북쪽을 향하고 있는 것에 의거하여 말한 것이고, 이곳에서 '왼쪽에 놓는다'고 한 것은 자리의 머리 부분이 남쪽을 향하고 있는 것에 의거하여 말한 것이다. 따라서 두 경우 모두 사실은 '동쪽'을 의미한다. 『의례정의』, 2334쪽 참조.

10_ 머리 부분이 ~ 놓는데 : 호배휘에 의하면, 경문의 '南縮'은 '南順'과 같은 뜻으로, 머리 부분이 남쪽을 향하도록 하여 세로로 진설하는 것을 말한다(南縮猶南順, 謂向南直陳之也). 『의례정의』, 2334쪽 참조.

11_ '왼쪽에 ~ 것이다 : 正祭는 귀신의 예로 시동을 섬기는 것이므로 祝이 자리 위의 오른쪽에 안석을 진설하는데([小牢饋食禮16 : 經-38]), 이곳의 儐尸禮는 빈객의 예

로 시동을 섬기는 것이므로 왼쪽에 놓는다.

12_ 앉지 않고 ~ 때문이다 : 그러나 오계공은 안석은 높기 때문에 앉지 않고 진설하는 것으로 해석한다. 강균은 "정현이 '안석을 진설하는 것은 그 예가 가볍기 때문'이라고 한 것은 그 義를 말한 것이고, 오계공이 '안석은 높기 때문에 앉지 않고 진설한다'고 한 것은 그 禮를 말한 것이다. 안석을 진설할 때 앉지 않는 것은 본래 그 물건이 비교적 높기 때문이다. 앉는 방식에는 危坐(위태롭게 앉는 것)와 安坐(편안하게 앉는 것)가 있는데, 위태로움으로 의리를 삼을 경우에는 앉는 것이 공경함이 된다. 정현이 '안석을 진설하는 것은 그 예가 가볍기 때문에 앉지 않는다'고 한 것이 그것이다. 편안함으로 의리를 삼을 경우에는 앉지 않는 것이 공경함이 된다. '희생제기를 거둔 후에 비로소 앉는 것' 같은 것이 그것이다"라고 하여 양설을 절충한다. 『의례정의』, 2334쪽 참조.

13_ 시동은 ~ 한다 : [經-21]에서 이곳까지가 主人初獻의 1) '主人獻尸'의절에서 ① '主人授几' 즉 주인이 시동에게 안석을 건네주는 절차이다.

14_ [有司徹17 : 經-29] : [經-29]는 主人初獻의 1) '主人獻尸'의절에서 ② '主人獻爵' 즉 주인이 시동에게 술잔을 올리는 절차이다.

15_ 시동은 북쪽을 ~ 한다 : '拜送爵'은 술잔을 보내 준 후 배례를 행하는 예를 말한다. 『예기』「鄕飮酒義」에 "拜至하고, 拜洗하고, 拜受하고, 拜送하고, 拜旣하는 것은 공경하는 마음을 다하는 것이다"(拜至, 拜洗, 拜受, 拜送, 拜旣, 所以致敬也)라고 하였는데, 공영달은 "'拜至'는 빈객과 주인이 당 위로 오른 후에 주인이 阼階의 위쪽에서 북쪽을 향해 재배하는 것을 말한다. 이것은 이르게 된 것에 배례를 하는 것이다. '拜洗'는 주인이 이르게 된 것에 배례하는 예를 마친 후 술잔을 씻어 당 위로 올라가면, 빈객은 西階의 위쪽에서 북쪽을 향해 재배하는 것을 말한다. 주인이 술잔 씻어 준 것에 배례를 하는 것이다. '拜受'는 빈객이 西階의 위쪽에서 술잔 받은 것에 배례하는 것을 말한다. '拜送'은 주인이 阼階의 위쪽에서 술잔을 보내 준 것에 배례하는 것을 말한다. '拜旣'에서의 旣는 다 마신다(盡)는 뜻이니, 빈객이 술을 마셔서 술잔의 술을 다 마신 것에 배례하는 것을 말한다"(拜至者, 謂賓與主人升堂之後, 主人於阼階之上, 北面再拜. 是拜至也. '拜洗'者, 謂主人拜至訖, 洗爵而升, 賓於西階上北面再拜. 拜主人洗也. '拜受'者, 賓於西階上拜受爵也. '拜送'者, 主人於阼階上拜送爵也. '拜旣'者, 旣, 盡也, 賓飮酒旣盡而拜也)라고 하였다. '拜至'·'拜洗'·'拜受'·'拜旣'의 4가지 의례가 모두 '至'·'洗'·'受'·'旣'에 대한 배례를 의미하므로, '拜送' 역시 술잔을 보내 주는 것에 따르는 배례로 해석해야 한다. 즉 經文의 의미는 '시동은 배례를 먼저 한 후 술잔을 받지만, 주인은 술잔을 건네준 후 배례를 한다는 것이다.

16_ 上 : 『의례주소』, 1085쪽 교감에는 "'上'은 徐本·陳本·『集釋』·『通解』·楊氏·毛本에는 모두 '土'로 잘못되어 있다"고 하였고, 호배휘의 『의례정의』, 2336쪽에는 '土'로 되어 있다. 『의례정의』에 따라 번역한다.

17_ 창포뿌리 절임 : '昌菹'는 昌本이라고도 하는데, 4寸의 창포 뿌리를 3조각으로 잘라

절인 것이다.

18_ 두 줄이 ~ 진설하는데 : 이여규는 경문의 '陪設'은 겹으로 진열한다(重列之也)는 뜻이라고 하였다. 즉 두 줄이 되도록 진설한다는 뜻인데, 부추절임(韭菹)을 담은 나무제기와 고기젓갈(醓醢)을 담은 나무제기가 안쪽에서 한 줄을 이루고, 창포뿌리 절임(昌菹)과 뼈 붙은 큰사슴고기 젓갈(麋臡)을 담은 나무제기가 바깥쪽에서 한 줄을 이루도록 진설하는 것이다.

19_ 주부는 ~ 들어간다 : [經−30]은 主人初獻의 1) '主人獻尸'의절에서 ③ '主婦薦豆籩' 즉 주부가 나무제기와 대나무제기의 음식을 시동에게 진상하는 절차이다.

20_ 이는 ~ 대나무제기이다 :『주례』「천관·醢人」에 "朝事의 예를 행할 때 나무제기에 담는 음식은 부추절임·고기젓갈·창포뿌리 절임·뼈 붙은 큰사슴고기 젓갈·순무절임·뼈 붙은 사슴고기 젓갈·순채절임·뼈 붙은 노루고기 젓갈이다"(朝事之豆, 其實韭菹·醓醢·昌本·麋臡·菁菹·鹿臡·茆菹·麇臡)라고 하였고,『주례』「천관·籩人」에서는 "朝事의 예를 행할 때 대나무제기에 담는 음식은 볶은 보리·볶은 마씨·볶은 쌀·볶은 기장·호랑이 형상으로 만든 소금·저민 생선·생선구이·건어물이다"(朝事之籩, 其實麷·蕡·白·黑·形鹽·膴·鮑·魚鱐)라고 하였다. '朝事'는 종묘제사에서 희생의 피와 날고기를 올리는 일을 말한다. '朝踐'이라고도 한다.『삼례사전』, 824쪽 참조.

21_ '바깥쪽 줄과 ~ 뜻이다 : 성세좌는『의례집편』에서 다음과 같이 설명한다. '바깥쪽 줄'(外列)은 나무제기의 남쪽 줄을 가리킨다. 창포뿌림 절임(昌菹, 昌本)과 뼈 붙은 큰사슴고기(麋臡)를 담은 2개의 나무제기가 부추절임(韭菹)과 고기젓갈(醓醢)을 담은 2개의 나무제기의 남쪽에 있기 때문에 '바깥쪽 줄'이라고 한 것이다. 볶은 보리(麷)와 볶은 마씨(蕡)를 담은 2개의 대나무제기를 나무제기의 바깥쪽 줄과 마주하도록 놓는 것은 부추절임(韭菹)을 담은 나무제기의 서쪽은 공간을 비워 두어 그곳에 국그릇(鉶)을 놓아야 하기 때문이다. 호배휘는 "부추절임과 고기젓갈을 담은 나무제기를 자리(筵) 앞에 진설하는데, 부추절임을 담은 나무제기가 서쪽에 있으므로 고기젓갈을 담은 나무제기는 동쪽에 있다. 창포뿌리 절임과 뼈 붙은 큰사슴고기 젓갈을 담은 2개의 나무제기를 부추절임과 고기젓갈을 담은 2개의 나무제기의 남쪽에 진설하는데, 창포뿌리 절임을 담은 나무제기가 동쪽에 있으므로, 뼈 붙은 큰사슴고기 젓갈을 담은 나무제기는 서쪽에 있으며, 창포뿌리 절임을 담은 나무제기는 고기젓갈을 담은 나무제기의 남쪽에 있고, 뼈 붙은 큰사슴고기 젓갈을 담은 나무제기는 부추절임을 담은 나무제기의 남쪽에 있다. 이들 4개의 나무제기(豆)는 구부려서 진설하는 것이다. 볶은 보리와 볶은 마씨를 담은 2개의 대나무제기를 나무제기의 서쪽에 진설하여 나무제기의 바깥쪽 줄과 마주하도록 하는데, 뼈 붙은 큰사슴고기 젓갈을 담은 나무제기의 서쪽에서 창포뿌리 절임과 뼈 붙은 큰사슴고기 젓갈을 담은 2개의 나무제기와 병렬이 된다. 볶은 보리를 담은 대나무제기가 동쪽에 있으므로, 볶은 마씨를 담은 대나무제기는 서쪽에 있다. 볶은 쌀과

볶은 기장을 담은 2개의 대나무제기를 볶은 보리와 볶은 마씨를 담은 2개의 대나무제기의 남쪽에 진설하는데, 볶은 쌀을 담은 대나무제기가 서쪽에 있으므로, 볶은 기장을 담은 대나무제기는 동쪽에 있으며, 볶은 기장을 담은 대나무제기는 볶은 보리를 담은 대나무제기의 남쪽에 있고, 볶은 쌀을 담은 대나무제기는 볶은 마씨를 담은 대나무제기의 남쪽에 있다. 이들 4개의 대나무제기(籩) 또한 구부려서 진설하는 것이다"라고 하였다. 『의례정의』, 2337쪽 참조.

鉶		韭菹豆	醓醢豆
蕡籩	麷籩	糜臡豆	昌菹豆
白籩	黑籩		

22_ 시동의 ~ 익힌다 : [經-04] 참조.

23_ '시동의 희생제기 ~ 위함이다 : 正祭를 지낼 때에는 등뼈(正脊, 脡脊, 橫脊)와 갈비뼈(短脅, 正脅, 代脅) 6덩어리의 뼈를 올리는데, 모두 뼈 2조각씩을 나란히 올려 그것을 1덩어리의 뼈로 계산하기 때문에 실제로는 12조각의 뼈가 된다([소뢰궤사례經-46] 참조). 이곳의 儐尸禮에서는 등뼈(脊)와 갈비뼈(脅)를 모두 1조각씩 올린다.

24_ 앞다리 뼈의 ~ 것이다 : 正祭를 지낼 때에는 앞다리 뼈의 아래쪽 부위(臑)를 뒷다리 뼈의 위쪽 부위(膊, 肫)와 뒷다리 뼈의 중앙 부위(骼)의 앞에 서술하였는데([소뢰궤사례16 : 經-28]), 이곳의 儐尸禮에서는 뒷다리 뼈의 위쪽 부위(肫)·뒷다리 뼈의 중앙 부위(骼)의 다음에 서술하였다. 오계공은 "앞다리 뼈의 아래쪽 부위(臑)가 뒷다리 뼈의 중앙 부위(骼)의 뒤에 서술된 것은 그것을 자르기 때문이다. 이를 자르면 온전한 몸체가 아니므로, 온전한 몸체의 희생고기보다 아래에 있는 것이다. 반드시 앞다리 뼈의 아래쪽 부위(臑)를 자르는 것은 神俎보다 낮추는 것임을 보이고, 또 잘라서 고기국물로 만들기 때문이다"라고 하였다. 『의례정의』, 2340쪽 참조.

25_ 사사가 양고기를 ~ 희생제기이다 : 3개의 세발솥(羊鼎, 尸鼎, 魚鼎)의 서쪽에 북쪽에서부터 남쪽으로 ① 양고기를 올려놓은 시동의 희생제기(尸羊俎), ② 양고기를 올려놓은 侑의 희생제기(侑羊俎), ③ 양고기를 올려놓은 주인의 희생제기(主人羊俎), ④ 양고기를 올려놓은 주부의 희생제기(主婦羊俎)를 진설한다. 이곳 경문의 '하나의 희생제기'는 '尸羊俎' 즉 양고기를 올려놓은 시동의 희생제기로서, 시동의 正俎 즉 정식의 희생제기이다. 앞의 『흠정의례의소』, 「擧鼎設俎圖」 참조.

26_ '육읍'은 ~ 것이니 : 호배휘는 정현이 '肉濇'을 '고기가 국물 안에 있는 것이다'라고 한 것을 근거로 '肉濇' 안에는 고기도 있고, 국물도 있다고 하였다. 또 '匕濇'에는 별도의 숟가락(匕)이 있어서 그것으로 국물을 담아서 희생제기 위에 올려놓으며, '肉濇'은 고기가 국물 안에 있는 것인데, 고기는 많고 국물은 적다고 하였다. 『의례정

의』, 2341쪽 참조.

27_ 희생제기의 음식을 ~ 삼는다 : 앞의 [經-32]의 양고기를 올려놓은 희생제기(羊俎)
를 正俎(정식의 희생제기)로 삼고, 고기가 들어간 양고기 국물(羊肉湇)과 그 밖의
희생고기를 올려놓은 희생제기를 加俎(추가로 진설하는 희생제기)로 삼는다. 오
계공은 '羊俎' 즉 양고기를 올려놓는 희생제기 이외에 또 희생의 몸체를 나누어 올
려서 별도의 희생제기를 만드는 것은 의식절차가 많음을 귀하게 여기기 때문이라
고 하였다. 『의례정의』, 2341쪽 참조.

28_ '제페'는 이페이다 : '離'는 가르다는 뜻이다. 허파 한 부분을 몸체와 완전히 분리되
지 않도록 부분적으로 가르는 것을 말한다. 허파에는 두 가지가 있다. 하나는 '離
肺'로서 먹기 위해 올리는 것인데, 가를 때 중앙 부위가 끊어지지 않고 조금 남아
있게 한다. '擧肺' 혹은 '嚌肺'라고도 한다. 다른 하나는 '切肺'로서 고수레를 하기 위
해 올리는 것인데, 자를 때 중앙 부위까지 완전히 끊어지게 자른다. '祭肺' 혹은 '刌
肺'라고도 한다.

29_ '남쪽의 ~ 말한다 : 3개의 세발솥(羊鼎, 豕鼎, 魚鼎)의 서쪽에 양고기를 올려놓은 4
개의 희생제기(尸羊俎, 侑羊俎, 主人羊俎, 主婦羊俎)가 있고, 그 서쪽에 雍人이 들고
온 2개의 희생제기를 진설하는데, 그 북쪽에는 고기가 들어간 돼지고기 국물(豕肉
湇)과 고기가 들어가지 않은 돼지고기 국물(豕匕湇)을 올려놓는 희생제기를 진설
하고, 그 남쪽에는 고기가 들어간 양고기 국물(羊肉湇)과 고기가 들어가지 않은 양
고기 국물(羊匕湇)을 올려놓는 희생제기를 진설한다. [經-20]의 정현의 주 및 앞의
『흠정의례의소』「擧鼎設俎圖」 참조.

30_ 이 이하 ~ 것이다 : 양고기를 담은 세발솥(羊鼎)의 서쪽에 있는 4개의 희생제기
(俎)는 司士가 진설한 것으로, 시동·유·주인·주부를 위해 양고기를 올려놓는 희
생제기(羊俎)로서, 正俎 즉 정식의 희생제기이다([經-19]). 양고기를 올려놓는 4
개의 희생제기(羊俎)의 서쪽에 있는 2개의 희생제기는 雍人이 진설한 盆送의 희생
제기로서, 加俎 즉 추가로 진설한 희생제기이다([經-20]). 가공언에 의하면 11개
의 희생제기는 ① 시동의 羊肉湇俎, ② 시동의 豕香俎, ③ 유의 羊俎, ④ 유의 豕俎,
⑤ 주인의 羊俎, ⑥ 주인의 羊肉湇俎, ⑦ 주인의 豕香, ⑧ 주부의 羊俎, ⑨ 시동의 魚
俎, ⑩ 유의 魚俎, ⑪ 주인의 魚俎 등 11개의 희생제기인데, 여기에 ⑫ 시동의 羊俎
를 더하여 12개의 희생제기가 된다고 하였다. 또 이 가운데 ⑫ 시동의 羊俎, ③ 유
의 羊俎, ⑤ 주인의 羊俎, ⑧ 주부의 羊俎가 '正俎' 즉 정식의 희생제기이고, 그 나머
지 8개의 희생제기는 加俎가 된다. 그러나 加俎 위에 올려놓은 음식물들은 雍人이
들고 온 2개의 희생제기(北俎·南俎)로 盆送·往來하는 것이므로, 실제로는 진설하
는 희생제기는 2개에 불과하다. 『의례주소』, 1088쪽 참조.

31_ 사사는 숟가락으로 ~ 올려놓는다 : 이곳의 돼지고기를 올려놓는 희생제기(豕香)
와 [經-33]의 고기가 들어간 양고기 국물을 올려놓는 희생제기(羊湇俎)는 모두
시동에게 올리는 추가적인 희생제기(加俎)로서, 雍人이 양고기를 올려놓는 4개의

희생제기(羊俎)의 서쪽에 진설한 2개의 희생제기로 음식물을 전송한다. 『의례정의』, 2342쪽, 장이기의 설 참조.

32_ 이곳의 ~ 가리킨다 : [經-20]의 정현 주 및 [經-33]의 주석 29) 참조.

33_ 하나의 희생제기 : 3개의 세발솥(羊鼎, 尸鼎, 魚鼎)의 서쪽에 북쪽에서부터 남쪽으로 ① 양고기를 올려놓은 시동의 희생제기(尸羊俎), ② 양고기를 올려놓은 侑의 희생제기(侑羊俎), ③ 양고기를 올려놓은 주인의 희생제기(主人羊俎), ④ 양고기를 올려놓은 주부의 희생제기(主婦羊俎)를 진설한다. 이곳 경문의 '하나의 희생제기'는 '侑羊俎' 즉 양고기를 올려놓은 侑의 희생제기로서, 侑의 正俎 즉 정식의 희생제기이다. 앞의 『흠정의례의소』, 「擧鼎設俎圖」 참조.

34_ 돼지고기의 껍질 부위 세 조각 : 경문의 '膚三'은 楊復本에는 '膚一'로 되어 있다. 그러나 주학건은 "아래의 [經-36] 정현의 주에 '降於侑羊體一, 而增家膚三(侑보다 낮추어 양고기의 몸체를 1개로 하고, 돼지고기의 껍질 부위 3조각을 더한다)고 하였는데, 이는 돼지고기의 껍질 부위 3조각(膚三)은 侑의 희생제기보다 더한 것이라는 뜻이므로, 侑의 희생제기 위에는 돼지고기의 껍질 부위 3조각이 없는 듯하다"고 하였다. 노문초와 성세좌도 '膚三'은 衍文일 것이라고 하였다. 『의례주소』, 1088쪽, 교감 및 『의례정의』, 2343쪽 참조.

35_ 侑俎 : 방포는 '侑俎' 두 글자를 衍文으로 본다. 『의례정의』, 2343쪽 참조.

36_ 왼쪽 몸체 ~ 때문이다 : 저인량은 "오른쪽 몸체 부위는 모두 시동의 희생제기 위에 올려놓았기 때문에, 侑 이하의 희생제기 위에는 단지 왼쪽 몸체 부위만을 올려놓을 수 있다. 그런데 이곳의 侑의 희생제기의 경우에만 '비천하기 때문이다'라고 말한 것은 신분이 비천하면 '왼쪽 몸체 부위'(左體)라고 밝혀도 상관없지만, 主人처럼 존귀한 경우에는 비록 '왼쪽 몸체 부위'를 올려놓더라도 그 문장을 비워 두고 '왼쪽(左)'이라고 말하지 않는다"고 하였다. 『의례정의』, 2343쪽 참조.

37_ 유의 희생제기 ~ 것이다 : 희생의 몸체는 홀수로 올려놓는데, 양고기를 올려놓는 侑의 희생제기 위에 4體(肩·胉·脊·脅)가 있는 것은 유를 높여 뒷다리 뼈의 위쪽 부위(胉)를 더했기 때문이다. 『의례정의』, 2343쪽, 이여규의 설 참조.

38_ 이곳의 ~ 희생제기이다 : 이곳의 희생제기는 양고기를 올려놓는 侑의 희생제기(羊俎)를 가리킨다. 오정화는 "위의 [經-32] 정현의 주에 '하나의 희생제기는 司士가 양고기를 담는 세발솥(羊鼎)의 서쪽에 진설한 4개의 희생제기(羊俎) 가운데 첫 번째 희생제기이다'(一俎, 謂司士所設羊鼎西第一俎)라고 하였다. 저것(시동의 羊俎)이 첫 번째라면, 이것(侑의 羊俎)은 마땅히 두 번째가 되어야 하는데, 도리어 북쪽에 있다고 하였다. 아마도 '北'의 글자는 '次'의 잘못인 듯하다"고 하였고, 호배휘도 '次'와 '北'은 형태가 비슷하여 잘못되기 쉬운 글자로 오정화의 설대로 '北'은 '次'로 해석해야 한다고 하였다. 즉 '이곳의 희생제기는 司士가 양고기를 담은 세발솥(羊鼎)의 서쪽에 진설한 4개의 희생제기 가운데 두 번째의 희생제기이다'라고 해석해야 한다는 것이다. 『의례정의』, 2344쪽 참조.

39_ 돼지고기를 ~ 동일하다 : 돼지고기를 올려놓은 시동의 희생제기(豕俎)와 마찬가지로 雍人이 양고기를 올려놓는 4개의 희생제기(羊俎)의 서쪽에 진설한 2개의 희생제기 가운데 북쪽에 있는 희생제기(北俎)로 음식물을 전송한다는 뜻이다. 『의례정의』, 2345쪽 참조.

40_ 몸체 부위를 ~ 때문이다 : 侑의 정식 희생제기(正俎) 위에 왼쪽 몸체 부위를 올려놓는데, 이는 오른쪽 몸체 부위를 올려놓는 시동의 정식 희생제기(正俎)보다 낮추는 것이다. 주인의 정식 희생제기(正俎) 위에는 몸체 부위를 아에 올려놓지 않는데, 이는 시동의 경우보다 한층 더 낮추는 것이다.

41_ 허파로 ~ 때문이다 : 주인의 정식 희생제기(正俎) 위에는 몸체 부위가 없고 단지 2조각의 허파를 올려서 허파로 몸체 부위를 대신한다. 허파(肺)는 숨 쉬는 일을 주관한다. 그러므로 존귀한 것이다. 『의례정의』, 2345쪽 참조.

42_ 고기가 ~ 때문이다 : 주인에게 고기가 들어간 양고기 국물을 올려놓는 희생제기(羊肉湆俎)를 진설하여 추가적인 희생제기(加俎)로 삼는 것은 시동의 경우와 동일한데, 주인의 정식 희생제기(正俎) 위에는 몸체 부위를 올리지 않고, 추가로 진설한 희생제기(加俎) 위에 몸체 부위를 올린다. 이 추가적인 희생제기는 시동이 주인에게 술을 올려 '酢'의 禮를 행할 때 진설한다. 시동의 은혜를 존숭하는 것이다. 侑에게는 고기가 들어간 양고기 국물(羊肉湆)을 올리지 않는데, 주인에게는 올린다. 주인을 높이는 것이다. 『의례정의』, 2345쪽 참조.

43_ '앞다리 뼈의 ~ 때문이다 : 오른쪽 몸체 부위(右體)는 이미 시동의 희생제기 위에 올려놓았기 때문에 이곳의 '앞다리 뼈의 중앙 부위'(臂)는 '왼쪽 몸체의 앞다리 뼈 중앙 부위'(左臂)임을 알 수 있다. 周나라에서는 앞다리 뼈의 위쪽 부위(肩)를 귀하게 여겼으므로, 앞다리 뼈의 위쪽 부위(肩)가 앞다리 뼈의 중앙 부위(臂)보다 귀한 것이다. 侑의 희생제기 위에는 앞다리 뼈의 위쪽 부위(肩)를 올려놓는데, 主人의 희생제기 위에 앞다리 뼈의 중앙 부위(臂)를 올려놓는 것은 侑보다 낮추는 것이다. 『의례정의』, 2345쪽 참조.

44_ '좌비'라고 ~ 것이다 : 經文에서 '左臂'라고 하지 않고 '臂'라고 한 것에 대해 가공언은 尊卑관계로 해석하는 정현의 설을 부연 설명한다. "희생은 오른쪽 몸체 부위가 귀하고, 왼쪽 몸체 부위는 천하다. 侑의 희생제기 위에 왼쪽 몸체 부위를 올려놓을 때에는 모두 '左肩'·'左胳'이라고 밝혔는데, 이곳의 主人의 희생제기 위에 左臂를 올려놓는데도 단지 '臂'라고 말하고 '左'를 말하지 않는 것은 대부는 존귀하기 때문에 그 문장을 비위 두어 마치 右體(오른쪽 몸체 부위)를 올려놓는 것처럼 보이게 한 것이다"라고 하였다. 그러나 호배휘는 右體는 시동의 희생제기 위에 이미 모두 올려놓았기 때문에 侑 이하는 左體를 올려놓는 것인데, 經文에서 '左'를 밝히지 않은 것은 위아래 문장에 이미 보이기 때문에 생략한 것이라고 하여 정현과 가공언의 해석을 비판한다. 『의례정의』, 2345~2346쪽 참조.

45_ 유에게 ~ 것이다 : 이여규는 "고기가 들어간 양고기 국물을 올려놓는 주인의 희생

제기(羊肉湇俎) 위에는 몸체 3부위(臂‧脊‧脅)를 올리는데, 이는 몸체 4부위(肩‧
胳‧脊‧脅)를 올려놓는 侑의 희생제기(羊俎)보다 한 부위를 낮추었으므로 굽힌 것이
다. 돼지고기의 껍질 부위(膚) 3조각은 부인의 희생제기(膚 1조각)보다 2조각을
늘렸으므로 편 것이다"라고 하였다. 그러나 經文의 '膚三'을 衍文으로 보는 호배휘
는 주인의 정식 희생제기(正俎)가 너무 간략하기 때문에 추가로 진설한 희생제기
(加俎) 위에는 존귀한 몸체 부위를 올려놓을 수 있다고 해석하는 오계공의 설을 취
하고, 정현 주의 본지는 주인의 희생제기를 부인의 희생제기와 대비하는 것이 아
니라 侑의 희생제기와 대비하여 말한 것이라고 비판한다. 『의례정의』, 2346쪽 참
조. '순응하여 취한다'(順而摭)는 것은 『예기』 「禮器」의 문장이다. 이에 대한 정현의
주에 "군주는 수수 뜨물로 머리를 감고, 대부는 메기장 뜨물로 머리를 감고, 士는
수수 뜨물로 머리를 감는 것 등을 가리킨다"(謂若君沐粱, 大夫沐稷, 士沐粱)고 하였
다. 대부가 수수 뜨물로 머리를 감지 못하는 것은 군주에게 굽히기 때문이고, 사
는 펴서 군주와 동등하게 수수 뜨물로 머리를 감을 수 있다. 이것이 '屈申'의 의리
이다.

46_ 고기가 ~ 동일하다 : 고기가 들어간 양고기 국물을 올려놓는 주인의 희생제기(羊
肉湇俎, 加俎)는 雍人이 양고기를 올려놓는 희생제기(羊俎)의 서쪽에 진설한 2개
의 희생제기 가운데 남쪽에 있는 희생제기(南俎)로 운반하고, 돼지고기를 올려놓
는 주인의 희생제기(豕俎, 加俎)는 雍人이 양고기를 올려놓는 희생제기(羊俎)의 서
쪽에 진설한 2개의 희생제기 가운데 북쪽에 있는 희생제기(北俎)로 운반하는 것이
모두 시동의 경우와 같다는 뜻이다.

47_ 주부의 ~ 올려놓는다 : 장이기는 주부에게는 정식의 희생제기(正俎)는 있지만 추
가로 진설하는 희생제기(加俎)는 없다고 하였고, 호배휘는 주부의 희생제기 위에
앞다리 뼈의 아래쪽 부위(臑)를 올려놓는 것은 주인보다 낮추는 것이라고 하였다.
『의례정의』, 2345~2346쪽 참조.

48_ 돼지고기의 몸체 ~ 것이다 : 가공언은 주인의 희생제기 위에 양고기의 몸체 부위
(羊體)를 올리지 않기 때문에 주부의 희생제기 위에도 돼지고기의 몸체 부위(豕體)
를 올리지 않는 것이라고 하였고, 오계공은 돼지고기의 껍질 부위(膚)를 올려놓는
것은 돼지고기의 몸체 부위(豕肴, 豕俎, 加俎)를 올려놓을 수도 있는데 올리지 않음
을 밝히기 위한 것으로, 주인의 희생제기(胙俎)에 단지 양고기의 허파(羊肺)만을 올
려놓는 것과 유사하다고 하였다. 『의례주소』, 1090쪽 및 『의례정의』, 2346쪽 참조.

49_ 제폐를 올리지 ~ 때문이다 : 祭肺와 嚌肺 모두 올리는 것을 '備禮'(예를 갖춘다)라
고 한다. 시동의 희생제기와 주인의 희생제기의 경우가 그것이다. 그 가운데 하나
를 빠뜨리는 것을 '不備禮'(예를 갖추지 못하다)라고 한다. 侑의 희생제기 위에는
祭肺만 올리고, 주부의 희생제기 위에는 嚌肺만 올리는 것이 그것이다. 같은 '不備
禮'의 경우라도 祭肺를 올리는 것이 융성한 예가 된다. 神을 섬기는 예이기 때문이
다. 嚌肺를 올리는 것은 예를 강쇄하는 것이다. 사람을 섬기는 예이기 때문이다.

侑의 희생제기 위에는 祭肺를 올리고, 주부의 희생제기 위에는 嚌肺를 올리므로 정현 주에서 '侑보다 낮춘다'고 한 것이다.

50_ '제양폐'라고 ~ 때문이다 : 가공언은 '肺'의 문장이 '膚'의 아래에 있어서 '豕肺'로 읽힐 혐의가 있기 때문에 변별한 것이라고 하였다. '膚'는 돼지고기의 옆구리 부분에서 취한다. 『의례주소』, 1091쪽 참조.

51_ 양고기와 돼지고기의 ~ 것이다 : 호배휘는 "羊肺와 豕肺는 똑같이 肺라고 이름하기 때문에, 豕肺는 膚 다음에 언급하고, 羊肺도 膚 다음에 언급한 것이다. 이 때문에 '명칭이 동일하여 서로 이어진다'고 한 것이다"라고 하였다. 『의례정의』, 2347쪽 참조.

52_ 사사는 숟가락으로 ~ 한다 : [經-31]에서 이곳까지가 主人初獻의 1) '主人獻尸'의 절에서 ④ '司馬載羊俎' 즉 司馬 등이 양고기를 올려놓는 시동의 희생제기(羊俎) 등을 진상하는 절차이다.

53_ '가로로 ~ 것이다 : 살아 있는 사람에게 음식을 먹이거나 신에게 올릴 때 생선은 희생제기 위에 세로로 올려놓고 머리가 오른쪽을 향하도록 하여 놓는데, 이곳에서 가로로 올려놓는 것은 그 머리만을 올리기 때문이다. 『의례정의』, 2347쪽, 이여규의 설 참조.

54_ '무膴'는 ~ 읽는다 : 殷冔는 殷代의 관을 말한다. [사관례01 : 記-06] 정현의 주에 "'冔'의 명칭은 膴에서 나왔다. '膴'는 덮는다(覆)는 뜻으로 스스로 덮고 문식함을 말한다"('冔'名出於膴 '膴', 覆也, 言所以自覆飾也)고 하였고, 『이아』 「釋詁」에 "膴는 크다(大)는 뜻이다"라고 하였다. 가공언은 '冔'는 덮는다(覆)는 뜻으로 그것으로 머리를 덮을 수 있듯이 마찬가지로 생선을 취하여 희생제기 위에 뒤집어 엎어 놓고 제사를 지내듯이 하는 것이라고 하였고, 호승공은 '冔'에는 '크다'와 '덮는다'의 두 가지 뜻이 있다고 하였다. 『주례』 「천관·腊人」의 정현 주에 "『의례』 「공사대부례」에는 '庶羞에는 모두 큰 것이 있다'고 하였고, 「유사철」에서는 '주인의 희생제기 위에는 또한 생선 한 마리를 올려놓는데, 膴祭를 그 위에 더하여 놓는다'고 하였고, 『예기』 「내칙」에서는 '큰사슴·사슴·멧돼지·노루에는 모두 갈비살(胖)이 있다'고 하였으니 서로 참조하여 바로잡기에 충분하다. '大'(크다)는 고깃점을 크게 썰어서 저민 것을 말하고, '膴'는 생선을 뒤집어서 엎어 놓는 것을 말한다. '膴'는 또 크다로 해석하니, 두 가지는 같은 것이다"(玄謂 '公食大夫禮」曰'庶羞皆有大', 「有司」曰'主人亦一魚, 加膴祭於其上', 「內則」曰'麋·鹿·田家·麕皆有胖', 足相參正也. '大'者, 截之大臠. '膴'者魚之反覆. '膴'又詁曰大, 二者同矣)라고 하였다.

55_ 생선을 ~ 있다 : 『예기』 「少儀」의 정현 주에 "'膴'는 크게 저민 고기로, 생선의 배를 도려낸 것을 말한다"('膴', 大臠, 謂剖魚腹也)고 하였고, 공영달은 "'膴'는 생선의 배 아래를 갈라서 큰 저민 고기로 만든 것이다. 이 부위는 기름지고 맛이 좋기 때문에, 생선을 먹을 때에는 이 부위를 도려내고 취하여 선조에게 고수레를 한다"('膴', 謂剖魚腹下爲大臠. 此處肥美, 故食魚則剖取以祭先也)라고 하였다.

56_ 생선을 올려놓는 ~ 동일하다 : 이곳의 생선을 올려놓는 희생제기(魚俎)들은 모두
돼지고기를 올려놓는 시동의 희생제기(豕俎)와 마찬가지로 雍人이 양고기를 올려
놓은 4개의 희생제기(羊俎)의 서쪽에 진설한 2개의 희생제기 가운데 북쪽에 있는
희생제기(北俎)로 전송한다는 뜻이다.

57_ 빈장은 ~ 진설한다 : 호배휘는 賓長이 희생제기를 진설하는 것은 시동의 정식 희
생제기(正俎)를 높이기 때문이라고 하였다. 『의례정의』, 2349쪽 참조.

58_ 3개의 나무제기 : 고기젓갈(醓醢), 창포뿌리 절임(昌菹), 뼈 붙은 큰사슴고기 젓갈
(麋臡)을 담은 3개의 나무제기(豆) 안의 젓갈에 부추절임을 묻힌다는 뜻이다.

59_ 2개의 나무제기 ~ 한다 : 부추절임(韭菹)을 담은 나무제기와 고기젓갈(醓醢)을 담
은 나무제기 사이에 부추절임을 놓고 고수레를 한다는 뜻이다.

60_ 빈장은 양고기를 ~ 한다 : [經-39]에서 이곳까지가 主人初獻의 1) '主人獻尸' 의절
에서 ⑤ '賓長設羊俎' 즉 賓長(上賓)이 양고기를 올려놓은 시동의 희생제기(羊俎)를
진설하는 절차이다.

61_ 옹인은 ~ 건네준다 : 조각장식을 한 숟가락(疏匕)과 희생제기(俎)는 雍人이 양고
기를 올려놓은 4개의 희생제기(羊俎)의 서쪽에 진설한 2개의 희생제기 가운데 남
쪽에 있는 희생제기(南俎, 加俎)이다. 이 때문에 雍人이 次賓에게 건네주는 것이다.
숟가락은 희생제기 위에 얹어 놓는데, 雍人이 희생제기를 잡을 때 함께 잡아서 次
賓에게 건네준다. 『의례정의』, 2350쪽 참조.

62_ 或舂或抗 : 오늘날의 『詩』 「大雅 · 生民」에는 "或舂或揄"라고 하였고, 毛傳에 "'揄'는 절
구에서 퍼낸다는 뜻이다"(揄, 抒臼也)라고 하였다. 『毛詩』에는 '抗'가 '揄'로 되어 있
다. 『주례』 「지관 · 舂人」과 『韓詩』에는 '抗'로 되어 있다.

63_ 이 2개의 ~ 같다 : 이는 漢나라 때의 法으로 비유한 것이다. 桃匕는 주두의 깊이가
얕고 자루가 긴 것을 가리킨다. 桃匕는 疏匕에 비해 크기가 작기 때문에 세발솥에
서 국물을 떠서 疏匕 안에 있는 국물을 따를 수 있다.

64_ 升 : 『儀禮』의 각 판본에는 모두 '升'으로 되어 있지만, '단옥재의 『說文解字注』와 왕
념손의 『廣雅疏證』에는 이 문장을 인용하면서 '升'을 '斗'로 바꾸었다. 이에 따라 번
역한다. 『의례주소』, 1093쪽, 교감 및 『의례정의』, 2349쪽 참조.

65_ 시동은 ~ 받은 후 : 이곳의 '숟가락'은 疏匕 즉 자루에 조각장식을 한 숟가락이다.
그 숟가락을 손잡이 부분으로 잡아서 받는다는 것은 그 안에 들어 있는 국물을 받
는다는 뜻이다. 이여규는 "이는 고기가 들어가지 않은 고기국물이다"(此, 匕淯也)
라고 하였고, 호배휘는 "단지 '시동은 손바닥을 위로 하여 숟가락을 손잡이 부분으
로 받는다'고 하였으므로 숟가락(匕)만 받고 희생제기는 받지 않은 것"이라고 하였
다. 『의례정의』, 2353쪽 참조.

66_ 앉아서 고수레를 하고 : 오계공은 국물로 고수레를 하는데 술로 고수레를 하듯이
하여 국물을 땅에 뿌리는 것이라고 하였다. 『의례정의』, 2353쪽 참조.

67_ 授 : 완원의 교감기에는 長氏의 설을 인용하여 마땅히 '受'가 되어야 한다고 하였고,

漢簡本에도 '受'로 되어 있다. 이에 따라 번역한다. 『의례주소』, 1094쪽 참조.

68_ '고기가 ~ 것이다 : 호배휘는 "고기가 들어가지 않은 고기국물(匕滑)과 고기가 들어간 고기국물(肉滑)을 올려놓은 희생제기는 모두 추가로 진설한 희생제기(加俎)인데, 고기가 들어가지 않은 고기국물을 고기가 들어간 고기국물보다 먼저 올리기 때문에 그것을 맛보아서 맛을 숭상하는 뜻을 보이는 것이다"(以匕滑·肉滑皆是加俎, 而進匕滑先於肉滑, 故嚌之以示尙味)라고 하였다. 『의례정의』, 2353쪽 참조.

69_ 시동은 ~ 한다 : [經-41]에서 이곳까지는 主人初獻의 1) '主人獻尸' 의절에서 ⑥ '次賓進匕滑' 즉 次賓이 시동에게 고기가 들어가지 않은 양고기 국물(羊匕滑)을 올리는 절차이다.

70_ 사마는 ~ 진상한다 : 양복은 '正俎' 즉 정식의 희생제기는 모두 가로로 잡고 가로로 내려놓는데, '加俎' 즉 추가로 진설하는 희생제기는 모두 세로로 잡고 세로로 내려놓는다고 하였다. 이곳의 희생제기는 '羊肉滑俎'이다. 그 위에는 잘라 내어 나눈 앞다리 뼈의 아래쪽 부위(臑折)·등뼈의 앞쪽 부위(正脊) 한 조각·갈비뼈의 앞쪽 부위(正脅) 한 대·창자(腸) 한 조각·위(胃) 한 조각·제폐(嚌肺) 한 조각 등 6가지의 희생고기를 올려놓는다([經-33]). 『의례정의』, 2354쪽 참조.

71_ 사마는 시동에게 ~ 내려온다 : [經-45]는 主人初獻의 1) '主人獻尸' 의절에서 ⑦ '司馬羞肉滑' 즉 司馬가 시동에게 고기가 들어간 양고기국물(羊肉滑)을 올려놓은 희생제기를 진상하는 절차이다.

72_ 司馬縮奠俎於羊滑俎南 : 唐石經 및 각 판본에 모두 이와 같이 되어 있지만, 이여규, 양복, 오계공은 모두 '滑'은 衍文이라고 하였고, 방포도 "앞에서 次賓이 진상한 匕滑俎는 이미 집어 들고 당을 내려갔으므로, 이때 堂上에는 오직 羊俎만 있기 때문에 '滑'은 傳寫의 잘못으로 衍文"이라고 하였다. 이에 따라 번역한다. 『의례정의』, 2354쪽 참조.

73_ 시동은 ~ 선다 : [經-46]에서 이곳까지는 主人初獻의 1) '主人獻尸' 의절에서 ⑧ '次賓羞燔' 즉 次賓이 시동에게 양고기 구이(燔肉)를 올려놓은 희생제기를 진상하는 절차이다.

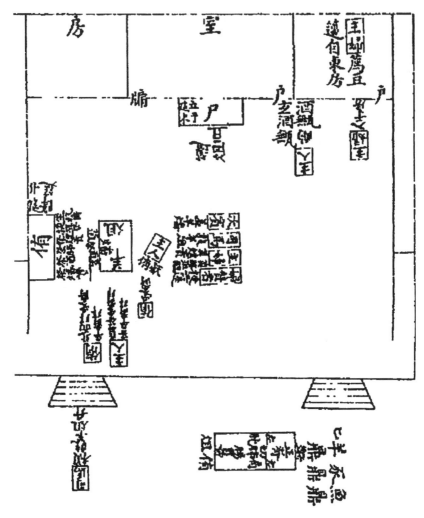

經-48에서 經-50까지는 '주인초헌'의 두 번째 단계인 '주인헌유主人獻侑'
이다. 주인이 술을 따라 유에게 '헌獻'의 예를 행하는 '주인헌유'의 의절은
다시 ① 주인헌작主人獻爵, ② 주부천두변主婦薦豆籩, ③ 사마설양조司馬設羊
俎, ④ 차빈설양번次賓設羊燔의 4개의 작은 절차로 이루어진다.

[有司徹17 : 經-48]

주인은 술을 따라 유侑에게 헌獻의 예를 행한다. 유는 당 위 서쪽 기
둥(西楹)의 서쪽에서 북쪽을 향해 주인에게 배례를 한 후 술잔을 받
는다. 주인은 유의 오른쪽에서 북쪽을 향해 유에게 답배를 한다.[1]

主人酌, 獻侑. 侑西楹西, 北面拜受爵. 主人在其右, 北面答拜.

정현주   술잔을 씻지 않는 것은 유와 시동에게 함께 헌獻의 예를
행하여 그 사이에 의절이 없기 때문이다.[2] 주인이 유의 오른쪽으로 나아가
는 것은 지위가 낮은 사람은 계단을 혼자 독차지하지 못하기 때문이다.[3] 不
洗者, 俱獻, 間無事也. 主人就右者, 賤不專階.

[有司徹17 : 經-49]

주부는 동쪽 방에서 부추절임(韭菹)과 고기젓갈(醓 : 醓醢)을 담은 2개
의 나무제기(豆)를 가져와 앉아서 유侑의 자리 앞에 진설하는데, 고
기젓갈을 담은 나무제기를 남쪽에 놓는다. 주부의 찬자贊者는 동
방에서 볶은 보리(麷)와 볶은 마씨(蕡)를 담은 2개의 대나무제기

(邊)를 가져와 주부에게 건네준다. 주부는 일어나지 않고 앉은 채로 그것을 받는데, 볶은 보리를 담은 대나무제기는 고기젓갈을 담은 나무제기의 남쪽에 내려놓고, 볶은 마씨를 담은 대나무제기는 볶은 보리를 담은 대나무제기의 동쪽에 놓는다. 주부는 방 안으로 들어간다.[4]

主婦薦韭菹·醓, 坐奠于筵前, 醓在南方. 婦贊者執二邊糗·蕡以授主婦. 主婦不興, 受之, 奠糗于醓南, 蕡在糗東. 主婦入于房.

정현주   고기젓갈(醓 : 醓醢)을 담은 나무제기를 남쪽에 놓는 것은 유侑를 세우는 것은 시동을 위한 것이므로 정찬正饌을 시동에게 통섭시키는 것이다. 醓在南方者, 立侑爲尸, 使正饌統焉.

[有司徹17 : 經 – 50]

유侑는 자리의 북쪽을 통해 자리(筵) 위로 올라간다. 사마司馬는 양고기를 올려놓은 희생제기(羊俎)[5]를 가로로 잡고서 당 위로 올라간 후 부추절임을 담은 나무제기의 동쪽에 진설한다. 유는 앉아서 왼손으로 술잔을 잡고, 오른손으로 부추절임을 집어 들어 고기젓갈에 묻힌 후 2개의 나무제기 사이에 놓고 고수레를 한다. 또 볶은 보리(糗)와 볶은 마씨(蕡)를 집어 들어 부추절임으로 고수레를 하였던 2개의 나무제기 사이에 놓고 함께 고수레를 한다. 유는 일어나서 왼손으로 술잔을 잡고 오른손으로 허파를 집어 들고, 앉아서 그것으로 고수레를 하고, 또 술로 고수레를 한 후 일어나서 왼손으로 술잔을 잡는다.[6] 차빈次賓은 유에게 양고기 구이를 올려놓은 희생

제기를 진상하는데, 시동에게 진상할 때와 동일한 절차로 한다.[7]
유는 자리의 북쪽을 통해 자리에서 내려와 당 위 서쪽 기둥(西楹)의
서쪽에서 북쪽을 향해 앉아서 술잔의 술을 다 마신 후 술잔을 잡
고 일어나고, 다시 앉아서 술잔을 내려놓은 후 주인에게 배례를 한
다. 주인은 답배를 한다.[8]

侑升筵自北方. 司馬橫執羊俎以升, 設于豆東. 侑坐, 左執爵, 右取
菹揳于醢, 祭于豆間, 又取膮·胾同祭于豆祭. 興, 左執爵, 右取肺,
坐祭之, 祭酒, 興, 左執爵. 次賓羞羊燔, 如尸禮. 侑降筵自北方, 北
面于西楹西, 坐卒爵, 執爵以興, 坐奠爵, 拜, 主人答拜.

정현주　　　　　주인이 답배를 할 때에는 유侑의 오른쪽에서 배례를 한
다. 答拜, 拜於侑之右.

1_ 주인은 ~ 한다 : [經-48]은 主人初獻의 2) '主人獻侑' 의절에서 ① '主人獻爵' 즉 주인
이 侑에게 술을 따라 '獻'의 예를 행하는 절차이다.

2_ 술잔을 ~ 때문이다 : 주인이 시동에게 술을 올려 '獻'의 예를 행하고, 그것을 마치
면 곧바로 侑에게 술을 올려 獻의 예를 행하기 때문에 그 사이에 별도로 酬와 酢의
예를 행하지 않는다. 獻의 예를 행할 때, 존귀한 사람으로부터 비천한 사람으로 술
잔이 옮겨 갈 경우 함께 '獻'을 행하는 사이에 별도의 일이 없으면 술잔을 씻지 않는
다. 비천한 사람으로부터 존귀한 사람으로 술잔이 옮겨 갈 경우에는 '獻'의 예를 행
하는 사이에 별도의 일이 없어도 술잔을 씻는다. 『의례주소』, 1096쪽 참조.

3_ 주인이 ~ 때문이다 : 주인이 시동에게 술을 따라 '獻'의 예를 행할 때, 주인이 당 위
동쪽 기둥(東楹)의 동쪽에서 배례를 하고 시동은 당 위 서쪽 기둥(西楹)의 서쪽에
서 배례를 하였다. 당 위 동쪽 기둥(東楹)의 동쪽은 阼階의 위쪽이고, 당 위 서쪽 기
둥(西楹)의 서쪽은 西階의 위쪽이다. 이것이 '계단을 독차지한다'는 것이다. 주인이
侑에게 술을 올려 '獻'의 예를 행할 때에 주인은 侑의 오른쪽에서 배례를 한다. 이는
함께 西階의 위쪽에서 배례를 하는 것이다. 侑는 신분이 낮아서 계단을 독차지하지
못한다. 『의례정의』, 2358쪽 참조.

4_ 주부는 동쪽 방에서 ~ 들어간다 : [經-49]는 主人初獻의 2) '獻侑' 의절에서 ② '主婦
薦豆籩' 즉 주부가 侑에게 나무제기(豆)와 대나무제기(籩)를 올리는 절차이다.

5_ 양고기를 올려놓은 희생제기 : 이곳의 양고기를 올려놓은 희생제기(羊俎)는 3개의
세발솥(羊鼎, 尸鼎, 魚鼎)의 서쪽에 진설된 侑의 正俎 즉 정식의 희생제기이다. 이 희
생제기 위에는 양고기의 왼쪽 몸체의 부위를 올려놓는데, 양고기의 왼쪽 앞다리 뼈
의 위쪽 부위(左肩)·왼쪽 뒷다리 뼈의 위쪽 부위(左肫)·등뼈의 앞쪽 부위(正脊) 한
조각·갈비뼈(脅) 한 대·창자(腸) 한 조각·胃 한 조각·중앙 부위를 완전하게 끊어
서 자른 허파(切肺) 한 조각이다. [經-35] 참조.

6_ 유는 자리의 ~ 잡는다 : [經-50]에서 이곳까지는 主人初獻의 2) '主人獻侑' 의절에서
③ '司馬設侑羊俎' 즉 司馬가 侑에게 양고기를 올려놓은 희생제기(羊俎)를 진상하는
절차이다.

7_ 시동에게 진상할 ~ 한다 : 왼손으로 술잔을 잡고, 오른손으로 양고기 구이를 받아
서 소금에 묻힌 후 앉아서 양고기 구이를 흔들어 고수레를 하고, 맛을 본 후 일어나
고, 이어서 양고기를 올려놓는 희생제기(羊俎) 위에 올려놓는다. [經-46] 참조.

8_ 차빈은 유에게 ~ 한다 : [經-50]의 '次賓'에서 이곳까지는 主人初獻의 2) '主人獻侑'
의절에서 ④ '次賓設侑羊燔' 즉 次賓이 侑에게 양고기 구이(羊燔)를 올려놓은 희생제
기를 진상하는 절차이다.

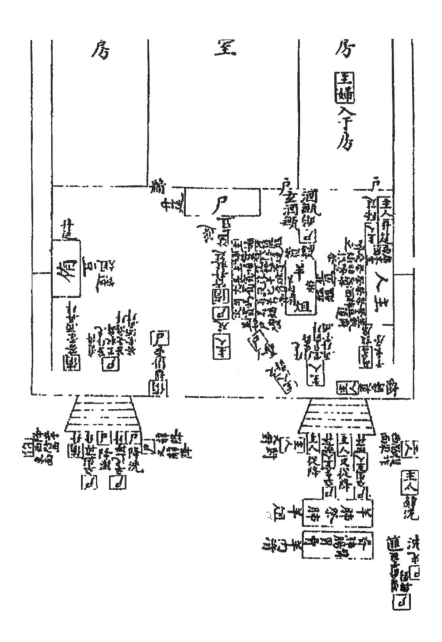

經−51에서 經−57까지는 '주인초헌'의 세 번째 단계인 '시작주인尸酢主人'
으로서 이것으로 초헌初獻의 예가 끝난다. 시동이 주인에게 술을 올려 '작
酢'의 예를 행하는 '시작주인'의 의절은 다시 ① 주인수작작主人受酢爵, ② 주
부천주인두변主婦薦主人豆籩, ③ 장빈설주인조長賓設主人俎, ④ 차빈수주인
비읍次賓羞主人匕湆, ⑤ 사마수주인육읍司馬羞主人肉湆, ⑥ 차빈수주인번次賓
羞主人燔, ⑦ 주인배숭주主人拜崇酒 등 7개의 작은 절차로 구성된다.

[有司徹17 : 經−51]

시동은 유侑가 비운 술잔을 건네받은 후 당에서 내려와 술잔을 씻
는다. 유도 당에서 내려와 서쪽 계단의 서쪽에서 동쪽을 향해 선
다. 주인은 조계阼階를 통해 당에서 내려와 시동에게 술잔을 씻어
줄 필요가 없다고 사양을 한다. 시동은 앉아서 술잔을 대광주리
(篚)¹ 안에 넣어 두고, 일어나서 응답을 한다. 시동이 술잔 씻는 일
을 마치면, 주인은 당 위로 올라가고, 시동도 서쪽 계단을 통해 당
위로 올라간다. 주인은 술잔을 씻어 준 것에 배례를 한다. 시동은
당 위 서쪽 기둥의 서쪽에서 북쪽을 향해 앉아서 술잔을 내려놓은
후 답배를 한다. 시동이 당에서 내려와 손을 씻으려고 하면, 주인
도 시동의 뒤를 따라 당에서 내려온다. 시동이 내려올 필요가 없
다고 사양을 하면, 주인은 응답을 한 후 내려온다. 시동이 손 씻는
일을 마치면, 주인은 당 위로 올라간다. 시동도 당 위로 올라간 후²
앉아서 술잔을 집어 들어 술을 따른다.

尸受侑爵, 降, 洗. 侑降立于西階西, 東面. 主人降自阼階, 辭洗. 尸
坐奠爵于篚, 興, 對. 卒洗, 主人升, 尸升自西階. 主人拜洗. 尸北面

于西楹西, 坐奠爵, 答拜. 降盥, 主人降. 尸辭, 主人對. 卒盥, 主人升. 尸升, 坐取爵, 酌.

정현주

술을 따르는 것은 장차 주인에게 작酢[3]의 예를 행하려는 것이다. 酌者, 將酢主人.

[有司徹17 : 經−52]

사궁司宮은 당 위 동쪽 벽(東序) 앞에 주인의 자리를 펼쳐 놓는데, 머리 부분이 서쪽을 향하도록 하여 놓는다. 주인은 당 위 동쪽 기둥의 동쪽에서 북쪽을 향해 시동에게 배례를 한 후 술잔을 받는다. 시동은 당 위 서쪽 기둥의 서쪽에서 북쪽을 향해 답배를 한다.[4] 주부는 동방에서 부추절임과 고기젓갈을 담은 2개의 나무제기(豆)를 가져와 앉아서 주인의 자리 앞에 진설하는데, 부추절임을 담은 나무제기를 북쪽에 놓는다. 주부의 찬자贊者는 동방에서 볶은 보리와 볶은 마씨를 담은 2개의 대나무제기(籩)를 가져와 주부에게 건네준다. 주부는 일어나지 않고 앉은 채로 이를 받는데 볶은 보리를 담은 대나무제기는 부추절임을 담은 나무제기의 서북쪽에 놓고, 볶은 마씨를 담은 대나무제기는 볶은 보리를 담은 대나무제기의 서쪽에 놓는다. 주인은 자리의 북쪽을 통해 자리 위로 올라가고, 주부는 방 안으로 들어간다.[5]

司宮設席于東序, 西面. 主人東楹東, 北面拜受爵. 尸西楹西, 北面答拜. 主婦薦韭菹·醢, 坐奠于筵前, 菹在北方. 婦贊者執二籩麷·蕡. 主婦不興, 受, 設麷于菹西北, 蕡在麷西. 主人升筵自北方, 主婦入于房.

정현주 부추절임을 담은 나무제기의 서북쪽에 대나무제기를 진설하는 것은 또한 국그릇(鉶)을 놓을 자리를 피하기 위함이다. 금문본에는 '二籩' 두 글자가 없다. 設籩于菹西北, 亦辟鉶. 今文無'二籩'.

[有司徹17 : 經-53]

장빈長賓은 부추절임과 고기젓갈을 담은 2개의 나무제기의 서쪽에 양고기를 올려놓은 주인의 희생제기(羊俎)[6]를 진설한다. 주인은 자리 위에 앉아서 왼손으로 술잔을 잡고, 나무제기와 대나무제기 위에 올려놓은 음식물로 고수레를 하는데, 유侑가 고수레를 할 때와 동일한 절차로 한다.[7] 주인은 고수레를 마치면 일어나서 왼손으로 술잔을 잡고, 오른손으로 허파를 집어 들고, 다시 앉아서 허파로 고수레를 하고 또 술로 고수레를 한 후 일어난다.[8] 차빈次賓은 주인에게 고기가 들어가지 않은 양고기 국물(匕湆)을 올려놓은 희생제기를 진상하는데, 시동에게 진상할 때와 동일한 절차로 한다.[9] 주인은 자리 끝에 앉아서 술을 맛본 후 술잔을 잡고 일어난다.[10] 사마司馬는 주인에게 고기가 들어간 양고기 국물을 올리는데, 희생제기(주인의 羊肉湆俎, 加俎)[11]를 세로로 잡고서 진상한다. 주인은 앉아서 자리의 왼쪽에 술잔을 내려놓은 후 일어나서 희생제기 위의 허파(肺 : 嚌肺)를 받고, 다시 앉아서 허파의 끝을 잘라서 고수레를 하고 맛을 본 후 일어나서 희생제기(羊肉湆俎) 위에 되돌려 놓는다. 사마는 희생제기(羊肉湆俎)를 양고기를 올려놓는 희생제기

(주인의 羊俎, 正俎)의 서쪽에 세로로 내려놓고, 이어서 희생제기 위의 희생고기들을 모두 양고기를 올려놓는 희생제기 위에 올려놓는다. 올려놓는 일을 마치면, 비어 있는 희생제기(羊肉湆俎)를 세로로 잡고서 당에서 내려온다.[12]

長賓設羊俎于豆西. 主人坐, 左執爵, 祭豆籩, 如侑之祭. 興, 左執爵, 右取肺, 坐祭之, 祭酒, 興. 次賓羞匕湆, 如尸禮. 席末坐啐酒, 執爵以興. 司馬羞羊肉湆, 縮執俎. 主人坐奠爵于左, 興, 受肺, 坐絶祭, 嚌之, 興, 反加于湆俎. 司馬縮奠湆俎于羊俎西, 乃載之. 卒載, 縮執虛俎以降.

정현주

왼쪽에 술잔을 내려놓는 것은 신의 은혜는 일상적인 경우와 달리하기 때문이다.[13] '허파를 받는다'(受肺)라고 말한 것은 주는 사람이 있음을 밝히는 것이다. '비어 있는 희생제기'(虛俎)라고 말한 것은 양고기 국물을 올려놓은 희생제기를 사용하는 것은 여기에서 끝나므로, 비워지면 다시는 사용하지 않는다는 뜻이다. 奠爵于左者, 神惠變於常也. 言'受肺'者, 明有授. 言'虛俎'者, 羊湆俎訖於此, 虛不復用.

[有司徹17 : 經 – 54]

주인은 앉아서 술잔을 집어 들고 일어난다. 차빈次賓은 주인에게 양고기 구이를 올려놓은 희생제기를 진상한다. 주인은 양고기 구이를 받는데, 시동이 받을 때와 동일한 절차로 한다.[14] 주인은 자리의 북쪽을 통해 자리에서 내려와 조계 위쪽에서 북쪽을 향해 앉아서 술잔의 술을 다 마신 후 술잔을 잡고 일어나고, 다시 앉아서 술잔을 내려놓고 시동에게 배례를 한 후 술잔을 잡고 일어난다.
시동은 당 위 서쪽 기둥의 서쪽에서 답배를 한다. 주인은 앉아서
당 위 동쪽 벽(東序)의 남쪽에 술잔을 내려놓는다.

主人坐取爵以興. 次賓羞燔. 主人受, 如尸禮. 主人降筵自北方, 北
面于阼階上, 坐卒爵, 執爵以興, 坐奠爵, 拜, 執爵以興. 尸西楹西答
拜. 主人坐奠爵于東序南.

정현주　　　　　　당 아래로 내려와 대광주리(篚) 안에 술잔을 넣어 두지 않
는 것은 시동과 유에게 숭주崇酒[15]의 예를 행하는 것을 급하게 여기기 때문
이다. 不降奠爵於篚, 急崇酒.

[有司徹17 : 經-55]

유侑는 당 위로 올라간다. 시동과 유는 모두 당 위 서쪽 기둥의 서
쪽에서 북쪽을 향해 선다.

侑升. 尸·侑皆北面于西楹西.

정현주　　　　　　주인이 자리로 돌아오지 않음을 보고 장차 자기들과 더불
어 예를 행하고자 한다는 것을 알았기 때문이다. 見主人不反位, 知將與己爲禮.

[有司徹17 : 經-56]

주인은 당 위 동쪽 기둥의 동쪽에서 북쪽을 향해 서서 조악한 술
이지만 서로 가득 채워 준 것에 재배를 한다.

主人北面于東楹東, 再拜崇酒.

정현주 '숭崇'은 채운다(充)는 뜻이다. 시동과 유가 조악한 술이지만 가득 채워 준 것(崇酒)[16]에 배례를 하여 감사를 표하는 것이다. '崇', 充也. 拜謝尸·侑以酒薄充滿.

[有司徹17 : 經 – 57]
시동과 유는 모두 주인에게 답배를 한다. 주인 및 시동과 유는 모두 당 위로 올라가 각자의 자리로 나아간다.[17]
尸·侑皆答再拜. 主人及尸·侑皆升就筵.

1_ 대광주리 : '筐'는 대나무로 만든 네모난 형태의 광주리로 뚜껑이 있다. 각종 의례에서 술을 뜨는 勺(국자), 觶(술잔), 角柶(숟가락 모양의 술 등을 뜨는 작은 국자) 등을 담아 두는 용도로 사용한다. 『삼례사전』, 1122쪽 참조.

2_ 시동도 당 위로 올라간 후 : 이때 侑는 당 위로 올라가지 않는데, '酢'의 禮를 피하기 위한 것이다. 만약 侑가 시동과 함께 당 위로 올라가면 시동과 함께 주인에게 술을 올려 '酢'의 禮를 행한다는 혐의를 받을 수 있기 때문이다. 『의례정의』, 2359쪽, 오계공의 설 참조.

3_ 작 : 주인이 빈에게 먼저 한 잔을 따라 주는 것을 '獻'이라고 한다. 빈이 이에 답하여 주인에게 한 잔을 올리는 것을 '酢'이라고 한다. 주인이 술잔을 받아 먼저 마시고 빈에게 다시 한 잔을 따라 주는 것을 '酬'라고 한다. 이처럼 獻·酢·酬의 과정을 한 번 하는 것을 '壹獻의 禮'라고 한다.

4_ 사궁은 당 위 ~ 한다 : [經-51]에서 이곳까지는 '主人初獻'의 3) '尸酢主人' 의절에서 ① '主人受酢爵' 즉 주인이 시동의 酢의 술잔을 받는 절차이다.

5_ 주부는 방 안으로 들어간다 : [經-52]의 '주부'에서 이곳까지는 '主人初獻'의 3) 尸酢主人 의절에서 ② 主婦薦主人豆籩 즉 주부가 주인에게 나무제기(豆)와 대나무제기(籩)를 진상하는 절차이다.

6_ 양고기를 올려놓은 주인의 희생제기 : 이곳의 희생제기는 양고기의 허파(羊肺) 한 조각과 중앙 부위를 완전하게 끊어서 자른 허파(祭肺) 한 조각을 올려놓은 주인의 정식 희생제기(胙俎, 主人의 正俎)인데, 이때에 비로소 희생고기를 올려놓고 진설하는 것이다. 『의례정의』, 2360쪽 및 [經-36] 참조.

7_ 侑가 고수레를 ~ 한다 : [經-50] 참조.

8_ 장빈은 부추절임과 ~ 일어난다 : [經-53]의 이곳까지는 '主人初獻'의 3) 尸酢主人 의절에서 ③ '長賓設主人羊俎' 즉 長賓이 주인에게 양고기를 올려놓은 희생제기(羊俎)를 진상하는 절차이다.

9_ 시동에게 진상할 ~ 한다 : [經-41]에서 [經-44] 참조.

10_ 차빈은 주인에게 ~ 일어난다 : [經-53]의 '次賓은'에서 이곳까지는 '主人初獻'의 3) 尸酢主人 의절에서 ④ '次賓羞主人匕湆' 즉 차빈이 주인에게 고기가 들어가지 않은 양고기 국물(羊匕湆)을 올려놓은 희생제기를 진상하는 절차이다.

11_ 희생제기 : 이곳의 '희생제기'는 앞다리 정강이뼈의 중앙 부위(臂) 한 조각·등뼈(脊) 한 조각·갈비뼈(脅) 한 대·창자(腸) 한 조각·胃 한 조각·중앙 부위를 조금 남기고 자른 허파(嚌肺) 한 조각을 올려놓은 추가로 진설하는 주인의 희생제기(加俎)이다. [經-36] 참조.

12_ 사마는 주인에게 ~ 내려온다 : [經-53]의 '司馬는'에서 이곳까지는 '主人初獻'의 3) 尸酢主人 의절에서 ⑤ '司馬羞主人肉湆' 즉 사마가 주인에게 고기가 들어간 양고기 국물(羊肉湆)을 올려놓은 희생제기를 진상하는 절차이다.

13_ 왼쪽에 ~ 때문이다 : 내려놓았다가 곧바로 들 경우 마땅히 오른쪽에 놓아야 하는

데, 이곳에서는 왼쪽에 놓기 때문에 '신의 은혜는 일상적인 경우와 달리하는 것이다'라고 한 것이다. 『의례정의』, 2369쪽, 저인량의 설 참조.

14_ 시동이 받을 ~ 한다 : [經-46] 참조. [經-54]의 이곳까지는 '主人初獻'의 3) 尸酢主人 의절에서 ⑥ '次賓羞主人燔' 즉 次賓이 주인에게 양고기 구이(羊燔)를 올려놓은 희생제기를 진상하는 절차이다.

15_ 숭주 : '崇酒'는 빈(이곳에서는 시동과 유)이 술을 올려 주인에게 '酢'의 禮를 행해 준 것에 대해, 주인이 사례하는 의례를 말한다. 아래의 [經-57] 참조.

16_ 조악한 술이지만 가득 채워 준 것 : '崇酒'에 대해서는 역대로 다양한 해석이 분분한데, [향음주례04 : 經-47]의 주석 1) 참조.

17_ 시동과 ~ 나아간다 : [經-55]에서 이곳까지는 '主人初獻'의 3) 尸酢主人 의절에서 ⑦ 主人拜崇酒, 즉 시동이 주인에게 술을 올려 '酢'의 禮를 행해 준 것에 주인이 拜謝하는 절차이다.

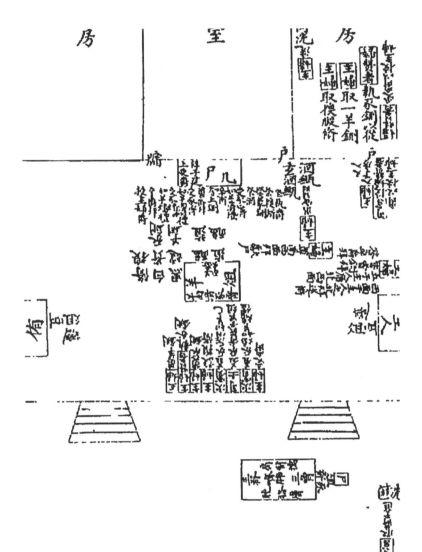

'주부아헌主婦亞獻'의 의절은 1) 주부헌시主婦獻尸, 2) 주부헌유主婦獻侑, 3) 주부치작주인主婦致爵主人, 4) 주부수시작主婦受尸酢 등 4개의 작은 절차로 구성된다. 經-58에서 經-61까지는 '주부아헌'의 의절에서 1) '주부헌시' 즉 주부가 시동에게 술을 올려 '헌獻'의 예를 행하는 절차이다.

[有司徹17 : 經－58]

사궁司宮은 대광주리 안에서 술잔을 꺼내어 방문 밖의 동쪽에서 주부의 찬자贊者에게 건네주고, 주부의 찬자는 그것을 주부에게 건네준다.[1]

司宮取爵于篚, 以授婦贊者于房東, 以授主婦.

정현주 　　　'방동房東'은 방문(房戶) 밖의 동쪽이다. '房東', 房戶外之東.

[有司徹17 : 經－59]

주부는 방 안에서 술잔을 씻은 후 방 밖으로 나와서 술잔에 술을 채우고, 술동이의 남쪽에서 서쪽을 향해 시동에게 배례를 한 후 술을 올려 헌獻의 예를 행한다. 시동은 자리 위에서 배례를 한 후 술잔을 받는다.

主婦洗于房中, 出, 實爵, 尊南西面拜獻尸. 尸拜于筵上, 受.

정현주 　　　술동이의 남쪽에서 서쪽을 향하는 것은 배례하기에 편리하기 때문이다. 尊南西面, 拜由便也.

주부는 술잔을 보내준 후 주인의 자리 북쪽에서 서쪽을 향해 배례를 하고, 배례를 마치면 방 안으로 들어가 양고기 국그릇(羊鉶) 하나를 가지고 나와, 앉아서 부추절임(韭菹)을 담은 나무제기(豆)의 서쪽에 내려놓는다. 주부의 찬자는 돼지고기 국그릇(豕鉶)을 들고서 주부의 뒤를 따른다. 주부는 일어나지 않고 앉은 채로 이를 받아서 양고기 국그릇의 서쪽에 진설하고, 다시 일어나 방 안으로 들어가 미숫가루(糗)와 생강이나 계피를 넣어 말린 고기(腶脩)를 담은 2개의 대나무제기(籩)를 꺼내어 들고 나온 후,² 앉아서 그것들을 진설하는데 미숫가루를 담은 대나무제기는 볶은 마씨를 담은 대나무제기의 서쪽에 놓고, 생강이나 계피를 넣어 말린 고기를 담은 대나무제기는 볶은 쌀을 담은 대나무제기의 서쪽에 놓고, 그런 다음 다시 일어나서 주인의 자리 북쪽에서 서쪽을 향해 선다.

主婦西面于主人之席北拜送爵, 入于房, 取一羊鉶, 坐奠于韭菹西. 主婦贊者執豕鉶以從. 主婦不興, 受, 設于羊鉶之西, 興, 入于房, 取糗與腶脩, 執以出, 坐設之, 糗在蕡西, 脩在白西, 興, 立于主人席北, 西面.

정현주 술을 마시는데 국그릇을 갖추는 것은 정제正祭 때에 사용하고 남은 국그릇을 올리는 것이며,³ 찰기장 밥과 메기장 밥을 담은 밥그릇을 진설하지 않는 것은 예를 강쇄하기 때문이다.⁴ '구糗'는 미숫가루(糗餌)이다. '단수脈脩'는 고기를 찧어 만든 말린 고기이다.[5] 금문본에는 '脈'이 '斷'으로 되어 있다. 飮酒而有鉶者, 祭之餘鉶, 無黍稷, 殺也. '糗', 糗餌也. '脈脩', 擣肉之脯. 今文'脈'爲'斷'.

[有司徹17 : 經 − 61]

시동은 자리 위에 앉아서 왼손으로 술잔을 잡고, 오른손으로 미숫가루(糗)와 생강이나 계피를 넣어 말린 고기(脩)를 집어서 고수레를 하는데, 이전에 부추절임으로 고수레를 하였던 2개의 나무제기(豆) 사이에[6] 놓고 함께 고수레를 한다. 시동은 또 숟가락(柶)으로 양고기 국그릇(羊鉶)에서 양고기 국을 뜨고, 이어서 숟가락으로 돼지고기 국그릇(豕鉶)에서 돼지고기 국을 떠서 이전에 부추절임으로 고수레를 하였던 2개의 나무제기 사이에 놓고 함께 고수레를 하고, 또 술로 고수레를 한다. 차빈次賓은 시동에게 고기가 들어가지 않은 돼지고기 국물(豕匕湆)을 올려놓은 희생제기를 진상하는데, 고기가 들어가지 않은 양고기 국물(羊匕湆)을 올려놓은 희생제기를 진상할 때와 동일한 절차로 한다.[7] 시동은 앉아서 술을 맛본 후 왼손으로 술잔을 잡고, 또 양고기 국그릇(上鉶 : 羊鉶) 안에 담긴 양고기 국을 맛본 후 술잔을 잡고 일어나고, 다시 앉아서 술잔을 내려놓고 주부에게 배례를 한다. 주부는 답배를 한다. 시동은 술잔을 잡고 일어난다. 사사司士는 시동에게 돼지고기를 올려놓은 희생제기(豕肴)[8]를 진상한다. 시동은 앉아서 술잔을 내려놓은 후 일어나서 받는데, 고기가 들어간 양고기 국물(羊肉湆)을 받을 때와 동일한 절차로 한다.[9] 시동은 앉아서 술잔을 잡은 후 일어난다. 차빈은 시동에게 돼지고기 구이(豕燔)를 올려놓은 희생제기를 진상한다. 시동은 왼손으로 술잔을 잡고 오른손으로 돼지고기 구이를 받는데, 양고기 구이(羊燔)를 받을 때와 동일한 절차로 한다.[10] 시동은 앉아서 술잔의 술을 다 마신 후 주부에게 배례를 한다. 주부는 답배를 한다.

尸坐, 左執爵, 祭糗·脩, 同祭于豆祭. 以羊鉶之柶挹羊鉶, 遂以挹豕鉶, 祭于豆祭, 祭酒. 次賓羞豕匕湆, 如羊匕湆之禮. 尸坐啐酒, 左執爵, 嘗上鉶, 執爵以興, 坐奠爵, 拜. 主婦答拜. 執爵以興. 司士羞豕肴. 尸坐奠爵, 興, 受, 如羊肉湆之禮. 坐取爵, 興. 次賓羞豕燔. 尸左執爵, 受燔, 如羊燔之禮. 坐卒爵, 拜. 主婦答拜.

형사鉶柶
(淸), 『흠정의례의소』

1_ 주부의 찬자는 ~ 건네준다 : 오계공은 주부가 방 안에서 주부의 찬자에게 술잔을 받는 것이라고 하였고, 왕사양은 남자와 여자는 오직 喪祭 때에만 서로 기물을 주고받을 수 있고, 또 대부의 주부는 존귀하기 때문에 司宮이 먼저 주부의 찬자에게 술잔을 건네주고, 주부의 찬자가 다시 주부에게 건네주는 것이라고 하였다. 『의례정의』, 2362쪽 참조.

2_ 다시 일어나 ~ 나온 후 : 주부는 양고기 국그릇(羊鉶)을 잡을 뿐 주부의 찬자가 돼지고기 국그릇(豕鉶)을 잡고, 주부가 또 방 안으로 들어가서 미숫가루(糗)와 생강이나 계피를 넣어 말린 고기(腶脩)를 담은 2개의 대나무제기를 가지고 나오는 것에 대해서 호배휘는 2개의 국그릇은 무겁기 때문에 주부와 주부의 찬자가 나누어서 하는 것이며, 2개의 대나무제기는 가벼워서 주부 혼자서 함께 들 수 있기 때문이라고 하였다. 오계공은 주부가 직접 2개의 대나무제기를 꺼내 오는 것은 대나무제기는 국그릇과 종류가 달라서 주부의 찬자가 함께 가지고 나올 수 없기 때문이라고 하였다. 『의례정의』, 2363쪽 참조.

3_ 술을 ~ 것이며 : 正祭의 餘鉶, 즉 正祭를 지낼 때에 사용하고 남은 국그릇(鉶)을 다시 진설한다는 뜻이다. 방포는 "양고기 국과 돼지고기 국을 담은 2개의 국그릇을 올리는 것은 제물을 갖추어 공경을 다하는 뜻으로, 그 의리는 正祭를 지낼 때 이미 음식을 담은 대나무제기(籩)와 나무제기(豆)를 올렸는데 儐尸禮에서 다시 그것을 진설하는 것과 마찬가지이다"라고 하였다. 『의례정의』, 2363쪽 참조.

4_ 찰기장 밥과 ~ 때문이다 : 正祭를 지낼 때에는 찰기장 밥과 메기장 밥을 담은 밥그릇(敦)을 진설하였는데, 儐尸禮에서는 그것을 다시 진설하지 않으므로 正祭 때보다 예를 강쇄하는 것이 된다. 일설에는 儐尸禮는 술 마시는 것을 위주로 하기 때문에 기장밥을 올리지 않는 것이라고 한다. 『의례정의』, 2363쪽 참조.

5_ '단수'는 ~ 고기이다 : 고기를 찧어 으깨고 거기에 생강이나 계피를 첨가한 말린 고기를 말한다. 육덕명은 『경전석문』에서 "생강이나 계피를 첨가하여 말리고 그것을 두들겨서 만든 것을 '腶脩'라고 한다"(加薑桂以脯而鍛之曰'腶脩')고 하였다.

6_ 부추절임으로 고수레를 ~ 사이에 : 2개의 나무제기는 부추절임(韭菹)을 담은 나무제기와 고기젓갈(醓醢)을 담은 나무제기를 가리키는데, 이전에 시동이 이 2개의 나무제기 사이에 부추절임을 놓고 고수레를 하였다. 아래의 '2개의 나무제기 사이'도 마찬가지 의미이다. [經-40] 참조.

7_ 고기가 들어가지 않은 ~ 한다 : [經-41]에서 [經-44] 참조.

8_ 돼지고기를 올려놓은 희생제기 : 이 '豕胾'은 司士가 앞다리 뼈의 위쪽 부위(肩) 이하 돼지고기의 오른쪽 몸체 부위를 올려놓은 희생제기이다. [經-34] 참조.

9_ 고기가 들어간 ~ 한다 : [經-45] 참조.

10_ 양고기 구이를 ~ 한다 : [經-46] 참조.

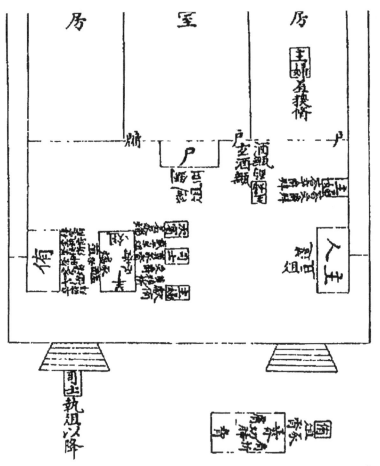

經-62에서 經-64까지는 '주부아헌'의 의절에서 2) '주부헌유主婦獻侑' 즉 주부가 유에게 술을 올려 '헌獻'의 예를 행하는 절차이다.

[有司徹17 : 經-62]

주부는 시동이 비운 술잔을 받아서 그 술잔에 술을 따라 유侑에게 헌獻의 예를 행한다. 유는 주부에게 배례를 한 후 술잔을 받는다. 주부는 주인의 북쪽에서 서쪽을 향해 답배를 한다.

受爵, 酌, 獻侑. 侑拜受爵. 主婦, 主人之北, 西面答拜.

정현주 　　　　　술을 따라 헌의 예를 행하는 사람은 주부이다. 금문본에는 '西面' 두 글자가 없다. 酌獻者, 主婦. 今文無'西面'.

[有司徹17 : 經-63]

주부는 유侑에게 미숫가루(糗)와 생강이나 계피를 넣어 말린 고기(脩)를 담은 2개의 대나무제기(籩)를 진상하는데, 앉아서 유의 자리 앞에 미숫가루를 담은 대나무제기를 볶은 보리(麷)를 담은 대나무제기의 남쪽에 놓고, 생강이나 계피를 넣어 말린 고기를 담은 대나무제기를 볶은 마씨(蕡)를 담은 대나무제기의 남쪽에 놓는다. 유는 앉아서 왼손으로 술잔을 잡고, 오른손으로 미숫가루와 생강이나 계피를 넣어 말린 고기를 집어 들고, 이전에 부추절임으로 고수

레를 하였던 2개의 나무제기¹ 사이에 놓고 함께 고수레를 한다. 사
사司士는 돼지고기를 올려놓은 희생제기(豕胥)를 세로로 잡고서 낭
위로 올라간다. 유는 일어나서 허파(肺)²를 집어 들고, 앉아서 그것
으로 고수레를 한다. 사사는 돼지고기를 올려놓은 희생제기를 양
고기를 올려놓는 희생제기(羊俎)의 동쪽에 세로로 내려놓고, 돼지
고기를 올려놓은 희생제기 위의 희생고기들을 모두 양고기를 올
려놓는 희생제기 위에 올려놓는다. 올려놓는 일을 마치면, 이어서
비어 있는 돼지고기를 올려놓는 희생제기를 세로로 잡고서 당에
서 내려온다. 유는 일어선다.

主婦羞糗·脩, 坐奠糗于黸南, 脩在糗南. 侑坐, 左執爵, 取糗·脩,
兼祭于豆祭. 司士縮執豕胥以升. 侑興, 取肺, 坐祭之. 司士縮奠豕
胥于羊俎之東, 載于羊俎. 卒, 乃縮執俎以降. 侑興.

정현주　　　　　돼지고기를 올려놓는 희생제기 위에 고기국물이 없는 것
은 유侑에 대해서는 예를 강쇄하기 때문이다. 豕胥無湆, 於侑禮殺.

[有司徹17 : 經−64]

차빈次賓은 유에게 돼지고기 구이를 올려놓은 희생제기를 진상한
다. 유는 이를 받는데, 시동이 받을 때와 동일한 절차로 하고,³ 이
어서 앉아서 술잔의 술을 다 마신 후 배례를 한다. 주부는 답배를
한다.

次賓羞豕燔. 侑受如尸禮, 坐卒爵, 拜. 主婦答拜.

1_ 이전에 부추절임으로 ~ 나무제기 : 2개의 나무제기는 부추절임(韭菹)을 담은 나무 제기와 고기젓갈(醓醢)을 담은 나무제기를 가리키는데, 이전에 시동이 이 2개의 나 무제기 사이에 부추절임을 놓고 고수레를 하였다. 아래의 '2개의 나무제기 사이'도 마찬가지 의미이다. [經-40] 참조.

2_ 허파 : 이곳의 허파는 '중앙 부위를 완전하게 끊어서 자른 허파'(切肺)이며, 술로 고 수레를 하지 않는 것은 시동보다 예를 강쇄하기 때문이다. 『의례정의』, 2365쪽 참 조.

3_ 시동이 받을 ~ 하고 : 시동이 양고기 구이(羊燔)를 받을 때의 예처럼 한다는 뜻이 다. [經-46] 참조.

「주부치작우주인도主婦致爵于主人圖」

(淸),『흠정의례의소』

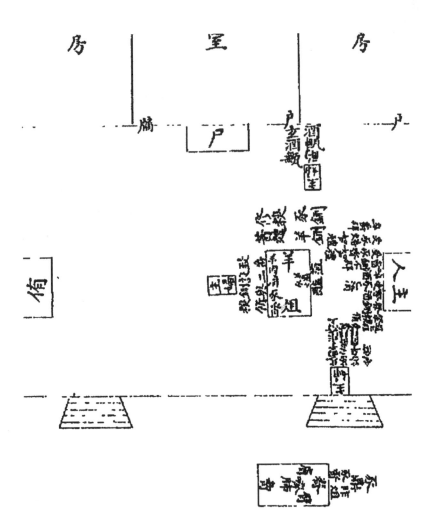

[有司徹17 : 經-65]

주부는 유가 비운 술잔을 받은 후 술을 따라서 주인에게 보내 준다. 주인은 자리의 위에서 배례를 한 후 술잔을 받는다. 주부는 조계阼階 위쪽에서 북쪽을 향해 답배를 한다.

受爵, 酌以致于主人. 主人筵上拜受爵. 主婦北面于阼階上答拜.

정현주 　　　주부가 위치를 바꾸어 조계 위쪽에서 배례를 하는 것은 피하고 아울러 공경하는 것이다.[1] 主婦易位, 拜于阼階上, 辟倂敬.

[有司徹17 : 經-66]

주부는 주인에게 양고기 국과 돼지고기 국을 담은 2개의 국그릇(鉶)과 미숫가루(糗)와 생강이나 계피를 넣어 말린 고기(脩)를 담은 2개의 대나무제기(籩)을 진설하는데,[2] 시동에게 진설할 때와 동일한 절차로 한다. 주인은 미숫가루와 생강이나 계피를 넣어 말린 고기로 고수레를 하는 것, 국그릇에 담긴 고깃국으로 고수레를 하는 것, 술로 고수레를 하는 것, 고기가 들어가지 않은 돼지고기 국물을 받는 것, 배례를 한 후 술을 맛보는 것 모두를 시동의 경우와 동일한 절차로 한다. 주인은 고깃국을 맛보지만 배례는 하지 않는다.

主婦設二鉶與糗·脩, 如尸禮. 主人其祭糗脩·祭鉶·祭酒·受豕匕湆·拜啐酒, 皆如尸禮. 嘗鉶不拜.

정현주 　　주인이 시동의 경우와 동일한 절차로 하는 것은 지위가 존귀하기 때문이다. 그 다른 점은 맛있다고 고하지 않는 것이다.[3] 主人如尸禮, 尊也. 其異者, 不告旨.

[有司徹17 : 經−67]

주인이 돼지고기를 올려놓은 희생제기(豕肴 : 豕俎)를 받고, 돼지고기 구이(豕燔)를 올려놓은 희생제기를 받을 때에도 시동의 경우와 동일한 절차로 한다.[4] 주인은 앉아서 술잔의 술을 다 마신 후 배례를 한다. 주부는 북쪽을 향해 답배를 한 후 주인이 비운 술잔을 받아 든다.[5]

其受豕肴, 受豕燔, 亦如尸禮. 坐卒爵, 拜. 主婦北面答拜, 受爵.

1_ 주부가 ～ 것이다 : 이전에 주부가 獻尸·獻侑의 예를 행할 때에는 모두 주인의 자리 북쪽에서 서쪽을 향하여 배례를 했는데, 이곳에서 阼階의 위쪽에서 배례를 하므로 위치를 바꾼 것이다. 이는 獻尸·獻侑를 행한 자리를 피하여 북쪽을 향하고 아울러 주인에게 공경을 바치는 것이다. 『의례정의』, 2366쪽 및 [經-60], [經-62] 참조.

2_ 주부는 ～ 진설하는데 : 2개의 국그릇(鉶)을 진설할 때 양고기 국그릇(羊鉶)은 부추 절임을 담은 나무제기의 북쪽에 놓고, 돼지고기 국그릇(豕鉶)은 양고기 국그릇의 북쪽에 놓으며, 미숫가루(糗)·생강이나 계피를 넣어 말린 고기(脩)를 담은 대나무 제기를 진설할 때에는 미숫가루를 담은 대나무제기를 볶은 보리(麷)를 담은 대나무제기의 북쪽에 놓고, 생강이나 계피를 넣어 말린 고기를 담은 대나무제기를 볶은 마씨(蕡)를 담은 대나무제기의 북쪽에 놓는다.

3_ 주인이 ～ 것이다 : 경문에서 '고깃국을 맛보지만 배례는 하지 않는다'(嘗鉶不拜)고 한 것은 시동의 경우와 다른 점을 드러낸 것이고, 그 밖에는 모두 시동이 주부의 獻 을 받을 때와 동일한 절차로 한다. 『의례정의』, 2366쪽 성세좌의 설 참조.

4_ 시동의 경우와 ～ 한다 : [經-61] 참조.

5_ 주인은 앉아서 ～ 받아 든다 : '主婦致爵' 즉 주부가 주인에게 술잔을 보내줄 때 함께 진설하는 것이 5가지이다. ① 鉶, ② 糗脩, ③ 豕匕湆, ④ 豕骨, ⑤ 豕燔으로 모두 주 부가 시동에게 술을 올려 '獻'의 예를 행할 때와 동일하다. [經-61] 참조.

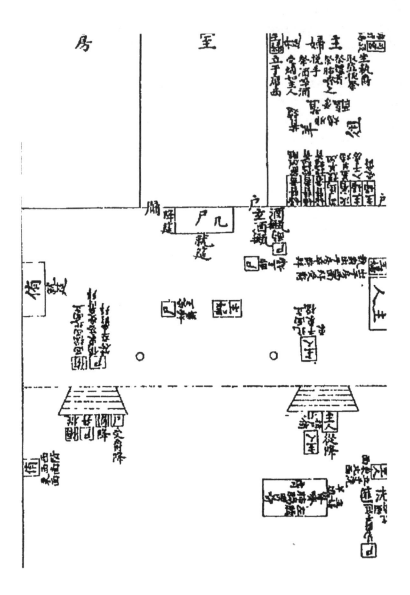

經-68에서 經-76까지는 '주부아헌'의 의절에서 4) '주부수시작主婦受尸酢' 즉 시동이 주부에게 술을 올려 작酢의 예를 행하는 절차로서, 이것으로 '주부아헌'의 예가 끝난다.

[有司徹17 : 經-68]

시동은 자리(筵)에서 내려와 주부가 비운 술잔을 받아 들고 당을 내려온다.[1]

尸降筵, 受主婦爵以降.

<u>정현주</u> 장차 주부에게 작酢의 예를 행하려는 것이다. 將酢主婦.

[有司徹17 : 經-69]

주인은 당에서 내려오고, 유도 주인의 뒤를 따라 내려온다. 주부는 방 안으로 들어간다. 주인은 물받이 항아리(洗)의 동북쪽에서 서쪽을 향해 선다. 유는 서쪽 계단의 서남쪽에서 동쪽을 향해 선다.

主人降, 侑降. 主婦入于房. 主人立于洗東北, 西面. 侑東面于西階西南.

<u>정현주</u> 시동이 술잔 씻기를 기다리는 것이다. 俟尸洗.

[有司徹17 : 經 – 70]

시동은 대광주리 안에서 다른 술잔으로 바꾼 후 손을 씻고 술잔을
씻는다.

尸易爵于篚, 盥, 洗爵.

정현주 　　　　　　술잔을 바꾸는 것은 남녀는 술잔을 서로 이어서 사용하
지 못하기 때문이다. 易爵者, 男女不相襲爵.

[有司徹17 : 經 – 71]

주인은 시동과 유에게 읍을 한다.

主人揖尸·侑.

정현주 　　　　　　장차 당 위로 올라가려는 것이다. 將升.

[有司徹17 : 經 – 72]

주인은 당 위로 올라간다. 시동은 서쪽 계단을 통해 당 위로 올라
가고, 유도 따라서 올라간다. 주인은 당 위 동쪽 기둥의 동쪽에서
북쪽을 향해 서고, 유는 당 위 서쪽 기둥의 서쪽에서 북쪽을 향해
선다.

主人升. 尸升自西階, 侑從. 主人北面立于東楹東, 侑西楹西北面立.

정현주 　　　　　　시동이 술 따르기를 기다리는 것이다. 俟尸酌.

시동은 술을 따른다. 주부는 방에서 나와 서쪽을 향하여 배례를 한 후 술잔을 받는다. 시동은 侑의 동쪽에서 북쪽을 향해 답배를 한다. 주부는 방 안으로 들어간다. 사궁司宮은 방 안에 주부의 자리를 펼쳐 놓는데, 머리 부분이 남쪽을 향하도록 하여 놓는다. 주부는 자리의 서쪽에 선다.

尸酌. 主婦出于房, 西面拜, 受爵. 尸北面于侑東答拜. 主婦入于房. 司宮設席于房中, 南面. 主婦立于席西.

정현주 자리를 펼쳐 놓는 것은 주부가 존귀하기 때문이다.[2] 금문본에는 '南面立于席西'(자리의 서쪽에서 남쪽을 향해 선다)라고 하였다. 設席者, 主婦尊. 今文曰, '南面立于席西'.

주부의 찬자贊者는 주부에게 부추절임과 고기젓갈을 담은 2개의 나무제기를 진설하는데,[3] 앉아서 주부의 자리 앞에 내려놓고, 부추절임을 담은 나무제기를 서쪽에 놓는다. 부인의 찬자는 볶은 보리(麷)와 볶은 마의 씨(蕡)를 담은 2개의 대나무제기를 잡고 주부의 찬자에게 건네준다. 주부의 찬자는 일어나지 않은 채로 이를 받아서 볶은 보리를 담은 대나무제기를 부추절임을 담은 나무제기의 서쪽에, 볶은 마의 씨를 담은 대나무제기를 볶은 보리를 담은 대나무제기의 남쪽에 놓는다.

婦贊者薦韭菹·醢, 坐奠于筵前, 菹在西方. 婦人贊者執麷·蕡以授婦贊者. 婦贊者不興, 受, 設甒于洗西, 蕡在甒南.

정현주 '부인의 찬자'(婦人贊者)는 종부宗婦 가운데 어린 사람이다.[4] '婦人贊者', 宗婦之少者.

[有司徹17 : 經-75]

주부는 자리로 올라간다. 사마司馬는 양고기를 올려놓은 희생제기(羊俎)[5]를 부추절임을 담은 나무제기의 남쪽에 진설한다. 주부는 앉아서 왼손으로 술잔을 잡고, 오른손으로 부추절임을 집어 들어 고기젓갈에 묻힌 후 부추절임과 고기젓갈을 담은 2개의 나무제기 사이에 놓고 고수레를 한다. 또 볶은 보리(麷)와 볶은 마씨(蕡)를 집어 들어 부추절임으로 고수레를 하였던 2개의 나무제기 사이에 놓고 함께 고수레를 한다. 주부는 술잔을 내려놓고 일어나서 중앙 부위를 조금 남기고 자른 양고기의 허파를 집어 들고, 다시 앉아서 허파의 끝을 잘라서 끊어 내어 고수레를 하고 이를 맛을 본 후 일어나서 그것을 희생제기 위에 올려놓고, 다시 앉아서 손을 닦고 술로 고수레를 하고 술을 맛본다.

主婦升筵. 司馬設羊俎于豆南. 主婦坐, 左執爵, 右取菹擩于醢, 祭于豆間. 又取麷·蕡, 兼祭于豆祭. 主婦奠爵, 興, 取肺, 坐絶祭, 嚌之, 興, 加于俎, 坐捝手, 祭酒, 啐酒.

정현주 손을 닦을 때에는 세帨로 하니, '세帨'는 차는 수건(佩巾)이다. 『예기』「내칙內則」에 "부인은 또한 왼쪽에 수건을 찬다"고 하였다. 고

문본에는 '帨'가 '說'로 되어 있다. 挽手者于帨, '帨', 佩巾. 「內則」曰 "婦人亦左佩
紛帨." 古文 '帨' 作 '說'.

[有司徹17 : 經−76]

차빈次賓은 양고기 구이를 올려놓은 희생제기를 진상한다. 주부는
일어나서 양고기 구이를 받는데, 주인이 받을 때와 동일한 절차로
한다.[6] 주부는 술잔을 잡고 방에서 나와 주인의 자리 북쪽에서 서
쪽을 향해 서서 술잔의 술을 다 마신 후 술잔을 잡고 배례를 한다.
시동은 당 위 서쪽 기둥의 서쪽에서 북쪽을 향해 답배를 한다. 주
부는 방 안으로 들어가 선다. 시동과 주인 및 유는 모두 자리로 나
아간다.

次賓羞羊燔. 主婦興, 受燔, 如主人之禮. 主婦執爵以出于房, 西面
于主人席北, 立卒爵, 執爵拜. 尸西楹西, 北面答拜. 主婦入, 立于
房. 尸・主人及侑皆就筵.

정현주 　　　　방에서 나와 서서 술잔의 술을 다 마시는 것은 마땅히 존
귀한 사람을 향해야 하기 때문이다.[7] 앉지 않는 것은 주인의 경우와 달리
하는 것이다.[8] 술잔을 잡고 배례를 하는 것은 남자의 경우와 달리하는 것이
다.[9] 出房立卒爵, 宜鄕尊. 不坐者, 變於主人也. 執爵拜, 變於男子也.

1_ 시동은 ~ 내려온다 : 오정화는 이곳의 술잔은 시동이 司宮에게서 받고, 司宮은 또 主婦의 贊者에게 받은 것이라고 하였다. 방포는 이 술잔은 주부가 주인에게 보내 주었던 술잔이지만, 시동이 주부에게 酢의 禮를 행할 때에는 이 술잔을 사용하지 않는다고 하였다. 그 이유는 侑에게 獻의 예를 행하고 이어서 주인에게 보내 주었던 술잔이기는 하지만, 본래 주부가 시동에게 獻의 예를 행한 술잔이므로, 시동이 이를 받아서 前禮를 끝마치고, 그 후에 술잔을 바꾸어서 구별을 보이기 위한 것이라고 한다. 『의례정의』, 2368쪽 참조.

2_ 자리를 ~ 때문이다 : 賓長 이하의 경우 '자리를 펼쳐 놓는다'(設席)는 문장이 없는데 주부와 주인의 경우에만 똑같이 '자리를 펼쳐 놓는다'고 하였기 때문에 '존귀하다'고 한 것이다.

3_ 주부의 ~ 진설하는데 : 시동이 주인에게 酢의 禮를 행할 때에는 主婦가 음식을 진설하였는데, 시동이 主婦에게 酢의 禮를 행하기 때문에 主婦의 贊者가 진설하는 것이다.

4_ '부인의 ~ 사람이다 :「소뢰궤사례」에 의하면 주부의 찬자는 1인이다. 부인의 찬자는 종부를 보좌하여 주부를 돕는 사람이다. 이 때문에 宗婦 가운데 어린 사람이라고 한 것이다.

5_ 양고기를 올려놓은 희생제기 : 이곳의 羊俎는 주부의 羊俎(正俎)로서 양고기의 왼쪽 앞다리 뼈 아래쪽 부위(羊左臑)·등뼈(脊)·갈비뼈(脅)·창자(腸)·胃·돼지고기의 껍질 부위(膚)·중앙 부위를 조금 남기고 자른 양고기의 허파(嚌羊肺) 등 7가지 희생물을 올려놓는다. [經-37] 참조.

6_ 주인이 받을 ~ 한다 : 주인이 시동의 酢禮를 받을 때와 동일한 절차로 한다는 뜻이다. [經-54] 참조.

7_ 방에서 ~ 때문이다 : 존귀한 사람은 시동을 가리키며, 시동을 마주하고서 술잔의 술을 다 마셔 비운다는 뜻이다. 방에서 나오는 것은 酢禮를 행해 준 사람 앞에서 禮를 완성해야 하기 때문이다. 『의례정의』, 2370쪽, 오계공의 설 참조.

8_ 앉지 않는 ~ 것이다 : 저인량은 주인은 시동의 酢禮를 받을 때 앉아서 술잔을 비우지만, 주부는 시동의 酢禮를 받을 때 서서 술잔을 비우기 때문에 '주인의 경우와 달리하는 것'이라고 하여 정현의 설을 보충하였지만, 오계공은 서서 술잔의 술을 비우는 것은 본디 부인의 常禮라고 하였다. 『의례정의』, 2370쪽 참조.

9_ 술잔을 ~ 것이다 : 위아래의 경문에서 남자의 경우 '배례를 한 후 술잔의 술을 다 마시고, 술잔을 내려놓은 후 배례한다'고 되어 있는데, 이곳에서 주부는 '서서 술잔의 술을 다 마신 후, 술잔을 잡고서 배례를 한다'고 하였다.

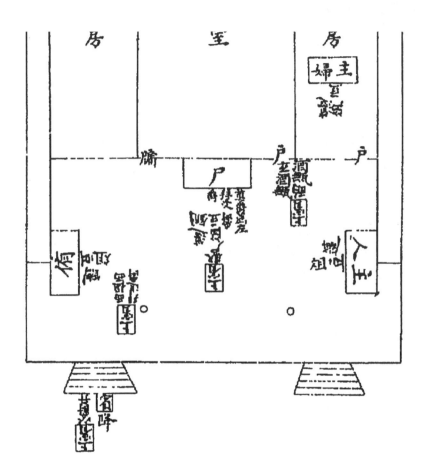

經-77은 '상빈삼헌上賓三獻' 즉 상빈이 시동에게 삼헌三獻의 예를 행하는 절차이다. 이때 시동은 술잔을 내려놓고 들지 않는다. 이것으로 삼헌의 예가 끝난다.

[有司徹17 : 經-77]

상빈上賓(賓長)은 술잔을 씻고 그것을 가지고 당 위로 올라가 술을 따라 시동에게 헌獻의 예를 행한다. 시동은 배례를 한 후 술잔을 받는다. 상빈은 술잔을 보내준 후 당 위 서쪽 기둥의 서쪽에서 북쪽을 향해 배례를 한다. 시동은 술잔을 고기젓갈을 담은 나무제기의 왼쪽[1]에 내려놓는다. 상빈은 당에서 내려온다.

上賓洗爵以升, 酌, 獻尸. 尸拜受爵. 賓西楹西北面拜送爵. 尸奠爵于薦左. 賓降.

정현주   '상빈上賓'은 빈장賓長이다. '상빈'이라 한 것은 장차 헌獻의 예를 행하려 하기 때문에 다르게 표현한 것인데, 혹 이를 '장빈長賓'이라고도 한다. '술잔을 내려놓는다'(奠爵)는 것은 술잔을 내려놓고 마시지 않는다는 뜻이다.[2] '上賓', 賓長也. 謂之'上賓', 以將獻異之, 或謂之'長賓'. '奠爵', 爵止也.

주

1_ 고기젓갈을 담은 나무제기의 왼쪽 : 호배휘는 경문의 '薦左'는 고기젓갈을 담은 나무제기의 동쪽을 가리킨다고 하였다. 『의례정의』, 2371쪽 참조.

2_ '술잔을 ~ 뜻이다 : [특생궤사례15 : 經-114]의 정현 주에 "시동이 술잔을 내려놓고 기다리는 것은 三獻으로 예가 완성되어 신의 은혜가 室 안에 골고루 베풀어지기를 바라므로, 술잔을 내려놓고 그것을 기다리는 것이다"(尸止爵者, 三獻禮成, 欲神惠之均於室中, 是以奠而待之)라고 하였고, [특생궤사례15 : 經-140]의 정현 주에서도 "시동이 술잔을 내려놓고 기다리는 것은 신의 은혜가 뜰에 고르게 베풀어지기를 바라는 것이다"(尸爵止者, 欲神惠之均於在庭)라고 하였고, 이곳에서 시동이 술잔을 내려놓는 것도 신의 은혜를 골고루 퍼지게 하려는 것이기 때문에 '爵止'를 가지고 풀이한 것이다. 『의례정의』, 2372쪽 참조.

「주인수시도主人酬尸圖」

(淸),『흠정의례의소』

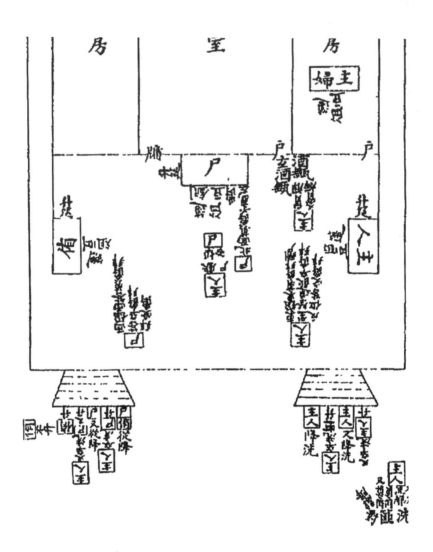

經-78에서 經-79까지는 '주인수시主人酬尸' 즉 주인이 시동에게 술을 올려 수酬의 예를 행하는 절차이다.

[有司徹17 : 經 - 78]

주인은 당에서 내려와 술잔(觶 : 3升 용량)을 씻는다.[1] 시동과 유도 따라서 내려온다. 주인이 술잔을 대광주리 안에 넣어 두고 내려올 필요가 없다고 사양을 하면, 시동은 응답을 한 후 내려온다. 주인은 술잔 씻는 일을 마치면, 시동에게 읍을 하고 당 위로 올라간다. 시동도 따라서 올라가지만, 유는 올라가지 않는다.

主人降, 洗觶. 尸·侑降. 主人奠爵于篚, 辭, 尸對. 卒洗, 揖. 尸升, 侑不升.

정현주 　　　　　유가 당 위로 올라가지 않는 것은 시동의 예가 더욱 줄어서 따라 올라가지 않는 것이다. 侑不升, 尸禮益殺, 不從.

[有司徹17 : 經 - 79]

주인은 술잔에 술을 채워서 시동에게 수酬의 예를 행하고, 당 위 동쪽 기둥의 동쪽에서 북쪽을 향해 앉아서 술잔을 내려놓은 후 배례를 한다. 시동은 당 위 서쪽 기둥의 서쪽에서 북쪽을 향해 답배를 한다. 주인은 앉아서 술로 고수레를 하고, 그대로 앉은 채로 술을 마시고, 술잔의 술을 다 마신 후 배례를 한다. 시동은 답배를 한다. 주인은 당에서 내려와 술잔을 씻는다. 시동도 따라서 내려와 씻어 줄 필요가 없다고 사양한다. 주인은 술잔을 대광주리 안에 넣어 두고 응답을 한다. 주인은 술잔 씻는 일을 마치면, 당 위로 올라가고, 시동도 따라서 올라간다. 주인은 술잔에 술을 채우고, 시동은 배례를 한 후 술잔을 받는다. 주인은 당 위 동쪽 기둥의 동쪽 본래의 위치로 돌아와 답배를 한다. 시동은 북쪽을 향해 앉아서 고기젓갈을 담은 나무제기의 왼쪽에 술잔을 내려놓는다.

主人實觶, 酬尸, 東楹東, 北面坐奠爵, 拜. 尸西楹西, 北面答拜. 坐祭, 遂飲, 卒爵, 拜. 尸答拜. 降洗. 尸降, 辭. 主人奠爵于篚, 對. 卒洗, 主人升, 尸升. 主人實觶, 尸拜受爵. 主人反位, 答拜. 尸北面坐奠爵于薦左.

정현주

당에서 내려와 술잔을 씻는 사람은 주인이다. 降洗者主人.

1_ 주인은 ~ 씻는다 : 성세좌는 "주인이 觶 술잔을 씻는 것은 시동에게 酬의 禮를 행하기 위한 것이다. 주인은 시동이 술잔을 내려놓은 뜻을 체득하여 長賓 이하에게 술잔을 돌린다. 먼저 시동에게 酬의 예를 행하는 것은 술을 올리는 예는 酬에서 완성되는데, 尊者에 대한 예를 완성하고 그 나머지 사람들에게까지 미치는 것이 예의 순서이기 때문이다"라고 하였다. 『의례정의』, 2372쪽 참조.

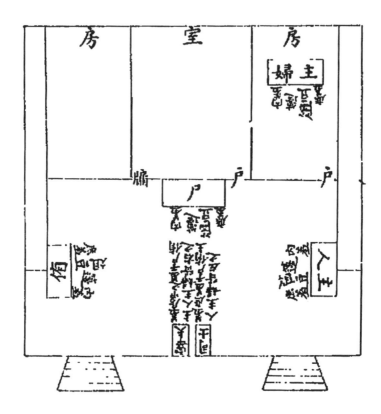

[有司徹17 : 經-80]

시동·유·주인이 모두 자리로 올라가면,¹ 이어서 음식을 진상한다. 재부宰夫는 방 안에 진열한 맛난 음식(房中之羞)을 시동·유·주인·주부에게 진상하는데, 모두 각자 자리의 오른쪽에 놓는다. 사사司士는 여러 가지 맛난 음식(庶羞)을 시동·유·주인·주부에게 진상하는데, 모두 각자 자리의 왼쪽에 놓는다.

尸·侑·主人皆升筵, 乃羞. 宰夫羞房中之羞于尸·侑·主人·主婦, 皆右之. 司士羞庶羞于尸·侑·主人·主婦, 皆左之.

정현주

두 가지의 음식은 기쁜 마음을 다하게 하고자 하는 것이다.² 방 안에 진열한 맛난 음식은 그 대나무제기(籩)에는 미숫가루(糗餌)와 인절미(粉養)³를 담고, 그 나무제기(豆)에는 고기죽(酏食)과 나물죽(糝食)⁴을 담는다. 여러 가지 맛난 음식은 양고기 국(羊臐)과 돼지고기 국(豕膮)으로서 모두 저민 고기와 젓갈이 들어 있다. '방 안에 진열한 맛난 음식'(房中之羞)이란 방 안에 진열한 곡물로 만든 음식(內羞)을 말한다. 방 안에 진열한 곡물로 만든 음식(內羞)을 오른쪽에 놓는 것은 음陰이기 때문이다. 여러 가지 맛난 음식(庶羞)을 왼쪽에 놓는 것은 양陽이기 때문이다.⁵ 二羞所以盡歡心. 房中之羞, 其籩則糗餌粉養, 其豆則酏食糝食. 庶羞, 羊臐豕膮, 皆有藏醢. '房中之羞', 內羞也. 內羞在右, 陰也. 庶羞在左, 陽也.

1_ 시동·유·주인이 ～ 올라가면 : '주부'가 빠진 것은 주부는 주인에게 통섭되기 때문에 문장을 생략한 것이다. 『의례정의』, 2373쪽, 강조석의 설 참조.

2_ 두 가지의 ～ 것이다 : 이곳의 음식은 음주를 위해 진상하는 것이다. 앞에서 시동·유·주인·주부에게 이미 부추절임과 고기젓갈을 담은 2개의 나무제기(籩)와 희생제기(俎)를 진설하였는데, 이곳에서 다시 방 안의 음식과 여러 가지 맛난 음식을 진상하였다. 그러므로 기쁜 마음을 더욱 크게 한다.

3_ 미숫가루와 인절미 : 『주례』 「천관·籩人」에 "羞籩에 담는 음식은 糗餌와 粉餈이다"(羞籩之實, 糗餌·粉餈)라고 하였다. 이에 대해 정중은 '糗'은 콩과 쌀을 볶은 것이고, '粉'은 콩가루이며, '餈'는 완자를 말려서 떡으로 만든 것이라고 하였다('糗', 熬大豆與米也. '粉', 豆屑也. '茨'字或作'餈', 謂乾餌餅之也). 정현은 "이 두 가지는 모두 쌀이나 기장을 빻아서 만든 음식인데, 합쳐서 찐 것을 '餌'라고 하고, 그것을 떡으로 만든 것을 '餈'라고 한다"(此二物皆粉稻米黍米所爲也, 合蒸曰'餌', 餅之曰'餈')고 하였다. 또 『예기』 「內則」에 "음식은 糗餌와 粉酏이다"(羞, 糗餌·粉酏)라고 한 것에 대해, 정현은 "'糗'는 곡물을 찧고 볶은 것으로 그것으로 분말가루와 인절미를 만든다"('糗', 搗熬穀也, 以爲粉餌與餈)고 하였다.

4_ 고기죽과 나물죽 : 『주례』 「천관·醢人」에 "羞豆에 담는 음식은 酏食과 糝食이다"(羞豆之實, 酏食·糝食)라고 하였다. 이에 대해 정중은 '酏食'은 단술을 넣어 만든 떡, '糝食'은 나물을 쪄서 만든 죽('酏食', 以酒酏爲餅. '糝食', 菜餗蒸)이라고 하였고, 정현은 '酏食'에서의 '酏'는 '餰'의 잘못으로 보고, 따라서 '餰食'은 볍쌀과 이리의 가슴 비계를 반죽하여 죽을 만든다(『예기』 「內則」의 정현 주, 此'酏'當爲'餰', 以稻米與狼臅膏爲餰, 是也)고 하였다. '糝'은 『예기』 「內則」에 "소·양·돼지의 고기를 잡는데, 세 고기의 분량은 동일하다. 고기를 잘게 썰고 거기에 쌀가루를 뿌린다. 쌀가루 2/3, 고기 1/3의 비율로 배합하여 완자를 만들고 그것을 달인다"(糝取牛·羊·豕之肉, 三如一. 小切之, 與稻米. 稻米二, 肉一, 合以爲餌, 煎之)고 하였다. 이렇게 본다면, '酏食'과 '糝食'은 모두 죽의 종류임을 알 수 있다.

5_ 방 안에 진열한 ～ 때문이다 : 內羞는 穀物로 만든 음식이기 때문에 陰이라 하였고, 庶羞는 牲物로 만든 음식이기 때문에 陽이라고 한 것이다. 『주례』 「춘관·大宗伯」에 "하늘에서 생산되는 사물로 陰德을 발양한다. … 땅에서 생산되는 사물로 陽德을 발양한다"(以天産作陰德. … 以地産作陽德)고 한 것에 대해 정현은 "하늘에서 생산되는 사물은 동물로서, 六牲의 등속을 말하고, 땅에서 생산되는 사물은 식물로서 九穀의 등속을 말한다"(天産者動物, 謂六牲之屬, 地産者植物, 謂九穀之屬)라고 하였다. 『의례주소』, 1105쪽, 가공언의 소 참조.

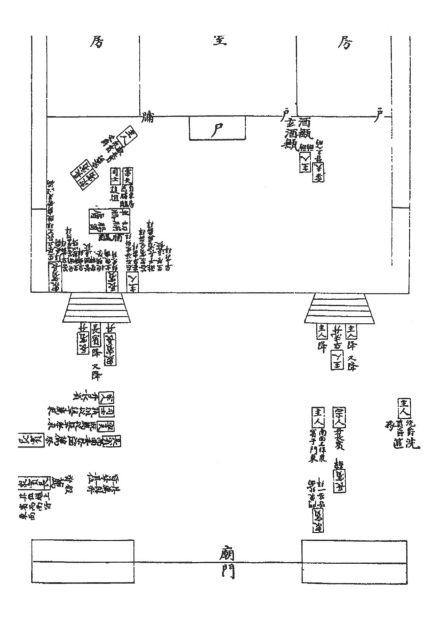

[有司徹17 : 經-81]

주인은 당에서 내려와 묘문 안의 동쪽에서 남쪽을 향해 중빈衆賓 들에게 배례를 하는데,¹ 한꺼번에 삼배를 한다. 중빈들은 묘문 안의 동쪽에서 북쪽을 향해 모두 답례로 일배壹拜를 한다.

主人降, 南面拜衆賓于門東, 三拜. 衆賓門東, 北面, 皆答壹拜.

정현주 　　　　　 '묘문 안의 동쪽에서 배례를 한다'(拜于門東)는 것은 조금 남쪽으로 중빈들에게 나아감을 밝힌 것이다. '삼배三拜'라고 말한 것은 중빈 들은 신분이 비천하기 때문에 한꺼번에 한다는 뜻이다.² 중빈들이 일배를 하는 것은 신분이 비천하기 때문이다. 경·대부는 신분이 존귀하고, 빈은 신 분이 비천하여 순수한 신하가 되니, 위치가 문의 동쪽에 있는 것이다.³ 고문 본에는 '壹'이 '一'로 되어 있다. '拜于門東', 明少南就之也. 言'三拜'者, 衆賓賤, 旅 之也. 衆賓一拜, 賤也. 卿·大夫尊, 賓賤, 純臣也, 位在門東. 古文'壹'爲'一'.

[有司徹17 : 經-82]

주인이 술잔을 씻으면, 장빈長賓은 씻어 줄 필요가 없다고 사양을 한다. 주인은 대광주리 안에 술잔을 넣어 두고 일어나서 응답을 한다. 주인은 술잔 씻는 일을 마치면, 당 위로 올라가 술을 따라 서쪽 계단 위쪽에서 장빈에게 헌獻의 예를 행한다. 장빈은 당 위로 올라가 배례를 한 후 술잔을 받는다. 주인은 장빈의 오른쪽에서 북쪽을 향해 답배를 한다. 재부宰夫는 동방에서 말린 고기를 담은 대나무제기와 고기젓갈을 담은 나무제기를 가져와 진상하는데, 고기젓갈을 담은 나무제기를 서쪽에 놓는다.[4] 사사司士는 고기젓 갈을 담은 나무제기의 북쪽에 희생제기를 진설하는데, 양고기의 왼쪽 뒷다리 뼈 중앙 부위(骼) 한 조각·창자(腸) 한 조각·위胃 한 조각·중앙 부위를 완전하게 끊어서 자른 허파(切肺) 한 조각·돼지 고기의 껍질 부위(膚) 한 조각을 올려놓는다.

主人洗爵, 長賓辭. 主人奠爵于篚, 興, 對. 卒洗, 升, 酌, 獻賓于西階
上. 長賓升, 拜受爵. 主人在其右, 北面答拜. 宰夫自東房薦脯·醢,
醢在西. 司士設俎于豆北, 羊骼一·腸一·胃一·切肺一·膚一.

정현주 　　　　　'양격羊骼'은 양고기의 왼쪽 뒷다리 뼈 중앙 부위이다. 상 빈에게 희생의 몸체 한 조각을 올리는 것은 신분이 비천하기 때문이다.[5] 말 린 고기를 담은 대나무제기·고기젓갈을 담은 나무제기를 진상하는 사람과 희생제기를 진설하는 사람은 일을 마치면 당 위 서쪽 벽(西序)의 끝에서 기 다린다. 고문본에는 '骼'이 '胳'으로 되어 있다. '羊骼', 羊左骼. 上賓一體, 賤也. 薦與設俎者, 旣則俟于西序端. 古文'骼'爲'胳'.

[有司徹17 : 經－83]

장빈은 앉아서 왼손으로 술잔을 잡고, 오른손으로 말린 고기를 집

어 고기젓갈에 묻힌 후 그것으로 고수레를 한다. 이어서 술잔을
잡고 일어나 허파를 집고, 앉아서 그것으로 고수레를 하고 술로 고
수레를 한다. 이어서 술을 마셔 술잔의 술을 다 마신 후 술잔을 잡
고 일어나고, 다시 앉아서 술잔을 내려놓고 주인에게 배례를 한 후
술잔을 잡고 일어난다. 주인은 답배를 하고 장빈이 비운 술잔을
받아 든다. 장빈은 앉아서 말린 고기와 허파를 집은 후 당에서 내
려와 서쪽을 향해 앉아서 서쪽 계단의 서남쪽에 내려놓는다.

賓坐, 左執爵, 右取肺[6]擩于醢, 祭之. 執爵興, 取肺, 坐祭之, 祭酒.
遂飮, 卒爵, 執以興, 坐奠爵, 拜, 執爵以興. 主人答拜, 受爵. 賓坐取
祭以降, 西面坐委于西階西南.

정현주   당 위에서 고수레를 완성하는 것은[7] 장빈을 높이는 것이
다. 말린 고기와 허파를 집어 들고 당에서 내려오는 것은 당 아래의 위치로
돌아오는 것이다. 당 아래의 위치로 돌아와서 서쪽 계단의 서남쪽에 있는
것은 헌獻의 예를 마쳤으므로 높여 주는 것이다.[8] '제祭'(제물)는 말린 고기와
허파를 말한다. 成祭於上, 尊賓也. 取祭以降, 反下位也. 反下位而在西階西南, 已
獻, 尊之. '祭', 脯·肺.

[有司徹17 : 經 – 84]

재부宰夫는 대나무제기와 나무제기를 집어 들고 장빈의 뒤를 따
라 당에서 내려와 말린 고기·허파의 동쪽에 진설한다. 사사司士는
희생제기를 집어 들고 장빈의 뒤를 따라 당에서 내려와 대나무제
기·나무제기의 동쪽에 진설한다.[9]

宰夫執薦以從, 設于祭東. 司士執俎以從, 設于薦東.

1_ 주인은 ~ 하는데 : 주인이 중빈들에게 배례를 하는 것은 장차 獻의 예를 행하려는 것이다. 이곳의 '중빈들' 가운데에는 長賓도 포함된다. 『의례정의』, 2376쪽 참조.

2_ '삼배'라고 ~ 뜻이다 : 앞에서 주인은 시동과 유에게 모두 개별적으로 배례를 하였는데 이곳에서는 중빈들에게 한꺼번에 三拜를 한다.

3_ 경·대부는 ~ 것이다 : 시동과 유는 서쪽 장빈의 위치에 있기 때문에 제사를 도우러 온 중빈은 비록 명칭은 '빈'이라고 하지만 주인에게 통섭되어 문의 동쪽에 있다. 『의례정의』, 2376쪽, 저인량의 설 참조.

4_ 재부는 ~ 놓는다 : 호광충은 『의례석관』에서 『주례』 「천관·宰夫」에 "제사의 의식과 예법에 의거하여 각 관리들이 공급하는 제물과 그 薦·羞를 관장한다"(以式法掌祭祀之戒具與其薦羞)고 한 것에 대해 정현이 "'薦'은 말린 고기와 고기젓갈, '羞'는 여러 가지 맛난 음식과 방 안에 진열된 곡물로 만든 음식이다"('薦', 脯·醢也, 羞, 庶羞·內羞也)라고 한 것을 인용하여 "이 때문에 宰夫는 앞에서 음식(羞)을 진설하고, 이곳에서 또 말린 고기와 고기젓갈(薦)을 진상하는 것이다"라고 하였다. 『의례정의』, 2377쪽 참조.

5_ 신분이 비천하기 때문이다 : 시동·유에 비해 신분이 낮다는 뜻이다.

6_ 肺 : 완원의 교감기에는 "肺는 『集釋』, 楊復, 敖繼公本에는 모두 '脯'로 되어 있다"고 하였고, 또 장순의 『儀禮識誤』의 설을 인용하여 마땅히 '脯'가 되어야 한다고 하였다. 漢簡本에도 '脯'로 되어 있다. 이에 따라 번역한다. 『의례주소』, 1107쪽 참조.

7_ 당 위에서 ~ 것은 : 모두 서쪽 계단의 위쪽에서 말린 고기(脯)·허파(肺)·술(酒)로 고수레한 것을 말한다.

8_ 당 아래의 위치로 ~ 것이다 : 長賓은 처음에 문 안의 동쪽에 있었는데 이제 獻의 예를 마쳤으므로 서쪽 계단의 서남쪽에서 문 안의 동쪽에 있는 주인과 마주할 수 있게 되었다. 이는 獻의 예를 행한 것을 이유로 높여 주는 것이다. 앞의 『흠정의례의소』, 「主人獻賓圖」 참조.

9_ 재부는 ~ 진설한다 : 호배휘는 "장빈은 말린 고기와 허파를 집어 들고 당에서 내려와 앉아서 서쪽 계단의 서남쪽에 내려놓는데, 재부는 장빈을 대신하여 나무제기와 대나무제기를 집어 들고 장빈의 뒤를 따라 당에서 내려와 말린 고기와 허파의 동쪽에 진설하고, 司士는 장빈을 대신하여 희생제기를 잡고서 장빈의 뒤를 따라 당에서 내려와 나무제기와 대나무제기의 동쪽에 진설한다는 뜻이다"(言賓取脯肺絳, 坐委于西階西南, 而宰夫代爲執豆籩從絳, 設于脯肺之東, 司士代爲執俎從絳, 設于豆籩之東也)라고 하였다. 『의례정의』, 2378쪽 참조.

經-85에서 經-87까지는 '변헌중빈辯獻衆賓' 즉 주인이 중빈들에게 두루 헌獻의 예를 행하는 절차이다.

[有司徹17 : 經 – 85]

중빈의 우두머리는 당 위로 올라가 배례를 한 후 술잔을 받는다.
주인은 답배를 한다. 중빈의 우두머리는 앉아서 술로 고수레를 하
고, 서서 술을 마시고, 술잔의 술을 다 마시지만, 술잔의 술을 다
마시게 해 준 것에 배례를 하지는 않는다.

衆賓長升, 拜受爵. 主人答拜. 坐祭, 立飮, 卒爵, 不拜旣爵.

정현주 　　　　　 '기旣'는 다 마셨다(盡)는 뜻이다. 장빈長賓이 당 위로 올
라간다는 것은 차례대로 당 위로 올라가서 술잔을 받는다는 뜻이다.[1] '중빈
의 우두머리는 배례를 한다'고 하였으므로 그 나머지 사람들은 배례를 하지
않는다.[2] '旣', 盡也. 長賓升者, 以次第升受獻. 言'衆賓長拜', 則其餘不拜.

[有司徹17 : 經 – 86]

재부宰夫는 주인이 술 따르는 일을 돕는다. 이와 동일한 절차로 중
빈들 한 사람 한 사람에게 두루 헌獻의 예를 행한다.[3]

宰夫贊主人酌. 若是以辯.

주인이 한 사람에게 헌獻의 예를 마칠 때마다 비운 술잔을 술잔 받침대(椸)에 내려놓으면, 재부는 그것을 받아 술동이의 남쪽에서 술을 따라 주인에게 건네준다. 금문본에는 '若'이 '如'로 되어 있고, '辯'은 모두 '遍'으로 되어 있다. 主人每獻一人, 奠空爵于椸, 宰夫酌授於尊南. 今文'若'爲 '如', '辯'皆爲'遍'.

[有司徹17 : 經 – 87]

중빈들은 한 사람 한 사람 두루 술잔을 받는다. 말린 고기를 담은 대나무제기·고기젓갈을 담은 나무제기와 희생고기를 올려놓은 희생제기(肴)⁴를 올리는데, 중빈들 각자의 위치 앞에 진설한다. 중빈들의 위치는 상빈上賓의 위치를 이어서 남쪽으로 배열되는데,⁵ 모두 동쪽을 향해 선다. 중빈들의 희생제기 위에는 사용하고 남은 희생의 뼈 가운데 쓸 만한 것을 헤아려 올려놓는다.

辯受爵. 其薦脯·醢與肴, 設于其位. 其位繼上賓而南, 皆東面. 其 肴體, 儀也.

두루 헌獻의 예를 행한 후에 비로소 음식을 올리는 것은 간략히 하는 것이니,⁶ 또한 재부가 말린 고기를 담은 대나무제기와 고기젓갈을 담은 나무제기를 진상하고, 사사가 희생고기를 올려놓은 희생제기를 진설한다. '헤아려서 올려놓는다'(儀)는 것은 존귀한 희생의 몸체는 다 떨어졌기 때문에 나머지 희생의 뼈를 헤아려서 사용할 만한 것을 사용한다는 뜻이다.⁷ 존귀한 사람에게는 존귀한 희생 몸체를 사용하고, 비천한 사람에게는 비천한 희생 몸체를 쓸 뿐이다. 또한 중앙 부위를 완전하게 끊어서 자른

허파(切肺)와 돼지고기의 껍질 부위(膚)를 올린다.[8] 금문본에는 '儀'가 모두 '䑋'으로 되어 있는데, 어떤 판본에는 '議'로 되어 있기도 하다. 徧獻乃薦, 略 之, 亦宰夫薦, 司士脊. 用[9]儀者, 尊體盡, 儀度餘骨, 可用而用之. 尊者用尊體, 卑者用 卑體而已. 亦有切肺膚. 今文'儀' 皆作'䑋',[10] 或爲'議'.

1_ 장빈이 ~ 뜻이다 : 경문에서 '衆賓'이라고 한 것은 長賓 이하의 衆賓을 가리키고, 정현 주의 '長賓升'은 경문의 '長升' 두 글자를 풀이한 것이다. 즉 衆賓 가운데 우두머리가 먼저 당 위로 올라가서 술잔을 받고, 그 나머지 중빈들이 각각 순서에 따라 올라가서 한 명씩 獻의 술잔을 받는다.

2_ 중빈의 ~ 않는다 : 그러나 장혜언, 유태공 등은 형제와 私人들에게 獻의 예를 행하는 절차를 예로 들어 衆賓들도 중빈의 우두머리와 마찬가지로 배례를 한 후 술잔을 받는다고 하여 정현의 해석을 논박하였다. 『의례정의』, 2378~2379쪽 참조.

3_ 이와 ~ 행한다 : 오계공에 따르면, '중빈의 우두머리가 당 위로 올라가 배례를 한 후 술잔을 받는' 이하의 절차와 동일하게 한다는 뜻이다. 『의례정의』, 2379쪽 및 [經-85] 참조.

4_ 희생고기를 올려놓은 희생제기 : '肴'은 희생의 몸체를 올려놓은 희생제기를 말한다. 호배휘는 "[연례06 : 經-90]과 [대사의07 : 經-99] 정현 주에서 '肴은 희생제기 위에 올려놓은 희생고기이다'(肴, 俎實)라고 하였고, [연례06 : 記-05]에서는 '肴은 희생고기의 뼈를 잘라서 올려놓은 희생제기이다'(肴, 折俎也)라고 하였다. 이에 따르면 희생제기 위에 올려놓은 희생고기를 '肴'이라고 하는데, 이로 인해서 그 희생제기 자체를 '肴'이라고도 한다. 『의례정의』, 2170쪽 참조.

5_ 중빈들의 ~ 배열되는데 : 이곳의 '上賓'은 長賓을 가리킨다. 중빈들의 위치는 上賓의 위치를 이어서 남쪽으로 배열되기 때문에 서쪽 계단의 아래가 된다. 『의례정의』, 2379쪽 참조.

6_ 두루 ~ 것이니 : 獻의 절차가 다 끝나기를 기다린 후에 말린 고기를 담은 대나무제기·고기젓갈을 담은 나무제기와 희생제기를 진설하는 것은 간략하게 하는 것이다. 연례에서 三卿 이상에게는 獻의 예를 행할 때 곧바로 음식과 희생고기를 올리는데, 大夫에게는 두루 獻의 예를 행한 후에 비로소 음식을 올리는 것도 이와 같은 의미이다. 『의례정의』, 2380쪽 참조.

7_ 헤아려서 ~ 뜻이다 : 호배휘는 '헤아린다'는 것은 나머지 뼈 가운데에서 그 존비를 헤아린다는 뜻이라고 하였다. 성세좌는 "희생제기 위에 올려놓는 것을 '肴'이라고 한다. '體'는 자르지 않은 것을 말하고, '儀'는 정해진 것이 없음을 말한다. 자르지 않은 것을 올리는 것은 형제보다 융성하게 하는 것이고, 정하지 않은 것을 올리는 것은 上賓보다 간략히 하는 것이다. 껍질 부위를 골라내는 것을 '倫'이라 하고, 몸체 부위를 헤아리는 것을 '儀'라고 한다. 이것이 經의 字法이다"(升于俎曰'肴'. '體'者, 言其不折, '儀'者, 言其無定. 不折者, 隆於兄弟, 無定者, 殺于上賓. 擇膚曰'倫', 度體曰'儀'. 此經之字法也)라고 하였다. 왕인지도 정현의 주를 "尊卑의 의식을 헤아려 사용한다"는 뜻으로 해석하는 가공언의 설을 비판하고, '儀'를 '度'(헤아리다)의 뜻으로 보고, "존귀한 희생의 몸체가 이미 다 떨어졌으므로, 나머지 희생의 뼈 가운데에서 그 사용할 만한 것을 헤아려 그것을 사용하는 것이다"라고 정현 주를 해석하였다. 『의례정의』, 2380쪽 참조.

8_ 또한 ~ 올린다 : 호배휘는 上賓의 경우를 유추하여 말한 것이라고 하였고, 성세좌도 창자·위 이하 모두 上賓의 경우와 마찬가지로 진설하는 것이라고 하였다. 『의례정의』, 2380쪽 참조.

9_ 用 : 徐本, 楊氏, 敖氏, 『集釋』, 『通解』, 毛本에는 모두 '用'의 글자가 없다. 완원은 가공언의 소에도 이 글자는 없다고 하였다. 『의례주소』, 1108쪽 교감 참조.

10_ 作'膞' : 毛本에는 '爲曦'로 되어 있으며, 徐本, 『釋文』, 『集釋』, 敖氏에는 모두 '作膞'로 되어 있고, 『通解』에는 '爲膞'로 되어 있다. 완원은 "『五經文字』와 『九經字樣』에는 모두 '膞'의 글자가 없다. 살펴보건대, 葉抄『釋文』에는 '膞'로 되어 있는데, 『集韻』에 '膞는 희생의 몸체와 뼈를 헤아리는 것이다'(膞, 度牲體骨)라고 하였으니, '曦'의 글자는 잘못된 것이다"라고 하였다. 『의례주소』, 1108쪽 교감 참조.

[有司徹17 : 經–88]

이어서 주인은 장빈長賓에게 당 위로 올라오도록 청한다. 주인은 술을 따라 서쪽 계단 위쪽에서 북쪽을 향해 스스로 마심으로써 장빈을 대신하여 작酢의 예를 행한다. 장빈은 주인의 왼쪽에 선다.

乃升長賓. 主人酌, 酢于長賓, 西階上北面. 賓在左.

정현주   주인이 술을 따라 스스로 마심으로써 작酢의 예를 행하는 것은 장빈의 뜻을 이루어 주기 위함이니, 장빈은 신분이 비천하여 감히 작의 예를 행하지 못하기 때문이다.[1] 主人酌自酢, 序賓意, 賓卑不敢酢.

[有司徹17 : 經–89]

주인은 앉아서 술잔을 내려놓고 배례를 하고, 다시 술잔을 잡고서 일어난다. 장빈은 답배를 한다. 주인은 앉아서 술로 고수레를 하고, 그대로 앉은 채로 술을 마시고, 술잔의 술을 다 마신 후 술잔을 잡고 일어나고, 다시 앉아서 술잔을 내려놓은 후 배례를 한다. 장빈은 답배를 한다. 장빈은 당에서 내려온다.

主人坐奠爵, 拜, 執爵以興. 賓答拜. 坐祭, 遂飮, 卒爵, 執爵以興, 坐奠爵, 拜. 賓答拜. 賓降.

당에서 내려와 본래의 위치로 돌아간다.[2] 降反位.

주

1_ 주인이 ~ 때문이다 : 왕중은 정현 주의 '序'를 '邌'로 바꾸고 '逹'의 뜻으로 해석하였으며, 호배휘도 '序'는 '邌'와 발음이 비슷하여 잘못된 것이라고 하였다. 주인은 大夫이고, 長賓은 주인의 諸官으로서 士의 신분이기 때문에 지위가 낮아서 감히 주인과 抗禮를 할 수 없다. 『의례정의』, 2381쪽 참조.

2_ 당에서 ~ 돌아간다 : 서쪽 계단의 서남쪽 위치로 돌아가는 것이다.

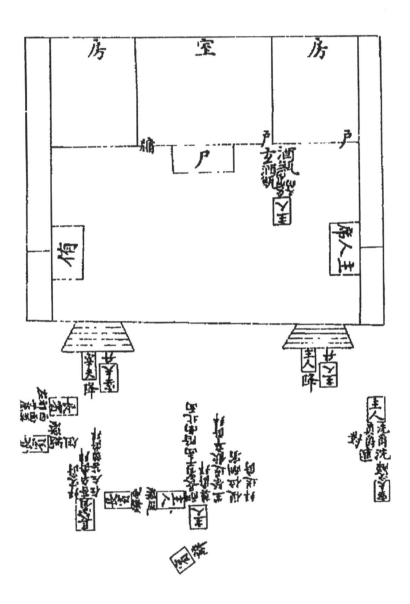

經-90에서 經-91까지는 '주인수장빈主人酬長賓' 즉 주인이 장빈에게 술을 올려 수酬의 예를 행하는 절차이다.

[有司徹17 : 經-90]

재부宰夫는 술잔(觶 : 3승 용량)을 씻은 후 당 위로 올라간다. 주인은 술잔을 받아 술을 따르고, 당에서 내려와 서쪽 계단의 남쪽에서 장빈長賓에게 술을 올려 수酬의 예를 행하는데 북쪽을 향한다. 장빈은 주인의 왼쪽에 선다. 주인은 앉아서 술잔을 내려놓은 후 배례를 한다. 장빈은 답배를 한다. 주인은 앉아서 술로 고수레를 하고, 그대로 앉은 채로 술을 마시고, 술잔의 술을 다 마신 후 배례를 한다. 장빈은 답배를 한다.[1]

宰夫洗觶以升. 主人受, 酌, 降酬長賓于西階南, 北面. 賓在左. 主人坐奠爵, 拜. 賓答拜. 坐祭, 遂飮, 卒爵, 拜. 賓答拜.

정현주   재부는 주인에게 술잔을 건네주었으므로, 주인이 비운 술잔을 받아서 대광주리 안에 넣어 둔다. 고문본에는 '酌'이 '爵'으로 되어 있다. 宰夫授主人觶, 則受其虛爵奠于篚. 古文'酌'爲'爵'.

[有司徹17 : 經-91]

주인이 술잔을 씻으면, 장빈은 씻어 줄 필요가 없다고 사양을 한다. 주인은 앉아서 술잔을 대광주리 안에 넣어 두고 응답을 한다. 주인은 술잔 씻는 일을 마치면, 당 위로 올라가 술잔에 술을 따르고, 다시 당에서 내려와 본래의 위치로 돌아간다.[2] 장빈은 배례를 한 후 술잔을 받는다. 주인은 술잔을 보내준 후 배례를 한다. 장빈은 서쪽을 향해 앉아서 말린 고기를 담은 대나무제기와 고기젓갈을 담은 나무제기의 왼쪽에 술잔을 내려놓는다.

主人洗, 賓辭. 主人坐奠爵于篚, 對. 卒洗, 升酌, 降復位. 賓拜受爵. 主人拜送爵. 賓西面坐奠爵于薦左.

1_ 재부는 술잔을 ~ 한다 : 술잔(觶)은 당 아래에 있고, 술은 당 위에 있고, 長賓의 위
　치는 당 아래에 있기 때문에 宰夫는 술잔을 씻은 후 당 위로 올라가 주인에게 건네
　준다. 주인은 술잔을 받아 술을 따른 후 당에서 내려와서 長賓의 위치에서 酬의 예
　를 행하는데, 주인이 먼저 술을 마셔서 수의 예를 인도한다. 『의례정의』, 2382쪽, 학
　경의 설 참조.

2_ 본래의 위치로 돌아간다 : 성세좌는 서쪽 계단의 남쪽에서 북쪽을 향하는 위치로
　돌아가는 것이라고 하였다. 『의례정의』, 2382쪽 참조.

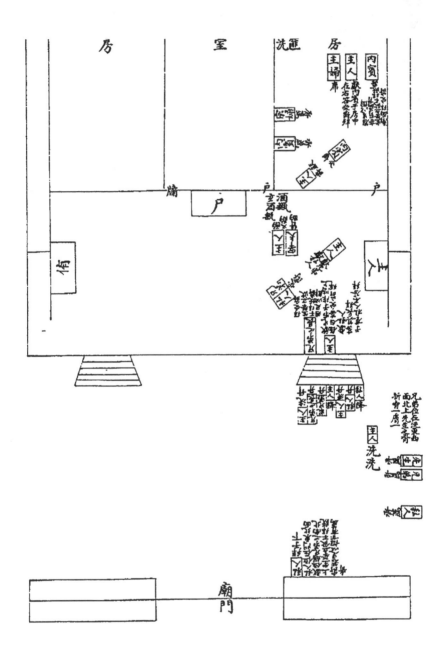

經-92에서 經-95까지는 '주인헌형제主人獻兄弟' 즉 주인이 형제들에게 술을 올려 헌獻의 예를 행하는 절차이다.

[有司徹17 : 經-92]

주인은 술잔을 씻은 후 당 위로 올라가 조계 위쪽에서 형제들에게 술을 올려 헌獻의 예를 행한다. 형제들의 우두머리는 당 위로 올라가 배례를 한 후 술잔을 받는다. 주인은 형제들의 우두머리의 오른쪽에서 답배를 한다. 형제들의 우두머리는 앉아서 술로 고수레를 한 후 서서 술을 마시는데, 술잔의 술을 다 마시게 해 준 것에 배례를 하지는 않는다. 이와 동일한 절차로 중형제들 모두에게 두루 헌獻의 예를 행한다.

主人洗, 升, 酌, 獻兄弟于阼階上. 兄弟之長升, 拜受爵. 主人在其右答拜. 坐祭, 立飮, 不拜旣爵. 皆若是以辯.

정현주   형제들이 나이에 상관없이 모두 서서 술을 마시는 것은 신분이 비천하여 구별되지 않기 때문이니, 대부의 빈은 형제들보다 높인다.[1] 재부에게 술 따르는 일을 돕게 하지 않는 것은 형제들은 친밀함으로 온 것이므로 관직을 가지고 대우하지 않기 때문이다.[2] 兄弟長幼立飮, 賤不別, 大夫之賓尊於兄弟. 宰夫不贊酌者, 兄弟以親昵來, 不以官待之.

중형제들은 한 사람 한 사람 두루 술잔을 받는다. 중형제들의 위치는 물받이 항아리(洗)의 동쪽에서 서쪽을 향하는 곳인데, 북쪽을 윗자리로 삼는다. 중형제들은 당 위로 올라가서 술잔을 받는데, 사인私人이 말린 고기를 담은 대나무제기·고기젓갈을 담은 나무제기와 희생고기를 올려놓은 희생제기를 중형제들 각자의 위치 앞에 진설한다.

辯受爵. 其位在洗東, 西面北上. 升受爵, 其薦俎設于其位.

정현주   또한 두루 헌의 예를 행한 후에 비로소 음식을 진설하는 것이다. 이미 '두루 술잔을 받는다'(辯)라고 말하였는데, 또다시 '당 위로 올라가서 술잔을 받는다'(升受爵)라고 한 것은 중형제들을 위해 말한 것이다. 중형제들은 당 위로 올라가 배례를 하지 않고 술잔을 받는다.[3] 먼저 앞에서 중형제들의 위치를 서술하고 이어서 뒤에서 '말린 고기를 담은 대나무제기·고기젓갈을 담은 나무제기와 희생고기를 올려놓은 희생제기를 중형제들 각자의 위치 앞에 진설한다'고 말한 것은 위치가 처음 이곳에 있었음을 밝힌 것이다. 위치가 주인과 이어지지 않는데, '물받이 항아리(洗)의 동쪽'이라고 한 것은 비천한 사람은 존귀한 사람에게 통섭되기 때문이다. 이곳의 말린 고기를 담은 대나무제기·고기젓갈을 담은 나무제기와 희생고기를 올려놓은 희생제기는 모두 사인私人에게 진설하도록 시킨다. 亦辯獻乃薦. 既云'辯'矣, 復言'升受爵'者, 爲衆兄弟言也. 衆兄弟升不拜受爵. 先著其位於上, 乃後云 '薦俎設於其位', 明位初在是也. 位不繼於主人, 而云'洗東', 卑不統於尊. 此薦俎皆使私人.

[有司徹17 : 經 – 94]

장형제의 희생제기 위에는 잘라 내어 나눈 돼지고기의 왼쪽 앞다
리 뼈 위쪽 부위(折), 갈비뼈(脅) 한 대, 돼지고기의 껍질 부위(膚) 한
조각을 올려놓는다.

其先生之胾, 折, 脅一, 膚一.

정현주　　　　　　　'선생先生'은 장형제長兄弟이다. '절折'은 돼지고기의 왼쪽
앞다리 뼈 위쪽 부위를 잘라 내어 나눈 것이다.[4] '先生', 長兄弟. '折', 豕左肩之折.

[有司徹17 : 經 – 95]

중형제들의 희생제기 위에는 사용하고 남은 희생의 뼈 가운데 쓸
만한 것을 헤아려 올려놓는다.

其衆, 儀也.

1_ 형제들이 ~ 높인다 : 호배휘는 "앞에서 長賓에게 헌의 예를 행할 때에는 앉아서 술을 마시고, 중빈들은 서서 술을 마셨는데, 이곳에서 형제들의 우두머리도 서서 술을 마셔 형제 가운데 어린 사람과 똑같이 하기 때문에 '신분이 비천하여 구별되지 않는다'고 한 것이다. 土禮인 특생궤사례에서는 장빈에게 헌의 예를 행할 때에는 앉아서 술을 마시고, 중빈들에게 헌의 예를 행할 때에는 서서 술을 마신다. 형제들의 우두머리에게 헌의 예를 행할 때에는 장빈의 경우와 마찬가지로 앉아서 술을 마시고, 중형제에게 헌의 예를 행할 때에는 중빈의 경우와 마찬가지로 서서 마신다. 빈과 형제들에 대해서 모두 그 우두머리를 특별 대우해 준다. 그러나 大夫禮인 이곳에서는 빈의 경우 그 우두머리를 특별 대우해 주지만, 형제의 경우에는 그 우두머리를 특별 대우해 주지 않는다. 이 때문에 정현이 '빈은 형제들보다 높인다'고 한 것이다"라고 하였다. 『의례정의』, 2383쪽 참조.

2_ 재부에게 ~ 때문이다 : 앞에서 중빈들에게 헌의 예를 행할 때에는 '재부가 주인이 술 따르는 일을 돕는다'([經-86])고 하였고, 아래에 私人들에게 헌의 예를 행할 때에도 '재부가 주인이 술 따르는 일을 돕는다'([經-98])고 하였다. 형제들에게 헌의 예를 행하는 이곳에서만 '술 따르는 일을 돕는다'고 말하지 않았으므로 주인이 직접 술을 따르는 것임을 알 수 있다. 형제들은 친밀함으로 온 것이므로 관직의 고하로 대하지 않는 것이다. 성세좌는 "형제들에게 헌의 예를 행하는데 그 우두머리를 특별 대우하지 않는 것은 빈보다 낮추기 때문이다. 재부에게 술 따르는 일을 돕도록 하지 않는 것은 형제는 중빈보다 친밀하기 때문이다. 한 번 獻의 예를 행하는 사이에 尊卑의 차등, 親疎의 차등이 모두 충족된다"고 하였다. 『의례정의』, 2383쪽 참조.

3_ 이미 '두루 ~ 받는다 : 호배휘는 "경문에서 '당 위로 올라가서 술잔을 받는다'(升受爵)고 말한 것은 물받이 항아리의 동쪽으로부터 당 위로 올라가는 것임을 밝힌 것이고, 또 술잔을 받을 때에는 모두 조계 위쪽에서 하지만, 말린 고기를 담은 대나무제기·고기젓갈을 담은 나무제기와 희생고기를 올려놓은 희생제기를 진설하는 것은 조계 아래 물받이 항아리의 동쪽에서 하는 것임을 밝힌 것이다"라고 하여 정현이 '升受爵'(당 위로 올라가서 술잔을 받는다)의 3글자를 중형제들을 위해 말한 것이라고 한 것은 잘못이라고 비판하였다. 또 성세좌는 중형제들도 형제들의 우두머리와 마찬가지로 당 위로 올라가 배례를 한 후 술잔을 받는다고 하여 정현의 해석을 경문의 본뜻을 잘못 이해한 것이라고 비판하였다. 『의례정의』, 2383쪽 참조.

4_ '절'은 ~ 것이다 : 정현은 경문의 '折脅膚'를 3가지의 부위로 해석하지만, '折脅'과 '膚'의 2가지 부위를 올리는 것으로 보는 설도 있다. 성세좌는 "'折脅'은 갈비뼈(脅骨)를 자르고 나누어서 희생제기 위에 올려놓는 음식물로 만든 것이다. 舊說(정현)에 '折'과 '脅'을 2가지로 보았지만 잘못된 것이다. 앞에서 長賓의 희생제기 위에는 단지 양고기의 왼쪽 뒷다리 뼈 중앙 부위(羊骼) 한 가지 부위만을 올렸는데([經-82]), 長兄弟에게 어떻게 두 가지 부위를 올릴 수 있겠는가!"라고 하였다. 그러나 호배휘는 "'折'은 온전하지 못한 뼈의 명칭이다. 長賓에게는 양고기의 왼쪽 뒷다리 뼈 중앙 부

위(羊骼) 1조각을 올리지만 온전한 뼈이고, 長兄弟에게는 돼지고기의 앞다리 뼈 위쪽 부위(豕肩)를 올리지만 잘라서 나눈 뼈이다. 또 長賓의 희생제기 위에는 창자·위·중앙 부위를 완전하게 끊어서 자른 허파·돼지고기의 껍질 부위를 올려 모두 5가지 부위를 올리는데, 長兄弟의 희생제기 위에는 단지 3가지 부위뿐이다"라고 하여 정현 주의 해석이 타당하다고 하였다. 『의례정의』, 2385쪽 참조.

經-96에서 經-97까지는 '주인헌내빈主人獻內賓' 즉 주인이 내빈에게 술을 올려 헌獻의 예를 행하는 절차이다.

[有司徹17 : 經-96]

주인은 술잔을 씻은 후 방 안에서 내빈內賓들에게 술을 올려 헌獻의 예를 행한다. 내빈들은 남쪽을 향해 배례를 한 후 술잔을 받는다. 주인은 내빈들의 오른쪽에서 남쪽을 향해 답배를 한다.

主人洗, 獻內賓于房中. 南面拜受爵. 主人南面于其右答拜.

정현주 '내빈內賓'은 고모·자매 및 종부를 가리킨다.[1] 주부의 위치 동쪽에서 헌獻의 예를 행하는 것이다.[2] 주인이 서쪽을 향하지 않는 것은 존귀하여 함께 빈과 주인의 예를 행하지 않기 때문이다. 내빈들의 오른쪽에서 남쪽을 향하는 것은 주인의 위치는 항상 다른 사람들을 왼쪽에 두기 때문이다. '內賓', 姑姊妹及宗婦. 獻于主婦之席東. 主人不西面, 尊, 不與爲賓主禮也. 南面於其右, 主人之位恒左人.

[有司徹17 : 經-97]

헌의 예를 받는 사람은 앉아서 술로 고수레를 한 후 서서 술을 마시는데, 술잔의 술을 다 마시게 해 준 것에 배례를 하지는 않는다. 이와 동일한 절차로 내빈들 한 사람 한 사람에게 두루 헌獻의 예를

행하는데, 또한 말린 고기를 담은 대나무제기·고기젓갈을 담은
나무제기와 희생고기를 올려놓은 희생제기를 진설한다.
坐祭, 立飮, 不拜旣爵. 若是以辯, 亦有薦羞.

정현주 또한 이들의 위치 앞에 말린 고기를 담은 대나무제기·고
기젓갈을 담은 나무제기와 희생고기를 올려놓은 희생제기를 진설한다. 「특
생궤사례」의 기記에 "내빈들은 방 안 서쪽 벽 아래에서 동쪽을 향해 서는데,
남쪽을 윗자리로 삼는다. 종부들은 북당北堂에서 동쪽을 향해 서는데, 북쪽
을 윗자리로 삼는다"[3]고 하였다. 亦設薦羞於其位. 「特牲饋食禮」記曰, "內賓立于
房中西墻下, 東面南上. 宗婦北堂東面, 北上."

1_ '내빈'은 ~ 가리킨다 : 정현은 [특생궤사례15 : 經-137]의 주에서 "'內兄弟'는 內賓과 宗婦를 가리킨다"고 하였고, 또 [특생궤사례15 : 記-22]의 주에서는 "內賓은 고모와 자매를 가리킨다. '宗婦'는 族人의 부인이다"라고 하여 內賓과 宗婦를 구별하였다. 호배휘는 이곳 정현의 주에서 內賓을 '姑‧姉妹 및 宗婦'라고 한 것은 경문의 '內賓'에 는 宗婦가 포함되어야 하는데 이를 말하지 않았기 때문에 주에서 보충한 것이라고 해석한다. 『의례정의』, 2385쪽 참조.

2_ 주부의 ~ 것이다 : 앞의 『흠정의례의소』, 「主人獻兄弟內賓及私人圖」 참조.

3_ 내빈들은 ~ 삼는다 : [특생궤사례15 : 記-22] 참조.

經-98에서 經-99까지는 주인이 사인들에게 술을 올려 헌獻의 예를 행하여 신神의 은혜를 골고루 미치게 하는 절차이다.

[有司徹17 : 經-98]

주인은 당에서 내려와 술잔을 씻은 후 당 위로 올라가 조계阼階 위쪽에서 사인私人들에게 술을 올려 헌獻의 예를 행한다. 사인들은 조계의 아래에서 배례를 한 후 당 위로 올라가 술잔을 받는다. 주인은 사인들의 우두머리의 배례에만 답배를 한다. 이어서 사인들은 당에서 내려와 앉아서 술로 고수레를 한 후 서서 술을 마시는데, 술잔의 술을 다 마시게 해 준 것에 배례를 하지는 않는다. 이와 동일한 절차로 사인들 한 사람 한 사람에게 두루 헌의 예를 행한다. 재부宰夫는 주인이 술 따르는 일을 돕는다. 주인은 군사인群私人들에게는 답배를 하지 않는다.[1] 사인들의 위치는 형제들 위치의 남쪽으로 이어지는데, 또한 북쪽을 윗자리로 삼는다. 또한 말린 고기를 담은 대나무제기·고기젓갈을 담은 나무제기와 희생고기를 올려놓은 희생제기를 진설한다.

主人降洗, 升, 獻私人于阼階上. 拜于下, 升受. 主人答其長拜. 乃降, 坐祭, 立飮, 不拜旣爵. 若是以辯. 宰夫贊主人酌. 主人於其群私人不答拜. 其位繼兄弟之南, 亦北上. 亦有薦俎.

정현주   '사인私人'은 가신家臣으로서, 대부 스스로가 임명한 사람들이다.[2] 대부의 신하를 '사인'이라고 말하는 것은 순수하게 신하로 여기지 않음을 밝힌 것이다.[3] 사士의 신하를 '사신私臣'이라고 말하는 것은 군주의 도리가 있음을 밝히는 것이다.[4] '북쪽을 윗자리로 삼는다'(北上)는 것은 감히 그 자리를 혼자 독차지하지 못한다는 뜻이다.[5] '또한 말린 고기를 담은 대나무제기·고기젓갈을 담은 나무제기와 희생고기를 올려놓은 희생제기를 진설한다'(亦有薦俎)는 것은 처음에는 또한 북쪽을 향해 중빈들의 뒤에 있다는 뜻이다. '이어진다'(繼)라고 말한 것은 술잔을 올려 헌의 예를 행한 이후에 근거해서 문장을 만든 것이다. 무릇 헌의 예를 행할 때 위치가 정해진다.[6]

'私人', 家臣, 己所自謁除也. 大夫言'私人', 明不純臣也. 士言'私臣', 明有君之道. '北上', 不敢專其位. '亦有薦俎', 初亦北面在衆賓之後爾. 言'繼'者, 以爵旣獻爲文. 凡獻, 位定.

[有司徹17 : 經 - 99]

주인은 자리(筵)로 나아간다.

主人就筵.

정현주 고문본에는 '升就筵'(당 위로 올라가 자리로 나아간다)라고 하였다. 古文曰, '升就筵'.

1_ 주인은 ~ 않는다 : 사인들에게 獻의 예를 행할 때 주인이 당에서 내려와 술잔을 씻는 것은 獻의 예를 중하게 여기기 때문이다. 私人들이 당 아래에서 배례를 하고, 당 아래로 내려와서 술을 마시는 것은 신분이 비천하기 때문이다. 사인들은 비천하기 때문에 주인은 그 우두머리에게만 답배를 하고 그 나머지 群私人들에게는 답배를 하지 않는다. 『의례정의』, 2386쪽, 오계공의 설 참조.

2_ '사인'은 ~ 사람들이다 : 가공언에 의하면 公士가 군주의 명으로 임명된 사람이라면, 私人은 대부 스스로가 군주에게 아뢰어 청해서 그 課役을 면제해 주고 보임한 사람들이다. 『의례주소』, 1112쪽 참조.

3_ 대부의 ~ 것이다 : 『예기』 「玉藻」에 "(신하로서 섬기지 않는) 대부에 대해서는 '外私'라고 칭한다"(於大夫曰'外私')라고 한 것에 대해 정현은 "사가 신하로서 섬기는 대부에 대해서는 '私人'이라고 한다"(士臣於大夫者, 曰'私人')고 하였다. 호광충은 "『예기』 「郊特牲」에 '대부의 신하는 (대부인 주인에게) 이마를 바닥에 대면서 배례를 하지 않는다. 그것은 가신을 높이기 때문이 아니라, 한 나라에 두 명의 군주가 있다는 혐의를 피하기 위함이다'(大夫之臣不稽首, 非尊家臣, 以辟君也)라고 한 것도 순수하게 신하로 여기지 않는 의리이다"라고 하였다. 『의례정의』, 2387쪽 참조.

4_ 사의 ~ 것이다 : 호배휘는 "士는 비천하여 군주와 항례한다는 혐의를 받지 않는다"고 하였고, 저인량은 "私人이라고 말하는 것은 혐의를 구별하기 위함이고, 私臣이라고 말하는 것은 신분을 정하는 것이다"라고 하였다. 『의례의소』에서는 "이곳의 정현 주에서 士에게 군주의 도리가 있다고 하였으므로, 다른 곳의 주에서 '士에게는 신하가 없다'고 한 것은 잘못이다"라고 하였다. 『의례정의』, 2387쪽 참조.

5_ '북쪽을 ~ 뜻이다 : 이여규는 "獻의 예를 마친 후 비로소 형제들의 남쪽에 위치하여 북쪽을 윗자리로 삼으면서 형제들의 위치에 이어지고, 감히 별도로 스스로의 열을 만들지 못한다. 무릇 자리를 독점하는 자는 방향은 비록 같지만 모두 별도로 스스로 윗자리가 된다"고 하였고, 호배휘는 "형제들은 북쪽을 윗자리로 삼는데, 이곳에서 私人들은 그 남쪽에 있으면서 또한 북쪽을 윗자리로 삼는다. 이것이 감히 그 자리를 독점하지 않는다는 뜻이다"라고 하였다. 『의례정의』, 2387쪽 참조.

6_ '또한 말린 고기를 ~ 정해진다 : 처음 私人들은 獻의 술잔을 받기 이전에는 정해진 위치가 없이 묘문 안의 동쪽에서 중빈들의 뒤에 있었는데, 獻의 예를 마친 후에 비로소 말린 고기를 담은 대나무제기(脯)·고기젓갈을 담은 나무제기(醢)와 희생고기를 올려놓은 희생제기(牪)가 진설된 곳에 위치한다. 이때 비로소 위치가 정해진다. 『의례정의』, 2388쪽 참조.

「시작지작급헌작도尸作止爵及獻酢圖」

(淸),『흠정의례의소』

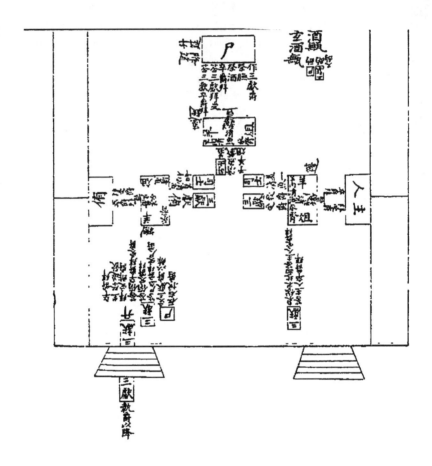

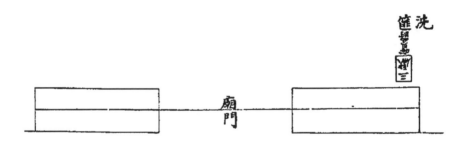

經-100에서 經-105까지는 상빈이 시동(尸)·유유·주인主人에게 술을 올려 헌獻의 예를 행하여 삼헌三獻의 예가 완성되는 절차이다. ① 시작작尸作爵, ② 헌유獻侑, ③ 치작주인致爵主人, ④ 수시작受尸酢 등 4개의 작은 절차로 구성된다.

[有司徹17 : 經 – 100]

시동은 삼헌三獻(上賓)의 술잔[1]을 들어 올린다.

尸作三獻之爵.

상빈上賓이 헌獻의 예를 행했던 술잔이다.[2] '삼헌(상빈)이 술잔을 들어 올리도록 청한다'(三獻作之)라고 말하지 않은 것은 시동을 빈객으로 예우하여 시동이 더욱 지위가 낮아졌으니, 시동 스스로 들어 올릴 수 있기 때문이다.[3] 上賓所獻爵. 不言'三獻作之'者, 賓尸而尸益卑, 可以自擧.

[有司徹17 : 經 – 101]

사사司士는 시동에게 국물에 담겨 있던 생선(湆魚)[4]을 진상하는데, 세로로 희생제기를 잡고서 당 위로 올라간다. 시동은 생선의 뱃살로 요리한 큰 저민 고기(膴祭)를 집어 들어 그것으로 고수레를 하고 또 술로 고수레를 한 후 술잔의 술을 다 마신다.

司士羞湆魚, 縮執俎以升. 尸取膴祭祭之, 祭酒, 卒爵.

생선이 들어가지 않은 생선국물(魚匕湆)을 진상하지 않는 것은 작은 맛을 간략히 하고 작게 하는 것이다. 양고기의 경우 희생고기를 올려놓는 정식의 희생제기(正俎)가 있고, 또 고기가 들어가지 않은 양고기 국물(匕湆)과 고기가 들어간 양고기 국물(肉湆)을 진상하는데, 돼지고기의 경우에는 희생고기를 올려놓는 정식의 희생제기가 없고, 생선의 경우에는 생선이 들어가지 않은 생선국물조차 진상하지 않는 것은 높이고 낮추는 차이이다.[5] 不羞魚匕湆, 略小味也. 羊有正俎, 羞匕湆·肉湆, 豕無正俎, 魚無匕湆, 隆汙之殺.

[有司徹17 : 經 – 102]

사사司士는 생선을 올려놓은 희생제기(魚俎)를 양고기를 올려놓는 희생제기(羊俎)의 남쪽에 세로로 내려놓고, 생선을 양고기를 올려놓는 희생제기 위에 가로로 올려놓는다. 올려놓는 일을 마치면, 이어서 생선을 올려놓았던 희생제기를 세로로 잡고서 당에서 내려온다. 시동은 술잔을 내려놓은 후 배례를 한다. 삼헌三獻(上賓)은 북쪽을 향해 답배를 한 후 시동이 비운 술잔을 받고, 이어서 술을 따라 유侑에게 헌獻의 예를 행한다. 유는 배례를 한 후 술잔을 받는다. 삼헌은 북쪽을 향해 답배를 한다. 사마司馬는 유에게 국물에 담겨 있던 생선(湆魚) 한 마리를 진상하는데, 시동에게 진상할 때와 동일한 절차로 한다. 유는 술잔의 술을 다 마신 후 배례를 한다. 삼헌은 답배를 한 후 유가 비운 술잔을 받는다.

司士縮奠俎于羊俎南, 橫載于羊俎. 卒, 乃縮執俎以降. 尸奠爵, 拜. 三獻北面答拜, 受爵, 酌, 獻侑. 侑拜受. 三獻北面答拜. 司馬羞湆魚一, 如尸禮. 卒爵, 拜. 三獻答拜, 受爵.

정현주   사마가 국물에 담겨 있던 생선을 진상하는 것은 시동의
경우와 달리하는 것이다.⁶ 司馬羞湆魚, 變於尸.

[有司徹17 : 經 – 103]

삼헌(상빈)은 술잔에 술을 따른 후 주인에게 보내준다. 주인은 배례
를 한 후 술잔을 받는다. 삼헌은 당 위 동쪽 기둥의 동쪽에서 북쪽
을 향해 답배를 한다.

酌, 致主人. 主人拜受爵. 三獻東楹東, 北面答拜.

정현주   상빈이 당 위 동쪽 기둥의 동쪽에서 배례를 하는 것은 주
인이 자리에서 배례를 한 후 술잔을 받기 때문에 그곳으로 나아가는 것이
다.⁷ 賓拜於東楹東, 以主人拜受於席, 就之.

[有司徹17 : 經 – 104]

사사司士는 주인에게 국물에 담겨 있던 생선 한 마리를 진상하는
데, 시동에게 올릴 때와 동일한 절차로 한다. 주인은 술잔의 술을
다 마신 후 배례를 한다. 삼헌(상빈)은 답배를 한 후 주인이 비운 술
잔을 받는다. 시동은 자리에서 내려와 삼헌에게 술잔을 받아서 술
을 따른 후 삼헌에게 작酢의 예를 행한다.

司士羞一湆魚, 如尸禮. 卒爵, 拜. 三獻答拜, 受爵. 尸降筵, 受三獻爵, 酌以酢之.

정현주 상빈이 이미 주인에게 술잔을 보내주었는데, 시동이 이
때에 상빈에게 작酢의 예를 행하는 것은 상빈의 뜻을 이루어주기 위함이
다.[8] 既致主人, 尸乃酢之, 遂賓意.

[有司徹17 : 經 – 105]

삼헌(상빈)은 당 위 서쪽 기둥의 서쪽에서 북쪽을 향해 배례를 한
후 술잔을 받는다. 시동은 삼헌의 오른쪽에서 술잔을 건네준다.
시동은 자리(筵) 위로 올라가서 남쪽을 향해 답배를 한다. 삼헌은
앉아서 술로 고수레를 하고, 그대로 앉은 채로 술을 마시고, 술잔
의 술을 다 마신 후 배례를 한다. 시동은 답배를 한다. 삼헌은 술잔
을 잡고 당에서 내려와 대광주리 안에 넣어 둔다.

三獻西楹西, 北面拜, 受爵. 尸在其右以授之. 尸升筵, 南面答拜. 坐
祭, 遂飮, 卒爵, 拜. 尸答拜. 執爵以降, 實于篚.

1_ 삼헌의 술잔 : '三獻'은 上賓을 가리킨다. 上賓이 시동에게 술을 올려 三獻의 禮를 행하기 때문에 그 일에 의거하여 上賓을 '三獻'이라 명명한 것이다. [특생궤사례15 : 經 -122]의 "삼헌(賓)은 시동에게 내려놓았던 술잔을 들어서 마시도록 청한다"(三獻作止爵)고 한 것에 대해 정현은 "(三獻은) 賓을 가리키는데, '三獻'이라고 한 것은 일을 가지고 명명한 것이다"(賓也, 謂三獻者, 以事命之)라고 하였다.

2_ 상빈이 ~ 술잔이다 : 이때 시동의 자리 앞에는 두 개의 술잔이 놓여 있다. 하나는 上賓이 시동에게 三獻의 예를 행했을 때 시동이 고기젓갈을 담은 나무제기의 왼쪽에 내려놓았던 술잔이고([經-77]), 다른 하나는 主人이 시동에게 酬의 예를 행했을 때 시동이 고기젓갈을 담은 나무제기의 왼쪽에 내려놓았던 술잔이다([經-79]). 이 가운데 시동은 上賓이 삼헌을 행했던 술잔을 들어 올려서 마신다는 뜻이다.

3_ '삼헌이 ~ 때문이다 : [특생궤사례15 : 經-122]에서는 "三獻(賓)은 시동에게 내려놓았던 술잔을 들어서 마시도록 청한다"(三獻作止爵)고 하였다. 이는 빈이 시동에게 술잔을 들어 올리도록 청하는 것이다. 이곳에서는 시동이 스스로 술잔을 들어 올린다. 시동의 지위가 낮아져서 빈의 도리로 자처하는 것이다. 『의례정의』, 2388~2389쪽 참조.

4_ 국물에 담겨 있던 생선 : 채덕진은 '湆魚'는 생선이 국물 속에 있는 것을 말한다(魚在 湆中者也)고 하였다. 『의례정의』, 2389쪽 참조.

5_ 양고기의 경우 ~ 차이이다 : 양고기를 올려놓는 희생제기(羊俎)와 돼지고기를 올려놓는 희생제기(豕俎)에는, 모두 고기가 들어가지 않은 고기국물(匕湆)을 올려놓는 것과 대비하여 말한 것이다. 주인이 시동에게 獻의 예를 행할 때에는 고기가 들어가지 않은 양고기 국물(匕湆)을 진상한다. 주부가 시동에게 獻의 예를 행할 때에는 고기가 들어가지 않은 돼지고기 국물(匕湆)을 진상한다. 돼지고기의 경우에는 희생고기를 올려놓는 정식의 희생제기(正俎)는 없지만 고기가 들어가지 않은 돼지고기 국물(匕湆)은 있는데, 생선의 경우에는 생선을 올려놓는 정식의 희생제기(正 俎)뿐 아니라 생선이 들어가지 않은 생선국물(匕湆)마저도 없다. 이것이 3가지의 차이이다. 『의례정의』, 2389쪽 참조.

6_ 사마가 ~ 것이다 : 정현은 시동에게 국물에 담겨 있던 생선을 진상할 때에는 司士 에게 시켰는데([經-101]), 侑에게 진상할 때에는 司馬에게 시키므로 시동의 경우와 달리하는 것이라고 한 것이다. 그러나 오계공은 이 경문의 '司馬'는 '司士'의 잘못이라고 하였다. 경문의 위아래에 司士가 국물에 담겨 있던 생선을 진상하는 것으로 되어 있는데 이곳에서만 司馬에게 시킬 리가 없으며, 또 司馬는 양고기를 올려놓은 희생제기(羊俎)를 주관할 뿐 국물에 담겨 있던 생선을 진상하는 것은 司馬의 일이 아니라고 하였다. 진혜전도 경문에 분명히 '국물에 담겨 있던 생선을 진상하는데, 시동에게 진상할 때와 동일한 절차로 한다'고 하였으므로 결코 담당자가 바뀔 이유가 없다고 하여 오계공의 설에 동조한다. 『의례정의』, 2430쪽, 교감기 참조.

7_ 상빈이 ~ 것이다 : 저인량은 주인이 상빈에게 술을 올려 獻의 예를 행할 때에는 서

쪽 계단 위쪽으로 나아가서 하고, 상빈이 주인에게 술잔을 보내줄 때에는 주인의 자리로 나아가 당 위 동쪽 기둥의 동쪽에서 배례를 하는데, 이는 모두 빈과 주인이 대등하지 않기 때문이라고 하였다. 가공언은 빈은 본래 서쪽 계단 위쪽에서 배례를 해야 하는데, 이제 당 위 동쪽 기둥의 동쪽에서 하는 것은 주인의 자리가 조계 위쪽에 있기 때문에 당 위 동쪽 기둥의 동쪽으로 나아가서 배례를 하는 것이라고 하였다. 호배휘, 『의례정의』, 2390쪽 및 『의례의소』, 1113쪽, 가공언의 소 참조.

8_ 이미 주인에게 ~ 위함이다 : 앞의 [經-100]에서 시동은 상빈의 술잔을 들어 올린 후 곧바로 上賓에게 酢의 예를 행해야 했는데, 上賓이 侑에게 헌의 예를 행하고, 주인에게 술잔을 보내 주는 禮가 끝나기를 기다렸다가 이때에 비로소 상빈에게 酢의 예를 행하게 된 것이다. 이는 上賓의 뜻을 이루어 주기 위함이다. 『의례정의』, 2390쪽 참조.

「이인거치여수도二人擧觶旅酬圖」

(淸), 『흠정의례의소』

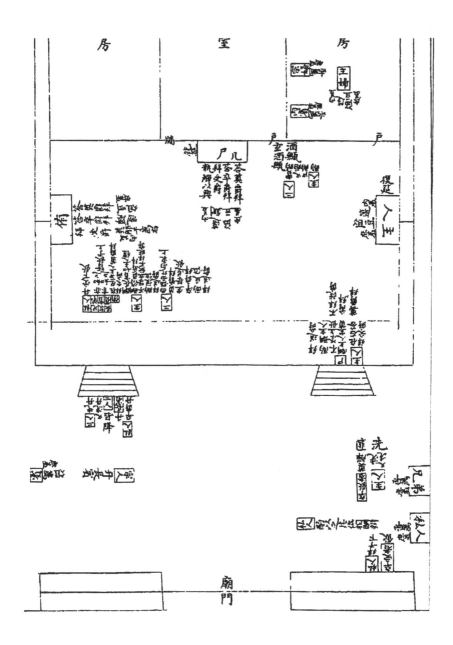

經-106에서 經-127까지는 여수旅酬와 무산작無算爵의 의절로서, 이것으로 빈시례儐尸禮가 끝난다. 經-106에서 經-117까지는 두 사람이 술잔을 들어 올려 여수의 예를 행하는 절차이다.

[有司徹17 : 經-106]

두 사람이 술잔(觶 : 3升 용량)을 씻고[1] 당 위로 올라가 술잔에 술을 채운 후 당 위 서쪽 기둥의 서쪽에서 북쪽을 향하는데, 동쪽을 윗자리로 삼는다.[2] 이어서 앉아서 술잔을 내려놓고 배례를 한 후 술잔을 잡고 일어난다. 시동과 유는 답배를 한다. 두 사람은 앉아서 술로 고수레를 하고, 그대로 앉은 채로 술을 마시고, 술잔의 술을 다 마신 후 술잔을 잡고서 일어나고, 다시 앉아서 술잔을 내려놓은 후 배례를 한다. 시동과 유는 답배를 한다. 두 사람 모두 당에서 내려온다.

二人洗觶, 升, 實爵, 西楹西, 北面東上. 坐奠爵, 拜, 執爵以興. 尸·侑答拜. 坐祭, 遂飮, 卒爵, 執爵以興, 坐奠爵, 拜. 尸·侑答拜. 皆降.

정현주 　　　　　삼헌三獻의 예를 마쳐서 예가 조금 완성되었으니, 두 사람으로 하여금 술잔을 들어 올려서 시동과 유에게 은근한 마음을 펴게 하는 것이다.[3] 三獻而禮小成, 使二人擧爵, 序殷勤於尸侑.

[有司徹17 : 經-107]

두 사람은 술잔을 씻고 당 위로 올라가 술을 따른 후 당 위 서쪽 기둥의 서쪽에서 북쪽을 향하는 본래의 위치로 돌아온다. 시동과 유는 모두 배례를 한 후 술잔을 받는다. 술잔을 들어 올리는 두 사람은 모두 술잔을 보내준 후 배례를 한다. 유는 술잔을 자리의 오른쪽에 내려놓는다.

洗, 升, 酌, 反位. 尸·侑皆拜受爵. 舉觶者皆拜送. 侑奠觶于右.

정현주 '술잔을 자리의 오른쪽에 내려놓는다'(奠于右)는 것은 술잔을 들지 않는다는 뜻이다.[4] 신의 은혜를 베푸는데 오른쪽의 술잔을 들지 않는 것은 술을 마시는 경우와 달리하는 것이다.[5] '奠于右'者, 不舉也. 神惠右不舉, 變於飮酒.

[有司徹17 : 經 – 108]

시동은 곧바로 술잔을 잡고 일어나서 조계阼階 위쪽에서 북쪽을 향해 주인에게 수酬의 예를 행하는데,[6] 주인은 시동의 오른쪽에 선다.

尸遂執觶以興, 北面于阼階上酬主人, 主人在右.

정현주 시동이 조계 위쪽에서 배례를 하는 것은 수酬의 예는 강쇄하기 때문이다.[7] 尸拜於阼階上, 酬禮殺.

[有司徹17 : 經 – 109]

시동은 앉아서 술잔을 내려놓은 후 배례를 한다. 주인은 답배를 한다. 시동은 술로 고수레를 하지 않고, 서서 술을 마시고, 술잔의

술을 다 마시지만, 술잔의 술을 다 마시게 해 준 것에 배례를 하지
는 않는다.[8] 시동은 술잔에 술을 따르고 조계 위쪽으로 나아가 주
인에게 수鮃의 예를 행한다.

坐奠爵, 拜. 主人答拜. 不祭, 立飮, 卒爵, 不拜旣爵. 酌, 就于阼階上
酬主人.

정현주   '나아간다'(就)라고 말한 것은 주인이 서서 기다리고 있기
때문이다. 言'就'者, 主人立待之.

[有司徹17 : 經 – 110]

주인은 배례를 한 후 술잔을 받는다. 시동은 술잔을 보내 준 후 배
례를 한다.

主人拜受爵. 尸拜送.

정현주   수鮃의 예를 행한 후 술잔을 내려놓지 않는 것은 유侑에
게 수의 예를 행하는 것을 급하게 여기기 때문이다. 酬不奠者, 急酬侑也.

[有司徹17 : 經 – 111]

시동은 자리(筵)로 나아간다. 주인은 시동에게 받은 술잔으로 당
위 서쪽 기둥의 서쪽에서 유侑에게 수의 예를 행하는데, 유는 주인
의 왼쪽에 선다. 주인은 앉아서 술잔을 내려놓은 후 유에게 배례
를 하고, 다시 술잔을 잡고 일어난다. 유는 답배를 한다. 주인은 술

로 고수레를 하지 않고, 서서 술을 마시고, 술잔의 술을 다 마시지만, 술잔의 술을 다 마시게 해 준 것에 배례를 하지는 않는다.[9] 주인은 술잔에 술을 따른 후 본래의 위치로 돌아가 유에게 수酬의 예를 행한다. 유는 배례를 한 후 술잔을 받는다. 주인은 술잔을 보내준 후 배례를 한다.

尸就筵. 主人以酬侑于西楹西, 侑在左. 坐奠爵, 拜, 執爵興. 侑答拜. 不祭, 立飲, 卒爵, 不拜旣爵. 酌, 復位. 侑拜受. 主人拜送.

'술잔에 술을 따른 후 본래의 위치로 돌아간다'(酌復位)고 말한 것은 서쪽 계단 위쪽에서 술잔을 건네준다는 뜻을 밝힌 것이다.[10] 言'酌復位', 明受[11]於西階上.

[有司徹17 : 經−112]

주인은 자리 위로 돌아오고, 이어서 장빈長賓을 당 위로 올라오도록 한다. 유侑는 장빈에게 술을 올려 수酬의 예를 행하는데, 주인이 유에게 할 때와 동일한 절차로 한다.

主人復筵, 乃升長賓. 侑酬之, 如主人之禮.

이어서 여수旅酬를 행한다. '장빈을 당 위로 올라오도록 한다'(升長賓)고 하였으므로 찬자贊者가 있어 부르게 하는 것이다. 遂旅也. 言'升長賓', 則有贊呼之.

유가 중빈들에게 수의 예를 행하고, 이어서 장빈이 형제들에게 수의 예를 행하는데, 또한 유가 장빈에게 할 때와 동일한 절차로 하고, 모두 서쪽 계단의 위쪽에서 술을 마신다.¹²

至于衆賓, 遂及兄弟, 亦如之, 皆飮于上.

정현주   '위'(上)는 서쪽 계단의 위쪽을 가리킨다. '上', 西階上.

[有司徹17 : 經 – 114]

이어서 사인私人들에게까지 수醻의 예가 미친다. 배례를 한 후 술잔을 받는 사인들의 우두머리는 당 아래에서 배례를 한 후 당 위로 올라가서 술잔을 받고, 다시 당 아래에서 술을 마신다.

遂及私人. 拜受者升受, 下飮.

정현주   사인들의 우두머리는 당 아래에서 배례를 하고, 당 위로 올라가서 형제의 술잔을 받고, 당 아래로 내려와서 술을 마신다. 私人之長拜於下, 升受兄弟之爵, 下飮之.

[有司徹17 : 經 – 115]

사인私人들의 우두머리는 술잔의 술을 다 마신 후 당 위로 올라가 술잔에 술을 따르고, 다시 그 술잔을 가지고 나머지 사인들의 위치로 나아간다.¹³ 사인들은 서로 술을 올려 수醻의 예를 행하는데, 사

인들의 우두머리와 동일한 절차로 한 사람 한 사람 두루 수의 예
를 행한다.
卒爵, 升酌, 以之其位. 相酬辯.

정현주　　　　　　　　'사인들의 위치'(其位)는 형제들의 남쪽의 위치이니, 또한
배례를 한 후 술잔을 받고, 술잔을 보낸 후 배례를 한다. 당 위로 올라가 술
잔에 술을 따를 때에는 서쪽 계단을 통해 올라간다. '其位', 兄弟南位, 亦拜受,
拜送. 升酌由西階.

[有司徹17 : 經 – 116]
마지막으로 술을 마신 사인은 술잔을 대광주리 안에 넣어 둔다.[14]
卒飮者實爵于篚.

정현주　　　　　　　　마지막으로 수酬의 술잔을 받은 사람은 비록 술잔을 돌
릴 상대는 없지만 오히려 술을 마신다.[15] 未[16]受酬者, 雖無所旅, 猶飮.

[有司徹17 : 經 – 117]
이어서 여러 가지 맛난 음식(庶羞)을 빈·형제·내빈 및 사인들에게
진상한다.
乃羞庶羞于賓·兄弟·內賓及私人.

정현주　　　　　방 안에 진열하는 맛난 음식(房中之羞)을 진상하지 않는

것은 이들의 신분이 비천하기 때문이다.[17] 이 음식들은 동시에 진상하는 것이므로, 술을 따라 방 안에서도 여수旅酬의 예를 행한다.[18] 그 처음에는 주부가 술잔을 들어 올려 내빈에게 수酬의 예를 행하고, 이어서 종부에게까지 미친다. 無房中之羞, 賤也. 此羞同時羞, 則酌房中亦旅. 其始, 主婦擧酬於內賓, 遂及宗婦.

1_ 두 사람이 술잔을 씻고 : 두 사람은 有司의 贊者이다. 장차 旅酬의 禮를 행하기 위해 술잔을 씻는 것이다. 호배휘는 이상으로 주인, 주부, 상빈이 시동에게 삼헌의 예를 행함으로써 儐尸의 예가 이미 조금 완성되었는데, 다시 두 사람으로 하여금 술잔 (觶)을 들어 올리게 하여 旅酬의 예를 행함으로써 시동과 유가 은근한 마음을 펼치고 기뻐하는 마음을 다하게 하는 것이라고 하였다. 『의례정의』, 2391쪽 참조.

2_ 동쪽을 윗자리로 삼는다 : 성세좌에 의하면 시동에게 술잔을 들어 올리는 사람이 동쪽에 있고, 유에게 술잔을 들어올리는 사람이 서쪽에 있다. 『의례정의』, 2391쪽 참조.

3_ 삼헌의 ~ 것이다 : 三獻의 禮는 주인이 시동에게 初獻을 하고, 주부가 시동에게 亞獻을 하고, 賓長이 시동에게 三獻(終獻)하는 것을 말한다. 매번 獻을 하는 중간에 酢·酬·致爵 등의 일이 있지만 三獻을 큰 줄기로 삼는다. 儐尸의 禮는 이때에 이르러 조금 완성된다. 獻을 할 때에는 禮儀가 엄숙하지만, 旅酬·無算爵은 기쁜 마음을 다하는 것이다. 이 때문에 두 사람으로 하여금 술잔(觶)을 들어 올려 시동과 유에게 은근한 마음을 펼치게 한다. 양복에 의하면, 「향음주례」, 「향사례」, 「특생궤사례」에서는 모두 1인이 술잔을 들어 올려 旅酬의 시작을 알리고, 2인이 술잔을 들어 올려 無算爵의 시작을 알리는데, 이곳에서 2인이 술잔을 들어 올려 旅酬의 시작을 알리는 것은 儐尸의 예는 별도의 한 가지 의례이기 때문에 다른 것이다. 『의례정의』, 2391쪽 참조.

4_ '술잔을 ~ 뜻이다 : 왕사양에 의하면 侑의 술잔은 들지 않는다는 뜻인데, 侑는 감히 시동과 나란히 예를 행할 수 없기 때문에 주인은 시동의 술잔만을 사용하여 酬의 예를 행한다. 저인량은 "시동과 유는 동시에 두 사람의 술잔을 받는데, 유는 술잔을 내려놓고, 시동은 술잔을 집어 들어서 여수의 시작을 삼는다"고 하였다. 『의례정의』, 2392쪽 참조.

5_ 신의 ~ 것이다 : 旅酬와 無算爵은 신의 은혜를 뜰에 퍼지게 하려는 것이므로 음주를 할 때 술을 마시는 사람이 술잔을 오른쪽에 내려놓는 것과 다르다는 뜻이다.

6_ 시동은 ~ 행하는데 : 호배휘는 경문에서 '遂'라고 한 것은 술잔을 받은 즉시 그 술잔을 잡고서 주인에게 酬의 예를 행한다는 뜻으로, 술잔을 내려놓지 않음을 밝힌 것이라고 하였다. 『의례정의』, 2392쪽 참조.

7_ 시동이 ~ 때문이다 : 앞의 [經-52] '尸酢主人' 즉 시동이 주인에게 술을 올려 酢의 禮를 행할 때, 주인은 당 위 동쪽 기둥의 동쪽에서 북쪽을 향해 배례를 한 후 술잔을 받고, 시동은 당 위 서쪽 기둥의 서쪽에서 북쪽을 향해 답배를 하였는데, 이는 각각 자신의 계단 위쪽에서 하는 것이다. 이곳에서 '尸酬主人' 즉 시동이 주인에게 酬의 禮를 행하는데, 주인과 시동이 똑같이 조계 위쪽에서 배례를 하기 때문에 '수의 예는 강쇄한다'고 한 것이다. 『의례주소』, 1114쪽, 가공언의 소 참조.

8_ 시동은 앉아서 ~ 않는다 : '尸酬主人'의 禮를 행할 때 시동은 먼저 술을 마시고 이어서 술잔에 술을 따르고 주인에게 나아간다.

9_ 주인은 ~ 않는다 : 주인이 侑에게 酬의 예를 행할 때에도 시동이 주인에게 할 때와 마찬가지로 주인은 먼저 술을 마신 후 술잔에 술을 따라 유에게 건네준다.

10_ '술잔에 ~ 것이다 : 서쪽 계단의 위쪽은 당 위 서쪽 기둥의 서쪽이다. 주인은 서쪽 계단의 위쪽인 侑의 오른쪽의 위치로 돌아와서 侑에게 술잔을 건네준다는 뜻이다.

11_ 受 : 『의례정의』, 2393쪽에는 '受'가 '授'로 되어 있다. 이에 따라 번역한다.

12_ 모두 서쪽 계단의 ~ 마신다 : 강조석과 진혜전의 설에 따르면, 시동이 주인에게 酬의 예를 행할 때에는 조계 위쪽에서 술을 마시는데, 주인이 侑에게 수의 예를 행하고, 侑가 賓에게 수의 예를 행하고, 빈이 형제들에게 수의 예를 행할 때 모두 서쪽 계단 위쪽에서 술을 마시고, 이후 형제들이 私人들에게 수의 예를 행할 때에는 서쪽 계단의 아래에서 술을 마시고, 주부가 내빈과 종부에게 수의 예를 행할 때에는 모두 방 안에서 술을 마신다. 『의례정의』, 2393쪽 참조.

13_ 나머지 사인들의 위치로 나아간다 : 私人들의 위치는 형제들의 남쪽에 있는데, 그 사인들의 우두머리 한 사람은 형제들의 酬의 술잔을 받아 서쪽 계단 아래에서 술을 마시고, 나머지 私人들은 모두 각자의 위치에서 술을 마시는데, 또한 배례를 한 후 술잔을 받고, 배례를 한 후 술잔을 건네주는 의식이 있다. 『의례정의』, 2394쪽, 채덕진의 설 및 앞의 『흠정의례의소』, 「二人擧觶旅酬圖」 참조.

14_ 술잔을 대광주리 안에 넣어 둔다 : 술잔을 대광주리에 넣어 두는 것은 酬의 禮가 끝났기 때문에 마지막으로 술을 마신 사인이 술잔을 잡고서 대광주리에 넣어 두고 사용하지 않는다.

15_ 비록 술잔을 ~ 마신다 : 酬의 술을 마시는 사람은 앞사람의 뜻에 답하고, 뒷사람의 마시는 일을 인도한다. 마지막으로 술을 마시기 때문에 인도할 사람은 없지만 앞사람의 뜻에 답하지 않을 수 없기 때문에 또한 술을 마신다. 『의례정의』, 2394쪽, 오정화의 설 참조.

16_ 末 : '末'는 『集釋』, 敖繼公本, 호배휘의 『의례정의』에 모두 '末'로 되어 있다. 이에 따라 번역한다.

17_ 방 안에 ~ 때문이다 : 宰夫와 司士가 시동·유·주인·주부에게 올리는 음식에는 방 안의 음식(房中之羞)이 있고 또 여러 가지 맛난 음식(庶羞)도 있었다. 그러나 빈 이하는 지위가 낮기 때문에 여러 가지 맛난 음식만 올린다. '房中의 羞'와 '庶羞'에 대해서는 [經-80]의 정현 주 참조.

18_ 이 음식들은 ~ 행한다 : 堂上과 堂下에서 旅酬의 禮를 행할 때 방 안에서 내빈과 종부도 동시에 旅酬를 행한다. 경문은 생략된 것이다. 『의례정의』, 2395쪽 참조.

「형제후생거치도兄弟後生舉觶圖」

(淸),『흠정의례의소』

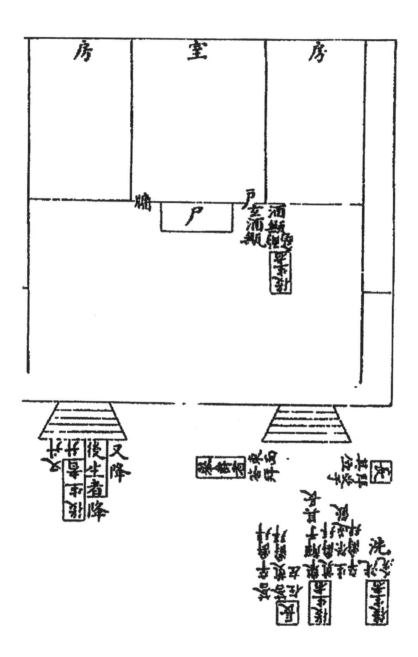

經-118에서 經-120까지는 형제들 가운데 나이 어린 사람이 술잔을 들어 장형제에게 술을 올리는 절차이다.

[有司徹17 : 經-118]

형제들 가운데 어린 사람이 술잔(觶 : 3승 용량)을 들어 장형제長兄弟에게 술을 올린다.

兄弟之後生者舉觶于其長.

정현주 '후생後生'은 나이가 어린 사람이다. 고문본에는 '觶'가 모두 '爵'으로 되어 있다. 연희延熹(後漢 桓帝, 158~166) 연간의 조교서詔校書에 '觶'로 정하여 썼다. '後生', 年少也. 古文'觶'皆爲'爵'. 延熹中, 設¹校書, 定作'觶'.

[有司徹17 : 經-119]

형제들 가운데 어린 사람은 술잔을 씻은 후 당 위로 올라가 술잔에 술을 따르고, 다시 당에서 내려와 북쪽을 향해 조계阼階의 남쪽에 서는데, 장형제는 그의 왼쪽에 선다. 어린 사람은 앉아서 술잔을 내려놓은 후 배례를 하고, 술잔을 잡고 일어난다. 장형제는 답배를 한다.

洗, 升酌, 降, 北面立于阼階南, 長在左. 坐奠爵, 拜, 執爵以興. 長答拜.

장형제가 왼쪽에 있는 것은 주인을 피하는 것이다.[2] 長在
左, 辟主人.

[有司徹17 : 經 – 120]

형제들 가운데 어린 사람은 앉아서 술로 고수레를 하고, 그대로 앉
은 채로 술을 마시고, 술잔의 술을 다 마신 후 술잔을 잡고서 일어
나고, 다시 앉아서 술잔을 내려놓고 배례를 하고, 다시 술잔을 잡
고 일어난다. 장형제는 답배를 한다. 어린 사람은 술잔을 씻은 후
당 위로 올라가 술잔에 술을 따르고, 다시 당에서 내려와 장형제에
건네준다. 장형제는 자신의 위치에서 배례를 한 후 술잔을 받는
다. 술잔을 들어 올리는 어린 사람은 동쪽을 향해 답배를 한다. 장
형제는 술잔을 내려놓고 마시지 않는다.

坐祭, 遂飮, 卒爵, 執爵以興, 坐奠爵, 拜, 執爵以興. 長答拜. 洗, 升,
酌, 降. 長拜受于其位. 擧爵者東面答拜. 爵止.

배례를 한 후 술잔을 받을 때나 답배를 할 때 북쪽을 향
하지 않는 것은 빈시儐尸의 예는 강쇄하기 때문이다. 장빈長賓에 대해서는
'전奠'(내려놓는다)이라 말하고, 형제兄弟들에 대해서는 '지止'(멈춘다)라고 말한
것은 서로 드러내 밝힌 것으로 서로 기다리는 뜻이다.[3] 拜受・答拜不北面者,
儐尸禮殺. 長賓言'奠', 兄弟言'止', 互相發明, 相待也.

1_ 設 : 『의례정의』, 2395쪽에는 '設'이 '詔'로 되어 있다. 이에 따라 번역한다.

2_ 장형제가 ~ 것이다 : 장형제는 북쪽을 향해 젊은 사람의 왼쪽에 있는데, 이는 젊은 사람의 서쪽에 있는 것으로, 젊은 사람의 동쪽에 있는 주인의 사리를 피하는 것이다.

3_ 장'빈에 ~ 뜻이다 : 이곳의 '爵'과 앞에서 주인이 빈에게 酬의 예를 행한 '觶'는 후에 나란히 無算爵을 행할 때 사용된다. 앞에서 주인이 長賓에게 酬의 예를 행할 때에 '대나무제기·나무제기의 왼쪽에 내려놓는다'(奠于薦左)라고 한 것([經-91])은 '止爵'(술잔을 멈추어 내려놓는다)의 의미이며, 이곳에서 '爵止'라고 한 것도 술잔을 내려놓는다는 뜻이다. 따라서 두 가지는 互言으로 말한 것으로, 실질은 똑같다. 빈의 '奠觶'와 이곳 장형제의 '止爵'은 모두 빈이 시동에게 헌의 예를 행하고, 한 사람이 시동에게 술잔을 들어 올리도록 청할 때를 기다린 후에 술잔을 들어 無算爵의 시작으로 삼기 때문에 '서로 기다린다'(相待)고 말한 것이다. 『의례정의』, 2396~2397쪽 참조.

經-121은 빈장이 시동에게 가작加爵의 예를 행하는 절차이다.

[有司徹17 : 經-121]

빈장賓長(衆賓의 우두머리)¹은 시동에게 술을 올려 헌獻의 예를 행하는데, 처음과 동일한 절차로 하지만, 국물에 담겨 있는 생선은 올리지 않고, 술잔도 내려놓지 않고 마신다.
賓長獻于尸, 如初, 無湇, 爵不止.

정현주   '처음과 동일한 절차로 한다'(如初)는 것은 상빈上賓이 유侑에게 헌獻의 예를 행하고, 술잔에 술을 따라 주인에게 보내주고, 상빈이 시동에게 작酢의 예를 받을 때와 동일한 절차로 한다는 뜻이다.² '국물에 담겨 있는 생선을 올리지 않고'(無湇), '술잔도 내려놓지 않고 마신다'(爵不止)는 것은 특별히 상빈의 경우와 달리한다는 뜻이다.³ 형제들에게 가작加爵을 하도록 시키지 않고, 가작加爵이라 칭하지 않은 것은 대부는 존귀하기 때문이다.⁴ 고觚(2升 용량)의 술잔을⁵ 사용하지 않는 것도 대부는 존귀한 사람이기 때문이다.⁶ '如初', 如其獻侑酢致主人受尸酢也. '無湇', '爵不止', 別不如初者. 不使兄弟, 不稱加爵, 大夫尊也. 不用觚, 大夫尊者也.

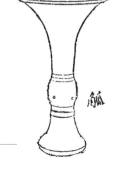

고觚

(淸), 「흠정의례의소」

1_ 빈장 : 이 경문의 賓長은 衆賓의 우두머리로서, 上賓(長賓)에 다음가는 사람이다. 上
   賓은 아니다. 호배휘는 이곳의 '賓長'은 「특생궤사례」에서 말한 '衆賓長'을 가리키며,
   '賓長獻尸'는 加爵의 예를 행하는 것이라고 하였다. 『의례정의』, 2397쪽 참조.

2_ '처음과 ~ 뜻이다 : '처음'은 앞에서 上賓이 시동에게 三獻의 예를 행하는 때를 가리
   킨다. '上賓獻尸'에서는 상빈이 시동에게 헌의 예를 행하고(上賓獻尸) → 상빈이 유
   에게 헌의 예를 행하고(上賓獻侑) → 술잔을 주인에게 보내 주고(致爵主人) → 상빈
   이 시동에게 酢의 예를 받는(受尸酢) 절차로 이어진다. 이곳의 '賓長獻尸'도 이와 동
   일한 절차로 진행된다는 뜻이다. [經-100]에서 [經-105]까지 참조.

3_ '국물에 ~ 뜻이다 : 앞의 '上賓三獻'에서는 上賓獻尸 → 上賓獻侑 → 致爵主人의 예를
   행할 때 모두 국물에 담겨 있던 생선(湆魚)을 올렸는데([經-100]~[經-105]), 이곳
   의 '賓長獻尸'에서는 올리지 않는다. 또 '上賓三獻'에서는 上賓이 시동에게 獻의 예를
   행한 후 시동은 술잔을 내려놓고 들지 않았고([經-77]), 주인이 私人들에게 두루 헌
   의 예를 행한 후에 비로소 시동이 술잔을 들었다([經-100]). 이것을 '止爵'이라고 하
   는데, 이곳의 賓長獻尸에서는 長賓이 시동에게 獻의 예를 행하면 시동은 술잔을 내
   려놓지 않고 곧바로 술잔을 들어 마시고, 이후 곧바로 侑에게 獻의 예를 행하고, 술
   잔을 주인에게 보내 준다. 이 두 가지는 처음의 '上賓三獻'의 예처럼 하지 않는 것이
   다. 『의례정의』, 2397쪽 참조.

4_ 형제들에게 ~ 때문이다 : 「특생궤사례」에서는 長兄弟와 衆賓長이 모두 시동에게 加
   爵의 예를 행하는데([특생궤사례15 : 經-139], [특생궤사례15 : 經-140]), 이곳의 '儐
   尸禮'와 아래 下大夫의 '不儐尸禮'에서는 형제들에게 加爵의 禮를 행하게 하지 않는
   다. 또 이곳의 '賓長獻于尸'는 실제로는 三獻의 예가 끝난 후 賓長(衆賓長)이 다시 시
   동에게 술을 올려 '加爵'의 예를 행하는 것인데, '加爵'이라 칭하지 않고 '獻'이라고 칭
   했다. 이렇게 하는 것은 대부는 존귀하여 높이기 때문이다. '加爵'은 주인이 시동에
   게 初獻을 하고, 주부가 亞獻을 하고, 빈이 三獻의 예를 행하면 예가 완성되는데, 三
   獻 이후에 다시 시동에게 술을 올리는 예를 말한다. 특생례는 士禮이고, 「유사철」의
   儐尸禮는 大夫의 예이다. 호배휘는 大夫와 士의 예는 三獻으로 완성되고, 그 이외에
   는 모두 加爵이 되므로, 이곳 경문에서 '獻'이라고 칭했지만 이 역시 加爵의 예라고
   하였다. 『의례정의』, 2398쪽 참조.

5_ 고의 술잔 : '觚'는 적다(寡)는 뜻으로, 술을 마실 때에는 적게 마셔야 한다는 의미이
   다. 2승의 용량을 '觚'라고 하는데, 입구의 직경은 4촌이고, 가운데 높이는 4촌 5푼
   이고, 바닥의 직경은 2촌 6푼으로 송대에는 다리를 둥글게 만들었다. 섭숭의, 『삼
   례도』, 371쪽 참조. 1升 용량의 술잔을 '爵', 2升 용량의 술잔을 '觚', 3升 용량의 술잔
   을 '觶', 4升 용량의 술잔을 '角', 5升 용량의 술잔을 '散'이라고 한다.

6_ 고의 술잔을 ~ 때문이다 : 士禮인 「특생궤사례」에서는 觚(2升 용량) 술잔을 씻어 加
   爵의 예를 행하는데, 이곳에서는 爵(1升 용량) 술잔을 사용한다. '爵'은 '觚'보다 존귀
   하다. 그러나 강조석은 '觚'와 '爵'은 對文으로 사용하면 다른 술잔을 가리키지만 散

文으로 사용하면 서로 통용되므로, 이곳에서 대부가 존귀하기 때문에 '爵'을 사용하는 것은 아니라고 하였다. 『의례정의』, 2398쪽 참조.

經-122는 빈 가운데 한 사람이 시동에게 술잔을 들어 올려 다시 여수旅酬의 예를 행하는 절차이다.

[有司徹17 : 經 - 122]

중빈衆賓 가운데 한 사람이 시동에게 술잔을 들어 올리는데,[1] 처음 두 사람이 술잔을 들어 올릴 때와 동일한 절차로 한다. 또한 이어서 중빈 이하 아래로 사인에 이르기까지 두루 여수의 예를 행한다.

賓一人舉爵于尸, 如初. 亦遂之於下.

정현주   '한 사람'(一人)은 빈장賓長(중빈의 우두머리)에 다음가는 사람이다.[2] '처음과 동일한 절차로 한다'(如初)는 것은 두 사람이 술잔(觶)을 씻어서 올릴 때와 동일한 절차로 한다는 뜻이다.[3] '이어서 아랫사람들에게까지 미친다'(遂之於下)는 것은 이어서 중빈·형제들에게까지 미치고 아래로 사인들에게까지 이른다는 뜻이다.[4] 이곳에서 '또한 이어서 아랫사람들에게까지 미친다'(亦遂之于下)라고 하였고, 앞에서 '국물에 담겨 있는 생선은 올리지 않고, 술잔도 내려놓지 않고 마신다'(無湇爵不止)[5]고 한 것은 서로 드러내 밝히는 것이다.[6] '一人', 次賓長者. '如初', 如二人洗觶之爲也. '遂之於下'者, 遂及賓兄弟, 下至于私人. 是言'亦遂之于下', 上言'無湇爵不止', 互相發明.

1_ 중빈 가운데 ~ 올리는데 : 衆賓 가운데 한 사람이 시동에게 술잔을 들어 올림으로 써 旅酬의 시작을 알리는 것이다. 오계공은 이곳의 '擧爵'을 '擧觶'로 해석한다. 호배 휘는 앞에서 '두 사람이 시동과 유에게 각각 술잔(觶)을 들어 올린 것'([經-106]~[經 -117])은 첫 번째 旅酬의 예를 행하는 것이고, 이곳은 다시 두 번째 旅酬의 시작을 알리는 것이라고 하였다. 또 儐尸의 예에서는 시동도 旅酬의 예에 참여하는데 이는 빈객의 예로 시동을 대우함을 보여 주는 뜻이다. 다만 시동은 無算爵에는 참가하 지 않는데, 이는 시동의 餘尊을 고려하기 때문이라고 하였다. 『의례정의』, 2398쪽 참조.

2_ '한 사람'은 ~ 사람이다 : 上賓을 長賓이라 하고, 衆賓長(중빈의 우두머리)을 次賓이 라 하는데, 이곳의 '한 사람'은 衆賓長에 다음가는 사람으로, 次賓이 아니다. 호배휘, 『의례정의』, 2398쪽 참조.

3_ '처음과 ~ 뜻이다 : [經-106]의 두 사람이 술잔(觶)을 씻고 당 위로 올라가 술잔에 술을 채운 후 당 위 서쪽 기둥의 서쪽에서 북쪽을 향하여 시동과 유에게 술잔(觶)을 들어 올릴 때와 동일한 절차로 하는데, 다만 侑에게는 하지 않는 것이 다르다. 『의 례정의』, 2398쪽, 오계공의 설 참조.

4_ '이어서 ~ 뜻이다 : '下'에 대해서 장이기는 堂의 '아래'의 뜻으로, 호배휘는 長賓 이 하의 '아랫사람'으로 해석하였다. 장이기는 경문의 '之'를 '適'·'往' 즉 '간다'는 뜻이 라고 하고, 경문을 "이 술잔을 당 아래에 내려 보내어 旅酬의 예를 행하는 것"으로 해석하였다. 호배휘는 두 사람이 술잔(觶)을 들어 旅酬의 예를 행할 때, 시동이 주 인에게 수의 예를 행하고(尸酬主人) → 주인이 유에게 수의 예를 행하고(主人酬侑) → 유가 장빈에게 수의 예를 행하고(侑酬長賓), 이어서 衆賓·兄弟들에게까지 旅 酬의 예를 행하고, 아래로 私人들에게까지 旅酬의 예를 행하였는데([經-106]~[經 -117]), 이곳에서도 시동 이하 아래로 私人들에게까지 미치지 않음이 없는 것이므 로 '亦遂之於下'에서의 '亦'은 앞의 '旅酬'([經-106]~[經-117])의 예를 이어서 말한 것 이라고 하였다. 『의례정의』, 2398쪽 참조.

5_ 국물에 ~ 마신다 : [經-121] 참조.

6_ 이곳에서 ~ 것이다 : 저인량은 앞의 '중빈의 우두머리가 시동에게 술을 올려 헌의 예를 행하는 것'(衆賓長獻尸)은 加爵의 예이고, 이곳의 '중빈 가운데 한 사람이 술 잔을 들어 올리는 것'은 두 번째 旅酬의 예를 행하는 의절인데, 정현이 '서로 드러 내 밝히는 것'(互相發明)이라 한 것은 무슨 뜻인지 모르겠다고 하였다. 『의례정의』, 2399쪽 참조.

[有司徹17 : 經−123]

빈 및 형제들은 서로 동쪽과 서쪽으로 교차하여 오가면서 여수의 술잔을 올리고,¹ 2개의 술잔(觶)으로 이어서 사인私人들에게까지 여수의 예를 행하는데,² 술잔을 돌릴 때에 정해진 순서와 횟수가 없다.

賓及兄弟交錯其酬, 皆遂及私人, 爵無算.

정현주   '산算'은 헤아린다(數)는 뜻이다. 장빈長賓은 술잔(觶)을 잡고서 형제의 무리들에게 여수의 예를 행하고, 장형제는 술잔을 잡고서 빈의 무리들에게 여수의 예를 행하는데, 오직 자신들이 술잔을 올리고 싶은 사람에게 올리고 일정한 순서와 횟수가 없다.³ '算', 數也. 長賓取觶酬兄弟之黨, 長兄弟取觶酬賓之黨, 唯己所欲, 無有次第之數也.

1_ 빈 및 형제들은 ~ 올리고 : 衆賓들이 술잔(觶)을 들고 서쪽에서 동쪽으로 가서 衆兄弟들에게 旅酬의 술잔을 올리고, 衆兄弟들은 또 술잔을 들고 동쪽에서 서쪽으로 가서 衆賓들에게 旅酬의 술잔을 올린다. 중빈과 중형제는 인원수가 많기 때문에 모두 이처럼 동쪽과 서쪽으로 교차하여 오가면서 상호 旅酬의 술잔을 올린다. 이것이 이른바 '交錯'이다. 『詩』「小雅·楚茨」에 '獻酬交錯'이라 하였는데, 그 「毛傳」에 "동서를 '交'라고 하고, 비스듬히 가는 것을 '錯'이라 한다"(東西爲'交', 邪行爲'錯')고 하였다. 「특생궤사례」에 따르면 첫 번째의 旅酬에서는 서쪽 계단에 놓인 한 개의 술잔(觶)을 사용하여, 빈은 술잔을 들어 장형제에게 酬의 예를 행하고, 장형제는 중빈장에게 酬의 예를 행하고, 그리하여 중빈·중형제들에게까지 酬의 예를 행하는데 交·錯하면서 한 사람도 빠짐없이 두루 酬의 예를 행한다. 또 阼階에 놓인 한 개의 술잔(觶)을 사용하여, 장형제는 빈에게 酬의 예를 하는데 빈이 형제에게 酬의 예를 행할 때처럼 하여 한 사람도 빠짐없이 두루 酬의 예를 한다. 요컨대 「특생궤사례」에서는 交·錯하면서 旅酬를 행하는데, 이곳의 儐尸禮에서는 交·錯하면서 無算爵을 행한다. 儐尸禮는 특생례와 다르다. 특생례의 旅酬에서는 빈이 술잔을 집어 들어 장형제에게 酬의 예를 행하는데, 이때에는 주인이 빈에게 酬의 예를 행했던 술잔(觶)을 사용한다. 이곳 儐尸禮에서의 旅酬는 두 사람이 술잔(觶)을 들어 올려 旅酬의 시작을 알리고, 그로부터 '시동이 주인에게 수의 예를 행하고'(尸酬主人) → '주인이 유에게 수의 예를 행하고'(主人酬侑) → '유가 장빈에게 수의 예를 행하는'(侑酬長賓) 절차로 진행되고, 이어서 衆賓들에게까지 이르고, 드디어 兄弟·私人들에게까지 酬의 예를 행하여 모두 위로부터 아래로 직행하여 내려와 交도 錯도 하지 않는다. 無算爵을 행할 때에 비로소 交·錯을 한다. 이 때문에 능정감은 『예경석례』에서 "특생례"의 旅酬禮는 「유사철」의 無算爵禮와 동일하고, 「유사철」의 旅酬는 별도로 두 사람을 시켜 시동과 侑에게 술잔(觶)을 들게 하여 시작을 알리는데, 이는 士禮가 大夫보다 간략하기 때문이다"라고 하였다. 『의례정의』, 2399쪽 참조.

2_ 2개의 술잔으로 ~ 행하는데 : 성세좌는 경문의 '모두'(皆)는 '2개의 술잔(觶) 모두'의 뜻으로 보고, "私人들의 위치는 형제들의 남쪽에 있는데, 경문에서 '2개의 술잔으로 이어서 私人들에게까지 여수의 예를 행한다'(皆逐及私人)고 말한 것은 私人들은 신분이 비천하여 참여하지 않는 것으로 오해될 수 있기 때문에 無算爵의 예에 참여함을 밝힌 것이다"라고 하였다. 『의례정의』, 2399쪽 참조.

3_ 오직 자신들이 ~ 없다 : 호배휘는 다음과 같이 말한다. 앞에서 旅酬의 예를 행할 때([經-106]~[經-117])에는 '시동이 주인에게 수의 예를 행하고'(尸酬主人) → '주인이 유에게 수의 예를 행하고'(主人酬侑) → '유가 장빈에게 수의 예를 행하는'(侑酬長賓) 등 일정한 순서가 있기 때문에 술잔을 돌리는 데에도 일정한 횟수가 있었다. 그러나 이곳에서는 2개의 술잔(觶)을 한꺼번에 돌리기 때문에 단지 자신들이 酬의 술잔을 올리고 싶은 사람에게 술잔을 올려서 일정한 순서도 없고 일정한 횟수도 없이 술이 취하면 그칠 뿐이다. 이 때문에 '無算'이라고 한 것이다. 한편 성세좌는 無算爵

의 예가 旅酬의 예와 다른 점을 다음의 3가지로 정리한다. ① 旅酬의 예는 신분의 尊卑에 따라 尸 → 主人 → 侑 → 賓으로, 그리고 兄弟 → 私人들의 순으로 예가 진행되어 질서정연하다. 無算爵의 예는 賓 쪽의 사람들과 主人 쪽의 사람들이 서로 교차하여 오가면서 酬의 예를 행하는 것으로, 빈 쪽의 사람들이 酬의 예를 행한 후에 이어서 주인 쪽의 사람들이 酬의 예를 행하는 것이 아니다. ② 無算爵의 예는 당 아래에서만 행하고, 당 위에 있는 사람들은 모두 참여하지 않는다. ③ 旅酬의 예는 1개의 술잔(觶)만을 단독으로 사용할 뿐이지만, 無算爵의 예에서는 2개의 술잔을 함께 사용한다. 호배휘는 儐尸禮에서의 旅酬‧無算爵과 「特牲禮饋食禮」에서의 旅酬‧無算爵의 차이를 4가지로 정리한다. ① 「특생례」에서 시동과 주인은 旅酬‧無算爵에 참여하지 않는다. 儐尸禮에서는 시동과 주인은 無算爵에는 참여하지 않지만 旅酬에는 참여한다. ② 「특생례」의 旅酬‧無算爵은 모두 '장형제와 중빈장이 시동에게 加爵의 예를 행하고'([특생궤사례15 : 經-139], [특생궤사례15 : 經-140]), '嗣子가 내려놓았던 술잔의 술을 마신 후 시동에게 헌의 예를 행하는 擧奠을 행한'([특생궤사례15 : 經 -141]~[특생궤사례15 : 經-143]) 이후에 행하는데, 儐尸禮에서는 '擧奠'의 禮가 없고, 加爵([經-121]) 이후에 다시 旅酬([經-122])와 無算爵([經-123])을 행하는데, 첫번째의 旅酬의 예([經-106]~[經-117])는 加爵 이전에 행한다. ③ 「특생례」의 旅酬는 주인이 빈에게 酬禮를 행하던 술잔을 사용하여 旅酬의 시작을 알리고, 無算爵은 賓과 형제 가운데 어린 사람 두 명이 들어 올리는 술잔을 사용하여 無算爵의 시작을 알린다. 儐尸禮에서의 旅酬는 두 사람이 시동과 侑에게 들어 올렸던 술잔 가운데 시동의 술잔을 사용하여 旅酬의 시작을 알린다. 無算爵은 주인이 빈에게 酬禮를 행했던 술잔을 사용하여 無算爵의 시작을 알린다. ④ 「특생례」의 旅酬‧無算爵은 당 아래에 특별히 동쪽과 서쪽 2개의 술동이를 진설하여 그곳에서 술을 따르지만, 儐尸禮에서는 당 위에 진설된 술동이를 사용한다. 『의례정의』, 2400쪽 참조.

經-124에서 經-128까지는 시동·유·빈·주인이 모두 묘문 밖으로 나가고, 유사가 대나무제기·나무제기 및 희생제기·여러 가지 맛난 음식을 담은 제기를 거두어 빈시례儐尸禮를 마치는 절차이다.

[有司徹17 : 經 – 124]

시동은 묘문 밖으로 나가고, 유도 시동의 뒤를 따라 나간다. 주인은 묘문 밖까지 전송을 하는데 배례를 한다.[1] 시동은 뒤를 돌아보지 않고 곧바로 떠난다.

尸出, 侑從. 主人送于廟門之外, 拜. 尸不顧.

정현주   배례를 하면서 전송을 하는 것이다. 拜送之.

[有司徹17 : 經 – 125]

주인이 유와 장빈에게 배례를 할 때에도, 또한 동일한 절차로 한다.[2] 중빈들은 장빈의 뒤를 따라 나간다.

拜侑與長賓, 亦如之. 衆賓從.

정현주   장빈의 뒤를 따라 나가는 사람들에게는 배례를 하지 않고 전송한다. 從者, 不拜送也.

[有司徹17 : 經−126]

사사司士는 시동과 유의 희생제기를 집까지 보내 준다.

司士歸尸·侑之俎.

정현주 　　　　시동과 유는 존귀하기 때문에 그들의 집까지 보내 주는
것이다.[3] 尸侑尊, 送其家.

[有司徹17 : 經−127]

주인은 물러난다.

主人退.

정현주 　　　침전으로 돌아가는 것이다. 反於寢也.

[有司徹17 : 經−128]

유사有司는 음식을 담은 제기들을 모두 거둔다.

有司徹.

정현주 　　　　당 위와 아래에 있는 말린 고기를 담은 대나무제기·고기
젓갈을 담은 나무제기와 희생고기를 올려놓은 희생제기를 거두는 것이다.[4]
실室 밖에서 시동을 빈객으로 예우한 것이니,[5] 비록 당 위에 있는 제기라고
해도 부인은 거두지 않는다. 徹堂上·下之薦俎也. 外賓尸, 雖堂上, 婦人不徹.

1_ 주인은 ~ 한다 : 고유는 土禮에서 주인은 시동을 전송할 때 배례를 하지 않는데, 이
곳에서 배례를 하는 것은 賓禮로 시동을 섬기고, 또 侑가 시동의 뒤를 따라 나가기
때문이라고 하였다. 호배휘는 처음 주인이 묘문 밖에서 시동과 유를 맞이하면서
배례를 하였기 때문에 전송할 때에도 묘문 밖까지 전송을 하면서 배례를 하는 것이
라고 하였다. 『의례정의』, 2400쪽 참조.

2_ 또한 동일한 절차로 한다 : 시동의 경우와 마찬가지로 묘문 밖에서 배례를 하고, 유
와 장빈도 뒤를 돌아보지 않고 떠난다는 뜻이다.

3_ 시동과 ~ 것이다 : 시동과 유는 존귀하기 때문에 司士가 희생제기를 들고 그들의
집까지 보내 준다. 長賓 이하의 경우에는 스스로 거두어 각자 가지고 돌아간다.

4_ 당 위와 ~ 것이다 : 가공언은 당 위에는 시동과 유의 脯·醢와 俎가 있고, 당 아래에
는 빈과 형제들의 脯·醢와 俎가 있는데 이를 모두 거두는 것이라고 하였다. 『의례
주소』, 1118쪽 참조. 그러나 성세좌는 "시동과 유의 희생제기는 司士가 이들의 집까
지 보내 주었고, 賓 이하의 희생제기 역시 司士가 각자에게 주어 보냈는데, 어떻게
시동·유의 희생제기와 賓의 희생제기가 있을 수 있는가?"라고 의문을 제기하였다.
호배휘는 성세좌의 의문에 동의하면서도 "당 위에는 비록 시동과 유의 희생제기는
없지만 주인과 주부의 희생제기가 있으며, 말린 고기(脯)·고기젓갈(醢)과 맛난 음
식(羞)을 담은 대나무제기·나무제기 등은 아직도 모두 남아 있다. 정현이 '당 위와
아래에 있는 말린 고기를 담은 대나무제기·고기젓갈을 담은 나무제기와 희생고
기를 올려놓은 희생제기를 거둔다'고 한 것은 대체적으로 말한 것이다. 당 위와 당
아래에 진설하였던 이들 음식을 담은 제기들을 이때에 이르러 모두 有司에게 거두
게 하는데, 안석(几)·자리(筵) 등 기물도 함께 거두게 한다"고 하였다. 『의례정의』,
2401쪽 참조.

5_ 실 밖에서 ~ 것이니 : 正祭는 실 안에서 거행하고, 儐尸禮는 당 위에서 거행하는 것
이므로 室外가 된다.

[有司徹17 : 經−129]

만약 빈시儐尸의 예를 행하지 않을 경우,

若不賓[1]尸,

정현주　　　　　　　　'빈시의 예를 행하지 않을 경우'(不儐尸)는 하대부下大夫의 경우를 말한다. 그 희생물은 동일하지만, 그 예를 갖추지 못할 뿐이다.[2] 구설舊說에 "대부에게 질병이 생길 경우, 곤제昆弟로 하여금 제사를 섭행攝行하게 하는 것을 말한다"고 하였다. 『예기』 「증자문」에 "섭주攝主는 염제厭祭를 지내지 않고, 여수旅酬의 예를 행하지 않고, 주인에게 축복해 주는 말을 하지 않으며, 타제綏祭도 지내지도 않으며, 배향配享하지도 않으며, 빈에게 술잔을 올려도 빈은 내려놓고 마시지 않는다"고 하였다. 그런데 이 불빈시不儐尸의 예에서는 이러한 것들을 모두 갖추고 있으므로, 구설은 잘못된 듯하다.[3] '不儐尸', 謂下大夫也. 其牲物則同, 不得備其禮耳. 舊說云, "謂大夫有疾病, 攝昆弟祭." 「曾子問」曰, "攝主不厭祭, 不旅, 不假, 不綏祭, 不配, 布奠于賓, 賓奠而不擧." 而此備有, 似失之矣.

[有司徹17 : 經 – 130]

축祝은 시동에게 밥을 더 들도록 권하는데, 또한 빈시儐尸의 예禮를 행할 때와 동일한 절차로 한다.

則祝侑亦如之.

정현주   시동이 일곱 번째 숟가락으로 떠서 밥을 먹을 때를 가리킨다.[4] 謂尸七飯時.

[有司徹17 : 經 – 131]

시동은 밥을 먹는다.

尸食.

정현주   여덟 번째 숟가락으로 떠서 밥을 먹는 것이다. 八飯.

[有司徹17 : 經 – 132]

이어서 기조肵俎 위에 앞다리 뼈의 아래쪽 부위(臑)·앞다리 뼈의 중앙 부위(臂)·뒷다리 뼈의 위쪽 부위(肫)·등뼈의 중앙 부위(脡脊)·등뼈의 뒤쪽 부위(橫脊)·갈비뼈의 뒤쪽 부위(短脅)·갈비뼈의 앞쪽 부위(代脅)를 담아 놓는데, 모두 양고기와 돼지고기(牢)[5]로 한다.

乃盛俎, 臑·臂·肫·脡脊·橫脊·短脅·代脅, 皆牢.

정현주   '담아 놓는다'(盛)는 것은 기조肵俎 위에 담아 놓는다는 뜻

이다.[6] 이들 7가지 부위의 뼈는 양고기와 돼지고기인데, 그 등뼈와 갈비뼈는
모두 뼈 한 조각을 취하니,[7] 시동이 들어서 이미 기조 위에 올려놓은 등뼈의
앞쪽 부위(正脊)·갈비뼈의 중앙 부위(幹)·뒷다리 뼈의 중앙 부위(骼)와 더불
어 모두 10가지 부위의 뼈이다. 앞다리 뼈의 위쪽 부위(肩)는 아직 들어서 기
조 위에 올려놓지 않았는데,[8] 이를 들어서 기조 위에 올려놓더라도 양고기
를 올려놓는 희생제기(羊俎)와 돼지고기를 올려놓는 희생제기(豕俎) 위에는
여전히 6부위의 뼈가 남아 있다.[9] ‘盛’者, 盛於斯俎也. 此七體, 羊·豕, 其脊脅皆
取一骨也, 與所舉正脊·幹·骼凡十矣. 肩未舉, 旣舉而俎猶有六體焉.

[有司徹17 : 經 – 133]

생선은 7마리를 기조 위에 올려놓는다.

魚七.

정현주 절반을 올려놓는 것이다. 생선은 15마리를 하나의 희생
제기 위에 올려놓았었는데, 그 가운데 한 마리는 이미 들어서 기조 위에 올
려놓았다.[10] 반드시 절반을 올려놓는 것은 생선은 다리도 없고 날개도 없으
니, 희생의 경우에서 등뼈와 갈비뼈를 본뜰 뿐이기 때문이다.[11] 盛半也. 魚十
有五而俎, 其一已舉. 必盛半者, 魚無足翼, 於牲, 象脊脅而已.

[有司徹17 : 經 – 134]

말린 큰사슴고기도 절반을 기조 위에 올려놓는데,[12] 넓적다리뼈는
올리지 않는다.

腊辯, 無髀.

또한 절반을 올려놓는다. 올려놓는 것은 오른쪽의 몸체로서, 등뼈 따위이다. '넓적다리뼈는 올리지 않는다'(無髀)고 말한 것은 "(말린 큰사슴고기는) 좌우 몸체 전체를 하나의 희생제기 위에 올려놓는다"고 말하였으므로 넓적다리뼈도 올리는 것으로 오해될 수 있기 때문이다.[13] 고문본에는 '髀'가 '脾'로 되어 있다. 亦盛牛也. 所盛者, 右體也, 脊屬焉. 言'無髀'者, 云"一純而俎", 嫌有之. 古文'髀'作'脾'.

[有司徹17 : 經 - 135]

희생고기를 기조 위에 올려놓는 일을 마치면, 이어서 좌식佐食이 양고기·돼지고기의 앞다리 뼈 위쪽 부위(牢肩)를 들어서 시동에게 건네준다. 시동은 그것을 받아 흔들어서 고수레를 하고(振祭)[14] 이어서 맛을 본다. 좌식은 받아서 기조 위에 올려놓는다.

卒盛, 乃擧牢肩. 尸受, 振祭, 嚌之. 佐食受, 加于胏.

'졸卒'은 마친다(已)는 뜻이다. '卒', 已.

1_ 賓 : '賓'은 唐石經에는 '儐'으로 되어 있다. 『石經考文提要』에 "이 이하 注와 疏에는 '儐'과 '賓'이 뒤섞여 나온다. 그러나 經文에 '儐'이 무릇 13번 나오는데, 모두 '儐'으로 되어 있다. 이곳에만 홀로 '賓'이 되어서는 안 된다"고 하였다. 호배휘도 石經에 따라 '儐'이 되어야 한다고 하였다. 본 번역에서는 '儐'으로 통일하여 번역한다. 『의례정의』, 2402쪽 및 『의례주소』, 1119쪽, 교감 참조.

2_ 그 희생물은 ~ 뿐이다 : 희생으로는 양고기와 돼지고기를 사용하고, 생선 역시 15마리로 사용하여 上大夫의 儐尸禮와 동일하지만, 다만 시동을 빈객으로 모시고 대우하는 儐尸의 禮를 갖추지 못하는 것이 다를 뿐이다. 『의례정의』, 2402쪽 참조.

3_ 구설에 ~ 듯하다 : 정현 이전에는 不儐尸禮를 攝祭로 이해하였다. 그러나 『예기』「曾子問」에 의하면, 攝祭에는 陽厭 이하의 절자가 없는데, 이곳의 不儐尸禮에는 그것을 모두 갖추고 있다. 이 때문에 정현은 『예기』「증자문」을 인용하여 不儐尸禮를 攝祭로 이해하는 舊說을 비판한 것이다.

4_ 시동이 ~ 가리킨다 : 「소뢰궤사례」의 경우 시동이 七飯 즉 일곱 번째 숟가락으로 떠서 밥을 먹고 주인에게 배불리 먹었다고 고하면, 祝은 홀로 더 들기를 권하면서 "皇尸께서 아직 배부르지 않으실 것이니, 더 들기를 권합니다"(皇尸未實, 侑)라고 말한다([소뢰궤사례16 : 經-76]). 下大夫의 不儐尸禮는 시동이 七飯을 하고 祝이 계속해서 밥을 더 들도록 권하기 이전까지는 上大夫의 儐尸禮의 절차와 동일하기 때문에 경문에서 '또한 儐尸의 禮와 동일한 절차로 한다'(亦如之)고 한 것이다. 아래 [經-130]의 '시동이 밥을 먹는다'(尸食) 이하 즉 八飯 이후부터 하대부의 不儐尸禮는 상대부의 儐尸禮와 절차가 달라진다.

5_ 양고기와 돼지고기 : 한 가지의 희생을 갖춘 것을 '特'이라 하고, 두 가지의 희생을 갖춘 것을 '少牢'라고 칭하고, 세 가지의 희생을 갖춘 것을 '太牢'라고 칭한다. 『국어』「晉語」의 위소 주에 "무릇 희생 한 가지를 갖춘 것을 '特'이라 하고, 두 가지를 갖춘 것을 '牢'라고 한다"(凡牲一爲'特', 二爲'牢')고 하였으므로, 두 가지의 희생을 갖춘 것을 '牢'라고도 칭한다. 이곳 경문의 '牢'는 양과 돼지의 희생고기를 뜻한다.

6_ '담아 놓는다'는 ~ 뜻이다 : 일반적으로 시동이 먹고 남은 음식은 모두 肵俎 위에 올려놓는다. 이곳에서는 담아서 그것을 시동에게 보내 주는 것이므로 肵俎에 담아 놓는 것임을 알 수 있다. 「특생궤사례」에서는 시동이 九飯을 마친 후에 담는데, 이곳에서는 八飯을 하고 곧바로 담는다. 이는 下大夫의 禮(不儐尸)는 土禮(특생례)와 다르기 때문이다. 上大夫의 儐尸禮에서는 담지 않는데 희생 전체로 시동에게 보내 주기 때문이다.

7_ 그 등뼈와 ~ 취하니 : 「소뢰궤사례」에서는 등뼈와 갈비뼈를 희생제기 위에 올릴 때 모두 2조각씩 나란히 하여 올렸는데([소뢰궤사례16 : 經-28]), 이곳의 不儐尸禮에서는 단지 1조각씩의 뼈를 취하여 희생제기 위에 올려놓는다.

8_ 시동이 ~ 않았는데 : 본래 양고기를 올려놓는 희생제기(羊俎)와 돼지고기를 올려놓는 희생제기(豕俎) 위에는 11體의 뼈를 올려놓는다. 즉 앞다리 뼈의 위쪽 부위

(肩)·앞다리 뼈의 중앙 부위(臂)·앞다리 뼈의 아래쪽 부위(臑)·뒷다리 뼈의 위쪽 부위(肫)·뒷다리 뼈의 중앙 부위(骼)·등뼈의 앞쪽 부위(正脊)·등뼈의 중앙 부위(脡脊)·등뼈의 뒤쪽 부위(橫脊)·갈비뼈의 뒤쪽 부위(短脅)·갈비뼈의 중앙 부위(正脅)·갈비뼈의 앞쪽 부위(代脅)이다([經-32]와 [經-34]). 그런데 이곳의 경문에서 肵俎 위에 올려놓는 양고기와 돼지고기의 뼈는 7體만을 열거하였다. 뒷다리 뼈의 중앙 부위(骼)와 갈비뼈의 중앙 부위(正脅 : 幹)의 2體는 주인이 시동에게 獻의 예를 행할 때 시동이 그것으로 고수레를 하고 맛을 본 후에 上佐食이 그것을 받아 이미 肵俎 위에 올려놓았다([소뢰궤사례16 : 經-70]). 따라서 이때 肵俎 위에 올라 있는 양고기와 돼지고기의 뼈는 모두 9體가 된다. 上佐食은 가장 먼저 등뼈 앞쪽 부위(正脊)의 1體를 시동에게 주는데, 시동이 이를 먹어 '食舉'를 한([소뢰궤사례16 : 經-68] 후에 그것을 부추절임을 담은 나무제기 위에 올려놓았다가 상좌식이 肵俎 위에 올려놓았다[소뢰궤사례16 : 經-81]). 이 등뼈의 앞쪽 부위를 합하면 10體가 된다. 앞다리 뼈의 위쪽 부위(肩)의 1體는 아직 들어서 시동에게 주지 않고 그대로 양고기를 올려놓은 희생제기(羊俎)와 돼지고기를 올려놓은 희생제기(豕俎) 위에 놓여 있는데, 시동이 8飯을 한 이후에 비로소 들어서 시동에게 건네주고 上佐食이 이를 받아서 肵俎 위에 올려놓는다([經-134]). 이 앞다리 뼈의 위쪽 부위(肩)까지 합하면 肵俎 위에 올려놓는 희생고기의 뼈는 모두 11體가 된다. 이 肵俎 위에 올려놓은 희생고기는 예가 끝난 후에 시동에게 보내 준다.

9_ 이를 들어서 ~ 남아 있다 : 羊俎와 豕俎에는 본래 17體를 올려놓았는데([소뢰궤사례16 : 經-29]), 이 가운데 11體를 肵俎 위에 올려놓으면 등뼈의 앞쪽 부위(正脊)·등뼈의 중앙 부위(脡脊)·등뼈의 뒤쪽 부위(橫脊)·갈비뼈의 뒤쪽 부위(短脅)·갈비뼈의 중앙 부위(正脅)·갈비뼈의 앞쪽 부위(代脅)의 뼈 1조각씩 6體가 남게 된다. 이것은 陽厭의 용도로 사용한다.

10_ 생선은 ~ 올려놓았다 : 「소뢰궤사례」에서 생선은 붕어(鮒)를 사용하는데, 15마리를 하나의 희생제기(魚俎) 위에 올려놓는데([소뢰궤사례16 : 經-48]), 시동이 四飯을 할 때 上佐食이 생선 한 마리를 들어서 시동에게 주고, 시동이 그것을 받아서 고수레를 하고 맛을 본 후 上佐食에게 건네주면, 上佐食은 그것을 肵俎 위에 올려놓는다([소뢰궤사례16 : 經-72]). 이미 한 마리를 들어서 肵俎 위에 올려놓았기 때문에 14마리만 남아 있다.

11_ 반드시 ~ 때문이다 : 본래 양고기를 올려놓는 희생제기와 돼지고기를 올려놓는 희생제기 위에는 등뼈의 앞쪽 부위(正脊)·등뼈의 중앙 부위(脡脊)·등뼈의 뒤쪽 부위(橫脊)와 갈비뼈의 뒤쪽 부위(短脅)·갈비뼈의 중앙 부위(正脅)·갈비뼈의 앞쪽 부위(代脅)를 각각 2조각씩 해서 12조각의 뼈를 올려놓았는데, 이 가운데 6조각의 뼈를 肵俎 위에 올려놓았으므로 절반을 올려놓은 것이다. 생선의 경우도 7마리를 기조 위에 올려놓으므로 역시 절반을 올려놓는 것이다. 『의례정의』, 2403쪽 참조.

12_ 말린 ~ 올려놓는데 : 경문의 '胖' 글자에 대해서는 두 가지 해석이 존재한다. ① 왕
인지는 '胖'을 '절반'(半)의 뜻으로 해석한다. "'胖'은 '胖'의 뜻으로 읽어야 한다. 『설
문』에 '胖은 半體肉이다'라고 하였다. 이 때문에 정현이 '절반을 담아 놓는 것이다'
(盛半)라고 풀이했던 것이다. [소뢰궤사례16 : 經-31]에서 '말린 고기는 좌우의 전
체 몸체를 하나의 세발솥에 담아 놓는다'(腊一純而鼎)라고 하였는데, 정현은 '왼쪽
과 오른쪽 몸체를 합해서 올리는 것을 純이라고 한다. 純은 전체(全)라는 뜻과 같
다'(合升左右胖曰純, 純. 猶全也)라고 하였다. 이곳에서 厈俎 위에 올려놓을 때에는
단지 그 절반만을 취하기 때문에 이를 구별하여 '腊胖'(말린 고기는 반쪽을 올려
놓는다)이라고 한 것이다"(『經義述聞』). ② 오계공은 '胖'을 '두루'(徧)의 뜻으로 해
석한다. 오계공은 "'胖'은 오른쪽 몸체 및 그 갈비뼈와 등뼈를 모두 올려놓는다는
뜻을 밝힌 것이다"라고 하였다. 호배휘는 왕인지의 손을 들어 준다. 『의례정의』,
2404쪽 참조.
13_ '넓적다리뼈는 ~ 때문이다 : [소뢰궤사례16 : 經-49]에 "말린 큰사슴고기는 좌우
몸체 전체를 하나의 희생제기 위에 올려놓는다"(腊一純而俎)고 하였는데, '純'은 좌
우 몸체 전체를 뜻한다. 따라서 '純'(전체)이라고 말하면 '넓적다리뼈'까지 모두 올
리는 것으로 오해될 수 있다. 그러나 '넓적다리'는 뒷다리 뼈의 위쪽 부위(肫)의 아
래 부위로 항문과 연결되어 있어 천하기 때문에 시동의 희생제기 위에는 올리지
않고, 祝의 희생제기 위에 올린다([소뢰궤사례16 : 經-94]). 따라서 이곳의 不儐尸
禮에서도 이 부위는 시동의 厈俎 위에 올리지 않는다.
14_ 흔들어서 고수레를 하고 : 『주례』 「춘관·大祝」에는 식사를 하기 전에 미리 음식을
고수레하는 것을 ① 命祭, ② 衍祭, ③ 炮祭, ④ 周祭, ⑤ 振祭, ⑥ 擩祭, ⑦ 絶祭, ⑧ 繚
祭, ⑨ 共祭의 9가지 형태로 분류한다. '振祭'는 간이나 허파 등 제물을 먼저 소금에
묻힌 다음 흔들어서 소금을 털어 낸 후에 고수레하는 것을 말한다.

經-136에서 經-140까지는 하대부의 불빈시례不儐尸禮에서 시동이 11반
飯을 할 때의 절차이다.

[有司徹17 : 經-136]

좌식은 당 아래에서 비어 있는 희생제기 하나를 집어 들고 실室 안
으로 들어가서, 그것을 양고기를 올려놓은 희생제기(羊俎)의 동쪽
에 내려놓는다.

佐食取一俎于堂下以入, 奠于羊俎東.

정현주 　　　　　'생선을 올려놓은 희생제기(魚俎)의 동쪽'(魚俎東)이라고
말하지 않은 것은 존귀한 것을 위주로 하기 때문이다.[1] 不言'魚俎東', 主於尊.

[有司徹17 : 經-137]

이어서 생선을 올려놓은 희생제기와 말린 큰사슴고기를 올려놓은
희생제기 위에서 생선과 말린 큰사슴고기를 집어 드는데, 희생제
기마다 3개씩 남겨놓고, 그 나머지는 모두 집어 들어 비어 있는 희
생제기 하나에 담아서 실室 밖으로 나온다.

乃撫于魚·腊俎, 俎釋三个, 其餘皆取之, 實于一俎以出.

정현주 　　　　　'개个'는 매枚의 뜻이다. 생선은 4마리를 집어 들고, 말린

큰사슴고기는 5조각을 집어 든다.[2] 그 남겨놓는 것은 말린 큰사슴고기의 경우 갈비뼈의 뒤쪽 부위(短脅)·갈비뼈의 중앙 부위(正脅)·갈비뼈의 앞쪽 부위(代脅)이고, 생선의 경우는 3마리뿐이다. 고문본에는 '撫'이 '㧑'로 되어 있다. '个'猶枚也. 魚撫四枚, 腊撫五枚. 其所釋者, 腊則短脅·正脅·代脅, 魚三枚而已. 古文'撫'爲'㧑'.

[有司徹17 : 經－138]

축과 주인·주부의 희생제기 위에 올리는 생선과 말린 큰사슴고기는 이 희생제기(俎)[3]에서 취한다.
祝·主人之魚腊取于是.

정현주

축·주인·주부의 희생제기 위에 올리는 생선과 말린 큰사슴고기를 이 희생제기에서 취하는 것은 대부의 예는 문식을 가하고 신의 나머지를 기다리기 때문이다.[4] 세 사람에게 각각 한 마리의 생선을 취하여 올린다. 그 말린 큰사슴고기의 경우, 주인에게는 앞다리 뼈의 중앙 부위(臂), 주부에게는 앞다리 뼈의 아래쪽 부위(臑)를 취하여 올리는데, 축에게는 뒷다리 뼈의 중앙 부위(骼)를 올리는 듯하다. 이것들은 모두 세발솥(鼎)의 옆에서 다시 올린다.[5] '주부主婦'를 언급하지 않은 것은 그 이유를 알지 못하겠다.
祝·主人·主婦俎之魚腊取於此者, 大夫之禮文, 待神餘也. 三者各取一魚. 其腊, 主人臂, 主婦臑, 祝則骼也與? 此皆於鼎側更載焉. 不言'主婦', 未聞.

[有司徹17 : 經 – 139]

시동은 밥을 먹지 않은 채로 주인에게 배부르다고 고한다. 주인은 시동에게 배례를 한 후 밥을 더 들도록 권하지만 말은 하지 않는다. 시동은 (여덟 번째 이후) 또 세 번 숟가락으로 밥을 떠서 먹는다.

尸不飯, 告飽. 主人拜侑, 不言. 尸又三飯.

정현주 총 11반飯을 하는 것이다.[6] 사는 9반을 하고, 대부는 11반을 하고, 그 나머지는 13반과 15반을 하는 경우가 있다.[7] 凡十一飯. 士九飯, 大夫十一飯, 其餘有十三飯, 十五飯.

[有司徹17 : 經 – 140]

좌식은 시동에게 양고기·돼지고기의 허파와 등뼈[8]를 받아서 기조 胙組 위에 올려놓는데, 빈시儐尸의 예를 행할 때와 동일한 절차로 한다.[9]

佐食受牢擧, 如儐.

정현주 '거擧'는 허파와 등뼈를 말한다. '擧', 肺脊.

1_ '생선을 ~ 때문이다 : [소뢰궤사례16 : 經-53]에 의하면 희생제기를 진설할 때, 생
선을 올려놓은 희생제기(魚俎)를 양고기를 올려놓은 희생제기(羊俎)의 동쪽에 놓
고, 말린 큰사슴고기를 올려놓은 희생제기는 돼지고기를 올려놓은 희생제기의 동
쪽에 놓는다. 이 경문에서 좌식이 당 아래에서 가져온 비어 있는 희생제기는 실제
로는 생선을 올려놓은 희생제기(魚俎)의 동쪽에 놓는다. 오계공은 경문의 '羊'은 '魚'
의 잘못이라고 하였지만, 저인량은 존귀한 것을 위주로 하는 의리가 분명하므로 글
자를 고칠 필요가 없다고 반박하였다. 『의례정의』, 2405쪽 참조.

2_ 생선은 ~ 집어 든다 : 이때 생선을 올려놓은 희생제기(魚俎) 위에는 이미 肵俎에 올
려놓은 7마리 이외에 7마리가 남아 있는데 이 가운데 3마리는 남겨두고 4마리를 佐
食이 가져온 비어 있는 희생제기 위에 옮겨 담는다. 말린 큰사슴고기를 담은 희생
제기(腊俎) 위에는 이미 肵俎에 올려놓은 오른쪽 몸체 11개의 뼈 이외에 남아 있는
왼쪽 몸체 8개의 뼈 가운데 3개의 뼈는 남겨두고 5개의 뼈를 佐食이 가져온 비어 있
는 희생제기 위에 옮겨 담는다. 남겨 놓은 것은 陽厭의 용도로 사용한다.

3_ 이 희생제기 : 앞의 [經-137]에서 좌식이 당 아래에서 가져와 생선과 말린 큰사슴고
기를 올려놓은 희생제기를 말한다.

4_ 대부의 예는 ~ 때문이다 : '대부의 예는 문식을 가한다'고 한 것은 士禮인 「특생례」
에서는 주인·주부의 희생제기에 모두 생선과 말린 큰사슴고기를 올리지 않는 것
과 대비하여 말한 것이다. '신의 나머지를 기다린다'고 한 것은 이 생선과 말린 큰사
슴고기는 모두 神俎(正祭에 사용한 시동의 희생제기)에 남겨놓은 3조각의 나머지
이기 때문이다.

5_ 이것들은 ~ 올린다 : 앞의 [經-136]에서 魚俎와 腊俎에서 생선과 말린 큰사슴고기
를 집어 들어 모두 비어 있는 희생제기 하나에 담아 놓았는데, 이것들을 취하여 이
곳의 축·주인·주부의 희생제기 위에 올려놓기 때문에 반드시 다시 올려야 한다.
희생제기 위에 올릴 때에는 모두 세발솥(鼎)이 있는 곳으로 나아가서 올리는데, 이
곳에서는 비록 세발솥에서 올리지는 않지만 세발솥의 옆에서 다시 올려야 한다.
『의례정의』, 2407쪽 참조.

6_ 총 11반을 하는 것이다 : 앞에서 이미 8飯을 하였고, 여기서 또 3飯을 하였으므로
11飯이 된다.

7_ 사는 ~ 있다 : 「소뢰궤사례」에 의하면 士는 9飯을 하고, 上大夫와 下大夫는 똑같이
11飯을 한다. 공·후·백·자·남의 5등급 제후는 똑같이 13飯을 하고, 천자는 15飯
을 한다. 『의례주소』, 1122쪽 참조.

8_ 양고기·돼지고기의 허파와 등뼈 : 희생을 죽여서 만든 盛饌을 '牢'라고 한다. 죽이
지 않은 희생의 성찬을 '不牢'라고 한다. 『주례』 「천관·膳夫」의 정현 주에 "희생을
죽여서 만든 성찬을 '牢'라고 한다"(殺牲盛饌曰牢)고 하였다. 이곳의 '牢牢'는 이전에
佐食이 시동에게 들어서 주었던 것으로, 시동이 '食牢'를 한 후에 그것을 부추절임
을 담은 나무제기 위에 올려놓았었는데, 이때 시동이 그것을 집어서 좌식에게 건네

주는 것이다.

9_ 빈시의 예를 ~ 한다 : 「소뢰궤사례」의 正祭는 실에서 거행하고, 「유사철」의 儐尸禮
는 당에서 거행한다. 이곳의 '受牢擧'도 실 안에서의 일인데 '如儐'이라고 한 것은 儐
尸의 예가 있는 것처럼 한다는 뜻에 불과하다. 7飯 이전의 下大夫의 不儐尸禮는 上
大夫의 儐尸禮와 절차가 모두 동일하지만, 7飯 이후에는 異同이 있다. 따라서 절차
가 동일할 경우에는 경문에서 '如儐'이라고 하여 이를 밝혀 두었다. 이후 경문에서
'如儐'이라고 한 것은 그 용례와 모두 이와 같다. 『의례정의』, 2407~2408쪽 참조.

經-141에서 經-142까지는 하대부의 불빈시례不儐尸禮에서 '주인초헌主人
初獻'을 행하는 절차이다. ① 주인헌시主人獻尸, ② 시초주인尸酢主人, ③ 헌축
獻祝, ④ 헌상좌식獻上佐食, ⑤ 헌하좌식獻下佐食의 순서로 진행된다. 이 의절
은 상대부가 정제正祭를 지낼 때의 초헌初獻과 동일하다.

[有司徹17 : 經-141]

주인은 술잔을 씻은 후 술잔에 술을 따라 시동에게 입가심을 하
게 하고, 빈장은 시동에게 양고기와 돼지고기의 간肝을 진상하는
데, 모두 빈시儐尸의 예와 동일한 절차로 한다.[1] 시동은 술잔의 술
을 다 마신다. 주인은 시동에게 배례를 한다. 축은 시동이 비운 술
잔을 받아 든다. 시동은 주인에게 답배를 한다. 축은 술을 따라 시
동에게 술잔을 건네주고, 시동은 그 술잔으로 주인에게 작醋의 예
를 행하는데, 또한 빈시儐尸의 예와 동일한 절차로 한다.[2] 타제綏祭
를 지내고 하사嘏辭(축복해 주는 말)를 올리는 것 역시 빈시儐尸의 예
와 동일한 절차로 한다.[3]

主人洗, 酌, 醋尸, 賓羞肝, 皆如儐禮. 卒爵. 主人拜. 祝受尸爵. 尸答
拜. 祝酌授尸, 尸以醋主人, 亦如儐. 其綏祭, 其嘏, 亦如儐.

정현주 '간肝'은 양고기·돼지고기의 간이다. '綏'는 모두 '挼'가
되어야 한다. '挼'는 '藏其墮(그 제물을 묻는다)'라고 할 때의 '墮'의 뜻으로 읽는
다.[4] 고문본에는 '捼'로 되어 있다. '肝', 牢肝也. '綏'皆當作'挼'. '挼'讀爲'藏其墮'之
'墮'.[5] 古文爲'捼'.

주인은 축과 2명의 좌식에게 술을 올려 헌獻의 예를 행하는데, 헌
의 예를 행하는 위치, 아욱절임·달팽이 젓갈을 담은 2개의 나무제
기와 희생고기를 올려놓은 희생제기를 진설하는 것은 모두 빈시儐
尸의 예를 행할 때와 동일한 절차로 한다.[6]

其獻祝與二佐食, 其位·其薦·肴皆如儐.

1_ 모두 빈시의 ~ 한다 : 이 경문에서의 '如儐'은 당 위에서 거행하는 「유사철」의 儐尸 禮가 아니라 실에서 거행하는 「소뢰궤사례」의 正祭를 가리킨다. 이하 마찬가지이다. 正祭에서 주인이 시동에게 술을 올려 입가심을 하게 하고(主人酳尸), 빈장이 주인을 이어서 양고기와 돼지고기의 간을 진상하는 것은 [소뢰궤사례16 : 經-82]와 [소뢰궤사례16 : 經-83] 참조.

2_ 축은 ~ 한다 : [소뢰궤사례16 : 經-85] 참조.

3_ 타제를 ~ 한다 : 正祭에서의 綏祭는 [소뢰궤사례16 : 經-86], 祝의 嘏辭는 [소뢰궤사례16 : 經-88]과 [소뢰궤사례16 : 經-89]에 참조.

4_ '挼'는 ~ 읽는다 : 『주례』「춘관·守祧」에 "고수레를 마치면, 그 제물과 그 의복을 묻는다"(既祭, 則藏其隋(墮)與其服)고 하였다. 이에 대해 정현은 "시동이 고수레를 하였던 허파·등뼈·찰기장·메기장 등을 가리킨다. 그것을 묻어서 신을 의지하게 하는 것이다"(玄謂隋, 尸所祭肺脊黍稷之屬. 藏之以依神)라고 하였다. 즉 고수레가 끝나면, 시동이 고수레를 하였던 허파·등뼈·찰기장·메기장 등을 서쪽 계단의 동쪽 지하에 묻고, 시동이 착용했던 의복을 거두어 저장한다는 뜻이다. 정현이 이곳에서 '挼'를 『주례』에서 '藏其墮'라고 했을 때의 '墮'의 뜻으로 읽어야 한다고 말한 것은, '墮滅'(거두어 덜어 낸다)하는 일이 동일하기 때문이다. 『의례주소』, 1123쪽 교감 참조. 또 『예기』「증자문」에 "섭주는 염제를 지내지 않고, 여수의 예를 행하지 않고, 주인에게 축복해 주는 말을 하지 않으며, 綏祭도 지내지 않고, 배향하지도 않는다"(攝主不厭祭, 不旅, 不假, 不綏祭, 不配)고 한 것에 대해, 정현은 "'綏'는 『주례』에는 '墮'로 되어 있다"('綏', 『周禮』作'墮')고 하였고, 공영달은 "식사를 하고자 할 때에 먼저 찰기장·메기장·희생고기를 덜어서 나무제기 사이에서 고수레하는 것을 말한다. 그러므로 '綏祭'라고 한다"(謂欲食之時, 先減黍稷牢肉而祭之於豆間, 故曰'綏祭')고 하였다.

5_ '藏其墮'之'墮' : 두 개의 '墮'는 陳本, 『釋文』, 『集釋』에 모두 '隋'로 되어 있다. 『通解』에는 앞의 글자는 '隨'로, 뒤의 글자 '隋'로 되어 있으며, 毛本에는 '惰'로 되어 있다. 완원의 교감기에는 『釋文』에 따라야 한다고 하였다. 호배휘의 『의례정의』와 현행 『주례』「춘관·守祧」에도 모두 '隋'로 되어 있다. 『의례주소』, 1123쪽, 교감 및 『의례정의』, 2408쪽 참조.

6_ 헌의 예를 ~ 한다 : [소뢰궤사례16 : 經-91]~[소뢰궤사례16 : 經-99] 참조.

경-143에서 經-149까지는 하대부의 불빈시례不儐尸禮에서 '주부아헌主婦
亞獻'을 행하는 절차이다. 주부헌시主婦獻尸 → 주부수시작主婦受尸酢 → 주
부헌축主婦獻祝·좌식佐食의 순으로 진행된다.

[有司徹17 : 經-143]

주부는 술잔을 씻고 시동에게 헌獻의 예를 행하는데, 또한 빈시儐
尸의 예와 동일한 절차로 한다.[1]

主婦其洗獻于尸, 亦如儐.

정현주 　　　　　'시동은 밥을 먹지 않은 채로 주인에게 배부르다고 고한
다'[2]에서 이곳에 이르기까지 절차가 빈시儐尸의 예와 동일한 경우는 상편(『소
뢰궤사례』)에 보인다. 自'尸侑[3]不飯告飽'至此, 與賓同者, 在上篇.

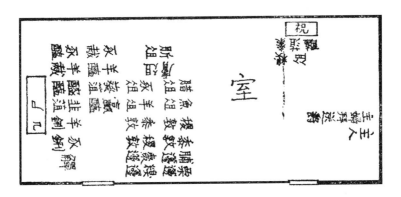

「불빈시不儐尸, 주부아헌수변主婦亞獻羞籩」

양톈위, 『의례역주』

[有司徹17 : 經-144]

주부는 방 안으로 돌아와 2개의 대나무제기(邊)를 집어 든다. 대추
를 담은 대나무제기와 미숫가루를 담은 대나무제기를 잡고서 실
안으로 들어와 앉아서 시동의 자리 앞에 진설하는데, 대추를 담은
대나무제기(棗邊)는 메기장 밥솥(稷敦)의 남쪽에 놓고, 미숫가루를
담은 대나무제기(糗邊)는 대추를 담은 대나무제기(棗邊)의 남쪽에
놓는다. 주부의 찬자는 밤을 담은 대나무제기와 말린 고기를 담은
대나무제기를 잡고서 주부에게 건네준다. 주부는 일어나지 않은
채로 이를 받아서 진설하는데, 밤을 담은 대나무제기(栗邊)는 미숫
가루를 담은 대나무제기(糗邊)의 동쪽에 놓고, 말린 고기를 담은 대
나무제기(脯邊)는 대추를 담은 대나무제기(棗邊)의 동쪽에 놓는다.
주부는 일어나 본래의 위치로 돌아간다.

主婦反取邊于房中. 執棗·糗, 坐設之, 棗在稷南, 糗在棗南. 婦
贊者執栗·脯. 主婦不興, 受, 設之, 栗在糗東, 脯在棗東. 主婦興,
反位.

정현주　　　　　　'대추'(棗)는 궤사饋食의 변邊에 담는 음식이다. '미숫가루'
(糗)는 수변羞邊에 담는 음식이다.[4] 이것을 섞어서 사용하는 것은 빈시儐尸의
예보다 낮추는 것이다.[5] 밤과 말린 고기는 가변加邊에 담는 음식이다.[6] '본래
의 위치로 돌아간다'(反位)는 것은 주인의 북쪽에서 술잔을 보내준 후 배례
를 행하던 위치로 돌아간다는 뜻이다.[7] '棗', 饋食之邊. '糗', 羞邊之實. 雜用之,
下賓尸也. 栗脯, 加邊之實也. '反位', 反主人之北拜送爵位.

[有司徹17 : 經 − 145]

시동은 왼손으로 술잔을 잡고, 오른손으로 대추와 미숫가루를 집어 든다. 축은 밤과 말린 고기를 집어 들어 시동에게 건네준다. 시동은 이를 받아서 부추절임으로 고수레를 하였던 부추절임과 고기젓갈을 담은 2개의 나무제기 사이에 놓고 함께 고수레를 하고,[8] 또 술로 고수레를 한 후 술을 맛본다. 차빈次賓은 양고기 구이와 돼지고기 구이를 희생제기 위에 올려서 시동에게 진상하는데, 소금은 고기구이의 오른쪽에 놓는다. 시동은 양고기 구이와 돼지고기 구이를 한꺼번에 집어 들어 소금에 묻힌 후 흔들어서 고수레를 하고, 맛을 본다. 축은 시동에게 양고기 구이와 돼지고기 구이를 받아서 기조胏俎 위에 올려놓는다. 시동은 술잔의 술을 다 마신다. 주부는 시동에게 배례를 한다. 축은 시동이 비운 술잔을 받는다. 시동은 주부에게 답배를 한다.

尸左執爵, 取棗‧糗. 祝取栗‧脯以授尸. 尸兼祭于豆祭, 祭酒, 嚌酒. 次賓羞牢燔, 用俎, 鹽在右. 尸兼取燔擩于鹽, 振祭, 嚌之. 祝受, 加于胏. 卒爵. 主婦拜. 祝受尸爵. 尸答拜.

정현 주

'주부는 방 안으로 돌아와 2개의 대나무제기를 집어 든다'[9]에서 이곳의 '축은 시동에게 양고기 구이와 돼지고기 구이를 받아서 기조 위에 올려놓는다'까지는 빈시儐尸의 예를 행할 때와 달리하는 것이다.[10]

自 '主婦反邊' 至 '受加于胏', 此異于賓.

축은 술잔을 바꾸어 씻은 후 술잔에 술을 따라 시동에게 건네준다. 시동은 이 술잔으로 주부에게 작초醋의 예를 행한다. 주부는 주인의 북쪽에서 배례를 한 후 술잔을 받는다. 시동은 답배를 한다. 주부는 본래의 위치로 돌아와서 또 배례를 한다. 상좌식은 주부에게 제물祭物(黍·稷·肺)을 건네주어 타제綏祭를 행할 수 있도록 돕는데, 빈시儐尸의 예를 행할 때와 동일한 절차로 한다.[11] 주부는 술잔의 술을 다 마신 후 배례를 한다. 시동은 답배를 한다.

祝易爵洗, 酌, 授尸. 尸以醋主婦. 主婦主人之北拜受爵. 尸答拜. 主婦反位, 又拜. 上佐食綏祭, 如儐. 卒爵拜. 尸答拜.

정현주   주부가 협작夾爵의 배례를 하는 것은 시동을 빈객으로 대접하지 않기 때문에 낮추어서 공경함을 더하는 것이다.[12] 금문본에는 '酢'이 '酌'으로 되어 있다. 主婦夾爵拜, 爲不賓尸降崇敬. 今文'酢'曰'酌'.[13]

주부는 축에게 술을 올려 헌獻의 예를 행하는데, 그 술 따르는 것은 빈시儐尸의 예를 행할 때와 동일한 절차로 한다.[14] 축은 배례를 한 후 앉아서 술잔을 받는다. 주부는 주인의 북쪽에서 답배를 한다.

主婦獻祝, 其酌如儐. 拜, 坐受爵. 主婦主人之北答拜.

정현주   '시동은 술잔의 술을 다 마신다'[15]에서 이곳에 이르기까지 또한 절차가 빈시儐尸의 예와 동일한 경우는 또한 상편(「소뢰궤사례」)에 보인다. 自'尸卒爵'至此, 亦與賓同者, 亦在上篇.

재부宰夫는 축에게 대추를 담은 대나무제기와 미숫가루를 담은 대
나무제기를 올리는데, 축의 자리 앞에 앉아서 대추를 담은 대나무
제기(棗籩)는 아욱절임을 담은 나무제기(葵菹豆)의 서쪽에 진설하
고, 미숫가루를 담은 대나무제기(糗籩)는 대추를 담은 대나무제기
(棗籩)의 남쪽에 진설한다. 축은 왼손으로 술잔을 잡고, 오른손으
로 대추와 미숫가루를 집어 들고서, 아욱절임으로 고수레를 하였
던 아욱절임과 달팽이 젓갈을 담은 2개의 나무제기 사이에 놓고
함께 고수레를 하고,[16] 술로 고수레를 한 후 술을 맛본다. 차빈次賓
은 고기구이를 진상하는데, 시동에게 진상할 때와 동일한 절차로
한다. 축은 술잔의 술을 다 마신다.

宰夫薦棗·糗, 坐設棗于菹西, 糗在棗南. 祝左執爵, 取棗·糗祭于
豆祭, 祭酒, 啐酒. 次賓羞燔, 如尸禮. 卒爵.

정현주　　　　　　　내자內子가 대나무제기를 올리지 않는 것은 축의 지위
가 비천하기 때문이니, 관리에게 시켜도 괜찮다.[17] '재부는 올린다'(宰夫薦)
에서 '차빈은 고기구이를 진상한다'(賓羞燔)까지는 또한 빈시儐尸의 예를 행
할 때와 달리하는 것이다.[18] 內子不薦籩, 祝賤, 使官可也. 自'宰夫薦'至'賓羞燔',
亦異于賓.

[有司徹17 : 經 - 149]

주부는 축이 비운 술잔을 받아 들고 술잔에 술을 따라 2명의 좌식
佐食에게 헌獻의 예를 행하는데, 또한 빈시儐尸의 예를 행할 때와
동일한 절차로 한다.[19] 주부는 좌식이 비운 술잔을 받아 들고 그것
을 들고 방 안으로 들어간다.

主人[20]受爵, 酌, 獻二佐食, 亦如儐. 主婦受爵, 以入于房.

1_ 또한 빈시의 ~ 한다 : [소뢰궤사례16 : 經-100]에서 [소뢰궤사례16 : 經-102] 참조.

2_ 시동은 ~ 고한다 : [經-139] 참조.

3_ 侑 : 성세좌는 이 '侑'는 필요 없는 글자라고 하였다. 『의례정의』, 2409쪽 참조.

4_ '대추'는 ~ 음식이다 :『주례』「천관·籩人」에 "饋食의 籩에 담는 음식은 대추·밤·복숭아·말린 매실·개암나무 열매이다. 羞籩에 담는 음식은 미숫가루·인절미이다"(饋食之籩, 其實棗·栗·桃·乾樆·榛實. 羞籩之實, 糗餌·粉瓷)라고 하였다. '饋食'는 제사를 지낼 때 찰기장 밥과 메기장 밥을 진헌하는 것을 말한다. 천자와 제후의 종묘제사에서는 강신의 의식을 행하고(祼) → 피가 배어있는 희생의 날고기를 올리고(獻) → 희생의 익힌 고기를 올리고(肆) 동시에 찰기장 밥·메기장 밥을 올리는(饋食) 순서로 진행된다. 그러나 제후의 대부와 사의 제례인「특생궤사례」와「소뢰궤사례」(「유사철」 포함)에서는 祼·獻의 절차를 생략하고 곧바로 희생의 익힌 고기를 올리는 '薦熟(孰)'으로부터 시작된다. 다만 희생의 익힌 고기를 올리는 '薦'과 찰기장 밥·메기장 밥을 올리는 '饋食'의 의절은 동시에 진행되기 때문에 희생의 익힌 고기를 올리는 것으로부터 시작하는 제사를 '饋食'라고 한다. '羞籩'은 종묘의 제사에서 正獻 이후 加爵 이전에 진설하는 대나무제기(籩)를 말한다. 예를 들면 [經-80]에 "宰夫는 방 안에 진열한 맛난 음식(房中之羞)을 시동·유·주인·주부에게 진상하는데, 모두 각자 자리의 오른쪽에 놓는다"고 한 것이 이것이다. '羞籩'은 '房中之羞' 즉 방 안에 진열한 맛난 음식을 담는 대나무제기를 말한다.

5_ 이것을 ~ 것이다 : 儐尸의 禮에서는 모두 朝事의 籩 즉 볶은 보리(麷)·볶은 마씨(蕡)·볶은 쌀(白)·볶은 기장(黑)을 담은 대나무제기를 사용하는데([經-30]), 이곳에서 饋食의 籩(棗)과 羞籩(糗)을 섞어서 사용하는 것은 상대부의 儐尸禮보다 낮추는 것이다.

6_ 밤과 ~ 음식이다 :『주례』「천관·籩人」에 "加籩에 담는 음식은 세발마름·가시연·밤·말린 고기이다"(加籩之實, 菱·芡·栗·脯, 菱·芡·栗·脯)라고 하였다. '加籩'은 시동이 식사를 한 후에 시동에게 亞獻의 예를 행할 때 진설하는 나무제기를 말한다.

7_ 주인의 북쪽에서 ~ 뜻이다 : 소뢰궤사례에서 주부가 室 안에서 시동에게 亞獻의 예를 행할 때 "시동은 배례를 한 후 술잔을 받는다. 주부는 주인의 북쪽에서 서쪽을 향해 술잔을 보내준 후 배례를 한다"(尸拜受. 主婦主人之北, 西面拜送爵)고 하였으므로 주인의 북쪽이 부인의 본래 위치이다. [소뢰궤사례16 : 經-102] 참조.

8_ 시동은 ~ 하고 : [소뢰궤사례16 : 經-64] 참조.

9_ 주부는 ~ 집어 든다 : [經-144] 참조.

10_ '주부는 ~ 것이다 : 儐尸禮에서는 6개의 대나무제기를 진설하는데, 이곳에서는 4개를 진설하고, 儐尸禮에서는 형제의 우두머리가 고기구이를 곁들여 진상하는데, 이곳에서는 次賓이 진상한다. 『의례정의』, 2411쪽 참조.

11_ 상좌식은 ~ 한다 : [소뢰궤사례16 : 經-105] 참조.

12_ 주부가 ~ 것이다 : 가공언은 '낮춘다'(降)는 것은 儐尸禮보다 낮춘다는 뜻이라고

히였다. 장이기는 "儐尸禮의 경우 正祭를 지낼 때 주부가 醋의 술잔을 받더라도 夾
爵의 배례를 하지 않는데, 이곳에서 夾拜를 하는 것이 다른 점"이라고 하였고, 저
인량은 "시동을 빈객으로 대접하지 않을 경우 그 예를 낮추므로, 醋의 술잔을 받
으면 반드시 夾拜를 하여 그 공경함을 높게 한다"고 하였다. 『의례주소』, 1125쪽
및 『의례정의』, 2412쪽 참조. '夾拜'는 부인이 남자에게 예를 행할 때, 여자가 먼저
배례를 하면, 남자가 답배를 하고, 여자가 또다시 배례를 하는 것을 말한다. 즉 남
자는 한 차례 배례를 하고, 여자는 두 차례 배례를 한다. '夾拜'는 '侠拜'로 쓰기도
한다.

13_ '酢曰酳' : 徐本, 陳本, 『通解』에는 '酢曰酳'으로 되어 있고, 『集釋』에는 '醋曰酳'으로 되
어 있고, 閩本, 監本, 葛本에는 모두 '酳曰酳'으로 되어 있다. 완원의 교감기에 의하
면 毛本에는 '醋曰酢'로 되어 있다고 한다. 호배휘의 『의례정의』, 2411쪽에는 '醋曰
酳'으로 되어 있다.

14_ 주부는 ~ 한다 : [소뢰궤사례16 : 經-107] 참조.

15_ 시동은 ~ 마신다 : [經-145] 참조.

16_ 아욱절임으로 고수레를 ~ 하고 : [소뢰궤사례16 : 經-95] 참조.

17_ 내자가 ~ 괜찮다 : 『예기』 「喪大記」의 정현 주에 "內子'는 卿의 처이다"('內子', 卿之
妻也)라고 하였고, 『국어』 「魯語下」에 "경의 내자는 큰 띠를 만들고, 명부는 제복을
만들었다"(卿之內子爲大帶, 命婦成祭服)라고 한 것에 대해 위소는 "卿의 適妻를 內子
라고 한다. 命婦는 大夫의 妻이다"(卿之適妻曰內子. 命婦, 大夫之妻也)라고 하였다.
이에 따르면 下大夫의 妻는 內子라고 칭할 수 없다. 그런데도 정현이 이곳에서 '內
子'라고 표현한 것에 대해, 가공언은 첫째 上大夫의 妻도 대나무제기를 진상하지
않음을 보여 주기 위해 '內子'라고 바꾸어서 말했고, 둘째는 散文하면 下大夫의 妻도
'內子'라고 칭할 수 있음을 보여 주기 위한 것이라고 해석하였다. 호배휘는 두 번째
해석 모두 타당하다고 하였다. 『의례주소』, 1125쪽 및 『의례정의』, 2412쪽 참조.

18_ 또한 빈시의 ~ 것이다 : 「소뢰궤사례」의 正祭에서 주부가 축에게 獻의 예를 행하
는 경우에는 대나무제기를 진설하지 않고 고기구이를 곁들여 진상하지 않는데,
이곳에서 이 제기와 고기를 올리기 때문에 儐尸禮와 다르다고 한 것이다. 『의례정
의』, 2412쪽 참조.

19_ 또한 빈시의 ~ 한다 : [소뢰궤사례16 : 經-108] 참조.

20_ 人 : '人'은 陳本, 閩本, 葛本, 『集釋』, 『通解』, 楊本, 敖本, 『의례정의』에 모두 '婦'로 되어
있다. 『石經考文提要』에 "監本은 唐石經의 잘못을 답습했다. 이 절은 主婦亞獻이므
로 '주인'이라 한 것은 잘못이다"라고 하였다. 『의례주소』, 1125쪽, 교감 참조.

해제 經-150에서 經-163까지는 하대부의 불빈시례不儐尸禮에서 '빈장삼헌賓長
三獻' 즉 빈장이 시동에게 삼헌의 예를 행하는 절차이다.[1]

[有司徹17 : 經 – 150]

빈장賓長(上賓)은 술잔을 씻은 후, 술잔에 술을 따라 시동에게 헌獻
의 예를 행한다. 시동은 배례를 한 후 술잔을 받는다. 빈장은 실문
안의 서쪽에서 북쪽을 향해 답배를 한다. 시동은 술잔을 내려놓고
마시지 않는다.

賓長洗爵, 獻于尸. 尸拜受. 賓戶西北面答拜. 爵止.

정현주 　　　　　시동이 술잔을 내려놓고 마시지 않는 것은 삼헌三獻의
예가 완성되어 신의 은혜가 실 안에 고루 퍼지기를 바라기 때문에 술잔을
내려놓고 기다리는 것이다. 尸止爵者, 以三獻禮成, 欲神惠之均於室中, 是以奠而
待之.

[有司徹17 : 經 – 151]

주부는 방 안에서 술잔을 씻은 후 술잔에 술을 따라 주인에게 보
내 준다. 주인은 배례를 한 후 술잔을 받는다. 주부는 실문의 서쪽
에서 북쪽을 향해 술잔을 건네준다. 사궁司宮은 주인의 자리를 펼
쳐 놓는다.

主婦洗于房中, 酌, 致于主人. 主人拜受. 主婦戸西北面送爵. 司宮設席.

정현주 배례를 하고 술잔을 받은 후에 비로소 자리를 펼쳐 놓는 것은 사례士禮의 경우와 달리하는 것이다.[2] 拜受乃設席, 變於士也.

[有司徹17 : 經−152]

주부는 주인에게 부추절임과 고기젓갈을 담은 2개의 나무제기를 올리는데, 주인의 자리 앞에 앉아서 부추절임을 담은 나무제기를 고기젓갈을 담은 나무제기의 북쪽에 진설한다. 주부의 찬자贊者는 대추와 미숫가루를 담은 2개의 대나무제기를 집어 들고서 주부의 뒤를 따른다. 주부는 일어나지 않은 채로 이것을 받은 후 대추를 담은 대나무제기(棗籩)는 부추를 담은 나무제기(韭菹豆)의 북쪽에 진설하고, 미숫가루를 담은 대나무제기(糗籩)는 대추를 담은 대나무제기(棗籩)의 서쪽에 진설한다. 좌식은 주인에게 희생제기를 진설하는데, 왼쪽 앞다리 뼈의 중앙 부위(臂)·등뼈(脊)·갈비뼈(脅)·허파(肺)[3]는 모두 양고기와 돼지고기로 하고, 돼지고기의 껍질 부위(膚) 세 조각, 생선 한 마리, 말린 큰사슴고기의 앞다리 뼈 중앙 부위(腊臂)를 올린다.

主婦薦韭菹·醢, 坐設于席前, 菹在北方. 婦贊者執棗·糗以從. 主婦不興, 受, 設棗于菹北, 糗在棗西. 佐食設俎, 臂·脊·脅·肺皆牢, 膚三, 魚一, 腊臂.

정 현 주 　　　　　　'앞다리 뼈의 중앙 부위'(臂)는 왼쪽 앞다리 뼈의 중앙 부
위(左臂)이다.[4] 「특생궤사례」에서는 5가지 몸체 부위의 뼈를 올리는데, 이곳
에서 3가지 몸체 부위의 뼈를 올리는 것은 양고기·돼지고기에 말린 큰사
슴고기의 앞다리 뼈 중앙 부위를 더하면 7가지 몸체 부위의 뼈가 되기 때문
이다.[5] 양고기·돼지고기와 말린 큰사슴고기는 모두 앞다리 뼈의 중앙 부위
(臂)를 올리니, 또한 이른바 '말린 고기는 희생고기의 뼈와 동일하게 올려놓
는다'(腊如牲體)는 것이다.[6] '臂', 左臂也. 「特牲」五體, 此三者, 以其牢與腊臂而七.
牢腊俱臂, 亦所謂'腊如牲體'.

[有司徹17 : 經 – 153]

주인은 왼손으로 술잔을 잡고, 오른손으로 부추절임을 집어 들어
소금에 묻힌 후 부추절임과 고기젓갈을 담은 2개의 나무제기 사
이에 놓고 고수레를 한다. 이어서 대나무제기에 담아 놓은 대추와
미숫가루로 고수레를 한 후 술잔을 내려놓고, 일어나서 양고기·
돼지고기의 허파를 집어 들고, 다시 앉아서 허파의 끝을 잘라 내어
끊어서 고수레를 한 후 맛을 본다. 다시 일어나서 허파를 희생제
기 위에 올려놓고, 다시 앉아서 손을 닦고 술로 고수레를 한 후 술
잔을 잡고 일어난다. 다시 앉아서 술잔의 술을 다 마신 후 배례를
한다.
主人左執爵, 右取菹搮于醢, 祭于豆間. 遂祭籩, 奠爵, 興, 取牢肺,
坐絶祭, 嚌之. 興, 加于俎, 坐挩手, 祭酒, 執爵以興. 坐卒爵, 拜.

정 현 주 　　　　　　곁들여 올리는 음식이 없는 것은 사례士禮의 경우와 달리

하는 것이다.[7] 또한 이른바 '순응하여 취한다'(順而撫)는 것이다.[8] 無從者, 變於
士也. 亦所謂'順而撫'也.

[有司徹17 : 經－154]

주부는 답배를 한 후 주인이 비운 술잔을 받아 들고, 술잔에 술을
따라 스스로 마심으로써 작초醋의 예를 행하고, 실문 안에서 북쪽을
향해 배례를 한다.
主婦答拜, 受爵, 酌以醋, 戶內北面拜.

정현주 스스로 작초酢의 예를 행하고, 술잔을 바꾸지 않는 것은 예
를 강쇄하는 것이다.[9] 自酢不更爵, 殺.

[有司徹17 : 經－155]

주인은 답배를 한다. 주부는 술잔의 술을 다 마신 후 배례를 한다.
주인은 답배를 한다. 주부는 술잔을 들고 방 안으로 들어간다. 시
동은 마시지 않고 내려놓았던 술잔을 들어서 술로 고수레를 하고,
술잔의 술을 다 마신다. 빈장은 배례를 한다. 축은 시동이 비운 술
잔을 받아 든다. 시동은 답배를 한다.
主人答拜. 卒爵, 拜. 主人答拜. 主婦以爵入于房. 尸作止爵, 祭酒,
卒爵. 賓拜. 祝受爵. 尸答拜.

정현주 마시지 않고 내려놓았던 술잔을 들고 이어서 술로 고수

레를 하는 것은 또한 사례士禮의 경우와 달리하는 것이다.¹⁰ '시동은 술잔을 내려놓고 마시지 않는다'¹¹에서 이곳의 '시동은 마시지 않고 내려놓았던 술 잔을 든다'¹²까지는 또한 빈시儐尸의 예를 행할 때와 달리하는 것이다.¹³ 作止 爵乃祭酒, 亦變於士. 自'爵止'至'作止爵', 亦異於賓.

[有司徹17 : 經 – 156]

축은 술잔에 술을 따라 시동에게 건네준다. (시동은 그 술잔으로 빈장에 게 작酢의 예를 행한다.) 빈장은 배례를 한 후 술잔을 받는다. 시동은 술 잔을 보내준 후 배례를 한다. 빈장은 앉아서 술로 고수레를 하고, 그대로 앉은 채로 술을 마시고, 술잔의 술을 다 마신 후 시동에게 배례를 한다. 시동은 답배를 한다. 빈장은 축과 2명의 좌식에게 술 을 올려 헌獻의 예를 행한다. 빈장은 술잔을 씻은 후 주인에게 술 잔을 보내준다.

祝酌, 授尸. 賓拜受爵. 尸拜送. 坐祭, 遂飮, 卒爵, 拜. 尸答拜. 獻祝 及二佐食. 洗, 致爵于主人.

정현주 술잔을 씻은 후에 주인에게 보내주는 것은 좌식의 천한 술 잔을 받았기 때문에 그것을 새롭게 하는 것이다. 洗致爵者, 以承佐食賤, 新之.

[有司徹17 : 經 – 157]

주인은 자리 위에서 배례를 한 후에 술잔을 받는다. 빈장은 북쪽 을 향하여 답배를 한다. 주인은 앉아서 술로 고수레를 하고, 이어

서 술을 마시고, 술잔의 술을 다 마신 후에 배례를 한다. 빈장은 답
배를 한 후에 주인의 빈 술잔을 받는다. 빈장은 술잔에 술을 따라
주부에게 술잔을 보내준다. 주부는 북당北堂에 있다. 사궁司宮은
주부의 자리를 펼쳐 놓는데, 머리 부분이 동쪽을 향하도록 하여 놓
는다.

主人席上拜受爵. 賓北面答拜. 坐祭, 遂飮, 卒爵, 拜. 賓答拜, 受爵.
酌, 致爵于主婦. 主婦北堂. 司宮設席, 東面.

정현주   '북당北堂'**14**은 방 가운데에서 북쪽이다. '동쪽을 향하도록
놓는다'(東面)는 것은 사士의 처妻의 경우와 달리하는 것이다.**15** 빈시儐尸의
예에서 (사의 처의 경우와) 달리하지 않은 것은 빈시례儐尸禮는 빈시의 예를 행
하지 않는 경우와 다르기 때문이다.**16** 내자內子가 동쪽을 향하면, 종부는 남
쪽을 향하여 서쪽을 윗자리로 삼아야 하지만, 내빈은 그대로 동쪽을 향하여
남쪽을 윗자리로 삼는다. '北堂', 中房以北. '東面'者, 變於士妻. 賓尸不變者, 賓尸
禮異矣. 內子東面, 則宗婦南面西上, 內賓自若, 東面南上.

[有司徹17 : 經 – 158]
주부는 자리의 북쪽에서 동쪽을 향해 배례를 한 후 술잔을 받는
다. 빈장은 서쪽을 향해 답배를 한다.

主婦席北, 東面拜受爵. 賓西面答拜.

정현주   '자리의 북쪽에서 동쪽을 향한다'(席北東面)는 것은 북쪽
이 아랫자리가 된다는 뜻이다.**17** '席北東面'者, 北爲下.

[有司徹17 : 經 – 159]

주부의 찬자는 부추절임과 고기젓갈을 담은 2개의 나무제기를 주부의 자리 앞에 올리는데, 부추절임을 담은 나무제기를 남쪽에 놓는다. 부인의 찬자는 대추와 미숫가루를 담은 2개의 대나무제기를 집어서 주부의 찬자에게 건네준다. 주부의 찬자는 일어나지 않은 채로 그것을 받아서 대추를 담은 대나무제기(棗籩)는 부추절임을 담은 나무제기(韭菹豆)의 남쪽에 진설하고, 미숫가루를 담은 대나무제기(糗籩)는 대추를 담은 대나무제기(棗籩)의 동쪽에 진설한다.

婦贊者薦韭菹·醢, 菹在南方. 婦人贊者執棗·糗, 授婦贊者. 婦贊者不興, 受, 設棗于菹南, 糗在棗東.

정현주 　　　　　'부인의 찬자'는 종부宗婦의 제부弟婦이다.[18] 금문본에는 "婦也, 贊者執棗糗授婦贊者, 不興受"라고 하였다. '婦人贊者', 宗婦之弟婦也. 今文曰"婦也, 贊者執棗糗授婦贊者, 不興受."[19]

[有司徹17 : 經 – 160]

좌식은 주부의 자리 앞에 부추절임과 고기젓갈을 담은 2개의 나무제기의 동쪽에 희생제기를 진설하는데, 양고기의 앞다리 뼈 아래쪽 부위(羊臑), 잘라 내어 나눈 돼지고기의 뼈(豕折), 양고기의 등뼈(羊脊)·갈비뼈(脅), 양고기·돼지고기의 허파 한 조각, 돼지고기의 껍질 부위(膚) 한 조각, 생선(魚) 한 마리를 올려놓으며, 또 말린 큰 사슴고기의 앞다리 뼈 아래쪽 부위(腊臑)를 올려놓는다.

佐食設俎于豆東, 羊臑, 豕折, 羊脊·脅, 祭肺[20]一, 膚一, 魚一, 腊臑.

'시절豕折'은 돼지고기의 뼈를 잘라 내어 나눈 것이다. 어느 부위의 뼈를 잘라서 나누었는지 말하지 않은 것은 생략한 것이다. 「특생궤사례」에서는 주부의 희생제기 위에 잘라 낸 오른쪽 뒷다리 뼈 아래쪽 부위를 올린다.[21] 돼지고기의 등뼈와 갈비뼈를 올리지 않는 것은 주인보다 낮추기 때문이다. 양고기와 돼지고기의 4가지 몸체 부위의 뼈에 말린 큰사슴고기의 앞다리 뼈 아래쪽 부위를 합하여 5가지 몸체 부위의 뼈가 된다.[22] '豕折', 豕折骨也. 不言所折, 略之. 「特牲」主婦觳折. 豕無脊脅, 下主人. 羊豕四體, 與腊臑而五.

[有司徹17 : 經－161]

주부는 자리(筵) 위로 올라가 앉아서 왼손으로 술잔을 잡고 오른손으로 부추절임를 집어 고기젓갈에 묻힌 후 그것으로 고수레를 하고, 대나무제기에 담아 놓았던 대추와 미숫가루로 고수레를 하고, 이어서 술잔을 내려놓고, 일어나서 허파를 잡고, 앉아서 허파의 끝을 잘라 내어 끊어서 고수레를 한 후 맛을 보고, 다시 일어나서 허파를 희생제기 위에 올려놓고, 다시 앉아서 손을 닦은 후 술로 고수레를 한 후 술잔을 잡고 일어난다. 이어서 자리(筵)의 북쪽에서 동쪽을 향해 서서 술잔의 술을 다 마신 후 배례를 한다.

主婦升筵, 坐, 左執爵, 右取菹㨎于醢, 祭之, 祭籩, 奠爵, 興取肺, 坐絶祭, 嚌之, 興, 加于俎, 坐挩手, 祭酒, 執爵興. 筵北東面立卒爵, 拜.

서서 술을 마시고, 술을 다 마시게 해 준 것에 배례를 하는 것은 대부의 경우와 달리하는 것이다.[23] 立飲拜旣爵者, 變於大夫.

[有司徹17 : 經 – 162]

빈장은 답배를 한다. 빈장은 주부가 비운 술잔을 받아 들고 대광
주리에서 다른 술잔으로 바꾼 후 술잔을 씻고,[24] 술잔에 술을 따라
주인에게 작醋의 예를 행하는데, 실문의 서쪽에서 북쪽을 향해 배
례를 한다. 주인은 답배를 한다. 빈장은 술잔의 술을 다 마신 후 배
례를 한다. 주인은 답배를 한다. 빈장은 술잔을 들고 당에서 내려
와 대광주리 안에 넣어 둔다.

賓答拜. 賓受爵, 易爵于篚, 洗, 酌, 醋于主人, 戶西北面拜. 主人答
拜. 卒爵, 拜. 主人答拜. 賓以爵降奠于篚.

정현주 　　　　　'빈장이 시동에게 헌의 예를 행하고, 2인의 좌식에게까지
헌의 예를 행하는 것'[25]에서 여기까지는 또한 빈시儐尸의 예를 행할 때와 달
리하는 것이다.[26] 自'賓[27]及二佐食'至此, 亦異於賓.

[有司徹17 : 經 – 163]

이어서 음식을 올린다. 재부宰夫는 방 안에 진열된 맛난 음식(房中之
羞)을, 사사司士는 여러 가지 맛난 음식(庶羞)을 시동·축·주인·주
부의 자리 앞에 진상하는데, 방 안에 진열하는 곡물로 만든 음식(內
羞)은 오른쪽에 놓고, 여러 가지 맛난 음식(庶羞)은 왼쪽에 놓는다.[28]

乃羞. 宰夫羞房中之羞, 司士羞庶羞于尸·祝·主人·主婦, 內羞在
右, 庶羞在左.

1_ [經-150]에서 [經-163]까지는 '賓長三獻'의 일을 기술한 것인데, 장이기에 의하면 다음의 10개 小節로 구성된다. ① 賓獻尸, 爵旣止, ② 主婦致爵主人, ③ 主婦自酢, ④ 尸作止爵, ⑤ 尸酢賓, ⑥ 賓獻祝·佐食, ⑦ 賓致爵主人, ⑧ 致爵主婦, ⑨ 賓自酢, ⑩ 乃設羞.

2_ 배례를 ~ 것이다 : 士禮인 「특생궤사례」에서는 술잔을 보내 주기 전에 먼저 자리를 펼쳐 놓는데, 이곳에서는 배례를 하고 술잔을 받은 이후에 자리를 펼쳐 놓는다.

3_ 허파 : 오계공에 의하면, 이곳의 허파(肺)는 중앙 부위를 조금 남기고 자른 허파 즉 離肺이다. 『의례정의』, 2415쪽 참조.

4_ '앞다리 뼈의 ~ 부위이다 : 오른쪽 앞다리 뼈의 중앙 부위는 시동에게 올렸기 때문에 이곳에서는 왼쪽 앞다리 뼈의 중앙 부위를 올린다. 『의례정의』, 2414쪽 참조.

5_ 이곳에서 3가지 ~ 때문이다 : 경문에서 왼쪽 앞다리 뼈의 중앙 부위(臂)·등뼈(脊)·갈비뼈(脅)를 모두 牢로 한다고 하였는데, '牢'는 양고기와 돼지고기를 가리킨다. 양고기와 돼지고기의 앞다리 뼈의 중앙 부위(臂)·등뼈(脊)·갈비뼈(脅)를 모두 올리므로 6體가 된다. 여기에 말린 큰사슴고기의 앞다리 뼈 중앙 부위(腊臂)를 합하면 7體가 된다. 『의례정의』, 2414쪽 참조.

6_ 또한 이른바 ~ 것이다 : [특생궤사례15 : 記-32] 참조.

7_ 곁들여 ~ 것이다 : 士禮인 「특생궤사례」에서는 주부가 주인에게 술잔을 보내줄 때 구운 간(肝)과 고기구이(燔)를 나란히 곁들여 올린다. [특생궤사례15 : 經-120]

8_ 또한 ~ 것이다 : 『예기』「禮器」의 문장이다. [經-36]의 주석 45) 참조.

9_ 스스로 ~ 것이다 : 가공언에 의하면, 앞에서 주부가 酢의 술잔을 받을 때 祝이 술잔을 바꾸어 씻은 후 술을 따라 시동에게 건네주면 시동은 그것으로 주부에게 酢의 예를 행하였는데([經-146]), 이곳에서는 주부 스스로 술을 따라 마심으로써 酢의 예를 행하고 또 술잔을 바꾸지 않기 때문에 '예를 강쇄한다'(殺)고 한 것이다. 『의례주소』, 1127쪽 참조. 그러나 오정화는 이때에도 술잔을 바꾼다고 하였고, 호배휘도 정현의 해석은 잘못이라고 비판하였다. 『의례정의』, 2415쪽 참조.

10_ 마시지 않고 ~ 것이다 : 士禮인 「특생궤사례」에서는 빈이 내려놓았던 술잔을 집어 드는데, 이곳에서는 시동이 스스로 술잔을 들기 때문에 士禮와 다른 것이다. 『의례정의』, 2416쪽 참조.

11_ 시동은 ~ 않는다 : [經-150] 참조.

12_ 시동은 ~ 든다 : [經-155] 참조.

13_ 시동은 술잔을 ~ 것이다 : 가공언에 의하면, 儐尸禮에서는 '主婦致爵' 이후에 '술잔을 내려놓고'(止爵), '獻私人' 이후에 '내려놓았던 술잔을 들어서'(作止爵) 신의 은혜가 뜰에 골고루 퍼지게 한다. 이곳에서는 '主婦致爵' 이전에 술잔을 내려놓고(止爵), 主婦致爵 이후에 내려놓았던 술잔을 들어서(爵止爵) 신의 은혜가 실 안에 골고루 퍼지게 한다. 『의례주소』, 1127쪽 참조.

14_ 북당 : 北堂은 방 안을 반으로 나눈 북쪽을 가리킨다. [사혼례02 : 記-17]의 경문 및 정현 주 참조.

15_ '동쪽을 ~ 것이다 : 土禮인 [특생궤사례 : 記-22]의 "종부들은 북당에서 동쪽을 향해 서는데, 북쪽을 윗자리로 삼는다"(宗婦北堂, 東面北上)고 한 것에 대해 정현은 "종부는 마땅히 주부에게 통섭되어야 하기 때문인데, 주부는 남쪽을 향해 선다"(宗婦宜統于主婦, 主婦南面)고 하였다. 土禮에서 주부는 남쪽을 향하는데, 이곳에서는 동쪽을 향하기 때문에 '土의 妻의 경우와 달리하는 것이다'라고 한 것이다. 『의례주소』, 1128쪽 참조.

16_ 빈시의 예에서 ~ 때문이다 : 儐尸의 禮에서는 시동이 주부에게 酢의 예를 행할 때, 司宮은 방 안에 주부의 자리를 펼치는데, 머리 부분이 남쪽을 향하도록 하여 놓는다([經-73]). 이는 土禮에서 주부가 남쪽을 향하는 것과 동일하다. 儐尸禮는 不儐尸禮의 경우와 달리하는 것이다.

17_ '자리의 ~ 뜻이다 : 『예기』「曲禮上」에 "자리의 머리 부분이 남쪽이나 북쪽을 향할 때에는 서쪽을 윗자리로 삼고, 동쪽이나 서쪽을 향할 때에는 남쪽을 윗자리로 삼는다"(席, 南鄕北鄕, 以西方爲上, 東鄕西鄕, 以南方爲上)고 하였다. 이곳의 자리는 머리 부분이 동쪽을 향하고 있으므로 남쪽이 윗자리가 되고, 따라서 북쪽은 아랫자리가 된다.

18_ '부인의 ~ 제부이다 : [經-74]의 정현 주에서 "'부인의 찬자'는 종부 가운데 젊은 사람이다"('婦人贊者', 宗婦之少者)라고 하였는데, 宗婦의 弟婦와 같은 뜻이다. '婦贊者'는 主婦의 贊者이고, '婦人贊者'는 婦贊者의 贊이다. 『의례정의』, 2418쪽 참조.

19_ 今文曰 ~ 不興受 : 徐本과 『集釋』에는 "今文曰 ~ 不興受"의 17글자는 수록된 반면, 毛本에는 빠져 있다. 『通解』에는 '今文曰婦也'의 5글자가 없으며, '棗'는 '景'으로 잘못되어 있고, 나머지는 徐本과 동일하다. 『의례주소』, 1128쪽 교감 참조.

20_ 祭肺 : 각 판본에는 '肺' 앞에 '祭'가 있지만, 唐石經에는 없다. 오계공은 衍文이라고 하였고, 호배휘는 아래 문장에서 '絶祭'라고 하였는데, 絶祭는 '離肺'를 사용하므로 '祭肺'가 아니라고 하였다. 호배휘의 설에 따라 번역한다. 『의례주소』, 1128쪽의 교감 및 『의례정의』, 2418쪽 참조.

21_ 『특생궤사례』에서는 ~ 올린다 : 이곳에서는 생략하였지만, 「특생궤사례」에 의하면 잘라 낸 오른쪽 뒷다리 뼈 아래쪽 부위(骰折)를 올리는 것으로 되어 있다. [특생궤사례15 : 記-35]에 "주부의 희생제기 위에는 오른쪽 뒷다리 뼈의 아래쪽 부위를 잘라서 나눈 것을 올려놓는다"(主婦俎, 骰折)고 하였는데, 정현 주는 "'骰'은 뒷다리이다. 오른쪽 뒷다리 뼈를 자르고 그것을 나누어서 좌식의 희생제기 위에 올려놓는다"('骰', 後足. '折', 分後右足以爲佐食俎)고 하였다.

22_ 돼지고기의 등뼈와 ~ 된다 : 앞의 주인의 희생제기 위에는 돼지고기의 등뼈와 갈비뼈도 올려놓아 양고기·돼지고기의 6가지 몸체 부위의 뼈에 말린 큰사슴고기의 앞다리 뼈 중앙 부위를 합쳐 7가지 몸체 부위의 뼈가 되었는데([經-152]), 이곳의 주부의 희생제기 위에는 돼지고기의 등뼈와 갈비뼈를 올리지 않기 때문에 양고기·돼지고기는 4가지 몸체 부위의 뼈뿐이므로 말린 큰사슴고기의 앞다리 뼈 아

래쪽 부위를 합쳐 5가지 몸체 부위의 뼈가 된다. 따라서 주인보다 낮춘 것이다.

23_ 대부의 경우와 ~ 것이다 : 주학건에 의하면 '大夫' 두 글자는 어떤 판본에는 '丈夫'로 되어 있는데, 이 경문은 주부의 예이므로, 정현은 大夫의 경우와 대비시켜 말한 것이다. 丈夫는 시동과 賓을 겸하기 때문에 大夫만을 지칭하는 것은 아니라고 하였다. 노문초의 『儀禮詳校』에도 '丈夫'로 바꾸었다. 그러나 성세좌는 정현 주의 大夫는 '主人'을 지칭하는 것으로, 주인은 빈이 보내 주는 술잔을 받을 때, '앉아서 고수레를 하고, 그대로 앉은 채로 술을 마시고, 술잔의 술을 다 마신 후 배례를 한다'([經-157])고 하였으므로 이곳에서 주부가 서서 술을 마시는 것과 다르다고 하였다. 호배휘도 성세좌의 설에 동의한다. 『의례정의』, 2419쪽 참조.

24_ 대광주리에서 다른 ~ 씻고 : 오계공에 의하면 이 대광주리(篚)는 당 아래에 있는 '下篚'이다. 학경은 빈장이 대광주리에서 술잔을 바꾸는 것은 빈장이 장차 스스로 酢의 예를 행하려는 것인데, 남자는 여자의 술잔을 이어받을 수 없기 때문이라고 하였다. 『의례정의』, 2419쪽 참조.

25_ 빈장이 ~ 행하는 것 : [經-150]~[經-156] 참조.

26_ '빈장이 ~ 것이다 : 「소뢰궤사례」에서 빈장은 축에게까지만 獻의 예를 행하고 좌식에게는 獻의 예를 행하지 않는다. 이곳에서는 빈장이 三獻의 예를 행하고, 2인의 좌식에게 헌의 예를 행하고, 또 주인과 주부에게 술잔을 보내주고 아울러 스스로 술을 따라 마심으로써 酢의 예를 행한다. 이는 儐尸禮를 행할 때와 다른 것이다. 진혜전은 이 경문은 빈장이 스스로 술을 따라 마심으로써 주인을 대신하여 酢의 예를 행하는 것인데, 儐尸禮에서는 이러한 예가 없다고 하였다. 『의례정의』, 2420쪽 참조.

27_ 賓 : 『集釋』, 毛本, 『의례정의』에는 '賓' 다음에 '獻'이 더 있다. 『의례주소』, 1129쪽 교감 참조.

28_ 재부는 ~ 놓는다 : [經-80]의 경문과 정현 주 참조.

[有司徹17 : 經 - 164]

주인은 당에서 내려와 중빈衆賓¹들에게 배례를 하고, 술잔을 씻은
후 중빈들에게 헌獻의 예를 행한다. 헌의 예를 마친 후에 중빈들
에게 올리는 말린 고기를 담은 대나무제기·고기젓갈을 담은 대나
무제기와 희생고기를 올려놓은 희생제기, 중빈들의 위치, 주인이
장빈에게 수酬의 예를 행하고 주인이 술을 따라 스스로 마심으로
써 장빈을 대신하여 작酌의 예를 행하는 것은 모두 빈시儐尸의 예
를 행할 때와 동일한 절차로 한다.² 주인은 술잔을 씻은 후 형제와
내빈³과 사인들에게 헌의 예를 행하는데, 모두 빈시의 예를 행할
때와 동일한 절차로 한다.⁴ 형제·내빈·사인들의 위치,⁵ 이들에게
올리는 말린 고기를 담은 대나무제기·고기젓갈을 담은 대나무제
기와 희생고기를 올려놓은 희생제기는 모두 빈시의 예를 행할 때
와 동일한 절차로 한다.⁶ 헌의 예를 마친 후, 이어서 중빈·형제·
내빈 및 사인들에게 음식을 올리는데, 한 사람 한 사람에게 두루
올린다.

主人降, 拜衆賓, 洗, 獻衆賓. 其薦·香, 其位, 其酬醋, 皆如儐禮. 主
人洗, 獻兄弟與內賓與私人, 皆如儐禮. 其位·其薦香, 皆如儐禮.
卒, 乃羞于賓·兄弟·內賓及私人, 徧.

'이어서 음식을 올린다'[7]고 한 것에서 이곳의 '사인들에게 말린 고기를 담은 대나무제기·고기젓갈을 담은 대나무제기와 희생고기를 올려놓은 희생제기를 올리는 일'에 이르기까지 이 또한 빈시의 예를 행할 때와 동일한 것인데, 이 편(「有司徹」)에 보인다.[8] 빈시儐尸의 예를 행하지 않는 경우에는 축이 유와 같다.[9] '졸卒'은 마친다(已)는 뜻이다.[10] '이어서 음식을 올린다'(乃羞)는 것은 서수庶羞를 올린다는 뜻이다.[11] 自'乃羞'至'私人之薦脅', 此亦與儐同者, 在此篇. 不儐尸, 則祝猶侑耳. '卒', 已也. '乃羞'者, 羞庶羞.

1_ 중빈 : 장이기는 이곳의 衆賓은 上賓을 포함한 모든 賓을 가리킨다고 하였다. 『의례정의』, 2420쪽 참조.

2_ 모두 빈시의 ~ 한다 : 儐尸禮에서 주인이 중빈들에게 獻의 예를 행하고([經-81]~[經-87]), 주인이 장빈에게 酬의 예를 행하고([經-91]~[經-92]), 주인이 술을 따라 스스로 마심으로써 장빈을 대신하여 酢의 예를 행하는 것([經-88])과 동일한 절차로 한다는 뜻이다.

3_ 내빈 : 호배휘에 의하면 이곳의 內賓에는 宗婦도 포함된다. 『의례정의』, 2420쪽 참조.

4_ 모두 빈시의 ~ 한다 : 儐尸禮에서 주인이 형제들에게 獻의 예를 행하는 것은 [經-92]~[經-95], 주인이 내빈에게 獻의 예를 행하는 것은 [經-96]~[經-97], 주인이 私人들에게 獻의 예를 행하는 것은 [經-98]~[經-99]에 각각 보이는데 이와 동일한 절차로 한다는 뜻이다.

5_ 형제·내빈·사인들의 위치 : 형제들의 위치는 물받이 항아리(洗)의 동쪽에서 서쪽을 향하여 북쪽을 위쪽으로 삼는 위치, 내빈들의 위치는 방 안, 私人들의 위치는 형제의 남쪽이다. 『의례정의』, 2420쪽 참조.

6_ 빈시의 예를 ~ 한다 : [經-93], [經-94], [經-97], [經-98] 참조.

7_ 이어서 음식을 올린다 : [經-163] 참조.

8_ '이어서 ~ 보인다 : 「소뢰궤사례」의 正祭는 賓賓三獻([소뢰궤사례16 : 經-111])으로 끝나는데, 이곳의 '음식을 올리는 일'(乃羞)([經-163]) 이하 중빈·형제·내빈 및 사인에게 음식을 올리는 4개의 의절은 모두 이 편의 당 위에서 儐尸의 예를 행할 때의 일이므로 '儐尸의 禮를 행할 때와 동일한 것인데, 이 편에 보인다'고 한 것이다. 『의례정의』, 2421쪽 참조.

9_ 빈시의 ~ 같다 : 상대부의 儐尸禮에서는 侑에게 음식을 올리는데, 하대부의 不儐尸禮에서는 祝에게 음식을 올린다.

10_ '졸'은 ~ 뜻이다 : '卒'은 주인의 獻禮를 마친다는 뜻으로, 헌의 예를 마치면 곧바로 음식을 올린다. 儐尸禮에서는 주인의 獻禮를 마치면 두 사람이 술잔을 들어 올려 旅酬의 예를 행한 후에 비로소 庶羞를 올리는데([經-106]~[經-117]), 이곳의 不儐尸禮에서는 주인의 獻禮를 마치면 곧바로 庶羞를 올린다. 이는 不儐尸禮가 儐尸禮와 다른 점이다.

11_ '이어서 ~ 뜻이다 : 앞의 [經-117]에서 "이어서 庶羞를 빈·형제·내빈 및 사인들에게 진상한다"(乃羞庶羞于賓·兄弟·內賓及私人)고 하였으므로 이곳에서 진상하는 음식도 '庶羞'이며 '房中의 羞'는 없다.

經-165는 하대부의 불빈시례에서 중빈의 우두머리가 시동에게 가작加爵의 예를 올리는 절차이다.

[有司徹17 : 經 - 165]

중빈衆賓들의 우두머리는[1] 시동에게 술을 올려 헌獻의 예를 행한다.[2] 시동은 중빈의 우두머리에게 술을 올려 작醋의 예를 행한다. 중빈의 우두머리는 축에게 술을 올려 헌의 예를 행한 후에 주인·주부에게 술잔[3]을 보내주고, 이어서 술을 따라 스스로 마심으로써 주인을 대신하여 작醋의 예를 행한다. 중빈의 우두머리는 술잔을 들고 당에서 내려와 대광주리 안에 넣어 둔다.

賓長獻于尸. 尸醋. 獻祝, 致, 醋. 賓以爵降, 實于篚.

정현주 '치致'는 주인과 주부에게 술잔을 보내준다는 뜻이다. '처음과 동일한 절차로 한다'(如初)고 말하지 않은 것은 술잔을 내려놓지 않고, 또 좌식에게까지는 헌獻의 예를 행하지 않기 때문이다. '致', 謂致爵于主人·主婦. 不言'如初'者, 爵不止, 又不及佐食.

1_ 중빈들의 우두머리는 : 이곳은 衆賓長이 시동에게 加爵의 예를 행하는 의절인데,
① 賓長獻尸, ② 尸酢賓長, ③ 賓長獻祝, ④ 致爵于主人, ⑤ 致爵于主婦, ⑥ 酢于主人의
순서로 진행된다.

2_ 시동에게 술을 ~ 행한다 : 호배휘에 의하면 이는 중빈들의 우두머리가 시동에게
加爵의 예를 행하는 것이다. 『의례정의』, 2421쪽 참조.

3_ 술잔 : 오계공에 의하면 이곳의 의절에서는 술잔으로 '爵'을 사용하지 않고 '觚'를 사
용한다고 한다. 儐尸禮에서는 '爵'으로 加爵을 올리는데, 「특생궤사례」와 이곳에서
는 '觚'의 술잔으로 加爵을 올린다. 爵이 觚보다 존귀하다. '觚'는 2승의 용량이고,
'爵'은 1升의 용량이다. 『의례정의』, 2422쪽 참조.

經-166은 하대부의 불빈시례에서 여수旅酬와 무산작無算爵을 행하는 절차이다.

[有司徹17 : 經-166]

빈과 형제들은 서로 동쪽과 서쪽으로 교차하여 오가면서 여수의 술잔을 올리고, 이어서 순서도 없이 횟수도 없이 서로 술잔을 권하여 마시는 무산작을 거행한다.

賓·兄弟交錯其酬, 無算爵.

정현주   이 또한 빈시儐尸의 예를 행할 때와 동일한 것인데, 이 편(「유사철」)에 보인다. 此亦與儐同者, 在此篇.

經-167은 하대부의 불빈시례에서 상좌식이 시동에게 가작加爵의 예를 행하는 절차이다.

[有司徹17 : 經 – 167]

상좌식上佐食(利)¹은 술잔을 씻은 후 시동에게 술을 올려 헌의 예를 행한다.² 시동은 상좌식에게 술을 올려 작酢의 예를 행한다. 상좌식은 축祝에게 술을 올려 헌의 예를 행한다. 축은 술잔을 받아 들고 술로 고수레를 하고 술을 맛본 후 술잔을 내려놓는다.

利洗爵, 獻于尸. 尸酢. 獻祝. 祝受, 祭酒, 啐酒, 奠之.

정현주 　　　　　　상좌식이 헌의 예를 행하는데 주인에게 헌의 예를 행하지 않는 것은 예를 강쇄하기 때문이다.³ 이 또한 빈시儐尸의 예를 행할 때와 달리하는 것이다.⁴ 利獻不及主人, 殺也. 此亦異於賓.

1_ 상좌식 : 성세좌에 의하면 '利'는 上佐食을 가리킨다. 『의례정의』, 2424쪽 참조.

2_ 시동에게 술을 ~ 행한다 : 호배휘에 의하면 이는 上佐食이 시동에게 加爵의 예를 행하는 것이다. 『의례정의』, 2424쪽 참조.

3_ 상좌식이 ~ 때문이다 : 앞의 [經-165]에서 중빈들의 우두머리가 시동에게 加爵의 예를 행할 때 주인에게까지 헌의 예를 행하는 것과 대비해서 말한 것이다.

4_ 이 또한 ~ 것이다 : 「소뢰궤사례」의 正祭와 「유사철」의 儐尸禮에서는 佐食이 시동에게 加爵의 예를 행하는 경우가 없기 때문에 '儐尸의 禮를 행할 때와 달리하는 것이다'라고 한 것이다.

經-168은 하대부 불빈시례에서 예가 끝나고 시동이 묘문 밖으로 나가는 절차이다.

[有司徹17 : 經 - 168]

주인은 실室 밖으로 나와 조계 위쪽에서 서쪽을 향해 선다. 축도 실 밖으로 나와 서쪽 계단 위쪽에서 동쪽을 향해 선다. 축은 주인에게 "공양하는 예가 끝났습니다"(利成)라고 고한다. 축은 실 안으로 들어간다. 주인은 당에서 내려와 조계의 동쪽에서 서쪽을 향해 선다. 시동은 일어난다. 축은 앞장서 시동을 인도하고, 시동은 축의 뒤를 따르면서 드디어 묘문 밖으로 나간다. 축은 돌아와서 실 안의 본래의 위치로 돌아간다. 축은 좌식에게 시동의 희생제기를 거두라고 명한다. 좌식은 시동의 희생제기를 거두어 묘문 밖까지 가지고 나간다. 유사有司는 이를 받아서 시동의 집까지 보내 준다. 좌식은 주인의 자리에 진설된 대나무제기·나무제기와 희생제기를 거둔다.

主人出, 立于阼階上, 西面. 祝出, 立于西階上, 東面. 祝告于主人曰, "利成." 祝入. 主人降, 立于阼階東, 西面. 尸謖, 祝前, 尸從, 遂出于廟門. 祝反, 復位于室中. 祝命佐食徹尸俎. 佐食乃出尸俎于廟門外, 有司受, 歸之. 徹阼薦俎.

정현주   '주인은 실 밖으로 나온다'고 한 것에서 여기까지는 빈시의 예와 뒤섞여 있다.¹ 준혈을 행하기에 앞서 주인의 대나무제기·나무제기와 희생제기를 거두는 것은 사례士禮의 경우와 달리하는 것이다.² 「특생궤사례」에 "축에게 명하여 주인의 희생제기·나무제기·대나무제기를 거두어 당 위 동쪽 벽(東序) 아래에 다시 진설하도록 한다"³고 하였다. 自'主人出'至此, 與賓雜者也. 先虁徹主人薦俎者, 變于士. 「特牲饋食禮」曰, "徹阼俎豆籩, 設于東序下."

1_ 빈시의 예와 뒤섞여 있다 : 절차가 같은 경우도 있고 다른 경우도 있다는 뜻이다.
가공언은 [소뢰궤사례16 : 經−112]에서는 단지 "축은 주인에게 '공양하는 예가 끝났
습니다'라고 고한다"(祝告曰利成)고 하였는데, 이곳에서는 "축은 주인에게 '공양하
는 예가 끝났습니다'라고 고한다"(祝告于主人曰利成)고 하였고, [소뢰궤식례16 : 經
−113]에서는 "축은 실 안으로 들어온다. 시동은 일어난다. 주인은 당에서 내려와
조계 동쪽에서 서쪽을 향해 선다"(祝入. 尸謖. 主人降, 立于阼階東, 西面)고 하였는
데, 이곳에서는 "축은 실 안으로 들어간다. 주인은 당에서 내려와 조계의 동쪽에서
서쪽을 향해 선다. 시동은 일어난다"(祝入. 主人降, 立于阼階東, 西面. 尸謖)고 한 것
등을 예로 든다. 『의례주소』, 1131쪽 참조.

2_ 준을 ~ 것이다 : 이곳에서 주인의 대나무제기·나무제기와 희생제기를 거두는 것
(徹阼薦俎)은 士禮인 「특생궤사례」에서의 절차와 동일한데, 다만 「특생궤사례」에서
는 篹을 마친 후에 거둔다. 이곳에서는 篹을 행하기에 앞서 먼저 거두기 때문에 '士
禮의 경우와 달리하는 것'이라고 한 것이다.

3_ 축에게 ~ 한다 : [특생궤사례15 : 經−173] 참조.

[有司徹17 : 經 – 169]

이어서 준餕[1]을 하는데, 빈시儐尸의 예를 행할 때와 동일한 절차로
한다.

乃餕, 如儐.

정현주   상편(「소뢰궤사례」)의 '사궁司宮이 대석對席[2]을 진설한다'[3]는
것에서 '상준上餕(上佐食)이 일어나서 묘문 밖으로 나간다'[4]는 것까지의 절차
를 말한다. 고문본에는 '餕'이 '餕'으로 되어 있다.[5] 謂上篇自'司宮設對席', 至上[6]
餕興出也.' 古文'餕'作'餕'.

1_ 준 : '餕'과 같은 뜻으로, 먹고 남긴 음식을 먹는 의례이다. 여기서는 2명의 佐食과 2명의 賓長이 시동이 먹고 남긴 음식을 먹는다. '䵨'과 '餕'의 글자에 대해서는 아래의 주석 2) 참조.

2_ 대석 : 시동의 자리와 마주하게 진설하기 때문에 '對席'이라고 한다. 이는 '餕' 즉 시동이 먹고 남긴 음식을 먹는 사람들을 위해 진설하는 자리이다. [소뢰궤사례16 : 經-116]의 주석 5) 참조.

3_ 사궁이 대석을 진설한다 : [소뢰궤사례16 : 經-116] 참조.

4_ 상준이 ~ 나간다 : [소뢰궤사례16 : 經-127] 참조.

5_ 고문본에는 ~ 있다 : 허신의 『설문』에 "䵨은 음식을 갖추어 놓는다(具食)는 뜻이다. 食을 따르고, 算의 聲이다. 饌은 䵨의 뜻이니, 혹 巽을 따른다"(具食也, 从食, 算聲. 饌, 䵨或从巽)라고 하였다. 이에 대해 단옥재는 "『논어』의 '先生饌'에 대해 마융은 '마시고 먹게 한다'(飮食)는 뜻이라고 하였고, 정현은 '餕'으로 쓰고, '먹고 남긴 나머지를 음식을 먹는 것을 餕이라 한다'고 하였다. 살펴보건대, 마융이 주를 단 것은 『古論』이고, 정현이 주를 단 것은 周의 『論語』本을 『齊論』과 『古論』으로 교감한 것이다. 讀正이 50가지인데, 그 讀正의 경우 모두 '魯讀에는 아무개 글자로 되어 있는데, 이제 『古論』을 따른다'고 하였다. 이곳에서 '이제 『古論』을 따른다'라고 말하지 않았으므로, 이는 『魯論』을 따라 '餕'으로 쓴 것이다. 하안은 '饌'으로 썼으니, 공안국과 마융의 『古論』을 따른 것이다. 『禮經』의 「특생궤사례」와 「소뢰궤사례」의 정현 주에 의하면, 모두 古文本에 '䵨은 餕으로 되어 있다'고 하였다. 허신의 『설문』에는 '餕'은 없고, '䵨'·'饌'의 글자만 있다. 이는 허신은 『예경』에 대해서 금문본을 따르고 고문본을 따르지 않은 것이다. 다만 『예경』의 '䵨'은 '나머지를 먹는다'(食餘)는 뜻인데, 허신의 '䵨'과 '饌'은 같은 글자로서 '음식을 갖추어 놓는다'(具食)는 뜻이라고 해석하여, '나머지를 먹는다'(食餘)는 뜻은 드러나지 않는다. 또 『예경』에서는 '饌'을 언급한 것이 많은데, 정현의 주에서는 모두 '진설한다'(陳)는 뜻으로 해석하고, '고문본에는 餕으로 되어 있다'라고 말하지 않았다. '나머지를 먹는다'(食餘)는 뜻의 글자는 모두 '䵨'으로 되어 있고, '饌'으로 되어 있는 경우는 없다. 그렇다면 『禮經』에서의 '饌'과 '䵨'은 당연히 각각의 별도 글자인 것이다. '饌'은 마땅히 단독으로 나와야 하니, '음식을 갖추어 놓는다'(具食)는 뜻으로 해석하고, '䵨'과 '餕'은 마땅히 함께 나와야 하니, '나머지를 먹는다'(食餘)는 뜻으로 해석한다. 그래야 『예경』과 부합한다"(『論語』'先生饌', 馬云, '飮食也', 鄭作'餕', '食餘曰餕.' 案, 馬注者, 『古論』, 鄭注者, 校周之本以齊古. 讀正凡五十事, 其讀正者, 皆云'魯讀爲某, 今從古', 此不云'今從古', 則是從『魯論』作餕也. 何晏作'饌', 從孔安國·馬融之『古論』. 據『禮經』「特牲」·「少牢」注皆云, '古文䵨作餕'. 許書則無'餕', 有'䵨'字·'饌'字. 是則許于『禮經』從今文, 不從古文也. 但『禮經』之'䵨'訓'食餘', 而許'䵨'·'饌'同字, 訓爲'具食', 則'食餘'之義無著. 且『禮經』言'饌'者多矣, 注皆訓'陳', 不言古文作'餕'. '食餘'之字皆作'䵨', 未有作'饌'字. 然則'禮'·'饌'·'䵨', 當是各字. '饌'當獨出, 訓'具食'也, '䵨'·'餕'當同出, 訓'食餘'也. 乃與『禮經』合)라고 하였다. 이에 대해 호

배휘는 다음과 같이 정리한다. '饙'의 본래 뜻은 '음식을 갖추어 놓는다'(具食)인데, 古本에 '나머지를 먹는다'(食餘)는 뜻의 글자가 또한 '饙'으로 되어 있는 것은, 글자가 적어서 빌려다 쓴 것이다. '餕'은 후인들이 첨가하여 만든 글자이다. 단옥재가 "『예경』의 '饌'과 '饙'은 마땅히 각각의 글자로서, '饌'은 모두 '진설한다'는 뜻이고, '나머지를 먹는다'(食餘)는 뜻의 글자는 모두 '饙'으로 되어 있고 '饌'으로 되어 있는 것은 없다"고 한 것은 『예경』의 글자 범례에 비추어 볼 때, 분석이 독특하고 정밀하다. 정현은 '饙'을 고문본과 비교하여 '饙'을 따르고 '餕'을 따르지 않았다. 『설문』에 의하면 '饙'은 '食'을 따르고, 算의 聲이다. 『의례정의』, 2182쪽 참조.

6_ 上 : '上'은 徐本, 『集釋』, 敖氏本, 『通解』, 楊氏本, 毛本, 호배휘의 『의례정의』에 모두 '此'로 되어 있다. 그러나 '此'로 읽을 경우 해석이 불가능하다. 此篇 즉 「유사철」에는 '餕興出'이라는 문장이 없기 때문이다. [소뢰궤사례16 : 經-127]에는 '上饌興出'로 되어 있다.

[有司徹17 : 經-170]

준豊을 마치면, 유사관有司官¹은 시동에게 올린 음식을 담은 제기
를 거두어 실室 안의 서북쪽 모퉁이에 진설하여 남쪽을 향하도록
하는데, 궤사饋食를 진설할 때와 동일한 절차로 한다.² 안석(几)은
자리의 오른쪽에 놓고, 자리로 음식을 가린다.

卒豊, 有司官徹饋, 饌于室中西北隅, 南面, 如饋之設. 右几, 厞用席.

정현주 '관이 시동에게 올린 음식을 담은 제기를 거둔다'(官徹饋)
는 것은 사마司馬·사사司士가 희생제기를 들고, 재부宰夫가 밥그릇 및 나무
제기를 잡는 것을 말한다. 이는 시동이 일어날 때에 다시 음식을 진설하여
실室의 밝은 곳에 놓는데, 효자孝子는 신의 소재를 알지 못하기 때문에 이
곳에서 흠향하기를 바라는 것이니, 신이 배불리 먹도록 하는 것이다. 부인
으로 하여금 다시 밥그릇과 나무제기를 거두어 진설하게 하지 않는 것은 처
음의 의절과 달리하는 것이니, 도리어 관에게 시킨다.³ 좌식佐食이 양고기
를 올려놓는 희생제기·돼지고기를 올려놓은 희생제기를 들지 않는 것은 직
접 준餕을 하여 존귀해졌기 때문이다. '비厞'는 가린다(隱)는 뜻이다. 고문본
에 '右'는 '侑'로 되어 있고, '厞'는 '茀'로 되어 있다. '官徹饋'者, 司馬·司士擧組,
宰夫取敦及豆. 此於尸謖改饌, 當室之白, 孝子不知神之所在, 庶其饗之於此, 所以爲

厭飫. 不令婦人改徹饌敦豆, 變於始也, 尙使官也. 佐食不擧羊豕俎, 親餕, 尊也. '厞',
隱也. 古文'右'作'侑', '厞'作'茀'.

[有司徹17 : 經 – 171]

한 통의 술동이를 실室 안으로 들여보낸다.

納一尊于室中.

정현주 양염陽厭은 예를 줄이니 물(玄酒)을 넣은 동이는 없다. 陽
厭殺, 無玄酒.

[有司徹17 : 經 – 172]

사궁司宮은 고수레를 하였던 제물을 청소하여 치운다.

司宮埽祭.

정현주 나무제기 사이에 놓아두었던 제물을 청소하여 치우는 것
이다. 구설舊說에 "서쪽 계단의 동쪽에 그것을 묻는다"고 하였다. 埽豆間之
祭. 舊說云, "埋之西階東."

[有司徹17 : 經 – 173]

주인은 실室 밖으로 나가서 조계 위쪽에서 서쪽을 향해 선다. 축은
자기의 희생제기를 들고 실 밖으로 나가서 서쪽 계단 위쪽에서 동

쪽을 향해 선다. 사궁司宮은 실의 창문과 출입문을 닫는다.

主人出, 立于阼階上, 西面. 祝執其俎以出, 立于西階上, 東面. 司宮
闔牖戶.

창문과 출입문을 닫는 것은 귀신은 혹 어두운 곳을 바라
기 때문이다. 閉牖與戶, 爲鬼神或者欲幽闇.

[有司徹17 : 經 - 174]

축은 주인에게 공양하는 예가 끝났음을 고하고,[4] 이어서 희생제기
를 잡고서 묘문 밖으로 나간다. 유사는 이를 받아서 축의 집까지
보내 준다. 중빈이 나가면, 주인은 묘문 밖에서 배례를 하면서 전
송을 한 후 돌아온다.

祝告利成, 乃執俎以出于廟門外. 有司受, 歸之. 衆賓出, 主人拜送
于廟門外, 乃反.

빈에게 배례를 하면서 전송을 한다는 것은 또한 그 우두
머리에게 배례를 하면서 전송하는 것을 말한다. '장빈長賓'이라고 말하지 않
은 것은 하대부에게는 존귀한 빈이 없기 때문이다. 拜送賓者, 亦拜送其長. 不
言'長賓'者, 下大夫無尊賓也.

[有司徹17 : 經 - 175]

부인들은 이어서 음식을 담은 제기를 거두고,

婦人乃徹,

정 현 주 축의 대나무제기·나무제기 및 방 안에 남아 있는 대나무
제기·나무제기와 희생제기를 거두는 것으로, 유사有司에게 시키지 않는 것
은 상대부의 예보다 낮추는 것이다. 徹祝之薦及房中薦俎, 不使有司者, 下上大
夫之禮.

[有司徹17 : 經 −176]
실 안에 남아 있는 음식까지 거둔다.
徹室中之饌.

정 현 주 유사들이 진설하고 부인들이 거두는 것이니, 외外(유사)와
내(부인)가 서로 겸하여 하는 것은 예가 줄어들었기 때문이다. 有司饌之, 婦人
徹之, 外內相兼, 禮殺.

1_ 유사관 : 有司이며 또한 官으로서, 有司는 모두 官이기 때문에 '有司官'이라 칭한다.

2_ 시동에게 올린 ~ 한다 : 正祭에서는 室 안의 서남쪽 모퉁이(奧)에 음식을 진설하여
동쪽을 향하게 하는데([소뢰궤사례16 : 經-38]), 이곳에서는 서북쪽 모퉁이에 다시
진설하여 남쪽을 향하게 한다. 따라서 正祭에서 饋食를 올렸던 것과는 다르다. 그
런데도 '궤사를 진설할 때와 동일한 절차로 한다'고 한 것은 좌우에 진설하는 순서
가 같음을 말한 것이다. 『의례정의』, 2426쪽 참조. 능정감의 『예경석례』에 의하면
시동이 실을 나간 후에 서북쪽 모퉁이에 다시 음식을 진설하는 것을 '陽厭'이라고
한다. 儐尸禮에서는 예가 갖추어져 신이 배부르고 만족스러워 하기 때문에 다시 음
식을 진설할 필요가 없지만, 儐尸의 예를 행하지 않는 경우에는 이때 다시 진설하
는 예(陽厭)를 행한다. 『의례정의』, 2426쪽, 학경의 설 참조. '陽厭'에 대해서는 [사우
례15 : 經-78]에서 [사우례15 : 經-80] 참조.

3_ 부인으로 ~ 시킨다 : 「소뢰궤사례」에서 처음 음식을 진설할 때 주부가 2개의 나무
제기를 올릴 때 종부 1인이 2개의 나무제기를 도와서 올리고, 주부가 1개의 밥그릇
을 진설할 때 종부가 3개의 밥그릇을 도와서 진설한다. 이것이 '처음의 의절'이다.
이곳에서는 부인을 시키지 않고 재부에게 시킨다.

4_ 축은 ~ 고하고 : 오정화는 두 차례 '공양하는 예가 끝났음'(利成)을 고하는데 첫 번
째는 시동을 섬기는 예가 끝났음을 고하는 것이고, 이번에는 다시 陽厭을 진설하여
신을 공양하는 예가 끝났음을 고하는 것이라고 하였다. 『의례정의』, 2427쪽 참조.